Ab ins Ausland!

Norbert Winistörfer

Ab ins Ausland!

Ein Ratgeber aus der Beobachter-Praxis

Der Autor, Prof. Norbert Winistörfer, ist Dozent und Studienleiter im Bereich Unternehmenskommunikation an der Fachhochschule Solothurn Nordwestschweiz in Olten. Zuvor arbeitete er als Wirtschaftsredaktor bei verschiedenen Medien, zuletzt beim Schweizerischen Beobachter.

Für die fachliche Unterstützung beim Schreiben des Ratgebers und für die kritische Durchsicht des Manuskripts dankt der Autor den folgenden Fachleuten ganz herzlich:
Leander Amherd, Heinrich Bachofner, Astrid Bally, Ladina Berta, Giuseppe Botti, Irmtraud Bräunlich, Ruedi Bührer, Andreas Bürgi, Claudine Chappuis, Stephan Cueni, Josef Doleschal, Roland Flükiger, Thomas Füglister, Peter Gasser, Ernst Gentsch, Arno Giovannini, André Grolimund, Robert Helfenstein, Eric Hess, Patrick Holzer, Robert Huber, Walter Ilg, Ernst Jörg, Werner Kägi, Christian H. Kälin, Martin J. Kaufmann, Gabrielle Keller, Manuel Küffer, Hans Kuhn, Marc Lauper, René Lenzin, Rolf Lüthi, Silvia Mitteregger, Elisabeth Nassar, Walter Noser, Mechthild Nussbaumer Werder, Oskar Olano, Evelyn Ott, Alessia Radaelli, Andrea Rauber, Rolf Reinhard, Hans Renz, Susan Sandhoff, Nina Santner, Karl Schmid, Lukas M. Schneider, Werner Schreier, Brigitte Schwarzenbach, Jasmin Staub, Peter Steck, Emil Steffen, Barblina Töndury, Paul Tschan, Erich Unternährer, David von Steiger, Alain Vuissoz, Susanne Wegmann, Marianne Winiger, Karin Winistörfer-Haas, Toni Wirz, Béatrice Ziegler.

Beobachter-Buchverlag
5., vollständig überarbeitete Auflage 2003
© 1999 Jean Frey AG, Zürich
Alle Rechte vorbehalten
www.beobachter.ch

Herausgeber: Der Schweizerische Beobachter, Zürich
Lektorat: Käthi Zeugin, Zürich
Gestaltung Umschlag: Atelier Binkert, Zürich
Satz: Focus Grafik, Zürich

ISBN 3 85569 267 X

Inhalt

Vorwort 11

1. Die Schweizer im Ausland

Die Söldner 14

Die Überseewanderer 15
Auswanderungsgründe 16
Auswanderung nach dem Zweiten Weltkrieg 17

Die Europawanderer 18

Die heutigen «Auswanderer» 20

Die Auslandschweizergemeinde – die Fünfte Schweiz 22

Die Auslandschweizerpolitik des Bundes 24

2. Der Traum und die Wirklichkeit

Die Suche nach dem Paradies 28
Alptraum in der Karibik … 29
… und ein glückliches Leben im Piemont 31

Die menschliche Seite beim Wegzug ins Ausland 32
Kulturschock und Integration 35

Die Motive für ein Leben im Ausland 37

Test: Eigne ich mich für ein Leben im Ausland? 40

3. Die Möglichkeiten

Die Chancen im Ausland 46
EU- und EFTA-Länder 46
Länder ausserhalb von EU und EFTA 50

Ins Ausland zur Ausbildung 55
Als Austauschschüler 56
Als Sprachstudent 62
Als Uni-, Hochschul- oder Fachhochschulstudent 69

Ins Ausland zum Arbeiten 79
Beschäftigung der Partnerin oder des Partners 81
Als Au-pair 82
Als Stagiaire oder Praktikant 89
Als Mitarbeiter für ein Schweizer Unternehmen 97
Als Mitarbeiter im diplomatischen oder konsularischen
Dienst der Eidgenossenschaft 106
Als Mitarbeiter in einem ausländischen Unternehmen 109
Als Mitarbeiter in einer Organisation der internationalen
Zusammenarbeit 117
Als Mitarbeiter in einer internationalen Organisation 123
Als selbständiger Unternehmer 125
Als Landwirt 136

Ins Ausland zum Geniessen 141
Als Globetrotter 142
Als Pensionierte 152

4. Die Vorbereitung

Die Informationsbeschaffung 162
Wie beschaffe ich Informationen? 162
Was muss ich über mein Zielland wissen? 164

Die Beratung vor dem Auslandaufenthalt 169
Privatunternehmen 170
Schweizerische Behörden 174
Ausländische Vertretungen 175

Die Terminplanung 177

Die Fremdsprache lernen 179

Die Finanzplanung 181
Budget 182
Finanzierungsmöglichkeiten 185
Finanzangelegenheiten regeln 190
Geldtransfer ins Ausland 194
Bargeldbezug im Ausland 196
Geeignete Zahlungsmittel im Ausland 199
Kapitalanlagen 203

Die Sozialversicherungen 211
Sozialversicherungsabkommen mit anderen Staaten 212

Die Alters-, Hinterlassenen- und Invalidenversicherung (AHV/IV) 213
Versicherungsschutz während des Auslandaufenthalts 216
AHV/IV für nicht erwerbstätige Schweizer im Ausland 217
AHV/IV für Schweizer Arbeitnehmer im Ausland
mit Wohnsitz in der Schweiz 219
AHV/IV für Schweizer Arbeitnehmer im Ausland
mit Wohnsitz im Ausland 222
AHV/IV für Schweizer Arbeitnehmer mit Arbeit in der Schweiz
und Wohnsitz im Ausland 224
Freiwillige AHV/IV für Auslandschweizer 224

Die Arbeitslosenversicherung (ALV) 228
Wie versichere ich mich bei einem Auslandaufenthalt
gegen Arbeitslosigkeit? 229
Regelungen für Grenzgänger 231

Die berufliche Vorsorge (BVG) 232
Welche Konsequenzen hat ein temporärer Auslandaufenthalt
für die berufliche Vorsorge? 233
Berufliche Vorsorge bei einer definitiven Auswanderung 237

Die Unfallversicherung (UVG) 239
Wie versichere ich mich im Ausland gegen Unfälle? 240

Die Krankenversicherung (KVG) 246
Krankenversicherung bei Auslandaufenthalt mit Wohnsitz
in der Schweiz 248

Krankenversicherung bei befristetem Wohnsitz im Ausland............ 252
Krankenversicherung bei unbefristetem Wohnsitz im Ausland......... 254

Die Privatversicherungen 260
Lebensversicherungen 261
Privathaftpflichtversicherung 265
Hausratversicherung 267
Rechtsschutzversicherung 269
Motorfahrzeugversicherung 271
Reiseversicherung 274

Die Steuern 277
Wo ist was zu versteuern? 278
Besteuerung bei Auslandaufenthalt mit Wohnsitz in der Schweiz 280
Besteuerung bei Wohnsitz im Ausland 282
Möglichkeiten der Steueroptimierung 288
Wehrpflichtersatz bei einem Auslandaufenthalt 291

Die Schulmöglichkeiten im Ausland 293
Schweizerschulen 298

Die nötigen Dokumente, Bewilligungen und Ausweise 302
Wie komme ich zu meinem Visum? 302
Weitere wichtige Dokumente 305

Die Unterkunft 309
Zur Miete wohnen 310
Immobilienkauf 313

Der Wegzug ins Ausland 319
Was soll ich ins Ausland mitnehmen? 320
Organisation des Umzugs 323

Das Abmelden in der Schweiz 330
Abmeldung bei der Wohngemeinde 330
Abmeldung beim Militär 332
Welche Stellen sind sonst zu benachrichtigen? 335

5. Das Leben im Ausland

Das Anmelden im Ausland 338
Bei den ausländischen Behörden 338
Bei den Schweizer Behörden 338

Die schweizerischen Vertretungen im Ausland 340
Funktion und Aufgaben der Botschaften 341
Funktion und Aufgaben der Konsulate 342

Die Hilfe in der Not 343
Hilfeleistungen der Schweizer Botschaften und Konsulate 344
Auslandschweizerfürsorge 347
Private Hilfsorganisationen 350

Die Rechtsverhältnisse 354
Politische Rechte 355
Bürgerrecht 357
Eherecht 361
Erbrecht 366

Die Verbindungen zur Schweiz 369
Kommunikation mit der alten Heimat 369
Schweizer Tages- und Wochenpresse 372
Swissinfo / Schweizer Radio International (SRI) 374
Schweizerische Radio- und TV-Programme 376
Schweizer Revue 378
Auslandschweizer Organisation (ASO) 379
Schweizerische Vereinigungen im Ausland 381

6. Die Rückkehr in die Schweiz

Die Planung der Rückkehr 386
Mentale Vorbereitung 387
Stellensuche 388

Die Einreisebestimmungen für ausländische Partnerinnen und Partner 391
Für Ehepaare 391
Für nicht verheiratete Ausländerinnen und Ausländer 392

Die Zollvorschriften bei der Einreise 393

**Das Abmelden im Ausland und das Anmelden
in der Schweiz** 396
Wo muss ich mich in der Schweiz melden? 397

Der Versicherungsschutz 399
Alters-, Hinterlassenen- und Invalidenversicherung 399
Berufliche Vorsorge 400
Unfallversicherung 401
Krankenversicherung 401
Arbeitslosenversicherung 402

Die finanzielle Hilfe 407

Anhang

Schweizerische Vertretungen im Ausland 410
Ausländische Vertretungen in der Schweiz 419
Register 424

Realisieren Sie Ihren Traum

«Ich würde schon gerne für einige Zeit ins Ausland gehen, aber...» Dann folgt in der Regel eine ganze Reihe von mehr oder weniger stichhaltigen Argumenten, weshalb das nicht möglich sei: das fehlende Geld, der falsche Beruf, die ungünstige Zeit, das Vereinsjubiläum im nächsten Jahr, die ungenügenden Sprachkenntnisse, die Gefahr, bei der Rückkehr keine Stelle zu finden.

Die meisten Menschen vertrösten sich auf später, schieben die Pläne auf die lange Bank. Und so bleibt der Wunsch, ausländische Luft zu schnuppern, oft das Leben lang ein Traum. Das muss nicht sein.

Wer Mühe und Aufwand nicht scheut, von seinem Vorhaben überzeugt sowie flexibel ist, findet immer eine Möglichkeit, für kürzere oder längere Zeit ins Ausland zu ziehen oder gar definitiv auszuwandern. Chancen gibt es in jedem Alter, aus jeder Lebenssituation heraus: für Schülerinnen, Sprachstudenten, Studierende, Au-pair-Angestellte, für Praktikantinnen, Arbeitnehmer, Selbständigerwerbende, für Globetrotter oder Rentnerinnen. Packen Sie die Gelegenheit, entdecken Sie die Welt. Ein Auslandaufenthalt ist eine unbezahlbare Lebenserfahrung, die Sie persönlich und beruflich weiterbringt.

Damit Sie Ihre Auslandpläne erfolgreich realisieren können, braucht es jedoch eine frühzeitige, seriöse Vorbereitung. Dabei will Ihnen dieser Ratgeber helfen. Viel Spass beim Kofferpacken! Eine interessante Zeit im Ausland wünscht Ihnen

Norbert Winistörfer
Olten, im April 2003

1. Die Schweizer im Ausland

Die Schweiz war bis Ende des 19. Jahrhunderts ein Auswanderungsland. Kriege, Hungersnöte und Armut zwangen viele dazu, ihre angestammte Heimat zu verlassen, um in fremden Ländern ihr Leben zu verdienen oder eine neue Existenz aufzubauen. Die heutigen «Auswanderer» dagegen sind meist temporäre Auslandaufenthalter, die es aus Studien- und Berufsgründen oder im Alter ins Ausland zieht.

Die Auswanderungstradition der Schweiz lässt sich nur beschränkt aufzeigen. Historisch aufgearbeitet sind lediglich das Söldnerwesen ab dem 16. sowie die spektakulären Überseewanderungen nach Nord- und Südamerika im 19. Jahrhundert. Das 20. Jahrhundert, insbesondere die Zeit nach dem Zweiten Weltkrieg, sowie die Wanderungen in europäische Länder sind kaum erforscht. Die Ausnahme bilden einige Einzelauswanderungen oder Auswanderungsströme nach exotischen Destinationen, etwa nach Algerien, Russland oder ans Schwarze Meer.

Dass so wenig über das Migrationsverhalten der Schweizerinnen und Schweizer bekannt ist, liegt an den Schwierigkeiten der Datenerhebung; zuverlässige Quellen und Statistiken fehlen weitgehend.

Die Söldner

Die erste, offiziell anerkannte und zahlenmässig bedeutendste Auswanderung aus dem Gebiet der heutigen Schweiz fand in der Form der Fremden Dienste, als Söldnerwesen oder so genanntes Reislaufen, statt. Der fremde Kriegsdienst, der sich nach 1500 heranbildete und erst Mitte des 19. Jahrhunderts sein Ende fand, war für Schweizer Auswanderer in erster Linie ein Berufshandwerk. Söldner wurden von einem Kriegsherrn für eine bestimmte Zeit angeheuert – so wie beispielsweise damals ein Baumeister für das Erstellen eines grösseren Bauwerks zahlreiche Maurer unterschiedlichster sozialer Herkunft aus verschiedenen Gegenden einstellte. Söldner der damaligen Zeit hatten für ihre Bewaffnung, Ausrüstung und Bekleidung selbst aufzukommen. Sie sind also nicht mit Landesverrätern gleichzusetzen, die aus ideologischen oder sonstigen Gründen für einen anderen Staat ins Feld zogen. Söldner wurden nicht Diener eines Staates, sondern für den Zeit eines Kriegseinsatzes in heutigen Begriffen zu «Saisonniers».

Nach der Niederlage von Marignano 1515 waren die Schweizer Söldner äusserst begehrte Berufsleute, denn sie hatten sich mit ihren Schlachtformationen einen guten Ruf als mutige Kämpfer geschaffen. Mit dem Söldnertum etablierten sich im 16. und 17. Jahrhundert auch zahlreiche Schweizer in fremden Landen als Militärunternehmer. Diese frühen «Manager» versuchten, als Hauptmänner einer Kompanie mit dem Geld ihres Kriegsherrn möglichst gewinnbringend zu arbeiten. Durch geschickte Abkommen mit den Heimatbehörden, die an einem allfälligen Gewinn beteiligt waren, warben sie ihre Truppen an und besoldeten sie. Ziel war natürlich, weniger Geld auszugeben, als sie vom Kriegsherrn erhalten hatten.

Zuverlässige Angaben zur Grösse dieser militärischen Wanderungen gibt es nur wenige. Zwischen 1500 bis zur endgültigen Abschaffung der Fremden Dienste um 1859 durch das Königreich Neapel leisteten schätzungsweise insgesamt eine Million Schweizer bei über vierzig Kriegseinsätzen Dienst unter fremder Fahne. Im 18. Jahrhundert dürften sich durchschnittlich ständig 70 000 bis 80 000 Eidgenossen in fremden Kriegsdiensten befunden haben.

Als Kriegsherren traten primär die französischen Könige auf. Sie hatten mit der Eidgenossenschaft vereinbart, im Kriegsfall bis zu 16 000 eidgenössische Fussknechte anwerben zu können. Im Gegenzug sicherten sie den Eidgenossen die Salzzufuhr in Notzeiten zu, garantierten im Kriegsfall Artillerie- und Kavallerieschutz und zahlten Steuern. Später verlangte Napoleon 90 000 Mann für die Schweizerkontingente unter französischer Fahne. 1830 wurde der französische Solddienst der Schweizer offiziell beendet, worauf viele Entlassene in die neu geschaffene Fremdenlegion eintraten.

Neben den Franzosen verpflichteten vor allem die beiden anderen Grossmächte – das spanische Königshaus und die habsburgische Monarchie – Schweizer Söldnertruppen. Die militärischen Auswanderer liessen sich unter anderem auch von Venedig, Savoyen, England, Holland, Neapel und vom Päpstlichen Rom anwerben – in einer vorübergehenden oder dauerhaften Anstellung. Bis heute überlebt hat die Söldnertradition in Rom. 1509 gegründet, verrichtet die päpstliche Schweizergarde im Vatikan nach wie vor ihren Dienst.

Die Überseewanderer

Im 19. und in der ersten Hälfte des 20. Jahrhunderts erlebte die Schweiz drei grosse Auswanderungswellen: 1816/17, 1845 bis 1855 sowie 1880 bis 1893. Das waren regelrechte Massenfluchten von einzelnen Personen und ganzen Familien. 1920 bis 1923 gab es nochmals eine Auswanderungsbewegung. Doch im Vergleich zu den früheren Wellen war die Zahl der Auswandernden dabei verschwindend klein.

Zwischen 1815 und 1939 verliessen schätzungsweise eine halbe Million Schweizerinnen und Schweizer ihre Heimat. Das mit Abstand wichtigste Reiseziel der schweizerischen Überseewanderung während des ganzen 19. und frühen 20. Jahrhunderts waren die Vereinigten Staaten. Ungefähr drei Viertel aller Schweizer Auswanderer zogen ins «Land der unbegrenzten Möglichkeiten» – in den Mittleren Westen sowie an die Ost- und Westküste. Zehn Prozent landeten in Argentinien, fünf Prozent in Brasilien, drei Prozent in Afrika und je zwei Prozent in Kanada und Ozeanien (Australien und Neuseeland). Zwischen 1850 und 1870 sowie in den 1910er, 1920er und 1930er Jahren liess sich fast ein Fünftel aller Schweizer Auswanderer in Argentinien und Brasilien nieder. Erst nach dem Ersten Weltkrieg verstärkte sich die Auswanderung in die übrigen lateinamerikanischen Länder sowie nach Kanada, Afrika, Asien, Australien und Neuseeland.

Die damaligen Auswanderer stammten je nach Periode aus ganz unterschiedlichen Regionen. Die Auswandernden der ersten Welle kamen vor allem aus der Nordwestschweiz, in der Mitte des 19. Jahrhunderts aus den Voralpen- und Alpenbezirken im Dreieck Glarus-Werdenberg-Davos sowie aus dem deutschsprachigen Jura. Später verzeichneten unter anderem das Glarnerland, die St. Galler Voralpen, das Prättigau, das Berner Oberland, die Zentralschweiz, das Wallis und Tessin eine überdurchschnittlich intensive Auswanderung. Nach der Jahrhundertwende stellte das Tessin mit Abstand die meisten Emigranten.

Die Bevölkerung in der Romandie vermochte sich mit Ausnahme einiger Regionen insgesamt weniger für überseeische Auswanderungsziele zu begeistern. Der wirtschaftliche Druck war offenbar kleiner. Die niedrigen Auswanderungszahlen nach den Vereinigten Staaten dürften auch auf die geringere Affinität zur englischen Sprache zurückzuführen sein. Erst bei den Auswanderern nach Zentralamerika im letzten Drittel des 19. Jahrhunderts handelte es sich mehrheitlich um Schweizer aus den Kantonen Wallis, Freiburg, Waadt, Neuenburg, Genf und Tessin.

Zur Erinnerung an die Heimat gaben die ausgewanderten Schweizer und Schweizerinnen ihren neu gegründeten Kolonien in Übersee zum Teil schweizerische Ortsnamen, versehen mit dem Wort «neu». So entstanden beispielsweise Nova Friburgo in Brasilien, New Glarus und New Bern in den Vereinigten Staaten oder Nueva Helvecia in Uruguay.

Auswanderungsgründe

Die so genannten Siedlungswanderungen nach Übersee im 19. Jahrhundert hatten mehrere Ursachen. Einerseits wuchs die Schweizer Bevölkerung in der ersten Hälfte des 19. Jahrhunderts extrem schnell; der jährliche Geburtenüberschuss betrug über drei Prozent – eine Zahl, wie sie heute Entwicklungsländer aufweisen. Gleichzeitig fand in der Landwirtschaft ein tief greifender Strukturwandel statt, der viele Kleinbauern wegen ihrer unvorteilhaften Besitz- und Bodenverhältnisse verarmen liess. Um die Jahrhundertwende verloren zudem die Beschäftigten in den Heimspinnereien durch die maschinelle Produktion ihren Broterwerb. Später widerfuhr der Heimweberei das gleiche Schicksal. Viele Menschen sahen darauf in der Schweiz keinerlei berufliche Zukunftsperspektiven mehr.

Zu allem hinzu kamen zeitweise gravierende Versorgungskrisen wegen Missernten. Bei den ersten Massenauswanderungen war es primär der Hunger, der die Schweizer über den Atlantik trieb. Unter diesen Auswandernden befanden sich überwiegend Arme und Angehörige der sozial unteren Schichten. Viele wurden durch die Auswanderungspolitik zahlreicher Deutschschweizer Gemeinden zwischen 1845 und 1855 zur Emigration ermuntert: Arme und verarmte Bürger erhielten von ihren Gemeinden teilweise beachtliche finanzielle Mittel für die Überfahrt nach Nord- oder Südamerika. Auch das Goldfieber in Kalifornien und Australien um 1850 trug dazu bei, dass Hunderte von Schweizern, vor allem Tessiner, auswanderten. Und schliesslich war die Überseewanderung im 19. Jahrhundert vom fortschreitenden Ausbau des amerikanischen Eisenbahnnetzes beeinflusst, welches neue Siedlungsräume erschloss.

Ein weiterer Auswanderungsgrund lag im entgegengesetzten Verlauf der Wirtschaftskonjunktur in der Schweiz und den Vereinigten Staaten. Die letzte grössere Auswanderungswelle zu Beginn der 1920er Jahre ist auf die hartnäckige Nachkriegsdepression in der Schweiz zurückzuführen, die erneut die Landwirtschaft in eine Krise stürzte und das Exportgewerbe darben liess. Zur gleichen Zeit herrschte in den Vereinigten Staaten Aufbruchstimmung. Schliesslich entstand auch eine Auswanderungsdynamik: Je mehr Leute auswanderten, desto grösser war die Zahl der Nachahmer, desto heftiger wurde das Auswanderungsfieber.

Einzelne Gruppen verliessen die Schweiz wegen religiöser, rechtlicher oder sozialer Diskriminierung. Darunter befanden sich beispielsweise Hutterer, Mormonen und Wiedertäufer. Allein 8000 Täufer wanderten im 18. und 19. Jahrhundert in die Vereinigten Staaten aus. Um den christlichen Glauben und die westlichen Bildungs- und Lebensformen in der Welt zu verbreiten, verliessen auch zahlreiche Schweizer Missionare und Missionarinnen ihre angestammte Heimat. Schweizer Katholiken, Protestanten und Jesuiten wirkten insbesondere in Afrika, Asien und Lateinamerika.

Die Auswanderer im 19. Jahrhundert waren mehrheitlich Bauern und Landarbeiter, weniger Handwerker und Gewerbler. Nach der Jahrhundertwende bis zum Ersten Weltkrieg befanden sich unter den Auswandernden vermehrt Geschäftsleute und Freiberufler sowie Berufsleute aus den Dienstleistungsbranchen Handel, Banken, Versicherungen und Hotellerie. Die Zahl der Landwirte nahm 1936/37 noch einmal zu, als Folge schweizerischer Siedlungsprojekte in Brasilien, Argentinien und Kanada. Im Kampf gegen die Arbeitslosigkeit förderte damals der Bund die Auswanderung mit Subventionen. So wie schon während der Krise nach dem Ersten Weltkrieg 1923/24, als der Bund zahlreiche Schweizer zur Auswanderung nach Kanada ermuntern konnte.

Auswanderung nach dem Zweiten Weltkrieg

Äusserst dürftig ist die Forschung zur Schweizer Auswanderungsgeschichte nach dem Zweiten Weltkrieg. Von diesem Zeitpunkt an wurden die früheren Massen- und kollektiven Auswanderungen von der individuellen Auswanderung abgelöst. Zuerst stieg die Zahl der Auswanderer wieder deutlich an: Viele während des Krieges in die Schweiz geflüchteten Schweizer kehrten in ihre ausländische Heimat zurück.

In der Nachkriegszeit hing die Auswanderungslust der Schweizer stark mit der hiesigen Wirtschaftslage zusammen. Während in den Jahren der Hochkonjunktur nur wenige ans Auswandern dachten, versuchten in der Rezession Mitte der Siebziger- und Anfang der Neunzigerjahre wieder mehr Schweizerinnen und Schweizer ihr Glück im Ausland. Viele gehörten hoch qualifizierten Berufsgruppen an oder versuchten der drohenden Arbeitslosigkeit zu entrinnen. Daneben zogen in den letzten Jahren einige hundert Schweizer Bauernfamilien nach Übersee, vor allem nach Kanada. Neuerdings ziehen Schweizer Bauern auch in den EU-Raum, vorwiegend nach Frankreich. Die Renaissance der bäuerlichen Auswanderung basiert auf dem tief greifenden Strukturwandel in der Schweizer Landwirtschaft. Die Existenz der traditionellen Kleinbauern im Voralpen- und Alpenraum ist zunehmend gefährdet. Und Jungbauern fehlt meist das Kapital, um einen geeigneten Hof zu kaufen, der genügend Erträge abwirft. Viele sehen in der hoch mechanisierten auf Massenproduktion ausgerichteten Landwirtschaft in Übersee oder im EU-Raum ihre einzige Überlebenschance (siehe Seite 136).

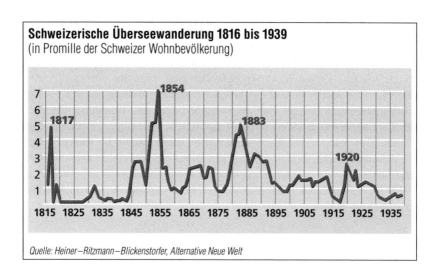

Schweizerische Überseewanderung 1816 bis 1939
(in Promille der Schweizer Wohnbevölkerung)

Quelle: Heiner–Ritzmann–Blickenstorfer, Alternative Neue Welt

Die Europawanderer

Es wäre ein Trugschluss zu glauben, die schweizerische Auswanderung habe nur nach Übersee geführt. Die meisten Schweizerinnen und Schweizer dürften in den letzten Jahrhunderten in europäische Staaten ausgewandert sein. Leider sind zur Europawanderung praktisch keine verlässlichen Daten vorhanden. Bekannt ist unter anderem, dass im 17. Jahrhundert nach dem Ende des 30-jährigen Krieges eine langjährige Abwanderungsbewegung aus der Grossregion Zürich ins entvölkerte Süddeutschland einsetzte. In vielen europäischen Städten entstanden zur gleichen Zeit Schweizerkolonien, so etwa in Venedig, Bergamo und Lyon.

Im Gegensatz zu den Überseewanderern waren die Europawanderer in erster Linie nicht Bauern oder Landarbeiter, sondern Fachhandwerker und Kaufleute. Weit verzweigt waren die europäischen Berufswanderungen der Bündner und Tessiner Architekten, Baumeister, Maurer, Glaser, Steinhauer und Ofenbauer. Sie errichteten ihre Bauten in Italien, Spanien, Österreich, Ungarn und Russland. Im 18. Jahrhundert wirkten zahlreiche Schweizer für einige Jahre oder ihr ganzes Leben lang als militärische oder politische Berater von ausländischen Fürsten.

Hauptanziehungspunkte waren St. Petersburg, Berlin, Göttingen, Weimar, Tübingen, Paris, Oxford und Cambridge. Im 19. Jahrhundert gründeten Schweizer in Nord- und Süditalien Textilunternehmen, in deren Umgebung Schweizerkolonien entstanden. Zwischen 1828 und 1917 arbeiteten gegen 9000 Schweizer im Zarenreich als Käser, Uhrmacher, Lehrer, Erzieher, Zuckerbäcker und Cafetiers. In dieser Epoche entstanden einige Schweizerkolonien im südlichen Russland; unter anderem liessen sich Schweizer Weinbauern am Schwarzen Meer nieder.

Im 19. und frühen 20. Jahrhundert konzentrierte sich die Europawanderung weitgehend auf Italien, Frankreich und Deutschland. In Italien und Frankreich lebten Mitte des 19. Jahrhunderts rund ein Viertel, in Deutschland knapp 10 Prozent der Auslandschweizer. Bei Ausbruch des Ersten Weltkriegs waren 22 Prozent der Auslandschweizer in Frankreich ansässig, 15 in Deutschland und 3 Prozent in Italien.

Die Europawanderer emigrierten im Gegensatz zu den Überseewanderern längst nicht alle definitiv. Viele verliessen die Schweiz nur temporär: etwa für einen saisonalen Arbeitsaufenthalt als Melker oder Viehzüchter in Hessen oder als Mägde und Knechte in Süddeutschland. Diese so genannten Schwabengänger waren meist halbwüchsige Bündnerinnen und Bündner aus ärmlichen Schichten. Zeitweise dürfte jeder fünfte erwachsene Bündner im Ausland als Saisonnier tätig gewesen sein.

Saisonale Wanderung gab es auch in den Mittelmeerraum. So wanderten zwischen 1838 und 1892 aus dem Tessin viele Maurer, Gipser, Ziegler und Marmorschneider jede Saison nach Algerien. Tessiner waren es auch, die in den Wintermonaten in die europäischen Grossstädte zogen und Marroni verkauften. Das Motiv der temporären Wanderungen ins Ausland war nicht nur finanzieller Art. Für die Handwerker vergrösserte ein Auslandaufenthalt die Chancen auf eine spätere Berufskarriere in der Schweiz.

Die heutigen «Auswanderer»

Das Auswandern hat durch die internationale Mobilität viel an Dramatik eingebüsst. Amerika ist heute nicht mehr zwei Schiffsreisewochen entfernt, sondern nur noch acht Flugstunden. Die klassischen Auswanderer sind praktisch ausgestorben. Nur noch wenige verlassen die Schweiz mit der Absicht, sich im Ausland dauerhaft niederzulassen und eine neue Existenz aufzubauen. Zu ihnen zählen hauptsächlich Schweizerinnen und Schweizer, die ausländische Partner heiraten und in deren Heimatland ziehen; Investoren und Geschäftsleute, die im Ausland eine Firma aufbauen oder einen Bauernhof übernehmen; Pensionierte, die ihren Lebensabend in einem südlichen Land mit tiefen Lebenshaltungskosten verbringen möchten.

Wer heute ins Ausland zieht, bleibt meist nur eine bestimmte Zeit fort. Die Mehrheit weilt für ein bis fünf Jahre im Ausland, in der Regel für Studien- und Berufszwecke. Dazu gehören unter anderem Austauschschüler, Studentinnen, Au-pairs und von Schweizer Firmen entsandte Mitarbeiter. Typische Berufswanderungen mit temporärem Aufenthalt gibt es seit einigen Jahren in wirtschaftlich aufstrebende Länder, etwa nach Russland, Vietnam, China, Südkorea oder Malaysia.

Über die Wanderbewegungen der Schweizer ist statistisch wenig bekannt. Erwiesen ist, dass sich seit 1981 jährlich zwischen 27 000 und 32 000 Schweizerinnen und Schweizer bei ihrer Wohngemeinde für einen Auslandaufenthalt abmelden (siehe nebenstehende Grafik).

Gänzlich unbekannt ist, wie lange die Abgemeldeten im Ausland bleiben. Die Statistik unterscheidet nämlich nicht zwischen Personen, die einen zeitlich befristeten Auslandaufenthalt planen, und solchen, die definitiv auswandern. Weitgehend unbekannt ist auch, in welche Länder Schweizerinnen und Schweizer heutzutage mit Vorliebe ziehen. Bei der Abmeldung ins Ausland wird die Reisedestination zwar von einigen Einwohnerkontrollen und Kantonen erfasst. Weil die Meldeverfahren jedoch kantonal unterschiedlich sind, ist keine gesamtschweizerische Statistik über die Zielländer der Ausreisenden vorhanden. Da helfen auch die Daten der Auslandschweizerstatistik nicht weiter, die der Auslandschweizerdienst des Eidgenössischen Departements für auswärtige Angelegenheiten (EDA) jedes Jahr publiziert.

Die Zuwachsraten der Auslandschweizer in den einzelnen Ländern zeigen nur bedingt die effektiven Wanderungsströme auf. Sie basieren nämlich mehrheitlich auf der Zunahme durch neue Einbürgerungen – dadurch steigt die Zahl der Schweizer Doppelbürger im Ausland – und durch einen Geburtenüberschuss von im Ausland geborenen Kindern von Schweizer Eltern.

Den prozentualen Zuwachs an Auslandschweizern in einem bestimmten Land mit dessen Beliebtheit gleichzusetzen, hinkt ebenso – insbesondere in politisch instabilen Entwicklungs- und Schwellenländern. So können etwa einige Entwicklungsprojekte und Investitionen von Schweizer Firmen und die damit verbundene Entsendung von Fachkräften in einem Drittweltland statistisch zu einem Auswanderungsboom führen, der in Wirklichkeit gar keiner ist.

Trotzdem lassen sich aus der Auslandschweizerstatistik langfristige Trends ablesen: Die höchsten Zuwachsraten an Schweizer Bürgern gab es in den letzten Jahren in asiatischen und osteuropäischen Ländern. Asien und Osteuropa sind zu klassischen Destinationen für hoch qualifizierte Arbeitswanderer geworden. Immer kleiner wird dagegen die Schweizergemeinschaft in Afrika.

Verliessen in den Achtzigerjahren etwas mehr Frauen die Schweiz, so hat sich das Verhältnis seit Anfang der Neunzigerjahre leicht zugunsten der Männer verschoben. Etwas weniger als zwei Drittel der heutigen Ausreisenden sind ledig, knapp ein Drittel ist verheiratet. Verwitwete und Geschiedene machen nicht einmal zehn Prozent aus. Rund die Hälfte sind zwischen 20 und 35 Jahre alt, wobei die 25- bis 30-jährigen am stärksten vertreten sind.

Zunehmend wanderungsfreudig sind Schweizer Pensionierte. Sie siedeln sich vorwiegend zwischen den Cinque Terre in Italien und dem spanischen Torremolinos an. Eine überdurchschnittlich hohe Zuwanderung ist vor allem im Konsularbezirk Barcelona festzustellen. In Übersee locken die USA, Costa Rica, Brasilien, Thailand und die Philippinen. Vermehrt ziehen ältere Schweizer auch nach Ungarn und Slowenien. Dabei handelt es sich in der Regel jedoch um Personen, die mit einem aus diesen Ländern stammenden

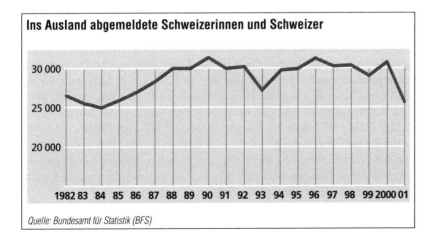
Quelle: Bundesamt für Statistik (BFS)

Partner verheiratet sind, der während seines Aufenthalts in der Schweiz eingebürgert wurde.

Die Auslandschweizergemeinde – die Fünfte Schweiz

Nicht viele Länder haben einen so hohen Anteil an Staatsangehörigen, die im Ausland leben, wie die Schweiz. Fast jeder zwölfte Inhaber eines roten Passes mit weissem Kreuz wohnt fern der Heimat. Diese so genannten Auslandschweizerinnen und -schweizer leben entweder erst kurz im Ausland oder schon ihr ganzes Leben, sind mit der Schweiz eng verbunden oder kennen sie nur von Kalenderbildern. Gemeinsam haben sie eigentlich nur eines: Sie alle besitzen das Schweizer Bürgerrecht.

Mitte 2002 waren bei den Schweizer Vertretungen im Ausland – bei Botschaften und Konsulaten (siehe Seite 340) – insgesamt 598 934 Schweizerinnen und Schweizer registriert. Die Fünfte Schweiz zählt damit etwas weniger Schweizer Bürger als der gesamte Kanton Waadt, der hinter Zürich und Bern drittgrösste Kanton der Schweiz.

Die Auslandschweizer sind verglichen mit den Inlandschweizern relativ jung. Ein Viertel sind jünger als 18 Jahre, 60 Prozent zwischen 18- und 65-jährig und 15 Prozent sind älter. Deutlich höher ist der Rentneranteil entlang der italienischen, französischen und spanischen Mittelmeerküste. Die Fünfte Schweiz ist mit einem Anteil von 60 Prozent Frauen mehrheitlich weiblich; in der Schweiz ist das Geschlechterverhältnis fast ausgeglichen.

Heute leben knapp 62 Prozent der Auslandschweizer in Europa, 18 Prozent in Nordamerika (USA, Kanada), 9 Prozent in Mittel- und Südamerika, 4 Prozent in Ozeanien (Australien, Neuseeland, Südsee), 4 Prozent in Asien und 3 Prozent in Afrika (siehe nebenstehende Tabelle). Diese Zahlen widerspiegeln jedoch nur bedingt die Realität. Denn längst nicht alle Auslandschweizerinnen und -schweizer sind bei einer Schweizer Vertretung eingeschrieben. Besonders bei den Doppelbürgern dürfte die Dunkelziffer hoch sein. Schätzungsweise hält sich mindestens eine fünf-, wenn nicht gar sechsstellige Zahl von Schweizer Bürgern irgendwo auf dem Globus auf, ohne sich bei einer Vertretung gemeldet zu haben. Sie erscheinen also in keiner Statistik. Zu beachten ist zudem, dass insbesondere Geburten und Heiraten von Schweizer Bürgern sowie der Wegzug aus einem Konsularbezirk nicht selten mit erheblicher Verzögerung registriert werden.

In keiner Statistik tauchen die Nachkommen von Schweizer Auswandernden auf, die sich nach wie vor der Schweiz eng verbunden fühlen, aber kein Schweizer Bürgerrecht mehr besitzen, weil sie darauf verzichteten oder sich nicht registrieren liessen. Welche Dimensionen das annimmt, zeigte eine 1990 durchgeführte Volkszählung in den USA. Damals bezeichneten sich mehr als eine Million US-Bürger als schweizstämmig. Offiziell waren aber nur rund 60 000 Schweizerinnen und Schweizer eingeschrieben. Die Fünfte Schweiz ist durch ständiges Wachstum gekennzeichnet. Sie verzeichnet seit 1980 im Jahresdurchschnitt ein Bevölkerungswachstum von etwa 2,5 Prozent. Dieses Wachstum basiert auf einem leichten Auswanderungsüberschuss, einer Zunahme der Einbürgerungen sowie einem Geburtenüberschuss.

Der Auswanderungsüberschuss ist weniger darauf zurückzuführen, dass in den letzten Jahren überproportional viele Schweizer ihrem Land den Rücken kehrten. Vielmehr hat die Zahl der Rückwanderer abgenommen – insbesondere seit 1992. Das ist jedoch weitgehend ein statistisches Phänomen. Der Grund liegt in der Bürgerrechtsgesetzgebung: Bis 1992 erhielten ausländische Frauen durch die Heirat mit einem Schweizer automatisch das Schweizer Bürgerrecht. Seit dies nicht mehr der Fall ist, werden lediglich Schweizer Ehemänner in der Statistik als Rückwanderer aufgeführt; ihre ausländischen Partnerinnen reisen als Ausländerinnen ein und erscheinen in der Ausländerstatistik. Gegenwärtig kehren übrigens jedes Jahr rund 25 000 Auslandschweizer in die Schweiz zurück (siehe Seite 385).

Hier lebten 2002 die meisten Auslandschweizerinnen und -schweizer				
Land	Nur-Schweizer	Schweizer Doppelbürger	Total Schweizer	in % der Auslandschweizer
Frankreich	25 900	132 400	158 300	26
Deutschland	27 200	41 600	68 800	11
USA	22 900	46 600	69 500	12
Italien	11 000	32 300	43 300	7
Kanada	11 000	24 300	35 200	6
Grossbritannien	7 700	18 000	25 700	4
Spanien	11 400	9 100	20 500	3
Australien	4 200	15 500	19 700	3
Argentinien	1 400	13 300	14 800	2
Brasilien	3 000	9 900	12 900	2
Quelle: Auslandschweizerdienst, EDA (Zahlen gerundet)				

Eine stärkere Auswirkung auf das Wachstum der Auslandschweizergemeinde hat die Zahl der neu eingebürgerten Schweizerinnen und Schweizer aufgrund von Heiraten und schweizerischer Abstammung. Das zeigt sich in der steigenden Zahl von Schweizerinnen und Schweizern mit zwei oder mehr Pässen. Auf zehn Auslandschweizer kommen heute sieben Doppel- oder Mehrfachbürger. Ihre Zahl hat sich zwischen 1980 und 2002 mehr als verdoppelt, während jene der Nur-Schweizer praktisch stabil geblieben ist. Die Hauptursache des Bevölkerungswachstums der Fünften Schweiz ist jedoch ein markanter Geburtenüberschuss, der deutlich höher ist als der Gewinn aus der Zuwanderung.

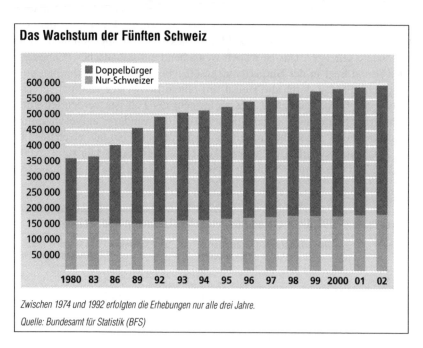

Die Auslandschweizerpolitik des Bundes

Bevor sich der Bund mit der Schaffung eines Auswanderungsgesetzes, das 1881 in Kraft trat, erstmals dem Thema Auswanderung annahm, förderten zahlreiche Gemeinden und Kantone im 19. Jahrhundert die Auswanderung, indem sie Auswanderungswilligen finanzielle Hilfe zukommen liessen. Dahinter standen weniger karitative Überlegungen, sondern vielmehr der Wunsch, sich von den Unterstützungspflichten gegenüber der ärmeren Bevölkerung zu entlasten.

Das Auswanderungsgesetz auf Bundesebene war nötig geworden, weil überall Agenten von Landbesitzern in Übersee ihre Dienste anboten, in schillerndsten Farben für ein koloniales Leben in Wohlstand warben und gar die Überfahrt in die neue Welt finanzierten. Das Gesetz sollte die Auswandernden vor betrügerischen Auswanderungsagenturen schützen, indem diese der Aufsicht und Gesetzgebung des Bundes unterstellt wurden. 1888 eröffnete der Bund aufgrund eines Bundesratsbeschlusses ein Auswanderungsbüro. Dessen administrative Abteilung übte die Aufsicht über den Geschäftsbetrieb der Auswanderungsagenturen aus, während das Kommissariat auswanderungswilligen Schweizern Auskünfte erteilte und ihnen Empfehlungen abgab. Zwei Jahre später wurden die beiden dem Eidgenössischen Politischen Departement unterstellten Abteilungen zusammengelegt.

Nach dem Ersten Weltkrieg während der ersten Wirtschaftskrise 1923/24 unterstützte der Bund die schweizerische Auswanderung mit einer halben Million Franken für Siedlungsaktionen nach Übersee. Dank dieser Finanzhilfe konnten etwa 1400 Personen nach Kanada auswandern. Während der zweiten Wirtschaftskrise 1936/37 stellte der Bund zweieinhalb Millionen Franken zur Verfügung und vergab mit einigen kantonalen Arbeitsämtern individuelle Auswanderungsbeiträge. Davon profitierten rund 1100 Personen. Sie emigrierten hauptsächlich nach Argentinien, Brasilien und Kanada. 1941 schloss der Bund sein Auswanderungsbüro.

1966 wurde die Betreuung der Auslandschweizer in Artikel 45bis der Bundesverfassung geregelt; mit der Verfassungsreform von 1999 wurde sie noch stärker verankert. Danach «fördert der Bund die Beziehungen der Auslandschweizerinnen und Auslandschweizer untereinander und zur Schweiz. Er kann Organisationen unterstützen, die dieses Ziel verfolgen. Er erlässt Vorschriften über die Rechte und Pflichten der Auslandschweizerinnen und Auslandschweizer, namentlich in Bezug auf die Ausübung der politischen Rechte im Bund, die Erfüllung der Pflicht, Militär- oder Ersatzdienst zu leisten, die Unterstützung sowie die Sozialversicherungen.»

Die heutige Auslandschweizerpolitik, an der praktisch alle Departemente beteiligt sind, befasst sich unter anderem mit den Bereichen Vorsorge, Fürsorge, Ausbildung, politische Rechte, Information, Bürgerrecht, Wehrpflicht, Steuern sowie mit dem konsularischen Schutz der Schweizer Bürgerinnen und Bürger im Ausland. Als einzige Bundesstelle befasst sich der Auslandschweizerdienst (ASD) übergreifend mit allen Auslandschweizerfragen. Der ASD ist im Eidgenössischen Departement für auswärtige Angelegenheiten (EDA) angesiedelt. Er nimmt unter anderem die Interessen der

Auslandschweizer innerhalb der Bundesverwaltung wahr und ist für die Information im In- und Ausland zuständig.

Die Schweiz hat eine zwiespältige Haltung zur Auswanderung. Einerseits besteht ein Interesse daran, dass gut qualifizierte Berufsleute im Land bleiben, andererseits sieht man die Auswandernden auch als willkommene Werbe- und Imageträger für die Schweiz im Ausland. Waren es früher einzelne herausragende Persönlichkeiten – Architekten, Generäle, Philosophen, Wissenschaftler –, deren Wirken auf die Schweiz ausstrahlte, sind es heute vielleicht eher die Schweizer Wissenschaftler, Künstlerinnen oder Manager in den international tätigen Firmen sowie hochrangige Bundesbeamte in internationalen Organisationen, die das Bild der Schweiz prägen. Sie stellen für unser kleines, international stark verflochtenes Land ein reiches Reservoir an Kenntnissen, Erfahrungen und Kontakten dar.

Abgesehen von den Stagiaire-Abkommen zur Sicherung der Auslandausbildung an Arbeitsplätzen der Privatwirtschaft (siehe Seite 90), fördert die offizielle Schweiz die internationale Mobilität nicht aktiv. Sie erleichtert es ihren Bürgerinnen und Bürgern weder mit speziellen Mobilitätsprogrammen, ins Ausland zu ziehen, noch gibt es besondere Massnahmen, die Auslandschweizern die Rückkehr in ihre Heimat erleichtern oder ihnen bei der Reintegration helfen. Aus diesem Grund gibt es in der Schweiz auch kein Bundesamt für Auswanderung, sondern lediglich eine Abteilung «Auswanderung und Stagiaires» im Bundesamt für Zuwanderung, Integration und Auswanderung (IMES), die sich den Fragen zur Auswanderung, zu einem Auslandaufenthalt oder zur Rückkehr annimmt (siehe Seite 174).

2. Der Traum und die Wirklichkeit

Im Gegensatz zu früher verlassen heute Schweizerinnen und Schweizer ihre Heimat nicht aus wirtschaftlicher Not, sondern weil sie sich vom Leben im Ausland Vorteile erhoffen. Etwa ein angenehmeres Leben, bessere Karrierechancen, weniger staatliche Einschränkungen, mehr persönliche Freiheit, echte Abenteuer. Die Wirklichkeit sieht oft anders aus.

Die Suche nach dem Paradies

Mit dem starken Schweizerfranken im Portemonnaie sind die Aussichten im Ausland für Durchschnittsschweizer auf den ersten Blick tatsächlich verlockend: Brot, Fleisch und Wein sind billiger, die Land- und Immobilienpreise niedriger, die Steuern tiefer, die Versicherungen günstiger. Und erst die klimatischen Vorteile: Je nach Destination gibt es Sonnenschein das ganze Jahr, Palmenstrand statt steile Berge, weite Flächen anstelle enger Täler. Im Traumland sind die Menschen zudem offener, hilfsbereiter, freundlicher. Man findet Zeit für Gespräche, hilft einander, Freundschaften sind schneller geschlossen. Das Arbeitstempo ist gemächlicher; morgen ist auch noch ein Tag.

Diese Bilder werden noch verstärkt durch Aussagen von Landsleuten, die den Schritt über die Grenze wagten. «Uns geht es blendend», schwärmt der Frühpensionierte, der mit seiner Frau den Ruhestand an der Küste Spaniens verbringt. «Ich könnte mir ein Leben in der stressigen Schweiz nicht mehr vorstellen», meint eine nach Australien ausgewanderter Bäckerin. «Einen solch spannenden Job hätte ich am Hauptsitz der Firma in der Schweiz nie und nimmer», findet ein Schweizer Banker in New York. Und der mit einer Brasilianerin verheiratete Aussteiger erzählt begeistert von den Freiheiten des Landes, den fröhlichen Menschen. Wer angesichts dieser Vorteile in der Schweiz bleibt, dem – so könnten unkritische Zuhörer meinen – ist wirklich nicht zu helfen.

Die Wirklichkeit sieht dann vielfach anders aus. Von den Schattenseiten des Alltags im Ausland erzählt kaum jemand spontan. Erst auf hartnäckiges Nachfragen beginnt der Rentner über die schlampigen Arbeiter zu fluchen, die ihm für teures Geld eine Bauruine erstellten. Die Bäckerin klagt über vierzehnstündige Arbeitstage, die sie in ihrem Einfraubetrieb leisten muss, um die Familie ernähren zu können. Die Ehefrau des Bankmanagers ist von der erfolglosen Suche nach einer sinnvollen Arbeit frustriert und unendlich einsam. Und der Brasilienschweizer ärgert sich grün und blau, dass er Beamte für das Ausstellen eines Dokuments bestechen muss.

Wer die Schweiz mit der Absicht verlässt, sich nur für eine bestimmte Zeit im Ausland aufzuhalten, wird bei Unzufriedenheit einfach früher als geplant den Koffer packen und in die Heimat zurückkehren. Verloren ist dadurch meist nichts; man ist höchstens um eine wertvolle Lebenserfahrung reicher. Tragischer kann die Situation für Auswandernde aussehen, die der Schweiz definitiv den Rücken kehren wollten. Eine Rückkehr ist dann nicht nur mit einem Gesichtsverlust verbunden, sondern hat auch finanzielle Folgen.

Der Traum und die Wirklichkeit

Die Geschichte der Schweizer Auswanderer zeigt: Längst nicht alle konnten ihren Traum vom besseren Leben im Ausland realisieren. Als beispielsweise das Goldfieber 1850 zahlreiche Tessiner nach Australien lockte, blieb für die meisten die Hoffnung auf unermesslichen Reichtum unerfüllt. Viele gingen in den Goldminen elendiglich zugrunde, andere kehrten völlig verarmt und als gebrochene Menschen in ihre Heimatgemeinden zurück. Nicht besser erging es den Auswanderern nach Brasilien, die bei ausbeuterischen Grossgrundbesitzern in Halbpachtschaften landeten; viele mussten sich jahrelang abrackern, um sich daraus zu befreien. Wenig Glück hatten auch die Auswanderer nach Argentinien in den Jahren 1936/37. Die Flüchtlinge vor der Wirtschaftskrise in der Schweiz fanden in der Provinz Misiones weder Milch noch Honig – nur Urwald. Schlechte Ernten führten schon bald zur Verschuldung und Verelendung zahlreicher Familien. Selbst dreissig Jahre mühevolle Arbeit verbesserten die Situation für die Mehrheit kaum. Während der argentinischen Wirtschaftskrise in den Siebzigerjahren zogen deshalb zahlreiche Misiones-Schweizer der zweiten Generation in die Schweiz. Doch längst nicht alle schafften es, sich in der Heimat ihrer Eltern zu integrieren; viele kehrten desillusioniert nach Argentinien zurück. Eine zweite Rückwanderungswelle von Argentinienschweizern gibt es seit Beginn des neuen Jahrhunderts. Schuld ist auch diesmal wieder eine tief greifende Wirtschaftskrise.

Auch heute ist nicht allen Auslandschweizern Erfolg beschieden. Das Restaurant bleibt leer, niemand will die getöpferten Vasen kaufen, der Biokäse vergammelt im Laden, das Korn wächst nicht höher als in der Schweiz. Nicht wenige kehren nach jahrelanger, fruchtloser Aufbauarbeit frustriert und mit leerem Portemonnaie nach Hause zurück. Oder entdecken im Alter, dass niemand für sie sorgt.

Alptraum in der Karibik ...

Wie tragisch eine Auswanderung heute enden kann, zeigt die Geschichte eines Schweizer Ehepaars, das mit 52 beziehungsweise 56 Jahren in der Karibik eine neue Existenz aufbauen wollte. Die beiden hatten schon längere Zeit den Wunsch, in wärmere Gefilde auszuwandern. Während Jahren verbrachten sie ihre Ferien in der Karibik und lernten die verschiedenen Inseln kennen. Als der Mann in der Schweiz seinen Arbeitsplatz verlor, wollte das Ehepaar in Trinidad eine neue Existenz aufbauen. Ein Bekannter, der mit seiner Schweizer Frau schon seit zehn Jahren in der Schweiz lebte, unterstützte sie vor Ort beim Kauf eines Grundstücks am Meer. Zurück in der Schweiz zeichneten sie die Hauspläne und sandten diese,

nachdem sie den Bauvertrag erhalten hatten, mit der vereinbarten Anzahlung nach Trinidad.
«Hurra, wir wandern aus», schrieb das Ehepaar dem Beobachter vor der Abreise. «Es geht für immer in die Karibik. Wir bauen nur eine Stunde vom Flughafen und von der Hauptstadt entfernt ein kleines Gästehaus am Atlantischen Ozean – an einem wunderschönen, 25 Kilometer langen Kokospalmenstrand mit feinem Sand. Sobald unser ‹Little Paradise› bezugsbereit ist, senden wir den Prospekt.»
Ein halbes Jahr später kam kein Prospekt, sondern ein Hilfeschrei: «Nachdem wir einen grossen Teil unserer Habe mit viel Verlust verkauft oder verschenkt hatten, verliessen wir zwei Monate nach Baubeginn definitiv die Schweiz. Als wir aber in Trinidad unser Haus besichtigten, mussten wir feststellen, dass der Baufortschritt nicht dem Terminplan entsprach. Erst zwei Wochen später war ein Gästezimmer fertig. Um die hohen Hotelkosten zu sparen, zogen wir umgehend ein. Danach begann der Horror. Nichts wurde nach den Plänen ausgeführt. Das Haus war schmäler und kürzer als vorgesehen, die Räume waren einen halben Meter zu hoch. Mit Schrecken entdeckten wir einen Pfusch nach dem anderen, zudem waren alle Arbeiten viel zu teuer. Schliesslich feuerten wir den Bauherrn. Darauf holte dieser Verstärkung und bedrohte uns mit Schlagstöcken. Wir flohen unter Polizeischutz.
Glücklicherweise – wie wir damals meinten – fanden wir Hilfe bei unserem Landverkäufer. Mit einem neuen Vertrag und zusätzlichem Kapital erklärte er sich bereit, unser ‹Little Paradise› in Kürze fertig zu stellen. Wir durften bis dahin bei ihm wohnen, angeblich gratis. Weit gefehlt, wir mussten ihm für zwei Monate 3000 Franken Miete zahlen, und unser Haus war noch immer nicht fertig.
Heute leben wir in einem gemieteten Haus und haben in knapp fünf Monaten bereits die neunte Adresse. Die ganze Angelegenheit ist jetzt bei einem Rechtsanwalt – unsere letzte Hoffnung. Doch das kostet Unsummen, braucht viel Zeit und Nerven. Inzwischen haben wir unser gesamtes Alterskapital von rund 250 000 Franken und unsere Gesundheit verloren. Unsere sonst stabile und glückliche Beziehung ist erheblich angeschlagen. Was hier abläuft, ist ein Alptraum. Inzwischen wurden uns sogar die Türen am Haus gestohlen. Jeder Hund kann nun rein, jeder Kriminelle sich darin bedienen. Zu alledem ist Regenzeit. Alles ist überschwemmt. Wie wir erst jetzt erfuhren, erhalten Hausbesitzer nicht automatisch die Aufenthaltsbewilligung. Wir sind am Verzweifeln.»
Einige Wochen später reiste das Ehepaar wieder in die Schweiz zurück. Ihr Traum war definitiv geplatzt. Hier begannen sie ihr Leben wieder von vorne, mit Kontostand Null.

... und ein glückliches Leben im Piemont

Auf der anderen Seite gibt es unzählige positive Beispiele von Schweizerinnen und Schweizern, die es keine Sekunde bereuen, den Mut aufgebracht und Vertrautes hinter sich gelassen zu haben. Das gilt nicht nur für viele Überseeauswanderer, die als fleissige Pioniere eine neue Existenz aufbauen konnten, dabei in der sozialen Hierarchie aufstiegen, wichtige Ämter bekleideten und zu Vermögen kamen. Erfolgreich verlief beispielsweise auch die Auswanderung einer Schweizer Familie ins Piemont. Ihre neue Heimat fanden sie über ein Zeitungsinserat. Da wurde ein Bauernhof verkauft, zu einem bezahlbaren Preis. Kurz darauf standen der Ingenieur, der sich anschliessend zum Bauern und Käser ausbilden liess, und seine Frau, Filmcutterin von Beruf, auf ihrem künftigen Grund und Boden. Zuvor hatten die beiden fünf Jahre bei Schweizer Bauern als Knechte gearbeitet und dabei vergebens einen Hof zu kaufen gesucht. Nun packten sie ihre Chance.

«Mit vier Kindern zügelten wir mit dem Lastwagen. Meine Frau war im neunten Monat schwanger. Wir hatten keine Bedenken wegen der bevorstehenden Geburt. Wer zuerst nach der medizinischen Versorgung fragt, eignet sich nicht zum Auswandern und kann später auch nicht auf Cervelats und Toblerone verzichten. Bei unserer Ankunft half das ganze Dorf beim Abladen. Am Abend gabs ein Fest bis spät in die Nacht. Zwei Wochen später lebten wir mit fünf Kindern in unserem dreihundertjährigen Bauernhaus auf dem fruchtbaren Hügel mit Blick auf die Schweizer Alpen. Schon bald fühlten wir uns in der italienischen Gesellschaft integriert. Für meine Frau ist es als Bäuerin in der Männergesellschaft zwar nach wie vor nicht einfach. Einige Bauern grüssen sie bis heute nicht. Damit die Kinder – inzwischen haben wir sechs – keine sozialen Nachteile erleiden, wurden wir als Reformierte katholisch. Die Nachbarn sind heute Paten der Kinder.

Wir sind echte Biobauern geworden, produzieren in einem geschlossenen Kreislauf und sind Selbstversorger. Wir halten Kühe, Schweine, Wildschweine, Pferde, Hühner, Ziegen, Kaninchen, Perlhühner, Enten, Gänse. Daneben betreiben wir Ackerbau, ziehen Gemüse, haben Obst und Reben. Natürlich verarbeiten wir alles selber: zu Brot, Milch, Joghurt, Butter, Fleisch, Wurstwaren, Käse und Konfitüre. Alles wird direkt vom Hof verkauft. Zuerst kamen die Leute vom Dorf. Jetzt wollen die reichen Mailänder und Genueser bei den Svizzeri Bioprodukte kaufen. Wir werden nicht reich dabei und leben auch heute noch bescheiden. Probleme konnten wir bisher immer meistern, weil die ganze Familie am gleichen Strick zieht und die Kinder kräftig zupacken. Mühe haben wir einzig mit der hiesigen Vetterliwirtschaft, der Korruption. Man kann hier niemandem trauen. Wer keine Beziehungen hat, ist verloren. Trotzdem: Wir könnten uns nicht mehr vorstellen, in die Schweiz zurückzukehren. Unser Traum hat sich erfüllt. Wir sind stolze Kleinbauern und Grundstückbesitzer.»

Fast durchwegs positiv erleben auch die temporären Auswanderer ihre Zeit im Ausland. Kaum jemand möchte die Erfahrungen missen. «Es war die lehrreichste Zeit meines Lebens», sagt eine ehemalige Austauschschülerin. «Ich konnte internationale Kontakte knüpfen», schwärmt ein Student. «Mir wurden die Augen geöffnet», erinnert sich ein Entwicklungshelfer. «Ich fand das Paradies», weiss ein Globetrotter. «Es war eine hektische, aber spannende Zeit», eine Bankerin, die in Singapur arbeitete. Welcher Weg Sie auch immer ins Ausland führt: Sie werden davon persönlich enorm profitieren.

Die menschliche Seite beim Wegzug ins Ausland

Die Arbeitsstelle und die Wohnung im Gastland sind gefunden, das Visum und die Flugtickets eingetroffen, das Zügeln ist organisiert, die Kinder sind an der Privatschule angemeldet, die Haustiere im Tierheim untergebracht – und der Partyservice für das Abschiedsfest ist bestellt. Viele Schweizerinnen und Schweizer, die ihre vertraute Umgebung für längere Zeit verlassen, kümmern sich vor allem um organisatorische Fragen. Die mentale Vorbereitung auf die neue Lebensphase im Ausland kommt meist zu kurz: «Wir werden ja sehen – und es schon irgendwie schaffen.»

In der Regel ist auch niemand daran interessiert, Sie auf die psychologischen und sozialen Aspekte eines längeren Auslandaufenthalts oder einer Auswanderung aufmerksam zu machen: auf die Entwurzelung, die absehbaren Probleme beim Einleben in eine neue Kultur. Der Versicherungsvertreter versucht seine Police zu verkaufen, dem Auswanderungs- und dem Steuerberater gehts ums Honorar, der Einwanderungsbeamte will das Visum sehen, der ausländische Arbeitgeber interessiert sich für Ihre Berufsqualifikation... Nach Ihrem seelischen Befinden erkundigt sich niemand.

Wer vor einem längeren Auslandaufenthalt oder einer Auswanderung der mentalen Vorbereitung zu wenig Beachtung schenkt, riskiert je nach Gastland einen mehr oder weniger grossen Kulturschock. Klar: Nehmen Sie Wohnsitz im Elsass oder in Liechtenstein, fällt dieser anders aus, als wenn Sie nach Bogotá oder Bombay ziehen. Achten Sie jedoch bei der Reisevorbereitung zu wenig auf die eigenen Gefühle oder ignorieren Sie diese, besteht Gefahr, dass Sie nach der Ankunft im Gastland mit schwer wiegenden psychischen Problemen kämpfen.

Da Sie selbst in Ihren (unrealistischen) Vorstellungen und Sorgen gefangen sind, sollten Sie Ihre Auslandpläne möglichst frühzeitig mit einer Vertrauensperson besprechen, die Sie als kritische Gesprächspartnerin schätzen. Es geht dabei nicht darum, dass irgendein Miesepeter Ihre Aufbruchstimmung zerstört, sondern dass Ihnen eine neutrale, unvoreingenommene Person den Spiegel vor Augen hält und Sie bei der Entscheidungsfindung unterstützt. Dies ist vor allem wichtig, wenn Sie auswandern wollen. Werden Sie von einer fortschrittlichen Schweizer Firma ins Ausland entsandt (siehe Seite 97), erhalten Sie von speziell geschulten Fachleuten Hilfe, indem man Sie und Ihre Partnerin oder Ihren Partner in so genannten interkulturellen Seminaren auf das künftige Leben im Ausland vorbereitet. Doch, ob Sie nun im privaten Umfeld oder durch professionelle Berater unterstützt werden, über einige Tatsachen sollten Sie sich im Klaren sein.

Alter
Ideal dürfte ein Alter zwischen 25 und 40 Jahren sein. Mit 25 hat man die ersten beruflichen Sporen abverdient, eine persönliche Identität gefunden und hat – wenn überhaupt – Kinder, die sich in der Regel noch nicht in der Pubertät befinden (siehe Seite 293). Nach dem 40. Altersjahr wird ein längerer Auslandaufenthalt oder gar eine Auswanderung schwieriger. Denn wer im Ausland eine neue Existenz aufbauen will, benötigt einige Jahre, bis er oder sie die Früchte ernten kann. Beginnen Sie mit dieser Arbeit erst gegen fünfzig, schaffen Sie dies unter Umständen nur knapp – oder gar nicht. So erstaunt es auch nicht, dass für viele Länder das Alter von Auswanderungswilligen eine zentrale Rolle spielt. Kanada beispielsweise «bestraft» über 49-jährige Einwanderer in seinem Punktesystem mit Minuspunkten (siehe Seite 52).

Ein zu fortgeschrittenes Alter zu Beginn eines Auslandaufenthalts wirkt sich auch bei einer späteren Rückkehr in die Schweiz negativ aus. Im hiesigen Arbeitsmarkt haben über 45-Jährige je nach Branche kaum mehr Chancen auf einen Job.

Partnerschaft
Der Erfolg eines Auslandaufenthalts hängt massgeblich von der positiven Einstellung des Partners oder der Partnerin ab. Ein halbherziges Ja zur Abreise reicht nicht. Es braucht die volle Unterstützung und Bereitschaft, den Weg über die Grenze gemeinsam zu gehen. Und zwar mit allen damit verbundenen Konsequenzen. Diese können vor allem für den mitreisenden Teil – in der Praxis ist es meist die Ehefrau – gravierend sein: Sie muss vielfach ihre berufliche Karriere jener des Mannes opfern und ist zur Untätigkeit verdammt, oder sie ist plötzlich gezwungen, den Lebensunterhalt mitzuverdie-

nen. Meist ist es für sie, weil sie keine Arbeitsbewilligung erhält oder geeignete Arbeitsplätze fehlen, unmöglich im eigenen Beruf einer bezahlten Tätigkeit nachzugehen. Das kann die Partnerin in eine tiefe Krise stürzen und die Partnerschaft schwer belasten. Viele Auslandaufenthalte von Paaren scheitern an diesem Punkt (siehe auch Seite 81).

Geben Sie sich keinen Illusionen bezüglich den zwischenmenschlichen Beziehungen in Ihrer Partnerschaft hin. Wer glaubt, mit dem Wegzug ins Ausland die bisherigen Beziehungsprobleme zurücklassen zu können, irrt gewaltig. Ehekrisen sind im Ausland schwieriger zu meistern. Die Idee, zusammen nochmals von vorne zu beginnen und so die Beziehung zu retten, ist ebenfalls zum Scheitern verurteilt. Ehen, die bereits vor einem Auslandaufenthalt krisenanfällig waren, scheitern im Ausland oft endgültig. Auf der anderen Seite wird bei intakten Familienverhältnissen der Zusammenhalt durch die gemeinsame Erfahrung eines Auslandaufenthalts häufig gestärkt.

Kinder
Haben Sie Kinder im entscheidungsfähigen Alter, sollten Sie unbedingt deren Unterstützung haben. Die ganze Familie muss am gleichen Strick ziehen. Nur so lassen sich spätere Probleme lösen. Je älter die Kinder, desto problematischer wird in der Regel ein Auslandaufenthalt. Besonders Jugendliche in der Pubertät empfinden einen Wohnortwechsel ins Ausland oft als schwierig. Denn sie verlieren damit ihr gesamtes soziales Netzwerk, das gerade während der pubertären Phase und für die weitere Entwicklung wichtig ist. Vielfach gestaltet sich bei heranwachsenden Jugendlichen auch die schulische Eingliederung schwierig (siehe Seite 293). Unter Umständen raubt man ihnen gar die Chance auf eine bestimmte Ausbildung.

Je nach Situation und Kind ist ein Auslandaufenthalt zum falschen Zeitpunkt also unverantwortlich – etwa bei Kindern mit Leistungsschwächen, Kontaktschwierigkeiten, einem klaren Berufswunsch. Oder bei Jugendlichen, die kurz vor dem Abschluss einer Matur, einer Lehre oder eines Studiums stehen. Wird ein Auslandaufenthalt gegen den Willen der Kinder «durchgezogen», zeigt sich in der Praxis nicht selten, dass diese ihre Ausbildung in der Schweiz absolvieren – und danach in der alten Heimat sesshaft bleiben.

Für noch nicht schulpflichtige Kinder verläuft der Wegzug ins Ausland meist unproblematisch. Am neuen Wohnort finden sie sich in der Regel schnell zurecht, schliessen mit andern Kindern Freundschaften und lernen die Sprache auf spielerische Art. Diese unproblematische Integration kann später für die Eltern allerdings zum Problem werden, falls sie sich weniger schnell integrieren: Sie verstehen die eigenen Kinder plötzlich nicht mehr – sprachlich und mentalitätsmässig.

Familien- und Bekanntenkreis

Nicht nur der engere Kreis der Familie, sondern das ganze Beziehungsnetz ist von einem längeren Auslandaufenthalt betroffen. Je frühzeitiger, ehrlicher, offener Sie Ihre Auslandpläne bekannt machen, desto besser kann sich die Umgebung darauf einstellen und sich mit der Situation auseinander setzen.

Am wichtigsten ist diese Arbeit innerhalb der eigenen Familie. Wer diesem Aspekt zu wenig Bedeutung schenkt, riskiert einen scharfen, schmerzlichen Bruch, der unter Umständen nicht mehr gekittet werden kann. Oder anders gesagt: Jede Trennung von nahe stehenden Menschen ist eine Art Trauerprozess, der eine Wunde in die Seele und ins Beziehungsnetz schlägt. Selbst wenn diese gut verheilt, bleibt eine Narbe zurück.

Heimweh

Die Trennung von der Familie, von Freunden und Bekannten, macht vielen Auslandschweizern und -schweizerinnen anfänglich arg zu schaffen. Die neu geknüpften Beziehungen im Ausland vermögen dieses Vakuum meist nicht aufzufüllen, auch wenn jemand im sozialen Gefüge des Gastlands wieder seinen Platz gefunden hat. Es ist eben nicht der gleiche Verein wie in der Schweiz, es sind nicht die gleichen Kolleginnen. Und auch der Schwatz im Quartierladen gehört der Vergangenheit an, ebenso der Nebel einer Herbstnacht, der frische Schnee auf der Wiese, die Rauchwurst vom Metzger, das Fondue, die Schokolade, ein spezielles Gewürz oder Pflegeprodukt. Da trösten einen auch nicht die ins Ausland mitgenommenen Souvenirs: der Kalender, die CDs, der Teddybär mit Sennenhut. Von Heimweh bleiben die wenigsten verschont.

Kulturschock und Integration

Wer ins Ausland zieht, wird je nach Land, Kultur und bisherigen Erfahrungen einen mehr oder weniger starken Kulturschock erleben. Dieser Begriff steht für die emotionale Reaktion auf das Unvermögen, eine Situation zu überblicken, das Verhalten anderer vorauszusagen oder begreifen zu können. Im Alltag kann der Kulturschock in kleinen Dingen auftreten: Man versteht den Humor der Einheimischen nicht, weiss nichts über die administrativen Abläufe auf Ämtern, kann das Verhalten der Autofahrer bei Rotlicht nicht einschätzen, ist bei Preisverhandlungsritualen überfordert, wird von externen Reizen wie Lärm, Hitze, überfüllten Strassen oder Armut überflutet. All dies führt zu einer Art Stress, den zu bewältigen viel Kraft und Energie verlangt.

Ein Kulturschock hat meist mehrere Ursachen: Anpassungsschwierigkeiten, das Gefühl, nicht dazuzugehören, Orientierungsprobleme in der fremden Umgebung, ein ungewohntes Rollenverständnis der Geschlechter, Angstgefühle aufgrund kultureller Unterschiede und schliesslich ein Gefühl der Ohnmacht, weil man sich nicht unbeschwert in der neuen Kultur bewegen kann. Je nach Intensität und Person kann ein Kulturschock verschiedene physische und psychische Symptome auslösen. Zu den physischen Auswirkungen zählen beispielsweise Schlafstörungen, Appetitverlust, Verdauungsprobleme. Im psychischen Bereich äussert sich ein Kulturschock auf vielfältigste Weise: Man misstraut den Einheimischen, befürchtet ständig, hintergangen zu werden, macht sich Sorgen um die eigene Gesundheit, braust schneller auf, fühlt sich schon bei geringfügigen Alltagsproblemen überfordert und hilflos, versinkt in Selbstmitleid, hat Heimweh. Das kann zur Abkapselung gegenüber Einheimischen führen, zu erhöhtem Alkoholkonsum, zur Weigerung, die Sprache des Landes zu sprechen, zu abschätzigen Bemerkungen und Beschimpfungen der einheimischen Bevölkerung.

Wer keine Bereitschaft aufbringt, sich einer fremden Kultur mit ihren Normen, Werten, Tabus und Regeln anzupassen, wird auf die Bewohner des Gastlands arrogant, überheblich und dominierend wirken. Und wird gezwungenermassen auf Ablehnung, Misstrauen und Aggression stossen. Die meisten Einheimischen erwarten zwar, dass sich Ausländer anders verhalten, begrüssen es aber, wenn diese sich an ihre Kultur anzupassen versuchen. Das erleichtert die Annäherung, fördert die gegenseitige Sympathie, erhöht den Respekt voreinander und schafft Vertrauen.

Glauben Sie nicht, dass Sie jemals wie ein Einheimischer fühlen, denken und handeln können. Wer in der Schweiz aufgewachsen ist und hier lange Zeit lebte, kann die hier geltenden Normen und Werte kaum abschütteln. Ein Schweizer wird nie zum echten Spanier, Franzosen, Kanadier, Australier – und umgekehrt. Es braucht in der Regel drei Generationen, bis man wirklich integriert ist. Bei der Anpassung gilt es also den goldenen Mittelweg zu finden. Falsch wäre, die eigene Kultur völlig zu leugnen und sich vorbehaltlos der neuen anzupassen. Die beste Strategie ist, die Besonderheiten der beiden Kulturen zu verbinden.

Es wird davon ausgegangen, dass jeder Mensch bei der Integration in eine fremde Kultur verschiedene Phasen durchlebt. Diese können unterschiedlich lang und intensiv ausfallen. Ein bekanntes Modell geht von folgenden Phasen aus:

• Zu Beginn des Auslandaufenthalts herrscht eine ausgesprochene Hochstimmung. Optimismus, Faszination und Begeisterung für die fremde Kultur dominieren. Zu den Gastgebern bestehen freundliche, aber oberflächliche Beziehungen.

Der Traum und die Wirklichkeit

- Früher oder später folgt die erste Krise: Man kämpft mit Sprachschwierigkeiten, versteht die unterschiedlichen Regeln und Tabus des Gastlands nicht. Angst, Verärgerung, Frustration machen sich breit. In dieser Phase wird vermehrt der Kontakt zu Auslandschweizern gesucht.
- Allmählich meistert man die anfänglichen Probleme, spricht und versteht die Landessprache, findet sich in der neuen Umgebung besser zurecht, weiss Reaktionen und Verhaltensweisen der Einheimischen einzuschätzen und zu interpretieren. Das führt zu einer positiveren Einstellung gegenüber dem Gastland.
- Schliesslich folgt die Phase der Anpassung an die neue Lebenssituation. Man akzeptiert die Eigenheiten der anderen Kultur, fühlt sich nicht mehr durch Unbekanntes bedroht, geht offen und vorurteilslos auf die Menschen zu, baut Beziehungen auf, findet eine Balance zwischen den eigenen Werten und jenen des Gastlands.

Der wichtigste Faktor für eine problemlose Integration ist Ihre Fähigkeit in der Landessprache zu kommunizieren. Mit anderen Worten: Lernen Sie die Sprache des Gastlands – noch vor der Abreise – und bringen Sie damit gewissermassen den Schlüssel zur Gastfreundschaft mit (siehe Seite 179).

- Bleiben Sie auf dem Boden der Realität. Jedes vermeintliche Paradies hat Schattenseiten. Und vor allem: Sie können Ihre persönlichen Probleme nicht einfach in der Schweiz zurücklassen, sondern nehmen sie mit.
- Suchen Sie einen Menschen, mit dem Sie sich über Ihre Auswanderungspläne unterhalten können und der Sie moralisch unterstützt.
- Lernen Sie schon zu Hause die Sprache des Gastlands. Das mildert den Kulturschock und erleichtert die Integration.

Die Motive für ein Leben im Ausland

Wieso möchten Schweizer und Schweizerinnen ihrem Land für eine bestimmte Zeit oder für immer den Rücken kehren? Ökonomische, emotionale, kulturelle, familiäre und biographische Gründe dürften eine Rolle spielen. Dahinter steckt vielleicht Abenteuer- oder Entdeckungslust, der Wille eine fremde Sprache zu lernen, der Wunsch nach einem Neuanfang nach

einer Trennung oder einem Todesfall, ein Schritt in der beruflichen Karriere
– oder reiner Zufall. Es kann aber auch ein Fluchtversuch aus dem tristen
Alltag sein, ein Weglaufen vor persönlichen und familiären Problemen, die
Suche nach Selbstverwirklichung. Oder ein Entrinnen aus der engen, stark
bevölkerten und bis ins kleinste Detail reglementierten Schweiz.
Wichtig ist, dass Sie sich über die eigentliche Motive für Ihren Schritt
ins Ausland bewusst zu werden. Wer einfach nur allgemein mit der gegenwärtigen Lebenssituation unzufrieden ist und aus einer Laune der Frustration die Schweiz verlassen will, hat denkbar schlechte Chancen, im Ausland glücklich zu werden.
In groben Zügen lassen sich die unten stehenden Motive für einen Wegzug ins Ausland ausmachen. Wobei sich in der Praxis natürlich nicht exakte Grenzen ziehen lassen und bestimmte Faktoren sich ergänzen oder überlappen. Je nach Motiv bestehen für die Ausreisenden tendenziell eher gute, mittelmässige oder schlechte Chancen, dass das Leben im Ausland den erhofften Erfolg bringt und sich die geheimen Sehnsüchte und Wünsche erfüllen.
Dass sich eine eher ungünstige Ausgangslage zum Positiven entwickelt, ist natürlich nicht auszuschliessen.

Motive für den Wegzug ins Ausland

Grundmotivation	Hintergrund	Chance
Abenteuer-, Reiselust	Fernweh; das Bedürfnis, in der weiten Welt Neues und Unbekanntes zu entdecken, neue Herausforderungen zu suchen; typische Vertreter dieses Auswanderungstypus: Globetrotter, Abenteurer und Aussteiger.	☺
Ausbildung	Motivation von Sprach- und sonstigen Studenten, Stagiaires, Kadermitarbeitern in international tätigen Unternehmen – ein Faktor, der immer wichtiger wird; Lehr-, Studien- und Wanderjahre im Ausland sind eine wichtige Voraussetzung für die berufliche Karriere.	☺
Berufliche Selbständigkeit	Auswanderungsmöglichkeit für unternehmerisch veranlagte Berufsleute oder kapitalkräftige Investoren; vielfach ist eine Firmengründung und die Schaffung von Arbeitsplätzen die einzige Möglichkeit, als Ausländer eine Arbeits- und Aufenthaltsbewilligung zu bekommen.	😐
Existenzgefährdung	Auswanderungsgrund für Leute, deren angestammter Beruf aufgrund technischer Entwicklungen oder wirtschaftlicher Veränderungen in der Schweiz keine Lebensgrundlage mehr bietet; zu dieser Kategorie zählen Handwerker älterer Berufsgattungen und Arbeitslose.	☹
Familiennachzug	Spielt für Schweizerinnen und Schweizer eher eine untergeordnete Rolle; möglich bei in der Schweiz eingebürgerten Kindern von ehemaligen Fremdarbeitern, die inzwischen wieder in ihre angestammte Heimat zurückgekehrt sind; betrifft die zweite und dritte Ausländergeneration.	☺

Grundmotivation	Hintergrund	Chance
Flucht vor Rezession	In Zeiten der Hochkonjunktur nimmt die Auswanderungsbereitschaft ab, in rezessiven Phasen zu; Migrationsform, die parallel zu den hiesigen Wirtschaftszyklen verläuft, deren Bedeutung aber aufgrund der internationalen Wirtschaftsverflechtungen abnimmt.	☹
Freiheitsdrang	Motivation ist der unbändige Drang nach mehr persönlichem Freiraum; mit dem Ausbrechen aus der Schweiz wird versucht, einengenden familiären, gesellschaftlichen und beruflichen Zwängen und Verpflichtungen zu entfliehen.	☹
Heirat	Liebe kennt keine Grenzen und endet in der Ehe mit einem ausländischen Partner oder einer ausländischen Partnerin; in der Regel die unproblematischste und schnellste Variante, im Ausland die Niederlassungs- und Arbeitsbewilligung zu erhalten.	😐
Klima	Nicht nur für viele Pensionierte ein Hauptgrund, Kälte, Schnee und Berge mit Sonne, Strand und Meer zu tauschen; auch ein wichtiges Motiv für Menschen mit gesundheitlichen Beschwerden (Rheuma, Asthma, Allergien).	☺
Landknappheit	Kulturlandverlust, Bodenknappheit, steigende Bodenpreise und sinkende Erträge lassen manchen Bauern ein kleines Grundstück in der Schweiz gegen ein grösseres in der Neuen Welt tauschen.	😐
Optimierung der Altersrente	Neuerer Migrationstyp; Pensionierte und Frühpensionierte auf der Suche nach südlichen Ländern mit tiefen Lebenshaltungskosten; klassische Spanienschweizer; das Gastland wird primär nach der Anzahl Sonnentage und dem Preisniveau ausgewählt; Kultur, Mentalität und Landessprache sind sekundär, was oft zu Integrationsproblemen führt.	😐
Sozialer Druck	Migrationstyp, welcher der sozialen Ächtung – etwa aufgrund von Schulden, Konflikten mit dem Gesetz, Arbeitslosigkeit, Scheidung, Zugehörigkeit zu einer Randgruppe – entfliehen will.	☹
Steuerflucht	Auswanderungsmotiv von Grossverdienern und Vermögenden; ein Domizilwechsel soll die Steuerbelastung senken; legale und illegale Steuerersparnis liegen dabei oft nahe beieinander; beliebte Steueroasen sind unter anderem Monaco, Andorra, die Bahamas oder die Cayman-Inseln.	☹
Unzufriedenheit	Alles ist schlecht in der Schweiz: das politische System, die Armee, die Banken, die Umweltverschmutzung, die Reichen, die zunehmende Überfremdung, die soziale Ungerechtigkeit; ein Migrationstyp, der an der Heimat nichts Positives mehr findet.	☹
Wunsch nach Eigentum	Ein Haus am See, das Pferd auf der Weide, zwei Autos in der Garage und ein riesiges Grundstück – das können sich in der Schweiz nur die Reichsten leisten. In Ländern mit tieferen Lebenshaltungskosten können sich diesen Traum auch Leute aus dem Mittelstand erfüllen.	😐
Zivilisationsflucht	Ab in die unberührte Natur, raus aus den lärmigen Städten, den Betonburgen und dem zersiedelten Schweizer Mittelland, zurück zur Einfachheit; die grosse Einsamkeit ruft – etwa das australische Outback oder die Wälder Kanadas.	😐

☺ = gute Chancen auf Erfolg im Ausland   😐 = mittelmässige Chancen   ☹ = schlechte Chancen

Test: Eigne ich mich für ein Leben im Ausland?

Wer offen ist für Neues und nach der seriösen Vorbereitung (siehe Seite 161) den Schritt über die Grenze wagt, wird in jedem Fall reich belohnt: mit wertvoller Lebenserfahrung, einer Fülle von bereichernden Eindrücken, einem erweiterten Horizont, einem anderen Weltbild, mit neuen Freundschaften.

Eine Garantie für eine erfolgreichen Zeit im Ausland gibt es logischerweise nicht. Es liegt in der Natur der Sache, dass das Leben im Ausland mit grösseren Unsicherheiten verbunden ist als in der bekannten Umgebung zu Hause. Doch genau dies ist ja das Reizvolle daran. Nur wer wagt, gewinnt. Deshalb sollte eigentlich jede Schweizerin und jeder Schweizer die Chance ergreifen, während eines Auslandaufenthalts neue Lebenserfahrungen zu sammeln. Erst wer im Ausland war, merkt, wie grün das Gras zu Hause wächst.

Ob das Abenteuer Ausland von Erfolg gekrönt ist oder zum Alptraum wird, hängt neben einer gründlichen Vorbereitung vor allem von der eigenen Person ab. Gefragt sind unter anderem höchste Flexibilität, eine starke Persönlichkeit, gute Menschenkenntnisse, eine gehörige Portion Abenteuerlust, die Fähigkeit, sich in einer fremden Umgebung zurechtzufinden und sich einer neuen Kultur anpassen zu können.

Planen Sie einen längeren Auslandaufenthalt oder wollen Sie für immer auswandern, sollten Sie sich als Erstes darüber klar werden, ob Sie den Anforderungen gewachsen sind. Der folgende Eignungstest hilft Ihnen, sich Klarheit zu verschaffen. Nehmen Sie sich die nötige Zeit, die Fragen in aller Ruhe zu beantworten. Erarbeiten Sie die Antworten mit Ihrem Partner, Ihrer Partnerin oder mit einer anderen Person, die Sie gut kennt. Dadurch fällt das Resultat objektiver aus und die Gefahr einer falschen Selbsteinschätzung wird kleiner.

Eignungstest für das Leben im Ausland

Kriterien	Ja	Nein
Selbstvertrauen *Der Job entpuppt sich als Flop, der kurze Arbeitsweg als dreistündige Autobahnfahrt, die versprochene Wohnung als düsteres Loch. Was solls, es kann nur besser werden. Packen wirs an! Wer ins Ausland will, braucht gesundes Selbstvertrauen und Selbstbewusstsein.*		
– Ich habe eine optimistische Lebenseinstellung.	❏	❏
– Enttäuschungen und Niederlagen stecke ich leicht weg.	❏	❏
– Ich weiss, was ich im Leben will.	❏	❏
– Ich bin von meinem Handeln überzeugt und kann zu meinen Entscheiden und Fehlern stehen.	❏	❏
– Situationen und mich selbst schätze ich realistisch ein.	❏	❏
– Ich glaube an mich selbst.	❏	❏
– Ich nehme meine Gefühle ernst und kann mich auf sie verlassen.	❏	❏
Selbständigkeit *Das Fluggepäck landet in München statt in Montreal – und vom «guten Bekannten», der einen am Flughafen empfangen sollte, keine Spur. Auswanderungswillige müssen eigenständige Persönlichkeiten sein, die sich bei Problemen selbst helfen können.*		
– Ich finde mich ohne fremde Hilfe im Leben zurecht.	❏	❏
– Ich kann mir ein Leben ohne meine langjährigen Freunde und Bekannten gut vorstellen.	❏	❏
– Ich habe genügend Energie, um mich immer wieder selbst zu motivieren, auch nach persönlichen Niederlagen.	❏	❏
– In schwierigen Situationen stehe ich über der Sache und verliere nicht gleich den Kopf.	❏	❏
– Ein gewisses Mass an Einsamkeit halte ich gut aus.	❏	❏
Risikofreudigkeit *Wohnung und Job in der Schweiz sind gekündigt, der Koffer gepackt, die Freunde verabschiedet – morgen gehts in die Karibik und in einer Woche wird mit dem Ersparten eine Strandbar eröffnet. Wer den Schritt über die Grenze wagt, ist bereit, Risiken einzugehen.*		
– Ich bezeichne mich als risikofreudig.	❏	❏
– Unbekanntes schreckt mich nicht ab, sondern zieht mich an.	❏	❏
– Ich bin eine neugierige Person.	❏	❏
– Ich bin mutig.	❏	❏
– Es macht mir keine Mühe, Entscheide zu fällen.	❏	❏
Verzichtsbereitschaft *Die Küche des Gastlands ist hervorragend – wenn nur endlich die Rösti, die Cervelats und das Fondue aus der Schweiz eintreffen würden! Wer sich im Ausland niederlässt, muss auf viel Liebgewonnenes verzichten können.*		
– Jahrelange Freundschaften und Beziehungen kann ich für meine Auslandpläne (vorübergehend) aufgeben.	❏	❏
– Ich weiss aus eigener Erfahrung, was verzichten heisst, und kann deshalb vorübergehend problemlos ohne den bisherigen Lebensstandard (Wohnung, Auto, Ferien) auskommen.	❏	❏
– Wenn es die Situation erfordert, kann ich persönliche Bedürfnisse (Hobbys, Freizeitbeschäftigung, Pflege zwischenmenschlicher Kontakte) ohne weiteres zurückstecken.	❏	❏
– Ich bin unter Umständen bereit, finanzielle Abstriche zu machen.	❏	❏
Anpassungsfähigkeit *Jeden Morgen pünktlich um vier Uhr ruft der Muezzin – und im Fastenmonat Ramadan gibts in keinem Restaurant was zu essen. Als Fremder im Ausland muss man sich anpassen können und Gespür für kulturelle Unterschiede haben.*		
– Ich bin tolerant gegenüber fremden Kulturen oder Religionen mit anderen Wertvorstellungen und einer unterschiedlichen Ethik.	❏	❏

Kriterien	Ja	Nein
– Der Umgang mit Menschen von anderer Mentalität fällt mir leicht.	❏	❏
– Ich kann in einer Gesellschaft leben, in der ein tieferer Graben zwischen Arm und Reich besteht als in der Schweiz.	❏	❏
– Ich kann in einem Land leben, das krassere soziale Ungerechtigkeiten kennt als die Schweiz.	❏	❏
– Meine Schweizer Ansprüche an Genauigkeit, Zuverlässigkeit, Pünktlichkeit und Sauberkeit kann ich tiefer schrauben.	❏	❏
– Gegenüber meinen Mitmenschen besitze ich ein gutes Urteilsvermögen.	❏	❏
– Es fällt mir leicht, den Schweizer Lebens- und Arbeitsstil gegen einen anderen zu tauschen.	❏	❏
– Ich habe schon öfter bewiesen, dass ich mich in einer fremden Umgebung bestens integrieren kann.	❏	❏
Durchhaltewille *Der Beamte bei der Arbeitsbehörde weiss, wie schon beim letzten Besuch, von gar nichts, hält zum fünften Mal dasselbe Formular zum Ausfüllen hin – und vertröstet einmal mehr auf mañana! Fremde haben es nicht leicht, sich zu behaupten.*		
– Von Misserfolgen und Schwierigkeiten lasse ich mich nicht so rasch unterkriegen.	❏	❏
– Ich suche nicht den Weg des geringsten Widerstands.	❏	❏
– Beharrlichkeit, Hartnäckigkeit und Geduld sind meine Stärken.	❏	❏
– Ich habe sehr gute Nerven.	❏	❏
– Administrative Hürdenläufe schrecken mich nicht ab.	❏	❏
– Ich bin eine Kämpfernatur.	❏	❏
– Ich traue mir zu, als Ausländer ein neues Beziehungsnetz aufzubauen.	❏	❏
Flexibilität *Der Zügelwagen mit den Möbeln aus der Schweiz kommt pünktlich an – doch das neu gekaufte Haus steht erst im Rohbau! Wer sich auf Neues einlässt, benötigt überdurchschnittliche Flexibilität.*		
– Ich bin sehr anpassungsfähig und geistig flexibel.	❏	❏
– Ich fühle mich nicht überfordert, wenn ich sorgfältig ausgearbeitete Pläne kurzfristig ändern muss.	❏	❏
– An einen anderen Lebensrhythmus kann ich mich mühelos gewöhnen.	❏	❏
– Ich kann eine vorgefasste Meinung ändern, wenn es die Situation erfordert.	❏	❏
Organisationstalent *Bus- und Taxifahrer streiken, der eigene Wagen ist in Reparatur, die Nachbarn sind verreist, das nächste Spital fünfzig Kilometer entfernt – und die Wehen haben eingesetzt! Wer kein Organisationstalent besitzt, wird es fern der Heimat schwer haben.*		
– Ich habe schon öfter mein Improvisationstalent bewiesen.	❏	❏
– Auch in einer fremden Umgebung schaffte ich es bisher noch immer, mir irgendwie zu helfen.	❏	❏
– Organisieren und Improvisieren liegen mir im Blut.	❏	❏
– Ich liebe Überraschungen.	❏	❏
Belastbarkeit *Obwohl beide Eltern berufstätig sind, reicht es nur knapp zum Überleben – und bald schon ist Nachwuchs angesagt! Auswanderer müssen vielfältige Belastungen aushalten können.*		
– Ich kann ohne Beschwerden über längere Zeit intensiv körperlich und psychisch belastet sein.	❏	❏
– Es gelingt mir gut, mit Stresssituationen umzugehen.	❏	❏
– Ich kann Verantwortung übernehmen.	❏	❏
– Ich kann existenzielle Unsicherheiten aushalten.	❏	❏
– Ich war schon mehrmals für längere Zeit im Ausland und hielt das Heimweh gut aus.	❏	❏

Kriterien	Ja	Nein
Sicherheitsbedürfnis *Vollmond, silbernes Meer, Palmenrauschen – ein Spaziergang allein am Strand wäre aber viel zu gefährlich! Im Ausland muss man punkto Sicherheit in der Regel Abstriche machen.*		
– Ich kann mir ein Leben in einem Land mit weniger Sicherheit für Leib und Leben vorstellen (Terrorismus, Korruption, Kriminalität, Gewalt). – Mit finanzieller Unsicherheit kann ich leben. – Die Sicherheit in der Schweiz hat für mich einen geringeren Stellenwert als die Chance, im Ausland Neues zu entdecken. – Ich bin bereit, im Bereich der sozialen Sicherheit (Alters- und Gesundheitsvorsorge, soziale Einrichtungen) gewisse Abstriche zu machen.	❏ ❏ ❏ ❏	❏ ❏ ❏ ❏
Familie *Die Ehefrau findet keine sinnvolle Beschäftigung, die Kinder keine Spielkameraden – und alle wollen nach Hause. Wer nicht allein, sondern mit einem Partner oder gar mit Kindern auswandert, braucht ihre volle Unterstützung. Beziehungen werden dabei auf eine harte Probe gestellt.*		
– Mein Partner/meine Partnerin unterstützt meine Auswanderungspläne vollumfänglich. – Die Kinder unterstützen unsere Auswanderungspläne vollumfänglich. – Meine Familie ist sich der Konsequenzen bewusst, die ein Leben im Ausland mit sich bringt. – Mein Partner/meine Partnerin und die Kinder sind bereit, den Gürtel unter Umständen enger zu schnallen und auf einiges zu verzichten. – Meine Familie will und kann beim Aufbau einer neuen Existenz aktiv mithelfen. – Meine Paarbeziehung hat schon einige Belastungen unbeschadet überstanden. – Mein Partner/meine Partnerin ist sich bewusst, dass er/sie unter Umständen im Ausland keine Beschäftigung findet.	❏ ❏ ❏ ❏ ❏ ❏ ❏	❏ ❏ ❏ ❏ ❏ ❏ ❏
Sprachkenntnisse *Der Handwerker will weder Schweizerdeutsch, noch Englisch, Französisch oder Spanisch verstehen – und das in Brasilien! Wer die Landessprache nicht beherrscht, wird sich im Ausland kaum integrieren können.*		
– Ich beherrsche die Sprache des Ziellands mündlich und schriftlich oder bin gewillt, sie möglichst schnell zu lernen beziehungsweise zu perfektionieren. – Ich besitze ein gewisses Sprachtalent. – Ich bin bereit, nicht nur die offizielle Landessprache, sondern auch die von der lokalen Bevölkerung gesprochene Sprache zu lernen. – Auch in einer Fremdsprache gelingt es mir, mich auf freundliche, aber bestimmte Art durchzusetzen. – Zur Not kann ich mich in einem fremden Sprachraum mit Händen und Füssen durchschlagen.	❏ ❏ ❏ ❏ ❏	❏ ❏ ❏ ❏ ❏
Gesundheit *Das Aussenthermometer steigt auf 40 Grad, die Luftfeuchtigkeit beträgt 90 Prozent – und da soll man noch arbeiten! Wer ins Ausland will, muss eine robuste Gesundheit besitzen.*		
– Der Arzt attestiert mir beste Gesundheit. – Ich habe keine körperlichen Gebrechen (invalid oder teilinvalid). – Einer Operation muss ich mich in absehbarer Zeit nicht unterziehen. – Ich bin HIV-negativ (immer mehr Länder verlangen bei der Einreise einen Aids-Test). – Ich hatte noch nie psychische Probleme. – Ich habe keine ansteckenden Krankheiten. – Kein mit ausreisendes Familienmitglied hat ernsthafte medizinische Probleme.	❏ ❏ ❏ ❏ ❏ ❏ ❏	❏ ❏ ❏ ❏ ❏ ❏ ❏

Kriterien	Ja	Nein
Leumund Der Einwanderungsbeamte verweigert das Visum kategorisch – obwohl die Strafe wegen des letzten Banküberfalls schon lange abgesessen ist! Wer im Ausland eine Aufenthalts- und Arbeitsbewilligung beantragt, muss eine reine Weste haben.		
– Ich habe einen tadellosen Leumund.	❑	❑
– Ich bin nicht vorbestraft.	❑	❑
– Ich bin in keinem Prozess als Angeklagter involviert.	❑	❑
– Ich wurde in keinem Land je ausgewiesen.	❑	❑
– Ich habe keine Schulden.	❑	❑
Finanzen Das sauer Ersparte reichte gerade für ein One-Way-Flugticket nach Indien – und nun präsentieren die Steuerbehörden zum Abschied eine saftige Rechnung! Auswandern kostet Geld. Wer keins hat, bleibt am besten zu Hause.		
– Ich habe genügend Geld gespart, dass sich meine Pläne im Ausland problemlos realisieren lassen.	❑	❑
– In meinem Budget ist eine genügend grosse Reserve für unvorhergesehene Ausgaben eingeplant.	❑	❑
– Ich besitze eine eiserne Reserve, mit der ich bei einer Rückkehr in die Schweiz ohne Arbeit einige Monate überleben könnte.	❑	❑

Testauswertung

Wenn Sie die meisten der obigen Aussagen mit Ja beantworten konnten, dürften Sie die nötigen Voraussetzungen für ein Leben im Ausland mitbringen. Überwiegen die angekreuzten Nein-Felder, sollten Sie Ihre Pläne nochmals eingehend überdenken. Das Leben in einer fremden Kultur könnte für Sie zur Qual werden.

- Wichtig ist, dass Sie auf die Unterstützung Ihres Partners oder Ihrer Partnerin zählen können. Sonst besteht die Gefahr, dass Sie mit Ihren Auswanderungsplänen oder Ihrer Partnerschaft Schiffbruch erleiden.
- Sind Sie nach dem Eignungstest überzeugt, die nötigen Voraussetzungen zum Auswandern mitzubringen, sollten Sie Ihre Pläne zu realisieren versuchen. Der erste Schritt dazu ist die gründliche Vorbereitung (siehe Seite 161).

3. Die Möglichkeiten

Wer ferienhalber oder für kurze Zeit den Schritt über die Grenzen wagt, wird damit keine Probleme haben. Möchten Sie aber im Ausland arbeiten oder sich gar definitiv niederlassen, werden Sie schnell ernüchtert feststellen, wie schwierig dies ist. Die «Welt der offenen Grenzen» ist eine Illusion. Jedes Land kennt gesetzliche Einschränkungen für Ausländer.

Die Chancen im Ausland

Als Folge der weltweiten Migration verfolgen die meisten Länder durch verschärfte Einreisebestimmungen eine äusserst restriktive Einwanderungspolitik. Das trifft grundsätzlich auf alle Staaten zu, nicht nur auf die klassischen Auswanderungsziele wie die USA, Kanada, Australien und die europäischen Länder.

In der Regel überall herzlich willkommen sind Ausländer als zahlungskräftige Touristen. Gegen Kurzaufenthalter, die harte Devisen ins Land bringen, hat ebenfalls kaum ein Staat etwas einzuwenden. Als Daueraufenthalter willkommen sind Ausländer meist nur, wenn sie dem Gastland nicht zur Last fallen, sondern zu dessen Wohlstand und Entwicklung beitragen. Offene Türen finden vermögende Nichterwerbstätige, die im Land Geld ausgeben und die sozialen Institutionen nicht beanspruchen.

Gern gesehen sind Investoren oder Unternehmer, die den Einheimischen keine Arbeitsplätze wegnehmen, sondern neue Arbeitsplätze schaffen, den Immobilienmarkt beleben, den Konsum ankurbeln und kräftig Steuern zahlen. Wenig Hindernisse bieten sich auch Personen, die im Zielland enge familiäre Beziehungen mit schon Eingebürgerten vorweisen können oder mit einem Partner verheiratet sind, der das Bürgerrecht besitzt.

Schwierig ist die Situation dagegen für Arbeitswillige. Wer im Ausland Arbeit sucht, muss seinem Gastland ein berufliches Know-how bieten können, das dort nicht oder nur ungenügend vorhanden ist. Keine Chancen haben unqualifizierte Arbeitskräfte und Mittellose – davon haben alle Länder dieser Welt mehr als genug.

EU- und EFTA-Länder

Die Schweiz schloss mit der Europäischen Union (EU) in sieben Bereichen bilaterale Abkommen ab, die am 1. Juni 2002 in Kraft traten. Von einem dieser Abkommen – dem Freizügigkeitsabkommen – profitieren insbesondere Schweizerinnen und Schweizer, die in einem EU-Staat leben, studieren oder arbeiten und sich mit ihrer Familie dort niederlassen möchten. Zur EU gehören Belgien, Dänemark, Deutschland, Finnland, Frankreich, Griechenland, Grossbritannien, Irland, Italien, Luxemburg, Niederlande, Österreich, Portugal, Schweden und Spanien.

Am 1. Mai 2004 sollen weitere Länder in die EU aufgenommen werden: Estland, Lettland, Litauen, Malta, Polen, die Slowakei, Slowenien, Tschechien, Ungarn und Zypern. Ob die bilateralen Abkommen mit den bisherigen

EU-Staaten auch für die zehn neuen Mitgliedländer gelten werden, ist noch unklar (Stand Januar 2003). Der Beschluss des Schweizer Parlaments, das Freizügigkeitsabkommen auf die neuen EU-Mitgliedsstaaten auszudehnen, untersteht dem fakultativen Referendum. Gleichzeitig mit den EU-Abkommen trat am 1. Juni 2002 auch die revidierte EFTA-Konvention mit den EFTA-Mitgliedern Norwegen, Island und Liechtenstein in Kraft. In dieser Konvention wird das Freizügigkeitsabkommen mit der EU praktisch unverändert auf die EFTA-Länder ausgedehnt. Mit Liechtenstein gibt es allerdings ein spezielles Protokoll. Es sieht vor, dass die wichtigsten Grundsätze des Personenverkehrs zwischen der Schweiz und Liechtenstein im Detail festgehalten werden sollen. Die diesbezüglichen Verhandlungen sind noch nicht abgeschlossen und erfolgen in zwei Etappen: Bis zum 31. Mai 2003 soll die Gleichbehandlung von Staatsangehörigen geregelt sein, die bereits im anderen Vertragsstaat wohnen. Spätestens bis zum 31. Mai 2005 will man die Gleichstellung von Personen ohne Wohnsitz im jeweils anderen Vertragsstaat geregelt haben.

Das bilaterale Abkommen über den freien Personenverkehr bringt klare Vorteile für Schweizer Bürger in EU-/EFTA-Ländern. Die Verbesserungen erfolgen schrittweise.

Bestimmungen, die seit dem 1. Juni 2002 gelten

Aufenthaltsrecht/Aufenthaltsbewilligung: Schweizer Bürger und Bürgerinnen sowie ihre Familienangehörigen sind im Bereich des Aufenthaltsrechts den EU-Bürgern gleichgestellt. Sie dürfen sich also in jedem EU-/EFTA-Staat niederlassen und jederzeit den Wohnort wechseln.

Für einen Aufenthalt in einem EU-/EFTA-Staat braucht es grundsätzlich eine Aufenthaltsbewilligung. Sie wird je nach Personenkategorie für eine unterschiedlich lange Zeit ausgestellt. Studierende erhalten beispielsweise eine Aufenthaltsbewilligung von bis zu zwölf Monaten, die anschliessend jeweils um ein weiteres Jahr beziehungsweise bis zum Studienende verlängert wird. Erwerbstätige (siehe nächste Seite) bekommen für einen Arbeitseinsatz bis zu einem Jahr eine Kurzaufenthaltsbewilligung. Für Erwerbstätigkeiten, die länger als ein Jahr dauern, wird eine Aufenthaltsbewilligung für vorerst fünf Jahre ausgestellt. Sie wird danach jeweils für weitere fünf Jahre verlängert, sofern der notwendige Arbeitsnachweis vorliegt. Rentner erhalten eine Aufenthaltsbewilligung von fünf Jahren, die danach automatisch um weiter fünf Jahre verlängert wird.

Keine Aufenthaltsbewilligung benötigen Erwerbstätige, die weniger als drei Monate in einem EU-/EFTA-Land arbeiten sowie Grenzgänger. Das sind Schweizer, die in Frankreich, Deutschland, Österreich und Italien wohnen und in der Schweiz arbeiten.

Wer als Erwerbstätiger eine Aufenthaltsbewilligung beantragt, muss eine gültige Identitätskarte oder einen gültigen Pass sowie eine Arbeitsbescheinigung oder den Beweis einer selbständigen Erwerbstätigkeit (siehe Seite 125) vorlegen können. Studierende, die eine Aufenthaltsbewilligung beantragen, müssen neben einem gültigen Personalausweis die Einschreibebestätigung einer Schule oder Universität vorweisen (siehe Seite 77). Sie müssen zudem – gleich wie Rentenbezüger, sonstige Nichterwerbstätige und Schweizer Grenzgänger – nachweisen können, dass sie ausreichend gegen Krankheit und Unfall versichert sind und über «genügend finanzielle Mittel» verfügen, um während des Aufenthalts keine Sozialhilfe in Anspruch nehmen zu müssen.

Was «genügend finanzielle Mittel» seien, wird anhand der Voraussetzungen zum Bezug von Fürsorgegeldern im entsprechenden EU-/EFTA-Land oder anhand der dort ausbezahlten Mindestrente der Sozialversicherung definiert. Übersteigt das Vermögen eines Schweizers den Grenzbetrag, ab dem Fürsorgeleistungen bezogen werden können, oder hat er ein höheres Einkommen als die soziale Mindestrente, werden seine finanziellen Mittel als genügend betrachtet.

Keine Aufenthaltsbewilligung erhalten arbeitslose Schweizer. Sie dürfen sich aber bis zu sechs Monate in einem EU-/EFTA-Land aufhalten. Die schweizerischen Arbeitslosentaggelder lassen sich allerdings nur während drei Monaten ins Ausland exportieren (siehe Seite 404). Wird ein in der EU oder EFTA erwerbstätiger Schweizer Bürger unfreiwillig arbeitslos, kann ihm die gültige Aufenthaltserlaubnis bis zum Ablauf der Bezugsdauer nicht entzogen werden, sofern seine finanziellen Mittel zum Lebensunterhalt ausreichen und er umfassend gegen Krankheit versichert ist.

Inländervorrang: Seit dem 1. Juni 2002 haben nicht erwerbstätige Schweizerinnen und Schweizer (Studierende, Rentenbezüger, andere Nichterwerbstätige) die volle Freizügigkeit in EU-/EFTA-Staaten. Dagegen sind erwerbstätige Schweizer aufgrund des Inländervorrangs in EU-/EFTA-Staaten bis zum 31. Mai 2004 gegenüber EU- und EFTA-Bürgern bei der Stellensuche noch benachteiligt: Denn ein Arbeitgeber muss – damit er einen Schweizer anstellen kann – beweisen, dass er im gesamten EU-Raum beziehungsweise im entsprechenden EFTA-Land keinen gleich qualifizierten Bewerber für die freie Stelle finden konnte (siehe Seite 109).

Aufgrund dieser Priorität von EU- und EFTA-Bürgern ist es für Schweizer schwierig, wenn nicht gar unmöglich, eine geeignete Stelle zu finden. Wer es trotz diesen Schwierigkeiten schafft einen Job und eine Aufenthaltsbewilligung zu erhalten, geniesst wiederum die Privilegien der vollen Freizügigkeit. Er kann also mit seiner Familie ins Ausland reisen und jederzeit den Wohnort, den Arbeitsort und die Stelle wechseln.

Wichtig zu wissen: Jedes EU-/EFTA-Land kann selbst entscheiden, ob es den Inländervorrang während der zweijährigen Übergangsfrist anwenden will oder nicht. Einige Länder gewähren Schweizern schon jetzt die vollen Rechte auf dem Arbeitsmarkt. Dazu gehören Dänemark, Deutschland, Finnland, Griechenland, Grossbritannien, Irland, die Niederlande, Schweden, Island und Norwegen (Stand April 2003). Die aktuellen Arbeitsbestimmungen in den einzelnen Länder sind über www.swissemigration.ch oder direkt bei den schweizerischen Vertretungen im entsprechenden Land beziehungsweise bei der ausländischen Vertretung in der Schweiz zu erfahren.

Berufsdiplome: Die EU-/EFTA-Staaten anerkennen die Berufsdiplome von Schweizer Bürgerinnen und Bürgern. Dadurch können Schweizer in diesen Ländern auch Berufen nachgehen, die dort reglementiert sind (siehe auch Seite 111).

Familiennachzug: Schweizer, die in einem EU-/EFTA-Land eine Aufenthaltsbewilligung besitzen, dürfen dort mit ihrer Familie wohnen, sofern sie für die Familie eine Wohnung haben. Als Familienangehörige gelten der Ehegatte beziehungsweise die Ehegattin sowie die Verwandten in absteigender Linie, die noch nicht 21 Jahre alt sind oder denen Unterhalt gewährt werden muss – also die Kinder und Enkel –, sowie Verwandte und Verwandte des Ehegatten in aufsteigender Linie, denen Unterhalt gewährt werden muss. Auch Studierende mit Aufenthaltsbewilligung dürfen mit ihrem Ehepartner und den unterhaltsberechtigten Kindern im entsprechenden EU- oder EFTA-Land Wohnsitz nehmen. Wollen Familienangehörige eine Erwerbstätigkeit ausüben, unterstehen sie den üblichen Bedingungen des Gastlands. Familienangehörige müssen übrigens nicht das schweizerische Bürgerrecht besitzen, damit der Familiennachzug möglich ist.

Verbleiberecht: Nach Beendigung einer Erwerbstätigkeit in einem EU- oder EFTA-Land kommen Schweizer und Schweizerinnen in den Genuss des Verbleiberechts. Wer also seine Arbeit aufgibt, hat nach wie vor das Recht, mit seinen Familienangehörigen im entsprechenden Land zu wohnen.

Immobilienerwerb: Schweizer Bürger und Bürgerinnen, die ihren Hauptwohnsitz in einem EU-/EFTA-Land haben, besitzen beim Kauf von Immobilien dieselben Rechte wie die Bürger dieses Landes (siehe Seite 314).

Bestimmungen, die in den folgenden Jahren in Kraft treten
Ab dem 1. Juni 2004 erhalten – in Ergänzung zu den Nichterwerbstätigen – auch alle erwerbstätigen Schweizer Bürgerinnen und Bürger die volle Freizügigkeit in EU-/EFTA-Ländern (mit Ausnahme von Liechtenstein, siehe Seite 47). Das heisst, der Zugang zum Arbeitsmarkt steht ihnen innerhalb von EU und EFTA uneingeschränkt offen. Bei Stellenbesetzungen müssen Arbeitgeber in der EU also fortan nicht mehr EU-Staatsangehörige bevorzu-

gen. Schweizer unterliegen zudem den gleichen Anstellungs- und Arbeitsbedingungen wie EU-Bürger.

Bis am 31. Mai 2009 müssen sich die Schweiz und die EU entscheiden, ob sie das vorerst auf sieben Jahre abgeschlossene Freizügigkeitsabkommen weiterführen möchten. In der Schweiz unterliegt dieser Entscheid dem fakultativen Referendum. Wird auch nur ein Abkommen gekündigt, würden damit gleichzeitig alle anderen ausser Kraft treten. Entscheiden sich die Schweiz und die EU die Abkommen fortzuführen, läuft der jederzeit kündbare Vertrag auf unbestimmte Zeit weiter.

Am 1. Juni 2014 wird die vollständige Personenfreizügigkeit definitiv eingeführt – sofern das Abkommen nach dem siebten Jahr verlängert worden ist. Ab diesem Datum können dann auch alle EU-Bürger in der Schweiz wohnen und arbeiten, falls sie eine Beschäftigung finden. Bei ernsthaften sozialen oder wirtschaftlichen Problemen erlaubt jedoch eine Schutzklausel der Schweiz und der EU, im gegenseitigen Einvernehmen Zuwanderungsbeschränkungen zu erlassen. Das definitive Abkommen können beide Seiten jederzeit kündigen.

Das Freizügigkeitsabkommen gewährt Auslandschweizern nicht nur die berufliche und geografische Mobilität. Es verbessert auch den Sozialversicherungsschutz in den Bereichen AHV/IV, Arbeitslosenversicherung, berufliche Vorsorge, Unfall- und Krankenversicherung. Die Details dazu sind in den entsprechenden Kapiteln zu finden. Keine Änderungen bewirken die bilateralen Abkommen in den Bereichen Steuern, Fürsorge, Führerschein, Zoll, Bürgerrecht, politische Rechte, Militärdienst, Familien- und Erbrecht. Die bilateralen Abkommen bewirken also keine vollständige Gleichstellung zu EU-Bürgern. Dies würde erst durch einen Beitritt der Schweiz zur EU erreicht.

Länder ausserhalb von EU und EFTA

In den meisten **europäischen Ländern, die nicht Mitglied der EU oder der EFTA** sind, werden ausländische Staatsangehörige in verschiedene Aufenthaltskategorien eingeteilt. Da gibt es beispielsweise Touristen, Studierende, Stagiaires, Erwerbstätige, Selbständigerwerbende oder Rentner. Für Schweizer Bürger und Bürgerinnen gelten je nach Land und Personenkategorie ganz unterschiedliche Einreise-, Aufenthalts- und Arbeitsbestimmungen.

So braucht zum Beispiel der Schweizer Manager einer ungarischen Firma mit schweizerischer Kapitalbeteiligung in Ungarn keine Arbeits-, sondern lediglich eine Aufenthaltsbewilligung. Wer sich in der Tschechischen Republik länger als drei Monate aufhalten will, muss bei der tschechischen

Auslandvertretung in der Schweiz eine Bewilligung einholen. Personen, die sich länger als drei Monate in der Türkei aufhalten möchten, selbst ohne zu arbeiten, müssen sich dagegen bei der lokalen Fremdenpolizei anmelden und dort die nötige Aufenthaltsbewilligung beantragen.

Die **klassischen Einwanderungsländer in Übersee** – die USA, Kanada, Australien und Neuseeland – arbeiten mit Punkte- und /oder Quotensystemen, um die Zahl der Einwandernden zu limitieren.

Beispiel USA
Für Schweizer Bürgerinnen und Bürger gibt es grundsätzlich nur drei Möglichkeiten, in die USA einzuwandern: im Zusammenhang mit einer Familienzusammenführung, mit einer Erwerbstätigkeit oder durch Losglück. In diesen drei Einwanderungskategorien lassen die USA jährlich insgesamt maximal 675 000 ausländische Staatsangehörige einwandern. Zurzeit gibt es folgende Quoten (Stand 2003):

Familienbedingte Einwanderung: In dieser Kategorie besteht ein Kontingent von 480 000 Visa. Davon sind 254 000 für nahe stehende Familienangehörige reserviert, 226 000 für so genannte Präferenzverwandte, die in Präferenzgruppen zusammengefasst werden. Nicht mit eingeschlossen sind in dieser Zahl direkte Verwandte wie Kinder, Ehepartner oder Eltern eines amerikanischen Staatsbürgers.

Arbeitsbedingte Einwanderung: In dieser Kategorie steht ein jährliches Kontingent von 140 000 Bewilligungen zur Verfügung. Auch hier gibt es verschiedene Präferenzgruppen. Für höchst qualifizierte Ausländer aus den Bereichen Wissenschaft, Kunst, Bildung, Wirtschaft oder Sport werden beispielsweise 40 000 Visa bereitgestellt. Für ungelernte Arbeiter stehen dagegen nur 10 000 Visa zur Verfügung. 10 000 Visa sind für finanzkräftige Investoren vorgesehen, die in ländlichen Gebieten oder in Gebieten mit hoher Arbeitslosigkeit neue Arbeitsplätze schaffen.

Für die Präfenzverwandten und beruflichen Präferenzgruppen gilt neben den erwähnten weltweiten Einwanderungskontingenten zusätzlich eine maximale Länderquote von sieben Prozent. Pro Land können also nicht mehr als 25 600 Personen einwandern. Aufgrund dieser Beschränkungen landen die meisten Präferenzeinwanderer auf einer langen Warteliste.

Green-Card-Lotterie: Über die Verlosung von Einwanderungsvisa ermöglicht die USA jedes Jahr maximal 55 000 Personen aus der ganzen Welt unbürokratisch ins Land einzuwandern, wobei 5000 Visa für Spezialfälle reserviert sind. Teilnahmeberechtigt sind Staatsangehörige aus Ländern mit einer niedrigen Einwanderungsrate in die USA. Zu diesen so genannten Lotterieländern gehört auch die Schweiz. Pro Land werden allerdings höchstens sieben Prozent – das heisst 3850 Visa – vergeben.

Bei der Green-Card-Lotterie zugelassen sind Kandidaten und Kandidatinnen, die in einem Lotterieland geboren sind. Der heutige Wohnsitz oder Aufenthaltsort sowie die Nationalität der Bewerber sind also nicht massgebend. Zweitens müssen Bewerber entweder eine Matura oder eine zwölfjährige Schulbildung besitzen oder über eine zweijährige Berufserfahrung in einem Beruf verfügen, für die eine zweijährige Ausbildung erforderlich ist. Die Bewerbungsfrist für die Green-Card-Lotterie legt die US-Behörde jedes Jahr neu fest. Sie dauert meist nur einen Monat. In den vergangenen Jahren war es jeweils der Oktober. Bewerber dürfen pro Lotterie nur einen Antrag stellen. Die Lotterieteilnahme ist jedoch jedes Jahr möglich (siehe auch Seite 169). Die Losgewinner werden von den US-Behörden genau unter die Lupe genommen und müssen eine Menge Dokumente vorlegen. Sind alle Unterlagen in Ordnung, wird man aufs Konsulat vorgeladen. Erst dann entscheiden die Einwanderungsbehörden, ob der Weg in die USA frei ist. Ehepartner und unverheiratete Kinder unter 21 Jahren erhalten dann ebenfalls die Green Card.

Beispiel Kanada
Kanada arbeitet mit einem Quoten- und Punktesystem. Das heisst, es werden nicht mehr Ausländer aufgenommen, als dies die regelmässig neu festgelegte Quote erlaubt. Schweizer Bürger und Bürgerinnen können in Kanada grundsätzlich auf zwei Arten einwandern: im Rahmen einer Familienzusammenführung oder einer Erwerbstätigkeit. Bei der beruflichen Einwanderung gibt es verschiedene Einwanderungskategorien, die alle nach einem ausgeklügelten Punktesystem funktionieren.

Dabei müssen die Einwanderungswilligen im Antragsgesuch in den Bereichen Ausbildung, Sprachkenntnisse, Berufspraxis, Arbeitsstelle, Alter und Anpassungsfähigkeit eine bestimmte Anzahl Punkte erreichen, damit sie überhaupt Chancen auf ein Visum haben. Pluspunkte gibt es unter anderem für jedes abgeschlossene Schuljahr, für weiterführende Ausbildungen, für den ausgeübten Beruf, die Berufserfahrung, die mündlichen und schriftlichen Englisch- sowie Französischkenntnisse und für die persönliche Eignung, die anhand eines Interviews abgeklärt wird. Auch für das Alter werden Punkte verteilt. Wer allerdings zu jung (unter 21 Jahren) oder zu alt (über 49 Jahre) ist, wird mit Minuspunkten bestraft.

Beispiel Australien
Australien wendet für gewisse Einwanderungskategorien ebenfalls ein Punktesystem an und reguliert die Zahl der Einwanderer, indem es die für die Einwanderung erforderliche Punktzahl senkt oder erhöht. Unterschieden werden die familiäre, berufliche und humanitäre Einwanderung sowie die Ein-

wanderung aufgrund einer Beziehung zu einem australischen Staatsangehörigen. Jede Kategorie ist in zahlreiche Untergruppen eingeteilt, was schliesslich zu über 100 Visumkategorien führt. Da die Verordnungen und Ausführungsvorschriften ständig ändern, haben Laien hier praktisch keinen Durchblick mehr.

Die meisten einwanderungswilligen Schweizer und Schweizerinnen können nur aufgrund einer besonderen beruflichen Fähigkeiten einreisen, die auf der aktuellen Liste der gesuchten Berufe steht. Ist dies der Fall, überprüfen die australischen Behörden, ob die beruflichen Fähigkeiten für die vorgesehene Erwerbstätigkeit tatsächlich ausreichen. Diese Einschätzung hat in Australien zu erfolgen – noch bevor der Einwanderungswillige bei den zuständigen australischen Behörden ausserhalb von Australien ein Einwanderungsgesuch stellt.

Im Weiteren dürfen Antragssteller nicht älter als 45 Jahre alt sein, müssen im gesuchten Beruf vor dem Einreichen des Einwanderungsantrags eine bestimmte Anzahl Jahre Berufserfahrung vorweisen können und so gute Englischkenntnisse besitzen, dass sie sich im Berufsleben mühelos verständigen können. Erst wer all diese Grundvoraussetzungen erfüllt, wird anhand eines Punktetests bewertet.

Beispiel Neuseeland

Neuseeland unterscheidet bei der Niederlassungsbewilligung zwischen vier verschiedenen Kategorien: Berufsleute, Investoren, Familiennachzüger und eine Kategorie für humanitäre Einwanderung. Für die beiden ersten Kategorien kommen Punktesysteme zur Anwendung. Dabei werden unter anderem Englischkenntnisse, Alter, Ausbildung, Berufspraxis, finanzielle Mittel und eine Arbeitszusage in Neuseeland berücksichtigt. Ein abgeschlossener Arbeitsvertrag bringt zusätzliche Punkte. Die erforderliche Mindestpunktzahl variiert – je nachdem, wie viele Einwanderer Neuseeland gerade benötigt oder wie gross der Ansturm auf die Einwanderungsvisa ist.

Beispiel Brasilien

Brasilien betreibt wegen seiner hohen Arbeitslosigkeit eine äusserst restriktive Einwanderungspolitik – gleich wie die meisten anderen klassischen Auswanderungsländer in Lateinamerika. Wer in Brasilien leben und arbeiten möchte, muss einer ganz speziellen Berufsgattung angehören, um eine temporäre Aufenthaltsbewilligung zu erhalten, die für maximal zwei Jahre ausgestellt wird. Zum ausgewählten Personenkreis gehören Geschäfts- und Studienreisende, Künstler und Sportler, Studierende, Medienschaffende, Mitglieder religiöser Orden sowie Professoren, Wissenschaftler und Techniker unter Vertrag oder im Dienst der brasilianischen Regierung. Ein Dauervisum erhält fast niemand. Die heute nach Brasilien auswandernden Schweizer bekleiden meist führende Positionen bei Banken, Versicherungen, in der Industrie oder im Tourismus oder sind in der Forschung und als Lehrkräfte tätig.

Entwicklungsländer

In Entwicklungsländern sind die Hürden für Einwanderungswillige ebenso hoch wie in den industrialisierten Staaten – oder gar noch höher. Zum Teil werden Quotensysteme angewandt, nach denen pro Land nur eine limitierte Zahl ausländischer Staatsbürger einwandern kann. Auch wenn diese Quote höher ist als die Zahl der schweizerischen Gesuchsteller, ist es meist äusserst schwierig, von den zuständigen Behörden die notwendige Bewilligung zu erhalten. Einwanderungswillige haben nie Anspruch darauf, dass ein Land die Quote tatsächlich ausschöpft.

In Entwicklungsländern sind die Einreiseverfahren kompliziert, die Abläufe undurchsichtig, die Bürokratie langsam. Nicht selten liegt es im Ermessen der zuständigen Behörden oder einzelner Beamter, ob eine Einreise-, Aufenthalts- oder Arbeitsbewilligung erteilt wird. Schwierig, aber wichtig ist es bei solch langwierigen Abläufen, möglichst schnell die richtigen Ansprechpartner und zentralen Entscheidungsträger auszumachen. Wer sich an die «falschen», das heisst für die Sache nicht zuständigen oder in der Hierarchie untergeordneten Personen hält, verliert in der Regel viel Zeit – oder gar die Chance auf das notwendige Dokument.

Oft sind auch «Beschleunigungsbeiträge» beziehungsweise Schmiergelder oder Geschenke an der richtigen Stelle zur richtigen Zeit erforderlich, um das Verfahren anzukurbeln oder in Gang zu halten. Offiziell will davon natürlich niemand wissen. Wer mit dieser oft institutionalisierten Korruption nicht vertraut ist, hat in gewissen Ländern unter Umständen grosse Schwierigkeiten, die erforderlichen Papiere zu erhalten.

Kommt hinzu, dass in Entwicklungsländern die politische Situation, Gesetzgebung und Einwanderungssituation kurzfristig ändern können. Das war und ist zum Beispiel in Südafrika der Fall. Seit der Abkehr von der Rassentrennung zu Beginn der Neunzigerjahre und dem politischen Machtwechsel hat sich die Stellung der weissen Minderheit verändert. Heute wird etwa bei Anstellungen auf das Verhältnis zwischen Weissen und Schwarzen geachtet. Das Land hat seit den politischen Umwälzungen einen verstärkten Zustrom an Wirtschaftsflüchtlingen aus allen südafrikanischen Ländern zu verzeichnen und kämpft gegen eine hohe Arbeitslosigkeit. Das führte dazu, dass es für ausländische Staatsangehörige schwieriger geworden ist, die Einreisebewilligung nach Südafrika zu erhalten.

Möglichkeiten: Ausbildung

- Trotz aller gesetzlichen Hürden: Begraben Sie nicht gleich alle Ihre Auslandpläne. Wer Mühe und Aufwand nicht scheut, von seinem Vorhaben überzeugt und flexibel ist, dürfte immer eine Möglichkeit finden, sie zu realisieren.
- Informieren Sie sich bei den ausländischen Vertretungen in der Schweiz (Adressen Seite 419) sowie bei der Sektion Auswanderung und Stagiaires des Bundesamts für für Zuwanderung, Integration und Auswanderung (Adresse Seite 175) frühzeitig über die aktuellen Einreise-, Aufenthalts- und Arbeitsbestimmungen. Diese können zum Teil sehr kurzfristig ändern. Verlassen Sie sich also nicht auf veraltete oder unpräzise Auskünfte von Bekannten.
- Verletzen Sie gesetzliche Auflagen, riskieren Sie saftige Bussen oder werden des Landes verwiesen.

- **Schweizerinnen und Schweizer in der EU: Was ändert sich mit dem bilateralen Abkommen zur Personenfreizügigkeit?**

- **Die bilateralen Verträge zwischen der Schweiz und der EU: Das Dossier Freizügigkeit kurz erklärt**
Zwei Informationsbroschüren des Integrationsbüros EDA zum bilateralen Abkommen mit der EU im Bereich der Personenfreizügigkeit. Zu beziehen beim BBL (Adresse Seite 175) oder direkt über www.europa.admin.ch herunterladbar

Ins Ausland zur Ausbildung

Jung und ins Ausland? Kein Ding der Unmöglichkeit. Internationale Austauschprogramme machen es Schülern, Jugendlichen und Studentinnen immer leichter, während einer bestimmten Zeit im Ausland zu leben und damit eine fremde Kultur näher kennen zu lernen.

Wer in jungen Jahren Auslanderfahrung sammelt, profitiert ein Leben lang davon. In erster Linie persönlich: mit einem erweiterten Horizont, einem gestärkten Selbstbewusstsein, mit erhöhter Selbständigkeit, einem besseren Verständnis für alles Fremde, mit grösserer Toleranz. Zudem fällt der Ablösungsprozess vom Elternhaus durch die geografische Entfernung bedeutend leichter. Aus einem Auslandaufenthalt in jungen Jahren ergeben sich meist auch Freundschaften fürs Leben.

Daneben erleichtert ein Auslandaufenthalt jungen Erwachsenen den Berufseinstieg und fördert später die Berufskarriere. Wer in seinem Lebenslauf auf Auslanderfahrung hinweisen kann, besitzt gegenüber den Mitbewerbern

Pluspunkte. Dies nicht nur wegen der persönlichen Erfahrungen, sondern auch wegen der Sprachkenntnisse. Fremdsprachen zählen heute zu den wichtigsten Erfolgsfaktoren im Berufsleben. Wer eine oder mehrere der Weltsprachen Englisch, Französisch oder Spanisch beherrscht, hat die Nase vorn. Zugegeben, ein Auslandaufenthalt während der Schulzeit oder des Studiums ist immer auch eine Frage der finanziellen Möglichkeiten. Kaum eine Schülerin wird ein High-School-Jahr in den USA aus ihrem Ersparten zahlen können. Je nachdem ist es auch Studenten kaum möglich, ihre Auslandsemester oder gar ein ganzes Studium selbst zu finanzieren. Fehlende Geldmittel sollten einen jedoch nicht davon abhalten, an einen Auslandaufenthalt zu denken. Im Bereich des internationalen Schüleraustausches ermöglichen Stipendienfonds von Non-Profit-Organisationen auch finanziell weniger gut gestellten Familien Austauschjahre für ihre Kinder. Bei institutionalisierten universitären Austauschprogrammen gibt es teilweise Stipendien.

Als Austauschschüler

Ein Studienjahr in einer ausländischen Schule, verbunden mit dem Aufenthalt in einer Gastfamilie, ist im Trend. Besonders beliebt sind Austauschjahre an amerikanischen High-Schools, die in den USA alle Jugendlichen bis zum 18. Lebensjahr durchlaufen.

Der internationale Schüleraustausch entstand nach dem Zweiten Weltkrieg aus der Idee der Völkerverständigung. Dies ist nach wie vor das zentrale Element eines Austauschprogramms: Die Teilnehmerinnen und Teilnehmer sollen sich während längerer Zeit intensiv mit einer fremden Kultur, mit einer anderen Mentalität, mit neuen Lebens- und Verhaltensweisen auseinander setzen und Kontakte zu Gleichaltrigen knüpfen. Das Erlernen einer Fremdsprache ist dabei gleichsam eine «nützliche Nebenerscheinung» und steht im Prinzip nicht an erster Stelle. Sekundär ist auch der Lernfortschritt aufgrund des Schulbesuchs; in vielen Ländern ist das Schulniveau deutlich tiefer als in der Schweiz. Der wichtigste Gewinn für die Teilnehmenden ist die Persönlichkeitsbildung. Diese umfasst weit mehr als nur die berühmte Abnabelung vom Elternhaus. Ein Austauschjahr soll dazu beitragen, dass Jugendliche zu toleranten, kritikfähigen und weltoffenen Menschen werden. Ein Jugendaustausch ist also eine Erfahrung fürs ganze Leben.

Wer kann an einem Austauschjahr teilnehmen?

Ein Austauschjahr richtet sich vor allem an Mittelschüler sowie Sekundarschüler als Alternative zum 10. Schuljahr, vereinzelt auch an Lehrlinge zwischen 15 und 18 Jahren. Es gibt auch Programme, an denen über Zwanzigjährige teilnehmen können. Ein Aufenthalt dauert in der Regel zwischen fünf und zwölf Monaten. Während dieser Zeit besuchen die Schülerinnen und Schüler eine lokale Mittelschule (High-School) oder ein College; in gewissen lateinamerikanischen Ländern werden sie in Privatschulen platziert. Das gibt einen vertieften Einblick in ein anderes Schulsystem. Je nach Schule und Land beginnt der Schultag vielleicht mit dem Besuch der Frühmesse, dem Hissen der Staatsflagge oder dem Singen der Landeshymne.

Als Austauschschüler müssen Sie für die Dauer Ihrer Abwesenheit von der Schulleitung Ihrer Schweizer Ausbildungsstätte beurlaubt werden. Die genauen Bedingungen und Voraussetzungen sind kantonal unterschiedlich; Sie erfahren sie beim Schulrektorat. Üblicherweise werden Auslandaufenthalte an Mittelschulen erst ab der zweiten Klasse gewährt, sie können nicht vor Ablauf einer Probezeit angetreten werden und es dürfen nicht schon zu viele Schüler der gleichen Klasse beurlaubt sein. In der Regel ist eine Empfehlung des Klassenlehrers erforderlich. Mit ihm sollten Sie auch alle Details für einen problemlosen Wiedereinstieg bei der Rückkehr klären.

Austauschschülerinnen und -schüler, die im letzten Zeugnis vor der Abreise einen bestimmten Notendurchschnitt erreichten, können nach dem Auslandaufenthalt meist wieder in die angestammte Klasse einsteigen. Sie landen aber im Provisorium, müssen unter Umständen den verpassten Unterrichtsstoff in gewissen Fächern nachholen und allenfalls Zusatzprüfungen ablegen. Da die ausländischen Schulsysteme stark von den schweizerischen abweichen, werden im Ausland absolvierte Prüfungen oder behandelter Stoff hier meist nicht akzeptiert. Wer den Anschluss nach der Rückkehr nicht schafft, wird ein Schuljahr wiederholen müssen. Von einem «verlorenen Jahr» kann aber dennoch keine Rede sein.

Notwendige persönliche Voraussetzungen

Ein Austauschjahr stellt an die Teilnehmenden hohe Anforderungen. Die direkte Auseinandersetzung mit den Menschen eines Gastlands, die Begegnung mit Neuem und Unbekanntem setzen ein grosses Mass an Offenheit, Anpassungsfähigkeit und Durchhaltewillen voraus. Bewerberinnen und Bewerber werden daher von den Austauschorganisationen zuerst in Auswahlgesprächen auf ihre Eignung hin überprüft. Wichtige Kriterien sind Offenheit, Neugier, Flexibilität und Motivation. Die Jugendlichen müssen mit ihrer Persönlichkeit, ihrem Wissen und ihren Fähigkeiten einer Gastfamilie und Schule auch etwas bieten können. Lernfaule, unmotivierte und charakterlich schwierige Schüler mit unbefriedigenden Schulleistungen oder mit absehbaren Reintegrationsproblemen bei der Rückkehr werden von einer seriös arbeitenden Austauschorganisation nicht berücksichtigt.

Wer an einem Schüleraustausch interessiert ist, sollte idealerweise Basiskenntnisse in der Sprache des Gastlands besitzen – das erleichtert den Einstieg. In englisch- und französischsprachigen Ländern ist dies meist Bedingung. Je nach Austauschprogramm müssen die Kandidatinnen und Kandidaten bei der Bewerbung sogar einen Sprachtest absolvieren.

Austauschschüler und -schülerinnen leben während des ganzen Aufenthalts in einer Gastfamilie. Das ist nicht mit einem Hotelaufenthalt zu verwechseln. Man wird als zusätzliches Familienmitglied akzeptiert, muss sich an die Regeln der Gastfamilie halten, sich unterordnen können und auch mal bei kleineren Hausarbeiten zupacken. Das Leben in der Gastfamilie beinhaltet das grösste Konfliktpotenzial eines Austauschjahrs. Anfängliche Sprachprobleme, falsche oder zu hohe Erwartungen, völlig unterschiedliche Traditionen und Einstellungen können auf beiden Seiten zu Missstimmungen und Enttäuschungen führen. Entscheidend ist auch, wie die Kinder der Gasteltern auf den ausländischen «Eindringling» reagieren.

Probleme kann es nicht nur während des Auslandaufenthalts geben, sondern auch bei der Rückkehr in die Schweiz, wenn sich die Jugendlichen wieder in die bestehenden schulischen, familiären und sozialen Strukturen integrieren müssen. Zu Hause ist ja meist alles noch beim Alten – die Zurückkehrenden aber sind nicht mehr dieselben. Hier sind auch die Eltern gefordert. Sie verabschiedeten vielleicht eine unreife, pubertierende Tochter ins Ausland und stehen nun ein Jahr später einer gereiften, unabhängigen Persönlichkeit gegenüber. Schwierigkeiten kann auch die Wiedereingliederung in eine neue Klasse bereiten, wenn die Mitschüler die Zurückgekehrten aus irgendwelchen Gründen nicht integrieren wollen.

Wer vermittelt Plätze für Austauschschüler?

Die Wahl der Vermittlungsorganisation trägt entscheidend zum Erfolg eines Auslandaufenthalts bei. Die Anbieter von Jugendaustauschprogrammen sind entweder kommerziell arbeitende oder Non-Profit-Organisationen. Die meisten gemeinnützigen Jugendaustauschorganisationen haben sich im Dachverband Intermundo zusammengeschlossen. Die kommerziellen Vermittler gehören keinem Branchenverband an. Wichtig ist, dass die Vermittlungsorganisation individuelle Hilfe bei der Vorbereitung sowie bei der Auswahl des geeigneten Programms und der Gastfamilie bietet und vor Ort jederzeit eine kompetente Betreuung gewährleistet. Die Betreuung im Gastland hilft den Jugendlichen bei persönlichen Krisen in der neuen Umgebung und bei Konflikten mit der Gastfamilie. Sind solche Konflikte nicht zu lösen, kann die Betreuungsperson im Notfall auch eine neue Gastfamilie finden.

• **Wichtig:** Bei gewissen Austauschorganisationen können Sie zwar Ihre Lieblingsdestination angeben, müssen aber bei fehlendem Angebot oder zu starker Nachfrage damit rechnen, dass Ihr Wunsch nicht berücksichtigt werden kann. Zum Teil lässt sich auch nur ein bestimmter Kontinent auswählen. Fällt die Wahl beispielsweise auf Lateinamerika, verbringen Sie Ihr Austauschjahr vielleicht in Kolumbien, Peru oder Chile. Gewisse Organisationen garantieren einen Platz im bevorzugten Land, nicht aber in einer bestimmten Region dieses Landes. Ein Aufenthalt in den USA kann also San Francisco, New York oder irgendein Provinznest im Mittleren Westen bedeuten.

Ist ein Visum erforderlich, unterliegen Austauschschüler und -schülerinnen grundsätzlich den gleichen Anforderungen wie Studierende (siehe Seite 77). Die Vermittlungsorganisationen geben Ihnen nicht nur Auskunft, sondern gewöhnlich auch gleich die notwendigen Formulare zum Ausfüllen.

Was kostet ein Austauschjahr?

Austauschprogramme sind je nach Destination unterschiedlich teuer. Rechnen Sie in günstigen europäischen Ländern mit Kosten ab 7000 Franken für ein Jahr. Ein Jahresaufenthalt in einem südamerikanischen oder asiatischen Land beläuft sich ohne weiteres auf 8000 bis 10 000 Franken. Für die USA, Kanada, Australien und Neuseeland sind schnell einmal 12 000 Franken und mehr zu bezahlen.

Inbegriffen in diesen Preisen sind in der Regel Hin- und Rückreise, Schulbesuch, Schulbücher und -materialien, Versicherungen, Unterkunft und Verpflegung bei einer Gastfamilie, Betreuung und allfällige Rahmenaktivitäten der Vermittlungsorganisation. Für persönliche Ausgaben wie Kleider, Freizeitaktivitäten und Ausflüge müssen die Austauschschüler beziehungsweise ihre Eltern selbst aufkommen.

Einige Austauschorganisationen richten an Interessierte mit belegbaren Finanzierungsproblemen Stipendien aus; die Höhe und die Bezugskriterien unterscheiden sich von Organisation zu Organisation. Die nicht gewinnorientiert arbeitende Jugendaustauschorganisation Youth for Understanding (YFU) richtet beispielsweise Beiträge von 1000 Franken und mehr aus. Auch der AFS unterstützt mit seinem Stipendienfonds Teilnehmende aus Familien mit tiefem Einkommen bei Jahresprogrammen. Dabei wird der Teilnehmerbeitrag um eine bestimmte Summe (ab 500 Franken) reduziert – oder es wird sogar der ganze Teilnehmerbeitrag übernommen.

Die Gastfamilien erhalten für die Aufnahme von Jugendlichen kein Geld. Ihre Motivation, Gastgeber zu sein, ist vielfältig: Einige Familien wollen ihren Kindern die Chance geben, Gleichaltrige aus einem anderen Kulturkreis kennen zu lernen. Andere möchten mehr Leben im Haus, nachdem die eigenen Kinder ausgeflogen sind. In gewissen Ländern ist die Aufnahme eines ausländischen Jugendlichen auch eine Prestigefrage. So gilt es bei-

spielsweise in Lateinamerika als chic, einen ausländischen Studenten oder eine Studentin aufzunehmen. Ausschlaggebend ist oft auch einfach die in vielen Kulturen tief verankerte Gastfreundschaft: Man geniesst und schätzt die Präsenz eines fremden Gastes.
Gewisse Organisationen erwarten übrigens, dass die Familie, Verwandte, Freunde oder Bekannte des Austauschschülers vor, während oder nach dem Austauschjahr ebenfalls einen Austauschstudenten bei sich aufnehmen.

- Informieren Sie sich frühzeitig über alle Details eines Austauschjahrs und über den Anmeldeschluss für die Programme. Je nach Organisation kann das Anmeldeprozedere einige Monate in Anspruch nehmen.
- Ein Schüleraustauschjahr sollte nicht an fehlenden finanziellen Mitteln scheitern. Erkundigen Sie sich bei den Non-Profit-Organisationen nach Stipendien.
- Ein Austauschjahr soll Ihnen primär eine neue Kultur näher bringen und neue Lebenserfahrungen bieten. Geht es nur um das Erlernen einer Fremdsprache, sollten Sie einen Sprachkurs im Ausland vorziehen (siehe Seite 62).
- Überprüfen Sie vor der Abreise unbedingt Ihren Versicherungsschutz (siehe Seite 211 und 260). Kümmern Sie sich auch frühzeitig um den Geldtransfer (siehe Seite 194).

- **Intermundo**
  Postgasse 21, 3007 Bern, Tel. 031 326 29 22,
  Internet www.intermundo.ch
  (Dachverband nicht gewinnorientierter Jugendaustauschorganisationen; Beratung, Kontaktadressen)

- **CH Jugendaustausch**
  Hauptbahnhofstrasse 2, 4501 Solothurn, Tel. 032 625 26 80,
  Internet www.echanges.ch
  (Fachstelle für Schüler- und Lehrlingsaustausch; Infos, Adressen und Publikationen zum Thema)

Nicht kommerzielle Anbieter von Jahresaustauschprogrammen

- **AeA Séjours linguistiques**
  - Rue du Léman 2, Case postale 43, 1814 La Tour-de-Peilz,
    Tel. 021 971 10 03
  - Catherine Bérard, Ahornweg 5, 3012 Bern,
    Tel. 031 302 55 96
  Internet www.aea.ch
  (England, Frankreich, Deutschland, USA, Australien)

Möglichkeiten: Schüleraustausch

- **AFS Interkulturelle Programme**
  – Löwenstrasse 16, 8001 Zürich, Tel. 01 218 19 19,
  – Rue du Pont 22, 1003 Lausanne, Tel. 021 351 67 40,
  Internet www.afs.ch
  (Programme in 32 Ländern in fünf Erdteilen)

- **AISE/STS Student Travel Schools**
  Minervastrasse 99, 8032 Zürich, Tel. 01 388 68 87, Internet www.sts-education.com
  (USA, Kanada, Australien, Neuseeland, Südafrika, Brasilien, Frankreich)

- **bcle-wefra**
  Heidi Bryner, Mattenweg 6, 7310 Bad Ragaz, Tel. 081 302 62 86
  (England, Frankreich, Italien, Spanien, Kanada, Neuseeland, USA, Australien)

- **CCA Sprachaufenthalte**
  Maihofstrasse 85, 6006 Luzern, Tel. 041 420 73 05,
  Internet www.sprachaufenthalte-cca.ch
  (USA, Frankreich, England, Holland, Spanien)

- **Internationaler Jugend- und Kulturaustausch (ICYE)**
  Belpstrasse 69, 3000 Bern 14, Tel. 031 371 77 80, Internet www.icye.ch
  (Programme in 23 Ländern in Europa, Amerika, Afrika, Asien)

- **Into Schüleraustausch**
  Unterdorf 22, 7278 Davos-Monstein, Tel. 081 410 30 30, E-Mail switzerland@info.ch
  (England, USA, Kanada, Australien, Brasilien)

- **Rotary Jugendaustausch**
  Bleicherweg 6, 5605 Dottikon, Tel. 056 426 50 58, Internet www.rotary-youth-ex.ch

- **Youth For Understanding (YFU)**
  – Stadtbachstrasse 42, Postfach 8920, 3001 Bern, Tel. 031 305 30 60
  – Rue de la Madeleine 33b, 1800 Vevey, Tel. 021 922 23 44
  Internet www.yfu.ch (Programme in mehr als 30 Ländern in fünf Erdteilen)

Kommerzielle Anbieter von Jahresaustauschprogrammen

- **Aspect**
  – Talacker 42, 8001 Zürich, Tel. 01 211 22 12
  – 17, rue du Cendrier, 1201 Genève, Tel. 022 900 17 00,
  Internet www.aspectworld.com (USA, England, Frankreich, Irland, Deutschland, Uruguay, Kanada, Australien, Spanien, Italien, Malta)

- **EF High School Year**
  – Limmatquai 94, 8001 Zürich, Tel. 01 250 41 03
  – 18, rue du Midi, 1003 Lausanne, Tel. 021 323 51 65
  Internet www.ef.com, www.englishtown.com
  (USA, Kanada, Australien, England, Frankreich, Neuseeland)

- **Ein Schuljahr im Ausland – alles, was Jugendliche und Eltern wissen müssen. 50 Austauschorganisationen im Vergleich.** Literatur
  Ratschläge zur Entscheidungsfindung, Wahl der Austauschorganisation, Bewerbung, Vorbereitung, für das Leben im Gastland und den Wiedereinstieg zu Hause
  Englert Sylvia, Campus Verlag, 1999, ISBN 3-593-36278-3

Als Sprachstudent

Fundierte Fremdsprachenkenntnisse sind heute Bestandteil einer guten Allgemeinbildung. Sie gehören aber auch zu den wichtigsten beruflichen Schlüsselqualifikationen. Wer Englisch, Französisch, Italienisch oder Spanisch beherrscht, hat bessere Karrierechancen. Doch nicht nur aus diesen Gründen sind Fremdsprachenaufenthalte bei Schweizerinnen und Schweizern beliebt. Wegen der restriktiven Aufenthaltsbestimmungen vieler Länder ist ein Sprachaufenthalt ohne Erwerbstätigkeit meist die einzige Möglichkeit, sich längere Zeit legal im Ausland aufzuhalten.

Die Destinationen heissen längst nicht mehr nur England, Frankreich, Italien und Spanien. Englisch lässt sich auch in den USA, in Kanada, Australien, Neuseeland, Irland oder auf Malta lernen; Spanisch in Mexiko, Guatemala, Peru oder Ecuador; Französisch im kanadischen Quebec. Vor allem Schulen in Übersee (USA, Kanada, Australien, Neuseeland) verzeichnen eine steigende Nachfrage – nicht zuletzt, weil dort auch britische Examen durchgeführt werden. Wohin auch immer es Sie zieht: Sprachaufenthalte bringen Sie nicht nur sprachlich, sondern vor allem persönlich weiter. Ein Sprachaufenthalt bietet zudem Gelegenheit, Land, Leute und eine neue Kultur intensiv kennen zu lernen. Unter Umständen ist er ein erster Schritt für einen späteren, längeren Auslandaufenthalt als Arbeitnehmerin, Selbständigerwerbender oder gar ein Anstoss zum Auswandern.

Wie finde ich die geeignete Sprachschule?

Die «Sprachschulindustrie» ist ein riesiges Business. Nur wer objektiv und umfassend informiert ist, kann eine gute Wahl treffen. Lassen Sie sich deshalb nicht von farbigen Hochglanzprospekten überteuerter Schulen blenden. Dort lächeln einem ausnahmslos aufgestellte Menschen entgegen, von gut aussehendem Lehrpersonal liebevoll betreut, beim Tennisspiel, Baden oder Reiten. Sie diskutieren in Parks, umarmen ihre Gasteltern, tanzen mit exotischen Schönheiten. Und alle strahlen. Sprachen lernen macht zwar Spass, ist aber auch harte Arbeit.

Als Erstes sollten Sie sich klar werden, was Sie suchen: eine kleine oder grosse Schule, auf dem Land oder in der Grossstadt, mit Jugendlichen oder Erwachsenen, mit grossen oder kleinen Klassen? Möchten Sie die Sprache mündlich und schriftlich lernen, mit ausgeklügelten technischen Hilfsmitteln oder einfachster Infrastruktur? Während täglich drei oder acht Lektionen? Wollen Sie ein Examen absolvieren, viel oder wenig Geld ausgeben? Entscheidend bei der Wahl einer Sprachschule ist auch das soziale Umfeld: die Unterkunftsmöglichkeiten, die Internationalität und das Alter der Studenten, die Freizeitgestaltung.

Das Angebot in den klassischen Sprachschulländern wie England oder Frankreich erschlägt einen beinahe. Einen Überblick zu bekommen ist fast unmöglich, Angebote zu vergleichen ungemein schwierig. Wer sich direkt bei einer Schule im Ausland informiert und auf eigene Faust Preise zu vergleichen versucht, braucht viel Zeit und gute Recherchierfähigkeiten. Denn die zugesandten Unterlagen beantworten meist nicht alle offenen Fragen. Das bedingt dann Rückfragen – und alles in der Fremdsprache. Etwas leichter ist die Schulsuche über persönliche Auskünfte. Fragen Sie in Ihrem Bekanntenkreis, wer wo welche Schule besuchte. Erfahrungen und Berichte von persönlichen Bekannten sagen mehr aus als die Eigenwerbung einer Schule. Referenzauskünfte sollten aber aktuell sein, denn Qualität, Lehrerschaft und Ambiance einer Sprachschule können unter Umständen schnell ändern.

Einen Überblick über die Sprachschulen erhalten Sie am einfachsten bei einer spezialisierten Vermittlungsagentur in der Schweiz. Das Angebot und die Arbeitsweise dieser Agenturen sind jedoch sehr unterschiedlich. Die Palette reicht von der hobbymässig betriebenen Prospektversandstelle ohne jegliche Beratung bis zum qualitativ hoch stehenden Beratungs- und Buchungszentrum, das mit den Interessenten persönliche Abklärungsgespräche führt und objektives Informationsmaterial abgibt. Teilweise bieten auch Reisebüros Sprachschulaufenthalte an; deren Beratung ist aber meist dürftig. Einseitig auf das eigene Angebot ausgerichtet ist die Beratung von Schulen mit eigener Vertretung in der Schweiz.

Die meisten Vermittlungsagenturen in der Schweiz arbeiten auf Provisionsbasis – und zwar gleich für mehrere ausländische Schulen. Für jeden vermittelten Studenten erhalten sie also eine Kommission, welche je nach Schule unterschiedlich hoch ausfällt. So besteht die Gefahr, dass Agenturen primär jene Schulen empfehlen, die nicht nur einen guten Unterricht bieten, sondern gleichzeitig hohe Kommissionen bezahlen. Wichtig ist deshalb, dass Sie die unterbreiteten Angebote kritisch prüfen und Vergleiche anstellen. Die wichtigsten Kriterien für den Sprachschulvergleich:

Schulqualität: In England bemühen sich Verbände, Organisationen sowie eine staatliche Inspektion um einen möglichst hohen Standard ihrer Mitgliedschulen. Wählen Sie nur Schulen, die überprüft werden. In Frankreich, Italien und Spanien gibt es bis heute nur private Verbände und keine offiziellen Prüfungsstellen. Das führt zu grossen Qualitätsunterschieden. In den USA können sich Schulen, die mehr als achtzehn Wochenstunden anbieten, von den Behörden prüfen lassen. Fällt die Inspektion positiv aus, erhalten sie die Bewilligung zur Ausstellung der notwendigen Studentenvisa. Wichtig: Lassen Sie sich in den USA auf keinen Fall vom Begriff «Universität» beeindrucken. In der Regel handelt es sich nur um das Zusatzprogramm einer Universität – ohne die üblichen Eintrittsbeschränkungen. Das Niveau der Teilnehmer kann also extrem variieren.

Kursinhalt und -niveau: Was wird angeboten? Allgemeine Kurse, Intensiv-, Spezial- oder Vorbereitungskurse für Examen? Je grösser die Schule, desto feiner die Niveauabstufungen. Achtung: Die Anzahl der durchgeführten Niveaus (Klassen) hängt von den Schülerzahlen ab – und diese schwanken je nach Saison zum Teil erheblich. In der Nebensaison werden häufig nicht alle angebotenen Kurse durchgeführt. Achten Sie auf Kursbeginn und -ende beziehungsweise auf die Kursdauer in Wochen.

Wahlfächer reichen von Diskussionsgruppen über Literatur bis zu Volkstanz und Kochkursen. Sie umfassen meist nur wenige Lektionen pro Woche und werden nur bei genügender Beteiligung durchgeführt.

Anzahl und Dauer der Lektionen: Je nachdem werden Lektionen oder Stunden angegeben. Achtung: Eine Lektion kann 45 bis 60 Minuten dauern. Ein Preis-Leistungs-Vergleich lässt sich nur mit Umrechnen in Unterrichtsstunden anstellen.

Klassengrösse: Sie variiert je nach Schule und Niveau. Die maximale Anzahl Studenten in einer Klasse trägt massgeblich zum schulischen Erfolg bei. Je kleiner die Klasse, desto mehr Zeit hat die Lehrkraft für den einzelnen Studenten. Achten Sie auf die maximale und die durchschnittliche Klassengrösse.

Schulgrösse: Kleine Schulen haben eine persönliche, familiäre Atmosphäre, gute Gastfamilien, dafür wenig verschiedene Kursniveaus. Grosse Schulen sind anonymer, besitzen meist eine bessere Infrastruktur, mehr Kursabstufungen. In den Sommermonaten sind viele Schulen ausgebucht, stellen temporäre Lehrkräfte ein und mieten teilweise noch Gebäude dazu. Das kann die Qualität beeinflussen.

Infrastruktur: Hier gibt es grosse Unterschiede – von der einfachen Wandtafel über Sprachlabors, Listening-Centers bis zu Computerschulung und Mediatheken. Viele Schulen kennen eigene Freizeit- und Sozialeinrichtungen.

Internationalität: Je durchmischter die Nationalitäten, desto interessanter der Unterricht. Praktisch an jeder Schule dominieren jedoch eine oder mehrere Sprach- oder Nationalitätengruppen. Besonders krass ist dies in Australien und Neuseeland; dort kommen rund 80 Prozent der Studenten aus dem asiatischen Sprachraum. Da asiatische Studenten meist in den untersten Niveaus studieren, ist das Lerntempo ziemlich langsam. Schweizerinnen und Schweizer belegen aufgrund ihrer sprachlichen Vorkenntnisse mehrheitlich die mittleren und oberen Niveaus. Deshalb trifft man auf diesen Niveaus sowie in den englischen und französischen Prüfungskursen in allen Ländern überproportional viele Sturdierende aus der Schweiz an. Wer Landsleuten aus dem Weg gehen will, hat es schwer: Qualitätsschulen ohne Schweizer sind rar.

Alter der Studierenden: Statistisch gesehen liegt das Durchschnittsalter an internationalen Sprachschulen bei etwas über 20 Jahren. Die Alterszusammensetzung ist ein wichtiges Kriterium für Ihr Wohlbefinden.
Standort: Aufs Land oder in die Stadt? Die Antwort wirkt sich unter anderem auf den Schulweg, die Lebenskosten, Wohn- und Freizeitmöglichkeiten sowie das Kulturangebot aus.
Unterkunft: Je nach Schule gibt es Wohnmöglichkeiten bei Gastfamilien, Privatpersonen, in Hotels, Pensionen, Appartements oder in Studentenwohnheimen auf einem Campus. In den meisten Ländern dominieren Gastfamilien. Achten Sie neben der Unterkunftsform auch darauf, ob Sie ein Einzel- oder Doppelzimmer erhalten und welche Mahlzeiten im Preis inbegriffen sind.
Freizeitaktivitäten: In diesem Punkt sind grosse Unterschiede anzutreffen. Je nach Schule werden regelmässig oder unregelmässig sportliche, kulturelle und soziale Anlässe angeboten sowie kostenpflichtige Exkursionen organisiert.

Diplome und Zertifikate

Nach Abschluss eines Kurses erhalten alle Teilnehmenden ein Schulzertifikat. Dieses ist aber nicht mit einem offiziellen Diplom zu verwechseln, das, im Gegensatz zu einem schulspezifischen Abschlusspapier, in der Schweiz allgemein be- und anerkannt ist. Möchten Sie gezielt auf ein bestimmtes Sprachdiplom hin arbeiten, sollten Sie auf den Bekanntheitsgrad und die Akzeptanz in der Schweiz achten.

Englische Diplome: Zu den populärsten und bekanntesten Abschlüssen zählen die Examen der University of Cambridge: das First Certificate, das Advanced sowie das Proficiency. Sie sind in der Berufswelt fest etabliert. Das Proficiency wird jedoch immer mehr vom Certificate in Advanced English verdrängt. Dieses schliesst die Lücke zwischen First und Proficiency, setzt fundierte Grammatikkenntnisse auf hohem Niveau voraus und legt Wert auf den Praxisbezug. Das weltweit am häufigsten absolvierte Englischexamen ist der Test of English as a Foreign Language (Toefl). Der Toefl-Test wurde als Eintrittshürde für nicht englischsprachige Studenten entwickelt, welche an amerikanischen Universitäten oder Colleges studieren wollen. Der Toefl-Test regelt auch in Kanada den Zugang zu Colleges und Universitäten. Er ist schriftlich und am korrekten, formalen Englisch orientiert – nicht an der Umgangssprache. Maximal können 300 Punkte erreicht werden; je nach Bildungsinstitut braucht man für die Zulassung eine bestimmte Anzahl Punkte. Auf dem Schweizer Arbeitsmarkt hat der Toefl-Test beschränkten Wert, da er keine Prüfung ist, die bestanden werden kann, und viele Firmen mit einer blossen Punktzahl nichts anfangen können.

Französische Diplome: In der Schweiz ist das Diplôme de Langue das bekannteste und populärste Examen auf der Mittelstufe. Das Diplôme Supérieur d'Etudes Françaises Modernes ist das bekannteste Oberstufenexamen. Beides sind traditionelle Examen der Alliance Française. Bei Schweizer Arbeitgebern geniessen diese Diplome grosse Akzeptanz. Doch auch im Französischen ist der Trend zu modernen und praxisorientierten Examen auszumachen. Inzwischen ist das Diplôme d'Etudes en Langue Française (Delf) in der Schweiz beliebter als die Examen der Alliance Française. Zu den anspruchsvollsten Prüfungen für Französisch zählt das Diplôme Approfondi de Langue Française (Dalf). Das Dalf regelt – ähnlich wie der Toefl-Test – den Zugang der ausländischen Studenten und Studentinnen an französische Universitäten.

Italienische und spanische Diplome: Nach wie vor gibt es keine italienischen und spanischen Sprachdiplome, die einen ebenso hohen internationalen Bekanntheitsgrad wie die Cambridge-Examen oder die Diplome der Alliance Française aufweisen. Bei den Spanisch-Diplomen sind nur die Diplomas de Español como Lengua Extranjera vom spanischen Bildungs- und Wissenschaftsministerium anerkannt. In Italien gibt es noch keine staatlich anerkannten Sprachdiplome.

Klären Sie frühzeitig ab, welches Diplom Ihnen am meisten bringt oder für Ihre zukünftige Tätigkeit verlangt wird. Das ist vor allem bei Diplomen im Geschäftsbereich wichtig, von denen es im Englischen und Französischen eine stattliche Zahl gibt. Vermittlungsagenturen können Ihnen dabei helfen. Sie wissen auch über die genauen Prüfungsdaten und Anmeldefristen Bescheid.

Was kostet eine Sprachschule?

Der Besuch einer Sprachschule ist nicht nur die effizienteste Art eine Fremdsprache zu lernen – es ist auch die teuerste. So kostet beispielsweise ein dreimonatiger intensiver Sprachaufenthalt inklusive Unterkunft im Einzelzimmer mit Halbpension und Prüfungsgebühr in England oder den USA 6500 bis 9000 Franken, in Kanada, Australien oder in Neuseeland zwischen 5500 und 7000 Franken. Hinzu kommen die Kosten für Hin- und Rückreise, Lehrmittel sowie die persönlichen Ausgaben für den Lebensunterhalt und für Freizeitaktivitäten.

Der Preis einer Schule wird von zahlreichen Faktoren beeinflusst: Standort und Infrastruktur, Grösse und Eigentumsverhältnisse, Unterrichtsprogramm, Saläre der Lehrkräfte, Aufwendungen für Werbung und Akquisition. Preisunterschiede haben oft wenig oder keinen Einfluss auf die Qualität; eine günstige Schule kann durchaus besser sein als eine doppelt so teure. Sind die Preisdifferenzen gross, gilt es herauszufinden, in welcher

Mehrleistung sie begründet sind beziehungsweise was dies Ihnen bringt. Darüber sollte jede Vermittlungsagentur Auskunft geben können.

Buchen Sie über eine Agentur, müssen Sie darauf achten, dass Ihnen Originalpreise – also derjenige Preis, den Sie der Schule bei einer direkten Buchung ohne Agentur zahlen müssten – verrechnet werden. Zahlreiche Vermittlungsagenturen arbeiten heute mit Pauschalpreisen. Dabei zahlen Sie vielfach eine so genannte Vermittlungsgebühr, was im Vergleich zu den Originalpreisen zu saftigen Aufschlägen führt. Dadurch zahlen Sie je nach Agentur für die gleiche Schule und identische Leistungen unterschiedlich viel.

Originalpreise sind meist in Fremdwährungen angegeben. Hier sollten Sie den Einfluss von Wechselkursschwankungen beachten. So kann etwa ein Sprachaufenthalt in Australien oder den USA je nach Wechselkurs bei der Buchung leicht 20 Prozent billiger oder teurer sein als einige Monate zuvor oder danach.

Einreisebestimmungen für Sprachstudenten

Die Einreisebestimmungen für Sprachstudenten unterscheiden sich in den einzelnen Ländern zum Teil erheblich. Für **EU-Staaten** wie England, Irland, Frankreich, Italien oder Spanien genügt je nach Aufenthaltsdauer eine Identitätskarte beziehungsweise ein Pass.

Anders präsentiert sich die Situation in Überseeländern. In **Kanada** benötigen Sie als Sprachstudent für Kurse bis zu sechs Monaten zwar noch kein spezielles Visum. Für länger dauernde Sprachkurse ist jedoch ein Studentenvisum erforderlich. Um dies zu erhalten, brauchen Sie unter anderem nicht nur die Kursbestätigung der Schule, sondern auch eine Bestätigung der Bank, dass Sie über genügend finanzielle Mittel verfügen.

Für die **USA** benötigen Sie für Aufenthalte bis zu drei Monaten und bei weniger als achtzehn Kursstunden pro Woche lediglich ein Touristenvisum. Empfohlen wird jedoch in jedem Fall ein Studentenvisum. Dann gibt es bei einem Wechsel in einen intensiveren Sprachkurs vor Ort keine Probleme. Das spezielle Studentenvisum ist so lange gültig, wie der Sprachkurs dauert. Sie erhalten es unter anderem nur gegen Vorlage eines Bankbelegs, der aufzeigt, dass Sie die gesamten Schul- beziehungsweise auch Unterkunftskosten bezahlt haben.

Wollen Sie in Kanada oder den USA vor, während oder nach dem Besuch einer Sprachschule im Land herumreisen, sollten Sie sich unbedingt bei der Botschaft erkundigen, ob dies aufgrund der Gültigkeitsdauer des ausgestellten Visums möglich ist.

Für **Australien** müssen Sie je nach Dauer des Schulbesuchs und einer allenfalls geplanten Reise ein unterschiedliches Visum beantragen. Für eine Gesamtaufenthaltsdauer bis zu drei Monaten brauchen Sie lediglich ein

Touristenvisum. Bei einem Gesamtaufenthalt von drei bis maximal sechs Monaten und einem Schulbesuch von maximal drei Monaten ist ein Langzeit-Touristenvisum nötig. Belegen Sie einen Sprachkurs, der länger als drei Monate dauert, brauchen Sie ein Studentenvisum, das für die Dauer des Sprachkurses und einen zusätzlichen Monat zum Reisen gültig ist.

In **Neuseeland** ist für Sprachkurse von mehr als zwölf Wochen ein Studentenvisum nötig. Bei kürzeren Sprachaufenthalten reisen Sie als Tourist ein, benötigen dafür aber kein Visum. Im Gegensatz zu anderen Ländern lässt sich das Studentenvisum nicht nur in der Schweiz, sondern auch im Land selbst beantragen. Reisen Sie also als Tourist ein und entschliessen Sie sich nach einer zweimonatigen Reise zum Besuch einer Sprachschule, ist dies kein Problem.

- Buchen Sie nicht überstürzt einen Fremdsprachenaufenthalt. Werden Sie sich über Ihre Bedürfnisse klar (Land, Aufenthaltsdauer und Saison, Sprachdiplome, Budget). Vergleichen Sie sorgfältig die Vor- und Nachteile verschiedener Schulen.
- Besuchen Sie eine Sprachschule im Ausland nicht ohne jegliche Sprachkenntnisse. Sie sparen dadurch viel Geld und machen schneller Fortschritte.
- Wollen Sie eine Sprache gründlich lernen, sollten Sie mindestens einen sechsmonatigen Sprachaufenthalt einplanen.
- Kümmern Sie sich rechtzeitig um die nötigen Visa. Professionelle Vermittler von Sprachschulen sollten Sie über die Einreisebestimmungen informieren und beim Besorgen eines Visums helfen können.

- **Vermittlungsbüros für Sprachaufenthalte im Ausland**
Aufgelistet in der Gratisbroschüre «Sprachaufenthalte im Ausland» des Bundesamts für Zuwanderung, Integration und Auswanderung
Zu beziehen bei: IMES, Auswanderung und Stagiaires,
Quellenweg 9, 3003 Bern, Tel. 031 322 42 02,
Internet www.swissemigration.ch

Adressen

- **Botschaften und Konsulate** von ausländischen Staaten in der Schweiz haben zum Teil Verzeichnisse von Sprachschulen im eigenen Land; Adressen Seite 419

- **Ratgeber für Sprachkurse im Ausland**
Wertvolle Infos für die Wahl einer Sprachschule mit Übersicht der wichtigsten englischen, französischen und spanischen Sprachdiplome
Für 10 Franken zu beziehen bei: Varia Lingua Plus, Beratungs- und Vermittlungsstelle für internationale Sprachaufenthalte, Fluhmattweg 10, 6004 Luzern,
Tel. 041 417 27 57, Internet www.varialinguaplus.ch

Literatur

Als Uni-, Hochschul- oder Fachhochschulstudent

Die internationale Mobilität an den Universitäten, Fachhochschulen und höheren Ausbildungsstätten hat in den letzten Jahren spürbar zugenommen. Jedes Jahr gehen rund 8000 Schweizerinnen und Schweizer an eine ausländische Universität oder Hochschule studieren. Vor allem Studierende der Geistes-, Rechts- und Wirtschaftswissenschaften interessieren sich für einen Studienaufenthalt im Ausland; vornehmlich für die Vereinigten Staaten, Grossbritannien, Deutschland und Frankreich. Steigendes Interesse an einem Auslandstudium zeigen Fachhochschulabsolventen und Personen mit einer nicht universitären Ausbildung.

Einige machen diesen Schritt nicht ganz aus freien Stücken: Sprachlehrkräfte müssen zum Beispiel im Rahmen ihres Studiums einen obligatorischen Fremdsprachenaufenthalt absolvieren. Andere sind gezwungen, im Ausland zu studieren, weil ihre Studienrichtung in der Schweiz nicht angeboten wird; das trifft etwa für die Bereiche Chiropraktik, Ozeanografie, Luft- und Raumfahrttechnik zu.

Es gibt verschiedene Möglichkeiten, im Ausland zu studieren: Sie können einige Auslandsemester belegen, ein Voll- oder Nachdiplomstudium absolvieren oder später gar Ihre Dissertation schreiben. Welche Variante am sinnvollsten ist, hängt von Ihrer Studienrichtung und Ihren späteren Berufs- und Lebensplänen ab. Zuallererst sollten Sie sich fragen, was Sie mit einem Auslandstudium beabsichtigen. Wer nur aus Verlegenheit ins Ausland geht, aus einer bestimmten Laune heraus, aus Prestigegründen, weil es «in» oder «fun» ist, dürfte nachträglich enttäuscht sein. Machen Sie sich auch Gedanken zum «Wert» von im Ausland absolvierten Studien, Prüfungen, Diplomen und Titeln.

Ein Vollstudium ist eigentlich nur angebracht, wenn Sie später im Ausland tätig sein wollen oder wissen, dass Sie mit dem Abschluss auf dem Schweizer Arbeitsmarkt intakte Chancen haben. Dies ist bei weltweit bekannten Eliteuniversitäten der Fall. Für eine Medizinstudentin dagegen, die nach dem Studium in der Schweiz arbeiten möchte, macht ein Studienabschluss im Ausland wenig Sinn. Sie darf mit ihrem ausländischen Abschluss – sofern er nicht in einem EU-Land erworben wurde – in der Schweiz keine eigene Praxis eröffnen. Für bestimmte Fächer dagegen ist ein Teil- oder Nachdiplomstudium im Ausland sehr empfohlen (Sprachstudien), für andere kann es eine wertvolle Ergänzung sein (Wirtschaft, Recht). Für einzelne Fachrichtungen (Chemie) drängt sich sogar eine Dissertation im Ausland auf.

Ein wichtiger Faktor ist der Zeitpunkt des Auslandstudiums. Auslandsemester sollten Sie erst nach dem Grundstudium oder nach einer bestandenen Zwischenprüfung in der Schweiz einlegen. Bei stark reglementierten

Studien empfiehlt sich sogar, bis nach dem Studienabschluss zu warten. Dadurch lässt sich eine Verlängerung des Studiums – etwa weil in der Schweiz Prüfungen nachzuholen sind – eher verhindern. Allerdings ist nie auszuschliessen, dass ein Auslandaufenthalt die Studiendauer verlängert. Trotz einiger negativer Aspekte überwiegen die positiven klar. Wagen Sie den Schritt über die Grenze, profitieren Sie in mehrfacher Hinsicht: Sie lernen eine neue Kultur, Sprache und ein anderes Bildungs- und Forschungssystem kennen, erweitern Ihre Fach- und Sozialkompetenz, bauen sich ein internationales Beziehungsnetz auf und verschaffen sich eine gute Ausgangsposition für Ihre berufliche Karriere. Diese immateriellen Werte sind langfristig höher zu gewichten als mögliche kurzfristige Nachteile.

Voraussetzungen für ein Auslandstudium
Im Prinzip steht jede ausländische Universität oder Hochschule Schweizer Studierenden offen. Das heisst aber nicht, dass ein Recht auf Zulassung besteht. Die Zulassung erfolgt im Rahmen der verfügbaren Studienplätze. Diese sind jedoch vielfach durch den Numerus clausus oder durch bestimmte Quoten für Ausländerinnen und Ausländer beschränkt. Das gilt insbesondere auch für EU-Länder. Dort können Universitäten beispielsweise für Schweizer höhere Eintrittshürden (Numerus clausus) oder tiefere Zulassungsquoten (Ausländerkontingente) festlegen. Die bilateralen Abkommen der Schweiz mit der EU gewähren Schweizer Studierenden nämlich keinen erleichterten Zugang zu deren Bildungsinstitutionen.

Je nach Bildungsinstitution und Land sind die Zulassungshürden unterschiedlich hoch. Universitäten und Hochschulen verlangen in der Regel einen eidgenössisch anerkannten Maturitätsausweis. Das gilt meist auch für die Zulassung an ausländischen Fachhochschulen. Ein schweizerisches Fachhochschuldiplom reicht für die Aufnahme an eine ausländische Universität oder Hochschule mit harten Selektionskriterien meist nicht aus. Gemäss Abkommen mit Deutschland, Österreich und Italien können Absolventen einer schweizerischen Fachhochschule jedoch an Universitäten dieser Länder zugelassen werden.

Dagegen lassen gewisse Länder – etwa Österreich, Deutschland, Frankreich oder Spanien – Bewerberinnen und Bewerber ohne Matura, welche eine spezielle Aufnahmeprüfung bestanden haben, an bestimmten Hochschulen studieren. In Ländern, die ein anderes Bildungssystem als die Schweiz kennen, genügt unter Umständen sogar eine kaufmännische Lehre mit entsprechender Berufserfahrung zur Zulassung. Das ist etwa in den USA oder Grossbritannien der Fall – allerdings nur für wenig selektive Universitäten.

Für ein Auslandstudium benötigen Sie ausreichende mündliche und schriftliche Sprachkenntnisse, um dem Unterricht folgen sowie Prüfungen und Arbeiten in der Unterrichtssprache ablegen zu können. Die meisten Länder verlangen von ausländischen Kandidaten und Kandidatinnen einen Sprachtest. Im englischen Sprachraum ist dies in der Regel der Test of English as a Foreign Language (Toefl, siehe Seite 65). Je nach Universität wird für den Eintritt eine bestimmte Anzahl Punkte gefordert. In Grossbritannien wird in der Regel vom Sprachtest befreit, wer ein Cambridge Certificate of Proficiency mit der Note A oder B vorweisen kann.

Neben bestimmten Diplomen, Abschlüssen und Sprachkenntnissen prüfen einzelne Universitäten zusätzlich die Fachkenntnisse der Studieninteressierten. Das gilt insbesondere für Eliteuniversitäten. Bei MBA-Programmen wird gewöhnlich das Bestehen des Graduate Admission Tests (GMAT) verlangt. Es entscheiden auch Interviews und die Persönlichkeit der Kandidaten über die Aufnahme.

Die Zulassungsdetails finden Sie in den entsprechenden Studienführern oder Sie können sie direkt bei den Hochschulen erfragen. Die meisten Informationen sind über das Internet erhältlich. Basisinformationen über die Studienmöglichkeiten im Ausland bieten im Weiteren die kantonalen akademischen Berufsberatungsstellen. Umfassende Informationen erhalten Sie auch beim Informations- und Dokumentationsdienst der Rektorenkonferenz der Schweizer Universitäten (CRUS, Adresse Seite 78). Dort sind zudem kostenlos Online-Recherchen auf dem Internet möglich.

Universitäre Austauschprogramme

Schweizer Universitäten, Hochschulen und Fachhochschulen pflegen zu ausländischen Partnerinstituten regen Kontakt. Sie schliessen mit ihnen bilaterale Verträge ab, die es einer bestimmten Zahl von immatrikulierten Studierenden des Instituts, der Fakultät oder Abteilung ermöglichen, ein oder zwei Auslandsemester einzulegen. Dieser institutionalisierte Studentenaustausch ist eine attraktive Möglichkeit, mit verhältnismässig kleinem administrativem Aufwand ausländische Universitätsluft zu schnuppern.

Das bekannteste internationale Austauschprogramm ist das Mobilitätsprogramm Sokrates der EU. Es ist seit 1995 in Kraft und will die Zusammenarbeit zwischen den EU-Ländern im gesamten Bildungsbereich fördern. Sokrates ist das Nachfolgeprogramm des früheren European Community Action Scheme for the Mobility of University Students (Erasmus), an dem auch die Schweiz teilnahm. Heute ist das Erasmus-Programm lediglich ein Unterprogramm von Sokrates.

Vom Sokrates-Programm ist die Schweiz formell ausgeschlossen. Sie beteiligt sich jedoch als stiller Partner daran und versucht, die während des Erasmus-Programms aufgebaute interuniversitäre Zusammenarbeit weiterzuführen. Zurzeit sind rund dreissig schweizerische Ausbildungsstätten – Universitäten, Hochschulen, Fachhochschulen und höhere Fachschulen – im Rahmen von bilateralen oder multilateralen Austauschabkommen am Sokrates/Erasmus-Programm beteiligt. Die Schweiz führt mit der EU Verhandlungen, damit sie ab dem Jahr 2007, dem Beginn der nächsten Programmgeneration, voll an den Sokrates- beziehungsweise EU-Bildungs-, Berufsbildungs- und Jugendprogrammen teilnehmen kann. Bis dahin müssen sich Schweizer Studierende mit Übergangsbestimmungen abfinden.

Auch im Sokrates/Erasmus-Programm handeln die einzelnen Schweizer Bildungsstätten mit ausländischen Partnerinstituten jedes Jahr bilaterale Abkommen aus. Jede Universität hat also ihre eigenen Austauschverträge mit unterschiedlichen Partnern. Die freie Wahl der Universität beschränkt sich daher auf die vorhandenen Austauschabkommen. Die Grundidee dieser bilateralen Verträge: Jede Universität darf so viele Studierende ins Ausland senden, wie sie selber aufzunehmen bereit ist. In der Praxis wird dieses Gegenrecht je nach Land oder Universität mehr oder weniger strikte eingehalten. Viele ausländischen Universitäten empfangen regelmässig mehr Studierende aus der Schweiz, als sie in die Schweiz senden.

Vorteile des Sokrates/Erasmus-Programms
- Garantierter Gratis-Studienplatz im Gastland
- Monatliches Mobilitätsstipendium (siehe Seite 74)
- Volle Anerkennung des Auslandstudiums durch die Schweizer Hochschule
- Immatrikulation an Schweizer Heimathochschule bleibt während Auslandaufenthalt bestehen (durch Bezahlen der Studiengebühren)

Im Sokrates/Erasmus-Programm sind allerdings keine Voll-, sondern nur Gaststudien möglich, und zwar im Haupt-, im ersten oder im zweiten Nebenfach. Die maximale Aufenthaltsdauer beträgt ein akademisches Jahr und der Aufenthalt muss innerhalb eines akademischen Jahres stattfinden. Das Sokrates/Erasmus-Programm ist übrigens nicht mit einem Sprachaufenthalt zu verwechseln. Wer keine ausreichenden Grundkenntnisse der Unterrichtssprache seines Wunschlands besitzt, wird kaum zugelassen. Immer mehr Universitäten verlangen bei der Anmeldung entsprechende Bestätigungen.

Zuständig für die Auswahl der Kandidaten und die Vergabe der Studienplätze im Sokrates/Erasmus-Programm sind die Koordinatoren Ihres Faches an Ihrer Ausbildungsstätte. Interessieren Sie sich für das Sokrates/Erasmus-Programm, können Sie sich auch bei der Mobilitätsstelle Ihrer Ausbildungsstätte informieren und sich dort direkt oder über die Koordinatoren anmelden. Beachten Sie die Anmeldefristen. Die gesamtschweizerische Koordination des Sokrates/Erasmus-Programms liegt beim Büro Erasmus Schweiz, einer Abteilung der CRUS.

Schweizer Studierende, die im EU-Raum an einer Universität oder Hochschule studieren möchten, welche mit keiner schweizerischen Ausbildungsstätte einen Partnervertrag abgeschlossen hat, können unter Umständen auch als so genannte **free movers** im Rahmen des Sokrates/Erasmus-Programms einen Studienplatz finden und von denselben Vorteilen profitieren wie die regulären Sokrates/Erasmus-Teilnehmer. Allerdings werden an den meisten Universitäten gar keine free movers zugelassen. Doch kleinere Ausbildungsstätten profitieren zu Beginn ihrer Teilnahme am Programm von dieser Möglichkeit. Free movers müssen sich selbst um einen gebührenfreien Studienplatz bemühen und sich um die Studienanerkennung bei ihrer Schweizer Hochschule kümmern.

Im Rahmen von Sokrates/Erasmus gibt es übrigens eine Möglichkeit, Studienleistungen an einer ausländischen Universität zu messen, mit denjenigen in der Schweiz zu vergleichen sowie sie von einer Hochschule an die andere übertragen zu lassen. Dies erfolgt mit dem **Europäischen System zur Anrechnung von Studienleistungen ECTS** (European Credit Transfer System). Dabei wird jeder Lehrveranstaltung eines Studiengangs eine bestimmte Zahl ETCS-Anrechnungspunkte zugeteilt. Belegt nun eine Schweizer Studentin an einer ausländischen Universität einige Gastsemester, erwirbt sie ECTS-Punkte. Dadurch ist die akademische Anerkennung der im Ausland erbrachten Studienleistungen bei der Rückkehr an die Schweizer Universität gewährleistet, sofern auch diese mit ECTS arbeitet.

Auslandstudium ohne Austauschprogramm

Natürlich ist auch ein Auslandstudium ohne Teilnahme an einem Austauschprogramm möglich. In diesem Fall müssen Sie sich jedoch alle Abklärungen selbst vornehmen und sich vor Beginn des Auslandaufenthalts bei der Heimatuniversität exmatrikulieren Auch um die Anerkennung der ausländischen Studien in der Schweiz müssen Sie sich selbst kümmern. Das alles kann äusserst zeitraubend und nervenaufreibend sein, zudem müssen Sie meist mit höheren Kosten rechnen. Andererseits unterstehen Sie nicht den oft strikten Programmbedingungen und sind frei bei der Wahl der Universität.

Was kostet ein Studienaufenthalt im Ausland?

Die Kosten für Studien im Ausland sind nicht zu unterschätzen. Es empfiehlt sich, ein Budget mit den zu erwartenden Ausgaben aufzustellen. Dazu gehören unter anderem die Vorbereitungskosten (Tests, Bewerbungsgebühren, Auslagen für Kopien, Übersetzungen von Dokumenten, Porto), Aufwendungen für Reise, Verpflegung, Unterkunft, Studiengebühren, Lehrmittel, Freizeitaktivitäten, Versicherungen, Krankenkasse.

Wer ausserhalb eines offiziellen Bildungsprogramms im Ausland studieren will, muss wissen, dass die Studiengebühren zum Teil wesentlich höher sind als in der Schweiz. Das gilt insbesondere auch für EU-Länder. Schweizer müssen beispielsweise je nach Gastland, Hochschule und Universität erheblich höhere Studiengebühren bezahlen als einheimische Studierende oder solche aus EU-Staaten. Ein Beispiel: In Grossbritannien zahlen Schweizer kostendeckende Gebühren. Für ein akademisches Jahr sind dort je nach Hochschule im Undergraduate-Bereich im Durchschnitt zwischen 12 000 und 36 000 Franken Studiengebühren fällig. Hinzu kommen verschiedene Gebühren wie etwa College Fees oder Bench Fees, die bei Spitzenuniversitäten leicht 8000 Franken ausmachen. Im Weiteren können Zulassungs- und Immatrikulationsgebühren anfallen. An britischen Hochschulen ist zudem die obligatorische Mitgliedschaft im Studentenverband gebührenpflichtig.

Auch Studieren in den Vereinigten Staaten ist teuer. Die Gesamtkosten für ein Studienjahr können je nach Universität bis zu 80 000 Franken betragen. Happig sind auch die Kosten für MBA-Studien in den USA. Renommierte Universitäten verlangen zum Teil allein für Schulgelder die gleiche Summe.

Stipendien für Auslandstudien

Wenn Sie einen Studienaufenthalt im Ausland planen, sollten Sie unbedingt abklären, ob Sie ein Stipendium oder ein Ausbildungsdarlehen erhalten können. Zuständig für reguläre Ausbildungsstipendien ist in erster Linie Ihr **Heimatkanton** beziehungsweise die kantonale Stipendienstelle. Bei einer Erstausbildung ist dies der zivilrechtliche Wohnsitz Ihrer Eltern. Bei Zweitausbildungen ist in der Regel der Kanton zuständig, in dem Sie Wohnsitz haben, sofern Sie seit Abschluss Ihrer ersten Ausbildung während zwei Jahren dort gewohnt haben und aufgrund Ihrer Erwerbstätigkeit finanziell unabhängig sind. Die meisten Bürger- und Wohngemeinden richten ebenfalls Stipendien aus. Allzu grosse Hoffnungen auf ein Stipendium für Auslandstudien sollten Sie sich aber nicht machen: Die Hürden sind hoch, die Stipendiengelder knapp bemessen und in der Regel nur für Studien vorgesehen, die in der Schweiz nicht angeboten werden.

Eine bescheidene finanzielle Unterstützung gibt es dagegen im Rahmen des EU-Bildungsprogramms **Sokrates/Erasmus**. Monatlich können Schweizer Studierende je nach Gastland und Universität mit einem Stipendienbeitrag von 200 bis 300 Schweizerfranken rechnen. Dabei spielt im Gegensatz zu den kantonalen Stipendien die Einkommens- und Vermögenssituation der Eltern keine Rolle. Voraussetzung für ein Sokrates/Erasmus-Stipendium ist unter anderem, dass der oder die Studierende an einer staatlich anerkannten

Universität, Hochschule, Fachhochschule oder einer anderen höheren Ausbildungsstätte in der Schweiz immatrikuliert ist, mindestens drei Semester studiert hat, sich für mindestens drei Monate an einer am EU-Programm beteiligten Ausbildungsstätte einschreibt sowie ausreichende Kenntnisse der Sprache des Gastlands besitzt.

Neben den kantonalen und den an Austauschprogramme gebundenen Stipendien gibt es auch so genannte **Regierungsstipendien** von rund 40 Ländern. Diese Stipendien werden jedes Jahr zwischen der Schweiz und dem betreffenden Staat neu festgelegt. Sie decken in der Regel die Lebens- und Studienkosten im Gastland. Für Reisekosten und Versicherung müssen in den allermeisten Fällen die Studierenden aufkommen.

Grundsätzlich sind Regierungsstipendien für unter 35-jährige Studenten und Studentinnen vorgesehen, die mindestens vier Semester an einer Schweizer Hochschule studiert haben. Je nach Programm sind auch nur Personen zugelassen, die entweder schon einen ersten Universitätsabschluss (Lizenziat oder Diplom) besitzen, ein Nachdiplomstudium absolvieren, am Doktorieren sind, bereits doktoriert haben oder mehrjährige Forschungspraxis vorweisen können. Für die Ausschreibung und die Auswahl der Kandidaten ist die CRUS verantwortlich. Wichtigstes Kriterium ist die akademische Qualifikation. Das Gastland wählt dann aus den vorgeschlagenen Kandidaten oder die geeigneten Stipendiaten aus.

Neben den Regierungsstipendien schreiben verschiedene Länder unregelmässig **Sonderstipendien** für eine bestimmte Zielgruppe aus.

Auskunft zu all diesen Stipendien erhalten Sie beim Stipendiendienst der CRUS sowie bei den Stipendienstellen der Hochschulen. Eine Anfrage kann sich lohnen: Trotz des knappen Angebots gibt es immer wieder Stipendienplätze, die aufgrund mangelnder Nachfrage nicht besetzt werden können – vor allem in mittel- und osteuropäischen Staaten.

Hoch qualifizierte Akademikerinnen und Akademiker, insbesondere aus der Forschung, sollten sich direkt an der gewünschten ausländischen Bildungsinstitution nach allfälligen Stipendienprogrammen erkundigen. Für angehende und fortgeschrittene Forscherinnen und Forscher richtet auch der **Schweizerische Nationalfonds** (SNF) Stipendien aus – vor allem für Weiterbildungs- und Forschungsaufenthalte. Voraussetzung ist unter anderem eine bestimmte Forschungstätigkeit nach Abschluss des Hochschulstudiums. Auch bei den SNF-Auslandstipendien sollten Sie sich keiner falschen Illusion hingeben: Ihre Zahl ist begrenzt.

Werden meine Auslandstudien in der Schweiz anerkannt?

Ob die absolvierte Studienzeit, die Prüfungen und erworbenen Titel in der Schweiz anerkannt werden, ist bei Studien im Ausland von zentraler Bedeutung. Dabei ist zwischen der akademischen und beruflichen Anerkennung zu unterscheiden.

Für die **akademische Anerkennung** ist die entsprechende Universität oder Fachhochschule in der Schweiz verantwortlich. Sie entscheidet, welche im Ausland besuchten Lehrveranstaltungen, Seminare, Übungen, welche Arbeiten und Prüfungen, welche Diplome und Titel bei der Fortsetzung des Studiums in der Schweiz oder für die Zulassung zu Nachdiplom- und Doktoratsstudien anerkannt werden. Auf bilateraler Ebene hat die Schweiz bisher mit Frankreich, Italien, Österreich und Deutschland ein zwischenstaatliches Abkommen über Gleichwertigkeiten im Hochschulbereich abgeschlossen. Wer in diesen Ländern studiert, sollte im Prinzip keine Anerkennungsprobleme haben. Über Fragen zur Titelanerkennung informiert die Informationsstelle für Anerkennungsfragen (Swiss ENIC) bei der CRUS.

Die **berufliche Anerkennung** bezieht sich auf den Berufszugang. Ist ein Beruf reglementiert – zum Beispiel Ärztinnen, Notare, Lehrerinnen, Pflegepersonal oder Anwälte –, legt die für die Berufsausbildung zuständige Behörde die Anerkennungskriterien fest. Ist eine Ausbildung oder ein Beruf nicht geregelt, entscheiden der Arbeitsmarkt beziehungsweise die Arbeitgeber über den Wert der im Ausland erworbenen Kenntnisse, Diplome und Titel.

Die Titelanerkennung in der Schweiz sollten Sie vor allem dann genau abklären, wenn Sie im Ausland ein Vollstudium mit Abschluss anstreben. Unter Umständen sind Sie bei der späteren Stellensuche in der Schweiz gegenüber Bewerbern mit einem Schweizer Abschluss benachteiligt. Um die Anerkennung sollten Sie sich jedoch auch kümmern, wenn Sie nur einige Zwischensemester an einer ausländischen Universität einlegen. Je nachdem akzeptiert die Schweizer Universität oder Fachhochschule nur einen Teil des ausländischen Studienprogramms. Das kann Ihre Studiendauer wesentlich verlängern. Um dies zu vermeiden, sollten Sie vor der Abreise mit Ihren Dozenten den Studienplan genau abstimmen und die Wiederaufnahme des Studiums bei der Rückkehr klären.

In der Praxis weniger von Bedeutung ist die Titelanerkennung bei im Ausland absolvierten Nachdiplomstudien. Hier zählt vor allem der Ruf des Bildungsinstituts. Wer seinen MBA in Harvard ablegt, ist auf dem Arbeitsmarkt sicher eine gesuchtere Person als jemand mit dem Diplom einer unbekannten US-Provinzuniversität in der Tasche.

Was die Anerkennung angeht, bieten internationale Austauschprogramme klare Vorteile. Teilnehmer am Sokrates/Erasmus-Programm profitieren zum Beispiel von einer Anerkennungsgarantie: Das heisst, die Schweizer Ausbildungsstätte sollte die im Ausland absolvierten Studien vorbehaltlos akzeptieren. In der Praxis kämpfen dennoch viele Studierende mit Anerkennungsproblemen. Schuld sind meist fehlende oder nur vage Abmachungen mit der zuständigen Koordinationsstelle vor der Abreise oder Unkenntnis über ausländische Studien und Diplome.

Einreise- und Aufenthaltsbestimmungen für Studierende

Schweizer Studierende haben in der Regel keine Probleme, die nötigen Aufenthaltspapiere zu erhalten – sofern sie an einer Hochschule eingeschrieben sind, genügend finanzielle Mittel für den Lebensunterhalt besitzen sowie einen ausreichenden Krankenversicherungsschutz vorweisen können. In EU- und EFTA-Staaten erhalten sie eine Aufenthaltsbewilligung für vorerst ein Jahr, die anschliessend jeweils für ein weiteres Jahr bis zum Ende der Ausbildung verlängert wird. Schweizer Studierende können mit ihrer Familie in einen EU-/EFTA-Staat ziehen. Das Recht auf Niederlassung und den Zugang zum Arbeitsmarkt erhalten auch Ehepartner und Kinder.

Die meisten anderen Länder gewähren Schweizer Studierenden das Recht, sich für eine limitierte Zeit zu Studienzwecken im Land aufzuhalten. Sobald ihr Aufenthalt im Gastland länger als drei Monate dauert, benötigen sie in der Regel eine Aufenthaltsbewilligung beziehungsweise ein spezielles Visum. Die entsprechenden Dokumente sind meist bei der ausländischen Botschaft in der Schweiz einzuholen. Generell vorzuweisen sind dann die Studienplatzzusage und genügend finanzielle Mittel. Wichtig: Bei Ländern mit Visumzwang sollten Sie auf keinen Fall als Tourist oder Touristin einreisen. Ein Touristenvisum kann im Nachhinein normalerweise nicht in ein Studentenvisum umgewandelt werden.

In der Regel ist es ausländischen Studenten und Studentinnen nicht erlaubt, während ihres Studiums im Ausland einer Arbeit nachzugehen. Je nach Land dürfen Sie allenfalls einen zeitlich begrenzten Ferienjob oder eine Teilzeitarbeit annehmen. Gehen Sie deshalb nie davon aus, dass Sie mit einem Nebenerwerb Ihr Studium massgeblich finanzieren können.

Unterschätzen Sie die Vorbereitungszeit und den administrativen Aufwand beim Organisieren eines Auslandstudiums nicht. Nehmen Sie an einem Austauschprogramm teil, werden Ihnen zwar gewisse organisatorische Arbeiten abgenommen. Dennoch sind Sie mit einigem administrativem Papierkram belastet und mit zum Teil langen Anmelde- oder Wartefristen konfrontiert. Rechnen Sie mit einem Jahr Vorbereitungszeit. Organisieren Sie Ihren Auslandaufenthalt vollständig auf eigene Faust, müssen Sie mit eineinhalb Jahren Vorbereitungszeit rechnen.

Die ideale ausländische Universität, Hochschule oder Fachhochschule zu finden ist wegen des riesigen Ausbildungsangebots schwierig. Hier helfen Uni-Rankings, Studienführer, Dozenten sowie ehemalige Studenten weiter.

- Vor einem Auslandstudium sollten Sie wissen, was es Ihnen für die Zukunft bringt. Ein Studienaufenthalt im Ausland soll Ihnen neue Möglichkeiten eröffnen, nicht den Weg in die Zukunft versperren.
- Klären Sie vor einem Studienaufenthalt im Ausland die akademische beziehungsweise berufliche Anerkennung in der Schweiz ab. Vorsicht ist bei privaten oder unbekannten Ausbildungsstätten geboten, die den Absolventen schmucke Fantasiediplome ausstellen – die aber keine anerkannten Leistungsausweise sind.
- Haben Sie sich für eine bestimmte Universität oder Hochschule entschieden, informieren Sie sich direkt dort möglichst frühzeitig über Anmeldefristen, Aufnahmebedingungen, Kosten, Wohnmöglichkeiten. Fragen zur Einreise- und Aufenthaltsbewilligung beantwortet die zuständige ausländische Vertretung des Gastlands in der Schweiz (Adressen Seite 419).
- Vergessen Sie vor der Abreise ins Ausland nicht, Ihren zivilen und militärischen Abmeldepflichten nachzukommen (siehe Seite 332). Überprüfen Sie in jedem Fall auch Ihren Versicherungsschutz (siehe Seite 211 und 260).

- **Akademische Studien- und Berufsberatungsstellen der Kantone**
Adressen im Telefonbuch oder über die kantonalen Verwaltungen,
Internet www.agab.ch (Basisinformationen zu Studien im Ausland)

- **Mobilitätsstellen der Universitäten, Hochschulen, Fachhochschulen**
Adressen direkt bei den Ausbildungsstätten (Beratung und Information zu Studien im Ausland, insbesondere zum EU-Bildungsprogramm Sokrates)

- **Informations- und Dokumentationsdienst der Rektorenkonferenz der Schweizer Universitäten (CRUS)**
Sennweg 2, 3012 Bern, Internet www.crus.ch
  - Information und Dokumentation, Tel. 031 306 60 44 (Mo–Fr 8.30–11.30 Uhr)
    (Nachschlagewerke zu ausländischen Bildungs- und Hochschulsystemen, Studienführer, Vorlesungsverzeichnisse, elektronische Datenbanken auf CD-ROM, Online-Zugriff auf das Internet)
  - Auskunft über Stipendien ausländischer Regierungen,
    Tel. 031 306 60 31 (Di–Fr 14–16 Uhr)
  - Informationsstelle für Anerkennungsfragen / Swiss ENIC,
    Tel. 031 306 60 32/33/38 (Auskünfte zur Anerkennung von ausländischen Hochschulen, Studienabschlüssen und akademischen Titeln)
  - Büro ERASMUS Schweiz (BES), Sennweg 2, 3012 Bern,
    Tel. 031 306 60 39/40
    (Koordination der schweizerischen Übergangsmassnahmen zum EU-Bildungsprogramm Sokrates)

Möglichkeiten: Erwerbstätigkeit

- **Schweizerischer Nationalfonds (SNF)**
  Fachstelle für Stipendien, Wildhainweg 20, 3001 Bern,
  Tel. 031 308 22 22, Internet www.snf.ch
  (Stipendien für Weiterbildung im Ausland nach dem Hochschulabschluss und nach dem Doktorat)

- **Internetadressen**
  - geowww.uibk.ac.at/univ/
    (Sammlung von Links zu Universitäten auf der ganzen Welt)
  - www.bsbluzern.ch
    (Aus- und Weiterbildungsangebote im Ausland)
  - www.alice.ch
    (Links auf ausländische Weiterbildungsdatenbanken)

- **Studienführer des Deutschen Akademischen Austauschdienstes (DAAD)**
  Existieren für verschiedene Länder. Zu beziehen beim Bertelsmann Verlag oder über den Buchhandel.

Literatur

- **The World of Learning**
  Länderspezifische Informationen zu Hochschulen, Akademien, Fachverbänden, Forschungsinstituten, Bibliotheken, Archiven, Museen.
  Herausgeber: Europa Publications. Erscheint jährlich. Ist in Universitätsbibliotheken einsehbar.

- **Studienführer Europa**
  Nützliche länderübergreifende Informationen zu Hochschulen. Erscheint jährlich.
  Zu beziehen beim BBL (Adresse Seite 175).

Ins Ausland zum Arbeiten

Ein Techniker installiert in Malaysia eine Textilmaschine, ein Berufsschullehrer unterrichtet Bolivianer in der Holzbearbeitung, eine Soziologin besucht als Delegierte des Internationalen Roten Kreuzes Gefangene in Afghanistan, eine Bankerin vergibt und überwacht Kredite in Brasilien, ein Botschaftsangestellter in Südafrika tippt Briefe in den Computer, eine Journalistin berichtet im Radio aus London, eine Jugendliche betreut die Kinder ihrer Gastfamilie – so vielfältig kann der Arbeitseinsatz von Schweizerinnen und Schweizern im Ausland sein.

Die Chance auf einen Job im Ausland hängt primär von der Situation auf dem Arbeitsmarkt des Ziellands ab. Und diese präsentiert sich in den wenigsten Ländern rosig. Viele Industriestaaten haben zweistellige Arbeitslosenzahlen. In Entwicklungsländern ist die Situation meist noch schlechter. Es gibt Länder, in denen fast die Hälfte der erwerbsfähigen Bevölkerung ohne regelmässige Arbeit ist. Dies ist auch der Hauptgrund, weshalb praktisch alle Staaten ausländischen Arbeitswilligen extrem hohe Hürden in den Weg legen.

Trotzdem gibt es für qualifizierte Schweizerinnen und Schweizer zahlreiche Möglichkeiten, im Ausland temporär oder gar auf Dauer eine Arbeit zu finden. Sei es als Au-pair, als Stagiaire nach einer Berufslehre, als Praktikant während oder nach dem Studium, als Mitarbeiterin bei einer schweizerischen oder ausländischen Firma, als Angestellter des Bundes oder einer international tätigen Organisation, als selbständig erwerbende Unternehmerin.

Zum Teil basieren die Arbeitsmöglichkeiten im Ausland auf zwischenstaatlichen Abkommen – wie etwa den bilateralen Abkommen mit der EU (siehe Seite 46), den Stagiaire-Abkommen mit rund 30 Ländern (siehe Seite 90) oder sind nur für eine bestimmte Gruppe von Bewerbern zugänglich. In diesem Fall ist es wichtig, sich frühzeitig über die Bedingungen und notwendigen Voraussetzungen für eine Teilnahme zu informieren. Meist bestehen klare Richtlinien punkto Alter, Ausbildung und Aufenthaltsdauer.

In den meisten Ländern mit offenen Armen empfangen werden kapitalkräftige Investoren beziehungsweise Firmengründer, die dem Land zu wirtschaftlichem Aufschwung verhelfen und neue Arbeitsplätze schaffen können. Fähige Schweizer Unternehmer haben deshalb reelle Chancen, die nötigen Einreise-, Aufenthalts- und Arbeitsbewilligungen zu erhalten. Dies gilt im Prinzip für alle qualifizierten Berufsleute.

Eine Erwerbstätigkeit im Ausland sollten Sie langfristig planen, damit sie möglichst nahtlos in Ihre geplante berufliche Karriere passt. Die meisten Schweizerinnen und Schweizer gehen nur für eine befristete Zeit ins Ausland und wollen nach der Rückkehr wieder in der Schweiz erwerbstätig sein. Machen Sie sich deshalb zuerst Gedanken zu Ihrer jetzigen beruflichen Situation. Überlegen Sie sich, wie Ihnen ein Auslandaufenthalt beruflich nützen könnte und welche Berufsabsichten Sie nach der Rückkehr haben. Das ist vor allem wichtig, wenn Sie von Organisationen in der internationalen Zusammenarbeit (siehe Seite 117), aber auch von Schweizer Arbeitgebern für längere Zeit ins Ausland entsandt werden. Die Mehrheit solcher Entsandter kann bei der Heimkehr nicht mehr automatisch mit einem Job in der Schweizer Zentrale rechnen.

Seien Sie sich auch der Konsequenzen eines mehrjährigen Auslandaufenthalts bewusst. So unbestritten positiv sich zwei bis drei Jahre im Ausland bei der späteren Arbeitsuche in einem Lebenslauf auswirken, so negativ kann ein zu langes Fernbleiben von der Heimat sein. Mit zunehmender Aufenthaltsdauer im Ausland beziehungsweise mit fortgeschrittenem Alter werde ein Wiedereinstieg in den Schweizer Berufsalltag immer problematischer, finden viele Arbeitgeber. Begründet wird dies mit dem unterschiedlichen

Arbeitstempo, anderen Arbeitsabläufen und neu eingeführten Technologien. Natürlich spielt es auch eine Rolle, in welchem Land, in welcher Branche und Position jemand im Ausland tätig gewesen ist. Nach zehn Jahren Auslandtätigkeit jedoch seien sogar Kaderleute in der Schweizer Arbeitswelt oft kaum mehr zu integrieren, sagen selbst Headhunter.

Grosse Mühe, eine geeignete Stelle zu finden, haben Ehefrauen von Auslandmitarbeitern schweizerischer Firmen, die im Ausland keiner Arbeit nachgehen konnten, bei der Rückkehr in der Schweiz aber wieder in ihren angestammten Beruf einsteigen möchten. Wer also mit seinem Partner oder seiner Partnerin ins Ausland zieht, sollte sich auch dazu Gedanken machen.

Beschäftigung der Partnerin oder des Partners

Reist ein Paar aus, ist es sehr selten, dass beide arbeiten können. Zum Teil ist dies auch gar nicht erwünscht. Denn nach der Ankunft im Ausland dürfte die nicht erwerbstätige Partnerin – betroffen sind meist die Ehefrauen – mit Organisieren und Einrichten der neuen Bleibe ausgelastet sein. Sind gleichzeitig noch Kinder zu betreuen, kommt in der ersten Phase kaum Langeweile auf. Doch schon nach einigen Monaten beginnt die grosse Leere: Der Partner arbeitet zwölf Stunden am Tag, die Kinder sind in der Tagesschule. Bleibt noch der Haushalt und das Einkaufen – wenn das nicht die Haushalthilfe erledigt. Spätestens in diesem Zeitpunkt regt sich der Wunsch nach einer sinnvollen Aktivität.

In vielen Ländern ist es jedoch unmöglich, im eigenen Beruf einer bezahlten Tätigkeit nachzugehen – weil Arbeitsplätze oder eine Arbeitsbewilligung fehlen oder die eigenen Berufskenntnisse nicht gefragt sind. In einigen Berufen, etwa Lehr- oder Pflegeberufen, ist allenfalls eine ehrenamtliche Arbeit möglich. Das ist bereichernd und erleichtert den Kontakt zu Einheimischen. Auf der anderen Seite kann eine unbezahlte Tätigkeit zu Unzufriedenheit führen, weil die erhoffte Wertschätzung für das Engagement ausbleibt und man sich ausgenützt vorkommt. Als Alternative bietet sich allenfalls eine Arbeit in kirchlichen oder sonstigen gemeinnützigen Organisationen an. Vielleicht besteht auch die Chance, ein eigenes Business aufzuziehen (siehe Seite 125).

Je nach Wohnort können nicht erwerbstätige Partner einen Auslandaufenthalt auch zur Weiterbildung nutzen; sei es sprachlich oder in einem bestimmten Fachgebiet. Zum Teil ist der Besuch einer Universität ohne Immatrikulation möglich. Wer sich im Gastland für ein Studium interessiert, benötigt in der Regel eine abgeschlossene Matur oder eine bestimmte berufliche Vorbildung. Die entsprechenden Papiere müssen übersetzt und beglaubigt vorliegen. Je nach Land ist das Zulassungsverfahren mühsam, umständlich und kann sich über Monate hinziehen. Damit sich der Aufwand lohnt, sollten Sie zuerst die Qualität der Ausbildungsstätte und die spätere Anerkennung von Diplomen und Abschlüssen in der Schweiz abklären (mehr dazu auf Seite 65). Wer die nötige Energie und Disziplin aufbringt, kann auch eine Ausbildung mit Fernkursen oder gar ein Studium an einer Fernuniversität aufnehmen. Wollen Sie im Ausland einem speziellen Hobby nachgehen, sollten Sie sich informieren, ob Sie die dafür benötigten Materialien und Gegenstände – etwa Bücher, Instrumente, Noten, Farben, Stoffe, Bastelutensilien – im Gastland überhaupt vorfinden.

Idealerweise klären Sie vor der Abreise ab, wie sich Ihre Pläne für eine Neben- oder Hauptbeschäftigung am künftigen Wohnort realisieren lassen. Leider ist dies von der Schweiz aus nur bedingt möglich. Entscheidend ist aber, dass Sie sich intensiv mit diesem Problem auseinander setzen. Viele Auslandaufenthalte von Paaren scheitern, weil die eine Seite zur Untätigkeit verdammt ist.

- Jobs im Ausland fallen Ihnen mit Sicherheit nicht einfach in den Schoss. Sie müssen also selbst aktiv werden. Dazu braucht es Hartnäckigkeit, Geduld, Nerven – und die nötige Portion Glück.

Als Au-pair

Au-pair-Aufenthalte sind die älteste Form des Jugendaustausches. In der Nachkriegszeit wanderten Tausende von jungen Schweizerinnen für ein Jahr nach England, Frankreich und Italien aus. Gegen ein Taschengeld lernten sie als Kindermädchen in Gastfamilien eine andere Sprache und Kultur kennen, machten dabei wichtige Lebenserfahrungen und erste Schritte in die persönliche Selbständigkeit.

Der Au-pair-Auslandaufenthalt hat bis heute überlebt. Auch die Aufgaben der Au-pairs sind ziemlich gleich geblieben. Au-pairs leben meist in Familien mit kleinen Kindern, in denen die Hausfrau oft berufstätig ist. Je nach Land beziehungsweise Au-pair-Vertrag erledigen sie alle Arten von Haushaltarbeiten; sie putzen, waschen, bügeln, kaufen ein, kochen. Daneben – oder ausschliesslich – kümmern sich um die Kinder; nehmen sie auf, betreuen sie, bringen sie zur Schule und am Abend ins Bett.

Ein Au-pair-Aufenthalt ist nach wie vor die günstigste Möglichkeit, im Ausland eine Sprache zu lernen, die Allgemeinbildung zu erweitern und damit die künftigen Berufschancen zu verbessern. Trotzdem hat der Au-pair-

Aufenthalt in den letzten Jahren deutlich an Attraktivität verloren. Die Gründe liegen auf der Hand: Unterbezahlte Hausarbeit mit ausgeprägter Herrschaftsabhängigkeit passt nicht zum heutigen Frauenbild und ist bei emanzipierten jungen Leuten nicht mehr gefragt. Dennoch lassen sich jährlich immer noch einige hundert Schweizerinnen – und ein paar Schweizer – als Au-pairs in ausländische Gastfamilien vermitteln. Der Anteil der Männer ist jedoch verschwindend klein. Das ist einerseits auf mangelndes Interesse an Haushalttätigkeiten und andererseits auf fehlende Angebote für Männer zurückzuführen. Ein Mann, der Kinder hütet und den Haushalt besorgt? In vielen Ländern eine unmögliche Vorstellung.

Eigne ich mich als Au-pair?

Wenn Sie sich für eine Au-pair-Stelle interessieren, sollten Sie viel Flexibilität, Toleranz und Eigenverantwortung mitbringen. Sie müssen selbständig arbeiten können und mit grosser Motivation bei der täglichen Hausarbeit und der Kinderbetreuung in einer ausländischen Gastfamilie mithelfen wollen. Motivation allein genügt allerdings nicht, Sie sollten auch praktische Erfahrung mitbringen. Haben Sie noch nie für eine mehrköpfige Familie eingekauft und gekocht, wissen Sie nicht mit schreienden oder heranwachsenden Kindern umzugehen, werden Sie nicht akzeptiert.

Au-pairs benötigen eine grosse Anpassungsfähigkeit. Sie müssen die Gewohnheiten und den Lebensrhythmus der Gastfamilie respektieren und sich in bestehende Familienstrukturen einfügen können. Das ist oft nicht einfach, vor allem weil es für die meisten Au-pairs die erste Ausland- und Berufserfahrung ist. Und das gleich in einer fremden Familie mit anderer Mentalität und Kultur. Gleichzeitig ist die Abgrenzung zum Arbeitgeber schwierig, denn man wohnt unter dem gleichen Dach. Auf der anderen Seite sind auch die Gastfamilien nicht immer im Umgang mit einer berufsunerfahrenen Ausländerin geschult, von ihrer Seite braucht es ebenfalls viel Offenheit. Sie sollten eine Au-pair als vollwertiges Familienmitglied behandeln.

Au-pair-Aufenthalte in Europa

In Europa basiert der Au-pair-Austausch auf der europäischen Vereinbarung über Au-Pair-Beschäftigte aus dem Jahr 1969. Dieses Abkommen des Europarats haben folgende Länder unterzeichnet: Belgien, Bulgarien, Dänemark, Deutschland, Finnland, Frankreich, Griechenland, Italien, Luxemburg, Moldawien, Norwegen, Spanien und die Schweiz (Stand 2003). Gewisse Staaten, die das Abkommen des Europarats nicht unterzeichnet haben, lassen Au-pairs dennoch zu. Dazu zählen beispielsweise Grossbritannien, Irland oder Holland. Zu den beliebtesten Ländern bei den Deutschschweizer Au-pairs gehören Grossbritannien, Frankreich, Italien, Spanien, Belgien und Irland.

Au-pairs müssen gemäss dem Abkommen des Europarats grundsätzlich zwischen siebzehn und dreissig Jahre alt sein. In England sind Au-pairs ab 17 und bis 27 zugelassen. Berufliche Voraussetzungen für Au-pairs gibt es keine; es genügt, wenn die obligatorische Schulzeit abgeschlossen ist. Doch nicht wenige Au-pairs haben schon einen Beruf gelernt oder die Matura in der Tasche. Was die Sprachkenntnisse angeht, sollten Sie mindestens Grundkenntnisse mitbringen. Schliesslich müssen Sie sich mit Ihrer Gastfamilie – die meist kein Deutsch spricht – von Beginn weg über Ihren Einsatz im Haushalt verständigen können.

Die Mindestdauer für Au-pair-Aufenthalte in Europa beträgt in der Regel ein halbes Jahr; ideal sind zehn bis zwölf Monate. Dann bestehen die besten Chancen, eine Au-pair-Familie zu finden.

In europäischen Ländern müssen Au-pairs fünf bis sechs Stunden pro Tag arbeiten, wobei die Essenszeiten nicht als Arbeitszeiten zählen. Je nachdem gibt es einen oder zwei Freitage in der Woche, jedoch nicht zwingend am Wochenende. Das ergibt wöchentlich 25 bis 30 Arbeitsstunden. Die niedrigste Arbeitszeit für Schweizerinnen kennt Grossbritannien mit 25 Wochenstunden.

Die Arbeitsstunden können je nach den Bedürfnissen der Familie auf den ganzen Tag verteilt werden, auf den Vor- oder Nachmittag oder in die Abendstunden. Zusätzlich werden zwei bis drei Abende Babysitting verlangt. Au-pairs haben keinen gesetzlichen Anspruch auf bezahlte Ferien. Die genauen Arbeitszeiten und Aufgaben regelt die Gastfamilie direkt mit der Au-pair. Dabei muss ihr jedoch die notwendige freie Zeit zum Besuch einer Sprachschule oder für kulturelle Aktivitäten gewährt werden. In Frankreich ist der Besuch einer Sprachschule für Au-pairs obligatorisch, in anderen Ländern ist der Schulbesuch freiwillig. Der Unterricht hat sich aber nach dem Stundenplan der Gastfamilie zu richten. In der Regel können Sie pro Woche höchstens während vier bis zehn Stunden einen Sprachkurs besuchen. Die Kosten dafür gehen vollumfänglich zu Ihren Lasten.

Ein Au-pair-Aufenthalt ist auch sonst nicht gratis zu haben. In der Regel müssen Sie neben den Kosten für den Sprachunterricht die Auslagen für Hin- und Rückreise, für Versicherungen und Krankenkasse, für Freizeitaktivitäten, Ausflüge und Reisen sowie Ihre sonstigen persönlichen Ausgaben übernehmen. Die Gastfamilie kommt für Ihre Unterkunft und die Verpflegung auf und richtet Ihnen je nach Land und Arbeitszeit ein monatliches Taschengeld in der Höhe von bis zu 400 Franken aus. Exkursionspflichten mit der Au-pair haben die Gastfamilien keine.

Au-pair-Aufenthalte in Übersee

In Ländern ausserhalb Europas ist das Au-pair-System vielfach unbekannt. Das gilt insbesondere für die bei Schweizerinnen beliebten Destinationen Kanada, Australien, Neuseeland und beschränkt für die USA.

In den **USA** können Sie an einem von der Regierung überwachten Au-pair-Austauschprogramm teilnehmen. Dabei sind die Arbeitsbedingungen, Rechte und Pflichten klar geregelt. Für die Vermittlung einer Gastfamilie, die Beschaffung des notwendigen Visums und die Organisation des Aufenthalts sind in jedem Land speziell dafür ausgewählte Beratungsstellen zuständig (Adressen Seite 88). Sie arbeiten alle mit dem gleichen Austauschprogramm und müssen die gleichen Konditionen erfüllen.

Das Au-pair-Austauschprogramm in den USA stellt höhere Anforderungen an die Teilnehmerinnen als eine herkömmliche Au-pair-Stelle in Europa. In den USA findet sich eine Au-pair ziemlich schnell in der Rolle einer Ersatzmutter, die selbständig die Kinder betreut. Deshalb werden mittlere bis gute Englischkenntnisse, eine abgeschlossene Berufsausbildung oder Matura, ein Führerschein und reiche Erfahrung in der Kleinkinderbetreuung vorausgesetzt.

Um in einer amerikanischen Familie mit Kindern unter zwei Jahren arbeiten zu können, müssen Sie mindestens zweihundert Stunden praktische Erfahrung mitbringen. Kommen Sie nicht auf die erforderliche Anzahl Stunden, werden Sie nur in Familien mit älteren Kindern berücksichtigt. Die geleistete Kinderarbeit und die persönliche Eignung sind mit Referenzen zu belegen. Im Weiteren ist ein psychologischer Eignungstest zu absolvieren. Zudem müssen Sie zwischen 18 und 25 Jahre alt sein und sich für einen Aufenthalt von einem Jahr verpflichten. Wer alle Kriterien erfüllt, erhält das spezielle US-Visum für Au-pairs, das ein Jahr gültig ist.

Auch die Arbeitsbedingungen für Au-pairs in den USA sind mit denjenigen in Europa nicht zu vergleichen. In den USA beträgt die vertraglich vereinbarte Arbeitszeit bis zu 45 Wochenstunden. Wöchentlich gibt es eineinhalb Tage Freizeit, pro Monat ein freies Wochenende von Freitag bis Montag, pro Jahr zwei Wochen bezahlte Ferien. Bei diesem Arbeitspensum bleibt für den Schulbesuch und das Sprachstudium nicht mehr viel Zeit übrig. Einen Au-pair-Aufenthalt in den USA sollten Sie deshalb nicht primär mit der Absicht antreten, sich intensiv schulisch weiterzubilden. Es geht eher darum, Ihre Sprachkenntnisse anzuwenden und zu perfektionieren und die amerikanische Lebenskultur kennen zu lernen.

Als Gegenleistung für Ihren Arbeitseinsatz erhalten Sie bei der Ankunft in den USA in einem Vorbereitungskurs unter anderem Grundlagen der Kinderpflege und ersten Hilfe vermittelt. Bezahlt werden Ihnen die Hin- und Rückreise, Kost und Logis sowie die amerikanische Unfall- und Krankenversicherung. Sie bekommen zudem ein Taschengeld von wöchentlich 139

US-Dollar und ein Jahres-Studiengeld von 500 Dollar für den Besuch von Sprachkursen.

Teilnehmerinnen am US-Au-pair-Programm bezahlen den autorisierten Organisationen in der Schweiz für die Vermittlung einer Gastfamilie eine Platzierungsgebühr. Zudem müssen sie eine Kaution von 500 Dollar hinterlegen, die am Ende des Aufenthalts zurückerstattet wird. Kaution und Platzierungsgebühr zusammen kosten je nach Organisation bis zu 1200 Franken.

Auch in **Kanada** ist der in Europa gängige Au-pair-Status unbekannt. Es besteht aber die Möglichkeit, als ausländische Familienhelferin bei einer kanadischen Familie zu arbeiten. Familienhelferinnen werden «Mother's help», «Parent's help» oder «Nanny» genannt. Ihre Rechte und Pflichten sowie diejenigen der Gastfamilie sind klar umrissen. Die Einreise als Familienhelferin ist jedoch mit einem komplizierten und langwierigen administrativen Prozedere verbunden. Das schreckt die meisten Interessentinnen ab. Hinzu kommt, dass die Anforderungen in Kanada sehr hoch sind. Verlangt wird nicht nur eine abgeschlossene Berufsausbildung, sondern eine mindestens einjährige Berufstätigkeit mit Kindern. Besonders gefragt sind Lehrerinnen, Kindergärtnerinnen oder Kinderkrankenschwestern. Die übliche Arbeitszeit beträgt acht bis zehn Stunden pro Tag. Darüber hinaus erwarten die Gastfamilien von der Familienhelferin, dass sie an zwei bis drei Abenden pro Woche die Kinder beaufsichtigt. Entschädigt werden «Mother's help»-Angestellte mit einem besseren Taschengeld. Ob diese Arbeitsbedingungen für gut ausgebildete Schweizerinnen attraktiv sind, ist zu bezweifeln.

In **Australien** und **Neuseeland** sind Au-pair-Aufenthalte in der Art, wie sie in Europa existieren, wegen der äusserst restriktiven Aufenthalts- und Arbeitsbestimmungen nicht erlaubt. Au-pairs werden in beiden Ländern mangels eines gesetzlich geregelten Sonderstatus wie herkömmliche Arbeitsuchende behandelt und benötigen eine entsprechende Arbeitsgenehmigung. Diese wird aber für eine Au-pair-Tätigkeit nicht ausgestellt. Im Klartext: Ohne Arbeitsvisum in Australien oder Neuseeland als Au-pair zu arbeiten ist illegal.

In Australien gibt es allerdings eine Alternative, um dennoch legal einer Au-pair-Tätigkeit nachgehen zu können. Voraussetzung ist die Teilnahme an einem dreimonatigen Vollzeit-Englischkurs an einer vom Staat anerkannten Sprachschule. Wer nämlich als Sprachstudentin mit dem Studentenvisum einreist, darf neben dem Sprachkurs während maximal zwanzig Stunden pro Woche einer bezahlten Tätigkeit nachgehen. Der Antrag für dieses so genannte «work right» muss bei den Einwanderungsbehörden nach Aufnahme des Unterrichts speziell eingereicht werden. Allerdings ist fraglich, ob Haushaltführung und Kinderbetreuung gegen Kost, Logis und Taschengeld ein Vollzeitsprachstudium ideal ergänzen.

Wie finde ich eine Au-pair-Stelle?

Einen Au-pair-Aufenthalt sollten Sie immer über eine seriöse und professionell arbeitende Beratungs- und Vermittlungsstelle organisieren. Dabei ist zwischen Non-Profit- und profitorientierten Beratungsstellen zu unterscheiden. Die Beratungskosten von Non-Profit-Organisationen betragen wenige hundert Franken und sind deutlich tiefer als bei den gewinnorientierten Vermittlern.

Achten Sie bei der Wahl der Organisation unbedingt darauf, dass eine umfassende Beratung vor der Abreise sowie eine ständige Betreuung während und allenfalls nach dem Auslandaufenthalt gewährleistet ist. In der Regel weisen die Organisationen in einem ersten Beratungsgespräch auf die Sonnen- und Schattenseiten eines Au-pair-Aufenthalts hin und können offene Fragen beantworten. Was die Betreuung vor Ort betrifft, sollte diese durch eine Vertretung der Organisation sichergestellt sein. Idealerweise spricht die Betreuerin Ihre Muttersprache. Sie hilft bei allen Problemen zwischen Ihnen und der Gastfamilie. Stimmt die Chemie in keiner Art und Weise, kann die Betreuerin vor Ort Sie nach Ablauf der ein- oder zweiwöchigen Kündigungsfrist umplatzieren. Erfahrungsgemäss erfolgt eine Umplatzierung bei bis zu zwanzig Prozent aller Au-pair-Aufenthalte. Wer dabei nicht auf neutrale Hilfe zählen kann, ist nicht zu beneiden.

Eine gute Au-pair-Organisation achtet darauf, dass die Wünsche und Vorstellungen der Gastfamilie und der Au-pair-Interessentin möglichst übereinstimmen. Rechte und Pflichten werden in einem Vertrag schriftlich festgehalten. Kontaktieren Sie Ihre künftige Gastfamilie auf jeden Fall zum Voraus telefonisch oder schriftlich, um sich ein besseres Bild machen zu können. Beachten Sie: Vegetarierinnen und Raucherinnen haben je nach Land Mühe, einen Platz zu finden. Bevorzugen Sie eine bestimmte Region oder Stadt, kann diesem Wunsch, wenn die Plätze fehlen, nicht immer entsprochen werden. Auch in diesem Punkt heisst es flexibel sein. Entscheidender als der Ort ist ohnehin, dass Familie und Au-pair zusammenpassen.

Von Anstellungen auf eigene Faust über Inserate ist abzuraten. Meist werden dabei keine vertraglichen Abmachungen getroffen, was später leicht zu Problemen führen kann. Zudem fehlt die externe Betreuung durch eine unabhängige Person. Problematisch kann aus dem gleichen Grund ein Au-pair-Aufenthalt bei «lieben» Verwandten und Bekannten im Ausland sein, die sich schon nach kurzer Zeit als unausstehliche Gastgeber entpuppen.

Länder, welche die europäische Vereinbarung über Au-pair-Beschäftigte unterzeichnet haben, gewähren allen ausländischen Bewerberinnen, falls dies überhaupt erforderlich ist, die nötigen Aufenthalts- und Arbeitsbewilligungen. Schweizerinnen haben deshalb keine Nachteile wegen der Nichtmitgliedschaft der Schweiz in der EU. Sie müssen allenfalls bei der Einreise landesspezifische Formalitäten oder Anmeldefristen bei der Fremdenpolizei beachten. Über die Details weiss jede Au-pair-Organisation Bescheid.

- Überlegen Sie sich eingehend, ob Ihnen ein Au-pair-Einsatz – mit all seinen Vor- und Nachteilen – tatsächlich zusagt. Lassen Sie sich unbedingt von einer seriösen Organisation beraten.
- Bestehen Sie bei einem Au-pair-Einsatz darauf, dass Ihre Rechte und Pflichten (Arbeitszeit, genaue Tätigkeit, Entgelt, Versicherungen usw.) schriftlich festgehalten werden. Ein Vertragsmuster für Au-Pair-Beschäftigte in Europa finden Sie auf der Homepage des Europarats (www.coe.int, Stichwort «European Agreement on au pair placement»).
- Reisen Sie auf keinen Fall mit einem Touristenvisum in ein Land ein, mit der Absicht eine Au-pair-Stelle anzutreten. Das gilt insbesondere für die USA. Arbeiten Sie dort illegal als Au-pair, müssen Sie mit einer Ausweisung und einem künftigen Einreiseverbot in die USA rechnen.
- Planen Sie Ihren Au-pair-Aufenthalt zeitlich so, dass Sie gleich mit einem Sprachkurs beginnen und am Schluss die gewünschte Prüfung ablegen können. Erkundigen Sie sich vor der Abreise über die Schulkosten (Details zu Sprachkursen siehe Seite 62).
- Bei einem Au-pair-Aufenthalt sollten Sie Ihre Abmeldepflichten (siehe Seite 330) beachten. Vergessen Sie auf keinen Fall, Ihren Versicherungsschutz (siehe Seite 260) zu überprüfen, die Konsequenzen für die AHV/IV abzuklären (siehe Seite 213) und sich frühzeitig um die Geldangelegenheiten zu kümmern (siehe Seite 181).

- **Intermundo** Adressen
  Postgasse 21, 3000 Bern 8, Tel. 031 326 29 20, Internet www.intermundo.ch
  (Dachverband nicht gewinnorientierter Jugendaustauschorganisationen; Beratung, Kontaktadressen)

Nicht kommerzielle Anbieter von Au-pair-Aufenthalten

- **AISE/STS Student Travel Schools**
  Minervastrasse 99, 8032 Zürich, Tel. 01 388 68 87, Internet www.sts-education.com
  (zwölfmonatiges Au-pair-Programm für die USA)

- **CCA Sprachaufenthalte**
  Maihofstrasse 85, 6006 Luzern, Tel. 041 420 73 05, Internet www.sprachaufenthalte-cca.ch
  (Demi-pair-Aufenthalte in Perth/Australien)

- **Landeskirchliche Stellenvermittlung**
  Mösliweg 16, 3645 Gwatt, Tel. 033 336 50 59
  (Au-pair-Aufenthalte in Europa)
- **Pro Filia**
  - Beckenhofstrasse 16, 8035 Zürich, Tel. 01 363 55 01
  - Gallusstrasse 34, 9000 St. Gallen, Tel. 071 222 68 15
  - Avenue de Rumine 32, 1005 Lausanne, Tel. 021 323 77 66
  - Jugend und Sprachen, Hammerallee 19, 4603 Olten, Tel. 062 212 65 40
  Internet www.profilia.ch
  (Au-pair-Aufenthalte in Europa sowie Sprachaufenthalte weltweit)
- **Experiment in International Living in Switzerland**
  - Weinbergstrasse 29, 8006 Zürich, Tel. 01 262 47 77
  - Rue Marterey 31, 1005 Lausanne, Tel. 021 320 85 25
  Internet www.experiment.ch (Au-pair-Aufenthalte in den USA)
- **Verein COMPAGNA**
  - Reckenbühlstrasse 21, 6005 Luzern, Tel. 041 312 11 73
  - Rue Simplon 2, 1006 Lausanne, Tel. 021 616 29 88
  Internet www.compagna.ch
  (Au-pair-Aufenthalte in Europa und im englischsprachigen Teil von Kanada)
- **Au Pair Care**
  Route de Beaumont 18, 1700 Fribourg, Tel. 026 424 06 00,
  Internet www.aupaircare.ch (Au-pair-Aufenthalte in den USA)

Kommerzieller Anbieter von Au-pair-Aufenthalten

- **EF Au Pair**
  Limmatquai 94, 8001 Zürich, Tel. 01 250 41 01, Internet www.ef.com
  (Au-pair-Aufenthalte in den USA; Achtung: Vermittlung läuft über Büro in Berlin)

- **Au-Pair-Handbuch**
  Verlag Interconnections, D-Freiburg, 2000, ISBN 3 86040 026 6

Als Stagiaire oder Praktikant

Wer in jungen Jahren im Ausland Berufserfahrung sammeln will, hat es nicht leicht. Um eine Arbeitsbewilligung zu erhalten, braucht es ja einen ausländischen Arbeitgeber, der einen anstellen will und den Arbeitsbehörden beweisen kann, dass er für die freie Stelle keinen gleich qualifizierten einheimischen Arbeitnehmer findet. Junge Leute während oder kurz nach der Ausbildung können solche Qualifikationen nur selten bieten – und suchen deshalb meist erfolglos einen Job im Ausland.

Das ist jedoch kein Grund, die Auslandpläne zu begraben. Junge bis 30 Jahre (zum Teil sogar bis 35) haben zahlreiche Möglichkeiten, im Ausland für kürzere oder längere Zeit legal einer Arbeit nachzugehen – sei es gegen Entgelt für ein Privatunternehmen oder unbezahlt für eine gemeinnützige Organisation. Möglich wird dies im Rahmen von zwischenstaatlichen Verträgen, über internationale Austauschprogramme oder in der Kombination von Sprachkurs und Arbeitspraktikum.

Ins Ausland als Stagiaire

Schweizerinnen und Schweizer mit abgeschlossener Berufsausbildung können dank zwischenstaatlichen Vereinbarungen – den so genannten Stagiaire-Abkommen – während bis zu achtzehn Monaten im Ausland als Praktikantin oder Praktikant für einen ausländischen Arbeitgeber arbeiten. Und zwar ohne Rücksicht auf die üblichen gesetzlichen Einschränkungen für ausländische Arbeitskräfte, den oben erwähnten Bedürfnisnachweis und die Beschäftigungslage auf dem Arbeitsmarkt. Das Stagiaire-Abkommen entspricht einer speziellen Arbeitsbewilligung.

Die Zahl der Stagiaire-Bewilligungen hängt vom Land beziehungsweise vom vereinbarten Kontingent ab. Neuseeland erteilt beispielsweise pro Jahr höchstens zwanzig Bewilligungen, die USA und Kanada 200, Frankreich sogar 500. Die Kontingente werden in den wenigsten Ländern voll ausgeschöpft.

Um als Stagiaire zu gelten, müssen Sie für die meisten Länder zwischen 18 und 30 Jahre alt sein. In einigen Ländern liegt die Altersgrenze bei 35 Jahren (siehe unten stehende Tabelle). Sie müssen im Weiteren das Schweizer Bürgerrecht, gute Sprachkenntnisse des Gastlands und einen einwandfreien Leumund besitzen sowie über eine abgeschlossene, mindestens zweijährige Berufsausbildung verfügen. Wer sich noch in der Ausbildung befindet – sei das in einer Berufslehre oder in einem Studium –, kann von den Stagiaire-Abkommen also nicht profitieren.

Zugelassen sind grundsätzlich alle Berufe, es sei denn, eine bestimmte Tätigkeit sei Ausländern gemäss Arbeitsgesetz des Gastlands verboten. Das ist etwa bei medizinischen, paramedizinischen oder juristischen Berufen der

Länder, mit denen die Schweiz ein Stagiaire-Abkommen hat			
• Argentinien[1]	• Frankreich[1]	• Niederlande	• Schweden
• Australien	• Grossbritannien[1]	• Norwegen	• Slowakei[1]
• Belgien	• Irland	• Österreich	• Spanien
• Bulgarien[1]	• Kanada[1]	• Polen	• Südafrika[1]
• Dänemark	• Luxemburg	• Portugal	• Tschechien[1]
• Deutschland[1]	• Monaco[1]	• Rumänien[1]	• Ungarn
• Finnland	• Neuseeland	• Russland	• USA[1]

[1] Altersgrenze 18 bis 35 Jahre

Fall. Die Anstellung muss im gelernten Beruf erfolgen und ein Vollzeitpensum umfassen; Teilzeitarbeit oder eine selbständige Erwerbstätigkeit sind nicht erlaubt.

Für ihre Tätigkeit werden Stagiaires den Anforderungen und Leistungen entsprechend entlöhnt. Das Salär soll den orts- und berufsüblichen Ansätzen entsprechen. In der Regel lässt sich damit gerade der Lebensunterhalt – das heisst Unterkunft und Verpflegung – finanzieren. Die Kosten für die Hin- und Rückreise müssen Stagiaires meist selbst übernehmen.

• **Wichtig:** Die bilateralen Stagiaire-Abkommen, welche die Schweiz mit EU-Staaten abgeschlossen hat, bleiben mit Inkrafttreten des EU-Abkommens (siehe Seite 46) weiterhin gültig. Und zwar so lange, wie das Stagiaire-Abkommen den Schweizer Stagiaires – verglichen mit den neuen Freiheiten durch den Personenverkehr – noch Vorteile bietet. Oder anders gesagt: In EU-Ländern, die auf dem Arbeitsmarkt bis am 1. Juni 2004 wie bisher EU-Staatsangehörige bevorzugen, können Sie dank den Stagiaire-Abkommen nach wie vor am einfachsten zu einer Arbeitsbewilligung kommen (aktuelle Länder-Informationen finden Sie im Internet unter www.swissemigration.ch).

Damit keine Illusionen aufkommen: Die Stagiaire-Abkommen allein verhelfen Ihnen zu keinem Job im Ausland. Sie garantieren Ihnen auch keinen Arbeitsplatz. Um von einem Abkommen profitieren zu können, müssen Sie zuerst eine Stelle finden, und zwar auf eigene Faust. Diese Jobsuche ist nicht einfach, denn es gibt keine internationale Stellenbörse für Stagiaires. Es liegt also an Ihnen, einen ausländischen Arbeitgeber zu überzeugen, dass es sich lohnt, Sie einzustellen.

Dies ist kein chancenloses Unterfangen – insbesondere in den Bereichen Verwaltung, Büro, Handel, Industrie, in der Landwirtschaft und im Gastgewerbe. Schweizer Berufsleute geniessen international einen ausgezeichneten Ruf und sind für ihre fundierten Berufs- und Sprachkenntnisse bekannt. Ihr Arbeitseinsatz von einigen Monaten kann für einen ausländischen Arbeitgeber durchaus attraktiv sein; er kann damit elegant eine momentane Arbeitsspitze überbrücken, ohne jemanden fest einstellen zu müssen. Zudem hat der Arbeitgeber mit der Einstellung eines Stagiaires aufgrund des Stagiaire-Abkommens keinerlei administrativen Mehraufwand, wie dies sonst bei Ausländern der Fall ist. Er muss dem Stagiaire auch keinen höheren Lohn zahlen als einem Einheimischen. Diese Vorteile sind allerdings längst nicht allen ausländischen Arbeitgebern bekannt. Wichtig ist deshalb, dass Sie mit Nachdruck darauf hinweisen. Das Bundesamt für Zuwanderung, Integration und Auswanderung (IMES) kann hier mit verschiedensprachigen Informationsbroschüren sowie mit Formularen und Vertragsmustern weiterhelfen.

Um eine Stagiaire-Stelle zu finden, sollten Sie als Erstes all ihre privaten Beziehungen zu Ausländern oder noch besser zu ausländischen Arbeitgebern aktivieren. Dabei können auch die Kontakte Ihres früheren oder gegenwärtigen Arbeitgebers zu ausländischen Kunden und Lieferanten helfen. Ideal ist, wenn Sie einen Schweizer kennen, der im Ausland eine Firma führt. Suchen Sie auch während Ihres Urlaubs geeignete Arbeitsmöglichkeiten. Der persönliche Kontakt mit potenziellen Arbeitgebern führt mit Abstand am schnellsten zu einem Job im Ausland. Bedeutend schwieriger ist die Stellensuche über Inserate, mit eigenen Annoncen in ausländischen Zeitungen oder bei Jobvermittlern auf dem Internet. Direkte Anfragen bei ausländischen Firmen bringen meist auch nicht den gewünschten Erfolg. Wenig bis keine Hilfe bieten in der Regel Handelskammern oder Branchenverbände. Eine Ausnahme macht hier Agroimpuls, eine Dienstleistungsstelle des Schweizerischen Bauernverbands. Sie organisiert für junge Berufsleute mit abgeschlossener Ausbildung in der Land- und Forstwirtschaft sowie im Garten- und Weinbau temporäre Aufenthalte von drei bis vierzehn Monaten in verschiedenen Ländern in Europa und Übersee (Adresse Seite 95).

Haben Sie einen ausländischen Arbeitgeber gefunden, müssen Sie beim IMES (Adresse Seite 95) mit dem Anstellungsvertrag ein Gesuch für eine Arbeits- und Aufenthaltsbewilligung im Gastland einreichen. Das IMES besorgt danach bei den dortigen Arbeitsbehörden die nötigen Papiere für die Dauer des vorgesehenen Einsatzes. Eine Minimaldauer ist nicht vorgeschrieben. Die Arbeitserlaubnis wird höchstens für ein Jahr erteilt. Nach Ablauf dieser Frist können Sie bei den Arbeitsbehörden des Gastlands jedoch eine einmalige Verlängerung von maximal sechs Monaten beantragen. Solchen Verlängerungsgesuchen wird meist entsprochen. Das ganze administrative Verfahren ist in der Regel kostenlos.

Ins Ausland für ein Praktikum
Während über das Stagiaire-Abkommen nur Leute mit abgeschlossener Ausbildung im Ausland Arbeit finden, ist das bei den meisten Austauschprogrammen mit Arbeitspraktika auch für Leute in Ausbildung möglich. Dies ist vor allem für Studenten und Studentinnen interessant, deren Studienrichtung ein Praktikum vorschreibt. Ein Arbeitspraktikum erleichtert Studierenden zudem den Einstieg ins Berufsleben. Aber auch Erwerbstätige können wertvolle Berufserfahrungen sammeln, die der Karriere förderlich sind.

Es gibt eine Vielzahl von in- und ausländischen Organisationen, die verschiedenste Austauschprogramme anbieten – in der Regel für Leute zwischen 18 und 30 Jahren. Neben Arbeits- und Sozialeinsätzen, bei denen die Teilnehmer ihren Einsatz unbezahlt leisten oder dafür in bescheidenem Umfang bezahlt werden, findet man auch Praktika, die für Teilnehmer kostenpflichtig sind. Diese sind meist an einen Sprachunterricht gekoppelt. Der Ratgeber beschränkt sich auf die wichtigsten Programmanbieter mit Einsätzen von über drei Monaten (Adressen Seite 95).

Nicht entlöhnte Arbeitspraktika oder Freiwilligenprogramme: Sie werden von karitativen, kirchlichen oder Jugendorganisationen angeboten und dauern meist nur einige Wochen oder Monate. Nur wenige Praktika sind länger als ein halbes Jahr. Dabei geht es beispielsweise um die Mitarbeit an politischen, kulturellen, sozialen oder ökologischen Projekten in ärmeren Ländern, Betreuungsaufgaben in Kinder- oder Altersheimen, Begleitung von Jugendlichen, Drogenabhängigen, Strassenkindern, Behinderten und sonstigen sozial Benachteiligten.

Solche Sozialeinsätze werden je nach Organisation in allen Erdteilen oder nur in einigen ausgewählten Ländern angeboten. Sie stehen in der Regel allen interessierten Personen offen; es werden dabei meist keine oder nur wenig einschlägige Berufserfahrung und keine fachspezifischen Kenntnisse vorausgesetzt. Vielfach genügt eine Matura oder eine abgeschlossene Berufslehre. Zum Teil werden nicht einmal Sprachkenntnisse des Gastlands verlangt. Im Vordergrund steht bei diesen Engagements immer die internationale Solidarität, die Freude an einem sinnvollen Engagement und der Kulturaustausch. Es geht also weder um das Erlernen einer Fremdsprache noch um eine ergänzende Berufserfahrung. Ebenso wenig handelt es sich bei diesen Sozialeinsätzen im Bereich der internationalen Zusammenarbeit um Entwicklungshilfe (siehe Seite 117). Denn die Teilnehmer erledigen Arbeiten, die Einheimische problemlos auch leisten könnten, wenn sie die finanziellen Mittel hätten.

Die Teilnahme an einem Sozialeinsatz kostet – gleich wie die kostenpflichtigen Arbeitspraktika (siehe unten). Je nach Organisation im Preis eingeschlossen oder selber zu berappen sind die Reise- und Organisationskosten, die Gebühren für die Einreise-, Aufenthalts- und Arbeitspapiere sowie die Kosten für Versicherungen und allfällige Sprachkurse. Im Preis meist eingeschlossen ist die Unterkunft und Verpflegung bei einer Gastfamilie. Die höchst unterschiedlichen Leistungen der Anbieter, der Einsatzort und die Dauer eines Einsatzes führen zu beträchtlichen Preisunterschieden: Die günstigsten Programme kosten einige hundert, die teuersten einige tausend Franken.

Wer sich für einen Sozialeinsatz interessiert, sollte Preise und gebotene Leistungen der einzelnen Anbieter vergleichen und insbesondere auf die Betreuung achten. Einige Anbieter führen beispielsweise die Teilnehmer und Teilnehmerinnen schon vor der Abreise in der Schweiz ins entsprechende Projekt ein. Wichtig ist eine professionelle Betreuung vor Ort und wünschenswert eine Projektauswertung nach der Rückkehr.

Entlöhnte Arbeitspraktika: Dabei erhalten die Teilnehmenden üblicherweise einen bescheidenen Lohn, der die Lebenshaltungskosten im Gastland decken sollte. Je nach Land und persönlichen Ansprüchen reicht das Entgelt jedoch bei weitem nicht, um alle Auslagen zu bezahlen. Bei diesen mehrmonatigen Auslandeinsätzen geht es ebenfalls um den internationalen Kulturaustausch; für jeden ins Ausland gesandte Schweizer sollte im Gegenzug ein ausländischer Teilnehmer in unser Land reisen. Gleichzeitig zielen diese Programme darauf ab, dass die Teilnehmer Berufspraxis im Ausland sammeln können. Die Angebote sind meist auf eine bestimmte Zielgruppen abgestimmt. Nachfolgend zwei Beispiele:

• **AIESEC**, die weltweit grösste Studentenaustauschorganisation, spricht vorwiegend Studenten der Wirtschafts- und Sozialwissenschaften an. AIESEC bringt weltweit arbeitswillige Studierende und Studienabgänger mit Arbeitgebern der Privatwirtschaft sowie Nichtregierungsorganisationen zusammen, die Praktikumstellen für die Dauer von bis zu achtzehn Monaten anbieten.

• **IAESTE** (International Association for the Exchange of Students for Technical Experience) bietet für Hochschul- und Fachhochschulabsolventen des Ingenieurwesens, der Naturwissenschaften und anderer Studienrichtungen ausländische Praktika von bis zu einem Jahr an. Auch hier findet ein echter internationaler Austausch statt: Für jede durch eine Schweizer Firma angebotene Praktikumstelle für einen Ausländer, darf ein Schweizer ins Ausland.

Kostenpflichtige Arbeitspraktika: Diese Austauschprogramme mit Arbeitspraktikum werden von kommerziellen oder Non-Profit-Organisationen in Europa, Nordamerika und Ozeanien angeboten. Es handelt sich dabei oft um eine Kombination von bezahltem Sprachaufenthalt (durch den Teilnehmer) und unbezahltem Arbeitseinsatz. Solche Angebote laufen als offizielle Studienprogramme oder Sprachkurse. Dadurch lässt sich in Ländern mit restriktiven Arbeitsbestimmungen für Ausländer vermeiden, dass die Teilnehmenden eine Arbeitserlaubnis benötigen. Bei diesen Programmen bleiben Sie während des gesamten Aufenthalts an einer Sprachschule oder Universität eingeschrieben – auch während des Praktikums bei einem lokalen Arbeitgeber.

Diese Art Auslandpraktika wird meist im Paket verkauft: Mit eingeschlossen sind je nach Programm Visumbeschaffung, Versicherungen, Reise, Unterkunft, Verpflegung, Sprachunterricht und das Vermitteln einer Arbeitsstelle. Die Auswahl und Vermittlung der Arbeitgeber übernimmt der Programmveranstalter. Die Teilnehmenden können eine bestimmte Branche wählen, etwa Hotellerie, Tourismus, Marketing, Werbung, Sekretariat, Handel, Import/Export. Ein Praktikum von wenigen Monaten kann leicht einige tausend Franken kosten. Achten Sie bei kostenpflichtigen Programmen auf die Qualität. Sie lässt sich am besten anhand von Aussagen früherer Teilnehmer herausfinden.

- Möchten Sie als Stagiaire ins Ausland, sollten Sie genügend Vorbereitungszeit einplanen. Eine geeignete Stelle zu finden kann Monate dauern. Um alle Formalitäten zu erledigen, benötigen Sie leicht einige Wochen.
- Informieren Sie sich bei kostenpflichtigen Austauschprogrammen anhand von Referenzen über die Qualität. Sonst profitiert von Ihrer Teilnahme nur der Veranstalter.

- **Bundesamt für Zuwanderung, Integration und Auswanderung (IMES)**
Auswanderung und Stagiaires, Quellenweg 9, 3003 Bern,
Tel. 031 322 42 02, Internet www.swissemigration.ch
(Beratung, Infoblätter zu Stagiaire-Abkommen; Anmeldeformulare; mehrsprachige Informationsbroschüren für Arbeitgeber; beschränkte Stellenvermittlung)

- **cinfo**
Zentralstrasse 121, Postfach 7007, 2500 Biel 7, Tel. 032 365 80 02, Internet www.cinfo.ch
(vermittelt Kontaktadressen für Arbeits- und Sozialeinsätze)

- **CH Jugendaustausch**
Hauptbahnhofstrasse 2, 4501 Solothurn, Tel. 032 625 26 80, Internet www.echanges.ch
(Fachstelle für Lehrer- und Lehrlingsaustausch; Adressen und Infos zu Arbeits- und Sozialeinsätzen im Ausland)

- **Intermundo**
Postfach, Postgasse 21, 3000 Bern 8, Tel. 031 326 29 22, Internet www.intermundo.ch
(Dachverband nicht gewinnorientierter Jugendaustauschorganisationen; Beratung, Kontaktadressen)

Anbieter von über dreimonatigen Sozial- und Arbeitseinsätzen

- **AIESEC in Switzerland**
Eigerstrasse 55, Postfach, 3000 Bern 23, Tel. 031 370 05 05, Internet www.aiesec.ch
(Bezahlte Praktika für Uni- und Fachhochschulstudenten sowie Studienabgänger in über 80 Ländern aller Kontinente; Dauer bis zu 18 Monaten, an jeder Schweizer Uni vertreten)

- **Agroimpuls**
Schweizerischer Bauernverband, Laurstrasse 10, 5200 Brugg,
Tel. 056 442 22 12, Internet www.agroimpuls.ch
(Praktika für Landwirte und Gärtner in Europa und Übersee; Dauer bis zu einem Jahr)

- **AFS Interkulturelle Programme**
Löwenstrasse 16, 8001 Zürich, Tel. 01 218 19 19, Internet www.afs.ch
(Kostenpflichtige Programme in Südafrika und Lateinamerika für sechs Monate)

- **CCA Sprachaufenthalte**
Maihofstrasse 85, 6006 Luzern, Tel. 041 420 73 05 (Kostenpflichtige Programme in den USA für bis zu drei Monaten, in Frankreich und Grossbritannien bis zu einem Jahr; in Kanada und Australien in Kombination mit einem Sprachkurs)

- **Christlicher Friedensdienst cfd**
  Falkenhöheweg 8, 3012 Bern, Tel. 031 301 60 06
  (Unbezahlte Sozialeinsätze in West- und Osteuropa sowie Afrika)

- **Centre des séjours à l'étranger**
  Avenue de Chamonix 6, 1207 Genève, Tel. 022 700 22 88, Internet www.horizons.ch
  (Kostenpflichtige Praktika in Kanada, Grossbritannien, Deutschland, Australien)

- **Eurodyssée**
  – Eurodyssée Jura, Service de la Coopération, Rue du 24-Septembre 2, 2800 Delémont,
  Tel. 032 420 59 65
  – Eurodyssée Ticino, Dipartimento dell'istruzione e della cultura, Sezione Amministrative,
  6500 Bellinzona, Tel. 091 814 34 69
  – Eurodyssée Valais, c/o Ecole Suisse du tourisme, Avenue du Rothorn 2, 3960 Sierre,
  Tel. 027 452 62 24
  Internet www.eurodyssee.org
  (Bezahlte Berufspraktika für junge Arbeitsuchende aus den Kantonen Jura, Tessin und Wallis
  in verschiedenen europäischen Regionen; Dauer bis zu sieben Monaten)

- **Experiment in International Living in Switzerland**
  Weinbergstrasse 29, 8006 Zürich, Tel. 01 262 47 77, Internet www.experiment.ch
  (Kostenpflichtige Programme in Ecuador, Ghana, Indien, Mexiko und den USA)

- **IAESTE International Association for the Exchange of Students
  for Technical Experience**
  ETH Zürich, Rämistrasse 101, 8092 Zürich,
  Tel. 01 632 20 67/71, Internet www.iaeste.ethz.ch
  (Bezahlte Praktika in 60 Ländern für bis zu vier Monaten, ausnahmsweise bis zu einem Jahr;
  für Studenten technischer und naturwissenschaftlicher Richtung von Fach- und Hochschulen)

- **International Farm Youth Exchange (IFYE)**
  Regula Pünter-Berli, Wisshalden, 8633 Wolfhausen,
  Tel. 055 243 14 31, E-Mail berli@pop.agri.ch
  (Unbezahlte Austauschprogramme bei Bauern in rund 14 Ländern in Europa, Nord- und
  Mittelamerika, Asien und Ozeanien; Dauer bis zu sieben Monaten; bezahlte Landwirt-
  schaftspraktika in den USA bis zu einem Jahr)

- **Internationaler Jugend- und Kulturaustausch (ICYE)**
  Belpstrasse 69, 3000 Bern 14, Tel. 031 371 77 80, Internet www.icye.ch
  (Unbezahlte Sozialeinsätze in 25 Ländern auf allen Kontinenten für ein Jahr)

- **International Summer Camp**
  Postfach 1077, 3000 Bern 7, Tel. 031 371 81 77
  (Unbezahlte Familienaufenthalte und Leitung von Kinderferienlagern in den USA;
  Dauer bis zu fünf Monaten)

- **KEM**
  Kooperation Evangelischer Kirchen und Missionen, Missionsstrasse 21, 4003 Basel,
  Tel. 061 260 21 21, Internet www.mission-21.org
  (Unbezahlter Sozialeinsatz in den USA für ein Jahr)

- **Kibbuz-Aufenthalte**
  Offizielles Israelisches Verkehrsbüro, Lintheschergasse 12, 8001 Zürich,
  Tel. 01 211 23 44, Internet www.israel-touristoffice.ch
  (Umfassende Informationen, Vermittlung von Adressen zu unbezahlten Kibbuz-Aufenthalten in Israel für bis zu zwei Jahre)

- **Stiftung Jugendaustausch Schweiz – GUS**
  Bireghofstrasse 1, 6005 Luzern, Tel. 041 340 96 63, Internet www.schweiz-gus.ch
  (Kostenpflichtige Praktika in Russland und der Ukraine bis zu einem Jahr)

- **StudEx (Student and Young Worker Exchange)**
  Morgartenstrasse 2c, 3014 Bern, Tel. 031 335 51 23, Internet www.studex.ch
  (Stipendienberechtigte drei- bis zwölfmonatige Berufspraktika in 30 europäischen Ländern für Universitäts- und Fachhochschulstudierende sowie Lehrabgänger aus praktisch allen Fachbereichen. Dieses Austauschprogramm ist Teil des EU-Bildungsprogramms «Leonardo da Vinci II».)

- **Youth for Understanding (YFU)**
  – Stadtbachstrasse 42, Postfach 8920, 3001 Bern, Tel. 031 305 30 60
  – Rue de la Madeleine 33b, 1800 Vevey, Tel. 021 922 23 44
  Internet www.yfu.ch (Programme in mehr als 30 Ländern in fünf Erdteilen)

Als Mitarbeiter für ein Schweizer Unternehmen

In der Praxis gibt es verschiedene Formen, für ein Schweizer Unternehmen im Ausland zu arbeiten. Etwa im Rahmen von regelmässigen Dienstreisen, als Projektleiterin oder Troubleshooter für ein einmaliges, zeitlich beschränktes Engagement oder als entsandte Mitarbeiterin für einen längerfristigen Einsatz.

Dienstreisen für die Betreuung ausländischer Kunden oder eines Auslandstandorts werden in der Regel gar nicht als Auslandtätigkeiten wahrgenommen. Ebenso wenig die kurzfristigen «Feuerwehr»-Einsätze von Technikern, Ingenieuren, Marketing- oder Finanzspezialistinnen, die bei aktuell auftretenden Problemen ins Ausland reisen, vor Ort Hilfe leisten und darauf wieder im Schweizer Stammhaus arbeiten. Ihr Leben spielt sich mehrheitlich in der Schweiz ab, wo sie auch ihren Wohnsitz haben. Ganz anders dagegen die Ausgangslage von längerfristig entsandten Mitarbeiterinnen und Mitarbeitern: Sie nehmen in der Regel mit der ganzen Familie festen Wohnsitz im Ausland und sind tagtäglich mit allen Vor- und Nachteilen des dortigen Lebens konfrontiert. Im Folgenden wird deshalb vor allem auf die Situation der Entsandten eingegangen.

Möchten Sie längerfristig im Ausland arbeiten, ist die Möglichkeit als Entsandter im Prinzip der einfachste Weg dazu. Einfach ist diese Variante deshalb, weil Sie sich in der Regel nicht selbst mit den administrativen Hürden einer Arbeitsaufnahme im Ausland und mit Sozialversicherungsfragen herumschlagen müssen. Darum kümmert sich Ihre Firma. Diese übernimmt in der Regel auch zahlreiche organisatorische Aufgaben; unter anderem die Wohnungssuche, den Umzug und die Integration der Familie vor Ort.

Trends bei Auslandentsendungen

Wie internationale Studien zeigen, ist die geografische Hauptdestination bei Entsendungen Europa, gefolgt von Nord- und Südamerika und Asien. Die höchsten Wachstumsraten von Entsandten sind in Westeuropa, Nordamerika, Zentral- und Osteuropa, China und Südamerika zu verzeichnen. Dass Europa an erster Stelle liegt, ist auch auf die Abkommen mit der EU und der EFTA zurückzuführen (siehe Seite 46). Dank diesen können Schweizer Unternehmen ihre Mitarbeitenden problemlos im Ausland einsetzen.

Dabei zeigt sich, dass die langfristigen Einsätze zugunsten der kurzfristigen abnehmen. Schweizer Mitarbeiter werden im Ausland vermehrt für projektbezogene Arbeiten und für zeitlich limitierte Beratungstätigkeiten eingesetzt und nicht für Jahre irgendwohin versetzt. Vermehrt gibt es auch internationale Pendler: Mitarbeiter, die sich während der Woche im Ausland aufhalten und nur gerade die Wochenenden zu Hause verbringen. Immer mehr nehmen Kaderleute ihre internationalen Führungsaufgaben aufgrund der verbesserten technischen Kommunikationsmöglichkeiten auch vom Schweizer Stammhaus aus wahr; etwa übers Internet, Voice-Mail oder per Videokonferenz.

Die Gründe für diesen Trend sind vielfältig: Zum einen werden die arbeitsrechtlichen Bestimmungen für Ausländer in vielen Ländern verschärft. Ab einem sechsmonatigen Einsatz benötigen Schweizer Mitarbeiterinnen und Mitarbeiter meist eine Arbeitsbewilligung und werden steuerpflichtig. Zudem sind die Auslagen für eine Auslandentsendung extrem hoch. Je nach Unternehmen, Land und Hierarchiestufe zahlt der Arbeitgeber nicht nur ein Salär mit Sonderzulage, er übernimmt auch – teilweise oder ganz – die Kosten für Wohnung, Hauspersonal, Privatwagen, Schulgeld für die Kinder, Sozialversicherungen und regelmässige Heimflüge. Untersuchungen zeigen: Auslandeinsätze unter achtzehn Monaten lohnen sich für den Arbeitgeber nicht.

Gleichzeitig stehen den Schweizer Arbeitgebern immer besser qualifizierte und hoch motivierte einheimische Arbeitskräfte vor Ort zur Verfügung, mit denen sich sprachliche und kulturbedingte Schwierigkeiten im Umgang mit den lokalen Behörden, Lieferanten und Kunden vermeiden lassen. Der Einsatz von lokalem Personal löst auch das Problem der oft schwierigen Wiedereingliederung von Schweizer Mitarbeitern, die jahrelang im Ausland gearbeitet haben.

Ein weiteres Problem für viele multinationale Unternehmen besteht darin, genügend qualifiziertes und geeignetes Personal zu finden, das sich für einen längerfristigen Auslandeinsatz begeistern lässt. Vielfach werden Offerten für Auslandjobs aus familiären Gründen, wegen Karriereproblemen bei Doppelverdienern, der Angst um die eigene Karriere, inakzeptablen Destinationen oder unattraktiven Gehältern und Rahmenbedingungen ausgeschlagen. Hinzu kommt, dass immer weniger Unternehmen ihren heimkehrenden Auslandmitarbeitern einen Job in der Schweiz garantieren. Doch auch wenn ein Platz frei sein sollte, ist längst nicht gesagt, dass sich die Zurückkehrenden wieder problemlos im Schweizer Stammhaus integrieren. Hat ihr früherer Vorgesetzter in der Zwischenzeit das Unternehmen verlassen, führt das nicht selten zu Konflikten. Vielen Rückkehrern fällt es auch schwer, sich wieder an die Strukturen im Stammhaus zu gewöhnen, nachdem sie im Ausland jahrelang viel selbständiger arbeiten konnten. Kein Wunder verlässt ein Grossteil der Heimkehrer das Unternehmen rund ein Jahr nach ihrer Rückkehr aus dem Ausland.

International tätige Unternehmen werden jedoch auch künftig gezwungen sein, Fach- und Führungskräfte ins Ausland zu entsenden. Denn viele Ziele, die sie in ihren ausländischen Niederlassungen verfolgen, lassen sich mit einheimischem Personal nicht oder nur bedingt erreichen. Dazu gehören beispielsweise der Transfer von technischem und wirtschaftlichem Knowhow, die Integration eines neu akquirierten Unternehmens, die Ausbildung einheimischer Kaderleute, die Sicherstellung einer funktionierenden Kommunikation mit dem Stammhaus oder die Durchsetzung einer einheitlichen Unternehmenskultur.

Welche Chancen habe ich auf einen Auslandjob?

Grundmotivation für einen Auslandeinsatz innerhalb des Unternehmens ist für viele Schweizer und Schweizerinnen die Verbesserung ihrer Karrierechancen, die Suche nach mehr Verantwortung und Selbständigkeit und allenfalls die damit verbundene Einkommenssteigerung. Die Freude am Leben in einem fremden Land und das echte Interesse an einer anderen Kultur sollten aber stärker sein als die reinen Aufstiegsambitionen und der Wunsch nach Prestige; sonst dürfte der Auslandeinsatz wenig erfolgreich ablaufen.

Wollen Sie für ein Schweizer Unternehmen ins Ausland, müssen Sie sich einen international tätigen Arbeitgeber suchen. Wer nicht nur an Kurzaufenthalten interessiert ist, sollte abklären, ob das Unternehmen Filialen oder Tochterfirmen im Ausland besitzt, die überhaupt Schweizer beschäftigen. Das Interesse an einem Auslandeinsatz sollten Sie schon beim Anstellungsgespräch klar bekunden und allfällige Versprechungen des Arbeitgebers vertraglich festhalten. Damit lassen sich spätere Enttäuschungen vermeiden.

Kaum ein Unternehmen wird Sie von der Strasse weg anstellen und Ihnen sogleich einen Auslandjob anbieten – es sei denn, Sie können einschlägige Branchen- und Auslanderfahrung vorweisen. Studieren Sie deshalb bei ausgeschriebenen Auslandstellen aufmerksam das Anforderungsprofil. Stelleninserate für Auslandjobs finden Sie in der einschlägigen Fachpresse oder in nationalen Tages- und Wochenzeitungen. Zum Teil vermitteln auch Stellenvermittlungsbüros Arbeitseinsätze im Ausland für Schweizer Unternehmen – in der Regel allerdings nur temporär.

Idealerweise lassen Sie sich im Rahmen eines internen Ausbildungs- oder Karriereprogramms anstellen, das einen Auslandaufenthalt vorsieht. In der Regel wird dieser aber erst nach einer bestimmten Zeit und nach erfolgreicher Tätigkeit am Schweizer Hauptsitz gewährt. Von solchen Auslandeinsätzen profitieren gewöhnlich nur künftige mittlere oder höhere Kader. Mit gutem Grund: Leitende Manager ohne Auslanderfahrung sind heute in einer weltweit tätigen Unternehmung kaum mehr denkbar. Die männliche Form wurde diesmal bewusst gewählt, denn der durchschnittliche Frauenanteil der Entsandten bei Schweizer Unternehmen liegt unter zehn Prozent. Arbeiten Sie schon bei einem Unternehmen, das Schweizer Personal ins Ausland entsendet, können Sie sich über die Einsatzmöglichkeiten im Ausland direkt bei der zuständigen Personalabteilung erkundigen.

In der Praxis machen Arbeitgeber im Voraus meist keine verbindlichen Zusagen zu möglichen Auslandaufenthalten, weder zum genauen Zeitpunkt, noch zur Dauer oder Destination, falls es mehrere Möglichkeiten gibt. «In drei Jahren nach Amerika» kann je nach Unternehmen New York, Mexiko City oder São Paulo bedeuten. Diese Unverbindlichkeit ist einerseits auf die schwierige Langzeitplanung zurückzuführen. Anderseits muss sich ein Mitarbeiter oder eine Mitarbeiterin für einen Auslandseinsatz auch eignen. Die ideale Person ist gegenüber Fremden offen, sensibel, an anderen Ideen und Kulturen interessiert. Sie besitzt ein grosses Einfühlungsvermögen, eine hohe Wertschätzung für andere Menschen, Selbstbeherrschung, Gewandtheit im Umgang mit Fremden in einer fremden Sprache, ist teamfähig, initiativ und kann sich situationsgerecht verhalten. Von Vorteil ist auch eine Partnerin oder ein Partner, die oder der voll hinter dem Auslandengagement steht und jederzeit die nötige Energie aufbringt, den Auslandmitarbeiter in Krisensituationen moralisch zu unterstützen und zu motivieren. Je nach Entsendungsland – insbesondere in islamischen Ländern – müssen Entsandte verheiratet sein. In diesem Fall ist unter Umständen vor der Abreise noch ein überstürzter Gang aufs Standesamt nötig.

Grossunternehmen, die regelmässig Mitarbeiter ins Ausland senden, haben spezielle Abteilungen, die sich um ihre expatriierten Mitarbeiter, die so genannten Expads, kümmern. Sie wenden auch harte Selektionsverfahren an, bereiten die künftigen Expads intensiv auf ihre Aufgabe in einer fremden Kultur vor, helfen bei organisatorischen Belangen, stellen die Betreuung während des Auslandaufenthalts und der Wiedereingliederung bei der Rückkehr sicher. Professionelle Auswahlverfahren schliessen die Partnerin und die familiäre Situation des künftigen Auslandmitarbeiters mit ein. Wie ist die Ehefrau motiviert? Ist sie bereit, ihre Karriere für diejenige ihres Mannes zu opfern? Kann sie die psychischen und physischen Belastungen aushalten? Wie sieht die schulische Situation der Kinder aus? Können sie im Ausland ihre Ausbildung fortsetzen?

Kleinere und mittelgrosse Unternehmen, die Schweizer Mitarbeiter ins Ausland versetzen, besitzen für Expads in der Regel keine eigenen Personalabteilungen. Deshalb dürfte die Mehrheit dieser Führungskräfte ihren Auslandaufenthalt zu wenig vorbereitet antreten. Das rührt vielfach von der irrigen Meinung her, dass eine in der Schweiz bewährte Fachkraft im Ausland die gleiche hervorragende Leistung erbringen kann. Sie muss nur den Sprung ins kalte Wasser wagen, die Landessprache etwas sprechen können und gewillt sein, die ihr aufgetragenen Ziele umzusetzen.

Arbeitgeber wollen vakante Auslandstellen möglichst schnell besetzen. Den Entsandten bleibt dann zum Teil nur wenig Zeit, sich für den Auslandjob zu entscheiden und die Koffer zu packen. Im Extremfall beschränkt sich die Vorbereitung auf einen Blick in den Taschenreiseführer und das kurze Gespräch mit einem auslanderfahrenen Kollegen. Der erzählt einem dann beim Lunch, wie die Amerikaner, Chilenen, Tschechen oder Chinesen «so sind» und wie man mit ihnen am besten umgeht.

Probleme bei Auslandeinsätzen

Eine überstürzte Abreise ohne Vorbereitung führt im Gastland zu einem gewaltigen Kulturschock (siehe Seite 35). Dieser ist schon im privaten Bereich nicht einfach zu meistern, geschweige denn im Geschäftsalltag. Vertraute Signale, Worte und Verhaltensweisen haben plötzlich eine andere Bedeutung. Bisher bewährte Verhaltensmuster erweisen sich als völlig unzureichend. Der französische Kunde ist über die direkte und forsche Art der Gesprächsführung brüskiert; der Chinese will sich auch nach monatelangen, mühsamen Verhandlungen nicht zur Unterschrift bequemen. Die Japaner schweigen plötzlich aus unerfindlichen Gründen während einer wichtigen Besprechung; der ägyptische Geschäftspartner betrachtet die Frage nach dem Wohlbefinden seiner Frau nicht als höfliche Geste, sondern als krassen Eingriff in seine Privatsphäre. Und niemand versteht den zur Auflockerung gedachten harmlosen Witz. Dessen ungeachtet, muss der Schweizer Manager die Ziele des Stammhauses erreichen. Das kann nicht gut gehen und endet oft mit dem frühzeitigen Abbruch des Auslandeinsatzes.

Häufig liegt der Grund für eine vorzeitige Rückreise jedoch nicht in der Unfähigkeit des oder der Entsandten, sich den fremdartigen Arbeits- und

Lebensbedingungen im Gastland anzupassen. Untersuchungen zeigen, dass in den meisten Fällen die Anpassungsprobleme des begleitenden Partners ausschlaggebend sind. Verständlich: Die Partnerin – oder seltener der Partner – erhält im Gastland in der Regel keine Arbeitsbewilligung und ist dadurch zur Untätigkeit gezwungen (siehe auch Seite 81). Je nachdem verbietet auch der Status des Auslandmitarbeiters, dass die Ehefrau eine Arbeit aufnimmt oder den Haushalt selbst besorgt. In Entwicklungsländern verrichten zum Beispiel oft Dienstboten die Hausarbeit. Da sich die Partnerin weniger als ihr erwerbstätiger Mann an ihr bekannte Routinearbeiten halten kann und nicht in ein umfangreiches Netzwerk von sozialen Kontakten eingebunden ist, nimmt sie den Kulturschock in der Regel stärker wahr. Kommen Sprachschwierigkeiten hinzu, sind die Nachbarn unmöglich, kann nicht dem geliebten Hobby nachgegangen werden, ist der Ehemann wegen der in der Regel ständigen Arbeitsüberlastung kaum zu Hause – sind die Koffer für die Heimreise schnell gepackt. Der zweithäufigste Grund einer vorzeitigen Rückkehr liegt in den Ausbildung der Kinder: Entweder gibt es keine geeignete Schule in der Nähe des Wohnorts oder man hält nicht viel von der Qualität der vorhandenen Schulen vor Ort.

Ein gescheiterter Auslandeinsatz wirkt sich für die Betroffenen natürlich nicht sehr karrierefördernd aus. In solchen Fällen kommen oft auch private Schwierigkeiten hinzu: Depressionen, Alkoholprobleme, Ehekrisen. Bei Entsendungen in islamische Länder zerbricht fast jede zweite Ehe.

Worauf ist bei einem Auslandvertrag zu achten?
Bevor Sie einen Vertrag unterschreiben, sollten Sie unbedingt auf einem Besuch vor Ort beharren – und zwar mit Ihrer Partnerin oder Ihrem Partner. Sprechen Sie dort mit anderen Schweizern und Ausländern über deren Erfahrungen und Probleme.

Kommt es zu einem Engagement, halten sich Auslandverträge mit in der Schweiz ansässigen Unternehmen im Allgemeinen an schweizerische arbeitsrechtliche Normen. In der Regel wird für den Auslandeinsatz ein Zusatzvertrag abgeschlossen. Dabei handelt es sich meist um Standardverträge, die kaum spezielle, individuelle Wünsche zulassen. Der Vertrag enthält normalerweise keine Details; diese sollten in einem separaten Entsendungsreglement stehen. Achten Sie vor allem auf folgende Punkte:

Reisekosten: Wer zahlt die Hin- und Rückreise für Sie und Ihre Familie, die Kosten für den Umzug (Lagerung, Transport, Versicherung, Zoll)? Wer kommt für die Kosten bei vorzeitiger Rückkehr auf (unverschuldet oder selbst gewünscht)?

Tätigkeit: Hier sollten die Details zu Ihrer Funktion und Position, zu den damit verbundenen Aufgaben, Zuständigkeiten, Befugnissen, Rechten und Pflichten festgehalten werden. Auch sollten Einsatzort sowie Reisehäufigkeit definiert sein. Werden Dienstjahre im Ausland bei der Muttergesellschaft voll anerkannt?

Vertragsdauer/Kündigungsfrist: Wie lange läuft der Vertrag? Kann er verlängert werden? Wie oft? Bei unbefristeten Verträgen sind die Kündigungsgründe und -fristen sowie allfällige Sanktionen (Konventionalstrafen) und Abfindungssummen zu regeln.

Arbeits- und Freizeit: Wie viele Wochenarbeitsstunden und wie viele Überstunden sind zu leisten, wie viel bezahlter Urlaub und Feiertage werden gewährt? Gibt es einen speziellen Heimaturlaub? Dies ist vor allem bei Destinationen mit schwierigen Lebensverhältnissen üblich.

Betreuung: Welche Hilfe erhalten Sie vom Unternehmen vor der Abreise, vor Ort und nach der Rückkehr? Existiert ein Notfallkonzept? Wie verläuft die Wiedereingliederung nach der Rückkehr? Welche Zusicherungen macht man Ihnen bezüglich einer Arbeitsstelle bei der Rückkehr?

Lohn/Lohnbestandteile: Je nach Zweck und Dauer eines Auslandeinsatzes richtet sich das Gehalt nach den geltenden Usanzen für eine vergleichbare Funktion im Gast- oder im Entsendungsland. Hinzu kommt in der Regel eine individuelle Auslandzulage, welche erhöhte Lebenshaltungskosten und Erschwernisse (Klima, Wohnqualität, soziale Isolation, Versorgung, Sicherheit) abgelten soll. Die Zulage für Wladiwostok beispielsweise fällt höher aus als für Paris. Über die Höhe und die Bestandteile des Salärs sollte Klarheit herrschen: Welche Zulagen, Zuschläge, Spesen und Nebenleistungen (Sprachkurse, interkulturelle Vorbereitungsseminare, Impfungen) werden gewährt? In welcher Währung und wo wird das Salär ausgezahlt (entscheidend in Ländern mit weicher Währung und hoher Inflation)? Handelt es sich beim vereinbarten Salär um den Brutto- oder Nettolohn? Welche Abzüge gehen zulasten des Arbeitnehmers oder Arbeitgebers (Steuern, Versicherungs- und Sozialversicherungsbeiträge)? Welche Kosten übernimmt der Arbeitgeber (Wohnungsmiete und -einrichtung, Dienstpersonal, Privatwagen, Schulgeld für Kinder, Sprachunterricht, Heimaturlaub)? Welcher Betrag wird Ihnen Ende Monat ausgezahlt? Wichtig: Handelt es sich um einen Auslandaufenthalt im Rahmen eines Karriereprogramms, müssen Sie im Ausland zum Teil ein niedrigeres Salär als in der Schweiz akzeptieren. Oft wird das Salär auch aufgeteilt: Das heisst ein Teil wird in der Schweiz, der andere im Ausland bezahlt.

Der Trend bei der Entlöhnung von Entsandten geht dahin, dass diesen ein Gesamtpaket angeboten wird, das den Lohn und alle Nebenleistungen umfasst. Der Entsandte kann dann aus einer bestimmten Anzahl von Gehaltskomponenten – zum Beispiel Umzugs- und Wohnungskosten, Firmenwagen, Heimaturlaub, Krankenversicherung – jene wählen, die seinen Bedürfnissen am meisten entgegenkommen.

Versicherungen: Welcher Versicherungsschutz besteht bei Krankheit, Unfall, Tod, Haftpflichtfällen? Wer zahlt wie viel an die notwendigen Versicherungen und Sozialversicherungsbeiträge? Ein fairer Vertrag garantiert, dass Sie und Ihre Familienangehörigen im Ausland in allen Bereichen mindestens gleich gut wie in der Schweiz versichert sind, Ihnen dadurch aber keine finanzielle Mehrbelastung entsteht. Achten Sie darauf, dass sich das Unternehmen nicht um die geschuldeten AHV-Beiträge drückt. Basis für die AHV-Abrechnung muss das Bruttogehalt sein – inklusive alle Auslandzulagen wie etwa Auslagen für Wohnung oder Schulgeld für Kinder. Das erhöht natürlich die Sozialkosten für das Unternehmen gewaltig. Bietet Ihnen der Arbeitgeber über eine Privatversicherung eine AHV-Ersatzlösung an, sollten Sie kritisch prüfen, ob Sie damit tatsächlich gleich gut fahren.

Die Berechnung des angemessenen Lohnes unter Berücksichtigung von Lebenskosten, Steuern, Privat- und Sozialversicherungen ist in der Praxis oft schwierig. Im Prinzip sollte der Arbeitgeber alle Mehrkosten übernehmen, die Ihnen aufgrund des Auslandaufenthalts entstehen. Oder anders gesagt: Sie sollten Ihren Lebensstandard auch im Ausland beibehalten können.

Bei Grossunternehmen, die regelmässig Mitarbeiter ins Ausland entsenden, müssen Sie sich in diesem Punkt weitgehend auf die Erfahrungen des Arbeitgebers verlassen und die Bedingungen in den Standardverträgen und Reglementen akzeptieren. In westlichen Ländern werden die Saläre zu Beginn des Auslandaufenthalts vielfach höher angesetzt, werden aber mit jedem im Ausland verbrachten Jahr kleiner und erreichen nach rund fünf Jahren das lokale Niveau. Die Überlegung dahinter: Entsandte haben als Fremde im Ausland anfänglich höhere Ausgaben, sollten aber nach fünf Jahren assimiliert sein und keine Extras mehr benötigen.

Schwierig sind Salärberechnungen und Abklärungen für kleinere Unternehmen ohne einschlägige Erfahrung. In solchen Fällen sollten Sie darauf bestehen, dass ein externes Beratungsbüro beigezogen wird. Weitere Hinweise und Ratschläge zum Thema finden Sie in der Broschüre «Arbeitsverträge für Auslandtätigkeit» des Bundesamts für Zuwanderung, Integration und Auswanderung (IMES, Adresse Seite 175).

Mit Einreise-, Aufenthalts- und Arbeitsbewilligungen müssen sich vom Arbeitgeber ins Ausland entsandte Schweizer und Schweizerinnen kaum herumschlagen. Die nötigen Dokumente besorgt in aller Regel das Unternehmen. Dieses geniesst nicht etwa besondere Privilegien bei ausländischen Einwanderungsbehörden. Unternehmen kämpfen für ihre Mitarbeiter mit den gleichen gesetzlichen Hürden wie Einzelpersonen. Ihr Vorteil ist nur, dass die Auslandniederlassung leichter beweisen kann, dass sie für einen bestimmten Job keine gleich qualifizierte einheimische Arbeitskraft findet.

- Wenn Sie sich von Ihrem Arbeitgeber ins Ausland versetzen lassen, müssen Sie auf die volle Unterstützung Ihres Partners oder Ihrer Partnerin zählen können.
- Überprüfen Sie den Arbeitsvertrag auf alle für Sie relevanten Punkte. Mündliche Zusicherungen nützen Ihnen nichts, vereinbaren Sie alles schriftlich, insbesondere den Wiedereinstieg nach der Rückkehr.
- Lassen Sie sich nicht unter Druck setzen und vermeiden Sie eine überstürzte Abreise. Eine ungenügende Vorbereitung zu Hause rächt sich im Ausland.
- In der Regel kümmert sich das Unternehmen um alle Fragen des Versicherungsschutzes und nimmt Ihnen zahlreiche organisatorische Arbeiten ab. Überprüfen Sie dennoch kritisch, ob Salär und Steuern legal abgerechnet werden, jedes Familienmitglied ein Visum hat und alle geimpft sind. Lassen Sie sich nicht auf später vertrösten.
- Trotz aller Hilfe des Unternehmens müssen Sie vor der Abreise noch einiges selbst erledigen: unter anderem die Steuern bezahlen (siehe Seite 277), den Geldtransfer sicherstellen (siehe Seite 194), die Schulmöglichkeiten der Kinder abklären (siehe Seite 293) und sich bei der Einwohnergemeinde (siehe Seite 330) sowie beim Militär (siehe Seite 332) abmelden.
- Halten Sie den Kontakt zu Schlüsselpersonen im Schweizer Stammhaus aufrecht. Das erleichtert der Wiedereinstieg bei der Rückkehr.

- **Schweizer Unternehmen mit Niederlassungen im Ausland**
Adressen über Branchenverbände und Handelskammern — Adressen
Die blosse Präsenz im Ausland bedeutet aber nicht, dass Schweizer Personal eingesetzt wird.

- **Die 50 grössten Schweizer Arbeitgeber im Ausland**
Jährlich neu überarbeitete Liste im Buch «TOP 2000» der Schweizerischen Handelszeitung
Zu beziehen unter Tel. 01 288 35 00, Internet www.handelszeitung.ch

Auf weltweite Personaleinsätze spezialisierte Beratungsunternehmen

- **PricewaterhouseCoopers**
Abteilung «Global Human Resources», Stampfenbachstrasse 52, Postfach 634, 8035 Zürich, Tel. 01 630 11 11, Internet www.pwc.ch

- **Ernst & Young AG**
Abteilung «Global Employment Solutions», Bleicherweg 21, 8022 Zürich, Tel. 058 286 31 11, Internet www.eycom.ch

Als Mitarbeiter im diplomatischen oder konsularischen Dienst der Eidgenossenschaft

Im Ausland arbeiten lässt sich nicht nur in der Privatwirtschaft oder bei einer internationalen Organisation, sondern auch als Mitarbeiterin oder Mitarbeiter des Eidgenössischen Departements für auswärtige Angelegenheiten (EDA) im diplomatischen oder konsularischen Dienst bei einer schweizerischen Vertretung (siehe Seite 340). Diese Karrieren stehen grundsätzlich allen Schweizer Bürgerinnen und Bürgern offen, die sich für die Wahrung der Interessen der Schweiz in der ganzen Welt einsetzen möchten (zu den Aufgaben, die zum Tätigkeitsbereich einer Diplomatin oder eines Konsulardienstmitarbeiters gehören, siehe Seite 341).

Je nach Laufbahn werden unterschiedliche Anforderungen an die Bewerber gestellt. Generell wird eine umfassende Allgemeinbildung verlangt, insbesondere genaue Kenntnisse über die Schweiz. Zudem werden ausgezeichnete Sprachkenntnisse vorausgesetzt. Wegen der beschränkten Zahl freier Stellen erfolgt die Rekrutierung der zukünftigen Mitarbeiterinnen und Mitarbeiter im diplomatischen und konsularischen Dienst über einen Zulassungswettbewerb. Dieser findet regelmässig statt, wenn auch nicht jedes Jahr. Wer dabei ausscheidet, kann kein zweites Mal teilnehmen.

Im konsularischen Dienst ist die Vertretung der Geschlechter relativ ausgewogen; in der Diplomatenlaufbahn überwiegen die Männer. Um dieses Ungleichgewicht aufzuheben, werden bei gleicher Qualifikation Frauen bevorzugt berücksichtigt, bis Männer und Frauen gleich stark vertreten sind. Zudem sollen die Anteile der Bediensteten deutscher, französischer, italienischer und rätoromanischer Sprache der Aufteilung der Schweizer Wohnbevölkerung entsprechen.

Zulassungskriterien für die diplomatische Laufbahn

Voraussetzung für die Zulassung zur Prüfung ist ein akademisches Hochschulstudium mit Lizenziatsabschluss oder ein gleichwertiger Abschluss. Diplome von Fachhochschulen reichen nicht aus. Dabei ist keine bestimmte Studienrichtung vorgeschrieben. Bewerber und Bewerberinnen müssen mindestens drei Sprachen beherrschen: entweder drei Amtssprachen oder zwei Amtssprachen und eine verbreitete Fremdsprache (Englisch, Arabisch, Chinesisch, Spanisch, Japanisch, Portugiesisch oder Russisch). Sie müssen zudem einen tadellosen Leumund haben, dürfen bei der Anmeldung zum Zulassungswettbewerb nicht älter als 29 Jahre sein und sollten idealerweise schon etwas Berufserfahrung mitbringen.

Der Zulassungswettbewerb umfasst eine schriftliche und zeitlich verschoben eine mündliche Prüfung. Dabei werden nicht nur das Allgemeinwissen in Recht, Wirtschaft, Politik, Geschichte, Kultur sowie die Sprachkenntnisse geprüft, sondern auch Persönlichkeit, Auftreten, Charakter und persönliche Fähigkeiten beurteilt. Auf die bestandenen Prüfungen folgt eine zweijährige Probezeit an der Zentrale in Bern und an einer schweizerischen Botschaft im Ausland. Danach folgt die Schlussprüfung. Diplomaten arbeiten anschliessend meist an der Zentrale in Bern, bevor sie an eine diplomatische Auslandvertretung versetzt werden. Während ihres gesamten Berufslebens arbeiten Diplomaten etwa an acht verschiedenen Posten: rund die Hälfte im Ausland, die restliche Zeit an der Zentrale in der Schweiz.

Zulassungskriterien für die konsularische Laufbahn
Zur Zulassungsprüfung zugelassen ist, wer einen der folgenden Bildungsausweise besitzt:

- eidgenössischer Fähigkeitsausweis als kaufmännischer oder Verwaltungsangestellter
- ein durch den Bund als gleichwertig anerkanntes Abschlussdiplom einer Handels- oder Wirtschaftsmittelschule
- ein Maturitätszeugnis
- das Diplom einer vom Bund anerkannten Hotelfachschule.

Neben den erforderlichen Sprachkenntnissen (siehe vorangehende Seite), benötigen Sie mindestens ein Jahr praktische Erfahrung im Handel, in der Verwaltung oder im Dienstleistungsbereich.

Die Zulassungsprüfung besteht aus einer schriftlichen und mündlichen Teilprüfung, die an unterschiedlichen Terminen stattfindet. Getestet werden dabei Staatskunde, Geschichte, Geographie, kaufmännisches Rechnen, Buchhaltung und die Sprachkenntnisse. Stark gewichtet werden der Lebenslauf, die Berufsausweise und Referenzen sowie die Persönlichkeit, das Auftreten und die Kommunikationsfähigkeiten der Kandidaten und Kandidatinnen. Zugelassen sind über 21- und unter 30-Jährige (Alter im Jahr des Zulassungswettbewerbs).

Nach bestandener Prüfung folgt eine 18-monatige Berufsausbildung an der Zentrale in Bern und an einer Auslandvertretung sowie eine Schlussprüfung. Danach werden die ausgebildeten Konsulardienstmitarbeiter in der Regel auf einer Auslandvertretung eingesetzt. Im Laufe ihres Berufslebens sind sie an rund zehn verschiedenen Posten tätig. Etwa zwei Drittel ihrer Laufbahn verbringen sie im Ausland, die restliche Zeit arbeiten sie an der Zentrale in der Schweiz.

Besonderheiten des diplomatischen und konsularischen Dienstes der Eidgenossenschaft

Zu den Eigenheiten des diplomatischen und konsularischen Dienstes des Bundes gehört die regelmässige Versetzung der Mitarbeiterinnen und Mitarbeiter. Grundsätzlich werden sie alle drei bis vier Jahre auf einer anderen Auslandvertretung eingesetzt. Dadurch soll vermieden werden, dass sie sich zu sehr im Gastland assimilieren und mit den dortigen Interessen identifizieren. Gleichzeitig trägt die Versetzung dazu bei, Berufserfahrung in verschiedenen Ländern zu sammeln, was unter anderem eine Voraussetzung für den beruflichen Aufstieg innerhalb des EDA ist. Periodische Versetzungen sind im Weiteren auch nötig, da manche Posten im Ausland in physischer und psychischer Hinsicht hohe Anforderungen an den Einzelnen stellen.

Diese regelmässigen Versetzungen verlangen grosse Flexibilität und Anpassungsfähigkeit von den EDA-Mitarbeitenden und ihren Familien. Schliesslich gilt es jedesmal, lieb gewonnene Lebensgewohnheiten und die Wohnung aufzugeben sowie berufliche und private Beziehungen abzubrechen und am neuen Ort alles von Null wieder aufzubauen – unter Umständen in einer völlig anderen Kultur, Klimazone und einem anderen Sprachraum.

Ständige Wohnortwechsel sind nicht nur für die Mitarbeitenden, sondern auch für ihre Familien eine grosse Belastung. Besonders die Ausbildung der Kinder ist ein nicht immer leicht zu lösendes Problem. Je nach Einsatzort ist sogar eine Trennung der Familie nicht auszuschliessen. Bei Versetzungen wird den Wünschen der EDA-Mitarbeiterinnen und -Mitarbeiter in Bezug auf Ort und Termin zwar weitgehend entsprochen. Sie können jedoch nicht immer berücksichtigt werden.

Eine weitere Besonderheit bei einer Tätigkeit im Aussendienst des Bundes ist die Rolle des Ehepartners oder der Partnerin. Diese befinden sich zwar nicht in einem Angestelltenverhältnis mit dem Bund. Trotzdem werden sie – gleich wie die EDA-Mitarbeiter – als Vertreterinnen und Vertreter der Schweiz betrachtet. Ihr Verhalten im Gastland ist dem EDA deshalb nicht gleichgültig. Dies kann dem Berufs- und Privatleben gewisse Grenzen setzen. Dennoch wird bei Versetzungsentscheiden versucht, der beruflichen Tätigkeit des Ehegatten oder der Ehegattin Rechnung zu tragen.

Da Diplomaten und Konsulardienstmitarbeiter im Rahmen ihrer Tätigkeit regelmässig repräsentative Pflichten wahrnehmen müssen, haben sie auch gewisse Einschränkungen in ihrem Privatleben in Kauf zu nehmen. Konkret: Sie müssen einen bedeutenden Teil ihrer Freizeit dem Gesellschaftsleben am jeweiligen Arbeits- und Wohnort widmen.

- Falls Sie sich für die Interessen der Schweiz engagieren möchten, sollten Sie sich frühzeitig über die Daten der nächsten Aufnahmeprüfungen für eine diplomatische oder konsularische Karriere erkundigen.
- Eine Tätigkeit im Aussendienst des Bundes bietet sicher ein abwechslungsreiches und bereicherndes Leben. Sie hat aber auch zahlreiche Schattenseiten, besondere was das Privatleben betrifft. Wer diese nicht akzeptieren will oder kann, ist im Aussendienst des EDA am falschen Platz.

- **Eidgenössisches Amt für auswärtige Angelegenheiten (EDA)**
  Generalsekretariat – Ressourcen, Sektion Rekrutierung und Ausbildung
  des Personals, Freiburgstrasse 130, 3003 Bern
  – für Fragen zur diplomatischen Laufbahn: Tel. 031 322 32 54,
  – für Fragen zur konsularischen Laufbahn: Tel. 031 322 32 22,
  – für Fragen zur Laufbahn im Sekretariatsdienst: Tel. 031 322 33 64
  Internet www.eda.admin.ch

- **Ihre Laufbahn im diplomatischen und konsularischen Dienst der Eidgenossenschaft**
  Gratisbroschüre des EDA. Zu beziehen bei obiger Adresse.

Als Mitarbeiter in einem ausländischen Unternehmen

Wollen Sie als Erwerbstätige definitiv oder temporär im Ausland arbeiten, müssen Sie Ihrem Zielland als ausgewiesene Fachspezialisten berufliches Know-how bieten können, das dort nicht oder nur ungenügend vorhanden ist. Zudem müssen Sie in den meisten Ländern einen Arbeitgeber finden, der gegenüber den Arbeitsbehörden nachweisen kann, dass sich die offene Stelle nicht mit einer lokalen Arbeitskraft besetzen lässt. Diese Regelung gilt nicht nur in den bei Schweizern begehrten Ländern wie den USA, Kanada oder Australien, sondern bis zum 1. Juni 2004 auch in den EU- und EFTA-Staaten.

In der EU wiegt diese Bestimmung besonders schwer, denn alle dazugehörenden Länder werden als ein einziger Arbeitsmarkt betrachtet. Will also eine Schweizerin oder ein Schweizer in Spanien arbeiten, ist dies im Prinzip nur möglich, wenn der künftige Arbeitgeber im gesamten EU-Raum erfolglos nach einer gleich qualifizierten Arbeitskraft gesucht hat. Diesen so genannten Inländervorrang haben allerdings gewisse EU-Staaten schon fallen gelassen – obwohl sie dies gemäss den bilateralen Abkommen der

Schweiz mit der EU erst bis zum 1. Juni 2004 tun müssen (siehe Seite 49). Die aktuellen Arbeitsbestimmungen in den einzelnen EU-Länder sind im Internet unter www.swissemigration.ch oder direkt bei den schweizerischen Vertretungen im entsprechenden Land beziehungsweise bei den ausländischen Vertretungen in der Schweiz zu erfahren.

Eine gute Ausbildung allein ist also noch lange kein Eintrittsticket für den ausländischen Arbeitsmarkt. Zwar kommt der akademischen und beruflichen Qualifikation nach wie vor grosse Bedeutung zu, doch je nach Land und Zeitpunkt sind unter Umständen keine Akademiker gefragt, sondern Leute mit handwerklichen Berufen. Was gerade begehrt ist, finden Sie mit einem Blick in die Tages- und Wochenpresse des Ziellands und beim Surfen auf den Homepages der Internet-Stellenvermittler oder bei einem Besuch vor Ort selbst heraus. Wird in jedem zweiten Inserat ein Informatiker gesucht, können Sie sich Ihre Chancen als Architektin selbst ausmalen.

Welche Berufe auf dem Arbeitsmarkt gerade gefragt sind, ändert ständig. Berufslisten mit angeblichen Mangelberufen, die von gewissen Ländern herumgeboten oder von Botschaften herausgegeben werden, sind denn auch nur als Orientierungshilfe zu betrachten. Eines allerdings lässt sich mit Bestimmtheit sagen: In herkömmlichen Büro- und Verwaltungsberufen gibt es praktisch nirgends Arbeitsmöglichkeiten.

Wer Glück hat und aufgrund seines Berufs beziehungsweise wegen eines Berufsmangels im Zielland eine Aufenthalts- und Arbeitsbewilligung erhält, sollte sich bewusst sein, dass er oder sie den Arbeitsort oft nicht frei wählen kann. Der Mangel an qualifizierten Berufsleuten ist nicht selten auf eine bestimmte Region im Land begrenzt. Teilweise beschränken Staaten auch die Zahl der ausländischen Arbeitnehmer oder lassen nur bestimmte Fachspezialisten im Land arbeiten.

Was nützen schweizerische Diplome?

Ein weiteres Problem für Schweizer Berufsleute, die im Ausland auf eigene Faust Arbeit suchen, ist die fehlende Anerkennung und Bekanntheit schweizerischer Diplome und Ausbildungen. Je nach Land müssen selbst hoch qualifizierte Schweizer Akademiker zu einer weiteren beruflichen Ausbildung im Gastland bereit sein beziehungsweise Prüfungen nachholen, bevor sie mit einer Anstellung rechnen können. Dies ist nicht nur in industrialisierten, sondern teilweise auch in Schwellen- und Entwicklungsländern der Fall.

Am stärksten reglementiert sind Berufe, deren Ausübung mit einem gewissen Risiko für Leib und Leben, mit der öffentlichen Sicherheit oder mit dem Rechtssystem verbunden ist. Schweizer Krankenpflegerinnen und -pfleger müssen sich in den USA beispielsweise zuerst einer Fach- und Sprachprüfung unterziehen sowie eine staatliche Lizenzprüfung ablegen.

In EU-/EFTA-Ländern werden schweizerische Berufsdiplome dank den bilateralen Abkommen seit dem 1. Juni 2002 anerkannt (siehe Seite 49). Dadurch können Schweizer in diesen Ländern auch berufliche Tätigkeiten ausüben, die reglementiert, das heisst Inhabern eines bestimmten nationalen Diploms oder Berufsausweises vorbehalten sind. Die EU unterscheidet dabei zwischen harmonisierten und nicht harmonisierten Berufen.

Zu den harmonisierten Berufen zählen Ärzte, Zahnärztinnen, Apotheker, Veterinärinnen, Hebammen, Krankenpflegepersonal, Rechtsanwälte und Architekten. Ihre Ausbildung und Diplome sind aufgrund von Spezialrichtlinien in der ganzen EU und EFTA ohne zusätzliche Erfordernisse anerkannt.

Bei den nicht harmonisierten Berufen gehen die EU-/EFTA-Länder vom Grundsatz aus, dass die in einem anderen Mitgliedstaat erworbenen Ausbildungen und Diplome den eigenen entsprechen. Bestehen bei einer bestimmten Berufsausbildung jedoch starke inhaltliche Abweichungen, können die EU-/EFTA-Staaten von unselbständig oder selbständig Erwerbstätigen auch in Zukunft beispielsweise Eignungsprüfungen, einen Anpassungslehrgang, ein nationales Diplom oder eine Anzahl Jahre Berufspraxis verlangen. Dies kann etwa bei einem Elektriker nötig sein, der die speziellen nationalen Sicherheitsvorschriften kennen muss.

Für die meisten industriellen, gewerblichen und kaufmännischen Tätigkeiten kennen die EU-/EFTA-Länder Erleichterungen bei der Anerkennung von Berufspraxis, die im Herkunftsstaat erworben wurde. Dadurch werden Schweizer Berufstätige verschiedener Bereiche nach drei- bis sechsjähriger Berufspraxis ihre Tätigkeit in einem anderen EU-/EFTA-Staat ausüben können, ohne zuerst das dort erforderliche Diplom für die Berufszulassung erwerben zu müssen.

Detailinformationen über die Anerkennung von höheren schweizerischen Diplomen im Ausland erhalten Sie beim Informations- und Dokumentationsdienst der Schweizer Universitäten (CRUS, siehe Seite 78) oder direkt bei den zuständigen nationalen Informationsstellen für Äquivalenzen im Zielland (Adressen sind ebenfalls über die CRUS erhältlich). Schweizer Diplome werden übrigens im Ausland in der Regel nur anerkannt, wenn sie in die Landessprache übersetzt und amtlich beglaubigt sind.

Die unzureichende Anerkennung von Schweizer Diplomen kann sich auf die Bezahlung auswirken. Auch bestqualifizierte Berufsleute müssen unter Umständen mit markanten Lohneinbussen rechnen. Überhaupt lassen sich die Saläre im Ausland selten mit denjenigen in der Schweiz vergleichen. Obwohl die Lebenshaltungskosten je nach Land deutlich tiefer sind als in der Schweiz reicht das Einkommen eines Elternteils für den Unterhalt der Familie oft nicht aus, und die Partnerin oder der Partner ist gezwungen, einer Arbeit nachzugehen.

Zu beachten ist in gewissen Ländern auch der Einfluss der Gewerkschaften. Arbeiterinnen und Arbeiter, die ohne Zustimmung der Gewerkschaft angestellt werden, müssen beispielsweise in den USA gewärtigen, dass ihnen kurzfristiger gekündigt werden kann und sie einen niedrigeren Lohn erhalten als Gewerkschaftsmitglieder in gleicher Position. Die meisten Gewerkschaften führen deshalb für die Platzierung ihrer Mitglieder bei Arbeitgebern Wartelisten. Ausländer, die einer US-Gewerkschaft beitreten wollen, müssen sich in der Regel verpflichten, die amerikanische Staatsbürgerschaft zu erwerben. Die Aufnahmegebühren sind übrigens recht hoch.

Wie finde ich eine Stelle?
Um einen Auslandjob zu finden, benötigen Sie fundierte Kenntnisse des ausländischen Arbeitsmarkts, viel Eigeninitiative, Fantasie, Hartnäckigkeit – und Glück. Denn es gibt keine gesamtschweizerische Stelle, die Schweizern und Schweizerinnen Jobs im Ausland vermittelt.

Die grössten Chancen eröffnen sich durch Ihre persönlichen Beziehungen, über Beziehungen von Angehörigen, Bekannten oder über Ihren Arbeitgeber und dessen ausländische Kunden, Lieferanten und Tochterfirmen. Allenfalls können Sie während eines Ferienaufenthalts erste Kontakte mit einer Firma knüpfen. Entscheidend ist immer der persönliche Kontakt zu einem potenziellen Arbeitgeber. Das nützt mehr als eine hervorragend formulierte, grammatikalisch und orthografisch fehlerfreie Stellenbewerbung in der entsprechenden Landessprache mit einer Vielzahl von übersetzten und beglaubigten Zeugnissen und Diplomen.

Meist ist es zwecklos, in einer ausländischen Zeitung selbst zu inserieren – auch wenn Sie beruflich Aussergewöhnliches zu bieten haben. In der Regel ist kein Arbeitgeber an einem unbekannten Ausländer interessiert, dessen Anstellung administrativen Mehraufwand verursacht und eine Menge Geld und Zeit kostet. Handelt es sich um eine Kaderposition, muss der Kandidat ja meist mehrmals anreisen, braucht Bedenkzeit, hat in der Schweiz eine lange Kündigungsfrist einzuhalten – und will womöglich noch den Umzug bezahlt haben.

Keine grossen Erfolgschancen haben in der Regel auch direkte Bewerbungen, ohne dass eine Stelle ausgeschrieben wäre.

Ziemlich hoffnungslos ist die Jobsuche über ein Schweizer Stellenvermittlungsbüro. Selbst über international tätige Stellenvermittler gestaltet sich die Arbeitsuche nicht einfacher, denn diese vermitteln keine Schweizerinnen und Schweizer ins Ausland. Allenfalls erhalten Sie die Adressen der Niederlassung im gewünschten Land. Sie müssen diese Filiale aber selbst kontaktieren und Ihre Wünsche vorbringen. Besitzen Sie nicht das Bürgerrecht des Ziellands, können Sie sich den Aufwand sparen. Das Einschalten eines Stellenvermittlers hilft Ihnen in diesem Fall nichts, da Sie für die Aufnahme einer Erwerbstätigkeit nach wie vor eine Arbeitsbewilligung brauchen. Und diese beschafft Ihnen kein Stellenvermittlungsbüro, sondern nur ein Arbeitgeber, der den Behörden belegen kann, keine gleich gut qualifizierte, einheimische Arbeitskraft zu finden – ein Teufelskreis. Verzichten Sie also darauf, eine ausländische Stellenvermittlung zu kontaktieren.

Wenig oder keine Hilfe bei der Suche nach einer Stelle im Ausland bieten die Handelskammern der jeweiligen Länder und Berufsverbände in der Schweiz. Eine Ausnahme ist die Union Helvetia, die eine Stellenvermittlung für Berufe im Gastgewerbe betreibt. Die meisten dieser Stellen werden jedoch im Rahmen des Stagiaire-Abkommens (siehe Seite 90) vermittelt und sind auf eine Saison oder ein Jahr befristet. Chancen für einen Job haben nur ausgebildete Köche; Service- und Receptionspersonal wird kaum gesucht.

Vorsicht bei Inseraten von Agenturen, die sich als «spezialisierte Auslandstellenvermittlungsbüros» ausgeben und für teures Geld «aktuelle» Stellenbulletins oder Joblisten herausgeben. Oder «seriöse» Adressen von potenziellen Arbeitgebern im Ausland vermitteln, die ausländische Arbeitskräfte suchen – insbesondere Schweizer. Dahinter steckt meist reine Geschäftemacherei mit Stelleninseraten, die schon lange in ausländischen Zeitungen veröffentlicht worden sind, oder mit Adressen von ausländischen Unternehmen, die in jedem Telefonbuch stehen.

Beachten Sie lieber selbst regelmässig die Stelleninserate in der ausländischen Fach-, Tages- und Wochenpresse. Abonnieren Sie die wichtigsten Zeitungen des Ziellands oder durchforsten Sie die ausländische Presse in einer grossen Universitätsbibliothek auf freie Stellen.

Lohnenswert kann die Stellensuche über das Internet sein. Surfen Sie mit Stichworten wie «job» und «career» in Verbindung mit Länder- und Firmenbezeichnungen und besuchen Sie regelmässig die Homepages der wichtigsten Internet-Stellenvermittler und der von Ihnen bevorzugten Firmen. Obwohl die Stellensuche übers Internet heute wohl die effizienteste Art ist, dürfte auch dieses Vorgehen in den wenigsten Fällen direkt zu einem Arbeitsvertrag führen. Wichtig auch hier: Werden speziell für Ausländer Jobs angeboten, sind es vielfach unterbezahlte oder gar kostenpflichtige Arbeiten.

• **Wichtig:** Arbeiten Sie im Ausland auf keinen Fall schwarz – auch nicht vorübergehend. Ohne Bewilligung und offizielle Arbeitspapiere riskieren Sie nicht nur, bei einer Kontrolle der Arbeitsbehörde des Landes verwiesen zu werden. Als illegal Beschäftigter haben Sie auch keinen arbeits- und sozialrechtlichen Schutz, sind nicht gegen Unfall und Krankheit versichert und voll der Willkür des Arbeitgebers ausgeliefert. Schwarzarbeiter werden zudem oft ausgenützt und arbeiten zu einem äusserst tiefen Lohn.

Wie sieht eine optimale Bewerbung aus?

Wer sich auf eine offene Stelle im Ausland bewirbt, muss sich auf die landesspezifischen Gepflogenheiten einstellen. Das fängt bei der Formulierung und der Darstellung des Begleitschreibens an, geht über den Inhalt und die Form des Lebenslaufs bis hin zu den erforderlichen Beilagen. Bewerbungen im Ausland müssen grundsätzlich in der jeweiligen Landessprache verfasst werden. Zeugnisse und Diplome sind in der Regel mit Beglaubigung übersetzt vorzulegen. Arbeitsuchende, welche die Landesusanzen für Bewerbungen ignorieren, haben relativ kleine Chancen beachtet zu werden. Und Fehler sind aus Unwissenheit schnell gemacht: In englischsprachigen Ländern wird beispielsweise ein anderes Schema für den Lebenslauf verwendet als in der Schweiz. Chronologisch verläuft er genau umgekehrt zum schweizerischen Lebenslauf und beginnt nicht mit der ersten ausgeübten Tätigkeit, sondern mit der letzten oder derzeitigen Beschäftigung. In den USA wird gewöhnlich auf ein Passbild verzichtet, da dies als Beeinflussung gewertet wird. Am besten organisieren Sie sich ein einschlägiges Ratgeberbuch zur Stellensuche in Ihrem Wunschland, das Bewerbungsbeispiele und gängige Formulierungen enthält.

Worauf muss ich bei einem Arbeitsvertrag achten?

Seien Sie sich als Erstes bewusst, dass die Arbeitsbedingungen im Ausland vielfach schlechter sind als in der Schweiz: Die Saläre sind tiefer, die Kündigungsfristen und die Ferien kürzer, der Versicherungsschutz weniger umfassend. Als Beispiel sei Kanada erwähnt: Dort ist das Durchschnittseinkommen halb so hoch wie in der Schweiz, die Kündigungsfristen betragen je nach Anstellungsdauer ein bis fünf Wochen, pro Jahr gibt es lediglich zwei Wochen bezahlten Urlaub und ein Schwangerschaftsurlaub wird von den Unternehmen ebenso wenig bezahlt wie Fehlzeiten. Nur wenige Firmen gewähren ihren Angestellten auf freiwilliger Basis eine bestimmte Anzahl bezahlter Krankentage im Jahr. In Kanada und anderen Ländern verlangen Arbeitgeber von Handwerkern übrigens häufig, dass sie eigenes Werkzeug besitzen. Handwerker sollten deshalb ihren Werkzeugbestand aus der Schweiz mitnehmen oder genügend Mittel haben, um Werkzeuge im Land zu kaufen.

Suchen Sie auf eigene Faust im Ausland eine Stelle, können Sie nicht erwarten, dass Ihnen die Reisekosten für das Vorstellungsgespräch, die Umzugskosten, das Schulgeld für die Kinder, Dienstpersonal für den Haushalt oder der Zweitwagen für die Ehefrau bezahlt werden – wie dies zum Teil bei internationalen Unternehmen bei Kaderentsendungen der Fall ist.

Finden Sie einen ausländischen Arbeitgeber, sollten Sie auf einem schriftlichen Arbeitsvertrag beharren, um Missverständnissen und späterem Beweisnotstand vorzubeugen. Ein Arbeitsvertrag, der jedes Detail zwischen

Arbeitgeber und -nehmer regelt, bietet allerdings noch keine Gewähr für ein reibungsloses Vertragsverhältnis; ausländische Verträge richten sich nach den gesetzlichen Bestimmungen und Bräuchen des betreffenden Landes. Diese können je nach Land stark von den schweizerischen Regelungen abweichen. Das ist beispielsweise beim Kündigungs- und Versicherungsschutz oder bei der Arbeitszeit der Fall. Achten Sie vor allem auf folgende Punkte in Ihrem Arbeitsvertrag:

Reisekosten: Beteiligt sich der ausländische Arbeitgeber an den Reisekosten für Sie und Ihre Familie? Werden Ausgaben für den Umzug (Transport, Versicherung, Zoll) übernommen?

Tätigkeit: In diesem Punkt sind die Details zu Ihren Aufgaben, Zuständigkeiten, Rechten und Pflichten festzuhalten. Allgemeine Formulierungen wie «Einstellung als Techniker», «Ingenieur» oder «Betriebsleiterin» genügen nicht. Das führt in der Praxis leicht zu Missverständnissen und Konflikten.

Vertragsdauer / Kündigungsfrist: Wie lange läuft die Probezeit, wie lange der Arbeitsvertrag? Lässt er sich verlängern? Bei befristeten Verträgen sollte für eine frühzeitige Vertragsauflösung seitens des Arbeitgebers eine Abgangsentschädigung vereinbart werden. Bei unbefristeten Verträgen sind die Kündigungsgründe und -fristen zu regeln.

Arbeits- und Freizeit: Sie richtet sich im Allgemeinen nach den Bestimmungen des Landes. Wie viele Wochenarbeitsstunden und Überstunden sind zu leisten, wie viel bezahlter Urlaub wird gewährt? Wann müssen Ferien bezogen werden? Gibt es bezahlte Feiertage?

Lohn: Dazu gehören klare Angaben über Höhe und Bestandteile, über die Entschädigung von Überzeit, über Zulagen, Zuschläge, Spesen, die Zahlungsart und Lohnanpassungen. Handelt es sich beim vereinbarten Salär um den Brutto- oder Nettolohn? Welche Abzüge gehen zulasten des Arbeitgebers, welche müssen Sie übernehmen? Das betrifft vor allem Steuern, Versicherungs- und Sozialversicherungsbeiträge. Achtung: «Freitage» bedeutet nicht unbedingt, dass diese auch bezahlt sind. Ein Arbeitsvertrag sollte klar aufzeigen, welcher Betrag Ende Monat ausgezahlt wird.

Versicherungen: Welcher Versicherungsschutz (Höhe und Dauer) besteht bei Krankheit und Unfall über den Arbeitgeber? Wer zahlt wie viel an Versicherungs- und Sozialversicherungsbeiträgen?

Um die Rechtssicherheit zu erhöhen, können Sie den mit einem ausländischen Arbeitgeber abgeschlossenen Vertrag in der Schweiz von der zuständigen Auslandvertretung des entsprechenden Landes legalisieren lassen. Für einzelne Staaten ist die Legalisierung des Vertrags eine Voraussetzung, um das Visum zu erhalten. Es empfiehlt sich zudem, von einem fremdsprachigen Vertrag eine beglaubigte Übersetzung zu verlangen – auch wenn Sie ihn im Wortlaut zu verstehen glauben. In diesem Fall sollte im Vertrag festgelegt werden, welche Sprachversion bei unterschiedlichem Wortlaut verbindlich ist.

- Nützen Sie Ihr gesamtes Beziehungsnetz aus. So haben Sie die grösste Chance, bei einem ausländischen Arbeitgeber auf eigene Faust eine Stelle zu finden. Verzichten Sie auf die Dienste eines Stellenvermittlungsbüros oder einer selbst ernannten «spezialisierten Auslandagentur».
- Achten Sie bei Ihrer Bewerbung auf die Gepflogenheiten im Zielland.
- Lassen Sie alle Anstellungsbedingungen in einem Arbeitsvertrag schriftlich festhalten. Nehmen Sie keine Schwarzarbeit an. Sie handeln sich damit nur Probleme ein.
- Bevor Sie mit dem Arbeitsvertrag eines ausländischen Arbeitgebers die Schweiz verlassen, sollten Sie insbesondere Ihren Sozialversicherungsschutz (siehe Seite 211) überprüfen.

- **GastroJob**
  Adligenswilerstrasse 27, Postfach 4870, 6002 Luzern,
  Tel. 041 418 23 33, Internet www.gastrojob.ch
  (Stellenvermittlung ins Ausland für Berufsleute im Gastgewerbe, nur Hotels, keine Schiffe)

- **Schweizer Berufsverband der Krankenschwestern und Krankenpfleger (SBK)**
  Choisystrasse 1, Postfach 8134, 3008 Bern, Tel. 031 388 36 36, Internet www.sbk-asi.ch
  (Keine Stellenvermittlung, dafür gute Dokumentation zu Einsatzmöglichkeiten im Ausland mit vielen Adressen)

- **European Employment System (EURES)**
  Die Internetplattform der öffentlichen Arbeitsämter von 17 europäischen Ländern bietet einen Überblick über die entsprechenden Arbeitsmärkte, die Arbeits- und Lebensbedingungen sowie Zugang zu offenen Stellen. Internet www.eures-jobs.com

- **Arbeit im Ausland**
  Monatliche Gratisbroschüre des Bundesamts für Zuwanderung, Integration und Auswanderung (IMES) mit allgemeinen Hinweisen auf Arbeitsmöglichkeiten und offene Stellen nach Berufsgruppen
  Zu beziehen bei: IMES, Sektion Auswanderung und Stagiaires, Quellenweg 15, 3003 Bern, Tel. 031 322 42 02, Internet www.swissemigration.ch

- **Arbeitsverträge für Auslandtätigkeit**
  Broschüre des IMES mit vielen Tipps zu allen relevanten Vertragspunkten;
  Adresse siehe oben

Als Mitarbeiter in einer Organisation der internationalen Zusammenarbeit

Der Bereich der internationalen Zusammenarbeit fasziniert zahlreiche Schweizerinnen und Schweizer. Nicht nur, weil sie sich für eine sinnvolle Tätigkeit zugunsten von benachteiligten Menschen interessieren. Sie sehen darin gleichzeitig die Möglichkeit, für eine bestimmte Zeit im Ausland zu arbeiten. Unter dem Begriff «internationale Zusammenarbeit» werden Einsätze in den Bereichen der Entwicklungszusammenarbeit, der humanitären Hilfe, der Menschenrechte und der Friedensförderung zusammengefasst.

Die Entwicklungszusammenarbeit ist auf langfristige Massnahmen zur Verbesserung der Lebenssituation in Ländern des Südens und Ostens ausgerichtet. Hier werden beispielsweise Projekte im Bereich der Landwirtschaft, des lokalen Gewerbes, der Gemeindeinfrastruktur oder der Berufsausbildung durchgeführt oder unterstützt. Die humanitäre Hilfe versucht Menschen in akuten Notsituationen zu helfen und erste Schritte für den Wiederaufbau einzuleiten – etwa bei Naturkatastrophen oder bewaffneten Auseinandersetzungen. Hilfsempfänger sind unter anderem Flüchtlinge, Vertriebene, Kriegs- oder Erdbebenopfer, Opfer von Hungersnöten und Überschwemmungen.

Ebenfalls zur internationalen Zusammenarbeit gehören Aktivitäten zur Verbreitung und Respektierung der Menschenrechte, wie sie in der Allgemeinen Erklärung der Menschenrechte festgelegt sind. Es geht dabei um Menschenrechtsverletzungen wie politische Gefangennahme, Folter und Todesstrafe. In der Friedensförderung wird versucht, Konflikte zu verhindern und zu bewältigen. Bei diesen Projekten geht es um die Versöhnung zwischen den Konfliktparteien, um den psycho-sozialen Wiederaufbau (Überwindung des Kriegstraumas), um die Konfliktprävention und -lösung sowie um die Wiedereingliederung von Vertriebenen und Flüchtlingen.

Internationale Zusammenarbeit wird in der Schweiz vom Bund und von privaten Organisationen geleistet. Auf Bundesseite ist die Direktion für Entwicklung und Zusammenarbeit (DEZA) verantwortlich für die technische Zusammenarbeit, einen Teil der Finanzhilfe sowie für Massnahmen der humanitären Hilfe. Der grösste Teil der Finanzhilfe sowie die Zusammenarbeit mit Wirtschaft und Handel untersteht dem Staatssekretariat für Wirtschaft (seco). Die DEZA und das seco arbeiten auch im Rahmen des schweizerischen Unterstützungsprogramms für osteuropäische Länder und GUS-Staaten zusammen.

Projekte und Programme der staatlichen internationalen Zusammenarbeit basieren auf zwischenstaatlichen Vereinbarungen der beteiligten Regierungen. Darin ist klar geregelt, welche Leistungen die Schweiz und das Partnerland erbringen. Finanziert werden die in der Regel befristeten Projekte und Programme über das Budget der schweizerischen Entwicklungszusammenarbeit. Für die Durchführung ist die DEZA oder das seco zuständig. Sie können diese Aufgabe allerdings auch an externe Experten oder Institutionen vergeben. Etwa an schweizerische Nichtregierungs- oder internationale Organisationen, an Bildungsinstitutionen, an Unternehmen oder Experten aus der Privatwirtschaft.

Neben der staatlichen internationalen Zusammenarbeit gibt es in der Schweiz über 200 private und kirchliche Organisationen, die in einem oder mehreren Bereichen der internationalen Zusammenarbeit tätig sind. Zu den wichtigen Organisationen in der Entwicklungszusammenarbeit zählen unter anderem Caritas, Helvetas, Interteam, Terre des hommes Kinderhilfe oder Médecins du Monde. Zu den bekanntesten Akteuren im Bereich der humanitären Hilfe gehören das Internationale Komitee vom Roten Kreuz (IKRK) sowie Médecins Sans Frontières. Die wohl bekannteste Organisation auf dem Gebiet der Menschenrechte ist Amnesty International. Im Bereich der Friedensförderung etabliert sind beispielsweise die internationalen Friedensbrigaden (PBI).

All diese Nichtregierungsorganisationen finanzieren sich teilweise durch die öffentliche Hand (Bund, Kantone, Gemeinden) sowie durch Spenden oder den Verkauf von bestimmten Produkten. Ihre Projekte und Programme beruhen auf Verträgen mit den Projektträgern – zum Beispiel Partnerorganisationen – und nicht auf zwischenstaatlichen Vereinbarungen.

Eigne ich mich für eine Tätigkeit in der internationalen Zusammenarbeit?

Die Entwicklungszusammenarbeit und die humanitäre Hilfe sind ein Versuch, menschliches Elend aufgrund von Armut, Hunger, Naturkatastrophen, Krankheit, unangepasster oder veralteter Technik, wirtschaftlicher Abhängigkeit und Ausbeutung nachhaltig zu mildern, einen Beitrag zur Verbesserung der Lebensbedingungen der betroffenen Menschen zu leisten und ihre Kompetenz zu erhöhen, damit sie vermehrt soziale und wirtschaftliche Aufgaben selbst übernehmen können.

Möchten Sie sich in der internationalen Zusammenarbeit engagieren, sollten Sie nicht in erster Linie persönliche Ziele verfolgen, sondern die Anliegen Dritter wahrnehmen und diesen Ihre menschlichen Qualitäten und beruflichen Fähigkeiten zur Verfügung stellen wollen. Setzen Sie sich also zuerst mit Ihrer Grundmotivation auseinander (siehe auch Seite 38). Für die meisten Organisationen ist die Motivation der Bewerber und Bewerberinnen ein zentrales Kriterium bei der Auswahl. Zusätzlich verlangt werden gewisse persönliche und fachliche Voraussetzungen.

Persönliche Voraussetzungen

Sie sollten gesund, selbständig, verantwortungsbewusst, teamfähig, kompromissbereit und einfühlsam sein sowie grosse physische und psychische Belastungen aushalten können (siehe auch Eignungstest auf Seite 41). So selbstverständlich das klingt: Sie müssen ein echtes Interesse an Fragen der internationalen Zusammenarbeit mitbringen und nicht nur eine momentane Euphorie zeigen. Die meisten Organisationen, die Schweizer Personal einstellen, fordern vor einem Einsatz in einem Entwicklungsland denn auch ein entsprechendes Engagement in der Schweiz. Sie wollen nicht einfach Leute, die irgendeinen Job im Ausland suchen. Möglichkeiten, sich in der Schweiz zu engagieren, gibt es genügend; es existieren etwa hundert Organisationen und Hunderte von Arbeitsgruppen, die sich mit Themen aus den Bereichen Entwicklungspolitik, soziale Gerechtigkeit, Menschenrechte und Friedensförderung auseinander setzen.

Wer mit einer Organisation ausreist, die Kirche und Mission nahe steht, muss bereit sein, sich auch mit diesen Themen auseinander zu setzen. Haben Sie mit dem christlichen Glauben grosse Mühe oder sind Sie gar aus der Kirche ausgetreten, sind Sie dort am falschen Ort.

Der Zivilstand ist für eine Anstellung im Rahmen der Entwicklungszusammenarbeit im Prinzip nicht ausschlaggebend. In der Praxis kann jedoch ein Aufenthalt mit dem Partner oder der Partnerin und mit Kindern erschwert oder gar unmöglich sein – etwa wenn Schul- und Ausbildungsmöglichkeiten fehlen oder die Lebensbedingungen in abgelegenen Gebieten zu schwierig sind. Einsätze im Bereich von humanitärer Hilfe, Menschenrechten und Friedensförderung mit Familie sind eher selten. Erschwerende Faktoren sind hier die Arbeit in Krisengebieten, häufige Reisetätigkeiten oder ständige Wechsel des Arbeitsorts.

Ein grosses Problem kann die Beschäftigung des Partners oder der Partnerin am Einsatzort sein (siehe Seite 81). Diese finden oft keine Stelle – vor allem nicht bei der gleichen Organisation, am gleichen Einsatzort, zur gleichen Zeit. In der Regel lassen sich Stellen auch nicht aufteilen.

Das Durchschnittsalter der Mitarbeiter im Bereich der internationalen Zusammenarbeit liegt bei rund 35 Jahren. Personen im fortgeschrittenen Alter ohne einschlägige Erfahrungen in diesem Bereich haben kleine Chancen, eine Anstellung zu finden.

Fachliche Voraussetzungen

In der Schweiz gibt es keine eigentliche Berufsausbildung für Tätigkeiten in der internationalen Zusammenarbeit. Ein gezieltes Nachwuchsprogramm in zwei Stufen bietet einzig die DEZA an. Die erste Stufe beinhaltet einen zwölf- bis achtzehnmonatigen Einsatz an der DEZA-Zentrale oder am Hauptsitz einer Partnerorganisation. Danach folgt ein zwei- bis dreijähriger Einsatz im Ausland bei einer UNO-Organisation, einer in der Entwicklungszusammenarbeit tätigen Organisation, einer humanitären Institution oder einem Projekt der bilateralen Zusammenarbeit. Wichtig: Es gibt nur wenige Ausbildungsplätze. Diese stehen lediglich Abgängern einer Universität oder Fachhochschule bis zum Alter von 32 Jahren offen; verlangt werden unter anderem sehr gute Sprachkenntnisse. Neben dem DEZA-Programm gibt es an einigen Hochschulen Weiterbildungsmöglichkeiten in Form von Nachdiplomkursen oder -studien.

Grundsätzlich verlangen alle Organisationen, die Personal ins Ausland entsenden, eine abgeschlossene Berufsausbildung oder einen Universitäts-, Hochschul- oder Fachhochschulabschluss. Qualifizierte Berufsleute ohne Studium sind vor allem bei Nichtregierungsorganisationen willkommen. Gefragt sind Berufsleute aus den Bereichen Land- und Forstwirtschaft, Technik, Bau- und Gesundheitswesen, Ausbildung, Administration, Verwaltung. Bei den Studienabgängern sind unter anderem Abschlüsse in Wirtschafts-, Natur-, Rechts-, Sozial- und Geisteswissenschaft sowie Medizin gefragt.

Neben einer soliden Berufsausbildung ist meist eine mehrjährige Berufserfahrung und allenfalls eine auf die offene Stelle zugeschnittene, spezifische Weiterbildung gefordert – beispielsweise Berufsbildung, Beratung, Projektmanagement, Personalführung, Informatik, Pädagogik. Für Funktionen mit hoher Verantwortung werden normalerweise einige Jahre Berufserfahrung in Entwicklungsländern, häufig in einem bestimmten Kontinent oder Land vorausgesetzt. Reiseerfahrung wird nie als Berufserfahrung anerkannt. Unerlässlich sind ausgezeichnete mündliche und schriftliche Sprachkenntnisse; je nach Destination werden Englisch, Französisch, Spanisch, Portugiesisch, Arabisch oder Kenntnisse der lokalen Sprache verlangt.

Die Anforderungen sind also hoch. Gefragt sind qualifizierte Fachleute, die als sprachgewandte, verhandlungssichere Moderatoren zwischen Regierungen, der Wirtschaft und Nichtregierungsorganisationen Veränderungsprozesse initiieren, begleiten und überwachen können. Damit wird auch verständlich, dass viele Organisationen Mühe haben, für ihre Projekte, Programme oder Missionen geeignetes Personal zu finden.

Wie finde ich einen Job mit Auslandeinsatz?
Die Situation sieht nicht rosig aus. Denn längst nicht alle Organisationen, die in der internationalen Zusammenarbeit tätig sind, entsenden Personal ins Ausland. Zudem nimmt die Zahl der Personaleinsätze aus der Schweiz im Rahmen der Entwicklungszusammenarbeit bei allen Organisationen tendenziell ab. Die Gründe liegen in den veränderten Rahmenbedingungen und den knappen Geldmitteln. Entsprechend dem Grundgedanken der «Hilfe zur

Möglichkeiten: internationale Zusammenarbeit

Selbsthilfe» werden Projekte an die lokalen Verhältnisse angepasst und die Zahl der Mitarbeiter aus dem Ausland wird möglichst klein gehalten. Zudem gibt es in den meisten Partnerländern immer mehr gut ausgebildete und günstigere Fachkräfte, was den Einsatz von Schweizer Experten erübrigt. Im Weiteren wirken sich die zeitlich befristeten Einsätze ausländischer Experten auf die Kontinuität der Projekte eher negativ aus. Und schliesslich haben die Risiken zugenommen, denen Ausländer in vielen Einsatzländern ausgesetzt sind. Diese Politik betreibt selbst das Internationale Komitee vom Roten Kreuz (IKRK). Mit dem Einsatz von lokalem Personal erhofft sich das IKRK bessere Kenntnisse und Einschätzungen der Situationen vor Ort und mehr Nähe zu den Betroffenen.

Anders als in der Entwicklungszusammenarbeit werden für Projekte im Bereich der humanitären Hilfe sowie der Friedensförderung zahlenmässig eher mehr Schweizer im Ausland eingesetzt – obwohl auch hier der Trend zu mehr lokalem Personal feststellbar ist.

Nicht wenige träumen davon, während einer Reise auf eigene Faust eine Arbeit im Bereich der internationalen Zusammenarbeit zu finden. Sie werden meist enttäuscht. Denn international arbeitende Organisationen rekrutieren ihr ausländisches Personal im Heimland. Vor Ort finden sie genügend lokales Personal.

Die meisten Stellen im Bereich der internationalen Zusammenarbeit werden auf den Internetseiten sowie in den Publikationen der einzelnen Organisationen, in der Stelleninformation cinfoPoste von cinfo (Adresse Seite 123) und teilweise im Stellenanzeiger des Bundes ausgeschrieben. Offene Stellen finden sich gelegentlich auch in den grossen Schweizer Tages- und Wochenzeitungen. Spontane Bewerbungen, ohne dass eine Stelle ausgeschrieben ist, sind meist nutzlos.

Einsätze im Bereich der humanitären Hilfe werden meist nur als längerfristige Anstellungen ausgeschrieben. Für kurzfristige Einsätze greifen die Organisationen auf ihre Personaldateien zurück.

Bewerben Sie sich auf ein Inserat, sollten Sie das Anforderungsprofil genau beachten. Sie stossen dabei leicht auf Begriffe für Aufgaben, Funktionen und Tätigkeiten, die unklar sein können. Informieren Sie sich in diesem Fall zuerst direkt bei der Organisation. Oft wird zwischen «Experten» und «Freiwilligen» unterschieden. Die Bezeichnung Experte oder Expertin wird vorwiegend von internationalen, staatlichen oder vom Staat finanzierten Organisationen verwendet. Hier stehen meist die berufliche Anforderung und die Funktion im Vordergrund. Experten werden in der Regel nach den in der Schweiz berufsüblichen Ansätzen entlöhnt. Private Organisationen mit einer bestimmten ethischen, religiösen oder politischen Grundhaltung verwenden eher den Begriff Freiwillige. Gemeint ist damit ein Einsatz mit hohem persönlichem Engagement, mit gemeinnützigem, solidarischem Handeln. Aber auch diese Organisationen suchen im Prinzip qualifizierte Fachleute. Freiwillige arbeiten meist zu einem Lohn, der den lokalen Lebenshaltungskosten und der eigenen familiären Situation entspricht. Die wenigsten Organisationen im Bereich der internationalen Zusammenarbeit bieten Dauerstellen an. In der Entwicklungszusammenarbeit sind die Anstellungen meist auf zwei bis drei Jahre befristet. Einsätze im Bereich der humanitären Hilfe und Friedensförderung dauern von wenigen Wochen bis zu einem Jahr. Achtung: Praktisch keine Organisation verpflichtet sich, ihre Mitarbeiter nach Ende des Arbeitsvertrags weiter zu beschäftigen. Verschiedene Organisationen erwarten nach dem Einsatz ein Engagement in den Bereichen Information und Bewusstseinsbildung in der Schweiz.

Nicht selten haben Zurückkehrende erhebliche Probleme eine geeignete Stelle zu finden, weil sie für Schweizer Arbeitgeber nicht die gewünschten Qualifikationen mitbringen. Welche Firma sucht schon einen Landmaschinenmechaniker mit langjähriger Erfahrung in Tansania? Soziale Erfahrungen in einer fremden Kultur zählen für Arbeitgeber nach wie vor weniger als fachlich auf dem neusten Stand zu sein. Andererseits liegt das Problem oft auch bei den Zurückkehrenden selbst. Wer sehnt sich schon nach einigen Jahren Drittwelterfahrung nach einem Job in streng hierarchischen Strukturen mit enormem Leistungsdruck?

- Verwechseln Sie einen Einsatz in der internationalen Zusammenarbeit nicht mit einem spannenden Abenteuer in den Tropen. Gefragt ist ein starkes soziales Engagement für Dritte.
- Vorsicht bei Projekten und Programmen, für die keine Qualifikationen erforderlich sind. Solche Einsätze sind oft fragwürdig, die «Hilfe» unprofessionell.
- Wählen Sie eine Organisation, die Ihnen Vor- und Nachbetreuung sowie Betreuung vor Ort bieten kann. Machen Sie sich schon vor der Abreise Gedanken über den Wiedereinstieg ins Berufsleben nach der Rückkehr.
- Kommt es in der Schweiz oder im Ausland zu einer Anstellung, sollten Sie Zielsetzung, Organisation und Verantwortlichkeiten kennen. Vertraglich klar zu regeln sind unter anderem Einsatzdauer, Arbeitsbedingungen, Urlaub, Lohn, sozialer und privater Versicherungsschutz (siehe Seite 211 und 260), Kostenübernahme von Hin- und Rückreise, Betreuung vor, während und nach dem Einsatz.

> - Besorgen Sie sich – sofern dies nicht die Organisation erledigt – frühzeitig die notwendigen Aufenthalts- und Arbeitspapiere (siehe Seite 302).
> - Kümmern Sie sich um Ihre Abmeldepflichten bei der Einwohnergemeinde (siehe Seite 330) und beim Militär (siehe Seite 332) sowie um die finanziellen Aspekte (siehe Seite 181).

- **cinfo**　　　　　　　　　　　　　　　　　　　　　　　Adressen
  Zentralstrasse 121, Postfach 7007, 2500 Biel 7,
  Tel. 032 365 80 02, Internet www.cinfo.ch
  (Zentrum für Information, Beratung und Bildung für Berufe in der internationalen Zusammenarbeit; Beratung, Publikationen, Veranstaltungen, Stelleninformation, Seminare/ Kurse, Dokumentation/Bibliothek. Vermittelt keine Arbeitseinsätze.)

- **Direktion für Entwicklung und Zusammenarbeit (DEZA)**
  Sektion Personal, Freiburgstrasse 130, 3003 Bern, Tel. 031 322 31 24,
  Internet www.deza.admin.ch (Verantwortlich für die schweizerische Entwicklungszusammenarbeit, die humanitäre Hilfe und die Zusammenarbeit mit Osteuropa und der GUS)

Stelleninformation

- **cinfoPoste**
  Stellen im Bereich der internationalen Zusammenarbeit der Schweiz (staatliche und nichtstaatliche Organisationen) und teilweise ausländischer und internationaler Organisationen werden in cinfoPoste publiziert, der Stelleninformation von cinfo (Adresse siehe oben). Die Stelleninformation ist im Abonnement als Internet- oder Printversion verfügbar.

- **Die Stelle – Stellenanzeiger des Bundes**
  Erscheint wöchentlich, enthält unter anderem Stellen im Bereich der internationalen Zusammenarbeit; zu abonnieren bei: Stämpfli AG, Hallerstrasse 7, 3012 Bern, Tel. 031 300 66 66, Internet www.staempfli.com

- **Internationale Zusammenarbeit**　　　　　　　　　　　　　　　　Literatur
  cinfo publiziert Dossiers, Berichte, Informationsblätter, Prospekte und
  Broschüren. Sie informieren über die Grundlagen und das Umfeld der internationalen Zusammenarbeit sowie über Möglichkeiten, Anforderungen und Grenzen eines beruflichen Engagements in diesem Bereich (Adresse siehe oben).

Als Mitarbeiter in einer internationalen Organisation

Immer mehr Schweizerinnen und Schweizer interessieren sich für eine Anstellung bei einer internationalen Organisation. Davon gibt es natürlich unzählige; das grösste Interesse besteht in der Regel für Tätigkeiten im Rahmen der Vereinten Nationen (UNO). Der Ratgeber geht deshalb nur auf diesen Bereich ein.

Zur UNO gehören unter anderem das Hochkommissariat für Flüchtlinge (UNHCR), die UN-Organisation für Erziehung, Wissenschaft und Kultur (UNESCO), das Weltkinderhilfswerk (UNICEF), die Weltgesundheitsorganisation (WHO), das Entwicklungsprogramm der Vereinten Nationen (UNDP), die Weltbank und der Internationale Währungsfonds (IMF). Daneben locken Anstellungen bei einer Regionalen Entwicklungsbank; etwa bei der Asiatischen Entwicklungsbank (ADB) oder bei der Europäischen Bank für Wiederaufbau und Entwicklung (EBRD) sowie bei der Organisation für wirtschaftliche Zusammenarbeit (OECD).

Keine Frage: Internationale Organisationen bieten höchst attraktive Jobs im Ausland, zum Teil verbunden mit einer intensiven Reisetätigkeit in der ganzen Welt. Nur: Eine Anstellung zu kriegen ist ein ziemlich schwieriges Unterfangen. Das Stellenangebot ist viel kleiner als die Nachfrage. Zudem bauen die UN-Organisationen aus Spargründen tendenziell Stellen ab. Mit Glück finden jedoch hoch qualifizierte Personen eine Anstellung – vorausgesetzt, sie können einen Hochschulabschluss, wenn nicht gar ein Doktorat vorweisen, haben langjährige internationale Erfahrung und besitzen hervorragende Kenntnisse in den wichtigsten Weltsprachen.

Einstiegsmöglichkeiten gibt es allenfalls für Absolventen des Nachwuchsprogramms der Direktion für Entwicklung und Zusammenarbeit (DEZA, siehe Seite 119). Nachwuchsprogramme kennen auch der IMF, die Weltbankengruppe (Bretton-Woods-Institutionen) sowie die Regionalen Entwicklungsbanken. Doch auch hier sind die Eintrittshürden gleich hoch und die freien Plätze äusserst rar.

Eine Einstiegsmöglichkeit bietet in einigen Fällen auch das Freiwilligenprogramm der Vereinten Nationen (United Nations Volunteers UNV). Je nach Programm arbeiten die Teilnehmenden während bis zu zwei Jahren für spezielle Entwicklungsprojekte in Ländern des Südens und Ostens. Auch hier werden nur gut qualifizierte Kandidaten und Kandidatinnen mit mindestens fünfjähriger Berufspraxis in ähnlichen Bereichen und mit ausgezeichneten Sprachkenntnissen zugelassen. Eine Altersobergrenze gibt es nicht. Details zum UNO-Freiwilligenprogramm UNV sind im Internet unter www.unvoluntneers.org zu finden. Über die Anstellungsmöglichkeiten bei den UNV informiert auch ein Merkblatt von cinfo (Adresse Seite 123). In der Schweiz nimmt cinfo als Kontaktorganisation im Auftrag der DEZA für das UNO-Freiwilligenprogramm UNV die Aufgaben eines Focal Points wahr.

Im Auftrag der DEZA unterstützt cinfo auch die Rekrutierung von Schweizerinnen und Schweizern für verschiedene Funktionen und Stellen im UNDP. Hier sind wiederum gut qualifizierte Personen mit Erfahrung in internationaler Zusammenarbeit und Management gesucht. Details enthält ein Informationsblatt von cinfo (Adresse siehe Seite 123).

Innerhalb des Bundes berät die Sektion «Präsenz der Schweiz in internationalen Organisationen» des EDA (Politische Abteilung III) Schweizerinnen und Schweizer bei der Suche nach einer Stelle in einer internationalen Organisation. Das ist aber nur möglich, wenn ein Bewerber das Anforderungsprofil genau erfüllt.

Für qualifizierte Schweizerinnen und Schweizer besteht weiter die Möglichkeit, sich von einer Organisation der internationalen Zusammenarbeit im EU-Raum anstellen zu lassen. Infrage kommen insbesondere Stellen beim Europarat oder in der Organisation für Sicherheit und Zusammenarbeit in Europa (OSZE). Die Konkurrenz durch EU-Bürger ist allerdings sehr gross. Vorteile hat, wer bereits Praxiserfahrung in der internationalen Zusammenarbeit vorweisen kann.

Wer sich für eine freie Stelle bei einer UN- oder EU-Organisation interessiert, sollte sich über die Webseiten der Organisationen oder direkt bei deren Personalabteilungen am Hauptsitz nach Einsatzmöglichkeiten erkundigen. In der Stelleninformation cinfoPoste oder im Stellenanzeiger des Bundes (Adressen Seite 123) werden nur sporadisch freie Stellen von internationalen Organisationen ausgeschrieben. Spontane Bewerbungen, ohne dass eine Stelle ausgeschrieben ist, sind in der Regel aussichtslos.

- **United Nations Volunteers**
Postfach 260111, D-53153 Bonn,
Tel. 0049 228 815 20 00, Internet www.unv.org
(Informationen zum Freiwilligenprogramm; ein Informationsprospekt in Französisch und Englisch kann auch bei der cinfo, Adresse Seite 123, bezogen werden.)

- **Direktion für Entwicklung und Zusammenarbeit (DEZA)**
Adresse Seite 123

Als selbständiger Unternehmer

Ein gemütliches Spezialitätenrestaurant an der Costa Brava führen, in Sydney Vollkornbrot backen, in Costa Rica in einer Pension Touristen beherbergen, in Lima Parkettböden herstellen, in Südafrika Wein keltern, in Paris Musik komponieren – den Möglichkeiten, im Ausland einer selbständigen Tätigkeit nachzugehen, scheinen keine Grenzen gesetzt.

Ein eigenes, kleines Geschäft im Ausland aufzubauen – das ist der Traum vieler Schweizerinnen und Schweizer. Sie sehnen sich nach einer befriedigenden Tätigkeit, suchen Selbstverwirklichung, schnellen Erfolg, uneingeschränkte Freiheiten, ein geruhsameres Leben, ein hohes Einkommen, Unabhängigkeit. Die Wirklichkeit sieht leider anders aus: Unternehmer arbeiten auch im Ausland härter und länger als Angestellte und verdienen anfänglich weniger. Zudem tragen sie hohe finanzielle Risiken, haben weder ein regelmässiges Einkommen noch einen bezahlten Urlaub. Selbständigerwerbende können ihre Arbeit nur bedingt frei einteilen, denn sie müssen sich nach den Wünschen der Kundschaft richten. Für ihre soziale Sicherheit – Pension, Krankheit, Arbeitslosigkeit – haben sie selbst aufzukommen, müssen alle Entscheide selber fällen und sind auch für ihre Fehler allein verantwortlich.

Bis eine Firma auf dem ausländischen Markt mehr oder weniger bekannt ist, vergehen mehrere Jahre. Ausländer haben es doppelt schwer, sich gegen die etablierte einheimische Konkurrenz zu behaupten. Zudem sind die Überlebenschancen von neu gegründeten Betrieben nicht gerade rosig: Selbst in der Schweiz scheiden drei von zehn jungen Unternehmen bereits innerhalb der ersten zwei Jahre ihres Bestehens aus dem Markt aus; die Hälfte aller neuen Firmen wird nicht älter als fünf Jahre. Im Ausland sind die Überlebenschancen noch kleiner.

Sich im Ausland unternehmerisch zu betätigen lohnt sich eigentlich nur für Leute, die einen langfristigen Aufenthalt planen oder sich für immer im Ausland niederlassen wollen. Dieser Ratgeber geht deshalb nicht auf die Situation von in der Schweiz etablierten Unternehmen ein, die neben ihrem hiesigen Standort im Ausland eine Niederlassung aufbauen oder eine Firma kaufen möchten. Die Ausführungen richten sich primär an Schweizerinnen und Schweizer, die bisher angestellt waren, mit dem Wegzug ins Ausland aber den Schritt in die berufliche Selbständigkeit planen. Zudem gelten die Ausführungen auch für bisher Selbständigerwerbende, die ihre Zelte in der Schweiz definitiv abbrechen wollen, um im Ausland – wieder als Unternehmer – eine neue Existenz aufzubauen.

In welchen Ländern sind Selbständigerwerbende willkommen?

In den meisten Ländern sind kapitalkräftige und tüchtige Schweizer Unternehmer willkommen, die zur günstigen Entwicklung der Wirtschaft beitragen. Vorausgesetzt, sie konkurrenzieren möglichst das lokale Gewerbe nicht, sondern ergänzen mit ihren Produkten oder Dienstleistungen das Angebot in wirtschaftlich schwachen Regionen; nehmen Einheimischen keine Stellen weg, sondern schaffen möglichst viele neue Arbeitsplätze; investieren nicht in zukunftslose Wirtschaftszweige, sondern in neue Infrastrukturen und Technologien; fordern vom Staat keine Subventionen, sondern zahlen kräftig Steuern. Kein Land ist darauf aus, dass Sie mit Ihrer Selbständigkeit nur das eigene Überleben sichern.

Dank den bilateralen Abkommen mit der EU und der revidierten EFTA-Konvention (siehe Seite 46) finden Schweizer in den EU und EFTA-Ländern relativ guten Bedingungen für eine selbständige Erwerbstätigkeit vor. Sie haben in allen Mitgliedländern das Recht, ein Unternehmen zu gründen und einer selbständigen Tätigkeit nachzugehen. Sie benötigen dazu allerdings eine Arbeitsbewilligung, die ihnen vorerst für sechs Monate ausgestellt wird. Diese Frist lässt sich um höchstens zwei Monate verlängern, wenn die betreffende Person den zuständigen nationalen Behörden aufzeigen kann, dass sie danach eine selbständige Erwerbstätigkeit ausübt, die ihr den Lebensunterhalt ermöglicht. Wer diesen Nachweis erbringen kann, erhält eine Aufenthaltserlaubnis mit einer Gültigkeitsdauer von mindestens fünf Jahren, die sich dann jeweils um weitere fünf Jahre verlängern lässt. Voraussetzung ist allerdings, dass der oder die Selbständigerwerbende Einkünfte erzielt.

Die Gründung einer Gesellschaft – zum Beispiel einer AG oder GmbH – ist in den Abkommen nicht geregelt. Sie richtet sich nach dem nationalen Recht jedes EU-/EFTA-Landes. Selbständigerwerbenden mit Wohnsitz in einem EU-/EFTA-Land wird mit der Arbeitsbewilligung die Niederlassungsfreiheit gewährt und der Familiennachzug erlaubt.

• **Wichtig:** Aufgrund des Inländervorrangs sind Schweizer Selbständigerwerbende bei Gesuchen um eine Aufenthaltserlaubnis bis zum 1. Juni 2004 gegenüber EU- und EFTA-Bürgern noch benachteiligt (siehe Seite 48). Erst nach diesem Datum sind sie den Selbständigerwerbenden des entsprechenden Landes gleichgestellt.

Selbständigerwerbende, die sich nicht in einem EU-/EFTA-Land niederlassen, sondern ihre Dienstleistungen von der Schweiz aus im EU-/EFTA-Raum anbieten möchten, dürfen dies als so genannte Dienstleistungsanbieter tun. In Bereichen, in denen die Schweiz ein Dienstleistungsverkehrsabkommen mit der EU geschlossen hat, ist dies seit dem 1. Juni 2002 möglich – zum Beispiel im öffentlichen Beschaffungswesen. In den übrigen Bereichen dürfen Schweizer ihre Dienstleistungen erst ab dem 1. Juni 2004 grenzüberschreitend und bewilligungsfrei erbringen – und zwar während maximal 90 Tagen pro Kalenderjahr. Davon wird etwa ein Gärtner aus Schaffhausen profitieren, der regelmässig Aufträge in Deutschland ausführt.

In Ländern ausserhalb von EU und EFTA werden ausländische Unternehmer in der Regel in verschiedene Kategorien eingeteilt. Kanada etwa kennt drei Gruppen: selbständig arbeitende Facharbeiter, die Einpersonen- oder Kleinbetriebe führen; Unternehmer, die sich an kleinen und mittelgrossen Firmen finanziell beteiligen und aktiv mitarbeiten; passive Investoren, die nur als Kapitalgeber auftreten, ohne im Unternehmen beschäftigt zu sein.

Wer sich im Ausland als Unternehmer niederlassen möchte, braucht genügend Kapital. Nicht nur für das je nach Rechtsform der Firma gesetzlich erforderliche Grundkapital oder für Investitionen beim Geschäftsstart, sondern je nach Land auch für die notwendige Aufenthalts- und Arbeitsbewilligung im Gastland. So benötigen beispielsweise ausländische Unternehmer in den USA je nach Branche und Region ein Investitionskapital von einigen hunderttausend Dollar. Auch in Australien erhalten aktive Investoren nur eine Aufenthaltsbewilligung, wenn sie eine bestimmte Summe in ein Unternehmen investieren. Selbst in Entwicklungsländern müssen Unternehmer zum Teil Beträge von mehreren zehntausend Franken hinlegen, um die Aufenthalts- und Arbeitsbewilligung zu erhalten.

Andere Länder schreiben einwanderungswilligen Selbständigerwerbenden keine bestimmte Investitionssumme vor. Sie müssen dann aber glaubhaft nachweisen können, dass sie ausreichende Mittel für das Umsetzen ihrer unternehmerischen Pläne besitzen.

In zahlreichen Ländern ist die Eröffnung eines eigenen Betriebs bewilligungspflichtig. Teilweise benötigt man auch ein im Land anerkanntes Berufsdiplom oder muss Mitglied sein in Berufsverbänden, Gewerbe- und Handelskammern oder Gewerkschaften.

Eigne ich mich für eine selbständige Tätigkeit im Ausland?
Diese Frage müssen sich nicht nur Auswanderungswillige stellen, die bisher in der Schweiz als Angestellte arbeiteten, sondern auch gestandene Unternehmer. Sie sollten nicht einfach davon ausgehen, dass unternehmerischer Erfolg in der Schweiz automatisch zu einem Geschäftserfolg im Ausland führt. Zu unterschiedlich sind die Marktbedingungen, zu gross das Handicap als Ausländer. Wer sich mit einer Schweizer Arbeitsethik im Ausland selbständig macht, ist zwar gegenüber der einheimischen Konkurrenz vielfach im Vorteil. Auf der anderen Seite kann die Mentalität eines pflichtbewussten Schweizers im Geschäftsalltag zum Problem werden. Erwarten Sie nicht die gleiche Zuverlässigkeit, Arbeitsmoral, das gleiche Verantwortungsbewusstsein im Geschäftsleben und bei Angestellten; sie werden sonst enttäuscht.

Um im Ausland als Neuunternehmer nicht Schiffbruch zu erleiden, sollten Sie als Erstes Ihre Motivation für eine selbständige Erwerbstätigkeit ergründen. Die besten Voraussetzungen haben Sie, wenn der Drang zu Selbständigkeit einem lang gehegten, innigen Wunsch entspricht. Ist der Entscheid mehrheitlich durch äussere Faktoren bestimmt, besteht die Gefahr, dass Sie den Bettel schon bei den ersten Schwierigkeiten hinschmeissen.

Es gibt gewisse Schlüsselqualifikationen, die neben der persönlichen Eignung für ein Leben im Ausland (siehe Test auf Seite 41) für alle Unternehmer wichtig sind: Sie sollten unter anderem selbständig arbeiten und sich immer wieder selbst motivieren können. Sie brauchen Kreativität, Geschick im Verhandeln und dürfen sich nicht so leicht unterkriegen lassen. Zudem müssen Sie mit Stress und Frustrationen umgehen können.

Daneben benötigen Sie als Unternehmer eine gute Schul-, Berufs-, Aus- und Weiterbildung. Sie sollten auf einem speziellen Gebiet nicht nur mittelmässig, sondern überdurchschnittlich gut sein. Wichtig ist, dass Sie in Ihrem

Beruf und in einer bestimmten Branche während einiger Zeit praktische Erfahrungen gesammelt haben. Sie müssen grundsätzliche betriebswirtschaftliche Zusammenhänge kennen und ein kaufmännisches Flair haben. Wer ein eigenes Geschäft aufbauen möchte, denkt oft zu wenig an die Auswirkungen auf die Familie. Meist ist es nötig, dass Partner und Kinder tatkräftig beim Aufbau mithelfen. Die Einstellung des Partners oder der Partnerin trägt deshalb wesentlich zum Unternehmenserfolg bei. Unterschätzen Sie dabei nicht das Risiko, dass Sie selbst ausfallen. Dann ist die Existenz des Betriebs schnell gefährdet. Wer übernimmt Ihre Arbeit? Die Ehefrau verfügt meist nicht über das fachliche Know-how, und Angestellte haben andere Vorstellungen von der Geschäftsführung oder sind zu wenig qualifiziert.

Am Anfang steht die Geschäftsidee

Basis einer jeden selbständigen Erwerbstätigkeit ist die clevere Geschäftsidee. Orientieren Sie sich bei der Suche nach einer Geschäftsidee primär an Ihren Stärken, Erfahrungen, Interessen und an Ihren finanziellen Möglichkeiten. Fragen Sie sich: Was biete ich, was andere nicht haben? Was macht meine Produkte oder Dienstleistungen einmalig? Was wünschen meine potenziellen Kunden?

Dabei sollten Sie eines nicht vergessen: Neue Firmen müssen Neues bieten. Das heisst nicht, dass sich der Geschäftserfolg nur mit einem noch nie dagewesenen Produkt oder einer revolutionären Dienstleistung einstellt. Neuunternehmer können sich durchaus mit bewährten Produkten in traditionellen Märkten etablieren. Aber nur, wenn sich ihr Angebot von der Konkurrenz klar unterscheidet – zum Beispiel in der Qualität, im Service oder im Preis.

Die meisten Firmengründer scheitern, wenn sie sich auf ein Gebiet wagen, das ihnen zu wenig vertraut ist. Das Beispiel vom Schweizer Bankangestellten, der in Australien zum erfolgreichen Weinbauern wurde, ist ebenso wirklichkeitsfremd wie dasjenige der Schuhverkäuferin, die heute in New York als Unternehmensberaterin tätig ist. Wer sich an die Devise «Schuster bleib bei deinen Leisten» hält, wird am meisten Erfolg haben.

Die beste Geschäftsidee nützt nichts, wenn kein Markt dafür vorhanden ist. Eine Binsenwahrheit, die aber viele Neuunternehmer nicht beachten. Wer sind die potenziellen Käufer? Welches sind ihre Bedürfnisse und Kaufmotive? Wie zahlreich sind die Konkurrenten? Was bieten sie an? Zu welchen Preisen, in welcher Qualität? Diese Fragen sind eng mit der Standortwahl verknüpft. Sie ist für den künftigen Erfolg ebenso entscheidend wie das angebotene Produkt oder die Dienstleistung. So ist beispielsweise Kanada nicht gleich Kanada; in Montreal herrschen ganz andere Marktverhältnisse als in Vancouver. Solche Unterschiede gibt es in jedem Land, in jeder Region, in jeder Stadt.

Marktanalyse – der erste Grundstein zum Erfolg

Wenn Sie Ihre Marktleistung an einem Standort ohne Konkurrenz anbieten, haben Sie die grössten Chancen auf Erfolg. Um eine solche Marktlücke zu finden, müssen Sie eine fundierte Marktanalyse durchführen. Meist genügen dazu gesunder Menschenverstand und gute Recherchierfähigkeiten. Entscheidend ist, dass Sie die Marktanalyse nicht von der Stube in der Schweiz aus durchführen, sondern direkt vor Ort. Das bedingt einen längeren Aufenthalt oder mehrere Kurzaufenthalte als Tourist im Gastland. Wer dafür nicht die notwendige Zeit und Finanzen aufbringen will, wird es später bereuen.

Die effizienteste Methode der Marktforschung ist die direkte Konfrontation mit potenziellen Kunden. Von niemandem sonst lässt sich schneller und präziser erfahren, ob ein Produkt oder eine Dienstleistung überhaupt auf Interesse stösst. Sprechen Sie mit möglichst vielen unterschiedlichen Personen vor Ort: Wollen Andalusier wirklich Rösti essen? Haben Amerikaner Vertrauen zu einem Schweizer Finanzberater? Kaufen einem Franzosen Keramikvasen ab? Übernachten Costa Ricaner in einer teuren Pension an einem abgelegenen Strand?

Zu wenig Beachtung schenken künftige Waren- oder Lebensmittelproduzenten vielfach den Vertriebswegen vor Ort. Das merken sie erst, wenn sie auf ihrem Käse oder Biogemüse sitzen bleiben. Nicht wegen mangelnder Qualität, sondern weil sie nicht in bestehende Verkaufskanäle kommen oder – schlimmer noch – weil es gar keine intakten Vertriebswege gibt.

Marktforschung sollten Sie auch anhand von öffentlich zugänglichen Daten betreiben. Je nach Land, Region und Stadt gibt es zu den verschiedensten Branchen mehr oder weniger zuverlässige Statistiken. Erhältlich sind sie meist bei den nationalen oder regionalen Wirtschaftsämtern (Adressen über die ausländischen Vertretungen des Gastlands oder die Schweizer Botschaften im Ausland, siehe Seite 419 und 410). Allenfalls verfügen auch Schweizer Gewerbe-, Branchen-, Wirtschafts-, Fach- oder Berufsverbände über Adressen von ausländischen Partnerorganisationen. Handelskammern geben Einzelpersonen zum Teil Informationen, ohne dass diese Mitglied sein müssen. Dokumentationen zu bestimmten Ländern sind bei der Schweizerischen Zentrale für Handelsförderung (OSEC) erhältlich. Wichtige Hinweise auf die allgemeine Wirtschaftslage geben die Länderberichte der OECD, Studien von international tätigen Banken sowie Artikel in der internationalen, nationalen und regionalen Wirtschaftspresse.

Durch diese Quellen erhalten Sie ein gutes Bild über Branchen, Konjunktur, Konsumverhalten, Marktzusammensetzung sowie über politische und gesellschaftliche Vorgänge im Gastland. Das Resultat der Marktabklärung wird Sie vielleicht brutal auf den Boden der Realität zurückwerfen. Die eigenen Einschätzungen entpuppen sich als Fantasiegebilde und völlig realitätsfremd. Das ist aber letztlich besser, als mit naiven Vorstellungen und falschen Annahmen blauäugig ins Ausland zu ziehen, um erst dort mit Schrecken festzustellen, dass kein Mensch den Laden betritt, einen Auftrag erteilt, eine Dienstleistung verlangt, eine Ware kauft.

Richtige Beratung – der zweite Grundstein zum Erfolg
Sind Sie aufgrund der Marktanalyse überzeugt, am richtigen Ort die richtige Marktleistung anbieten zu können, sollten Sie sich als Nächstes überlegen, ob Sie selbst eine Firma gründen wollen, ein bestehendes Unternehmen kaufen oder sich daran beteiligen möchten. Seien Sie sich bewusst, dass eine Firmengründung – auch wenn sie noch so einfach geschildert wird – sehr aufwändig ist. Involviert sind meist verschiedene Behörden, Anwälte, Beraterinnen und allenfalls Übersetzer. Das braucht Zeit, Geduld, Geld und Nerven. Ähnliches gilt für einen Firmenkauf. Auch dafür benötigen Sie die Hilfe von lokalen vertrauenswürdigen Treuhänderinnen, Maklern, Anwältinnen oder sonstigen Beratern. Werfen Sie sich auf keinen Fall dem erstbesten «Helfer» in die Arme. Verlangen Sie Leistungsausweise und Referenzen.

Ein Problem lässt sich trotz dieser Vorsichtsmassnahme nicht aus der Welt schaffen: Als Neuling und Ausländer haben Sie keine Chance, den tatsächlichen Arbeitsaufwand des Beraters zu kontrollieren oder auch nur abzuschätzen. Kleinste Abklärungen werden als aufwändige Aktionen dargestellt und entsprechend verrechnet. Diesem Dilemma können Sie nur aus dem Weg gehen, wenn Sie die Arbeit auf zwei oder drei Berater aufteilen. Das macht das Ganze zwar noch komplizierter, ermöglicht aber eine bessere Kontrolle und schafft Konkurrenz.

Der Kauf einer bestehenden Firma ist für ausländische Laien mit einigen Risiken verbunden. Es besteht die Gefahr, dass Sie einen heruntergewirtschafteten Betrieb mit Schulden übernehmen oder generell zu viel bezahlen. Auf der anderen Seite können Sie im Idealfall von der geleisteten Vorarbeit profitieren: von eingeführten Produkten und Dienstleistungen, intakten Vertriebskanälen, einem Kundenstamm und einem bekannten Firmenimage. Um nicht über den Tisch gezogen zu werden, sollten Sie bei einem Firmenkauf unbedingt eine seriöse, unabhängige Fachperson vor Ort beiziehen.

Vorsicht ist auch bei Partnerschaften angebracht. Der grosse Vorteil einer Beteiligung an einer Firma oder eines Firmenaufbaus mit einem einheimischen Partner liegt darin, dass dieser die lokalen Verhältnisse kennt und ein Beziehungsnetz mit einbringt. Doch es besteht die nicht zu unterschätzende Gefahr, dass Sie als vermögender Schweizer Partner lediglich als sprudelnde Geldquelle dienen sollen.

Um bei der Aufnahme einer selbständigen Erwerbstätigkeit im Ausland nicht vollständig auf die Hilfe von Dritten angewiesen zu sein, sollten Sie sich schon vor Ankunft im Zielland eingehend über dortigen Verhältnisse informieren (siehe Seite 162), insbesondere aber folgende Fragen klären:

Einreisebestimmungen: Welches sind die Voraussetzungen für eine Aufenthalts- und Arbeitsbewilligung (bezüglich Ausbildung, Berufs- und Branchenerfahrung, Investitionssumme, Eigenkapital, Umsatz, Anzahl Arbeitsplätze für Einheimische)?

Recht: Wie sehen das Rechtssystem und die Rechtsverfolgung aus? Welche Bewilligungen sind für eine selbständige Erwerbstätigkeit nötig? Was beinhaltet das Wettbewerbsrecht? Existieren Kartelle, Preisbindungen, Restriktionen für ausländische Unternehmer? Welches sind die wichtigsten Bestimmungen im Arbeitsrecht, die wesentlichen Rechte und Pflichten von Angestellten? Gibt es besondere Umweltschutzauflagen?

Gesellschaftsformen: Welche Rechtsformen gibt es, welche eignen sich für das eigene Vorhaben? Welches sind die Gründungsanforderungen, insbesondere bezüglich Kapitalbedarf und Beteiligungsverhältnissen von In- und Ausländern? Welchen Restriktionen sind Ausländer unterworfen?

Finanzierung: Gibt es Investitionsanreize und -förderungen? Wie funktioniert das Bank- und Kreditwesen? Wie hoch sind die Zinsen? Welche Bestimmungen existieren bezüglich Devisen- und Kapitaltransfer ins Ausland?

Versicherungen: Wie funktioniert das Sozialversicherungssystem für Arbeitgeber und -nehmer? Welche Versicherungen sind für Selbständigerwerbende und Arbeitgeber obligatorisch oder freiwillig? Wie ist die Produktehaftung geregelt?

Steuern: Welche direkten und indirekten Steuern gibt es für Unternehmen? Wie hoch sind die Steuersätze, insbesondere die Mehrwertsteuer? Gibt es Steuererleichterungen, Subventionen für Neugründer?

Rahmenbedingungen: Wie sieht es aus mit den Geschäftsusanzen, der Vertragstreue und Zahlungsmentalität, dem Einfluss von Gewerkschaften? Mit welchen Behörden und Ämtern ist ein Unternehmer konfrontiert? Wie arbeiten diese? Sind ausländische Unternehmer willkommen?

Hilfe beim Beantworten dieser Fragen bieten die OSEC sowie international tätige Treuhandfirmen, die auch in der Schweiz Niederlassungen haben.

Genügend Eigenkapital – der dritte Grundstein zum Erfolg

Wenn all diese Informationen vorliegen, können Sie ein Finanzierungskonzept aufstellen. Dazu gehören ein Kapitalbedarfsplan, ein Budget, ein Liquiditätsplan und ein Finanzierungsplan. Beim Budget besteht die Gefahr, dass man aufgrund fehlender Erfahrungswerte mit unrealistisch hohen Einnahmen und zu tiefen Ausgaben rechnet. Die meisten unterschätzen die Kosten für Investitionen und fürs Marketing, vor allem für die Werbung. Ein ausländischer Marktneuling muss sich jedoch bei der Zielkundschaft zuerst für teures Geld bekannt machen – bevor die Mund-zu-Mund-Werbung für kostenlose Publizität sorgt. Dies gilt vor allem für die Bereiche Hotellerie und Tourismus. Damit die Zielkundschaft – meist ausländische oder besser gestellte einheimische Gäste – vom neu eröffneten Campingplatz unter Schweizer Leitung erfährt, braucht es regelmässige teure Mailings. Oft ist die Saison kürzer und für politische und klimatische Ereignisse weit anfälliger als angenommen. Ein Flugzeugabsturz, ein Bombenanschlag, Streiks, Versorgungsprobleme im Land – und schon bleiben die ausländischen Touristen aus. Zudem wechselt die Beliebtheit von Reisedestinationen unglaublich schnell. Während einer Saison rennen einem die Europäer die Strandbar in Brasilien ein; im folgenden Jahr fliegen alle in die Karibik, weil der Wechselkurs vorteilhafter und der Flug billiger ist.

Wer mit knappen finanziellen Mitteln als Selbständigerwerbender ins Ausland zieht und im Budget keine grosszügige Reserve eingeplant hat, wird unter Umständen schnell vor dem Aus stehen. Planen Sie eine lange Durststrecke ein. Denn bis Sie Ihr erstes verdientes Geld in den Händen halten, können leicht einige Wochen oder Monate vergehen.

Businessplan – der vierte Grundstein zum Erfolg

Alle Aspekte rund um die Selbständigkeit sollten Sie schliesslich in einem Businessplan zusammenfassen. Dieser gibt unter anderem Auskunft über Sie selbst, Ihre Firma, über Produkte und Dienstleistungen, den Markt, über die Konkurrenz, das Marketing, die Produktion, über den Standort und die Infrastruktur, das Management, die Finanzen und das Kapital.

Der Businessplan hilft Ihnen das Einreisevisum für Unternehmer zu erhalten. Im Zielland selbst dient er für Verhandlungen mit Geschäftspartnern, Unternehmensberatern und Banken. Sie alle geben sich zu Recht nicht mit mündlichen Ausführungen zufrieden, sondern wollen ein ausgereiftes, schriftlich formuliertes Projekt sehen. Ein Businessplan zwingt Sie zudem, sich intensiv mit Ihren Plänen auseinander zu setzen, Absichten zu formulieren, Entscheidungen zu treffen, Zusammenhänge zu sehen. Er zeigt, welche Mittel Sie für die Realisation Ihrer Pläne benötigen, und deckt schonungslos auf, ob sich die Sache finanziell überhaupt lohnt.

Trotz allem: Auch die seriöseste Vorbereitung garantiert Ihnen keinen unternehmerischen Erfolg im Ausland. Denn niemand wartet auf Sie; noch schlimmer: Die meisten Kunden misstrauen neuen Produkten, neuen Anbietern und Ausländern. Zudem sind Sie als Neuling gegenüber der einheimischen Konkurrenz punkto Marktkenntnisse und Beziehungen immer klar im Nachteil.

Geschäftsusanzen kennen – der fünfte Grundstein zum Erfolg

Wandern Sie deshalb mit Vorteil nicht gleich als Unternehmer, sondern zuerst als Arbeitnehmer in ein Land aus. Beobachten Sie danach in aller Ruhe zwei, drei Jahre lang die Marktverhältnisse. Danach können Sie auch eine weit fundiertere Marktanalyse anstellen, als dies während einem oder mehreren Kurzaufenthalten möglich ist. In einer solchen Anfangsphase lernen Sie zudem das Rechtssystem und die Geschäftsusanzen kennen und perfektionieren Ihre Sprachkenntnisse, vor allem die Geschäfts- und Handelssprache mit ihren speziellen Fachausdrücken.

Doch was für den Geschäftserfolg bedeutend wichtiger ist als über Preise, Konkurrenzverhältnisse und Fachwörter Bescheid zu wissen: Sie müssen die bekannten und ungeschriebenen Verhaltensregeln des Landes kennen, sich in jeder Situation im Umgang mit Kunden, Geschäftspartnern, Banken, Behörden und Angestellten richtig benehmen können. Darf ein Mittagessen gleichzeitig Businesslunch sein? Ist ein Kunde mit oder ohne Ehefrau einzuladen? Wie direkt werden Verhandlungen geführt? Welchen Stellenwert hat ein Vertrag? Unwissen oder Falscheinschätzungen im Geschäftsalltag können sich fatal auf den Erfolg auswirken.

Wer den Übergang von der unselbständigen zur selbständigen Erwerbstätigkeit gezielt und langfristig plant, dank fundierter Berufserfahrung Marktchancen ausnützen und sich auf die lokalen Verhältnisse einstellen kann, hat als Unternehmer die besten Erfolgsaussichten.

- Werden Sie erst im Ausland zum Unternehmer oder zur Unternehmerin, sollten Sie sich über die nötigen persönlichen und fachlichen Fähigkeiten im Klaren sein.
- Ohne Fleiss kein Preis. Suchen Sie einen leichten Job unter der warmen Sonne, sollten Sie die Finger von der Selbständigkeit lassen.
- Nehmen Sie sich für die Vorbereitung genügend Zeit, vor allem für eine fundierte Marktanalyse vor Ort. Suchen Sie sich qualifizierte Berater.
- Kaufen oder gründen Sie keine Firma im Ausland, bevor Sie nicht die Aufenthalts- und Arbeitsbewilligung besitzen.
- Wandern Sie wenn immer möglich als Arbeitnehmer in ein Land ein und machen Sie sich erst selbständig, wenn Sie sich mit dem Lebens- und Geschäftsalltag sowie den Marktverhältnissen bestens auskennen.

Möglichkeiten: Unternehmer

135

- **Schweizerische Zentrale für Handelsförderung (OSEC)**
  Stampfenbachstrasse 85, 8006 Zürich,
  Tel. 01 365 51 51, Internet www.osec.ch
  (Informationen für Schweizer Firmen zum Handel mit dem Ausland; Länder- und Marktstudien, Partnervermittlung; nach Absprache kostenpflichtige Beratung für Einzelpersonen)

- **Euro Info Center Schweiz**
  Stampfenbachstrasse 85, 8035 Zürich, Tel. 01 365 54 54, Internet www.osec.ch/eics
  (Anlaufstelle für Informationen zur EU; statistische Grundlagen für Marktanalysen; Zugang zu EU-Datenbanken; Gesetzgebung und Geschäftspraxis in EU-Ländern; Suche nach Geschäftspartnern; Vertrieb von EU-Publikationen)

- **Union Schweizerischer Auslandhandelskammern**
  Alderstrasse 49, Postfach, 8034 Zürich, Tel. 01 421 41 65, Internet www.swisstrade.ch
  (Liste mit Adressen von Auslandhandelskammern; Handelskammern arbeiten primär für Mitgliedfirmen, nicht alle Kammern bieten Beratung und Kontaktvermittlung für Einzelpersonen)

- **Schweizer Vertretungen im Ausland**
  Adressen Seite 410
  (Hilfe bei der Informationsbeschaffung, Vermittlung von Adressen und Kontakten)

- **Ausländische Vertretungen in der Schweiz**
  Adressen Seite 419
  (Je nach Land statistische Daten, Adressen; Vermittlung von Kontakten)

- **Ich mache mich selbständig**
  Ratgeber mit Tipps zum Vorgehen in allen wichtigen Unternehmens-
  bereichen, mit Checklisten und Adressen, ISBN 3 85569 235 1
  Zu beziehen bei: Beobachter-Buchverlag, Tel. 043 444 53 07, Fax 043 444 53 09,
  Internet www.beobachter.ch

- **So gründe ich meine Firma – von der Geschäftsidee zum Businessplan**
  CD-ROM mit Basisinfos zu allen relevanten Bereichen der Firmengründung, Checklisten und Businessplan zum individuellen Bearbeiten
  Zu beziehen bei: Beobachter-Buchverlag (Adresse siehe oben)

- **Niederlassungen, Investitionen, Kooperationen im Ausland (NIK)**
  Ordner mit regelmässig aktualisierten Daten von fast 50 Ländern; unter anderem zu Wirtschaft, Firmengründung, Wettbewerbsrecht, Investitionen, Besteuerung, Verträgen, Infoquellen, Kontakten, Geschäftsumfeld, Verhaltensregeln. Zu beziehen bei OSEC (Adresse siehe oben)

- **Schweizer Aussenwirtschaft**
  Monatsmagazin der OSEC (Adresse siehe oben) mit aktuellen Infos zu Ländern, Märkten, Gesetzen, Steuern

- **Kompass**
  Informationen zu Firmen und Produkten in Buchform und auf CD-ROM;
  wird jährlich neu für sechzig Länder herausgegeben
  Zu beziehen bei: Kompass Schweiz Verlag AG, In Grosswiesen 14, 8044 Zürich,
  Tel. 01 802 25 55, Internet www.kompass-verlag.ch

Als Landwirt

Die Bauern zählten in der Schweizer Auswanderungsgeschichte schon immer zu den Hauptakteuren (siehe Seite 17). Sie verliessen die heimatliche Scholle jedoch nicht nur aufgrund von verheerenden Missernten, sondern auch wegen einschneidender Strukturveränderungen in der Landwirtschaft. Reformprozesse im Agrarbereich machen den Schweizer Bauern auch heute das Überleben schwer. Daneben sind Landwirte mit zahlreichen weiteren Schwierigkeiten konfrontiert: mit einer zunehmenden Zersiedelung und mit Druck auf die Zonenpläne, mit immer strengeren Produktionsvorschriften, veränderten Konsumgewohnheiten, internationaler Konkurrenz und einer Preiserosion aufgrund von weltweiten Handelsabkommen.

Davon betroffen sind nicht nur gestandene Bauern mit eigenem Hof. Schwierig ist die Situation vor allem für Jungbauern ohne eigenen Betrieb oder für Pächter, deren Vertrag ausläuft. Wegen der hohen schweizerischen Land- und Immobilienpreise ist es nur wenigen möglich, in der Schweiz einen Hof zu erwerben, der ihnen langfristig eine Existenz sichert.

Kein Wunder, überlegen sich nach wie vor viele Schweizer Landwirte, als Auswanderer ihr Glück im Ausland zu versuchen – in Kanada, Neuseeland, in EU-Nachbarstaaten oder gar in osteuropäischen Ländern. Im Gegensatz zu anderen Berufsgruppen, die gewöhnlich nur für eine bestimmte Zeit zu Berufszwecken ins Ausland ziehen und einen Auslandaufenthalt als Teil ihrer Karriere betrachten, wollen Bauern in der Regel der Schweiz für immer den Rücken kehren.

Die meisten begraben ihre Pläne jedoch schnell, wenn sie bei den Abklärungen entdecken, dass auch die Kollegen im Ausland zum Teil mit massiven Existenzproblemen kämpfen. Kommt hinzu, dass den meisten auswanderungswilligen Bauern das notwendige Kapital für den Schritt über die Grenze fehlt. Der Verkauf von Land, Immobilien, Maschinen und Vieh bringt in der Regel nicht das erhoffte beziehungsweise nötige Kapital. Doch wer nicht genügend Kapital besitzt, erhält in keinem ausländischen Staat die Arbeits- und Aufenthaltsbewilligung – und ein anständiger Bauernbetrieb lässt sich erst recht nicht kaufen.

Das führt dazu, dass gegenwärtig nur noch wenige Schweizer Landwirte auswandern. Die besten Chancen besitzen Bauern mit eigenem Hof, falls sie ihn zu einem guten Preis verkaufen können. Gute Voraussetzungen haben auch Pächter, die sich mit dem Kauf von Maschinen und Viehhabe nicht übernommen haben und Geld sparen konnten. Dagegen ist es für jüngere Bauern ohne Hof fast unmöglich, das nötige Kapital aufzubringen, um im Ausland eine selbständige Existenz aufzubauen.

Auswandern nach Kanada

Bis vor kurzem war Kanada die Wunschdestination vieler Schweizer Bauernfamilien. In Kanada lohnt es sich zurzeit aber kaum mehr, in die von Schweizer Landwirten bevorzugte Milchwirtschaft einzusteigen, denn die Milchquoten sind teuer. Trotzdem setzen bestandene Schweizer Landwirte nach wie vor auf Milchfarmen. Denn sie bieten ein sicheres und regelmässiges Einkommen mit garantierter Abnahme. Allerdings sind die Quoten relativ hoch. Zudem ist zu befürchten, dass in Zukunft einzeln ausgehandelte Verträge mit Abnehmern das gegenwärtige Quotensystem ersetzen.

Junge Landwirte, die nach Kanada auswandern, versuchen sich nicht zuletzt aus dieser Unsicherheit heraus als Rinderzüchter. Hier gibt es keine Quoten, es braucht keinen teuren Maschinenpark und keine kostspieligen Gebäude. Eine Rinderfarm lässt sich durch die eigene Zucht den finanziellen Möglichkeiten entsprechend auch stetig vergrössern. Auf den anderen Märkten (Schweine, Weizen, Soja, Gerste) machen den kanadischen Farmern drastische Preiseinbrüche das Überleben schwierig. Zudem zahlt Kanada einen Bruchteil der in der EU oder den USA üblichen Subventionen.

Eine weitere Hürde für Schweizer Bauern in Kanada sind Berufsausbildung und Sprachkenntnisse: Wer nicht die erforderlichen Fachausweise auf den Tisch legen kann und die englische oder französische Sprache zu wenig beherrscht, blitzt bei den Einwanderungsbehörden ab.

Für ein Kanadavisum müssen Sie als aktiver Landwirt ein Eigenkapital von mindestens 300 000 kanadischen Dollar vorweisen können. Diese Summe reicht aber noch nicht aus, um einen existenzsichernden Betrieb zu erwerben. Für einen kanadischen Ackerbaubetrieb oder eine Milchfarm benötigen Sie eine gute Million Franken Eigenkapital, für eine Schweinefarm mindestens 500 000 Franken. Wohlverstanden: Für diese Preise erhalten Sie keine erstklassigen Betriebe an ausgezeichneten Standorten, sondern Farmen, die mit dem entsprechenden Arbeitseinsatz langfristig eine Existenz ermöglichen sollten.

Bei diesen Investitionssummen wird klar, dass Schweizer Bauern und Bäuerinnen für die kanadischen Einwanderungsbehörden vor allem als finanzkräftige Investoren und arbeitsame Personen interessant sind – und nicht, weil sie ihr Handwerk speziell gut beherrschen, Tiere besonders lieben oder ökologischer als die einheimischen Landwirte produzieren.

Sie sollten in Kanada erst eine Farm kaufen, nachdem Sie dort drei bis vier Monate gelebt haben. Auch als einwandernder Farmer können Sie sich zuerst auf einem Betrieb anstellen lassen, um mit den örtlichen Verhältnissen, dem Markt sowie den Preisen vertraut zu werden und die wichtigsten englischen oder französischen Fachausdrücke für den Berufsalltag zu lernen.

Auswandern nach Frankreich

Frankreich ist der weltweit zweitgrösste Exporteur von Agrarprodukten. Innerhalb der EU ist Frankreich das Land mit der grössten Kulturfläche und hat neben Spanien die günstigsten Agrarlandpreise. Auch die Immobilienpreise sind deutlich niedriger als in der Schweiz. Durchschnittliches Landwirtschaftsland kostet in Frankreich einen Bruchteil des Schweizer Preises.

Für eine Auswanderung nach Frankreich sprechen zudem die geografische Nähe zur Schweiz, die ähnliche Mentalität, die rechtsstaatlichen Verhältnisse, die intakten Strukturen in der Landwirtschaft und die funktionierenden Absatzkanäle.

Ein weiterer Vorteil ist die Sprache: Die französischen Einwanderungsbehörden verlangen von einwanderungswilligen Bauern keine perfekten Sprachkenntnisse. Sie müssen keinen Test bestehen, sondern lediglich Ihre Bereitschaft zum Erlernen der Sprache erklären. Ebenso wenig beharren die Franzosen auf einem Schweizer Fähigkeitsausweis als Landwirt. Stärker zählen Ihre langjährige Erfahrung und Ihre persönliche Motivation, in der französischen Landwirtschaft aktiv zu werden. Der Fähigkeitsausweis ist nur nötig, wenn Sie sich mit dem Status «Jungbauer» in Frankreich niederlassen wollen. Dies ist bis zum 40. Altersjahr möglich. Als Jungbauer geniessen Sie markante Steuerermässigungen, kommen in den Genuss von Prämienreduktionen bei der obligatorischen Sozialversicherung und erhalten verbilligte Zinsen bei Investitionskrediten.

Obwohl es auch in Frankreich immer weniger Landwirte gibt, wandern jedes Jahr einige Schweizer Bauern dorthin aus. Sie sind aber nicht die einzigen Ausländer, die in Frankreich eine neue Existenz aufbauen wollen. Insbesondere Bauern aus Holland, Belgien, Deutschland und England versuchen dasselbe. Die Nachfrage nach Bauernhöfen ist denn auch deutlich grösser als das Angebot.

In Frankreich sind Schweizer Bauern primär wegen ihrer Finanzkraft gefragt. Für einen mittelgrossen Milch- oder Ackerbaubetrieb sind schnell einmal 800 000 Franken nötig. Ein Fleischbetrieb ist mit Glück für die Hälfte zu haben. Mindestens 60 Prozent der Investitionssumme sollten Sie aus eigenen Mitteln finanzieren können. Wer diesen Betrag nicht aufbringt, kann versuchen, lediglich Gebäude, Vieh sowie Maschinen zu kaufen und das Land langfristig zu pachten.

Das Einwanderungsprozedere in Frankreich ist, weil mehrere Ämter und Behörden involviert sind, äusserst kompliziert und nur mit grossem Zeit- und Energieaufwand zu meistern. Das entscheidende Dokument ist die Bewirtschaftungsbewilligung, die vor dem Kauf eines Betriebs beantragt werden muss. Denn Immobilienbesitz allein berechtigt in Frankreich weder zur ständigen Wohnsitznahme noch zur Arbeitsaufnahme.

Mithilfe einer versierten Beratungsstelle, welche die administrativen Abläufe und zuständigen staatlichen Stellen kennt, Formulare richtig ausfüllen hilft und Sie bei Sprachschwierigkeiten in den notwendigen Gesprächen mit den Behörden unterstützen kann, sollte sich eine Auswanderung nach Frankreich samt Hofinstallation innerhalb von sechs Monaten realisieren lassen. Nicht eingeschlossen ist dabei die nötige Zeit, um einen geeigneten Betrieb zu finden. Wer hier überstürzt handelt, wird es später mit Sicherheit bereuen.

Alternative Auswanderungsdestinationen
Wenig geeignete, bezahlbare und rentable Betriebe gibt es für Schweizer Landwirte in Neuseeland, Italien oder in den USA zu kaufen. Kaum ein Schweizer lässt sich deshalb in einem dieser Länder definitiv nieder. Zunehmend interessieren sich Schweizer Bauern für osteuropäische Länder wie Ungarn, Polen oder gar für die baltischen Staaten. Keine Frage: Der Osten hat Zukunft. Zurzeit ist das Auswandern in diese Länder aber noch viel zu riskant und kompliziert – zu instabil ist die politische und rechtliche Situation, zu schlecht sind die Infrastruktur, die Handels- und Absatzkanäle, zu gross die Hindernisse und Unklarheiten beim Immobilien- und Landerwerb. Am ehesten kommt zurzeit Ungarn infrage. Dort ist der Landerwerb für Ausländer aber nicht direkt, sondern nur über eine nach ungarischem Recht gegründete Gesellschaft mit beschränkter Haftung (GmbH) möglich.

Darauf sollten Landwirte beim Auswandern besonders achten
Seien Sie sich bewusst, dass die Bedingungen in der Landwirtschaft im Ausland meist nicht einfacher sind als in der Schweiz. Überall gibt es immer mehr Gesetze, Druck auf die Preise und weniger Subventionen. Wer in der Schweiz kein guter Bauer beziehungsweise Unternehmer war, wird auch im Ausland kaum Erfolg haben.

Was für jede selbständige Tätigkeit gilt, hat für Landwirte spezielle Gültigkeit: Steigen Sie nie in einen Landwirtschaftsbereich ein, von dem Sie keine Ahnung haben und dessen Markt Sie nicht kennen. Nicht überraschend, dass zum Beispiel rund die Hälfte der nach Kanada ausgewanderten Schweizer Bauern Milchproduzenten wurden. Die übrigen spezialisierten sich vor allem auf Mutterkuhhaltung, Obst oder Wein. Auch in Frankreich bleiben die meisten Schweizer ihrem angestammten Metier treu und betätigen sich als Milchbauern.

Wer sich zu organisieren weiss, dürfte als Bauer oder Bäuerin im Ausland dank des höheren Spezialisierungsgrads in der Regel mehr Freiraum geniessen als in der Schweiz. Das bedingt aber, dass Sie Ihre Schweizer Arbeitsphilosophie – «wir machen alles selber» – ablegen und mit Lohnunternehmern arbeiten.

Was auswanderungswillige Landwirte besonders beachten sollten: Lassen Sie sich nicht von tollen Inseraten in der einschlägigen Fachpresse ködern, von viel versprechenden Objekten aus Hochglanzbroschüren blenden oder von geschwätzigen Maklern zu einem riskanten Projekt überreden. Seien Sie auch kritisch bei Aussagen von Bekannten in der Schweiz und im Land Ihrer Träume, die Ihnen nur Positives erzählen, besonders attraktive Angebote machen – und beim Kauf eines Betriebs als Makler kräftig mitverdienen oder von Verkäufern und Maklern für ihre Vermittlungsbemühungen nach dem Verkaufsabschluss eine Provision erhalten.

Achten Sie bei der Wahl des geeigneten Landes und der Region auf die klimatischen Bedingungen, die Fruchtbarkeit des Bodens, auf die Absatz- und Verwertungsmöglichkeiten. Mehrere Besuche der bevorzugten Region zu verschiedenen Jahreszeiten sind unabdingbar. Inspizieren Sie interessante Objekte in aller Ruhe, wenn möglich mehrmals. Achten Sie dabei vor allem auch auf den Zustand der Gebäude und Maschinen und auf die Gesundheit der Tiere, die Sie übernehmen wollen. Sprechen Sie mit Einwanderern vor Ort. Lassen Sie sich vor allem nicht von der Grösse eines Bauernhofs den Verstand vernebeln. Nicht die Betriebsgrösse ist entscheidend, sondern die Rendite. Eine durchschnittliche Farm ist oft rentabler als eine überdimensionierte und lässt sich später auch wieder leichter verkaufen.

Nicht zu unterschätzen sind die Vorbereitungsarbeiten in der Schweiz. Zuerst sollten Sie sich einen Überblick über Ihre finanziellen Verhältnisse verschaffen (siehe Seite 181). Dabei gilt es insbesondere Subventionsrückforderungen, Rückzahlungen und rückwirkende Verzinsungen von Investitionskrediten von Bund und Kantonen bei einem Verkauf mit Gewinn zu berücksichtigen. Denken Sie auch an allfällige Steuerforderungen und steuerliche Fragen (siehe Seite 277) sowie an das Gewinnbeteiligungsrecht der Eltern und Geschwister. Wichtig ist, dass Sie sich mit dem Kauf eines Betriebs im Ausland nicht allzu stark verschulden. Am idealsten ist es, wenn Sie die neue Farm bar bezahlen können.

Wer das notwendige Eigenkapital nicht aufbringen kann, sollte die Auswanderungspläne zurückstellen. Die Alternative für junge, ausgebildete Landwirte: als Pächter oder Angestellte in einen ausländischen Betrieb einsteigen in der Hoffnung, später einen geeigneten Betrieb erwerben zu können. Diese Variante scheitert in der Praxis aber meist am Visum, das in solchen Fällen nur schwer erhältlich ist. Dann bleibt eigentlich nur noch eine Möglichkeit: die Teilnahme an einem Austauschprogramm. Die Austauschorganisation Agroimpuls organisiert beispielsweise für junge Berufsleute aus den Bereichen Land- und Forstwirtschaft sowie Garten- und Weinbau temporäre Aufenthalte von drei bis vierzehn Monaten in verschiedenen Ländern in Europa und Übersee (Adresse Seite 95).

- Kaufen Sie nie einen Hof im Ausland, bevor Sie in der Schweiz nicht alles geregelt haben und das Einreisevisum besitzen. Konsultieren Sie unbedingt eine seriöse Beratungsstelle. Diese Investition zahlt sich aus.
- Was für alle Auswanderer gilt, ist für Landwirte besonders wichtig: Sie haben nur Erfolg, wenn die ganze Familie Ihr Vorhaben vollumfänglich unterstützt und tatkräftig beim Aufbau einer neuen Existenz mithilft.
- Steht ein Verkauf des Schweizer Hofes an, müssen Sie beteiligungs- und erbrechtliche Fragen klären und geeignete Lösungen finden. Suchen Sie professionelle Beratung bei einer vertrauenswürdigen Anwältin und einem Makler, die sich im landwirtschaftlichen Boden- und Erbrecht auskennen.

- **Auswanderungs- und Immobilienberatung für Kanada**
Ruedi Bührer, Obermülistrasse 85, 8320 Fehraltdorf, Tel. 01 954 07 11, Adressen
Internet www.buehrerkanada.ch (Kostenpflichtige Auswanderungsberatung für Bauern, Visumbeschaffung und Anfangsbetreuung bei der Einwanderung in Kanada)

- **Auswanderungsberatung für Frankreich**
HIBO, Heinrich Bachofner, Friedliweid 69, 8320 Fehraltorf,
Tel. 01 954 11 75, E-Mail hibo@tiscalinet.ch
(Kostenpflichtige Auswanderungsberatung von der Eignungsabklärung über Hilfe bei der Suche und Auswahl geeigneter Verkaufsobjekte bis zur Hofinstallation)

- **Schweizerischer Bauernverband (SBV)**
Treuhand und Schätzungen, Laurstrasse 10, 5200 Brugg, Tel. 056 462 51 11,
Internet www.sbv-treuhand.ch (Beratung bei Hofübergaben in der Schweiz, Betriebsverkäufen, Steuern; vermittelt Berater für Auswanderung nach Frankreich und Osteuropa)

- **Zum Verkauf stehende Bauernhöfe im Ausland**
Angebote in der in- und ausländischen Fachpresse, über Makler vor Ort; eventuell vermitteln auch ausländische Bauernverbände oder Botschaften in der Schweiz Kontaktadressen (Adressen der Botschaften Seite 419)

Ins Ausland zum Geniessen

Immer mehr Menschen reisen in andere Länder mit der Absicht, dort in erster Linie das Leben zu geniessen: Kurzurlauber, Langzeitreisende und saisonale Wanderer, die mit Beginn der kalten Jahreszeit in den wärmeren Süden ziehen. Diese Auslandreisenden stammen vorwiegend aus den reichen Industrieländern und besitzen die notwendigen finanziellen Mittel, sich den Luxus fast unbegrenzter Mobilität leisten zu können.

Auch der Durchschnittsschweizer und die Durchschnittsschweizerin gehören grundsätzlich dieser privilegierten Klasse an, die es sich leisten kann, für einige Monate in der Welt herumzureisen oder sich im rüstigen Alter im Süden niederzulassen und dem süssen Nichtstun zu frönen. Eine ausgedehnte Weltreise oder eine Altersresidenz im Süden ist für viele nicht nur erstrebenswert, sondern wird gar als fester Bestandteil eines bestimmten Lebensabschnitts betrachtet.

Das Privileg auf Weltreise zu gehen, haben heute insbesondere junge Schweizerinnen und Schweizer. Wer einige Jahre im Berufsleben stand und gezielt für die grosse Reise sparte, kann dank der tiefen Flugpreise die ganze Welt entdecken. Neben den Finanzen braucht es nur noch Kenntnisse der wichtigsten Sprachen – und den Willen, die Pläne in die Realität umzusetzen. Das heisst, es braucht den Mut, den vertrauten Job aufzugeben, die hübsch eingerichtete Wohnung zu kündigen, sich vorübergehend vom vertrauten Alltag und den Freunden zu trennen. Den gleichen Mut benötigen besser gestellte Pensionäre, die ihren Lebensabend irgendwo im Ausland verbringen möchten. Auch hier liegt es in der Regel nicht am fehlenden Geld, sondern an der Bereitschaft, Liebgewonnenes aufzugeben.

Es stellt sich die Frage, ob es sich überhaupt verantworten lässt, einfach als «Geniesser» ins Ausland zu reisen. Können Langzeitreisende und Pensionierte während ihres Aufenthalts dem Gastland und der dortigen Bevölkerung überhaupt Positives bringen oder profitieren sie nur egoistisch für sich?

Wer sich im Ausland als Schmarotzer durchschlagen will, als arroganter, überheblicher Vertreter der westlichen Zivilisation, wer als Besserwisserin auftritt und als Ignorantin durch fremde Länder trampelt, sollte besser zu Hause bleiben. Nähern Sie sich jedoch fremden Kulturen wissbegierig, bescheiden und behutsam, wollen Sie Menschen und Länder aus echtem Interesse kennen lernen, möchten Sie sich in den Alltag und Lebensstil der Bevölkerung taktvoll integrieren, so werden Sie einiges zum interkulturellen Austausch beitragen. Sanftes Reisen, Erleben und Entdecken heisst die Devise; davon profitieren Bereiste und Reisende.

Als Globetrotter

Reisen ist wohl die aufregendste, spannendste und faszinierendste Art, Auslanderfahrungen zu sammeln, den Horizont zu erweitern und fremde Kulturen kennen zu lernen. Wer verantwortungsbewusst reist und sich dafür die nötige Zeit nimmt, wird mit prägenden Eindrücken nach Hause zurückkommen.

Um die Welt als Reisende kennen zu lernen, braucht es grundsätzlich nur einen Rucksack, eine grosse Portion Neugier, Abenteuerlust, genügend

Zeit – und ein paar tausend Franken. Als Touristen sind Schweizer und Schweizerinnen beim Entdecken der Welt in der Regel nur wenigen Restriktionen unterworfen. Sie können sich in jedem Land problemlos so lange aufhalten, wie es der jeweilige Status als Tourist erlaubt. Die Frist variiert zwischen zwei Wochen und sechs Monaten, beträgt in der Regel aber drei Monate. Wer diese Fristen einhält, kann theoretisch ein Leben lang auf Reisen sein und von einem Staat in den anderen ziehen.

Kein Wunder, packen jährlich unzählige Schweizer und Schweizerinnen ihre Siebensachen. Zu Fuss, mit Fahrrad, Motorrad, Personenwagen, Motorhome, Bahn, Bus, Flugzeug oder Schiff sind sie mehrere Monate, vielleicht gar ein Jahr oder länger auf Achse. Das muss nicht gleich ein Überlandtreck von Bern nach Peking, eine Reise von Alaska nach Feuerland oder von Kairo nach Kapstadt sein. Ebenso aufregend ist eine ausgedehnte Tour durch Europa: mit dem Camper der Mittelmeerküste entlang, per Rad ans Nordkap, zu Fuss über die Pyrenäen, mit der Jacht von Hamburg nach Malta. Der Fantasie und den Möglichkeiten sind keine Grenzen gesetzt.

Schweizer Reisende sind in der Regel – ganz im Gegensatz zu anderen Nationalitäten – in den meisten Ländern höchst willkommen und geschätzt. Nicht nur wegen ihrer Anpassungsfähigkeit, ihren Sprachkenntnissen und ihrem meist angenehmen Auftreten, sondern auch als begehrte Devisenlieferanten. Sie bringen Geld und verschwinden wieder. Vorteile haben Schweizer Reisende aber auch nach wie vor aufgrund ihres roten Passes mit dem weissen Kreuz. Für viele Ausländer ist dieser heute noch Symbol für ein paradiesisches Land – und wer bringt schon einem Vertreter des Paradieses kein Wohlwollen entgegen. Den Nachteil dieses Klischees spüren Schweizer Reisende ebenso stark: Schweizer sein heisst reich sein – und Reichen kann man etwas abknöpfen.

Wenn Sie auf eigene Faust reisend ein Land und eine Kultur entdecken, haben Sie den grossen Vorteil, dass Sie das Tempo selbst bestimmen und frei entscheiden können, wie intensiv Sie sich auf Neues einlassen wollen. Reisen ist allerdings nicht mit tatsächlichem Leben im Ausland gleichzusetzen. Auch wenn Sie jeweils für längere Zeit im selben Land oder am selben Ort verweilen, werden Sie nie gleich tief in die Kultur und Gesellschaft eintauchen wie jemand, der dort Wohnsitz nimmt und arbeitet. Reisende bleiben bis zu einem bestimmten Grad immer vom Alltag im Gastland ausgeschlossen. Unterliegen Sie also nicht der Illusion, nach drei Monaten Bali oder Neuseeland zum Balinesen oder zum echten «Kiwi» geworden zu sein. Ein längerer Reiseaufenthalt in einem Land kann dagegen ein erster Anstoss sein, in Zukunft regelmässig zurückzukehren – um vielleicht eines Tages dort definitiv die Zelte aufzuschlagen.

Eigne ich mich als Globetrotter?

So einfach der Traum einer Weltreise zu realisieren ist, die Welt als Globetrotter zu entdecken stellt an Individualreisende hohe Anforderungen. Sie benötigen ein ausgesprochen feines Gespür für Menschen, höchste Flexibilität und Toleranz, überdurchschnittliches Organisationstalent, gesundes Selbstvertrauen, richtige Selbsteinschätzung sowie ausreichende Kenntnisse der Landessprache, mindestens aber gute Englischkenntnisse (siehe Seite 179).

Damit keine Illusionen aufkommen: In der Welt herumreisen kann ganz schön anstrengend sein – unabhängig davon, mit welchem Transportmittel Sie unterwegs sind. Dauernd gibt es etwas zu organisieren: die Weiterreise, die Verpflegung, die Übernachtung, den Geldnachschub. Wer mit dem eigenen Fahrrad, Motorrad, Auto oder Camper reist, muss zudem für die Funktionstüchtigkeit des Transportmittels besorgt sein: Wo gibt es passende Ersatzteile, sauberes Benzin, geeignetes Öl, einen fähigen Mechaniker, spezielles Reparaturwerkzeug?

Als Globetrotter sollten Sie eine robuste körperliche und psychische Gesundheit besitzen. Schliesslich gilt es, unzählige Belastungen auszuhalten: klimatische, kulturbedingte und seelische. Während man sich an die klimatischen Verhältnisse nach einer Angewöhnungszeit meist problemlos anpasst, ist dies bei Kulturschocks (siehe Seite 35) schon schwieriger. So kann es zur grossen Belastung werden, mit Elend und Armut konfrontiert zu sein. Mühe macht einem je nach Land unter Umständen die Exponiertheit als Fremder. Als Ausländer stehen Sie nämlich von morgens bis abends in der Öffentlichkeit im Mittelpunkt. Das ist für einige Tage vielleicht ganz toll, dürfte aber mit der Zeit zum echten Problem werden, weil es nirgends einen ruhigen Ort zum Verschnaufen gibt.

In vielen Ländern können sich Reisende wegen der hohen Kriminalität nicht einfach frei bewegen. Mit der latenten Gefahr, überfallen und ausgeraubt zu werden, können nicht alle gleich gut umgehen. Wer nicht eine gute Menschenkenntnis besitzt oder Sprachschwierigkeiten hat, kapselt sich gegenüber Fremden schnell ab. Das andere Extrem wäre, jedem Menschen im Ausland grenzenloses Vertrauen entgegenzubringen – und dabei dauernd über den Tisch gezogen zu werden.

Nicht zu unterschätzen sind psychische Belastungen wie Heimweh, Einsamkeit, fehlende Geborgenheit. Besonders den letzten Punkt unterschätzen viele: Wer ständig auf Achse ist, muss sich in Hotelzimmern, im Wohnmobil, im Zelt und in seinem Schlafsack zu Hause fühlen können. Das bedeutet gleichzeitig, auf den gewohnten Komfort und auf Annehmlichkeiten verzichten zu können. Es sind meist die kleinen Dinge, die einem plötzlich fehlen: die tägliche Frucht, saubere Leintücher, verlässliche Auskünfte, harte Matratzen, staubfreie Strassen, sauberes Trinkwasser, eine warme Dusche.

Eine zentrale Frage für Reiseanfänger ist deshalb die Wahl der geeigneten Destination. Unerfahrene sollten nicht gleich mit den anspruchsvollsten Reiseländern beginnen. Sammeln Sie lieber in Europa, Nordamerika oder Australien erste Erfahrungen, statt direkt nach Kolumbien oder Peru zu fliegen – um nach einer Stunde ausgeraubt auf der Strasse zu stehen. Verwechseln Sie eine mehrmonatige oder mehrjährige Weltreise also nicht mit einem herkömmlichen Urlaub. Da herrscht nicht jeden Tag Sonnenschein und gute Laune. Sind Sie sich all dieser Aspekte vor der Abreise bewusst, kann Sie auf der Reise nur noch wenig erschüttern – Sie sollten schleunigst die Koffer packen, denn die positiven Punkte einer ausgedehnten Reise in die weite Welt überwiegen bei weitem.

Allein, zu zweit oder in der Gruppe?

Grundsätzlich stellt sich die Frage, ob Sie allein, zu zweit oder mit mehreren Leuten auf Reisen gehen wollen. Je nach Bedürfnissen und Erfahrungen werden Sie sich anders entscheiden. Generell gilt: Je mehr Reisepartner, desto komplizierter das Ganze und desto mehr Rücksicht müssen Sie nehmen. In der Praxis bewähren sich individuelle Langzeitreisen in kleinen Gruppen wegen des erhöhten Konfliktpotenzials nicht. Deshalb sind die meisten Langzeitreisenden allein oder mit einem festen Partner unterwegs.

Allein unterwegs zu sein bietet die grösstmögliche Freiheit. Sie entscheiden, wann, wie und wohin die Reise weitergeht. Alleinreisende finden auch am schnellsten Kontakt zur einheimischen Bevölkerung. Der Preis der totalen Freiheit: Bei allen Entscheidungen, Problemen, bei einem Unfall oder bei Krankheit sind Sie völlig auf sich allein gestellt oder von mehr oder weniger unbekannten Dritten abhängig. Alleinreisende werden auch eher Opfer von Diebstählen oder Überfällen. Und auch tolle Erlebnisse, tief gehende Eindrücke und Freude können Sie nicht spontan mit jemandem teilen. Zwar ergeben sich je nach Land, Transportmittel und Route sehr leicht Kontakte mit Einheimischen und anderen Alleinreisenden. Das sind jedoch immer Begegnungen auf Zeit, die mit schmerzvollen Abschieden verbunden sein können. Wer wochenlang ohne festen Reisepartner unterwegs ist, sollte deshalb eine gewisse Einsamkeit aushalten können.

Diese negativen Aspekte schrecken viele Reisefreudige ohne Partner davon ab, überhaupt an eine Reise zu denken. Das betrifft vor allem Frauen, die zwar in vielen Gegenden problemlos allein reisen können, in einigen Ländern jedoch aufgrund ihres Geschlechts beziehungsweise der Stellung der Frau in der Gesellschaft sowie der Haltung der einheimischen Männer gegenüber westlichen Frauen mit Schwierigkeiten rechnen müssen.

Finden Sie in Ihrem Freundes- und Bekanntenkreis keine geeignete Person für die geplante Reise, können Sie sich einen gleich gesinnten Reisepartner oder eine Partnerin über ein Inserat in einschlägigen Fachzeitschriften – etwa im Globetrotter-Magazin – suchen oder über eine Steckwandanzeige in Reisebüros, die auf Fernreisen spezialisiert sind (Adressen Seite 151). Schon ein bis zwei Planungstreffen mit der potenziellen Reisepartnerin sollten eigentlich aufzeigen, ob die Chemie stimmt, der Funken springt. Stellt sich erst auf der Reise heraus, dass Sie mit der Partnerin Ihre liebe Mühe haben, ist wenigstens ein Reiseanfang gemacht, der Ihnen genug Selbstvertrauen geben sollte, allein weiterzureisen und vielleicht unterwegs einen geeigneteren Reisegefährten zu finden. Wird daraus nichts, können Sie jederzeit ins nächste Flugzeug Richtung Schweiz einsteigen.

Langzeitreisen zu zweit erfordern grosse Toleranz und Konfliktfähigkeit und stellen auch an eine gefestigte Beziehung hohe Ansprüche. Denn es ist nicht jedermanns Sache, über längere Zeit Tag und Nacht in fremden Hotelzimmern, engen Wohnmobilen, überfüllten Bussen und Zügen oder auf anspruchsvollen Trekkings unterwegs zu sein. Die Enge und Abhängigkeit kann mit der Zeit zu Konflikten führen. Konfliktträchtige Situationen entstehen auch, wenn die Einstellungen der beiden Partner in wesentlichen Punkten extrem voneinander abweichen: Der eine will vielleicht jede Nacht unbedingt ein sauberes Hotelzimmer mit Dusche, legt aber weniger Wert auf gutes Essen und Trinken. Für den anderen ist ein teures Hotelzimmer reine Geldverschwendung; er möchte dafür lieber jeden Tag ein feudales Essen mit erstklassigem Wein geniessen.

Möchten Sie weder allein noch zu zweit für längere Zeit in der Welt herumreisen, können Sie sich für Langzeitreisen über Land auch einer Reisegruppe anschliessen. Angeboten werden solche Überlandreisen per Camper-Camion von ausländischen Reiseveranstaltern wie etwa «Encounter Overland» oder «Dragoman». Solche Kleingruppenreisen werden fast auf jedem Kontinent durchgeführt. Da reist man beispielsweise in 36 Wochen von Peking nach Cape Town, in 23 Wochen von Kairo nach Delhi oder in 20 Wochen von Anchorage nach La Paz oder.. Buchen lassen sich solche Langzeitreisen über die meisten Schweizer Reisebüros. Dort sind auch die aktuellen Kataloge erhältlich.

Solche Reisen in der Kleingruppe haben den Vorteil, dass alles organisiert ist und die Kosten zum Voraus klar sind. Die gleich gesinnten Teilnehmer und Teilnehmerinnen kommen in der Regel aus verschiedenen Ländern, was das Reisen noch spannender macht. Voraussetzung ist allerdings, dass man sich auf Englisch unterhalten kann.

Wollen Sie mit Kindern längere Zeit auf Reisen gehen, spielen Destination und Reiseart eine wichtige Rolle. In zivilisierten Ländern ist dies mit nicht allzu kleinen Kindern grundsätzlich kein Problem – vorausgesetzt, sie sind pflegeleicht und eignen sich für ein solches Abenteuer. Ungeeignet sind dagegen Länder mit mangelhaften hygienischen Verhältnissen oder hohen Krankheitsrisiken. Je nach Alter der Kinder sind auch ausgiebige Reisen in öffentlichen Transportmitteln nicht zu empfehlen. Welches Kind hat schon Spass daran, zwanzig Stunden Bus zu fahren? Eine beliebte Variante sind dagegen mehrmonatige Familienreisen im Wohnmobil. Etwa quer durch Australien, die USA oder Kanada – bevor die Kinder schulpflichtig werden.

Reisevorbereitungen

Die frühzeitige und seriöse Vorbereitung entscheidet bei einer längeren Reise über Erfolg oder Misserfolg (siehe auch Seite 161). Die Schwierigkeit dabei: Als Langzeitreisende werden Sie in der Regel mehrere Länder bereisen, unter Umständen in ganz verschiedenen Klimazonen, unterschiedlichen Sprachräumen und in anderen Kulturen.

Idealerweise sollten Sie sich schon vor der Abreise ein Basiswissen zu allen Ländern aneignen, die Sie zu bereisen planen. Das gibt Ihnen nicht nur das notwendige Selbstvertrauen, den kommenden Abenteuern gelassen entgegenzusehen, sondern kann Sie vor unzähligen vermeidbaren Problemen und Enttäuschungen schützen. Sonst stellen Sie womöglich erst vor Ort fest, dass Sie in die Hurrikansaison oder Regenzeit geraten sind, der Achttausender wochenlang von Wolken verhangen ist und Sie dauernd von Malariamücken gestochen werden. Denken Sie bei der Vorbereitung von Langzeitreisen vor allem an folgende Punkte:

Ausrüstung: Die Ausrüstung ist wohl der zentralste Punkt. Unter anderem geht es um geeignete Schuhe, Bekleidung, Rucksack, Koffer, Reisetaschen, Zelt, Schlafsack, Reiseapotheke, Camping-, Foto- und Videoausrüstung. Lassen Sie sich unbedingt von Fachleuten in speziellen Ausrüstungsläden beraten, die es in grösseren Städten gibt. Der grösste Anbieter ist «Transa» mit Filialen in Zürich, Bern, Basel, Luzern und St. Gallen. Wichtige Ausrüstungsgegenstände sollten Sie immer in der Schweiz kaufen, denn unter Umständen sind sie im Reiseland nicht oder nur in schlechter Qualität zu finden.

Einreisepapiere: Informieren Sie sich frühzeitig, ob und für welche Länder Sie ein Visum benötigen. Achten Sie insbesondere auf Einreisefristen und maximale Aufenthaltsdauer (Details siehe Seite 302). Wählen Sie eine aussergewöhnliche Reiseroute abseits der üblichen Touristenpfade, müssen Sie je nach Land mit einem langwierigen Papierkrieg rechnen. Das gilt insbesondere für Regionen, die für Ausländer lange Zeit gesperrt waren.

Dokumente: Nehmen Sie von allen wichtigen Dokumenten Kopien mit (Pass, Reisechecks, Kreditkarten, Impfausweis, Führerschein, Tickets, Notfalladressen). Verteilen Sie diese auf verschiedene Gepäckstücke. Geben Sie auch dem Reisepartner eine Kopie und umgekehrt. Wichtige Dokumente können Sie im Reiseland auch bei der schweizerischen Vertretung hinterlegen (Adressen Seite 410). Lassen Sie zudem eine Kopie zu Hause bei den Eltern oder Bekannten.

Flugtickets: Buchen Sie Ihren Flug frühzeitig, denn bestimmte Strecken oder Destinationen sind oft Monate zum Voraus ausgebucht. Die Preise sind ständig in Bewegung; Preisvergleiche von verschiedenen Anbietern können sich lohnen. Achten Sie dabei auf allfällige Zuschläge – etwa für bestimmte Saisons und Abflugtage, für eingelegte Stopovers oder höhere Buchungsklassen. Vorsicht bei Last-Minute-Flügen: Nicht selten handelt es sich dabei um normale Billigflüge. Der Preis des Tickets hängt unter anderem von der Gültigkeitsdauer ab. Je länger das Ticket gültig ist, desto teurer ist es. Dafür hat es weniger Einschränkungen. Für längere Reisen lohnt sich deshalb der Kauf eines Halbjahres- oder Jahrestickets. Damit lassen sich reservierte Flüge meist gebührenfrei umbuchen. Enthält Ihre Reiseroute Überlandstrecken, eignen sich so genannte Gabelflüge. Dabei sind Ankunfts- und Rückflugort nicht identisch, sie können gar in verschiedenen Ländern liegen. Gabelflüge sind für alle Kontinente in den unterschiedlichsten Varianten erhältlich. Achtung beim Transport von Fahrrädern: Hier kennt jede Fluggesellschaft eigene Preise und Richtlinien. Erkundigen Sie sich direkt bei den Fluggesellschaften.

Klima/Reisezeit: Für die meisten Länder gibt es aufgrund des Wetters, der klimatischen Verhältnisse oder der einheimischen Touristensaison eine idealere oder weniger günstige Reisezeit. Das will nicht heissen, dass Sie bei ungünstigen Verhältnissen keine Reisen unternehmen können. Sie müssen jedoch darauf vorbereitet sein und mit Unannehmlichkeiten – geschlossenen oder überfüllten Hotels, überfluteten Strassen, überlastetem öffentlichem Verkehr, unterbrochenen Verkehrswegen – rechnen. Informationen zu Klima und Reisezeit gibt es in Reisebüchern und Reisebüros.

Kosten: Diese hängen vor allem vom Reiseland, der Reiseart und vom gewünschten Lebensstandard ab – insbesondere von Ihren Ansprüchen an Unterkunft und Verpflegung. Grobe Richtwerte finden Sie in aktuellen Reisehandbüchern. Vorsicht bei allgemeinen Aussagen zu den Lebenshaltungskosten: Als Reisende werden Sie immer mehr Geld ausgeben als Einheimische oder ansässige Ausländer. Die verbindlichsten Preisangaben erhalten Sie von Personen, die kürzlich auf ähnliche Art im Land unterwegs waren.

Geld: Stellen Sie den Geldnachschub sicher; sie sollten jederzeit auf der ganzen Welt im Notfall Geld organisieren können (Details siehe Seite 194). Grundsätzlich sollten Sie so viel Geld besitzen, dass das Reisen nicht zum Überlebenstraining wird. Verkürzen Sie lieber die Reise, als die halbe Zeit dafür einzusetzen, das billigste Hotel, Transportmittel und die günstigste

Mahlzeit ausfindig zu machen. Zählen Sie auf keinen Fall darauf, mit einem Job unterwegs das nötige Geld für die Weiterreise verdienen zu können. Als Tourist erhalten Sie in keinem Land eine offizielle Arbeitserlaubnis. Schützen Sie Ihr Geld mit geeigneten Massnahmen vor Raub und Diebstahl. Geld und Dokumente sollten immer auf dem Leib getragen werden, in unsichtbaren Brust-, Bein- oder Bauchtaschen.

Gesundheit / Impfungen: Reisende sind generell mehr Gesundheitsrisiken ausgesetzt als stationäre Auslandaufenthalter. Informieren Sie sich rechtzeitig bei einem Impfzentrum oder einem Tropenarzt über Risiken und Präventionsmassnahmen sowie über empfohlene oder notwendige Impfungen und Medikamente. Informationen und Adressen zu diesem Thema finden Sie im medizinischen Reiseratgeber der schweizerischen Gesundheitsstiftung «Radix» (Adresse Seite 168).

Sprache: Je besser Sie die Sprache des Landes beherrschen, desto intensiver und befruchtender ist der Kontakt mit den Einheimischen. Mit Englisch lässt sich zwar die halbe Welt bereisen; seien Sie sich aber bewusst, dass Sie damit in ganz Zentral- und Südamerika auf Ablehnung stossen. Spanischkenntnisse sind dort unabdingbar, genauso wie Französisch in zahlreichen afrikanischen Ländern. Generell werden Fremdsprachen nur von den besser gebildeten Bevölkerungsschichten gesprochen. Wollen Sie mit «dem Mann und der Frau auf der Strasse» kommunizieren, sollten Sie sich einen «Kauderwelsch-Sprachführer» besorgen (siehe Seite 152).

Versicherungen: Eine genügende Deckung für den Krankheitsfall, für Unfall, Bergungs- und Suchaktionen sowie für Rücktransporte im Notfall ist für Langzeitreisende extrem wichtig, da sie sich aufgrund ihrer ständigen Mobilität – nicht selten in abgelegenen Gebieten – erhöhten Risiken aussetzen (siehe Seite 239 und 246).

Verbindungen nach Hause: Vergessen Sie vor lauter Abenteuer im Ausland Ihre Familie zu Hause nicht. Stellen Sie den regelmässigen direkten oder indirekten Kontakt per Brief, Telefon, Fax und E-Mail sicher (siehe Seite 369). Bei fehlenden Kontaktmöglichkeiten kann auch die schweizerische Vertretung im Aufenthaltsland Kontaktstelle sein (Adressen Seite 410).

Auch wenn vieles vor der Abreise organisierbar ist; tolle Reiseerlebnisse, interessante Bekanntschaften, grossartige Abenteuer lassen sich nicht planen – sie kommen unerwartet. Aber nur, wenn es Ihre Offenheit zulässt.

Wo gibt es spezielle Informationen für Globetrotter?

Reisebüros der grossen Veranstalter eignen sich grundsätzlich nicht für eine fundierte Beratung für individuelle Langzeitreisen: Einerseits fehlt es den Angestellten vielfach an eigenen einschlägigen Reiseerfahrungen als Globetrotter, andererseits haben sie keine Langzeitreisen im Programm. Und schliesslich sind die Berater und Beraterinnen bei Detailfragen zu exotischen Destinationen schnell überfordert, wenn die Antworten nicht in ihren Hochglanzprospekten stehen.

Am besten aufgehoben sind Sie bei Reisebüros, die auf Fernreisen spezialisiert sind (Adressen nächste Seite). Dort werden Sie von erfahrenen Globetrottern beraten, die selbst regelmässig auf Reisen sind, Vorschläge zu geeigneten Routen machen und eine Fülle von aktuellen, wertvollen Tipps geben können. Persönliche Erfahrungsberichte von Reisenden, die erst kürzlich im entsprechenden Land unterwegs waren, sind mit Abstand die beste Informationsquelle. Die aktuellsten Informationen zu Ländern mit besonderen Risiken für Reisende bietet das Eidgenössische Amt für auswärtige Angelegenheiten auf dem Internet an (EDA, Adresse Seite 168).

Wichtig ist, sich vor der Abreise gute Reisehandbücher und Landkarten zu beschaffen. Die Zahl der Reiseführer ist allerdings riesig; für Laien ist es fast unmöglich, die Übersicht zu behalten, geschweige denn im Buchladen gute von unbrauchbaren Führern zu unterscheiden. Bevor Sie wahllos einen Reiseführer kaufen, sollten Sie prüfen, ob er genügend Informationen zu den für Sie wichtigen Kriterien – etwa Übernachtungs- und Transportmöglichkeiten, Fahrpläne, Restaurants oder Sehenswürdigkeiten – enthält. Ein guter Führer bietet einen umfassenden Einführungsteil zum Land und zu dessen Bevölkerung, enthält Landkarten und Stadtpläne mit Eintragungen der wichtigsten Örtlichkeiten, konkrete Bewertungen und Preisangaben zu Hotels, Restaurants, Angaben zu Verkehrsmitteln und Reiserouten sowie ein detailliertes Register.

Einige Reisebuchreihen eignen sich speziell für unterwegs und individuelles Reisen (siehe nächste Seite). Die besten und regelmässig neu aufgelegten Reiseführer für Individualisten sind allerdings in Englisch geschrieben. Das dürfte jedoch für niemanden ein Problem sein. Wer zu wenig Englischkenntnisse mitbringt, um einen Reiseführer zu lesen, sollte vor der Abreise eh einen Sprachkurs belegen. Die grösste Auswahl an Handbüchern finden Sie in Reisebuchläden in grösseren Städten. Dort sind auch gute Landkarten erhältlich – im Ausland werden meist viel schlechtere Karten angeboten.

 • Entgegen der allgemeinen Meinung sind Weltreisen – je nach Reiseart, Destination und Dauer – dank der attraktiven Flugpreise schon mit wenigen tausend Franken realisierbar. Profitieren Sie davon und erfüllen Sie sich Ihre Träume.

- Grundstein für den Erfolg einer längeren Reise ist die intensive Vorbereitung. Als Einsteiger sollten Sie sich unbedingt von Fachleuten in speziellen Reisebüros und erfahrenen Globetrottern aus Ihrem Bekanntenkreis beraten lassen.
- Stellen Sie den Geldnachschub ins Ausland sicher (siehe Seite 194).
- Wer länger als drei Monate ins Ausland verreist, sollte sich bei der Einwohnerkontrolle am Wohnort über die Abmeldepflichten erkundigen. Männer benötigen bei einem Aufenthalt von über einem Jahr militärischen Urlaub (siehe Seite 330 und 332).
- Langzeitreisende sollten auch die Konsequenzen bei der AHV/IV (siehe Seite 213) abklären und für einen umfassenden Versicherungsschutz besorgt sein (siehe Seite 260) – insbesondere bei der Krankenkasse (siehe Seite 246).

Reisebüros für Globetrotter

Adressen

- **Globetrotter Travel Service**
Kirchgasse 3, 8022 Zürich, Tel. 01 267 30 30, Internet www.globetrotter.ch
weitere Filialen in Bern, Basel, Luzern, St. Gallen, Winterthur, Baden, Thun, Zug, Olten und Fribourg (Flugtickets, Mietwagen, Hotelreservationen und alle weiteren Dienstleistungen für Individualreisende weltweit, Reise- und Länderberatung durch erfahrene Reiseprofis; verkauft Reisehandbücher und Landkarten, gibt Broschüre «Reiseplaner» mit einer Fülle von nützlichen Tipps heraus)
- **Trottomundo**
Rindermarkt 6, 8001 Zürich, Tel. 01 252 80 00, Internet www.trottomundo.ch
(Flugtickets für alle Kontinente, Reiseberatung und Reiseausrüstung)

Infos für Autofahrer

- **Touring Club Schweiz**
Tourismus & Dokumente, Postfach 820, 1214 Vernier,
Tel. 022/417 27 27, Internet www.tcs.ch
– TCS-Infozentrale für Mitglieder: Tel. 022 417 24 24 (24 h)
– Verkehrs- und Tourismusinformationen für Nichtmitglieder:
Tel. 0900 571 234 (kostenpflichtig)
(Länderspezifische Informationen für Automobilisten: etwa bezüglich Strassensignalisationen, Verkehrsregeln, Tempolimiten, Treibstoff, Blutalkoholgrenze, Sicherheitsgurten, Strassengebühren, Bussen, Hilfe bei Unfällen und Pannen)

- **Reise-Know-How, Stefan Loose, Michael Müller**
Reihen für Individualreisende auf Deutsch

Literatur

- **Footprints, Lonely Planet, Moon Publications**
Reihen in Englisch für Individualreisende

- **Kauderwelsch-Sprachführer**
  Nicht auf Grammatik, sondern auf einfache, praktische Verständigung ausgelegt und handlich zum Mitnehmen; zum Teil mit Tonbandkassette erhältlich
  Herausgegeben vom Reise-Know-How-Verlag, Peter Rump GmbH
- **Spezielle Reisebuchläden**
  finden sich nur in grösseren Städten, zum Beispiel der Travel Book Shop in Zürich oder der Atlas-Reisebuchladen in Bern. Normale Buchhandlungen – ausser die ganz grossen wie beispielsweise Orell Füssli in Zürich oder Jäggi in Bern und Basel – führen in der Regel nur eine kleine Auswahl an Reisehandbücher und meist keine englischsprachigen Reiseführer.

Als Pensionierte

Seit einigen Jahrzehnten gibt es einen neuen Auswanderungstyp: die rüstigen Alten. Früh- oder regulär pensionierte Schweizerinnen und Schweizer verbringen ihren Lebensabend nicht in der nebligen, kalten Schweiz, sondern unter der warmen Sonne im Süden. Ganz nach dem Motto: Mit 50 fängt das Leben erst richtig an. In den letzten Jahren nahm die Zahl der über 55-jährigen Schweizer, die ins Ausland zogen, markant zu. Trotzdem liegt der Anteil der (Früh-)Pensionierten, welche die Schweiz in diesem Alter verlassen, unter zehn Prozent.

Das Phänomen der Alterswanderung ist in anderen europäischen Ländern viel stärker ausgeprägt. Zu Zehntausenden bevölkern Schweden, Deutsche, Holländer, und Engländer die Mittelmeerküsten. Von der Cinque Terre in Italien bis zum Cabo de São Vicente in Portugal gibt es kaum einen Küstenstreifen, an dem nicht jahrein, jahraus flanierende Rentner anzutreffen sind. Typische Rentnerdestinationen sind auch Florida, Costa Rica oder Thailand. Bei Schweizerinnen und Schweizern besonders beliebt sind Spanien, Italien, Frankreich und vermehrt auch die USA und Kanada sowie neuerdings Ungarn, Brasilien, Costa Rica, Thailand und die Philippinen. Viele Ältere halten sich nicht ganzjährig in diesen Ländern auf, sondern nur einige Monate pro Jahr.

Eigentlich ist es auf den ersten Blick erstaunlich, dass jemand, der über fünfzig Jahre in der Schweiz eine Existenz und einen Bekanntenkreis aufgebaut hat, plötzlich die Zelte abbrechen will, um irgendwo im Ausland nochmals von vorn zu beginnen. Das lässt sich wohl vor allem mit der Suche nach einem angenehmeren Leben erklären. Im Süden – so will es das Klischee – scheint immer die Sonne, sind die Menschen freundlicher, die zwischenmenschlichen Beziehungen intensiver. Es existiert kein Stress, kein Druck. So erlebte man es ja in jedem Urlaub – oder hat es einem mindestens der Nachbar erzählt. Und dieser bestätigt auch gerne, dass das Klima im Süden für die Gesundheit besser ist als die kühlen Temperaturen im Norden.

Tatsächlich: Für viele Leute mit Rheuma, Asthma oder Allergien ist das südliche Klima ein Segen.

Wie realistisch sind meine Vorstellungen vom Alltag?

Nicht selten entpuppen sich die Vorstellungen vom Leben im Ausland vor Ort als reine Illusionen. Das süsse Nichtstun, das für viele nach vierzig Jahren beruflichem Stress erstrebenswert schien, wird unter Umständen schnell zum bitteren Alltag. Denn Pensionierte sind gewöhnlich viel zu fit, um das restliche Leben im Liegestuhl zu verbringen. Das Problem ist nur, dass sie im Ausland meist keine sinnvolle Alternative dazu haben. Denn offiziell einer Arbeit nachgehen dürfen Rentner und Rentnerinnen aufgrund der fehlenden Arbeitsbewilligung praktisch in keinem Land. Bleibt also nur noch das Hobby. Doch die Aussicht, die restlichen Lebensjahre mit Briefmarkensammeln, Häkeln, Gartenarbeiten oder dem Basteln von Krippenfiguren zu verbringen, ist meist nicht sehr motivierend. Besonders hart betroffen sind Pensionierte, die früher in Beruf und Freizeit sehr aktiv waren, Führungspositionen mit grosser Verantwortung besetzten, in Vereinen mitmachten, als Selbständigerwerbende ein Unternehmen führten.

Und so wird der Alltag unter südlicher Sonne für viele schnell von unendlicher Langeweile überschattet. Dagegen hilft auch der tägliche Spaziergang wenig. Die deutschsprachigen TV-Programme über Satellit und der tägliche Gang in die nächste Kneipe bestimmen plötzlich den Tagesablauf. Bei jedem Prost mit ebenfalls gestrandeten Landsleuten versucht man, sich gegenseitig zu bestätigen, dass der Entscheid, sich im Ausland niederzulassen, absolut richtig war. Das Eingeständnis, einen Fehler gemacht zu haben, würde besonders gegenüber den Zurückgebliebenen in der Schweiz einen zu grossen Gesichtsverlust bedeuten. Ein Zurück ist oft auch aus finanziellen Gründen gar nicht mehr möglich.

Viele Ältere haben im Ausland auch mit dem Verlust von langjährigen Freundschaften und sozialen Kontakten zu kämpfen. Die Zurückgebliebenen haben zwar alle regelmässige Besuche versprochen. Daraus wird dann meist nichts, zu mühsam ist die Anreise. Glücklich kann sich schätzen, wer mit der eigenen Familie regen Kontakt aufrechterhalten kann – mit den Kindern und den Enkeln, die vielleicht einmal jährlich zu Besuch kommen. Dabei war man anfänglich vielleicht sogar froh, den familiären Banden und Verpflichtungen entfliehen zu können.

Wer sich vorstellt, als älterer Neuankömmling im unbekannten Ausland leicht Kontakt zu Einheimischen, Landsleuten oder anderen Ausländern knüpfen zu können, wird oft herb enttäuscht. Die Einheimischen haben ihren Bekanntenkreis schon lange aufgebaut und sind nicht auf neue Freundschaften angewiesen. Kontaktfreudige Schweizer oder andere Ausländer zu finden ist zwar nicht schwierig. Die meisten haben aufgrund ihrer sozialen Isolation ein ausgeprägtes Mitteilungsbedürfnis. Ob die Diskussionen über günstige Einkaufsmöglichkeiten, der neuste Klatsch über Frau Huber und das Lamentieren über unzuverlässige Handwerker für eine neue Freundschaft jedoch ausreichen, ist eine andere Frage.

Viele ältere Menschen werden aufgrund ihrer Unerfahrenheit und fehlenden Sprachkenntnissen leicht Opfer von kleineren und grösseren Betrügereien. Wer aus der Schweiz kommt, gilt überall im Ausland als reich – auch wenn dies gar nicht zutrifft. Kein Wunder zahlen die «Greenhorns» aus dem Norden doppelt so hohe Preise auf dem Markt, massiv überhöhte Stundenansätze bei Handwerkern und sonstigen Dienstleistungserbringern. Dies fördert nicht unbedingt die Bereitschaft zum Kontakt mit den Einheimischen; der Weg in die Vereinsamung ist vorgezeichnet.

Auch wenn dies alles sehr negativ klingt: Natürlich gibt es unzählige positive Beispiele von älteren Schweizerinnen und Schweizern, die den Schritt über die Grenze nicht im geringsten bereuen und in der neuen Heimat das glücklichste Leben führen. Ihr Erfolgsrezept: Sie beherrschen die Sprache und sie haben Land und Leute schon viele Jahre als Urlauber besucht und lieben gelernt.

In welchen Ländern sind Pensionierte willkommen?
Schweizer Rentnerinnen und Rentner, die sich im Ausland dauernd niederlassen wollen, ohne einer Arbeit nachzugehen, finden je nach Land mehr oder weniger offene oder gar verschlossene Türen. Willkommen sind sie – ganz allgemein gesagt – wenn sie konsum- und investitionsfreudig, gesund, nicht zu alt und vermögend sind. Kein Staat will minderbemittelte Alte und Kranke, die ihm in irgendeiner Form zur Last fallen.

In allen Ländern problemlos ist der Aufenthalt als Tourist. Das ist in den meisten Ländern ohne Visum während drei, zum Teil auch bis sechs Monaten möglich. Für einen längeren Aufenthalt brauchen Sie in der Regel eine besondere Bewilligung, die regelmässig erneuert werden muss.

Keine Schwierigkeiten hat auch, wer sich in einem Land der EU oder EFTA als (Früh-)Pensionierter niederlassen möchte (siehe Seite 47). Dank den bilateralen Abkommen der Schweiz mit der EU beziehungsweise der revidierten EFTA-Konvention haben pensionierte Schweizer Bürgerinnen und Bürger die volle Personenfreizügigkeit. Sie können also im EU-/EFTA-Land ihrer Wahl wohnen und dem süssen Nichtstun frönen. Voraussetzung dafür ist allerdings, dass sie ein ausreichendes Renteneinkommen aufweisen und gegen die Risiken Krankheit und Unfall genügend versichert sind (siehe Seite 48). Wer diese beiden Bedingungen erfüllt, erhält eine Aufenthaltsbewilligung von mindestens fünf Jahren, die anschliessend automatisch um weitere fünf Jahre verlängert wird, sofern die Voraussetzungen nach wie vor erfüllt sind. Achtung: Schweizer, die in den letzten zwölf Monaten vor ihrer Pensionierung in einem EU-/EFTA-Land eine Beschäftigung ausgeübt und sich dort mindestens drei Jahren aufgehalten haben, müssen keinen Beweis mehr erbringen, dass sie die finanziellen Mittel für den Lebensunterhalt besitzen. Als Rentner haben sie automatisch das Recht, im entsprechenden Land zu bleiben.

Auch in Ländern ausserhalb der EU und der EFTA wird eine Aufenthaltsbewilligung gewöhnlich nur erteilt, wenn Sie über genügend finanzielle Mittel verfügen, um Ihren Lebensunterhalt zu bestreiten. Je nach Land wird dabei ein bestimmtes monatliches oder jährliches Mindesteinkommen verlangt oder gar eine bestimmte Summe, die im Land investiert wird oder während des Aufenthalts als eine Art Sicherheitsdepot auf einem Bankkonto blockiert bleibt. Bestätigungen über genügend Geldmittel können Sie mit Rentenverfügungen, Kontoauszügen und Bankgarantien erbringen.

Die Höhe des erforderlichen monatlichen Einkommens oder Vermögens für Daueraufenthalter ist von Land zu Land verschieden. Einige Staaten geben dazu bewusst keine offiziellen Zahlen bekannt, sondern klären jeden Fall individuell ab. Dadurch lassen sich Gesuche viel flexibler handhaben. Wo die zuständige Provinz das Niederlassungsgesuch bewilligen muss, kann das Fehlen einer klar definierten Summe auch ein Vorteil für Sie sein. Es gibt Ihnen je nach Land und Kultur einen gewissen Verhandlungsspielraum. Generell lässt sich sagen, dass die einfache Schweizer AHV-Rente in den meisten Ländern für die Aufenthaltserlaubnis genügt – sofern das Land Rentner überhaupt als Daueraufenthalter akzeptiert.

Andere Länder setzen klare Massstäbe: In Costa Rica beispielsweise erhält man mit einer monatlichen Rente in der Höhe von mindestens 600 US-Dollar den Status «Pensionado» oder mit einem Monatseinkommen von mindestens 1000 Dollar den «Rentista»-Status. Beide berechtigen einen, im Land dauerhaft Wohnsitz zu nehmen.

In Australien gibt es ein spezielles Rentnervisum für Personen ab 55 Jahren. Es berechtigt zu einem vierjährigen Aufenthalt und ist danach jeweils um zwei weitere Jahre verlängerbar. Wer ein Rentnervisum beantragt, muss eine gute Gesundheit aufweisen, bei einem australischen Versicherer eine umfassende Krankenversicherung abschliessen, bei Antragstellung liquide Mittel von 650 000 australischen Dollar besitzen oder ein Eigenkapital von 200 000 Dollar plus ein jährliches Mindesteinkommen aus Renten oder Vermögen von 45 000 australischen Dollar vorweisen können. Dieses Geld muss übrigens nicht nach Australien transferiert werden; es kann auf dem Schweizer Bankkonto verbleiben und steht dem Kontoinhaber zur Deckung seiner Lebenskosten zur Verfügung.

Kaum Chancen auf eine Niederlassungsbewilligung haben Rentner und Rentnerinnen in den USA. Grundsätzlich gehören sie zur letzten Präferenzstufe (siehe Seite 51). Die begehrte Green Card lässt sich höchstens mit viel Geld als Investor erkaufen. Auch Kanada oder Neuseeland kennen keine spezielle Einwanderungsmöglichkeit für Pensionierte. Personen im Rentenalter unterliegen den gleichen Einwanderungskriterien wie alle Einwanderer und müssen ebenfalls die nötige Mindestpunktzahl erreichen.

- **Wichtig** zu wissen: Der Erwerb oder Besitz einer Immobilie allein reicht in den wenigsten Ländern aus, um automatisch eine Aufenthaltsbewilligung zu erhalten. Da Einreisebestimmungen sehr schnell ändern können, sollten Sie sich immer direkt bei den ausländischen Vertretungen nach den aktuell gültigen Regeln erkundigen. In diesem Sinn sind auch die oben erwähnten Zahlen mit Vorsicht zu geniessen.

Worauf müssen Ältere beim Wegzug ins Ausland achten?

Sich im fortgeschrittenen Alter für längere Zeit oder für immer im Ausland niederzulassen ist ein Unterfangen, das reiflich überlegt und gut vorbereitet sein will. Idealerweise beginnen Sie Ihren Ausstieg aus dem Erwerbsleben frühzeitig zu planen beziehungsweise darauf zu sparen. Denn der Ruhestand im Süden ist nach wie vor ein Privileg von besser gestellten Schweizerinnen und Schweizern. Nicht etwa, weil die Lebenshaltungskosten so hoch wären, sondern weil ein ausländischer Alterssitz in der Regel mit dem Kauf von Wohneigentum verbunden ist (siehe Seite 313). Und dafür braucht es trotz der meist viel tieferen Immobilienpreise im Ausland ein ansehnliches Vermögen. Ein grosser Teil des Ersparten geht also gleich für ein Haus oder eine Eigentumswohnung drauf. Zum Leben bleiben die Renten aus Pensionskassen und Versicherungen, die AHV sowie die Zinserträge des allenfalls noch vorhandenen restlichen Vermögens.

Für viele Rentnerinnen und Rentner, die ins Ausland ziehen, sind die Lebenshaltungskosten bei der Wahl des Ziellands der wichtigste Faktor. Tatsächlich: Eine Schweizer Rente ist je nach Land unter Umständen das Doppelte wert. Wer sparsam haushaltet, kann in Spanien, Thailand oder Costa Rica mit wenig Geld gut leben. Das bedingt jedoch, dass man sich dem dortigen Lebensstil, den Ess- und Trinkgewohnheiten anpasst. Wer den Schweizer Lebensstil aufrechterhalten will, zahlt dafür teuer.

Wählen Sie ihr Gastland jedoch nie nur nach dem Kriterium der Kaufkraft aus. Viel wichtiger als tiefe Lebenshaltungskosten sind Faktoren wie Kultur, Mentalität, Sprache, Klima. Ob Ihnen diese zusagen, finden Sie nur mit mehrmaligen Aufenthalten heraus. Suchen Sie also schon während der aktiven Erwerbszeit ihr Traumland fürs Alter, reisen Sie im Land herum, wählen Sie einen idealen Wohnort und verbringen Sie dort während einiger

Jahre zu unterschiedlichen Jahreszeiten Ihre Ferien. Erst dadurch entdecken Sie die entscheidenden Dinge für den späteren Daueraufenthalt: Ob Sie in der kalten Jahreszeit frieren, welche Läden in der Nebensaison geöffnet haben und wie menschenleer dann Strassen und Restaurants sind. Kaufen Sie erst ein geeignetes Wohnobjekt, wenn Sie mit allen Aspekten des Lebens rundherum zufrieden sind und sich auch in Zukunft dafür begeistern können. Dadurch wird die definitive Wohnsitzverlegung im Alter nicht zu einem Schock, sondern zu einem harmonischen Übergang.

Wer es sich auch nur irgendwie leisten kann, sollte in der Schweiz eine Wohnmöglichkeit für den Notfall behalten: ein Haus, eine kleine Wohnung, ein möbliertes Zimmer bei den erwachsenen Kindern. Die Option, jederzeit in die Schweiz reisen zu können, ist schon aus psychologischen Gründen Gold wert. Viele ältere Schweizerinnen und Schweizer verbringen auch ganz bewusst nur die kalten Wintermonate im Ausland und geniessen den Sommer in ihrer Wohnung in der Schweiz. Dies ist natürlich eine Frage der Kosten. Wenn Sie jedoch die Hin- und Rückreise in der Nebensaison buchen und eine Wohnung für mehrere Monate mieten können, kommen Sie per Saldo unter Umständen billiger als mit dem Kauf und Unterhalt von Wohneigentum. Der grosse Vorteil bei dieser Variante: Verleidet Ihnen Griechenland, gehts im nächsten Jahr in die Südtürkei und im übernächsten nach Florida. Wer das Leben im Camper aushält, braucht ebenfalls nicht Millionär zu sein, um im Süden überwintern zu können. So sind beispielsweise zahlreiche Campingplätze in Spanien das ganze Jahr geöffnet – und voll belegt mit Nordeuropäern und ihren mehr oder weniger luxuriösen Wohnmobilien. Aber auch hier gilt: Wer sich erst im Pensionsalter ans Leben auf Rädern und an enge Raumverhältnisse zu gewöhnen versucht, wird in den seltensten Fällen glücklich.

Um bei einem Wegzug ins Ausland nicht vollständig von der Hilfe Dritter abhängig zu sein, sollten Sie unbedingt die Sprache des Gastlands beherrschen. Ein halbes Semester in der Migros-Klubschule für Anfänger reicht mit Bestimmtheit nicht aus, um sich im Alltag problemlos durchschlagen zu können. Wer die Sprache erst im Land lernen will, findet erfahrungsgemäss meist genug Ausreden, dies nie zu tun – und wird als Sprachloser mit Bestimmtheit in der Einsamkeit versinken.

Um dem vorzubeugen, ist es auch wichtig, im Alter nicht allein, sondern mit einem Lebenspartner oder einer -partnerin ins Ausland zu ziehen. Natürlich müssen beide die Auslandpläne voll unterstützen, sonst kommt es früher oder später zu Reibereien, endlosen Diskussionen, zur Auflösung der Beziehung oder zu einer überstürzten Rückreise.

Je besser Sie über das Zielland und die dortigen Verhältnisse informiert sind, desto problemloser wird die Integration verlaufen (siehe Seite 162).

Wer erst im Pensionsalter ins Ausland zieht, sollte vor allem folgende Fragen klären:

Gesundheit: Ist das Klima für Ihre Gesundheit gut? Ist die medizinische Versorgung (Apotheken, Ärzte, Zahnärzte, Krankenhäuser) sichergestellt? Sind Sie genügend versichert, für Behandlungen im Gastland und in der Schweiz (siehe Seite 246)?

Umzug: Was lässt sich mit vernünftigem Aufwand ins Ausland zügeln? Viel Liebgewonnenes müssen Sie unter Umständen zu Hause lassen (siehe Seite 320).

Immobilien: Stimmen Standort, Infrastruktur, Lebensqualität und Preis? Besteht die Möglichkeit eines späteren Wiederverkaufs (siehe Seite 313)?

Lebenshaltungskosten: Wie viel Geld brauchen Sie, um den gewohnten Lebensstandard aufrechtzuerhalten (siehe Seite 182)?

Beschäftigung: Lässt sich Ihr Lieblingshobby im Gastland ausüben? Welche legalen Beschäftigungsmöglichkeiten gibt es vor Ort?

Hilfe vor Ort: Existiert in der Nähe eine schweizerische Vertretung? Gibt es Nachbarn oder Landsleute, die bei Problemen schnell zur Stelle sind und helfen können? Gibt es religiöse Seelsorge?

Erreichbarkeit: Wie gut sind die Verbindungen in die Schweiz? Gibt es regelmässige Flüge und Zugverbindungen sowie gut ausgebaute Strassen?

Kontakt nach Hause: Ist es jederzeit möglich, Familie und Bekannte in der Schweiz zu kontaktieren? Existiert eine zuverlässige Infrastruktur wie Post, Telefon, Fax, Internet? Können Sie Schweizer TV- und Radioprogramme empfangen? Gibt es Schweizer Zeitungen oder Zeitschriften zu kaufen (siehe Seite 369)?

Mobilität: Können Sie und Ihr Partner Auto fahren? Welche Einschränkungen bestehen für ältere Automobilisten (Alter, Gültigkeit des Ausweises)? Wie gut sind die öffentlichen Verkehrsverbindungen? Ist die Mobilität nicht gewährleistet, wird das Alter zur Qual.

Alterspflege: Gibt es im Gastland Alters- und Pflegeheime, Mahlzeiten- und Pflegedienste? Wie gut ist die Qualität? Wo gibt es sie? Was kosten sie? Nehmen sie auch Ausländer auf?

Rückkehrmöglichkeiten: Können Sie im Notfall in die Schweiz zurück? Wohin? Diese Frage ist schon beim Wegzug aus der Schweiz zu klären. Denn die meisten Rentner kehren im fortgeschrittenen Alter wieder in die frühere Heimat zurück; spätestens bei der ersten Hüftoperation oder nach dem Tod des Lebenspartners.

Todesfall: Haben Sie alle nötigen Vorkehrungen (Rückschaffung, Zuständigkeiten, Testament) getroffen? Ist der Lebensunterhalt für den überlebenden Partner oder die Partnerin gesichert?

Möglichkeiten: Pensionierte

159

- Bevor Sie im Alter ins Ausland ziehen, sollten Sie unbedingt für längere Zeit am vorgesehenen Ort zur Probe wohnen und zwar zu allen Jahreszeiten, nicht nur in der Feriensaison.
- Wählen Sie Ihre neue Heimat nicht nur aufgrund der tiefen Lebenshaltungskosten. Viel wichtiger sind etwa Klima, Mentalität und Kultur.
- Lernen Sie noch in der Schweiz die Sprache Ihres Gastlands.
- Ziehen Sie im Alter nur mit einem Lebenspartner ins Ausland, der voll hinter dem Vorhaben steht. Zu zweit lassen sich Freud und Leid besser teilen, Schwierigkeiten leichter überwinden und gesundheitliche Probleme müheloser bewältigen.
- Beachten Sie Ihre Ab- und Anmeldepflichten (siehe Seite 330 und 338). Kümmern Sie sich auch rechtzeitig um finanzielle Angelegenheiten (siehe Seite 181), Fragen im Zusammenhang mit Pensionskasse, AHV/IV-Renten (siehe Seite 213 und 232), um steuerliche (siehe Seite 277) und erbrechtliche Aspekte (siehe Seite 366). Vergessen Sie auf keinen Fall, Ihren Versicherungsschutz (siehe Seite 260) zu überprüfen.

- **Auswanderungsberatungsstellen**
Adressen Seite 173

- **Ruhestand im Süden**
Ratgeber der deutschen und schweizerischen Schutzgemeinschaft für Auslandsgrundbesitz E.V. Zu beziehen bei der Schutzgemeinschaft, Carl-Benz-Strasse 17a, D-79761 Waldshut-Tiengen, Tel. 0049 7741 21 31, Internet www.schutzgemeinschaft-ev.de

- **Ruhestand im Ausland**
Gratisbroschüre des Bundesamts für Zuwanderung, Integration und Auswanderung (IMES) Zu beziehen bei: IMES, Sektion Auswanderung und Stagiaires, Quellenweg 9, 3003 Bern, Tel. 031 322 42 02, Internet www.imes.admin.ch

4. Die Vorbereitung

«Wenn mir doch vorher nur jemand gesagt hätte, dass...» Für alle, die ins Ausland wollen, gilt das Gleiche: Je besser man sich auf den Auslandaufenthalt vorbereitet, desto kleiner ist das Risiko von bösen Überraschungen und argen Enttäuschungen.

Zu einer fundierten Vorbereitung gehört insbesondere, dass Sie möglichst gute Kenntnisse über das Zielland erwerben – sofern Sie diese nicht schon besitzen. Gedanken machen sollten Sie sich auch zu den Finanzen, zu Steuern, Sozialversicherungen und zum persönlichen Versicherungsschutz.

Ein Auslandaufenthalt lässt sich nicht innerhalb von Tagen planen. Da sind Abklärungen bei den Behörden notwendig, Einreisepapiere zu beschaffen und unzählige praktische Fragen zu klären. Wann und wo mit dem Sprachkurs beginnen? Welche persönliche Sachen mitnehmen? Wie den Umzug organisieren? Wie eine Wohnung finden? Wo die Kinder im Ausland einschulen?

Damit Ihnen das Projekt «Auslandaufenthalt» nicht über den Kopf wächst, empfiehlt es sich, einen detaillierten Terminplan aufzustellen.

Die Informationsbeschaffung

«In der Karibik scheint jeden Tag die Sonne. Die Leute sind fröhlich und Fremden gegenüber offen. Der Palmenstrand ist sauber, das Meer angenehm warm, der Rum und die Früchte sind spottbillig. Und morgens beginnt das Leben erst um zehn.» Wer ins Ausland zieht, neigt dazu, das Traumland durch eine rosa Brille zu betrachten. Vielleicht sind es nicht einmal unrealistische Vorstellungen, sondern Erwartungen, die auf tatsächlich Erlebtem basieren – genauer gesagt, auf einem zweiwöchigen Badeurlaub in einer für Einheimische geschlossenen Klubanlage und einem halbtägigen «Abenteuertrip» ins Nachbardorf.

Um bei Ihrer Ankunft in der Realität keinen Schock zu erleben, sollten Sie sich umfassend über Ihr Zielland informieren. Dabei reicht es nicht, sich nur Wissen über Klima, Kreditkarten und Kriminalität anzueignen. Wichtiger ist, sich mit Kultur, Mentalität, Geschichte, Lebensform und mit den sozialen Verhältnissen des Gastlands auseinander zu setzen (siehe Checkliste auf Seite 164).

Als Erstes gilt es also, möglichst viele verlässliche und vor allem aktuelle Informationen zu beschaffen. Betrachten Sie diese Recherche als Übung, die Ihnen später im Ausland bei der Informationsbeschaffung auf Ämtern, bei Behörden sowie im Privat- und Arbeitsleben nur dienen kann.

Wie beschaffe ich Informationen?

Die besten Informationen erhalten Sie im Zielland selber, bei mehrmaligen Besuchen, möglichst zu verschiedenen Jahreszeiten. Das dafür ausgegebene Geld ist bestens investiert; es öffnet Ihnen die Augen und vermindert die Gefahr eines krassen Fehlentscheids. Doch aufgepasst: Durch Reisen allein lernen Sie ein Land üblicherweise nur von der positiven Seite her kennen. Das Alltagsleben bleibt Ihnen weitgehend verborgen. Denn Touristen bewegen sich – je nach Reiseart – in einem mehr oder wenig abgegrenzten Bereich; in der Reisegruppe, am Hotelstrand, im Mietauto oder Ferienklub.

Dieses einseitige Erleben des Gastlands kann zu einem völlig verzerrten Bild führen. Denn die freundlichen Einheimischen grüssen den Ausländer, der ihnen womöglich den Arbeitsplatz wegnimmt, nicht mehr so herzlich, wie zuvor den konsumfreudigen Touristen, der während seiner kurzen Ferien viel Geld liegen liess und damit Arbeitsplätze sicherte.

Die zweitwichtigste Informationsquelle sind Personen, die im Zielland leben oder erst kürzlich von dort zurückgekehrt sind. Erkundigen Sie sich bei Ihren Freunden und Bekannten nach deren Freunden und Bekannten im Ausland. Mit einem möglichst breiten Spektrum an unterschiedlichen Aussagen und Meinungen können Sie sich ein recht objektives Bild der tatsächlichen Verhältnisse machen. Hinterfragen Sie allzu euphorische, unkritische Berichte ohne jeglichen negativen Aspekt. Werden Sie hellhörig bei oberflächlichen, klischeehaften Aussagen wie «mehr Freiheit», «weniger Stress», «hilfsbereite Leute». Fragen Sie nach konkreten Beispielen und Situationen. Versuchen Sie, zwischen den Zeilen zu lesen.

Neben dem eigenen Erlebten und Informationen von Dritten dienen vor allem Bücher, Zeitungen, Radio und Fernsehen, das Internet sowie offizielle Stellen als Informationsquellen.

Informationsquellen für die Vorbereitung

 Infos aus Büchern

- **Reisebücher:** Gute Reisebücher (siehe Seite 151) informieren nicht nur über Banköffnungszeiten und Taxipreise, sondern enthalten auch ausführliche Fakten zu Geschichte, Wirtschaft, Politik, Gesellschaft und Kultur.
- **Reiseliteratur:** Dazu gehören etwa die Bücher aus der Reihe «Kultur-Schock» aus dem Reise-Know-How-Verlag oder «Anders Reisen» aus dem Rowohlt Verlag.
- **Literatur:** Keine Romane bitte, sondern aktuelle, sozialkritische Werke.
- **Geschichtsbücher** sind in jeder grösseren Bibliothek zu finden.
- **Informationsbroschüren** werden zum Teil von Reisebüros (siehe Seite 151), Banken oder anderen Stellen oft gratis oder für wenig Geld abgegeben.

Infos aus Medien

- **Zeitungen und Zeitschriften** enthalten Infos zu aktuellen politischen Ereignissen. Abonnieren Sie ausländische Magazine.
- **TV:** Beachten Sie News und Dokumentarfilme. Zappen Sie sich regelmässig durch die internationalen Programme.
- **Radio:** Hören Sie Nachrichtensender der für Sie interessanten Länder. Diese sind auf Kurzwelle oder über Satellit empfangbar.
- **Internet:** Kaum eine Information, die nicht auf Internet abrufbar wäre. Surfen Sie grenzenlos um die Welt.

Infos von offiziellen und inoffiziellen Stellen

- **Ausländische Vertretungen in der Schweiz** bieten aktuelle und verbindliche Informationen. Am besten gehen Sie persönlich vorbei, fragen hartnäckig nach und lassen sich wichtige Fakten schriftlich geben (Adressen Seite 419).
- **Ausländische Ämter und Behörden im Ausland:** Die Adressen erfahren Sie bei den Vertretungen in der Schweiz, über die internationale Telefonauskunft oder über Internet.
- **Bundesamt für Zuwanderung, Integration und Auswanderung (IMES):** Dort gibt es gratis Länderbroschüren zu über 100 Staaten mit allgemeinen Angaben zum Land und Details über Einreise, Aufenthalt, Wirtschaft, Arbeitsmarkt, Lebensverhältnisse, Steuern, Arbeitsbedingungen, soziale Einrichtungen (Adresse Seite 175).
- **Auswanderungsberatungsbüros** arbeiten mit Länderspezialisten zusammen, die landestypische Probleme und Visumvorschriften kennen sollten (siehe Seite 170).
- **Reisebüros:** Wenden Sie sich vor allem an Reisebüros, die auf Fernreisen spezialisiert sind (siehe Seite 151).

Was muss ich über mein Zielland wissen?

In der folgenden Checkliste finden Sie eine Fülle von Stichworten, die für Ihre Auslandpläne mehr oder weniger wichtig sein können. Ergänzen Sie die Liste nach Ihren Bedürfnissen und haken Sie anschliessend jeden Posten ab, zu dem Sie die nötigen Informationen eingeholt haben. Sind Sie sich noch nicht schlüssig über Ihre Destination, können Sie die Checkliste auch für die Standortbewertung benützen. Erstellen Sie in diesem Fall für jeden Ort eine eigene Checkliste und notieren Sie zu jedem Punkt die Vor- und Nachteile. Der Standort mit den meisten Vorteilen sollte Ihren Bedürfnissen am besten entsprechen.

Die Symbole 📚, 📖, ✉ zeigen Ihnen, wo Sie zu einem Thema mit grosser Wahrscheinlichkeit weitere Informationen finden. Die angegebenen Seitenzahlen verweisen auf die Kapitel oder Adressen im Ratgeber; die aufgeführten Stellen vermitteln Detailinformationen.

Checkliste zur Informationsbeschaffung

Bereich	Informationsquellen	✓
Arbeitsmarkt – Arbeitslosigkeit – Arbeitsmöglichkeiten für Sie und Ihren Partner/Ihre Partnerin – Örtliches Lohnniveau – Arbeitsbedingungen (Arbeitszeit, Ferien) – Ausbildungsniveau der Arbeitskräfte – Haushaltangestellte (Verfügbarkeit, Saläre, gesetzliche Auflagen) –	📖 ✉	❑ ❑ ❑ ❑ ❑ ❑ ❑
Bankwesen – Bankendichte – Bankensicherheit – Bankverbindungen zur Schweiz –	Grossbanken 📚	❑ ❑ ❑ ❑
Bildungswesen – Schulsystem (private, öffentliche Schulen, Primar-, Mittelschulen, Universitäten) – Weiterbildungsmöglichkeiten (Fachausbildung, Nachdiplomstudien) – Qualität des Bildungswesens – Ausländische Schulen – Schulkosten – Anerkennung Schweizer Schul- und Studienabschlüsse, Diplome – Stellenwert ausländischer Schul- und Studienabschlüsse, Diplome –	Seite 293 📚 📖 ✉ Seite 70	❑ ❑ ❑ ❑ ❑ ❑ ❑ ❑

Bereich	Informationsquellen	✓
Energieversorgung – Strom – Wasser – Gas – Zuverlässigkeit der Energieversorgung –	📚 ▢	❑ ❑ ❑ ❑ ❑
Freizeit – Möglichkeit, Hobbys nachzugehen – Sportmöglichkeiten – Kulturelles Angebot (Theater, Ausstellungen, Konzerte, Kino) – Naherholungsgebiete – Klubs, Vereine –	▢	❑ ❑ ❑ ❑ ❑ ❑
Geografie / Klima – Geografische Lage – Attraktivität der Landschaft – Klimatische Verhältnisse (Luftfeuchtigkeit, Temperaturen) – Jahreszeiten (Anzahl, Auswirkungen) –	📚 ▢	❑ ❑ ❑ ❑ ❑
Geschichte – Geschichte des Landes – Auswirkungen der Geschichte – Unterschiedliche Bevölkerungsgruppen –	📚 ▢	❑ ❑ ❑
Gesundheit – Gesundheitssystem (Qualitätsstandard) – Spitäler, ärztliche und zahnärztliche Versorgung – Allgemeiner Hygienestandard – Besondere Krankheiten im Land – Empfohlene / notwendige Impfungen –	Offizielle Impfstellen, Tropenärzte 📚 ▢ ✉	❑ ❑ ❑ ❑ ❑ ❑
Infrastruktur – Verkehrswege (Erschliessungsgrad, Zustand) – Geplante Infrastrukturvorhaben (Bau von Flughäfen, Autobahnen, Zugstrecken, Ausbildungsstätten, Ansiedlung von Industrien) – Geplanter Abbau von bestehender Infrastruktur (Zugverbindungen, Busnetz, Schulen, Spitäler) – Einkaufsmöglichkeiten –	📚 ▢	❑ ❑ ❑ ❑ ❑
Immigrationsgesetz – Einreisebestimmungen (Visa) – Niederlassungs-/Aufenthaltsbewilligung – Arbeitsbewilligung – Einbürgerung	📚 ✉	❑ ❑ ❑ ❑
Kommunikation – Post (Zuverlässigkeit, Schnelligkeit) – Telefon, Fax (Ausbau, Qualitätsstandard) – Medien (Qualität, Auswahl an Printmedien, Radio, TV) – Internet	Seite 369 📚	❑ ❑ ❑

Bereich	Informationsquellen	✓
Kulturelle Unterschiede – Geschlechtsspezifische Unterschiede – Mentalität – Ethik – Weltanschauung – Arbeitsmoral – Kunst – Traditionen, Eigenarten – Lebens- und Essgewohnheiten –	📚 💻	❏ ❏ ❏ ❏ ❏ ❏ ❏ ❏ ❏
Lebenshaltungskosten – Steuern – Sozialversicherungen – Essen – Wohnen – Medizinische Versorgung – Freizeit –	UBS-Broschüre (siehe Seite 184) ✉	❏ ❏ ❏ ❏ ❏ ❏ ❏
Politik – Politisches System (Parteienvielfalt, Demokratieverständnis) – Politische Stabilität – Glaubwürdigkeit der Politik (Korruption) – Politische Rechte und Pflichten (Bürger, Ausländer) –	📚 💻	❏ ❏ ❏ ❏ ❏
Rechtsordnung – Rechtssystem – Rechtsverfolgung (Glaubwürdigkeit der Justiz) – Ausmass der Korruption –	📚 ✉	❏ ❏ ❏ ❏
Religion – Religions- und Glaubensfreiheiten / Einschränkungen – Staatskirche / Staatsreligion – Akzeptanz religiöser Minderheiten – Kirchliche Organisationen – Seelsorgerische Betreuung –	📚 💻 ✉	❏ ❏ ❏ ❏ ❏ ❏
Sicherheit – Funktionieren der Sicherheitskräfte (Polizei, Armee) – Kriminalität – Kriege – Gewalt (Entführungen, Überfälle) – Naturkatastrophen (Erdbeben, Überschwemmungen) – Ausgehbeschränkungen –	EDA (Infos zu möglichen Reiserisiken und Verhaltensmassnahmen für die meisten Länder; Adresse Seite 168) 💻 ✉	❏ ❏ ❏ ❏ ❏
Sprache – Offizielle Landessprache(n) – Am Zielort gesprochene Sprache (Dialekte) – Fremdsprachkenntnisse der Normalbevölkerung –	📚 💻	❏ ❏ ❏ ❏

Vorbereitung: Informationen

Bereich	Informationsquellen	✓

Sozialwesen
– Soziale Institutionen / Einrichtungen
  (Kinderbetreuung, Betagtenhilfe, Altersheime usw.)
– Sozialversicherungssystem
  (für Alter, Krankheit, Unfall, Invalidität)
– Sozialversicherungsbeiträge
– Fürsorgesystem
– Soziale Probleme und Lösungsansätze
  (Armut, Minderheiten)
–
	📚 💻 ✉	❏
		❏
		❏
		❏
		❏
		❏

Staatswesen – Staatshaushalt, Staatsverschuldung – Umgang mit Behörden – Ausmass der Korruption –	📚 💻	❏ ❏ ❏ ❏
Steuern – Steuersystem, Steuerarten – Steuerbelastung – Doppelbesteuerungsabkommen mit der Schweiz – Sonderregelungen für Ausländer –	Internationale Treuhandfirmen ✉	❏ ❏ ❏ ❏ ❏
Transport, Verkehr – Netz der öffentlichen Verkehrsmittel (Bus, Bahn, Flugzeug) – Zuverlässigkeit, Frequenz – Zustand von Strassen, Bahn – Flugverbindungen (im Inland und vom Ausland) –	Reisebüros TCS (Adresse Seite 151) 📚 💻	❏ ❏ ❏ ❏ ❏
Umwelt – Umweltverschmutzung, -probleme – Umweltgesetzgebung – Umweltsensibilität der Bevölkerung –	📚 💻	❏ ❏ ❏ ❏
Währung – Stabilität – Ein- und Ausfuhrbeschränkungen für Devisen – Konvertierbarkeit –	Grossbanken 💻 ✉	❏ ❏ ❏
Wirtschaft – Wirtschaftliche Situation (Konjunktur, Abhängigkeiten, Import, Export, Arbeitslosenrate) – Inflationsrate – Wirtschaftswachstum – Wirtschaftsaussichten –	Handelskammern (siehe Seite 135) OSEC (siehe Seite 135) Grossbanken (internationale Konjunkturzahlen) 📚 💻 ✉	❏ ❏ ❏ ❏ ❏
Wohnen – Wohnungs- und Immobilienmarkt (Angebot und Nachfrage) – Wohnqualität (Lage, Lärm, Umgebung, Infrastruktur) – Mietzins- und Preisniveau – Mietrecht, Mieterschutz	Seite 309 💻 ✉	❏ ❏ ❏ ❏

Bereich	Informationsquellen	✓
– Kauf und Verkauf von Wohneigentum und Boden (Auflagen für Ausländer) – Hypotheken – Bauvorschriften –	💻 ✉	❏ ❏ ❏ ❏
Zollvorschriften – Steuern und Zölle auf Umzugsgut – Zollformalitäten – Autoeinfuhr –	✉ Umzugsfirmen, Zollbehörden (siehe Seite 329) TCS (Adresse Seite 151)	❏ ❏ ❏ ❏

- Bevor Sie sich im Ausland niederlassen, sollten Sie Ihr Gastland mehrmals zu verschiedenen Jahreszeiten besuchen.
- Überprüfen Sie die Informationen. Fragen Sie zweimal – vor allem bei südlichen und lateinamerikanischen Ländern.
- Lassen Sie sich von Behörden nie mit vagen Aussagen abwimmeln. Verlangen Sie wenn möglich Auszüge aus den Gesetzen oder von amtlichen Stellen verfasste Texte.

- **Eidgenössisches Departement für auswärtige Angelegenheiten (EDA)** Adressen
  Konsularischer Schutz, Bundesgasse 32, 3003 Bern,
  Tel. 031 322 44 52 oder 031 324 98 08
  Internet www.eda.admin.ch/reisehinweise
  (Infos zu möglichen Reiserisiken und Verhaltensmassnahmen für die meisten Länder)

- **Wenn einer eine Reise tut** Literatur
  Tipps zur Reisevorbereitung und zum Auslandaufenthalt, herausgegeben vom EDA; gratis zu beziehen bei der Sektion Konsularischer Schutz
  (Adresse siehe oben)

- **Medizinischer Reiseratgeber**
  Enthält Infos zu vorbeugenden Massnahmen, zu Infektionskrankheiten, Impfungen, Prophylaxe, Medikamenten, Reiseapotheke sowie Adressen der Impfstellen und Tropenärzte in der Schweiz; zu beziehen bei: Schweizerische Gesundheitsstiftung RADIX, Stampfenbachstrasse 161, 8006 Zürich, Tel. 01 360 41 00, Internet www.radix.ch

  Reisemedizinische Informationen bieten auch die Internetseiten www.safetravel.ch sowie www.osit.ch

Die Beratung
vor dem Auslandaufenthalt

Eigentlich benötigen Sie bei der Planung eines Auslandaufenthalts keine fremde Hilfe. Mit etwas Hartnäckigkeit, Selbstvertrauen und Organisationstalent können Sie unzählige Abklärungen selbst vornehmen: etwa telefonisch bei der AHV-Informationsstelle Merkblätter anfordern und Fragen zur Altersvorsorge stellen. Oder bei der Botschaft des Ziellands in Bern die Bestimmungen über den Immobilienerwerb nachfragen. Oder bei der Krankenkasse den Versicherungsschutz und bei der Steuerbehörde die steuerlichen Konsequenzen eines Auslandaufenthalts abklären. Oder sich bei der zuständigen Behörde nach den Visumbestimmungen für die Einwanderung in Australien erkundigen. Für all das brauchen Sie keine teure externe Beratung. Im Gegenteil: Wer auf dem Internet recherchieren kann und die notwendige Zeit investiert, wird auf viele Fragen eine Antwort finden.

Unnütz ist im Grunde auch die Beratung im Zusammenhang mit den jährlich ausgelosten «Green Cards» der Vereinigten Staaten (siehe Seite 51), für die einige Firmen regelmässig in Zeitungsinseraten werben. Für das Ausfüllen der entsprechenden Unterlagen verlangen diese teures Geld; dabei kann jedermann die Formulare gratis bei der US-Botschaft in Bern beziehen und sie problemlos ausfüllen. Die Teilnahme an der Verlosung ist kostenlos.

Trotzdem: Ganz ohne fremde Hilfe kommen Sie nicht aus; vor allem in den Bereichen, die bestimmte Fachkenntnisse voraussetzen. Die Unterstützung einer Spezialistin kann etwa beim korrekten Ausfüllen eines Visumantrags in Englisch erforderlich sein, beim Umzug, beim Kauf von Immobilien, bei Geldanlagen, Erbangelegenheiten oder sonstigen rechtlichen Problemen. Hier könnten sich Fehler oder falsche Entscheide wegen Unwissen, Selbstüberschätzung und übertriebener Sparsamkeit fatal auswirken.

Beratung im Zusammenhang mit einem Wegzug ins Ausland erhalten Sie sowohl von privaten Beratungsunternehmen als auch bei den Auskunftsstellen von Behörden, Ämtern oder nicht gewinnorientierten Organisationen. Die Dienstleistungen von Privatfirmen sind kostenpflichtig, die Auskünfte der übrigen Stellen weitgehend kostenlos.

- Klären Sie in der Vorbereitungsphase so viel wie möglich auf eigene Faust ab. Sie entwickeln dabei die Hartnäckigkeit, die Sie später im Ausland benötigen werden. Profitieren Sie dabei von allen kostenlosen Beratungsmöglichkeiten bei Ämtern und Behörden und vom Informationsangebot im Internet.

Privatunternehmen

In der Schweiz gibt es nur wenige Büros, die einen bei Fragen zu Auslandaufenthalten und Auswanderung beraten. Diese treten als Auswanderungsberatungsfirmen im Markt auf und eignen sich – wie es der Name sagt – primär für Leute, die definitiv auswandern wollen. Wer lediglich für ein Jahr zum Sprachstudium nach Australien will, auf Weltreise geht oder vom Schweizer Arbeitgeber für kurze Zeit ins Ausland entsandt wird, benötigt keine spezielle Auswanderungsberatung.

Auswanderungsbüros decken längst nicht alle möglichen exotischen Destinationen ab, sondern meist nur die bei Schweizern beliebtesten Auswanderungsländer. Firmen, die sich auf mehrere Länder spezialisiert haben, arbeiten in der Regel mit freien Mitarbeitern zusammen, die ein bestimmtes Land besonders gut kennen. Ihre Qualifikation reicht je nach Auswanderungsbüro vom ehemaligen Langzeitreisenden bis zum internationalen Steuerexperten.

Auswanderungsberater können keine Wunder vollbringen; sie arbeiten mit ganz legalen Mitteln, die auch Ihnen zur Verfügung stehen. Den Beratern und Beraterinnen öffnen sich weder verschlossene Türen, noch schmieren sie korrupte Beamte. Sie können kein Visumverfahren beschleunigen und Ihnen nicht auf illegale Art zu Einreisepapieren verhelfen. Sie garantieren Ihnen deshalb auch kein Visum. Eine Beraterin, welche die administrativen Abläufe, Zulassungskriterien und Hürden kennt, hilft jedoch bürokratische Leerläufe vermeiden und unnötige Kosten sparen. Sie kann den Rechtsspielraum optimal ausnützen und bei einem ablehnenden Visumentscheid allenfalls an der richtigen Stelle intervenieren. Bleibt es bei einer Ablehnung, können Sie gegenüber der Beraterin jedoch keinen Schadenersatz geltend machen.

Wo liegt also der Vorteil der privaten Auswanderungsberatung? Im Idealfall erhalten Sie wertvolle Impulse, die rosa Brille wird Ihnen abgenommen und Sie werden auf Schwierigkeiten hingewiesen. Sie profitieren von der Erfahrung der Beratungsstelle beim Einholen eines Visums. Berater reduzieren die Gefahr, Fristen zu verpassen, unvollständige oder falsche Unterlagen einzureichen. Im Berater finden Sie auch einen Ansprechpartner, wenn Sie wieder mal fast am Verzweifeln sind, weil das Visum immer noch nicht ausgestellt ist.

Ein guter Berater, eine gute Beraterin ist jederzeit für Sie da, insbesondere in der Phase der Ungewissheit und Orientierungslosigkeit, die jeder Auswanderer während den langwierigen Abklärungen mit den Einwanderungsbehörden erlebt.

Wie finde ich die geeignete Beratungsstelle?

Bevor Sie eine Beratungsstelle suchen, sollten Sie Ihr Grundproblem kennen. Benötigen Sie in erster Linie Hilfe beim Organisieren eines Visums? Haben Sie Fragen zur Kapitalanlage? Suchen Sie Versicherungs- oder Steuerberatung? Erst wenn das Problem klar umschrieben ist, können Sie gezielt auf Beratersuche gehen.

Wichtig ist, die Stärken des Beraters zu kennen. Fragen Sie deshalb immer zuerst nach den Qualifikationen. Stellt sich heraus, dass die «Australienspezialistin» zwar einmal in Australien gelebt hat, dies aber schon zehn Jahre her ist, wird sie mit den heutigen Verhältnissen kaum mehr vertraut sein. Wenig hilfreich ist auch ein Berater, der zwar mit den gegenwärtigen Situation in einem bestimmten Land bestens vertraut, aber ständig auf Achse und kaum erreichbar ist.

Wesentlich ist auch, dass Sie Ihren Berater sympathisch finden. Stimmt die Chemie zwischen Auftragnehmer und Auftraggeber nicht, führt das früher oder später zu Problemen. Professionelle Beraterinnen und Berater können ihren Kunden schon nach dem ersten Gespräch eine realistische Einschätzung zu den Einwanderungschancen geben oder sie auf heikle Punkte aufmerksam machen. Seriöse Beratungsstellen akzeptieren keine Mandate bei aussichtslosen Fällen.

Vorsicht bei «Spezialisten für alles». Wer sich als Alleskönner bezeichnet, ist es mit Sicherheit nicht. Auch ein versierter Auswanderungsberater wird deshalb längst nicht all Ihre Fragen spontan beantworten können – vor allem in den Bereichen Vorsorge, Finanzplanung, Versicherungsschutz oder Steuern. Für diese Gebiete arbeiten Auswanderungsbüros in der Regel mit externen Fachleuten oder Unternehmen zusammen, an die Sie allenfalls direkt verwiesen werden. Auch in diesem Fall sollten Sie kritisch überprüfen, ob Sie mit Ihrem Problem tatsächlich am richtigen Ort landen oder ob es dem Auswanderungsbüro lediglich darum geht, eine Vermittlungsprovision einzustecken.

Werden Ihnen bestimmte Versicherungslösungen, Krankenkassen oder sonstige Vorsorgeprodukte empfohlen, sollten Sie sich bewusst sein, dass dies meist eine von zahlreichen Möglichkeiten ist, die für Ihre Bedürfnisse weder die vorteilhafteste noch die günstigste sein muss.

Stellen Sie fest, dass der «neutrale Berater» entgegen Ihren Absichten primär darauf abzielt, Ihnen im Ausland eine Immobilie zu verkaufen, sollten Sie sich freundlich verabschieden. In diesem Fall dürfte nicht die seriöse Auswanderungsberatung im Vordergrund stehen, sondern die saftige Maklerprovision (siehe auch Seite 317).

Idealerweise verfügt die Beratungsfirma im Gastland über eine Vertretung vor Ort oder über ein Kontaktnetz mit ausgewiesenen, seriösen Vertrauens- und Fachpersonen: Rechtsanwälten, Maklerinnen, Steuerberatern, auf deren Unterstützung Sie auch nach der Ankunft im Gastland bei Anfangsschwierigkeiten zurückgreifen können.

Beratung im Ausland
Was für die Schweiz gilt, gilt auch im Ausland: Werfen Sie sich nicht unkritisch dem erstbesten «Berater» in die Arme – auch wenn er Ihre Sprache spricht. Diese Gefahr besteht durchaus. Schweizer Neuankömmlinge betrachten Landsleute im Ausland vielfach als willkommene Helfer oder gar Retter in der Not. Und zwar lediglich aufgrund der gleichen Nationalität und nicht wegen ihrer Qualifikationen. Vertrauen Sie bei der Beraterwahl also nicht nur auf Ihr Gefühl, sondern verlangen Sie Leistungsausweise und Referenzen. Sonst besteht die Gefahr, dass Sie schamlos über den Tisch gezogen werden.

Wer im Ausland eine seriöse Rechtsanwältin, einen Treuhänder oder eine Steuerberaterin sucht, die womöglich noch Deutsch sprechen, sollte nicht irgendeine Nummer aus dem Telefonbuch wählen. Die Chance, auf Anhieb auf die geeignete Person zu stossen, ist ziemlich klein. In Ländern oder Regionen mit einer grossen Zahl von niedergelassenen Ausländern finden Sie die Adressen von Fachleuten in den dortigen deutschsprachigen Medien. Vor allem in Spanien und Frankreich gibt es zahlreiche Zeitungen und Magazine in Deutsch, und darin wimmelt es von Inseraten einheimischer Maklerinnen, Anwälte, Treuhänderinnen und Übersetzer, die ihre Dienste anbieten.

Suchen Sie bestimmte Fachleute, wenden Sie sich am besten an die Schweizer Botschaft. Direkte Empfehlungen gibt diese zwar meist nicht ab, händigt aber in der Regel eine Liste mit Adressen aus. Hilfreich sind natürlich auch Empfehlungen von anderen Ausländern oder Auslandschweizern.

Was kostet die Beratung?
Die einzelnen Auswanderungsbüros arbeiten mit unterschiedlichen Honoraransätzen. Pro Stunde allgemeine Beratung müssen Sie mit 300 bis 400 Franken rechnen. Je nachdem arbeiten Auswanderungsberatungsbüros auch mit Pauschalpreisen. Müssen spezielle Fachleute eingeschaltet werden, können die Stundenansätze schnell einmal 500 Franken und mehr betragen. Notwendige Übersetzungen werden in der Regel separat verrechnet. Je nachdem übersetzen Auswanderungsfirmen Dokumente selbst oder übergeben diese Arbeit externen Übersetzungsbüros.

Um spätere Unstimmigkeiten zu vermeiden, sollten Sie immer eine detaillierte, schriftliche Offerte verlangen. Darin sind der Beratungsumfang, das Honorar, die nicht eingeschlossenen zusätzlichen Kosten sowie die Zahlungsmodalitäten klar festzuhalten. Geld sparen kann, wer möglichst viele

Vorarbeiten selbst erledigt beziehungsweise die erforderlichen Dokumente bei Behörden und Ämtern auf eigene Faust organisiert. Bevor Sie sich zu einer Beratung anmelden, lohnt sich unter Umständen der Besuch einer allgemeinen Informationsveranstaltung, welche die meisten Auswanderungsspezialisten regelmässig an verschiedenen Orten in der Schweiz anbieten. Dabei erhalten Sie nicht nur erste wertvolle Basisinformationen, sondern auch einen Eindruck von der Arbeitsweise der Beratungsfirma. Diese Infoseminare sind kostenpflichtig. Zum Teil werden auch Schnupper- oder Informationstouren in beliebte Auswanderungsländer angeboten. Dabei können Sie sich gleich vor Ort über Investitions- und Geschäftsmöglichkeiten sowie Immobilien informieren.

- Achten Sie bei der Wahl des Beraters auf dessen Erfahrung und Kompetenz sowie auf die Art der Betreuung. Lassen Sie sich Referenzen von ehemaligen Klienten geben.
- Vereinbaren Sie den Umfang der Beratungsleistungen immer schriftlich, damit klar ist, was Sie für Ihr Geld bekommen.
- Auswanderungsberater können keine Wunder vollbringen. Erwarten Sie also nichts Unmögliches. Vor allem nehmen sie Ihnen keine Entscheidungen ab.

Adressen

- **Australian Immigration and Trade Services (AITS)**
Postfach 457, 3800 Interlaken, Tel. 033 823 09 53,
Internet www.aits-australia.ch
(Generelle Beratung und Visumbearbeitung; registrierte Agentur für australische Visumanträge)

- **Auswanderungs- und Immobilienberatung für Kanada**
Ruedi Bührer, Obermülistrasse 85, 8520 Fehraltdorf, Tel. 01 954 07 11,
Internet www.buehrerkanada.ch (Spezialist für Kanada; umfassende Beratung und Informationen, Visumbearbeitung, Infoseminare)

- **Emigration by Information**
Apollostrasse 5, Postfach 1452, 8032 Zürich, Tel. 01 389 11 35, Internet www.emigration.ch
(Beratung in allen Bereichen, Infoveranstaltungen, Schnuppertouren; spezialisiert auf Spanien, Portugal, Brasilien)

- **Emigration Now**
Am Schanzengraben 27, Postfach, 8039 Zürich,
Tel. 01 286 64 27, Internet www.auswanderung.ch
(Aufenthalts- und Niederlassungsbewilligungen, Steuerplanung, Vorsorge und Versicherung, Immobilien, Länderseminare zu den beliebtesten Auswanderungsdestinationen)

- **Globevest GmbH**
Färberstrasse 1, 8832 Wollerau, Tel. 01 787 05 30, Internet www.globevest.ch
(Treuhand-Dienstleistungen, Beratung zu Aus- und Einwanderung, Versicherungen und Kapitalanlagen, Infoseminare)

- **Henley & Partner AG**
  Haus zum Engel, Kirchgasse 24, 8001 Zürich, Tel. 01 267 60 90,
  Internet www.henley-partner.com/schweiz
  (Spezialisierte Beratung bei Wohnsitzverlegung ins Ausland, internationale Rechts- und Steuerberatung)
- **Green Card Support Service**
  Erlenmatte 32, 6020 Emmenbrücke, Tel. 079 414 76 43, Internet www.gcss.ch
  (Informationen und Dienstleistungen bezüglich Aufenthaltsbewilligungen in den USA)
- **Psychologische Auswanderungsberatung**
  Marc Lauper, Alpenstrasse 5b, 3066 Stettlen,
  Tel. 031 931 18 47, E-Mail mlauper@worldcom.ch
  (Psychologische und soziale Abklärungen für Einzelpersonen und Familien; Bestandsaufnahme, Analyse, Evaluation, Hilfe bei der Entscheidungsfindung)

Schweizerische Behörden

In der Schweiz gibt es nur ein zentrales Amt, das bei allgemeinen Fragen zum Thema Auswandern und Auslandaufenthalt weiterhilft: die Sektion Auswanderung und Stagiaires beim Bundesamt für Zuwanderung, Integration und Auswanderung (IMES) in Bern. Das IMES erteilt telefonische oder schriftliche Auskünfte. Nach Absprache sind auch individuelle Beratungsgespräche möglich. Erwarten Sie jedoch nicht, dass man Ihnen für jedes Land sämtliche Spezialfragen beantworten kann. Das Amt gibt Ausreiseinteressierten keine konkreten Empfehlungen zu Ländern ab und macht auch keine wertenden Aussagen. Der IMES-Auswanderungsdienst will Sie objektiv beraten und damit die Durchführung Ihres Vorhabens erleichtern.

Das IMES gibt zahlreiche kostenlose Merkblätter heraus, etwa zum Ruhestand, zu Sprachaufenthalten oder Arbeitsmöglichkeiten im Ausland. Sie enthalten grundsätzliche Informationen und nützliche Adressen (die vorhandenen IMES-Merkblätter sind jeweils in den entsprechenden Kapiteln des Ratgebers unter dem Stichwort Literatur erwähnt). Im Weiteren publiziert das IMES Informationsbroschüren zu über 100 Ländern. Diese enthalten unter anderem allgemeine Informationen über das Land sowie Detailinformationen zu zahlreichen Bereichen, etwa zur Einreise, zum Aufenthalt, Arbeitsmarkt oder zu den Lebensverhältnissen. Diese Broschüren sind gratis erhältlich und lassen sich übers Internet herunterladen.

Nur punktuelle, auf ihr Tätigkeitsgebiet bezogene Auswanderungsberatung bieten die Bundes-, Kantons- und Gemeindeämter an. Dort erhalten Sie unter anderem Auskunft auf Ihre Fragen zu AHV/IV, Steuern, Militär, Privatrecht, Bürgerrecht und Abmeldepflichten. Die Adressen dieser Stellen sind im Ratgeber jeweils am Ende der Kapitel zu finden.

Vorbereitung: Beratung

Keine Auswanderungsberatung bietet der Auslandschweizerdienst (ASD) des Eidgenössischen Departements für Auswärtige Angelegenheiten (EDA). Der ASD beschäftigt sich unter anderem mit den Anliegen der Schweizerinnen und Schweizer, die sich bereits im Ausland befinden. Zum Verhältnis der Auslandschweizer zur Schweiz existiert auch eine Broschüre des EDA (siehe unten).

Zu erwähnen ist hier auch die Geschäftsstelle der Auslandschweizer Organisation (ASO, Adresse Seite 381) – des Dachverbands der Schweizervereine und schweizerischen Institutionen im Ausland. Die ASO ist keine Institution des Bundes oder der Kantone, sondern eine private Stiftung, die der Staat finanziell unterstützt. Sie kümmert sich in erster Linie um die Bedürfnisse der bereits im Ausland lebenden Schweizerinnen und Schweizer (siehe Seite 379) und bietet keine spezielle Beratung für Personen, die ins Ausland ziehen möchten.

- **Bundesamt für Zuwanderung, Integration und Auswanderung (IMES)**
Auswanderung und Stagiaires, Quellenweg 9, 3003 Bern,
Tel. 031 322 42 02, Internet www.swissemigration.ch
(Kostenloser Auskunftsdienst für Personen, die einen Auslandaufenthalt planen oder auswandern möchten)

- **Ratgeber für Auslandschweizer**
Behandelt Fragen, die das Verhältnis der Auslandschweizer zur Schweiz betreffen, herausgegeben vom EDA
Gratis zu beziehen bei: Bundesamt für Bauten und Logistik (BBL), Fellerstrasse 21, 3003 Bern, Tel. 031 325 50 50, Internet www.bundespublikationen.ch

- **Länderbroschüren des IMES**
Für über 100 Länder; Angaben zu Land, Einreise, Aufenthalt, Wirtschaft, Arbeitsmarkt, Lebensverhältnissen, Steuern, Arbeitsbedingungen, sozialen Einrichtungen
Gratis erhältlich beim IMES (Adresse siehe oben)

Ausländische Vertretungen

Die ausländischen Vertretungen in der Schweiz – Botschaften, Generalkonsulate, Konsulate – zeigen sich bei Anfragen zu Einreise, Aufenthalt und Niederlassung unterschiedlich kooperativ. Je nachdem beantwortet man Ihnen geduldig alle Fragen. Oder man lässt Sie gereizt wissen, dass Sie eigentlich stören, wimmelt Sie mit mehr oder weniger konkreten Antworten ab und ersucht Sie, während den meist kurzen Schalteröffnungszeiten vorbeizukommen. Diese «Schnellabfertigung» liegt meist nicht am bösen Willen. Je nach Land stellen nämlich täglich Dutzende von Schweizerinnen und

Schweizern dieselben Fragen zu Einreise-, Aufenthalts- und Arbeitsbestimmungen. Zudem sind die ausländischen Vertretungen personell oft unterdotiert. Auf der anderen Seite sind sie auch nicht besonders an Einwanderern interessiert – selbst wenn diese aus der Schweiz kommen. Entscheidend ist, dass Sie sich nach den zuständigen Personen erkundigen und sich nicht von einer schlecht gelaunten Telefonistin oder Sekretärin abwimmeln lassen. Erkundigen Sie sich zuerst nach schriftlichen Unterlagen, bevor Sie Detailfragen stellen. Haben Sie diese in aller Ruhe zu Hause studiert, können Sie gezielt telefonisch nachfragen oder auf Anmeldung hin persönlich vorbeigehen. Wer direkt bei der ausländischen Vertretung vorbeigehen möchte, sollte sicherstellen, wer wo wofür zuständig ist. Gewisse Länder haben in der Schweiz neben der Botschaft zum Teil mehrere Konsulate. Je nach Wohnsitz oder Anliegen müssen Sie sich dann an ein bestimmtes Konsulat wenden. Informieren Sie sich auch über die Schalteröffnungszeiten der ausländischen Vertretungen. Gewöhnlich sind diese nur auf wenige Morgenstunden beschränkt.

Für Sie wichtige Auskünfte – zum Beispiel Details zu Visumkategorien, Wartefristen, notwendigem Investitionskapital oder Vermögen – sollten Sie falls möglich schriftlich verlangen. Verlassen Sie sich auf mündliche Auskünfte, besteht die Gefahr, dass Ihnen ein anderer Botschaftsangestellter zu einem späteren Zeitpunkt auf die gleiche Frage womöglich eine völlig andere Auskunft erteilt. Das hat nicht immer mit Unwissen oder Oberflächlichkeit zu tun, sondern mit Bestimmungen und administrativen Abläufen, die je nach Land sehr kurzfristig ändern können. Aus diesem Grund geben auch nicht alle ausländischen Vertretungen schriftliche Unterlagen über Einreise-, Aufenthalts- und Arbeitsvorschriften ab. Sie erteilen nur mündlich Auskunft oder verweisen an die zuständigen Behörden im Land. Sind dort die einzelnen Regionen oder Provinzen für Einwanderungsfragen verantwortlich, ist ein Besuch vor Ort unerlässlich.

Seien Sie sich bewusst, dass längst nicht alle Angestellten von ausländischen Vertretungen Deutsch sprechen. Die meisten beherrschen neben ihrer Landessprache mehr oder weniger gut Englisch oder Französisch. Eigentlich sollte das niemanden verunsichern: Betrachten Sie es als ersten Test, ob Ihre eigenen Sprachkenntnisse für den problemlosen Umgang mit den Behörden des Gastlands ausreichen. Wer hier einen Übersetzer benötigt, bucht am besten schleunigst einen Intensivsprachkurs. Und wer sich grün und blau ärgert, weil er nicht sofort auf all seine Fragen eine kompetente Antwort erhält, sollte seine Auslandpläne nochmals ernsthaft überdenken. Im Gastland selbst wird alles noch viel schwieriger werden.

Grundberatung und Informationsmaterial sind bei den ausländischen Vertretungen in der Regel kostenlos erhältlich. Sind zeitintensive Gespräche und Abklärungen nötig, wird Ihnen dies unter Umständen verrechnet. Bezahlen müssen Sie natürlich auch alle Gebühren, die mit dem Einreichen eines Visumantrags zusammenhängen (siehe Seite 305).

- **Ausländische Vertretungen in der Schweiz**
  Adressen Seite 419

 Adressen

Die Terminplanung

Es gibt weder eine Patentlösung noch ein chronologisch richtiges Vorgehen beim Planen eines Auslandaufenthalts; jede Person startet von einer anderen Basis. Gefragt ist eine «rollende», das heisst flexible Planung. Dabei müssen Sie vernetzt und weitsichtig denken können.

Ein möglichst systematisches Vorgehen mit einer Terminplanung hilft, dass Sie keine wesentlichen Punkte abzuklären vergessen, keine Fristen verpassen, den Überblick nicht verlieren, Ihr Ziel klarer vor Augen haben. Bei den Ausreisevorbereitungen ist das richtige Timing der entscheidende Faktor. Oder anders gesagt: Wer seine gesamte Wohnungseinrichtung verkauft hat, ohne Dach über dem Kopf, Job und Versicherungsschutz dasteht und immer noch auf die notwendigen Einreisepapiere wartet, hat irgendetwas falsch gemacht.

Ein Terminplan lässt sich mithilfe eines Terminprogramms auf dem PC oder anhand eines ganz gewöhnlichen Jahreskalenders erstellen. Darin können Sie laufende Planungsvorgänge eintragen sowie an Fristen gebundene Termine, die Sie nicht verpassen dürfen. Dazu zählen beispielsweise die Kündigungstermine von Wohnung, Arbeitsvertrag und Versicherungspolicen oder die Anmeldefristen bei Sprachschulen und ausländischen Universitäten.

Manchen reicht eine grobe Jahres- und Monatsplanung, andere erstellen detaillierte Wochenpläne. Was sinnvoll ist, hängt von der konkreten Situation und den eigenen Bedürfnissen ab. So wird eine Bauernfamilie, die nach Kanada auswandern will, mehr Details abklären und umfangreichere Vorbereitungen treffen müssen als eine Sprachstudentin, die bisher bei ihren Eltern wohnte und für drei Monate nach Frankreich zieht. Im Folgenden das Beispiel eines verheirateten Schweizers mit Kindern, der für einige Jahre für eine internationale Hotelkette im asiatischen Raum arbeiten möchte. Die Liste soll nur als Anregung dienen; sie ist unvollständig und individuell zu erstellen.

Beispiel eines Terminplans

Arbeiten	Jan.	Feb.	März	April	Mai	Juni	Juli	Aug.	...
Informationen beschaffen									
Besuch im Zielland (mit ganzer Familie)									
Abklären von Arbeitsmöglichkeiten									
Arbeitsvertrag unterschreiben					◆				
Bewilligungen einholen									
Schulfragen für Kinder klären									
Beginn Intensivsprachunterricht									
Arbeitsstelle kündigen							◆		
Wohnung kündigen							◆		
Flugtickets buchen						◆			
Unterkunft im Zielland suchen									
Impfungen machen					◆		◆		
Finanzplanung									
Versicherungsfragen regeln									
Steuerfragen regeln									
Zügeln organisieren									
Abmelden bei Schweizer Behörden									◆
Abgabe Nummernschild von Auto									◆
Abschiedsfest mit Familie und Freunden									◆

- Planen ist ein fliessender Prozess. Kontrollieren Sie laufend Ihre Termine und den Fortschritt Ihrer Vorbereitungsarbeiten.
- Entscheidend ist das richtige Timing. Vorsicht bei fixen Kündigungsterminen: Kündigen Sie Job, Wohnung und Versicherungen erst, wenn Sie die nötigen Einreisedokumente besitzen.

Die Fremdsprache lernen

Ohne ausreichende Fremdsprachenkenntnisse ins Ausland zu reisen ist zwar möglich, jedoch in keinem Fall zu empfehlen. Selbst wenn Sie den Auslandaufenthalt als Anlass dazu nehmen, eine Fremdsprache zu lernen – zum Beispiel in einer Sprachschule –, sollten Sie sich schon in der Schweiz Grundkenntnisse dieser Sprache aneignen. Dadurch profitieren Sie in mehrfacher Hinsicht: Sie starten auf einem höheren Niveau, machen schnellere Fortschritte, sparen dadurch Zeit und Geld und können sich erst noch rascher in die neue Umgebung integrieren.

Wer sich für längere Zeit oder gar definitiv in einem fremden Sprachraum niederlassen will, sollte dies nicht zum Anlass nehmen, ohne jegliche Grundkenntnisse ins Ausland zu ziehen – weil dort ja genügend Gelegenheit besteht, die Sprache vor Ort zu lernen. Zwar dürfte es in keinem Land ein Problem sein, Sprachunterricht für Ausländer zu finden. Die Praxis zeigt aber, dass bei dieser Einstellung nach der Ankunft im Gastland oft die nötige Disziplin und der Lernwille fehlen. Je nach Land ist unter Umständen auch kein geeignetes Unterrichtsmaterial vorhanden, liegt die Sprachschule zu weit entfernt oder besitzen die ansässigen Lehrkräfte keine Erfahrung im Unterrichten von Ausländern. Wer zudem kein Flair für Fremdsprachen hat, wird im Ausland ohne Vorkenntnisse Mühe haben, dem Unterricht zu folgen und die Lehrkraft zu verstehen, welche die Grammatik nur in der Fremdsprache erklären kann. Ausländische Lehrkräfte, die Deutsch beherrschen, sind rar.

Eine Sprache zu lernen braucht Zeit. Fangen Sie damit also möglichst frühzeitig an. In der Schweiz ist es kein Problem für die gängigen ausländischen Sprachen Kurse auf allen Stufen zu finden. In den grösseren Städten wie Bern, Basel und Zürich wird zudem auch Unterricht in vielen exotischen Sprachen angeboten. Wer als Arbeitnehmer oder mit einer besonderen Aufgabe ins Ausland zieht und dafür ein bestimmtes Vokabular benötigt, tut gut daran, in der gewünschten Sprache einen geeigneten Spezialkurs zu belegen. Auch hier besteht ein grosses Angebot: Es gibt etwa spezielle Kurse für Manager, Techniker, Wissenschaftler, Kurse, um Sitzungen zu leiten oder Vorträge zu halten.

Spielt der Zeitfaktor eine Rolle, empfiehlt sich intensiver Einzelunterricht. Das ist zwar teuer, aber viel effizienter als Gruppenunterricht. Die sinnvollste Ergänzung zu einem in der Schweiz absolvierten Sprachkurs, ist natürlich der Besuch einer Sprachschule im Ausland. Auch hier lässt sich neben dem Gruppenunterricht vielfach Spezialunterricht für bestimmte Berufsgruppen und Einzelunterricht buchen (siehe Seite 62).

Ohne ausreichende Sprachkenntnisse haben Sie grundsätzlich keine Chancen als Einwanderer. Wer zum Beispiel nach Kanada auswandern will, muss sich einem Interview auf der kanadischen Botschaft unterziehen, das in Englisch oder Französisch geführt wird. Wenn Sie dann nur «Bahnhof» verstehen und sich in der Fremdsprache nicht recht ausdrücken können, verspielen Sie Ihre Einwanderungschancen in wenigen Minuten.

Beherrschen Sie Englisch, bedeutet das noch lange nicht, dass Sie auf Kenntnisse in der Sprache des Gastlands verzichten können. Einerseits stossen Sie mit Englisch in vielen Ländern auf grösste Ablehnung, andererseits werden Sie – beispielsweise in Mittel- und Südamerika – vom Grossteil der Bevölkerung nicht verstanden.

Seien Sie sich im Weiteren bewusst, dass Sie, selbst wenn Sie eine Landessprache beherrschen, deswegen noch lange nicht in jedem Gastland mit der gesamten Bevölkerung werden kommunizieren können. So spricht ein Teil der Kanadier zwar Französisch, Sie werden zu Beginn jedoch kaum etwas verstehen – obwohl Sie Französisch beherrschen. Ebenso nützt Ihnen das perfekteste Spanisch wenig, wenn der Nachbar an der Costa Blanca nur Valenciano oder die Indiofrau in Bolivien nur Qetchua spricht. Grosse Augen werden auch die Brasilianer machen, wenn Sie sich eines in der Schweiz gelernten Schulportugiesisch bedienen.

• **Wichtig** – man kann es nicht genug betonen: Wer es als Langzeit- oder Daueraufenthalter verpasst, die Sprache des Gastlands zu lernen, wird schon bald die harten Konsequenzen tragen müssen. Die Sprache nicht sprechen bedeutet sich nicht integrieren können. Und das bedeutet den langsamen sozialen Tod.

Es genügt nicht, in der Sprache des Landes fehler- und akzentfrei «guten Tag» sagen oder nach dem Preis einer Ware fragen zu können. Sie müssen sich beispielsweise auch beim Metzger, in der Autogarage, am Elternabend in der Schule, gegenüber einem Versicherungsvertreter oder Handwerker verständlich erklären können. Was heisst schon wieder Kurzschluss, Zündkerze, Rohrleitungsbruch, Mörtel und Gips? Und wie beschreibt man dem Arzt mit präzisen Worten den letzten Asthmaanfall, die allergischen Symptome oder die unerklärlichen Schmerzen in der Brust? Gute Sprachkenntnisse sind auch beim Ausfüllen von Formularen, beim Verstehen von Verträgen, Bedienungsanleitungen, Gebrauchsanweisungen oder Medikamentenbeipackzetteln erforderlich. Sicher: Es findet sich meist eine gute Seele, die beim Übersetzen helfen kann. Wer sich jedoch dauernd auf fremde Hilfe verlässt, gerät in eine gefährliche Abhängigkeit.

- Vor einem Auslandaufenthalt sollten Sie rechtzeitig in der Schweiz die erforderliche(n) Fremdsprache(n) zu lernen beginnen. Je besser Sie die Sprache der Einheimischen beherrschen, desto mehr profitieren Sie vom Auslandaufenthalt.
- Geben Sie sich nicht der Illusion hin, Sie würden eine Fremdsprache ohne vorherige Sprachkenntnisse automatisch während Ihres Aufenthalts im Gastland lernen – womöglich noch im Schlaf. Das grosse Ausnahme. Ist nix gute Idee. Du immer im Nachteil. Immer machen Fehler. Du immer Fremder sein.

Die Finanzplanung

Wer ins Ausland zieht – vorübergehend oder für immer –, benötigt Geld. Umsonst ist auch im Ausland nichts zu haben. Damit Sie nicht schon bald auf dem Trockenen sitzen oder vor dem geplanten Termin mit leeren Taschen in die Schweiz zurückkehren müssen, sollten Sie sich rechtzeitig über die finanziellen Konsequenzen Ihres Auslandaufenthalts Gedanken machen.

Je nach Ausgangslage gibt es rund ums Geld und die Altersvorsorge ganz unterschiedliche Fragen zu klären. So muss sich etwa die Studentin überlegen, auf welche Art sie Geld ins Ausland überweisen lässt. Der Globetrotter, ob seine Kreditkarte in allen Ländern auf seiner Route akzeptiert wird. Die Au-pair, ob sie ein Bankkonto vor Ort eröffnen soll. Der Auswanderer, wie er mit seinem neuen Job in Übersee seine vierköpfige Familie ernährt. Die für längere Zeit ins Ausland entsandte Kaderfrau, ob sie ihr Vermögen in der Schweiz einem Vermögensverwalter anvertrauen soll. Der Selbständigerwerbende, wie er das benötigte Eigenkapital für den Kauf einer Pension auftreiben kann. Und der gestresste Angestellte will wissen, ob seine Rente bei einer frühzeitigen Pensionierung für ein geruhsames Leben im Ausland ausreicht.

Wenden Sie sich bei Fragen an Ihre Anlageberaterin bei der Bank und Ihren Versicherungsberater. Bei längeren Auslandaufenthalten, Auswanderung und grösserem Vermögen ist eine ganzheitliche Finanz- und Vorsorgeplanung empfehlenswert. Solche Beratungen bieten Fachpersonen mit Kenntnissen in den Bereichen Vermögensverwaltung, Versicherung, Steuern, Recht und Immobilien (Adressen Seite 265).

Budget

Grundsätzlich sollten alle, die ins Ausland reisen, ein Budget aufstellen. Besonders wichtig ist es für Auswanderer, Immobilienkäuferinnen, Selbständigerwerbende sowie für alle, die im Ausland als Nichterwerbstätige keine Einkünfte erzielen und von ihrem Vermögen oder von Renten leben wollen.

Ein Budget aufzustellen ist keine Kunst. Sie brauchen dazu nur eine ruhige Stunde, einen klaren Kopf und einen Taschenrechner. Überlegen Sie sich – am besten mit Ihrem Partner oder Ihrer Partnerin –, welche Ausgaben im Ausland anfallen und mit welchen Einnahmen Sie rechnen können. Bei zahlreichen Budgetposten werden Sie vielleicht nicht auf Anhieb eine Zahl aufschreiben können. Was kostet ein Auto in Kanada? Die Miete einer Studentenwohnung in Hamburg? Die Schweizerschule in Rio de Janeiro? Fragen lassen sich in der Regel durch vertiefte Abklärungen beantworten (siehe Seite 162). Erst wenn die Recherchen keine konkreten Anhaltspunkte ergeben, sollten Sie mit Schätzungen operieren. Richten Sie sich in diesem Fall nach den Lebenshaltungskosten im Gastland (siehe Seite 184).

In den Kästen finden Sie die gängigsten Ausgaben- und Einnahmenposten. Diese sollen lediglich als Denkanstoss dienen – streichen Sie, was nicht zu Ihrer Situation passt, und ergänzen Sie mit eigenen Posten.

Addieren Sie nun die Aufwand- und Ertragspositionen und ziehen Sie das Total des Aufwands vom Ertrag ab. Reichen die kalkulierten Einkünfte nicht aus, um die voraussichtlichen Ausgaben zu decken, müssen Sie nochmals jeden einzelnen Budgetposten durchgehen – das heisst: Aufwände reduzieren.

Machen Sie nicht den Fehler, feste Aufwandpositionen einfach zu kürzen, nur damit die Rechnung aufgeht – zum Beispiel eine billigere Wohnung

Mögliche Einnahmequellen

- **Vermögenserträge:** Dazu zählen Zinsen, Mietzinseinkünfte aus Liegenschaften (siehe Seite 185).
- **Vermögensverzehr:** Das heisst, vom Ersparten leben, das dadurch immer kleiner wird und irgendwann einmal aufgebraucht sein wird (siehe Seite 185).
- **Renten:** Ob vom Staat oder von Privatversicherungen ausgezahlt, die Besteuerung in der Schweiz und im Ausland kann einen guten Teil des Betrags wegfressen (siehe Seite 189).
- **Säule-3a-Guthaben:** Die vorzeitige Auszahlung ist nur unter bestimmten Voraussetzungen möglich, das Kapital ist zudem zu versteuern (siehe Seite 188).
- **Bezug von BVG-Kapital:** Die vorzeitige Auszahlung ist nur bei definitiver Auswanderung möglich, das Kapital ist zudem zu versteuern (siehe Seite 187).
- **Veräusserung von Vermögensteilen:** Dazu gehören etwa Liegenschaften, Wertschriften oder Wertgegenstände (siehe Seite 185 und 186).
- **Einkommen aus selbständiger Erwerbstätigkeit:** Dieses ist je nach Branche grossen Schwankungen ausgesetzt; es wird vor allem beim Geschäftsstart voraussichtlich tief sein.
- **Einkommen aus unselbständiger Erwerbstätigkeit:** Rechnen Sie bei ausländischen Arbeitgebern nicht mit Löhnen, wie sie in der Schweiz bezahlt werden.

Mögliche Ausgabeposten

- **Verpflegung:** In der Regel sind Grundnahrungsmittel und Restaurants billiger als in der Schweiz.
- **Steuern:** Kalkulieren Sie bei ausländischem Wohnsitz die im Gastland und in der Schweiz fälligen Steuern ein (siehe Seite 278).
- **Versicherungen:** Die Prämien für Krankenkasse, Sozial- und Privatversicherungen werden das Budget arg belasten (siehe Seite 211 und 260).
- **Visa:** Die Gebühren betragen je nach Visum wenige bis einige tausend Franken (siehe Seite 305).
- **Dokumentenbeschaffung:** Besonders das Übersetzen von Dokumenten ist teuer.
- **Reiseausrüstung:** Das geht vom Rucksack bis zum Wohnmobil.
- **Reise:** Rechnen Sie nicht nur Hin- und Rückreise, sondern auch Reisen im Gastland ein.
- **Umzug:** Der geht vor allem dann ins Geld, wenn der Profi einpackt (siehe Seite 323).
- **Unterkunft:** Dazu gehören Ausgaben für Hotel, Mietwohnung, Haus, Gasteltern. Vor allem zu Beginn müssen Sie meist mit überproportional hohen Kosten rechnen, bis Sie die lokalen Verhältnisse kennen (siehe Seite 309).
- **Immobilien- und Grundstückkauf:** Ausland bedeutet nicht immer günstiger; je nach Land sind die Preise höher als in der Schweiz (siehe Seite 313).
- **Schulen für Kinder:** Die Gebühren für gute Privatschulen sind überall happig (siehe Seite 293).
- **Sprachschule:** Die weiter entfernte muss nicht unbedingt auch die teurere sein (siehe Seite 66).
- **Studiengebühren:** Nicht-EU-Bürger zahlen in der EU zum Teil horrende Studiengebühren. Je besser der Ruf der Hochschule, desto höher die Kosten (siehe Seite 73).
- **Freizeitausgaben:** Die Höhe hängt nicht nur von den eigenen Bedürfnissen, sondern vor allem vom Preisniveau vor Ort ab.
- **Vorsorgebeiträge:** Diese sind vielfach obligatorisch und nur bei freiwilligen Lösungen in der Höhe beeinflussbar (siehe Seite 232).
- **Geschäftsinvestitionen:** Für Selbständigerwerbende ist dies ein zentraler Budgetposten (siehe Seite 132).
- **Reserve** für unvorhergesehene Ausgaben: Kalkulieren Sie zur Sicherheit lieber mehr als weniger ein.

zu budgetieren, wenn es im Gastland gar keine solche zu mieten gibt. Geraten Sie auch nicht in Versuchung, Einkommenspositionen zu frisieren. Rechnen Sie also nicht langfristig mit einem durchschnittlichen Zinsertrag von acht Prozent, wenn höchstens vier Prozent realistisch sind. Vertrauen Sie auch nicht auf extrem vorteilhafte Wechselkurse, sondern kalkulieren Sie genug Reserve für Schwankungen ein. Möchten Sie in einem Jahr mit Ihrem Pensionskassengeld eine 200 000-Dollar-Immobilie in den USA kaufen, sollten Sie im Budget also nicht bloss 260 000 Franken einsetzen. Steht der Dollarkurs nämlich zwölf Monate später nicht wie erhofft bei Fr. 1.30, sondern bei Fr. 1.48, müssen Sie plötzlich 296 000 Franken auf den Tisch legen.

Auf der anderen Seite lässt sich mit Wechselkursschwankungen einiges herausholen. Wer zufälligerweise zu einem günstigen Kurs wechselt, verdient Geld im Schlaf. Die Schwierigkeit ist nur, den richtigen Tag zu erwischen. Da selbst Devisenexperten keine verlässlichen Prognosen stellen können, kaufen Sie die benötigten Devisen mit Vorteil tranchenweise, zum Beispiel zu drei verschiedenen Zeitpunkten. Dadurch erhalten Sie einen meist vorteilhaften Durchschnittskurs.

- **Achtung:** Mangelt es Ihnen trotz aller vertretbaren Reduktionen immer noch an Kapital, gibt es nur eines: die Auslandpläne überdenken.

Mit welchen Lebenshaltungskosten muss ich rechnen?

Wer vor der Ausreise das Gastland noch nie besucht hat, ist punkto Lebenshaltungskosten auf die Angaben von Dritten angewiesen. Fragen Sie in Ihrem Bekanntenkreis nach den aktuellen Verhältnissen im Land. Informationen über das Preisniveau in Reise- und Wirtschaftsbüchern sowie aus Statistiken sind meist veraltet. Dennoch können sie hilfreich sein – sofern es sich nicht um ein Land mit hoher Inflation handelt.

Generell sind Statistiken, Ranglisten oder Tabellen mit internationalen Vergleichen von Preisen, Mieten und Löhnen mit Vorsicht zu geniessen, denn sie sind nur Annäherungsversuche an die Wirklichkeit. Verzerrungen gibt es insbesondere bei der Umrechnung der unterschiedlichen Währungen und bei der Zusammenstellung des Warenkorbs, der für den Preisvergleich dient. In der Regel sind in Preisvergleichen die regional unterschiedlichen Konsumgewohnheiten nicht berücksichtigt. Wird beispielsweise der Brotpreis in einem europäischen und einem asiatischen Land isoliert verglichen, ist das Brot in Asien unter Umständen massiv teurer, weil dort Reis als Grundnahrungsmittel dient.

Bei Preisangaben müssen Sie auch wissen, ob die zum Teil happigen Mehrwertsteuern mit eingeschlossen sind oder nicht. Reine Preisangaben haben meist nur einen geringen Aussagewert. Was nützt es zu wissen, dass ein Liter Milch im kanadischen Manitoba nur einen Dollar kostet? Erst im Bezug zum dortigen durchschnittlichen Stundenlohn wird der Milchpreis konkret. Ein Liter Milch entspricht dann vielleicht 20 Prozent des Stundenlohns; in der Schweiz ist es ein Bruchteil davon. Entscheidend bei Preisvergleichen ist immer die Kaufkraft. Das heisst, wie viele Güter Sie mit Ihrem Nettoeinkommen oder mit einem bestimmten Betrag vor Ort tatsächlich kaufen können.

- Erkundigen Sie sich nach den Lebenshaltungskosten im Gastland direkt vor Ort. Oder fragen Sie Bekannte, die dort wohnen. Rechnen Sie zu Beginn mit deutlich höheren Ausgaben als Einheimische.
- Kalkulieren Sie nicht zu knapp. Es gibt nichts Schlimmeres, als wenn Ihnen im Ausland vorzeitig das Geld ausgeht.

- **Preise und Löhne rund um die Welt**   Literatur
  Broschüre mit Lebenshaltungskosten- und Kaufkraftvergleich von 58 Grossstädten in über 50 Ländern und mit spezifischen Preisvergleichen für einzelne Waren- und Dienstleistungsgruppen (zum Beispiel Nahrungsmittel, Kleider, Wohnungsmieten, Autos, Hotel, Restaurant) sowie detaillierten Lohnangaben zu zwölf ausgewählten Berufen; alle drei Jahre neu herausgegeben von der UBS, zu beziehen in jeder UBS-Bankfiliale

Finanzierungsmöglichkeiten

Dass jeder noch so kurze Auslandaufenthalt geschweige denn eine Auswanderung mehr oder weniger hohe Kosten verursacht, hat sich beim Budget gezeigt. Die Frage ist also: Aus welchen Quellen lässt sich das nötige Geld auftreiben? Es stehen Ihnen verschiedene Möglichkeiten zur Verfügung, die aber nicht alle empfehlenswert sind.

Vermögen verzehren
Wer ins Ausland reist, ohne dort eine Erwerbstätigkeit aufzunehmen, und während des Aufenthalts auch keine Einkünfte erzielt, wird seinen Lebensunterhalt mit dem Ersparten bestreiten müssen. Beim Vermögensverzehr ist zu beachten, dass auch der Zinsertrag des angelegten Kapitals immer kleiner wird. Früher oder später fliessen dann keine Einkünfte mehr und bald darauf ist das Kapital aufgebraucht.

Lassen Sie es in keinem Fall so weit kommen. Plündern Sie nicht alle Bankkonten und Sparhefte vollständig, sondern lassen Sie unbedingt eine eiserne Reserve stehen. Diese muss so hoch sein, dass Sie jederzeit die Rückreise in die Schweiz finanzieren und danach hier einige Monate ohne Erwerbseinkommen und ohne Hilfe von Eltern, Freunden und Bekannten leben können. Auch Auswanderer sollten – für den Fall, dass sie mit ihren Plänen scheitern – genügend Reserven für einen Neuanfang in der Schweiz haben.

Vermögenserträge erzielen
Besitzen Sie ein ansehnliches Vermögen, ist es mit einer geschickten Kapitalanlage allenfalls möglich, den Auslandaufenthalt aus dem Vermögensertrag zu bestreiten. Dieses Ziel avisieren vor allem Personen, die sich als Pensionäre im Ausland niederlassen möchten. Dabei ist wichtig, dass Sie beim Erstellen des Budgets nicht mit den Brutto-, sondern mit den Nettoeinkünften rechnen: Kapitalerträge wie Zinsen von Bankkonten und Obligationen oder Dividenden werden durch die Einkommenssteuer, das Vermögen durch die Vermögenssteuer geschmälert. Ein Teil des Ertrags wird auch durch die Kosten der Vermögensverwaltung aufgebraucht.

Um ein möglichst hohes Nettoeinkommen zu erreichen, brauchen Sie nicht nur ein entsprechend hohes Vermögen, Sie müssen es auch nach den Kriterien der Liquidität, des Risikos und der Rendite richtig anlegen (siehe Seite 203).

Wertschriften und Wertgegenstände verkaufen
Verkaufen Sie Wertschriften – Aktien, Anlagefonds, Obligationen –, um zu liquiden Mitteln zu kommen, besteht das Risiko, dass Sie einen ungünstigen

Zeitpunkt dafür wählen. Wenn möglich sollten Sie solche Verkäufe längerfristig planen und die Börsenentwicklung beobachten. Besitzen Sie Kassenobligationen, können Sie diese vor Ablauf der Laufzeit grundsätzlich nicht verkaufen – es sei denn, die Bank wäre zur Rücknahme bereit.
Gold, Münzen, antike Möbel, Kunstgegenstände, Schmuck, die Briefmarkensammlung – alles lässt sich im Prinzip vor der Abreise ins Ausland versilbern. Oft ist das aber nur zu einem niedrigen Preis möglich. Das Gleiche gilt für Gebrauchsgegenstände wie Autos, Motorräder oder Computer. Wenn Sie vor einer definitiven Auswanderung Ihre Wertgegenstände veräussern möchten, sollten Sie damit frühzeitig beginnen und allenfalls Fachleute beziehungsweise Auktionshäuser mit dem Verkauf beauftragen.

Versicherungspolicen auflösen
Wer vor der Abreise ins Ausland eine Lebensversicherung abgeschlossen hat, lässt diese mit Vorteil weiterlaufen. Ein frühzeitiger Ausstieg ist grundsätzlich nicht zu empfehlen – das ist meist ein Verlustgeschäft, vor allem bei erst kürzlich abgeschlossenen Policen. Gewisse Versicherungsgesellschaften lassen einen Rückkauf sogar erst nach drei Jahren Laufzeit zu. Wer vorher kündigt, erhält keinen Rappen der einbezahlten Beiträge zurück. Bei Geldknappheit können Sie unter Umständen für die Dauer des Auslandaufenthalts die Lebensversicherung prämienfrei weiterführen (siehe Seite 261).

Liegenschaft verkaufen
Wer eine Immobilie verkaufen möchte, sollte als Erstes ihren Marktwert kennen. Lassen Sie die Liegenschaft von einem Experten schätzen, sonst machen Sie sich unter Umständen Illusionen über den möglichen Erlös. Je nach Lage, Objekt und Preis ist es schwierig, Liegenschaften unter Zeitdruck zu veräussern. Rechnen Sie mit mehreren Monaten. Wer keine Zeit hat, sollte einen Makler einschalten. Makler arbeiten in der Regel auf Basis eines Erfolgshonorars von drei bis vier Prozent des Verkaufspreises. Müssen Sie eine Festhypothek vorzeitig auflösen, sollten Sie dies frühzeitig mit der Bank regeln.
Die Alternative zum Verkauf: das Haus oder die Wohnung während des Auslandaufenthalts vermieten. Das ist bei einer hohen Hypothekenbelastung und einem tiefen Mietzinsniveau finanziell kaum interessant. Unter Umständen entstehen auch Probleme mit den Mietern. Zudem sind die Mietzinseinnahmen und die Liegenschaft in der Schweiz zu versteuern – auch wenn Sie im Ausland wohnen (siehe Seite 283). Auf der anderen Seite ist es höchst beruhigend, in der Schweiz nach wie vor eine Bleibe zu haben. Wenn immer möglich, sollten Sie eine Liegenschaft in der Schweiz erst verkaufen, wenn eine Rückkehr ausgeschlossen ist.

Pensionskassenkapital beziehen

Sofern das Reglement der Vorsorgeeinrichtung eine Kapitalauszahlung vorsieht, können Sie sich bei der Pensionierung Ihre Altersleistung anstelle einer Rente auf einmal auszahlen lassen. Einen Bezug in Kapitalform müssen Sie in der Regel drei Jahre vor Erreichen des Rentenalters beantragen.

Das Altersguthaben aus Ihrer Pensionskasse können Sie – unabhängig vom Alter – auch bar beziehen, wenn Sie Ihren Wohnsitz in der Schweiz endgültig aufgeben und sich im Ausland niederlassen. Wie viel Geld Sie genau erhalten, erfahren Sie bei der Vorsorgeeinrichtung auf Anfrage. Ein ratenweiser Bezug ist nicht möglich.

• **Achtung:** Ab Juni 2007 können Sie bei einer definitiven Auswanderung in ein EU-/EFTA-Land Ihr Pensionskassengeld aus der obligatorischen BVG-Grundversicherung (siehe Seite 232) nur noch dann bar beziehen, wenn Sie im entsprechenden Land nicht weiterhin in der dortigen Rentenversicherung gegen die Risiken Alter, Tod und Invalidität obligatorisch versichert sind. Weiterhin möglich ist dagegen die Barauszahlung des überobligatorischen Teils der beruflichen Vorsorge. Die in der Schweiz verbliebenen Pensionskassengelder bleiben auf einem Freizügigkeitskonto oder einer Freizügigkeitspolice bis zur Pensionierung blockiert (siehe Seite 237). Anschliessend erhalten Sie das Kapital oder eine BVG-Rente, die Sie sich ins Ausland auszahlen lassen können.

Verheiratete benötigen beim Bezug des Pensionskassenguthabens das Einverständnis des Ehepartners oder der Ehepartnerin. Die Vorsorgeeinrichtung zahlt das Kapital zudem nur aus, wenn die Auswanderung glaubhaft nachgewiesen wird. Sie darf Belege verlangen und bis zu einem halben Jahr mit der Auszahlung warten, um die Umgehung des sonst geltenden Barauszahlungsverbots zu verhindern. In der Regel verlangen Vorsorgeeinrichtungen eine Kopie der Abmeldung bei der Einwohnerkontrolle.

Ihr Altersguthaben müssen Sie nicht zwingend auf den Zeitpunkt der Auswanderung beziehen. Sie können es sich bei Bedarf auch später auszahlen lassen. In diesem Fall müssen Sie das Kapital bis dahin aber auf ein Freizügigkeitskonto bei einer Bank oder auf eine Freizügigkeitspolice bei einer Versicherung überweisen (siehe Seite 209).

• **Wichtig:** Freizügigkeitskapital wird bei der Auszahlung bei Wohnsitz in der Schweiz zu einem reduzierten Satz besteuert. Dabei gibt es je nach Kanton und Gemeinde grosse Unterschiede. Bei Wohnsitz im Ausland untersteht die Auszahlung einer Quellensteuer (siehe Seite 285). Berücksichtigen Sie dies unbedingt in Ihrem Budget.

Der Bezug des Pensionskassengelds kann vor allem für junge Auswanderer sinnvoll sein. Sie haben im Ausland genügend Zeit, ihre Altersvorsorge neu aufzubauen, sofern sie dort genügend verdienen. Problematischer ist dies für Ältere, da sie damit ihre gesamte Altersvorsorge aufs Spiel setzen. Seien Sie sich bewusst, dass Sie mit dem Kapitalbezug auch den Versicherungsschutz bei Invalidität und Tod verlieren sowie den Schutz des Bundesgesetzes über Schuldbetreibung und Konkurs (SchKG). Im Klartext: Bei Barauszahlung wird Ihr Freizügigkeitskapital pfändbar. Das heisst, ein Schuldner, der gegen Sie einen Verlustschein aus einem früheren Konkurs oder aus einer fruchtlosen Pfändung besitzt, kann diesen nun wieder geltend machen, sofern er von der Auszahlung erfährt.

Eine Auswanderung mit Barauszahlung des Freizügigkeitskapitals hindert Sie nicht daran, zu einem späteren Zeitpunkt mit dem übrig gebliebenen Kapital wieder in die Schweiz zurückzukehren. In diesem Fall müssen Sie das bezogene Kapital nicht an Ihre Vorsorgeeinrichtung zurückzahlen. Anders sieht die Situation bei einem offensichtlichen Rechtsmissbrauch aus. Dieser wäre gegeben, wenn Ihnen die Pensionskasse nachweisen könnte, dass Sie im Gesuch für den Vorbezug wissentlich unwahre Angaben machten und dadurch der Stiftung unrechtmässig Geld entzogen haben.

Säule-3a-Gelder beziehen

Wer ein Säule-3a-Konto bei einer Bank oder eine Vorsorgepolice 3a bei einer Versicherung besitzt, kann das Kapital fünf Jahre vor dem ordentlichen AHV-Alter oder bei der definitiven Auswanderung beziehen. Bei einer Auswanderung wird Ihnen das Kapital allerdings nur ausbezahlt, wenn Sie diese beweisen können, beispielsweise mit der Abmeldebescheinigung von der Einwohnerkontrolle.

Bei Säule-3a-Konten von Banken erhalten Sie das volle eingezahlte Kapital samt Zins und Zinseszinsen ausbezahlt. Wie hoch Ihr Kapital ist, erfahren Sie aus dem jährlich zugestellten Kontoauszug oder auf Anfrage bei Ihrer Bank. Zahlen Sie das Kapital in eine Vorsorgepolice 3a ein, erleiden Sie bei der Kündigung einen Rückkaufverlust wie bei einer Lebensversicherung, die vorzeitig aufgelöst wird. Unter Umständen erhalten Sie sogar weniger Geld ausbezahlt, als Sie einzahlten. Das ist insbesondere der Fall, wenn die Vorsorgepolice weniger als drei Jahre lief. In der Regel sind die ersten beiden Jahresbeiträge verloren, denn damit deckt der Versicherer die hohen Verwaltungskosten und den Risikoschutz für Invalidität und Tod. Bevor Sie Ihre Vorsorgepolice kündigen, sollten Sie sich deshalb beim Versicherer erkundigen, wie hoch der genaue Rückkaufswert bei vorzeitiger Auflösung ist.

Der ratenweise Bezug von Säule-3a-Kapital anlässlich einer Auswanderung ist weder bei Bank- noch bei Versicherungslösungen möglich. Entweder beziehen Sie also den ganzen Betrag – oder Sie lassen das Geld liegen. Nur wer zwei Säule-3a-Konten besitzt, kann diese einzeln auflösen.

• **Wichtig:** Kapitalauszahlungen aus der Säule 3a sind beim Bund und den Kantonen zu versteuern. Bei der Bundessteuer werden 20 Prozent des Steuerbetrags erhoben, den ein Einkommen in der gleichen Höhe wie die Kapitalleistung auslösen würde. Die Kantone besteuern Kapital aus der Säule 3a grundsätzlich getrennt vom übrigen Einkommen nach speziellen Methoden und zu tieferen Steuersätzen. Lassen Sie sich Kapital aus der Säule 3a erst auszahlen, wenn Sie im Ausland Wohnsitz genommen haben, untersteht der ausgezahlte Betrag der Quellensteuer (siehe Seite 285). Berücksichtigen Sie die steuerlichen Abgaben in Ihrem Budget.

Renten beziehen
Beziehen Sie eine Rente aus einer Sozial- oder selber finanzierten Privatversicherung und möchten Sie Ihren Lebensunterhalt im Ausland in erster Linie aus dieser Geldquelle finanzieren, sollten Sie Ihr Renteneinkommen erst dann als gesichert budgetieren, wenn Sie sich über die effektive Rentenhöhe, die Bestimmungen für eine Auszahlung ins Ausland sowie die steuerliche Behandlung von Renteneinkünften in der Schweiz und im Gastland erkundigt haben (siehe Seite 284). Unter Umständen schmilzt nämlich eine Rente nach Kürzungen durch Vorbezüge und steuerliche Belastungen auf einen kümmerlichen Restbetrag zusammen. Machen Sie sich vor allem bei Frühpensionierungen über die Höhe Ihrer AHV- oder BVG-Rente keine Illusionen.

AHV-Vorbezug: Männer können ihre AHV-Altersrente ein oder zwei Jahre vor dem ordentlichen Pensionsalter beziehen. Ein um ein Jahr vorverlegter Rentenbezug bewirkt eine lebenslängliche jährliche Rentenkürzung von 6,8 Prozent. Ein Vorbezug von zwei Jahren verursacht eine Rentenkürzung von 13,6 Prozent. Frauen können ihre Rente bis Ende 2003 um ein Jahr vorbeziehen, ab 2004 ebenfalls zwei Jahre früher. Die Renteneinbussen für Frauen bis und mit Jahrgang 1947 betragen 3,4 beziehungsweise 6,8 Prozent. Ab 2010 wird ein Rentenvorbezug auch für Frauen eine lebenslängliche Kürzung von 6,8 Prozent pro Vorbezugsjahr bewirken. Ein weiterer Haken bei einem Vorbezug ist die Pflicht, bis zum ordentlichen Rentenalter weiterhin als Nichterwerbstätige AHV-Beiträge zu zahlen. Diese Beiträge haben aber keinen Einfluss mehr auf die laufende oder die spätere Höhe der Rente.

Der AHV-Rentenvorbezug ist deshalb nur in einzelnen Fällen sinnvoll. Ausschlaggebend ist, wie viele Jahre Sie AHV beziehen werden: Je länger, desto eher wird die Rentenkürzung wettgemacht. Lassen Sie sich bei der AHV-Ausgleichskasse beraten. Dort müssen Sie auch den Antrag zum Vorbezug einreichen – am besten einige Monate vor dem gewünschten Termin.

BVG-Vorbezug: Bei der beruflichen Vorsorge ist kein Vorbezug der Rente vorgesehen. Viele Pensionskassenreglemente ermöglichen jedoch einen bis zu fünf Jahre vorgezogenen Ruhestand. Firmen offerieren teilweise eine Überbrückungsrente anstelle der noch nicht fliessenden AHV-Renten. Auch bei BVG-Altersrenten ist jeder Vorbezug mit lebenslänglichen Rentenkürzungen verbunden, die je nach Vorsorgeeinrichtung unterschiedlich hoch ausfallen können. Erkundigen Sie sich über die Möglichkeiten und Renteneinbussen direkt bei Ihrer Pensionskasse.

- Setzen Sie für Ihr Auslandvorhaben nicht Ihr gesamtes Vermögen aufs Spiel. Bei der Rückkehr in die Schweiz sollten Sie genügend Kapital für einen Neuanfang haben.
- Budgetieren Sie realistische Kapitalerträge und seien Sie sich bewusst, dass diese je nach Zinsniveau und Börsenentwicklung über die Jahre hinweg erheblich schwanken können.
- Überlegen Sie gut, ob Sie Ihr Freizügigkeitskapital bei der Pensionskasse beziehen wollen. Investieren Sie das Kapital in Ihr Auslandprojekt, und scheitern Sie damit, ist Ihre Altersvorsorge verloren.
- Seien Sie sich bewusst, dass Sie beim Bezug von Freizügigkeitskapital und Säule-3a-Geldern zum Teil happige Steuern entrichten müssen. Erkundigen Sie sich beim Steueramt.
- Lösen Sie Ihre Vorsorgepolice 3a auf, entfällt auch der Versicherungsschutz. Wollen Sie ihn weiterhin aufrechterhalten, müssen Sie sich anderweitig versichern.
- Budgetieren Sie Renteneinkünfte immer netto, nach Abzug der in der Schweiz und im Ausland fälligen Steuern (siehe auch Seite 284).

Finanzangelegenheiten regeln

Wer sich im Ausland aufhält – auf Reisen oder mit festem Wohnsitz –, wird sich mit zahlreichen Fragen zu Geldangelegenheiten, Geldtransfer, Bank- oder Postverbindungen und geeigneten Zahlungsmitteln auseinander setzen müssen. Es sind auf die persönliche Situation abgestimmte, einfache, sichere und kostengünstige Lösungen zu finden.

Grundsätzlich gilt: Wenn Sie im Ausland ohne feste Adresse auf Reisen sind oder sich nur kurzfristig niederlassen – etwa als Student für ein Gastsemester an einer ausländischen Universität oder als Sprachstudentin –, benötigen Sie ein Bank- oder Postkonto in der Schweiz. Wenn Sie sich im Ausland längerfristig an einem bestimmten Ort niederlassen oder sich jedes Jahr einige Monate am selben Ort aufhalten, benötigen Sie neben Ihrem Bank- oder Postkonto in der Schweiz insbesondere für den Zahlungsverkehr und Geldbezug auch ein Konto im Ausland. Auswanderer behalten mit Vorteil ihr bisheriges Bank- oder Postkonto in der Schweiz. Und zwar so lange, bis eine Rückkehr nicht mehr infrage kommt oder keine Notwendigkeit mehr für ein Konto in der alten Heimat besteht.

Vor dem Auslandaufenthalt sollten Sie rechtzeitig bei Ihrer Bank, Post und Kreditkartenorganisation abklären, welche Dienstleistungen, Produkte und Lösungsvorschläge diese Ihnen für Ihre Bedürfnisse bieten. Die heutigen Möglichkeiten im internationalen Zahlungs- und Geldverkehr sind vielfältig. Vergleichen Sie Angebote und Konditionen – obwohl das nicht einfach ist. Bietet Ihnen die Konkurrenz keine wesentlichen Vorteile, drängt sich kein Wechsel auf.

Auch im Ausland sollten Sie sich sorgfältig über das Angebot von Bank, Post und Kreditkartenorganisationen informieren. In der Praxis ist das meist erst vor Ort möglich. Seien Sie sich bewusst, dass Sie im Ausland nicht ohne weiteres als Neukunde akzeptiert werden. Um als Ausländer ein Bank- oder Postkonto eröffnen zu können, brauchen Sie je nachdem ein persönliches Ausweispapier, eine feste Wohnadresse, eine Niederlassungs- oder Arbeitsbestätigung oder einen bestimmten Mindestbetrag.

Für eine Kreditkarte benötigen Sie ein regelmässiges, gesichertes Erwerbseinkommen. Können Sie dies nicht vorweisen, nützt Ihnen unter Umständen auch das Vorzeigen Ihrer bisherigen Plastikkarte aus der Schweiz und der Hinweis auf Ihre gute Zahlungsmoral nichts. Behalten Sie bei einem Auslandaufenthalt also in jedem Fall Ihre Kreditkarte aus der Schweiz. Der Kreditkartenorganisation in der Schweiz ist es egal, wenn Sie während des Auslandaufenthalts kein Einkommen und keine feste Adresse haben. Entscheidend ist, dass Sie weiterhin Ihren Zahlungsverpflichtungen nachkommen beziehungsweise ein Schweizer Bankkonto mit ausreichendem Saldo besitzen. Ein Kreditkartenantrag im Ausland drängt sich erst bei einem längeren, stationären Aufenthalt auf.

Wer im Ausland ein Bankkonto eröffnet, sollte ein internationales Institut mit tadellosem Ruf und nicht irgendeine unbekannte Regionalbank wählen. Idealerweise fragen Sie Ihre Hausbank vor der Abreise nach Adressen von Korrespondenzbanken im Ausland. Dies vereinfacht später auch allfällige Geldtransaktionen. Sind Sie Kunde einer Schweizer Regionalbank ohne internationale Beziehungen, lohnt sich allenfalls die Eröffnung eines Kontos bei einer Grossbank, die ein weltweites Beziehungsnetz besitzt.

Achten Sie bei der Bankenwahl im Ausland neben dem Ruf des Instituts auch auf die Zinskonditionen sowie die Gebühren für Kontoführung, Zahlungsverkehr und Geldüberweisungen aus der Schweiz. Beantragen Sie eine Kontokarte, sollten Sie sich im Detail über die Bargeldbezugsmöglichkeiten und -limiten informieren. Unter Umständen ist der Geldbezug nur am Hauptsitz oder lediglich an einigen wenigen lokalen Bancomaten möglich.

Finanzielles vom Ausland aus selber erledigen
Wer nur vorübergehend ins Ausland zieht und seinen Wohnsitz in der Schweiz behält, hat während seiner Abwesenheit zahlreiche finanzielle Verpflichtungen und muss laufende, periodische oder einmalige Rechnungen bezahlen: Wohnungsmiete, Strombezüge, Steuern, Vereins- und Verbandsbeiträge, Abonnements, Versicherungen, Krankenkassenprämien, Alimente, Kreditrückzahlungen und anderes mehr.
Schöpfen Sie alle Möglichkeiten bei Bank und Post aus, um Geldgeschäfte zu vereinfachen. Dank den neuen elektronischen Möglichkeiten lassen sich finanzielle Angelegenheiten auch vom Ausland aus weitgehend selbst erledigen.

Finanzielle Angelegenheiten vereinfachen: Sie können beispielsweise Daueraufträge erteilen, wiederkehrende Rechnungen mittels Lastschriftverfahren (LSV) bezahlen, Konten von verschiedenen Banken zusammenlegen, Wertschriften aus verschiedenen Depots in ein einziges Depot legen, Vermögen von der Bank gegen eine Gebühr verwalten lassen, überwachungsintensive Wertpapiere mit grossen Kursschwankungen vor der Abreise verkaufen. Vereinfachen Sie den administrativen Aufwand, indem Sie wiederkehrende Rechnungen – zum Beispiel der Krankenkasse – während der Auslandabwesenheit nicht monatlich, sondern halbjährlich oder jährlich bezahlen. Im Weiteren lassen sich im Voraus bekannte Zahlungen – etwa Schul- oder Studiengebühren im Ausland – schon von zu Hause aus veranlassen. Geben Sie der Bank einfach den Auftrag, an einem bestimmten Tag eine bestimmte Summe an den vorgegebenen Empfänger zu überweisen.

Internetbanking aus dem Ausland: Grundsätzlich können Sie Ihre finanziellen Angelegenheiten aus dem Ausland auf brieflichem Weg erledigen, doch das ist je nach Land höchst unsicher und zeitraubend. Zudem zahlen Sie teure Portokosten. Die Korrespondenz per Briefpost ist also ungeeignet. Ideal ist dagegen die elektronische Kommunikation mit Bank und Post über Internet (siehe Seite 371) – unabhängig von Zeit und Ort. Diese Lösung eignet sich für alle, die sich während ihres Auslandaufenthalts im Gastland mit ihrem Computer fest installieren.

In der Schweiz bieten alle Grossbanken, die grösseren Kantonal- und einige Regionalbanken sowie die Post Internetbanking an. Für Internetbanking benötigen Sie ein Konto bei einer Bank oder der Post, einen Internetbanking-Vertrag, einen schnellen Computer, spezifische Software sowie Zugang zum Internet. Mit Internetbanking können Sie von irgendeinem Ort auf der Welt auf Ihr Schweizer Bank- oder Postkonto zugreifen und je nach Anbieter die verschiedensten Finanzgeschäfte ausführen: zum Beispiel Rechnungen im In- und Ausland in Schweizer Franken oder ausländischer Währung zahlen, sich Geld auf Ihr Bank- oder Postkonto ins Ausland überweisen, Ihr Wertschriftendepot verwalten, Börsengeschäfte tätigen oder einfach den Kontostand und das Depotvermögen abfragen. Abgesehen vom Internetzugang via Provider und den dabei entstehenden Kosten, ist Internetbanking bei den meisten Banken gebührenfrei: Sie selbst erledigen ja die Arbeit und tippen eine Menge Zahlen und Daten ein. Technisch gesehen ist Internetbanking relativ sicher. Die Datenübermittlung zwischen Ihrem Computer und demjenigen der Bank erfolgt verschlüsselt. Wie sicher jedoch Ihr Konto tatsächlich vor dem Zugriff von Unbefugten ist, hängt von Ihren Vorkehrungen ab: Notieren Sie das Passwort für den Zugang nirgends, geben Sie es niemandem preis und bewahren Sie die Streichliste mit den Einmalpasswörtern sowie die Internetunterlagen an einem sicheren Ort auf.

Finanzielle Angelegenheiten einer Vertrauensperson übergeben
Ziehen Sie ins Ausland, sollten Sie dafür sorgen, dass sich eine Vertrauensperson – zum Beispiel die Mutter, der Freund oder sonst eine vertrauenswürdige Bekannte – um Ihre Finanzangelegenheiten kümmert. Dies ist auch zu empfehlen, wenn Sie vom Ausland aus Ihre Geldgeschäfte grundsätzlich selber regeln. Allfällige Probleme lassen sich so am schnellsten lösen.

Es genügt natürlich nicht, bloss eine Person für diese Aufgabe zu bestimmen – und dann zu verreisen. Die Post muss an ihre Adresse umgeleitet werden. Zudem sollten Sie die Kontaktperson den wichtigsten Stellen wie Banken, Versicherungen, Krankenkasse und Steuerbehörden bekannt geben. Instruieren Sie Ihre Vertrauensperson genau über die zu erledigenden Arbeiten: wann welche Rechnungen zu bezahlen, wie Kreditkartenabrechnungen zu kontrollieren sind – und was zu tun ist, wenn diese nicht stimmen.

Damit die Vertrauensperson bei Bedarf tatsächlich wirken kann, müssen Sie ihr bei Bank und Post für die Dauer Ihrer Abwesenheit eine Vollmacht erteilen. Dann kann Ihre Vertrauensperson im Rahmen der Vollmacht über Ihr Konto und Wertschriftendepot verfügen. Die Post und die Banken haben Standardvollmachten, mit denen sich eine oder mehrere Personen kollektiv oder einzeln bevollmächtigen lassen. Damit Vollmachten gültig sind, müssen sie bei der Bank beziehungsweise Post deponiert sein.

Ehe- und Konkubinatspaare, von denen nur ein Teil ins Ausland reist, können auch gemeinsam ein Bankkonto führen und dadurch den Zugriff aufs Vermögen sicherstellen. Dabei handelt es sich nicht um eine Vollmacht, sondern um einen Vertrag zwischen der Bank und dem Paar. Für die Eröffnung eines solchen Gemeinschaftskontos gibt es bei den Banken ebenfalls spezielle Standardformulare. Wichtig: Wer einen Banksafe gemietet hat, muss der Vertrauensperson dafür eine separate Vollmacht erteilen und ihr den Safeschlüssel übergeben.

Möchten Sie die Verwaltung Ihres Vermögens während des Auslandaufenthalts in professionellen Händen wissen, können Sie der Bank eine Verwaltungsvollmacht erteilen. Bevor Sie eine solche Vollmacht unterschreiben, sollten Sie jedoch das Kleingedruckte lesen und mit dem Anlageberater Ihr Anlageziel und Ihre persönliche Risikobereitschaft definieren. Um keine falschen Hoffnungen zu wecken: Verwaltungsvollmachten bieten keine Garantie für höhere Renditen oder Kursgewinne. Handelt die Bank im Rahmen der Vollmacht korrekt und gemäss den vereinbarten Anlagerichtlinien, haftet sie auch nicht für allfällige Verluste oder niedrige Renditen. Die Vermögensverwaltung aufgrund einer Verwaltungsvollmacht ist natürlich nicht gratis; die Gebühren variieren stark.

- Geben Sie nur einer Person, in die Sie volles Vertrauen haben, Vollmachten auf Ihre Konten und Bankdepots.
- Kontaktieren Sie Ihre Vertrauenspersonen in der Schweiz regelmässig aus dem Ausland, um allfällige Probleme zu besprechen oder Fragen zu klären.

- **Geld und Börse online**
  Beobachter-Broschüre, ISBN 3 85569 265 3
  Zu beziehen beim Beobachter-Buchverlag, Tel. 043 444 53 07, Fax 043 444 53 09,
  Internet www.beobachter.ch/buchshop

Geldtransfer ins Ausland

Es dürfte nichts Schlimmeres geben, als im Ausland ohne Geld dazustehen. In der Regel ist niemand da, der einem mit einem Vorschuss aus der Klemme helfen könnte. Schweizerinnen und Schweizer, die während eines Auslandaufenthalts in eine echte finanzielle Notlage geraten, können zwar bei der nächsten schweizerischen Auslandvertretung um Hilfe bitten. Diese wird aber nur sehr restriktiv gewährt und nur unter der Bedingung, dass man unverzüglich in die Schweiz zurückreist und sich verpflichtet, den Kostenvorschuss zurückzuzahlen (siehe Seite 344).

So bleibt im Prinzip nur noch die Möglichkeit, sich aus der Schweiz über die Vertrauensperson per Post oder Bank Geld senden zu lassen. Oder man besitzt die entsprechenden Plastikkarten und Checks und holt sich damit an Post- oder Bankschaltern oder aus Geldautomaten das notwendige Bargeld. Wer sich schon vor der Abreise über die verschiedenen Arten der Geldüberweisung ins Ausland informiert, wird im Ernstfall froh sein. Je nachdem zahlen Sie nämlich hohe Gebühren oder warten tagelang auf das

Geld. Ähnliches gilt für den Bezug von Bargeld im Ausland. Sie müssen in der Schweiz die geeigneten Vorkehrungen treffen, um später im Ausland profitieren zu können.

Bank
In der Regel sind Banküberweisungen nur ab einem Konto – zum Beispiel einem Lohn- oder Privatkonto – möglich. Sie müssen also sicherstellen, dass Ihr Konto einen genügenden Saldo aufweist. Benötigen Sie erst einige Monate nach der Ankunft im Ausland eine grössere Summe, lassen Sie diese mit Vorteil nicht schon vom Zeitpunkt der Abreise an auf dem niedrig verzinsten Konto liegen, sondern auf einem höher verzinsten Sparkonto. Von dort können Sie das Geld auf den vorgesehenen Termin übertragen lassen.

Wollen Sie den Auftrag zur Geldüberweisung direkt der Bank erteilen, ist dies meist mit einigem Aufwand verbunden. Ein Telefonanruf aus dem Ausland genügt nämlich meist nicht, ebenso wenig ein Zahlungsauftrag per Fax. Die Banken verlangen in der Regel einen Brief mit Originalunterschrift. Bis dieser in der Schweiz ankommt, können Sie schon halb verhungert sein. Vermeiden lässt sich der Zeitverlust, wenn Ihre Vertrauensperson, die eine Vollmacht auf Ihr Konto besitzt, das Geld überweist. Die Vertrauensperson können Sie zudem im Notfall Tag und Nacht erreichen, nicht nur während den Bürozeiten.

Schweizer Grossbanken haben in ihren ausländischen Niederlassungen meist keinen Bankschalter, an dem Sie das aus der Schweiz überwiesene Geld beziehen können. Das Geld wird meist an eine Korrespondenzbank im Ausland überwiesen und dort gegen Vorlage des Passes in der Regel in Lokalwährung ausgezahlt. Für Geldüberweisungen ins Ausland verlangen die Banken in der Schweiz unterschiedlich hohe Gebühren und auch der ausländischen Banken müssen Sie bei der Auszahlung meist Verarbeitungsspesen entrichten. Je nach Land und involvierten Banken, dauert eine Banküberweisung einige Tage.

Statt regelmässig Geld von der Schweiz ins Ausland zu überweisen, lohnt es sich – wenn Sie eine feste Adresse im Ausland haben –, vor Ort ein Bankkonto zu eröffnen und darauf gleich einen grösseren Betrag überweisen zu lassen. Dieses Geld können Sie dann mit der Kontokarte der Bank im Gastland am Schalter oder Geldautomaten beziehen.

Post
Die Post bietet verschiedene Möglichkeiten der Überweisung ins Ausland: Das Geld kann in der Schweiz von einer Vertrauensperson an einem Postschalter entweder bar eingezahlt oder per Zahlungsauftrag an eine ausländische Post zu Ihren Händen überwiesen werden. Es wird Ihnen dann bar in

lokaler Währung ausbezahlt. Wenn Sie im Ausland ein Postkonto besitzen, können Sie sich auch ab dem eigenen Konto oder ab dem Konto einer Drittperson in der Schweiz Geld ins Ausland überweisen lassen. Alle Transaktionen sind mit unterschiedlich hohen Gebühren belastet. Für Expressüberweisungen kommt ein Zuschlag hinzu. Postüberweisungen eignen sich vor allem innerhalb von Europa. Zwar sind sie auch in Entwicklungsländer möglich, doch ist wegen der fehlenden Strukturen vor Ort unter Umständen mit längeren Wartezeiten und Komplikationen zu rechnen.

SBB/Post/Western Union
Dank ihrer Zusammenarbeit mit der US-Firma Western Union ist es den SBB und der Post möglich, Geld innert Minuten in rund 185 Länder zu senden. Wollen Sie diesen Service beanspruchen, müssen Sie jemanden in der Schweiz beauftragen, zu Ihren Händen am Schalter eines grösseren SBB-Bahnhofs oder einer grösseren Post eine bestimmte Summe einzuzahlen. Wenig später erhalten Sie dann bei der nächstgelegenen Geschäftsstelle der Western Union das Geld gegen Vorlage Ihrer Personalpapiere gebührenfrei in der Lokalwährung ausbezahlt. Weltweit zählt Western Union rund 117 000 Geschäftsstellen, unter anderem Banken, Postämter, Apotheken, Geschäfte, Supermärkte, Bahnhöfe und Flughäfen. Der Vorteil von Western Union liegt nicht nur in der Geschwindigkeit der Geldüberweisung, sondern ebenso darin, dass Aufträge dank den SBB-Schalteröffnungszeiten auch abends und an Wochenenden möglich sind. Billig ist die Dienstleistung von Western Union allerdings nicht. Die Gebühren sind abhängig vom überwiesenen Betrag. So zahlt man beispielsweise für eine Überweisung von 300 bis 450 Franken eine Gebühr von 40 Franken. Bei einem Überweisungsbetrag von 3000 bis 3750 Franken beläuft sich die Gebühr auf 130 Franken.

Bargeldbezug im Ausland

Es gibt verschiedene Möglichkeiten, wie Sie im Ausland zu Bargeld kommen. Grundsätzlich benötigen Sie dafür entweder einen Reisecheck oder eine Plastikkarte – ausgestellt von der Post, einer Bank oder einer Kreditkartenfirma. Bevor Sie sich für eine bestimmte Karte entscheiden, sollten Sie unbedingt die Kosten sowie die allgemeinen Geschäftsbestimmungen vergleichen sowie die Möglichkeiten des Bargeldbezugs abklären. Lassen Sie sich dabei nicht von eindrücklichen Zahlen blenden; beispielsweise dass es weltweit einige hunderttausend Bezugsstellen bei Banken, Postämtern, Reisebüros oder Geldautomaten gibt. Fragen Sie direkt beim Kartenherausgeber nach, ob und wie viele Bezugsstellen in Ihrem Bestimmungsland tatsächlich existieren. In wirtschaftlich schwach entwickelten Ländern gibt es vielfach nur in grösseren Städten oder allenfalls nur in der Hauptstadt vereinzelte Bezugsmöglichkeiten – wenn überhaupt.

Reisechecks

Reise- oder Travelers Cheques können Sie im Ausland bei Banken, Wechselstuben oder grösseren Hotels einlösen; der auf dem Check vermerkte Betrag wird Ihnen in der Landeswährung bar ausbezahlt. Dabei ist aber meist eine Kommission zu entrichten – obwohl dies eigentlich nicht erlaubt wäre. Gibt es vor Ort mehrere Einlösestellen, lohnt es sich deshalb abzuklären, wo das Einlösen kommissionsfrei beziehungsweise zu den niedrigsten Kommissionen möglich ist. Beträgt die Kommission mehr als ein Prozent des Nennwerts, können Sie diese bei den Swiss Bankers Reisechecks gegen Vorzeigen des Wechselbelegs in der Schweiz von der Reischeckorganisation zurückfordern. Achtung: Es gibt auch Travelers Cheques in US-Dollar für zwei Personen. Beim Kauf müssen diese von zwei Personen unterschrieben werden, beim Einlösen braucht dagegen nur eine Person gegenzuzeichnen (weitere Details siehe Seite 200).

Travelcash-Karte

Diese kontounabhängige Karte ist eine Weiterentwicklung der Swiss Bankers Travelers Cheques. Dabei können Sie von der Bank einen gewünschten Betrag in Euro oder Dollar auf eine Karte in der Grösse einer Kreditkarte laden lassen. Sie zahlen dafür ein Prozent Kommission auf dem geladenen Betrag – die gleiche Gebühr wie beim Kauf eines Reisechecks. Mit der Travelcash-Karte können Sie in über 120 Ländern an Bancomaten mit dem Cirrus-Logo mittels PIN-Code so viel Bargeld beziehen, bis Ihr Kartenguthaben aufgebraucht ist. Je nach Währung zahlen Sie dafür aber 3 Euro oder 3 Dollar, die Ihnen gleich vom Kartenwert abgezogen werden. Bei einem Kartenverlust erhalten Sie die Karte mit dem Restwert in der Regel innert 24 Stunden kostenlos ersetzt. Die Travelcash-Karte befindet sich erst in der Testphase und wird zurzeit nur von der Berner Kantonalbank vertrieben (Stand Januar 2003).

Postcard

Eine ideale Geldbezugsquelle für Postkonto- und Postcardbesitzer: Bargeld kann man mit der Postcard mit dem PIN-Code europaweit aus Post- und Geldautomaten mit dem Logo «EUFISERV» sowie weltweit an Post- und Visa-Geldautomaten mit dem Logo «Plus» beziehen, und zwar pro Tag bis zu 1000 Franken in Landeswährung. Pro Bezug kann die Summe allerdings niedriger sein. Für jeden Bezug wird eine Gebühr von drei Franken auf dem Postkonto belastet – unabhängig von der Höhe des Betrags. Postcards werden bei Verlust im Ausland allerdings nicht ersetzt.

ec- und ec/Maestro-Karte

Die praktische Bezugsmöglichkeit für Inhaber eines Schweizer Bankkontos: Mit der normalen ec-Karte erhält man an vielen Geldausgabeautomaten in Europa und in den Mittelmeerländern mittels PIN-Code Bargeld in der Landeswährung. Je nach kontoführender Bank sind allerdings bei jedem Bezug unterschiedlich hohe, saftige Gebühren fällig. Pro Tag sind Bezüge bis zum Gegenwert von rund 1000 Franken möglich.

Die ec-Karte wird bis im Jahr 2004 von der Nachfolgekarte ec/Maestro abgelöst. Mit der neuen Karte lässt sich nicht nur an Bancomaten in Europa, sondern weltweit Geld beziehen – und zwar an Automaten mit dem Maestro- und Cirrus-Logo. Der weltweite Geldbezug mit der ec- und der ec/Maestro-Karte ist allerdings stark zu relativieren. Möglich ist dies nur in Staaten mit der entsprechenden Infrastruktur. Pro Bezug lassen sich bis zu 1000 Franken, pro Tag maximal 2000 und pro Monat 10 000 Franken beziehen – selbstverständlich nur gegen eine Gebühr.

Eurocheques

Seit dem 1. Januar 2002 geben die Schweizer Banken keine Eurocheques mehr heraus. Auch die meisten Banken im Ausland akzeptieren sie nicht mehr oder verlangen beim Einlösen unverschämte Gebühren. Zwar können Sie Eurocheques weiterhin zum bargeldlosen Zahlen verwenden. Die Garantie von 300 Franken pro Cheque ist jedoch aufgehoben. Also: Finger weg von diesem Cheque.

Kreditkarten

Wer eine Kreditkarte besitzt, kann im Ausland auf bestimmten Banken oder an bestimmten Geldausgabeautomaten mittels PIN-Code Bargeld beziehen. Der Bargeldbezug ist allerdings betragsmässig und zeitlich limitiert und je nach Karte und Bezugsort (Bancomat oder Bankschalter) mit einer Gebühr belastet. Informieren Sie sich darüber direkt beim Kartenherausgeber beziehungsweise bei der Bank, bei der Sie Ihr Konto führen. Aufgrund der zum Teil hohen Bezugsgebühren eignet sich die Kreditkarte für regelmässige Barbezüge nicht (mehr zur Kreditkarte siehe Seite 201).

Indirekt, dafür günstiger kommen Sie mit der American-Express-Kreditkarte zu Geld. In jedem der insgesamt 1700 Amexco-Reisebüros in über 160 Ländern können Sie nämlich als solventer Kunde mit der Amexco-Kreditkarte Amexco-Reisechecks beziehen. Wie oft Sie dies tun können und wie hoch der jeweilige maximale Bezug ist, hängt von Ihrem Kundenstatus ab. Erkundigen Sie sich also unbedingt beim Kundendienst über die genauen Konditionen beim Checkbezug im Ausland. Beim Kauf der Reisechecks zahlen Sie dann eine Kommission von einem Prozent der bezogenen Summe. Dafür werden Ihnen die Reisechecks bei Verlust ersetzt. Abgerechnet wird der Reisecheckbezug ganz normal über die monatliche Kreditkartenabrechnung. Diese Art der Geldbeschaffung eignet sich hervorragend für Langzeitreisende, die ständig auf Achse sind.

Geeignete Zahlungsmittel im Ausland

In jedem Land stellen Münzen und Noten in der Landeswährung das wichtigste Zahlungsmittel dar. In zahlreichen Staaten, insbesondere in Entwicklungsländern, sind zum Teil aber auch ausländische Hartwährungen – meist Dollar oder Euro – heiss begehrt. Von Land zu Land unterschiedlich kann die Akzeptanz von ec- oder Kreditkarten sowie Reisechecks sein.

Rüsten Sie sich deshalb immer mit verschiedenen Zahlungsmitteln aus; idealerweise mit Kreditkarte, Reisechecks und wenig Bargeld. Dadurch wird das Risiko, plötzlich ohne Geld dazustehen, auf eine Minimum reduziert. Welche Zahlungsmittel für Ihr Zielland geeignet sind – das heisst welche Sorte Kreditkarte, Reisechecks und welche Fremdwährung die grösste Akzeptanz haben –, erfahren Sie bei Banken, beim Swiss Bankers Travelers Cheque Center (Adresse Seite 203) oder bei Reisebüros.

Bargeld
Auf Bargeld können Sie in keinem Land verzichten. Doch grundsätzlich sollten Sie aus Sicherheitsgründen möglichst wenig davon auf sich tragen. Vor der Abreise empfiehlt sich, in der Schweiz nur gerade so viel Geld zu wechseln, wie Sie für die ersten Tage benötigen, denn Wechselkurse sind normalerweise im Ausland eher günstiger als in der Schweiz. Vergleichen Sie jedoch sorgfältig die Kurse von Banken und Wechselstuben und vermeiden Sie Hotels. In der Schweiz ist der Geldwechsel bei Ihrer Hausbank oder am SBB-Schalter am günstigsten. Wichtig für Reisende: Halten Sie immer eine Notreserve von der im Land beliebtesten Fremdwährung (vielfach US-Dollar oder Euro) in kleinen Scheinen bereit; das hilft so manche Tür öffnen.

• **Achtung:** Zahlreiche Länder kennen Betragslimiten für die Ein- und Ausfuhr von Devisen. Zum Teil ist die Ein- oder Ausfuhr sogar verboten. Halten Sie sich unbedingt an diese Vorschriften. Verstösse lohnen sich nie, sondern bereiten Ihnen nur unnötige Probleme.

Postcard-Eurocard / Postcard-Visa
Diese Kombination der Postcard mit der Eurocard/Mastercard- oder der Visa-Kreditkarte lässt sich wie eine gewöhnliche Kreditkarte (siehe nächste Seite) verwenden.

ec- und ec/Maestro-Karte
Mit der gewöhnlichen ec-Karte können Sie in europäischen Ländern an Kassenterminals in Läden und an Tankstellen mit PIN-Code – zum Teil auch nur mit Unterschrift – in der jeweiligen Landeswährung bezahlen. Abgerechnet wird dann in Schweizerfranken mit dem Devisenkurs im Zeitpunkt der Kontobelastung. Der bezahlte Betrag wird direkt Ihrem Bankkonto in der Schweiz belastet. Die Nachfolgekarte ec/Maestro ist grundsätzlich weltweit als Zahlungsmittel akzeptiert, in der Praxis aber erst in Ländern mit entsprechender Bankeninfrastruktur einsetzbar. Damit Sie beim Einsatz der ec-Karten keine bösen Überraschungen erleben, sollten Sie sich bei der kontoführenden Bank erkundigen, welche Gebühren sie Ihnen für jede Zahlung belastet. Wichtig zu wissen: ec-Karten werden bei Verlust im Ausland nicht ersetzt. Ersatzkarten werden nur in der Schweiz zugestellt. Reisen Sie also nie nur mit einer ec-Karte ins Ausland.

Reisechecks
Reise- oder Traveler Cheques sind ein beliebtes, vorausbezahltes, kontounabhängiges Reisezahlungsmittel mit hohem Sicherheitsstandard. Swiss Bankers und American Express Travelers Cheques gibt es in Schweizerfranken, Dollars und sieben weiteren Währungen. Sie sind bei fast allen Schweizer Banken, der Post, grösseren SBB-Bahnhöfen und bei American Express Reisebüros erhältlich und eignen sich nicht nur speziell gut für Reisen, sondern generell für mehrmonatige Auslandaufenthalte. Beim Kauf in der Schweiz zahlen Sie eine Kommission von nur einem Prozent des Checkbetrags. Bei Verlust werden Ihnen die Checks innerhalb von kurzer Zeit ersetzt. Zudem lassen sie sich bei Nichtgebrauch in der Schweiz jederzeit wieder spesenfrei in Bargeld umtauschen.

Die Reisechecks «Swiss Bankers» und «Amexco» werden von allen Schweizer Banken, diejenigen von «Thomas Cook» nur von vereinzelten Banken herausgegeben – und zwar in verschiedenen Währungen. Wählen Sie jeweils die im Gastland begehrteste Währung. Beim Einlösen in ausländischen Banken, Wechselstuben oder grösseren Hotels wird Ihnen grundsätzlich der auf dem Check vermerkte Betrag in der Landeswährung ausgezahlt. Dabei ist meist eine Kommission zu entrichten – obwohl dies eigentlich nicht erlaubt wäre. Beträgt die zusätzliche Kommission mehr als ein Prozent, können Sie diese jedoch bei Swiss Bankers Reisechecks gegen

Vorzeigen des Wechselbelegs in der Schweiz von der Reisecheckorganisation zurückfordern. Je nach Land und Abnehmer können Reisechecks zum Teil auch direkt als Zahlungsmittel eingesetzt werden. Verlieren Sie Ihre Reisechecks oder werden sie Ihnen gestohlen, müssen Sie diese sofort bei der Reisecheckorganisation sperren lassen. Das bedingt natürlich, dass Sie die SOS-Telefonnummer kennen. Sie erhalten dann die Adresse einer Bank in Ihrer Nähe, wo Sie in der Regel Ihre Ersatzchecks innert 24 Stunden abholen können. In entlegene Gebiete werden die Checks kostenlos per Kurier geliefert, dies jedoch meist nicht innerhalb eines Tages. Voraussetzung für den Checkersatz ist, dass Sie die Nummern der abhandengekommenen Checks und den Kaufort wissen. Ist dies nicht der Fall, bekommen Sie unter Umständen nur einen Teil der Summe zurückerstattet.

Kreditkarten
Wer vor der Abreise keine Kreditkarte besitzt, wird womöglich nicht daran denken, sich eine solche für den Auslandaufenthalt zuzulegen. Das wäre ein Fehler, denn ohne Kreditkarte sind Sie im Ausland in vielen Situationen benachteiligt – insbesondere auch auf Reisen: So können beispielsweise Autos meist nur gegen Vorlage eine Kreditkarte gemietet werden. Kreditkarten sind auch in Notfällen äusserst hilfreich – bei einem Spitalaufenthalt etwa können sie anstelle eines hohen Bargelddepots als Sicherheit dienen. Beim Bezahlen von grösseren Beträgen – etwa für Flugtickets, teure Souvenirs oder Hotelrechnungen – müssen Sie dank der Kreditkarte das mitgeführte Bargeld nicht anrühren. Zudem wird Ihnen ein relativ guter Wechselkurs berechnet. Und schliesslich lässt sich mit einer Kreditkarte auch Bargeld beziehen (siehe Seite 198).

Auf der anderen Seite sind Kreditkarten nicht in allen Ländern gleich stark verbreitet oder willkommen. In Ländern mit hoher Kriminalität ist beim Zahlen mit Kreditkarten zudem grösste Vorsicht geboten, da mit zahlreichen Tricks versucht wird, ans Geld des reichen Ausländers zu kommen.

Die wichtigsten Kreditkartenorganisationen sind Visa, Eurocard/Mastercard, American Express (Amexco) und Diners Club. Seit die Grossbanken, die Post und die in der Viseca zusammengeschlossenen restlichen Banken eigene Kreditkarten herausgeben, ist im Kartengeschäft ein harter Wettbewerb entbrannt. Das führt zu ganz unterschiedlichen Angeboten. Vergleichen Sie insbesondere die Jahresgebühren für die Erst- und für die Zusatzkarte (Partnerkarte), die monatlichen Ausgabenlimiten, die Kosten bei Verlust sowie die Zusatzleistungen wie 24-Stunden-Notfallservice, Bonuspunkte, Servicepakete sowie Reise- und Unfallversicherungen (letztere gelten nur, wenn das Arrangement mit der Karte bezahlt wird). Vergleichen Sie zudem die Zahl und die Standorte der Karten-Akzeptanzstellen in den für Sie wichtigen

Ländern. Im Fall eines Diebstahls oder Verlusts werden Kreditkarten in der Regel innert 48 Stunden ersetzt – je nach Kreditkartenherausgeber gratis oder gegen eine Gebühr. Bei Verlust müssen Sie die Karte aus Haftungsgründen sofort sperren.

Grundvoraussetzung, um eine Kreditkarte zu kriegen, sind ein Bankkonto in der Schweiz sowie ein gesichertes Einkommen. Bei Nichterwerbstätigen wird ein genügend grosses Bankguthaben erwartet, um die künftigen Rechnungen bezahlen zu können. Grundsätzlich nimmt die Kreditkartenfirma bei einem Antrag Rücksprache mit der Hausbank und veranlasst allenfalls auch eine Bonitätsprüfung via Betreibungsämter. Da auf den Antragsformularen ein Arbeitgeber eingetragen werden muss, sollten Sie idealerweise noch während Ihrer Erwerbstätigkeit eine Karte beantragen. Damit vermeiden Sie unnötige Diskussionen.

Alle Zahlungen mit Kreditkarte im Ausland werden Ihrem Bankkonto belastet. Die Kreditkartenfirma sendet Ihnen beziehungsweise Ihrer Kontaktperson in der Schweiz monatlich eine Abrechnung der getätigten Zahlungen. Entweder überweisen Sie dann den geschuldeten Betrag mit Rechnung oder per Lastschriftverfahren. Sorgen Sie also während des ganzen Auslandaufenthalts dafür, dass auf Ihrem Konto ständig genügend Geld vorhanden ist. Überziehen Sie Ihr Konto, zahlen Sie happige Zinsen.

• **Wichtig:** Überprüfen Sie die Monatsabrechnungen anhand der von Ihnen unterschriebenen Zahlungsbelege unbedingt auf Richtigkeit. Benützen Sie die Karte häufig, ist das Risiko gross, dass Ihnen irgend ein «netter» Hotelier, Restaurant- oder Ladenbesitzer auf dem Originalbeleg beim Rechnungsbetrag nachträglich noch eine Null anfügt. Solche Betrügereien können Sie bei der Kreditkartenfirma nur mit der Kopie des unterschriebenen Originalbelegs beanstanden. Auch beim Einkauf per Internet sollten Sie mit Ihrer Kreditkarte sorgsam umgehen. Vor allem bei dubiosen Händlern und auf vielen Sexseiten sind die Missbrauchrisiken hoch. Ungerechtfertigte Belastungen auf Ihrer Monatsabrechnung können Sie von der Kreditkartenorganisation stornieren lassen. In der Regel haben Sie für Reklamationen jedoch lediglich 30 Tage Zeit. Sind Sie also längere Zeit ohne feste Adresse im Ausland unterwegs, müssen Sie über Telefon, Fax, E-Mail oder per Post mithilfe einer Vertrauensperson in der Schweiz sicherstellen, dass die Abrechnungen fristgerecht überprüft werden. Sonst verlieren Sie Ihren Anspruch auf Rückerstattung.

Achten Sie bei längeren Auslandaufenthalten auf das Verfalldatum der Kreditkarte. Amexco ist als einzige Karte vom Ausstellungsdatum an zwei Jahre gültig, die übrigen Karten verlieren ihre Gültigkeit nach einem Jahr und werden bei Ablauf durch eine neue ersetzt, welche Ihnen die Kreditkartenfirma kurz vor Kartenverfall per Post zustellt. Verfällt nun die Karte wäh-

Vorbereitung: Finanzen

rend eines Auslandaufenthalts, liegt es an Ihnen, die Kreditkartenfirma über den Zustellort im Ausland zu informieren. Vergessen Sie dies, liegt die neue Karte eines Tages bei der angegebenen Kontaktperson im Briefkasten, statt in Ihrem Portemonnaie. Dann muss Ihnen die Karte, welche noch nicht einmal Ihre Unterschrift trägt, aus Sicherheitsgründen mit einem privaten Kurierdienst (etwa EMS Worldwide, DHL, Federal Express) für teures Geld ins Ausland nachgesandt werden.

- Informieren Sie sich über die Möglichkeiten der Geldüberweisung ins Zielland vor dem Wegzug; insbesondere über die Gebühren und die Dauer einer Überweisung.
- Klären Sie bei den verschiedenen Bezugsmöglichkeiten von Bargeld im Ausland immer ab, wie hoch die Gebühren sind. Informieren Sie sich vor der Abreise zudem über die Zahl und die Standorte der Bezugsquellen beziehungsweise Geldautomaten im Aufenthaltsland.
- Bevor Sie sich eine Kreditkarte zulegen, sollten Sie die verschiedenen Karten bezüglich Jahresgebühr, Akzeptanz im Gastland, Anzahl und Standorte der Bezugsquellen für Bargeld und den Gebühren beim Geldbezug vergleichen.
- Achten Sie darauf, dass die Kreditkarte während des gesamten Auslandaufenthalts gültig ist und lassen Sie sich vor der Abreise von der Kreditkartenfirma eine Liste mit Bezugsmöglichkeiten (Banken, Reisebüros) für Bargeld im Gastland geben.
- Einen Verlust der Kreditkarte müssen Sie sofort bei der Kreditkartenorganisation melden. Führen Sie deshalb die Telefonnummer für Kartensperrungen ständig mit sich.

- **Swiss Bankers Travelers Cheque Center**
Kramgasse 4, 3506 Grosshöchstetten, Tel. 031 710 11 11,   *Adressen*
Internet www.swissbankers.ch (Informationen zu über 160 Ländern zur geeigneten Travelers Cheque-Währung, deren Akzeptanz, zu den Einlösestellen und zu den Telefonnummern für Checkersatz bei Verlust)

Kapitalanlagen

Das Budget ist gemacht, die Finanzierung steht, die Finanzangelegenheiten sind in guten Händen. Und was geschieht mit dem Vermögen während des Auslandaufenthalts oder bei einer Auswanderung? Alles in der sicheren Schweiz anlegen? Oder einen Teil davon im Ausland? In eine Versicherung stecken, um für das Alter vorzusorgen?

Wenn Sie nur vorübergehend der Schweiz den Rücken kehren, transferieren Sie mit Vorteil nur den Teil Ihres Vermögens ins Ausland, auf den Sie jederzeit zugreifen möchten. Den Grundstock belassen Sie in der Schweiz. Hier besteht nach wie vor eine hohe Sicherheit, politische und soziale Stabilität und eine tiefe Inflationsrate. Zudem ist der Zugriff auf das Vermögen und dessen Verwaltung mit den heutigen Kommunikationsmitteln aus dem Ausland immer weniger ein Problem.

Lassen Sie sich langfristig im Ausland nieder oder wandern Sie gar definitiv aus, ändert sich der Anlagefokus auf die Referenzwährung des Gastlands, auf die Währung also, in der künftig Ihre Lebenshaltungskosten anfallen. Der Schweizerfranken wird dadurch beispielsweise für einen nach Kanada ausgewanderten Schweizer zur Fremdwährung – eine Fremdwährung allerdings, die durch ihre bisherige Stärke höchst attraktiv ist. Deshalb lohnt es sich auch für diese Gruppe von Anlegern, teilweise im Schweizerfranken investiert zu bleiben. Mit dieser Strategie sind sie nicht allein: Schliesslich lebt der Finanzplatz Schweiz weitgehend von vielen ausländischen Investoren, die gleich denken.

Zugegeben: Die Zinsen in der Schweiz sind verglichen mit anderen Ländern gewöhnlich tief. Die Zinsdifferenz allein sollte jedoch nicht ausschlaggebend sein, Ihr Vermögen in einem Hochzinsland anzulegen – auch wenn Sie dort Wohnsitz nehmen. Hohe Zinsen gehen in der Regel mit einer hohen Geldentwertung (Inflation) einher. Eine sichere Geldanlage im Wohnsitzland zu 12 Prozent verzinst, bringt Ihnen herzlich wenig, wenn die Inflation gleichzeitig 15 Prozent beträgt. Im Gegenteil: Sie erleiden einen realen Wertverlust von 3 Prozent und hätten mit einer 3-prozentigen Anlage in Schweizerfranken das bessere Geschäft gemacht. Zu berücksichtigen ist dabei allerdings die Entwicklung des Schweizerfrankens gegenüber der Währung des Wohnsitzlands. Hat der Franken an Wert verloren, ist aus dem guten Geschäft nichts geworden. Bei Anlageentscheiden müssen Sie deshalb auch immer die Währungsrisiken und die Inflation mit einbeziehen.

Lassen Sie sich bei Geldanlagen – in der Schweiz oder im Ausland – nicht von attraktiven Bruttorenditen blenden. Nach Abzug sämtlicher Gebühren für den Kauf, Verkauf, die Aufbewahrung und die Verwaltung der Wertschriften sowie für allfällige Transaktionskosten bleibt «unter dem Strich» meist deutlich weniger übrig als ursprünglich erhofft. Zusätzlich können Steuern auf Kapitalerträgen und Kursgewinnen die Rendite nicht unerheblich schmälern. In der Schweiz sind beispielsweise Kursgewinne beim Bund und in allen Kantonen für Privatpersonen noch steuerfrei. In den meisten Länder werden Kapitalgewinne dagegen besteuert. Anlageentscheide im In- und Ausland sind also immer auch mit Blick auf die Besteuerung von Vermögen und Vermögenserträgen zu fällen.

Bei der Wahl der geeigneten Geldanlage während eines Auslandaufenthalts sollten Sie im Weiteren sicherstellen, dass Sie bei der Rückkehr auf genügend flüssige Mittel zugreifen können. Es wäre unsinnig, vor der Abreise zu einem dreijährigen Auslandaufenthalt nicht benötigtes Kapital in eine fünfjährige Kassenobligation zu investieren. Ebenso ungeschickt wäre der Kauf von Aktien, wenn Sie bei der Rückkehr auf das Geld angewiesen sind. An der Börse gehandelte Aktien, wie auch andere Wertpapiere, lassen sich zwar jederzeit verkaufen. Sind Sie aber in einem ungünstigen Zeitpunkt zum Verkauf gezwungen, kann das zu einem happigen Verlust führen.

Vor jedem Anlageentscheid sind Sie mit dem magischen Dreieck Liquidität, Risiko und Rendite konfrontiert. Diese drei Faktoren konkurrenzieren sich gegenseitig. Wer eine hohe Liquidität wünscht – also jederzeit über das Geld verfügen will –, muss in der Regel bei der Rendite Abstriche machen. Das Gleiche gilt bei der Sicherheit: Je mehr Sicherheit Sie wollen, desto kleiner ist die Rendite. Kurz: Höchste Rendite bei gleichzeitig geringstem Risiko und höchster Liquidität lässt sich nicht erreichen. Alle drei Faktoren müssen Sie aufgrund Ihres persönlichen Anlageprofils gewichten – am besten mithilfe von versierten Anlage- und Versicherungsberatern, die sich auch mit internationalen Kapitalanlage- und Vorsorgelösungen auskennen.

Es würde den Rahmen dieses Ratgebers sprengen, im Detail auf alle möglichen Anlagestrategien einzugehen. Zu unterschiedlich sind Situation und Bedürfnisse jedes und jeder Einzelnen. Im Folgenden geht es also lediglich darum, Ihnen für Auslandaufenthalte oder für eine Auswanderung einige grundsätzliche Anregungen und Tipps zu geben.

Sparkonto
Das Spar- beziehungsweise Anlagekonto bei der Bank eignet sich für kurzfristige Anlagen. Die grosse Liquidität dieser Anlagevariante wird allerdings mit einem tiefen Zins erkauft. Achten Sie neben den Zinskonditionen unbedingt auf die Rückzugsmöglichkeiten. Bei gewissen Anlagekonten müssen Sie Geldbezüge der Bank vorgängig innert einer bestimmten Frist ankündigen; zudem sind diese zum Teil in Höhe und Häufigkeit beschränkt.

Fremdwährungskonto
Fremdwährungskonten werden nicht in Schweizerfranken, sondern in einer bestimmten Fremdwährung geführt – etwa in Dollar, Euro oder Pfund. Sie dienen dazu, Geschäfte in dieser Währung abzuwickeln. Über ein Fremdwährungskonto können Sie gleich verfügen wie über jedes andere Bankkonto. Der hauptsächliche Unterschied liegt darin, dass Guthaben auf einem Fremdwährungskonto nicht bei der Bank in der Schweiz, sondern bei einer Korrespondenzbank im Ausland liegen und in der Regel nicht oder erst ab

einem bestimmten Kontostand verzinst werden. Bei Geldbezügen in der ausländischen Währung ist die Differenz (Agio) zwischen Devisen- und Notenkurs zu bezahlen.

Die Eröffnung eines Fremdwährungskontos eignet sich für Personen, die in absehbarer Zeit ins Ausland verreisen und dort ein Bankkonto unterhalten wollen. Mit einem Fremdwährungskonto sind Sie keinen Wechselkursrisiken ausgesetzt. Planen Sie beispielsweise, in einem Jahr in die USA auszuwandern, können Sie immer bei günstigen Wechselkursen die später benötigten Dollar zum Devisenkurs kaufen und auf Ihrem Fremdwährungskonto deponieren. Der Devisenkurs ist günstiger als der Notenkurs, den man für Bargeld zahlt. Damit Sie keinen Zinsverlust erleiden, sollten Sie das Geld aber nicht einfach auf dem Fremdwährungskonto liegen lassen, sondern damit arbeiten. Sie können zum Beispiel gut verzinste US-Obligationen eines erstklassigen Schuldners kaufen und die Couponszahlungen in Dollar gleich wieder für eine Wiederanlage verwenden. Verlegen Sie dann Ihren Wohnsitz in die USA, besitzen Sie schon Kapitalanlagen in US-Dollar, die Sie zu vorteilhaften Kursen erworben haben.

Besitzen Sie ein Fremdwährungskonto bei einer Schweizer Bank, können Sie auch je nach Kreditkartenorganisation Ihre Zahlungen mit der Kreditkarte in der entsprechenden Währung über das Fremdwährungskonto abrechnen lassen. Dadurch entfällt die übliche Bearbeitungsgebühr für das Umrechnen von Fremdwährungen.

Soliswiss-Sparkonto

Der Solidaritätsfonds der Auslandschweizer Soliswiss bietet seinen Genossenschafterinnen und Genossenschaftern mit dem Soliswiss-Sparkonto eine spezielle Sparform an, die gleichzeitig auch eine Versicherung gegen einen politisch bedingten Existenzverlust beinhaltet (Details siehe Seite 351). Das Sparkonto eignet sich für Schweizerinnen und Schweizer, die sich längerfristig im Ausland niederlassen oder für immer auswandern.

Die Höhe der Einlage bestimmen Sie als Mitglied selbst. Das Besondere beim Soliswiss-Sparkonto: Die Verzinsung schwankt nicht so stark wie bei herkömmlichen Bankkonten. Soliswiss bemüht sich, den Zinssatz langfristig konstant zu halten – soweit dies die Ertragssituation von Soliswiss und das allgemeine Zinsniveau erlauben. In der Regel wird das Soliswiss-Sparkonto mit 3,5 Prozent verzinst. Die Verzinsung ist verrechnungssteuerfrei.

Der Zinssatz ist jedoch nicht mit der effektiven Rendite gleichzusetzen. Diese liegt tiefer, da auf dem Kontosaldo eine obligatorische Risikoprämie für die Versicherung gegen einen politisch bedingten Existenzverlust im Ausland erhoben wird. Diese Risikoprämie macht rund 0,4 Prozent des Saldos aus; in jedem Fall muss sie mindestens 40 Franken betragen. Mit der Risikoprämie ist eine Pauschalentschädigung versichert, die das 250-Fache der Risikoprämie ausmacht, jedoch mindestens 10 000 Franken beträgt. Ein Mitglied oder eine Familie kann sich bis zu maximal 300 000 Franken gegen einen allfälligen Existenzverlust versichern.

Spareinlagen auf dem Soliswiss-Sparkonto lassen sich jederzeit erhöhen oder reduzieren. Das Sparkapital kann nach Ablauf von drei Jahren mit dem bis dahin angefallenen Zins jederzeit und ohne Kündigungsfrist bezogen werden. Vor Ablauf dieser Frist besteht nur Anspruch auf das unverzinste Sparkapital. Bei Rückzahlungen werden die Risikobeiträge für die Existenzverlustversicherung selbstverständlich nicht zurückerstattet.

Die auf Soliswiss-Sparkonten eingezahlten Gelder werden nach einer konservativen Anlagestrategie von der eidgenössischen Finanzverwaltung sowie von Vermögensverwaltungsbanken investiert. Der Bund gewährt Soliswiss für die politische Existenzabsicherung eine unbeschränkte Ausfallgarantie. Für Soliswiss-Mitglieder bedeutet dies maximale Sicherheit, denn dank der Bundesgarantie kann Soliswiss die an die Genossenschafter zu leistenden Entschädigungen jederzeit auszahlen – auch wenn das Genossenschaftsvermögen für die Deckung aller Ansprüche nicht reichen würde.

Aktien

Je nach Destination besteht bei Aktien während eines Auslandaufenthalts ein Überwachungsproblem. Wie erfährt man im afrikanischen Busch die aktuellen Börsenkurse? Wer sicher schlafen will, verkauft die Aktien vor der Abreise. Wer langfristig anlegt – eigentlich ein Muss für Aktienkäufer – und die Wertpapiere stehen lässt, muss hart im Nehmen sein: Unter Umständen haben Sie bei der Rückkehr einen Buchverlust von 50 Prozent und mehr zu verdauen. Oder Sie können sich über einen Kursgewinn freuen. Die hohen Renditen von Aktienanlagen allerdings gehören wohl der Vergangenheit an; in der heutigen Börsensituation wagen auch Spezialisten keine Prognosen mehr. Wer in Aktien investieren will, sollte auf jeden Fall solide Werte – so genannte Blue Chips – wählen und breit diversifizieren.

Obligationen

Die Zeiten, da man mit Obligationen ruhig schlafen konnte, sind vorbei. Die an der Börse gehandelten Anleihensobligationen sind heute aufgrund der Kursschwankungen und allfälligen Rückstufungen in der Bonität ebenso zu überwachen wie Aktien. Wenn Sie während Ihres Auslandaufenthalts nicht regelmässig ein Auge auf Ihre Obligationen werfen können, sollten Sie sicherstellen, dass der Obligationsschuldner von den Ratingagenturen mit der Bestnote AAA bewertet ist. Keine Sorgen wegen Kursschwankungen müssen Sie sich machen, wenn Sie erstklassige Obligationen bis zum Ablauf behalten wollen. Dann werden sie zum Nennwert zurückgezahlt. Legen Sie Obligationen unbedingt in ein Bankdepot. So verpassen Sie es nicht, die Coupons einzulösen, und wissen Ihr Geld bei einer frühzeitigen Rückzahlung der Obligation in Sicherheit.

Wer auf Nummer sicher gehen will, kann das Geld für die Dauer des Auslandaufenthalts auch in eine Kassenobligation bei einer Schweizer Bank anlegen. Diese werden mit Laufzeiten ab zwei Jahren angeboten, sind zurzeit aber renditemässig nicht sehr interessant.

Anlagefonds
Zwar sind auch die Anteile von Anlagefonds den Marktschwankungen ausgesetzt; sie sollten aber aufgrund der Diversifikation niedrigeren Risiken unterworfen sein als direkte Anlagen in Aktien und Obligationen. Die sicherste Anlage punkto Kursschwankungen sind Geldmarktfonds; sie sind gleichzeitig auch am unattraktivsten bezüglich der Verzinsung.

Mit Anlagefonds haben Sie nicht nur die Möglichkeit in unterschiedliche Arten von Wertpapieren zu investieren (Obligationen, Aktien, Geldmarktpapiere), sondern auch in verschiedene Branchen, Länder, Währungen und Immobilien. Damit Sie sich während Ihrer Auslandabwesenheit nicht um die ausgeschütteten Zinsen kümmern müssen, sollten Sie so genannte thesaurierende Fonds bevorzugen. Bei diesen Fonds wird der Zinsertrag nicht ausgezahlt, sondern automatisch wieder in den Fonds investiert. Möchten Sie mit Anlagefonds auf Nummer sicher gehen, investieren Sie in einen so genannten Absicherungsfonds. Hier ist das Risiko begrenzt, da eine Mindestrückzahlung garantiert wird – egal, wie tief der Kurs sinkt. Den Gewinn an Sicherheit zahlen Sie allerdings mit einer tieferen Rendite.

Lebensversicherungen
Lebensversicherungen sind grundsätzlich langfristige Anlageprodukte. Ziel und Zweck sind je nach Produkt unterschiedlich: Mit der gemischten Lebensversicherung (Säule 3b) decken Sie das Todesfallrisiko ab und betreiben gleichzeitig eine systematische Vermögensbildung. Die Einmaleinlageversicherung ist vor allem ein Anlageinstrument mit geringem Risikoschutz. Die Leibrente deckt dagegen keine Risiken ab, garantiert aber ein regelmässiges Einkommen auf Lebzeiten. Je nach Produkt sind Versicherungslösungen steuerlich begünstigt (siehe auch Seite 261).

Überlegen Sie sich gut, ob Sie sich wirklich einer jahrzehntelangen Spardisziplin unterziehen wollen – und es sich finanziell auch leisten können (Vorsorgepolice, gemischte Lebensversicherung). Oder ob es sinnvoll ist, einen grösseren Betrag auf einmal einzuzahlen, mit Hinblick auf die spätere Auszahlung einer Rente oder eines Kapitals (Einmaleinlageversicherung, Leibrente). Lösen Sie einen Versicherungsvertrag vorzeitig auf, kann das leicht einen Verlust von einigen tausend Franken bedeuten (siehe Seite 186). Es lohnt sich deshalb, vor dem Abschluss genügend Zeit zu investieren, um die Bedürfnisse abzuklären und sich Klarheit zu verschaffen über die Produktekriterien, die Ihnen wichtig sind. Steht eine garantierte Leistung im Erlebensfall im Vordergrund oder wünschen Sie eine möglichst hohe Rendite? Können Sie Kursschwankungen verkraften? Je nach Produkt sind Lebensversicherungen auch mit Anlagefonds oder an Börsenindices gekoppelt und können in verschiedenen Währungen abgeschlossen werden. Die Produktepalette ist riesig, das Angebot aufgrund der verschiedenen Varianten und Kombinationen für den Laien oft verwirrend. Holen Sie unbedingt mehrere Offerten ein. Beratung finden Sie bei seriösen Versicherungsexperten.

Wohin mit dem Freizügigkeitskapital?

Wenn Sie Ihre Erwerbstätigkeit wegen eines temporären Auslandaufenthalts aufgeben, bevor Sie das Pensionsalter erreichen, müssen Sie Ihr bei der Pensionskasse angespartes Freizügigkeitskapital entweder auf einem Freizügigkeitskonto bei einer Bank oder auf einer Freizügigkeitspolice bei einer Versicherung anlegen. Auch bei einer definitiven Auswanderung können Sie das Freizügigkeitskapital auf ein solches Konto oder in eine Police einzahlen und dort bis zur ordentlichen Pensionierung und sogar fünf Jahre darüber hinaus liegen lassen. Bei einer Auswanderung lässt sich das Freizügigkeitskapital allerdings auch bar beziehen (siehe Seite 187).

Wer das Freizügigkeitskapital bei der Auswanderung liegen lässt, zu einem späteren Zeitpunkt jedoch einen Teilbetrag davon beziehen möchte, kann das Geld auf maximal zwei verschiedene Konten, auf zwei Policen oder einen Teil auf ein Konto, den anderen Teil auf eine Police überweisen lassen. So lässt sich das Kapital bei Bedarf von jeder Freizügigkeitseinrichtung einzeln beziehen. Dieses Vorgehen ist nötig, weil Ratenbezüge von Freizügigkeitskapital sonst nicht möglich sind.

Freizügigkeitskonten sind spezielle Konten bei einer Bankstiftung für Freizügigkeitskapital. Guthaben auf einem Freizügigkeitskonto werden zu einem Vorzugszins verzinst; weder Zinserträge noch Guthaben müssen versteuert werden. Ein Bankenwechsel ist jederzeit möglich, ebenso die Kündigung des Kontos, sofern die gesetzlichen Voraussetzungen erfüllt sind. Mit einem Freizügigkeitskonto sind Sie deshalb sehr flexibel. Es eignet sich vor allem bei kürzeren Auslandaufenthalten, wenn Sie keinen Versicherungsschutz für den Todesfall benötigen. Dieses Risiko ist nicht abgedeckt.

Anlagestiftung: Wenn Sie für längere Zeit – mindestens für fünf Jahre – ins Ausland ziehen oder Ihr Freizügigkeitskapital bis zur ordentlichen Pensionierung langfristig anlegen wollen, können Sie es auch einer Bankstiftung anvertrauen, die das Kapital nach den gleich strengen Richtlinien wie Pensionskassen investiert, aber die gesetzlich erlaubte Möglichkeit ausnutzt, bis zu 50 Prozent in Aktien anzulegen. Je höher der Aktienanteil, desto grösser ist die Chance, dass Ihr Kapital langfristig höhere Renditen abwirft als auf einem normal verzinsten Freizügigkeitskonto. Dafür gehen Sie auch mehr Kursrisiken ein. Je nach Börsenlage erhalten Sie bei der Auszahlung auch viel weniger, als sie ursprünglich einzahlten. Anlagestiftungen garantieren weder einen Minimalzins noch die volle Rückzahlung des eingezahlten Kapitals.

Anlagestiftungen werden von Banken, Versicherungsgesellschaften und Verbänden angeboten. Wählen Sie mit Vorteil eine Stiftung, die der Konferenz Geschäftsführender Anlagestiftungen (KGAST, Adresse siehe unten) angehört. Diese halten sich an strenge Richtlinien zur Qualitätssicherung.

Freizügigkeitspolicen sind spezielle Versicherungspolicen, in denen angespartes Freizügigkeitskapital angelegt werden kann. Sie bestehen aus einem Risiko- und einem Vermögensteil. In der Regel ist dabei das Todesfallrisiko versichert. Stirbt die versicherte Person, erhalten ihre Hinterlassenen die in der Police festgesetzte Summe ausgezahlt – die höher ist als der anfänglich eingebrachte Betrag. Ein kleiner Teil des Freizügigkeitskapitals wird für die Deckung der in der Police vorgesehenen Risiken verwendet. Der Rest wird gemäss den BVG-Anlagerichtlinien investiert und zu einem festen Zins verzinst. Arbeitet die Versicherung mit Gewinn, kommen noch Überschusszahlungen hinzu. Diese sind aber nie garantiert.

Freizügigkeitspolicen sind jederzeit kündbar, solange die gesetzlichen Bestimmungen eingehalten werden. Da sie jedoch längerfristig ausgerichtet sind – in der Regel aufs reguläre Pensionsalter hin –, ist ein vorzeitiger Rücktritt renditemässig nicht attraktiv. Praktisch keine Nachteile entstehen jedoch, wenn Sie die Freizügigkeitspolice kündigen, um ihren Wert in eine neue Vorsorgeeinrichtung einzubringen.

- Möchten Sie während Ihres Auslandaufenthalts das Todesfallrisiko versichern, ist Ihr Freizügigkeitskapital bei einer Versicherung am richtigen Ort. Freizügigkeitskonten von Banken bieten diesen zusätzlichen Versicherungsschutz nicht, rentieren aber besser.
- Bevor Sie den Antrag für eine Freizügigkeitspolice unterschreiben, sollten Sie verschiedene Offerten einholen und die Konditionen vergleichen.

- **KGAST**
Internet www.kgast.ch (In der Konferenz Geschäftsführender Anlagestiftungen KGAST sind zwölf Anlagestiftungen zusammengeschlossen. Die KGAST unterhält kein eigenes Sekretariat. Bei Fragen müssen Sie sich direkt an ein KGAST-Mitglied wenden) Adressen

Die Sozialversicherungen

Ob Sie für kurze oder längere Zeit ins Ausland ziehen oder der Schweiz definitiv den Rücken kehren; kümmern Sie sich in jedem Fall um Ihren Versicherungsschutz im Alter, bei Invalidität, Tod, Arbeitslosigkeit, Unfall und Krankheit. Wer diesen Risiken zu wenig Bedeutung beimisst, wird im Schadenfall das Nachsehen haben. Um die zum Teil komplizierte Materie verstehen zu können, sollten Sie das Schweizer Sozialversicherungssystem und seine Versicherungszweige in den Grundzügen kennen. Natürlich kann dieser Ratgeber nicht ins Detail gehen. Im Folgenden wird deshalb nur auf die wesentlichsten Punkte eingegangen, die für Auslandaufenthalter relevant sind oder zum Verständnis der schwierigen Materie beitragen.

Das schweizerische Sozialversicherungssystem

- **Erste Säule:** Die Alters- und Hinterlassenenversicherung (AHV) sowie die Invalidenversicherung (IV) sollen den Existenzbedarf decken (siehe Seite 213).
- **Zweite Säule:** Die berufliche Vorsorge (BVG, Pensionskasse, siehe Seite 232) soll im Alter sowie für Hinterlassene und Invalide ergänzend zur ersten Säule die Fortsetzung der gewohnten Lebenshaltung sichern.
- **Dritte Säule:** Das freiwillige Bank- und Versicherungssparen deckt den weiteren persönlichen Bedarf im Alter oder bei Eintritt eines bestimmten Schadenfalls (siehe Seite 261).

Weitere Bereiche

- **Obligatorische Krankenpflegeversicherung:** Versichert ist die gesamte Wohnbevölkerung für Heilungs- und Behandlungskosten (siehe Seite 246).
- **Gesetzliche Unfallversicherung (UVG):** Sie deckt das Risiko Unfall für Erwerbstätige, wobei Arbeitnehmer obligatorisch versichert sind, Selbständigerwerbende freiwillig beitreten können (siehe Seite 239).
- **Arbeitslosenversicherung (ALV):** Sie ist für Unselbständigerwerbende obligatorisch (siehe Seite 228).

Ziehen Sie vorübergehend ins Ausland, müssen Sie darauf achten, dass Sie möglichst nicht aus diesem Sozialversicherungssystem kippen. Je nach Situation bleiben Sie automatisch den schweizerischen Sozialversicherungen unterstellt, können freiwillig weiter versichert bleiben oder müssen den Sozialversicherungen des Gastlands beitreten. Entscheidend sind unter anderem Wohnsitz, Beschäftigungsland und Arbeitgeber.

Wandern Sie definitiv aus der Schweiz aus, müssen Sie wissen, ob Sie gewisse Bereiche Ihres bisherigen schweizerischen Versicherungsschutzes im Ausland freiwillig weiterführen können und ob das überhaupt Sinn macht. Das lässt sich natürlich nur beantworten, wenn Sie die Leistungen des Sozialversicherungssystems im künftigen Wohnsitzland kennen. Informationen dazu erhalten Sie bei den ausländischen Vertretungen in der Schweiz (siehe Seite 410).

Ausländische Sozialversicherungssysteme unterscheiden sich zum Teil stark vom schweizerischen. Sie wurden nach den landesspezifischen Verhältnissen und Bedürfnissen entwickelt, sind anders aufgebaut, haben andere Versicherungs-, Deckungs-, Beitrags- und Leistungsstrukturen. Für Schweizerinnen und Schweizer im Ausland können sich dadurch Deckungslücken oder Überschneidungen ergeben. In zahlreichen Ländern sind ausländische Staatsbürger aufgrund der Gesetzgebung gegenüber Einheimischen zudem direkt oder indirekt benachteiligt; vielfach können Leistungen erst nach einer bestimmten Wartezeit beziehungsweise Beitragsdauer in Anspruch genommen werden.

Sozialversicherungsabkommen mit anderen Staaten

Um solchen Nachteilen entgegenzuwirken hat die Schweiz mit verschiedenen Staaten Sozialversicherungsabkommen.

Zentrales Element eines jeden Sozialversicherungsabkommens ist der Grundsatz der Gleichbehandlung: Schweizer Bürgerinnen und Bürger sollen in der Sozialversicherung des Partnerstaats wie dessen eigene Staatsangehörige behandelt werden. Je nach Land und Versicherungszweig betrifft das nicht nur die Person, welche der Sozialversicherung Beiträge bezahlt; mitversichert sind unter Umständen die ganze Familie und nach dem Tod der versicherten Person ihre Hinterlassenen. Sozialversicherungsverträge beinhalten Regelungen zu den staatlichen Alters-, Hinterlassenen- und Invalidenversicherungen, meist zu Unfall- und teilweise zu Krankenversicherungen. Die Abkommen verpflichten die Partnerländer in der Regel zudem, Schweizer Einwanderern die gleichen Familienzulagen wie ihren eigenen Bürgern zu gewähren. Die berufliche Vorsorge wird von den Abkommen nicht geregelt. Im Bereich der Arbeitslosenversicherung bestehen besondere Abkommen mit den Nachbarstaaten.

Die Sozialversicherungsabkommen sehen vor, dass Schweizer Arbeitnehmer und Arbeitnehmerinnen sowie Selbständigerwerbende grundsätzlich in jenem Land der Sozialversicherung unterstellt sind, in dem sie ihre Erwerbstätigkeit ausüben (Erwerbsortsprinzip). Alle Abkommen nehmen aber bestimmte Personengruppen von diesem Erwerbsortsprinzip aus; beispielsweise Diplomaten oder Arbeitnehmer, die von öffentlichen Diensten oder von Schweizer Firmen ins Ausland entsandt werden. Diese bleiben in den Vertragsländern unter gewissen Umständen von den ausländischen Sozialversicherungsbeiträgen befreit und sind in der Schweiz weiter versichert. In Ländern ohne Abkommen unterstehen Auslandschweizer dagegen grundsätzlich immer dem Sozialversicherungsgesetz des Gastlands – auch wenn sie ihre Versicherung in der Schweiz weiterführen.

- **Wichtig:** Sozialversicherungsabkommen werden als Paket abgeschlossen. Sie können also nicht einzelne Versicherungszweige aus dem System des anderen Landes herauspicken, wenn sie Ihnen punkto Beitragshöhe und Leistungsumfang besonders vorteilhaft erscheinen. Auch bedeutet die Gleichbehandlung von Auslandschweizern und einheimischen Bürgern durch ein Sozialversicherungsabkommen keine Angleichung der Versicherungsleistungen ans schweizerische Niveau. Haben Sie sich in einem Land niedergelassen, das viel tiefere Altersrenten als die Schweiz zahlt, erhalten Sie aufgrund Ihrer Nationalität oder des Sozialversicherungsabkommens keine höhere Rente als Einheimische.

Die Gleichbehandlung der Schweizer Bürgerinnen und Bürger im Bereich der Sozialversicherungen regeln in den EU-Ländern die bilateralen Abkommen im Rahmen der Personenfreizügigkeit. In den EFTA-Ländern gelten grundsätzlich die gleichen Bestimmungen. Daneben hat die Schweiz mit zahlreichen Ländern ein Sozialversicherungsabkommen abgeschlossen (siehe Kasten).

Staaten, mit denen ein Sozialversicherungsabkommen besteht
(In diesen Staaten gibt es keine Doppelversicherung im Bereich der Sozialversicherung)

- EU-Länder (bilaterale Abkommen im Rahmen der Personenfreizügigkeit)*
- EFTA-Länder (revidierte EFTA-Konvention)*
- Chile
- Israel
- Nachfolgestaaten von Ex-Jugoslawien
  (Bosnien-Herzegowina, Montenegro, Serbien)
- Kanada / Quebec
- Kroatien
- Mazedonien
- Philippinen
- San Marino
- Slowakei
- Slowenien
- Ungarn
- Tschechien
- Türkei
- USA
- Zypern

* (Details siehe Seite 46)

Die Alters-, Hinterlassenen- und Invalidenversicherung (AHV/IV)

Die Alters- und Hinterlassenenversicherung (AHV) sowie die Invalidenversicherung (IV) sind in der Schweiz staatlich verordnet. Der AHV und IV untersteht, wer in der Schweiz wohnt oder arbeitet. Ebenso die meisten von einer Schweizer Firma entlöhnten und ins Ausland entsandten Arbeitnehmer. Erwerbstätige sind ab dem 1. Januar nach dem vollendeten 17. Altersjahr beitragspflichtig. Unselbständigerwerbende zahlen zusammen mit dem

Arbeitgeber von ihrem Bruttolohn 8,4 Prozent AHV und 1,4 Prozent IV. Selbständigerwerbende entrichten je nach ihrem Einkommen 4,2 bis 7,8 Prozent an die AHV und 1,4 Prozent an die IV. Hinzu kommen die Beiträge für die Erwerbsersatzordnung und die Arbeitslosenversicherung; letztere allerdings nur für Arbeitnehmer. Abgerechnet werden die AHV/IV-Beiträge über die AHV-Ausgleichskassen. Der Arbeitgeber muss mit der zuständigen Ausgleichskasse die an seine Angestellten bezahlten Löhne abrechnen und die Sozialversicherungsbeiträge zahlen. Die Hälfte des Beitrags darf er dem Arbeitnehmer belasten.

Nichterwerbstätige – wie etwa Schüler, Studentinnen, Hausfrauen oder Hausmänner sowie Ehepartner von Nichterwerbstätigen – werden am 1. Januar nach dem vollendeten 20. Altersjahr beitragspflichtig. Sie müssen ihre AHV/IV-Beiträge aufgrund eines allfälligen Einkommens und ihres Vermögens bezahlen. Der jährliche AHV/IV-Mindestbeitrag beträgt 425 Franken (Stand 2003). Auf dem geschuldeten Jahresbeitrag kommt je nach Ausgleichskasse noch ein Verwaltungskostenbeitrag von bis zu drei Prozent hinzu.

Verheiratete Nichterwerbstätige sind nicht zur Zahlung des AHV/IV-Mindestbeitrag verpflichtet, wenn der versicherungspflichtige Ehepartner oder die Ehepartnerin mindestens Beiträge in der Höhe des doppelten Mindestbeitrags entrichtet.

Die Beitragspflicht bei der AHV/IV endet mit der ordentlichen Pensionierung. Für Männer ist dies der Monat nach dem 65. Geburtstag. Frauen mit Jahrgang 1939 bis 1941 erhalten ihre Pension mit 63 Jahren, Frauen mit Jahrgang 1942 und jünger mit 64 Jahren. Die Altersrente lässt sich um ein oder zwei ganze Jahre vorziehen – oder um ein bis fünf Jahre aufschieben. Wer seine Altersrente vorbezieht, erhält für die Dauer des gesamten Rentenbezugs eine gekürzte Rente. Wer die Rente aufschiebt, bekommt eine höhere Rente. Bei Ehepaaren kann jede Seite selbst entscheiden, ob sie ihre Rente vorbeziehen oder aufschieben möchte.

Die **AHV** zahlt – sofern Sie während mindestens einem Jahr Beiträge entrichteten und Schweizer Bürger sind – unter anderem folgende Leistungen aus:

Leistungen der AHV

Altersrente: Bei vollständiger Beitragsdauer erhalten Sie bei der Pensionierung je nach Höhe der eingezahlten Beiträge und den gutgeschriebenen Einkommen eine monatliche Rente zwischen 1055 und 2110 Franken (Stand 2003). Die Renten für Ehepaare sind auf 150 Prozent der Vollrente plafoniert.

Kinderrente: Bezüger von Altersrenten können für Kinder bis zum vollendeten 18. Altersjahr sowie für Kinder in Ausbildung bis zum vollendeten 25. Altersjahr Kinderrenten beanspruchen (Höhe: 40 Prozent der Altersrente).

Waisenrenten: Stirbt die versicherte Person, erhalten ihre Kinder eine Waisenrente in der Regel von 40 Prozent der Altersrente.

Witwen-/Witwerrente: Witwe und Witwer erhalten, sofern sie die Voraussetzungen erfüllen, eine Rente von 80 Prozent der Altersrente.

Die **IV** richtet Erwachsenen, die invalid sind oder denen Invalidität droht, Leistungen zur Wiedereingliederung ins Erwerbsleben und Renten aus. Bestimmte Eingliederungsmassnahmen werden auch für Kinder gewährt.

Leistungen der IV

IV-Renten werden bei dauernder Erwerbsunfähigkeit nach einer Wartefrist von einem Jahr und abgestuft nach dem Invaliditätsgrad ausbezahlt. Hinzu kommen allenfalls Zusatzrenten für den Ehegatten oder die Ehegattin und für die Kinder. IV-Renten werden nach dem gleichen Prinzip berechnet wie die AHV-Renten und sind im Maximum gleich hoch. Für eine Viertelsrente muss der Invaliditätsgrad wenigstens 40 Prozent betragen. Ab einem Invaliditätsgrad von 50 Prozent gibt es eine halbe, ab einem Invaliditätsgrad von $66^{2}/_{3}$ Prozent eine ganze IV-Rente. Der Invaliditätsgrad entspricht der gesundheitlich bedingten Erwerbseinbusse.
Achtung: IV Renten werden im Ausland nur an Personen ausbezahlt, die mindestens zur Hälfte invalid sind und bei Eintritt der Invalidität – das heisst ein Jahr nach dem effektiven Schadenereignis – während mindestens einem Jahr in der obligatorischen oder freiwilligen AHV/IV versichert gewesen sind. Ausserordentliche IV-Renten (Renten an Frühinvalide, die nie während eines Jahres beitragspflichtig waren) werden nur bei Wohnsitz in der Schweiz bezahlt.
Eingliederungsmassnahmen sollen Erwerbsunfähige wieder zurück ins Erwerbsleben führen. Die IV versucht dies mit medizinischen Massnahmen, Berufsberatung, mit Umschulung und Hilfsmitteln.
Achtung: Eingliederungsmassnahmen gewährt die IV in der Regel nur in der Schweiz. Ausnahmen macht sie, wenn dies in der Schweiz nicht möglich ist oder wenn «beachtliche Gründe» vorliegen. Dies ist etwa bei Auslandschweizern nach vollendetem 20. Altersjahr möglich, vorausgesetzt, sie können nach den durchgeführten Massnahmen voraussichtlich wieder einer Erwerbstätigkeit nachgehen. Im Ausland lebende Kinder, die selber nicht versichert sind, haben ebenfalls Anspruch auf Eingliederungsmassnahmen der IV, wenn ein Elternteil für eine im Ausland ausgeübte Tätigkeit bei der obligatorischen AHV/IV versichert ist.
Hilflosenentschädigungen richten die IV – und die AHV – an Personen aus, die der dauernden Hilfe, Pflege und Überwachung bedürfen.

AHV/IV-Renten werden den Versicherten monatlich ausgezahlt – unabhängig davon, in welchem Land sie als Leistungsbezüger leben. Die Auszahlung der Renten erfolgt entweder durch die Schweizerische Ausgleichskasse in Schweizerfranken auf ein Post- oder Bankkonto in der Schweiz oder durch die zuständige schweizerische Vertretung am Wohnsitz im Ausland in der Währung des Landes.

Folgen von Beitragslücken und niedrigen Beiträgen

AHV und IV sind Grundpfeiler Ihres persönlichen Versicherungsschutzes. Planen Sie einen Auslandaufenthalt, sollten Sie sich – unabhängig von Ihrem Alter – darum kümmern. Seien Sie sich vor allem der Konsequenzen von Versicherungslücken bewusst: Eine volle AHV-Rente erhalten Sie im Pensionsalter nur, wenn Sie keine Beitragslücken aufweisen. Oder anders gesagt: Ein längerer Auslandaufenthalt ohne Beitragszahlungen führt (fast) immer zu einer Teilrente. Die Kürzung pro fehlendes Beitragsjahr macht bei den AHV-Altersrenten etwa 2,3 Prozent aus.

Schwerer wiegen die Kürzungen wegen Beitragslücken bei einer Invalidität in jungen Jahren. Dreissigjährige Versicherte etwa müssten entsprechend ihrem Jahrgang zehn Beitragsjahre ausweisen; fehlen nun deren zwei, macht die anteilsmässige Kürzung rund 20 Prozent aus, bei fünf fehlenden Beitragsjahren sind es gar rund 50 Prozent. Zahlen Sie aufgrund eines niedrigen Erwerbseinkommens stets tiefe AHV-Beiträge – zum Beispiel während Auslandaufenthalten über Jahre nur den Minimalbeitrag –, werden Sie im Alter mit hoher Wahrscheinlichkeit lediglich eine bescheidene Rente bekommen. Um nicht nur ein volle, sondern die Maximalrente zu erhalten, müssen Sie nämlich Ihre Beiträge auf einem bestimmten Jahreseinkommen bezahlt haben. Sind Ihre Beitragszahlungen tief, müssen bei Ihrem Tod auch Ihre Ehefrau oder Ihr Ehemann (sofern sie nicht selbst Beiträge bezahlt haben) sowie Ihre Kinder mit kleinen Renten vorlieb nehmen.

Das gleiche Prinzip gilt bei der IV: Je lückenloser und höher Ihre Beitragszahlungen, desto höher die spätere Rente.

- Achten Sie bei einem Auslandaufenthalt unbedingt darauf, dass Sie bei der Rückkehr keine Beitragslücken aufweisen. Sie müssen sonst – vor allem im Fall von Invalidität – mit massiven Rentenkürzungen rechnen.

Versicherungsschutz während des Auslandaufenthalts

Der Versicherungsschutz für Alter, Tod und Invalidität lässt sich bei einem Auslandaufenthalt nur bedingt frei wählen. Je nach Situation gibt es folgende Möglichkeiten:
- Sie bleiben während eines Auslandaufenthalts zwingend der obligatorischen AHV/IV unterstellt.
- Sie können die obligatorische AHV/IV auf freiwilliger Basis weiterführen.
- Sie treten der freiwilligen AHV/IV bei.
- Sie treten der Sozialversicherung im Wohnsitzstaat bei.

Vor einem Auslandaufenthalt sollten Sie sich unbedingt frühzeitig bei der zuständigen AHV-Ausgleichskasse oder der AHV-Gemeindezweigstelle Ihres Wohnorts informieren, ob und wie Sie Ihren Versicherungsschutz weiterführen können. Besondere Abmeldepflichten bei der AHV-Ausgleichskasse gibt es keine.

Wenn Sie als Arbeitnehmer den Wohnsitz in der Schweiz behalten und lediglich für einige Monate ins Ausland gehen, ohne dort eine Erwerbstätigkeit auszuüben, und danach wieder in der Schweiz wohnen und weiterarbeiten, bleiben Sie in der AHV/IV versichert. In diesem Fall entstehen Ihnen wegen des Auslandaufenthalts in der Regel keine Beitragslücken und Sie brauchen sich auch nicht um den Mindestbeitrag zu kümmern. Sie müssen einfach sicherstellen, dass Sie oder Ihr Arbeitgeber der AHV/IV im entsprechenden Kalenderjahr aufgrund Ihres Erwerbseinkommens mindestens den jährlichen Mindestbeitrag entrichteten.

AHV/IV für nicht erwerbstätige Schweizer im Ausland

Wohnsitz in der Schweiz
Nicht erwerbstätige Schweizer und Schweizerinnen zahlen erst nach dem vollendeten 20. Altersjahr AHV/IV-Beiträge. Wer vor diesem Alter als Austauschschülerin, Student oder Globetrotter ins Ausland reist, muss sich also keine Gedanken zu allfälligen Versicherungslücken machen. Gegen Invalidität sind Nichterwerbstätige mit Wohnsitz in der Schweiz – auch ohne AHV/IV-Beiträge zu zahlen – bis zum Beginn der Beitragspflicht automatisch über die IV versichert.

Wer sich zwischen dem vollendetem 20. Altersjahr und dem ordentlichen Pensionsalter als Nichterwerbstätiger ins Ausland begibt – beispielsweise zu Studienzwecken, für ein Praktikum, einen Sprachaufenthalt, eine mehrmonatige Reise oder als Frühpensionierter – und dabei den Wohnsitz in der Schweiz beibehält, bleibt automatisch der obligatorischen AHV/IV unterstellt. In diesem Fall zahlen Sie mindestens den jährlichen Mindestbeitrag (siehe Seite 214).

Wohnsitz im Ausland
Rentner: Keine Sorgen bezüglich des AHV/IV-Versicherungsschutzes müssen Sie sich machen, wenn Sie das reguläre Pensionsalter erreicht haben und den Wohnsitz für den Lebensabend ins Ausland verlegen. Sie sind ja nicht mehr beitragspflichtig, sondern Empfänger von Renten.

Studierende: Sind sie weniger als 30 Jahre alt, können Studierende nach wie vor in der obligatorischen AHV/IV bleiben, wenn sie vorher während fünf Jahren ununterbrochen bei der AHV/IV versichert waren. Dazu müssen sie bei der Schweizerischen Ausgleichskasse ein entsprechendes Gesuch stellen – und zwar innerhalb von sechs Monaten vor Beginn der Ausbildung im Ausland. Wer diese Frist verpasst, riskiert Beitragslücken.

Nichterwerbstätige: Geben Sie als nicht erwerbstätige Person Ihren Wohnsitz in der Schweiz auf und lassen sich im Ausland nieder, unterstehen

Sie nicht mehr der obligatorischen AHV/IV. Sie können sie sich aber – sofern Sie sich nicht in einem EU- oder EFTA-Land niederlassen – grundsätzlich der freiwilligen AHV anschliessen (siehe Seite 224). IV-Rentner bleiben dagegen auch mit Wohnsitz im Ausland in der obligatorischen Versicherung.

Aufpassen müssen **nicht erwerbstätige verheiratete Schweizerinnen**, die im gleichen Land Wohnsitz nehmen wie ihr Ehegatte, der im Ausland für eine Schweizer Firma arbeitet und als Entsandter (siehe Seite 220) in der obligatorischen AHV/IV versichert bleibt. Entrichtet der Ehepartner den doppelten Mindestbeitrag, sind sie bei der AHV/IV, ohne selbst Beiträge zu zahlen, in folgenden Ländern vollumfänglich versichert: Chile, Dänemark, Irland, Kanada/Quebec, Kroatien, Liechtenstein, Norwegen, Portugal, Slowakei, Slowenien, Tschechien, Ungarn, USA. In diesem Fall müssen sie die kantonale Ausgleichskasse des letzten Wohnsitzkantons aber über ihren Auslandaufenthalt informieren. In allen anderen Ländern sind mitreisende Ehepartner bei der AHV/IV nur versichert, wenn sie
- einen eigenen Wohnsitz in der Schweiz haben,
- eine Erwerbstätigkeit in der Schweiz ausüben,
- für eine befristete Beschäftigung von einem Schweizer Arbeitgeber in ein Land mit Sozialversicherungsabkommen entsandt werden,
- in die freiwillige Versicherung eintreten.

Wer diesem Punkt keine Beachtung schenkt, hat unter Umständen keinen Anspruch mehr auf Eingliederungsmassnahmen der schweizerischen Invalidenversicherung. Auch ist bei Alter und Invalidität aufgrund der Beitragslücken mit massiven Renteneinbussen zu rechnen. Keine Nachteile entstehen nicht versicherten Verheirateten dagegen beim Tod des versicherten Ehegatten: Denn Witwen- und Witwerrenten richten sich nicht nach dem Versicherungsschutz des überlebenden Partners.

Wer mit minderjährigen **Kindern** ins Ausland zieht, sollte ihren Versicherungsschutz bei Invalidität kennen.
- Kinder schweizerischer Nationalität mit Wohnsitz im Ausland haben Anspruch auf Eingliederungsmassnahmen, sofern sie der obligatorischen oder der freiwilligen AHV/IV unterstellt sind. Trifft dies nicht zu, haben sie darauf nur Anspruch, wenn mindestens ein Elternteil bei der AHV/IV freiwillig versichert ist oder wenn ein Elternteil aufgrund eines zwischenstaatlichen Abkommens oder weil er im Dienst der Eidgenossenschaft steht, obligatorisch der AHV/IV unterstellt ist.
- Sind die Eltern versichert, werden die Eingliederungsmassnahmen unter Umständen auch am Wohnort im Ausland gewährt. Renten oder Fürsorgeleistungen der IV erhalten Jugendliche mit Wohnsitz im Ausland frühestens

nach dem vollendeten 18. Lebensjahr. Sie müssen zu diesem Zeitpunkt aber bei der freiwilligen AHV/IV versichert sein (siehe Seite 224).
- Eine Ausnahme besteht für Kinder, die einen von einer Schweizer Firma entsandten Arbeitnehmer nach Chile, Dänemark, Irland, Kanada/Quebec, Kroatien, Liechtenstein, Norwegen, Portugal, Slowakei, Slowenien, Tschechien, Ungarn oder in die USA begleiten. Sie bleiben automatisch in der obligatorischen IV versichert.

- **Achtung:** Bei einem Wegzug in einen Staat ausserhalb der EU/EFTA empfiehlt es sich, die eigenen Kinder rechtzeitig bei der freiwilligen AHV/IV für Auslandschweizer anzumelden. Dadurch erreichen die Kinder die fünf Versicherungsjahre, die notwendig sind, damit sie später – als Erwerbstätige ab 18 beziehungsweise als Nichterwerbstätige ab 20 Jahren – selber AHV/IV-Beiträge einzahlen können.

AHV/IV für Schweizer Arbeitnehmer im Ausland mit Wohnsitz in der Schweiz

Wer ins Ausland arbeiten geht, muss nicht zwingend auch den Wohnsitz ins Ausland verlegen: Eine Schweizer Grenzgängerin etwa kann in Basel wohnen und in Mühlhausen arbeiten. Reisen Sie nur für eine saisonale Tätigkeit ins Ausland, behalten Sie Ihren Wohnsitz ebenfalls in der Schweiz, auch wenn Sie vorübergehend im Ausland leben.

Die versicherungsrechtliche Stellung von Schweizern und Schweizerinnen, die im Ausland einer Erwerbstätigkeit nachgehen, hängt neben dem Wohnsitz von weiteren Faktoren ab – etwa davon,
- ob es sich um einen schweizerischen oder ausländischen Arbeitgeber handelt,
- ob sich der Arbeitsort in einem EU-/EFTA-Staat oder in einem Land befindet, mit dem die Schweiz ein Sozialversicherungsabkommen abgeschlossen hat und
- wie lange der Arbeitseinsatz im Ausland dauert.

Arbeit in einem Land mit Sozialversicherungsabkommen für einen ausländischen Arbeitgeber

In diesem Fall entrichten Sie Ihre Sozialversicherungsbeiträge aufgrund Ihres Einkommens im betreffenden Land (Erwerbsortprinzip). Die Beitragssätze richten sich nach dem dortigen Sozialversicherungsgesetz.

Bei jeder Tätigkeit in einem Vertragsstaat sollten Sie abklären, welche Leistungen Sie im Alter, bei Invalidität beziehungsweise Ihre Hinterlassenen bei Ihrem Tod erhalten. Fallen diese Leistungen sehr tief aus, lohnt es sich unter Umständen, die Schweizer AHV/IV weiterzuführen, um im Versicherungsfall auch von dort Leistungen zu erhalten. Das Gesuch für die freiwillige Weiterführung müssen Sie an die kantonale AHV-Ausgleichskasse Ihres Wohnsitzkantons richten. Sofern Sie dies innerhalb von sechs Monaten nach der Unterstellung unter die ausländische Sozialversicherung tun, ist die Weiterführung rückwirkend möglich, danach jeweils nur auf den folgenden Monat. Der AHV/IV-Beitragssatz auf dem Einkommen entspricht demjenigen der Selbständigerwerbenden.

Wer einmalig und nur für wenige Monate im Ausland arbeitet und die dortigen Sozialversicherungsbeiträge zahlt, wird später kaum von den ausländischen Sozialversicherungsleistungen profitieren können. Ausnahme: Alle Versicherungszeiten, die Sie in EU- oder EFTA-Staaten und in der Schweiz in den Alters-, Hinterlassenen- und Invalidenversicherungen geleistet haben, werden bei der Festsetzung Ihrer Altersrente berücksichtigt. Ausserhalb von EU und EFTA verlangen die meisten ausländischen Sozialversicherungsgesetze eine bestimmte Mindestversicherungsdauer, bevor sie Renten ausrichten. Besteht ein Sozialversicherungsabkommen zwischen der Schweiz und dem entsprechenden Land, werden schweizerische AHV/IV-Beitragszeiten zwar angerechnet, in der Regel aber nur, wenn Sie dort wenigstens ein Jahr lang Beiträge bezahlten.

Arbeit in einem Land mit Sozialversicherungsabkommen für einen schweizerischen Arbeitgeber

Arbeiten Sie für einen Schweizer Arbeitgeber nur **für eine beschränkte Zeit** im Ausland, gelten Sie als **entsandter Arbeitnehmer**. Dadurch werden Sie für die Zeit des Auslandaufenthalts von der Beitragspflicht im Arbeitsland befreit und bleiben der obligatorischen AHV/IV sowie der Arbeitslosenversicherung (siehe Seite 228) unterstellt. Je nach Sozialversicherungsabkommen ist dies für die Dauer von 12, 24, 36 oder 60 Monaten möglich. Die kürzeste Frist gilt beispielsweise für Belgien, Italien und Norwegen, die längste für die USA und Kanada/Quebec sowie für Liechtenstein. Die meisten Abkommen sehen eine Entsendung für zwei Jahre vor. Das bilaterale Abkommen mit der EU (siehe Seite 46) sieht für alle EU-Staaten eine erste Entsendungsfrist von 12 Monaten vor.

Voraussetzungen: Sie müssen ausschliesslich im Gastland beschäftigt und vor der Entsendung in der Schweiz versichert gewesen sein. Zudem muss Sie der Arbeitgeber mit der Absicht ins Ausland senden, Sie nach der Rückkehr in der Schweiz weiterzubeschäftigen. Die Ausgleichskasse Ihres Arbeitgebers hat der Entsendung zuzustimmen und die Weiterversicherung in der Schweiz auf einem Formular (für die EU: Formular 101) zuhanden der ausländischen Versicherung zu bestätigen. Ihre AHV/IV-Beiträge rechnet dann der Arbeitgeber mit der Ausgleichskasse ab, wie wenn Sie in der Schweiz beschäftigt wären.

Verlängerung: Nach Ablauf der offiziellen Entsendungsdauer besteht die Möglichkeit, beim Bundesamt für Sozialversicherung (BSV) eine Verlängerung zu beantragen. Einem solchen Gesuch wird grundsätzlich nur zugestimmt, wenn die Entsendung insgesamt nicht länger als fünf bis sechs Jahre dauert. Gleichzeitig braucht es die Einwilligung der ausländischen Behörde.

Freiwillige Weiterführung: Nach Ablauf der verlängerten Entsendungsfrist unterstehen Sie definitiv dem Sozialversicherungsrecht des Arbeitsstaats und sind dort beitragspflichtig. Sie können dann jedoch zusätzlich die bisher obligatorische AHV/IV freiwillig weiterführen, sofern Sie nicht in einem EU-/EFTA-Land leben. In diesem Fall zahlen Sie sowie Ihr Arbeitgeber die genau gleichen AHV/IV- und ALV-Beiträge, als ob Sie in der Schweiz arbeiten würden. Eine freiwillige Weiterführung der AHV/IV ist nur unter folgenden Voraussetzungen möglich:

- Sie müssen vor der Arbeitsaufnahme im Ausland fünf aufeinander folgende Jahre bei der AHV/IV versichert gewesen sein.
- Der Arbeitgeber muss sich verpflichten, den AHV/IV-Beitrag auf Ihrem gesamten Erwerbseinkommen abzurechnen.
- Der Arbeitgeber muss innerhalb von sechs Monaten bei der Ausgleichskasse ein von ihm und Ihnen unterschriebenes Gesuch für die freiwillige Weiterführung der obligatorischen AHV einreichen.

Die freiwillige Weiterführung der AHV/IV endet mit dem Wechsel des Arbeitgebers. Werden Sie jedoch erneut von einem Schweizer Arbeitgeber angestellt, können Sie die Versicherung mit seinem Einverständnis weiterführen. Ist Ihr Arbeitgeber mit einer Weiterführung nicht einverstanden, können Sie sich in der obligatorischen AHV/IV freiwillig versichern. Allerdings müssen Sie dann die Beiträge allein bezahlen. Melden Sie sich in diesem Fall bei der kantonalen Ausgleichskasse des Wohnsitzkantons.

Arbeiten Sie für einen Schweizer Arbeitgeber **für eine unbeschränkte Zeit** in einem EU-/EFTA-Staat oder einem Land mit Sozialversicherungsabkommen, behalten aber nach wie vor Ihren Wohnsitz in der Schweiz, gehören Sie nicht zur Kategorie «Entsandte». Somit unterstehen Sie der Sozialversicherung des Staates, in dem Sie tätig sind. Aber auch in diesem Fall können Sie die schweizerische AHV/IV zusätzlich freiwillig weiterführen: entweder über Ihren Arbeitgeber oder bei der kantonalen Ausgleichskasse Ihres Wohnsitzkantons.

Arbeit in einem Land ohne Sozialversicherungsabkommen für einen ausländischen Arbeitgeber

In diese Kategorie fällt beispielsweise der Monteur, der ein Jahr für eine amerikanische Firma in Südamerika arbeitet und die Ehefrau in der Schweiz zurücklässt. Er ist für den im Ausland erzielten Lohn in der Schweiz beitragspflichtig, weil er seinen Wohnsitz in der Schweiz hat. Erhebt auch der Nichtvertragsstaat Sozialversicherungsbeiträge auf seinem Lohn, kann er unter Umständen wegen unzumutbarer Doppelbelastung von den schweizerischen AHV/IV-Beitragszahlungen befreit werden. Dazu müssen jedoch die Beiträge beider Länder in der Regel rund 15 Prozent seines Erwerbseinkommens ausmachen. Berücksichtigt wird dabei auch sein Vermögen.

Arbeit in einem Land ohne Sozialversicherungsabkommen für einen schweizerischen Arbeitgeber

Arbeiten Sie in einem Staat ohne Sozialversicherungsabkommen für einen Schweizer Arbeitgeber, entrichtet dieser auf Ihrem Lohn die AHV/IV-Beiträge, sofern Sie die obligatorische AHV/IV freiwillig weiterführen. Je nach Arbeitsland müssen Sie dort gemäss Sozialversicherungsgesetz ebenfalls Beiträge bezahlen.

AHV/IV für Schweizer Arbeitnehmer im Ausland mit Wohnsitz im Ausland

Die meisten Schweizer, die im Ausland längere Zeit für eine schweizerische oder ausländische Firma arbeiten, nehmen im Gastland auch offiziellen Wohnsitz, vor allem wenn die ganze Familie mit ausreist. Diese Schweizer Arbeitnehmer sind grundsätzlich der Sozialversicherung des Wohnsitz- und Arbeitslands unterstellt, sofern sie nicht aufgrund eines Sozialversicherungsabkommens oder des bilateralen Abkommens mit der EU beziehungsweise der revidierten Übereinkommen mit der EFTA (siehe Seite 46) in der Schweiz versichert bleiben. Allerdings ist es ihnen unter bestimmten Voraussetzungen möglich, die obligatorische AHV/IV weiterzuführen (siehe Seite 221) oder der freiwilligen AHV/IV für Auslandschweizer (siehe Seite 224) beizutreten.

Die freiwillige AHV/IV steht auch den nur im Ausland arbeitenden Selbständigerwerbenden offen, die bei Aufgabe des Wohnsitzes in der Schweiz automatisch aus der obligatorischen Versicherung fallen.

Der grundsätzliche Unterschied zwischen der Weiterführung der obligatorischen AHV/IV und dem Beitritt zur freiwilligen AHV/IV liegt in der Höhe der Beiträge, welche Sie als versicherte Person zu entrichten haben.

Im ersten Fall zahlen Sie und Ihr Arbeitgeber je 5,05 Prozent Ihres Lohnes; im zweiten Fall zahlen Sie allein Beiträge – und zwar bis zu 9,8 Prozent auf Ihrem Erwerbseinkommen. Erfüllen Sie die nötigen Voraussetzungen, lohnt es sich also in jedem Fall, die obligatorische AHV/IV weiterzuführen. Willigt Ihr Arbeitgeber dazu nicht ein, können Sie immer noch der freiwilligen AHV/IV beitreten.

• **Wichtig:** Weder durch die freiwillige Weiterführung der obligatorischen AHV/IV noch mit einem Beitritt zur freiwilligen AHV/IV werden Sie von den Beitragspflichten im Gastland befreit. Beide Varianten sind also eine Art Doppel- oder Zusatzversicherung, die sich längst nicht alle leisten wollen oder können.

Arbeit in einem Land mit Sozialversicherungsabkommen für einen ausländischen Arbeitgeber

Wer im Ausland für einen ausländischen Patron arbeitet, untersteht den Sozialversicherungen im Arbeitsstaat. Wenn Sie sich zusätzlich versichern möchten, können Sie der freiwilligen AHV/IV beitreten (siehe Seite 224). Dies ist jedoch nur möglich, wenn Sie nicht in einem EU- oder EFTA-Land wohnen und arbeiten.

Arbeit in einem Land mit Sozialversicherungsabkommen für einen schweizerischen Arbeitgeber

Schweizer Arbeitnehmer, die für eine Schweizer Firma für unbeschränkte Zeit in einem Vertragsstaat arbeiten, sind in der Regel dem ausländischen Sozialversicherungsrecht unterstellt. Sie können aber zusätzlich zur obligatorischen Sozialversicherung im Gastland auch die obligatorische AHV/IV freiwillig weiterführen, falls sie die Voraussetzungen erfüllen (siehe Seite 221).

Arbeiten Sie für einen Schweizer Arbeitgeber nur eine beschränkte Zeit im Ausland, gelten Sie als entsandter Arbeitnehmer (siehe Seite 220). Sie bleiben dadurch für die Dauer der Entsendung – je nach Sozialversicherungsabkommen beziehungsweise Abkommen mit der EU/EFTA längstens während fünf bis sechs Jahren – der obligatorischen AHV/IV unterstellt. Danach unterstehen Sie der Sozialversicherung des Gastlands, können aber zusätzlich die obligatorische AHV/IV freiwillig weiterführen oder der freiwilligen AHV/IV beitreten (sofern Sie nicht in einem EU-/EFTA-Land arbeiten).

Arbeit in einem Land ohne Sozialversicherungsabkommen für einen ausländischen Arbeitgeber

Unter diesen Umständen sind Sie von der obligatorischen AHV/IV ausgeschlossen. Sie unterstehen der nationalen Sozialversicherung im Ausland. Erkundigen Sie sich über die Beiträge und Leistungen bei der dortigen Versicherung. Je nachdem kann zusätzlich der Beitritt zur freiwilligen AHV/IV (siehe unten) sinnvoll sein. Denn viele Staaten ohne Sozialversicherungsabkommen zahlen Versicherungsleistungen nicht oder nur unter schlechten Bedingungen ins Ausland – das heisst in die Schweiz, sollten Sie später hierher zurückkehren.

Arbeit in einem Land ohne Sozialversicherungsabkommen für einen schweizerischen Arbeitgeber
In diesem Fall unterstehen Sie der Sozialversicherung des Gastlands. Sie können jedoch im Einvernehmen mit Ihrem Arbeitgeber zusätzlich die obligatorische AHV/IV freiwillig weiterführen (siehe Seite 221), sofern Sie die Bedingungen erfüllen. Oder Sie haben die Möglichkeit, der freiwilligen AHV/IV beizutreten (siehe unten).

AHV/IV für Schweizer Arbeitnehmer mit Arbeit in der Schweiz und Wohnsitz im Ausland

Es gibt zahlreiche Schweizer Bürgerinnen und Bürger, die ihren ständigen Wohnsitz im grenznahen Ausland haben – in Frankreich, Deutschland, Italien, Liechtenstein oder Österreich –, aber in der Schweiz bei einer schweizerischen Firma einer regelmässigen Erwerbstätigkeit nachgehen. Ihr Arbeitgeber rechnet die gesetzlichen Beiträge mit der schweizerischen AHV/IV ab, gleich wie für jeden Schweizer Arbeitnehmer mit Wohnsitz in der Schweiz. In ihrem Wohnsitzland sind diese Schweizer von der Beitragspflicht für diejenigen Sozialversicherungen befreit, die im Abkommen mit den EU- und EFTA-Ländern erfasst sind. Im Alter, bei Invalidität oder Tod erhalten sie die vorgesehenen Leistungen der AHV/IV, sofern diese nach schweizerischem Recht ins Ausland ausbezahlt werden. Zu beachten ist, dass ihre Familienangehörigen nicht automatisch mit ihnen mitversichert sind.

Freiwillige AHV/IV für Auslandschweizer

Wie schon erwähnt, unterstehen Personen mit Wohnsitz und ständiger Erwerbstätigkeit im Ausland in der Regel nicht der obligatorischen Schweizer AHV/IV, sondern der Sozialversicherung des Gastlands. Sie zahlen dort aufgrund der gesetzlichen Vorschriften Sozialversicherungsbeiträge und erhalten die vorgesehenen Renten.

In zahlreichen Ländern ermöglichen diese Leistungen den Versicherten jedoch kein finanziell sorgenfreies Leben im Alter oder bei Invalidität und garantieren im Todesfall auch kein ausreichendes Einkommen für den Ehepartner und die Kinder. Eine zusätzliche – möglichst hohe – Rente aus der Schweiz wäre also wünschenswert.

Dieses Ziel erreichen Sie mit einem nahtlosen Übertritt von der obligatorischen in die freiwillige AHV/IV. Dadurch entstehen keine Beitragslücken, was sich positiv auf spätere Renten auswirkt (siehe Seite 215). Zudem bleiben Sie weiterhin in der IV versichert.

Wer kann der freiwilligen AHV/IV beitreten?

Der freiwilligen AHV/IV können Sie beitreten, wenn Sie folgende Bedingungen erfüllen:
- Sie müssen das Staatsbürgerrecht der Schweiz oder eines EU-/EFTA-Landes besitzen.
- Sie dürfen nicht in einem EU-/EFTA-Land wohnen.
- Sie müssen unmittelbar vor dem Eintritt in die freiwillige AHV/IV während fünf Jahren ununterbrochen bei der obligatorischen AHV/IV versichert gewesen sein. Ob Sie während dieser Zeit Beiträge zahlten oder nicht, spielt keine Rolle. Bei Minderjährigen und nicht erwerbstätigen verheirateten Personen, die von der AHV/IV-Beitragspflicht ausgenommen sind, gelten die Wohnsitzjahre in der Schweiz als Versicherungsjahre.

Der dritte Punkt ist besonders für Personen wichtig, die mit ihren Kindern in ein Land ausserhalb der EU/EFTA ziehen. Möchten die Kinder später einmal selber der freiwilligen AHV/IV beitreten, müssen sie vor dem Beitritt bereits fünf Jahre dort angemeldet gewesen sein. Sonst ist der Beitritt nicht mehr möglich. Melden Sie Ihre Kinder also frühzeitig bei der freiwilligen AHV/IV an.

Erfüllen Sie die Voraussetzungen, können Sie bei der zuständigen schweizerischen Vertretung im Wohnsitzland (Adressen Seite 419) mit dem offiziellen Formular den Beitritt beantragen. Das Gesuch muss innerhalb eines Jahres nach dem Austritt aus der obligatorischen AHV/IV eingereicht werden. Wer diese Frist verpasst, kann sich nicht mehr der freiwilligen AHV/IV unterstellen.

- **Wichtig:** Die Beitrittserklärung hat individuell zu erfolgen. Jede Person muss für sich selbst den Beitritt beantragen. Möchte also eine ganze Familie der freiwilligen AHV/IV beitreten, müssen sich Ehemann, Ehefrau und Kinder separat anmelden. Minderjährige benötigen dazu die Zustimmung der Eltern.

Wie hoch sind die Beitragszahlungen?

Der Versicherungsschutz der freiwilligen AHV/IV ist natürlich nicht umsonst zu haben. Erwerbstätige zahlen auf ihrem massgebenden Erwerbseinkommen einen Beitrag von 9,8 Prozent (8,4 Prozent AHV und 1,4 Prozent IV). Dieser Satz entspricht demjenigen der Selbständigerwerbenden in der obligatorischen AHV/IV. Ist das jährliche Erwerbseinkommen niedriger als 50 700 Franken, reduziert sich der Beitragssatz auf einer sinkenden Skala bis auf 5,116 Prozent. Bei einem Jahreseinkommen unter 8500 Franken wird der jährliche Mindestbetrag von 824 Franken erhoben (Stand 2003).

Nicht erwerbstätige Frührentner bezahlen bis zur ordentlichen Pensionierung die AHV/IV-Beiträge aufgrund ihres Vermögens und Renteneinkommens. Besitzen Beitragspflichtige ein Vermögen unter 250 000 Franken oder haben sie ein jährliches Renteneinkommen von unter 12 500 Franken, zahlen sie den jährlichen Mindestbeitrag von 824 Franken. Wer neben dem Vermögen über ein Renteneinkommen verfügt, muss die Renteneinkünfte mit dem Faktor zwanzig multiplizieren; diese Summe wird zum Vermögen geschlagen. Im Maximum sind pro Jahr 9800 Franken zu bezahlen. Hinzu kommt ein Verwaltungskostenbeitrag von 3 Prozent auf dem geschuldeten Beitrag.

Nicht erwerbstätige verheiratete Personen entrichten ihre Beiträge auf der Basis des halben gemeinsamen ehelichen Vermögens und Renteneinkommens. Zahlt der versicherte Ehepartner mindestens den doppelten Mindestbeitrag, muss der nicht erwerbstätige Partner keine Beiträge entrichten.

Basis für die Beiträge der freiwilligen AHV/IV ist bei erwerbstätigen Versicherten das in den beiden vorangehenden Jahren erzielte durchschnittliche Erwerbseinkommen. Dieses wird nach einem festgelegten Kurs in Schweizerfranken umgerechnet. Die AHV/IV-Beiträge müssen Sie vierteljährlich in Schweizerfranken direkt an die Schweizerische Ausgleichskasse in Genf überweisen. Wer die Beitragspflicht nicht erfüllt, wird aus der freiwilligen AHV/IV ausgeschlossen. Ein Austritt ist jeweils auf Quartalsende möglich.

Für wen lohnt sich der Beitritt?

Ob sich ein Beitritt zur freiwilligen AHV/IV aufdrängt, hängt in erster Linie vom Sozialversicherungssystem des Wohnsitzlands ab. Entsprechen die Leistungen denjenigen der Schweiz, ist die freiwillige AHV/IV eine teure Doppelversicherung. Weist die ausländische Sozialversicherung jedoch wesentliche Lücken oder niedrige Leistungen auf, kann die freiwillige AHV/IV eine wertvolle Zusatzversicherung sein. Klären Sie aber in jedem Fall ab, ob der von Ihnen gewünschte Versicherungsschutz im Alter, bei Invalidität oder Tod nicht günstiger über ein Versicherungs- oder Bankprodukt erhältlich ist (Lebens- und Rentenversicherungen, Sparpläne siehe Seite 261). Dies vor allem auch im Hinblick darauf, dass sämtliche staatlichen Sozialversicherungen mit massiven Finanzierungsproblemen kämpfen und nicht alle heute vorgesehenen Leistungen in Zukunft garantiert sind.

Wichtig zu wissen: Auch wenn Sie der freiwilligen AHV/IV nicht beitreten, kommen Ihnen früher bezahlte AHV/IV-Beiträge in jedem Fall in Form von Teilrenten zugute.

Der Beitritt zur freiwilligen AHV/IV ist besonders Personen mit Wohnsitz im Ausland empfohlen, deren Ehegatte aufgrund einer gesetzlichen Vorschrift oder einer zwischenstaatlichen Vereinbarung obligatorisch in der schweizerischen AHV/IV versichert ist; sie haben sonst keinen Versicherungsschutz, sofern sie nicht aufgrund von Sozialversicherungsabkommen als Familienangehörige der AHV/IV unterstellt sind. Auch für nicht erwerbstätige Personen, deren Ehegatte im Ausland versichert ist, bietet die freiwillige AHV/IV oft die einzige Möglichkeit, einen eigenen Rentenanspruch zu erwerben. Lohnend kann ein Beitritt in Ländern mit hoher Inflation sein; eine zusätzlichen Rente aus der Schweiz hilft dann die Rentenentwertung zu mildern.

• **Wichtig:** Treten Sie der freiwilligen AHV/IV bei, sind Sie in der Regel nicht von der obligatorischen Sozialversicherung im Wohnsitzland befreit. Seien Sie sich zudem bewusst, dass die Rentenversicherungsgesetze einiger Staaten Kürzungen vorsehen, wenn Sie neben diesen Leistungen zusätzlich eine Schweizer Rente beziehen. Informieren Sie sich darüber direkt im Wohnsitzstaat. Klären Sie gleichzeitig ab, ob und in welchem Umfang Renteneinkommen aus dem Ausland zu versteuern sind (siehe Seite 284).

- Informieren Sie sich vor dem Auslandaufenthalt frühzeitig bei der AHV-Ausgleichskasse über Ihren Versicherungsschutz. Sind Sie während Ihres Auslandaufenthalts der obligatorischen AHV/IV unterstellt oder können Sie sich dort freiwillig weiterversichern? Existiert zwischen der Schweiz und dem Gastland ein Sozialversicherungsabkommen? Ist ein Beitritt zur freiwilligen AHV/IV sinnvoll?
- Führen Sie, wenn das möglich ist, die obligatorische AHV/IV freiwillig weiter. Die Beiträge sind für die Versicherten tiefer als bei der freiwilligen AHV/IV, weil der Arbeitgeber einen Teil der Beiträge bezahlt.
- Treten Sie der freiwilligen AHV/IV bei, sollten Sie sich sofort nach Ankunft im Gastland bei der zuständigen Schweizer Vertretung anmelden. Bei Invalidität zahlt die IV nämlich nur Leistungen, wenn Sie im Zeitpunkt des Eintritts der Invalidität obligatorisch oder freiwillig versichert sind und vorher während mindestens einem Jahr AHV/IV-Beiträge entrichtet haben.

- **Kantonale, Gemeinde- und Branchenausgleichskassen**
  Adressen auf den hintersten Seiten der Telefonbücher
  (Allgemeine Informationen zur AHV/IV; Bezug von Merkblättern)
- **Schweizerische Ausgleichskasse**
  Avenue Ed.-Vaucher 18, 1211 Genf 2, Tel. 022 795 91 11, Internet www.ahv.ch
  (Auskünfte zur freiwilligen AHV/IV, Merkblätter, Formulare)
- **Bundesamt für Sozialversicherung (BSV)**
  Effingerstrasse 20, 3003 Bern
  – Abteilung AHV/EO/EL, Tel. 031 322 90 11
  – Abteilung IV, Tel. 031 322 90 99
  (Aufsichtsbehörde; verweist für allgemeine Fragen an Ausgleichskassen)
  – Abteilung Internationale Angelegenheiten, Tel. 031 322 90 11
  (zwischenstaatliche Vereinbarungen, ausländisches Recht)
  Internet www.bsv.admin.ch
- **Freiwillige Alters-, Hinterlassenen- und Invalidenversicherung**
  für Auslandschweizer
- **Arbeitnehmer im Ausland und ihre Angehörigen**
  Diese beiden und andere Merkblätter über Beiträge und Leistungen sind bei den AHV-Ausgleichskassen und ihren Zweigstellen (Adressen auf den letzten Seiten der Telefonbücher) oder bei der Schweizerischen Ausgleichskasse (Adresse siehe oben) zu beziehen.
- **Wegleitung zur freiwilligen Alters-, Hinterlassenen- und Invalidenversicherung**
  für Auslandschweizer
  Herausgegeben vom Bundesamt für Sozialversicherung
  Zu beziehen beim BBL (Adresse Seite 175)

Die Arbeitslosenversicherung (ALV)

In der schweizerische Arbeitslosenversicherung sind praktisch alle Arbeitnehmerinnen und Arbeitnehmer obligatorisch versichert. Unter bestimmten Voraussetzungen sind auch Nichterwerbstätige aufgrund einer Beitragsbefreiung versichert. Die ALV zahlt Entschädigungen bei Arbeitslosigkeit, Kurzarbeit, ungünstiger Witterung oder Zahlungsunfähigkeit des Arbeitgebers und übernimmt unter Umständen die Kosten für die Umschulung, Weiterbildung sowie die Wiedereingliederung arbeitsloser Personen. Wichtig: Das Arbeitslosenversicherungsgesetz wird auf den 1. Juli 2003 revidiert. Die nachfolgenden Ausführungen beziehen sich auf das neue Gesetz, enthalten also alle gesetzlichen Änderungen.

Finanziert wird die Arbeitslosenversicherung durch Beiträge der Arbeitgeber und der Arbeitnehmenden. Bis Ende 2003 beträgt der Beitragssatz 2,5

Prozent der Bruttolohnsumme bis 106 800 Franken. Auf Löhnen zwischen 106 800 und 267 000 Franken jährlich wird zusätzlich der so genannte Solidaritätsbeitrag von 1 Prozent erhoben. Ab dem 1. Januar 2004 beträgt der Beitragssatz nur noch 2 Prozent und der Solidaritätsbeitrag entfällt ganz. Arbeitgeber und -nehmer zahlen je die Hälfte der Beiträge an die Arbeitslosenversicherung. Die versicherte Lohnsumme ist auf monatlich 8900 Franken begrenzt. Die Beiträge an die ALV rechnen die Arbeitgeber zusammen mit den AHV-Beiträgen über die AHV-Ausgleichs- oder Verbandskassen ab. Den Arbeitnehmern wird ihr Anteil direkt vom Lohn abgezogen.

Die Leistungen der Arbeitslosenversicherung werden nur während einer zweijährigen Rahmenfrist erbracht. Die Taggelder werden erst nach einer bestimmten Wartezeit (Karenztage) ausbezahlt. Die Höchstzahl der Taggelder bestimmt sich grundsätzlich nach dem Alter des Versicherten sowie nach der geleisteten Beitragszeit (siehe Seite 406).

Wie versichere ich mich bei einem Auslandaufenthalt gegen Arbeitslosigkeit?

Geben Sie Ihre Erwerbstätigkeit vor dem Auslandaufenthalt auf, endet Ihre Beitragspflicht bei der Arbeitslosenversicherung. Sie müssen vor der Abreise deshalb keine besonderen Vorkehrungen treffen. Es gibt weder Abmeldepflichten zu beachten noch irgendwelche Möglichkeiten, den Versicherungsschutz weiterhin freiwillig aufrechtzuerhalten. Die Arbeitslosenversicherung wird für Sie erst bei der Rückkehr in die Schweiz wieder aktuell, wenn Sie keine Arbeit finden (siehe Seite 402).

Werden Sie von einer Schweizer Firma kurz- oder mittelfristig ins Ausland entsandt, bleiben Sie in der Regel dem schweizerischen Sozialversicherungssystem unterstellt. Dabei spielt es keine Rolle, ob Sie Ihren Wohnsitz in der Schweiz oder im Ausland haben. Sie und Ihr Arbeitgeber zahlen auf Ihrem Lohn die vorgeschriebenen ALV-Beiträge, wie wenn Sie in der Schweiz arbeiten würden. Dadurch bleiben Sie automatisch gegen Arbeitslosigkeit versichert.

• **Wichtig:** Haben Sie als entsandter Schweizer Mitarbeiter den Wohnsitz im Ausland und verlieren Sie Ihre Stelle, müssen Sie Ihren Wohnsitz in die Schweiz verlegen, um Arbeitslosengelder beziehen zu können. Denn nur wer in der Schweiz wohnt, hat Anspruch auf Leistungen der Arbeitslosenversicherung; diese werden nie ins Ausland ausbezahlt. Selbst eine arbeitslose Person mit Wohnsitz in der Schweiz kann sich grundsätzlich nicht für längere Zeit im Ausland aufhalten – zum Beispiel für eine Reise, ein Praktikum oder einen Sprachaufenthalt – und Arbeitslosengelder beziehen. Das wäre schon wegen der Kontrollpflichten unmöglich. Eine Ausnahme wird in Einzelfällen für Sprachkurse gemacht und für Arbeitssuchende in einem EU- oder EFTA-Land (siehe Seite 404). Dank den bilateralen Abkommen dürfen Schweizer Arbeitslose in diesen Ländern während längstens drei Monaten eine Arbeit suchen, ohne dass dabei ihr Leistungsanspruch erlischt. Voraussetzung ist allerdings, dass der oder die Stellensuchende vorher während vier Wochen bei den schweizerischen Arbeitsmarktbehörden gemeldet war und sich im Land der Arbeitssuche bei der Arbeitsvermittlung meldet sowie den dortigen Kontrollvorschriften nachkommt. Von dieser Möglichkeit können Sie zwischen zwei Beschäftigungen allerdings nur einmal Gebrauch machen.

Arbeiten Sie im Ausland für ein Schweizer Unternehmen, sind aber nicht dem schweizerischen, sondern dem Sozialversicherungsgesetz des Gastlands unterstellt, zahlen Sie obligatorisch oder freiwillig Beiträge an die dortige Arbeitslosenversicherung – sofern eine solche überhaupt existiert. Das Gleiche gilt natürlich auch, wenn Sie im Ausland für einen lokalen Arbeitgeber arbeiten. In keinem dieser Fälle können Sie sich bei der schweizerischen ALV versichern lassen – auch nicht freiwillig.

Arbeiten – oder arbeiteten – Sie dagegen in einem EU- oder EFTA-Land und werden dort arbeitslos, werden Ihnen alle in irgendeinem EU-/EFTA-Land geleisteten Arbeitszeiten als ALV-Beitragszeit angerechnet. Arbeiteten Sie in den vergangenen Jahren also beispielsweise in Frankreich und Spanien und verlieren nun Ihre Stelle in Deutschland, werden die in den drei Ländern erworbenen Beitragszeiten aus früheren Jahren mit berücksichtigt. Die Arbeitslosengelder werden dann immer vom letzten Beschäftigungsstaat bezahlt – in diesem Fall also von Deutschland. Die Höhe und Dauer der Leistungen richten sich dabei jeweils nach den Rechtsvorschriften des Staates, der die Leistungen ausrichtet. Schweizer Arbeitnehmer, die in einem EU- oder EFTA-Land nach Ablauf eines befristeten oder unbefristeten Arbeitsverhältnisses arbeitslos werden, verlieren übrigens nicht ihre Aufenthaltsbewilligung und müssen nicht unverzüglich in die Schweiz zurückkehren. Sie dürfen weiterhin im Gastland wohnen (siehe Seite 48).

Die industrialisierten Länder kennen alle mehr oder weniger gut ausgebaute Arbeitslosenversicherungssysteme. Viele erreichen aber nicht den relativ hohen Leistungsstandard der Schweiz. In den meisten Länder erhalten Arbeitslose – im Gegensatz zur Schweiz – je nach Personengruppe und persönlicher Lebenssituation ganz unterschiedliche Unterstützung durch die Arbeitslosenversicherung. In der Regel sind auch die Bezugsdauern kürzer und die Entschädigungssätze niedriger als in der Schweiz. Unterschiedlich ist auch die Höhe der Taggelder in den einzelnen Ländern. Zum Teil sind Arbeitslosenversicherungen im Ausland auch nicht obligatorisch wie in der

Schweiz, sondern freiwillig. Grosse Unterschiede gibt es im Weiteren bezüglich der notwendigen Beitragszeit, um Arbeitslosengelder zu erhalten.

Regelungen für Grenzgänger

Für Schweizerinnen und Schweizer, die in den Nachbarländern Deutschland, Frankreich, Österreich, Liechtenstein und Italien wohnen und in der Schweiz arbeiten, kennt die Arbeitslosenversicherung besondere Vorschriften. Gestützt auf zwischenstaatliche Abkommen müssen diese Grenzgänger auf ihrem Lohn über ihren Schweizer Arbeitgeber den gesetzlichen schweizerischen ALV-Beitrag entrichten. Die Schweizer Arbeitslosenversicherung zahlt darauf einen Grossteil dieser Versicherungsbeiträge an die ausländische Arbeitslosenversicherung zurück.

Diese Rückerstattung von ALV-Beiträgen ist aufgrund der bilateralen Abkommen mit der EU nur noch bis zum 31. Mai 2009 erlaubt. Bis zu diesem Datum sind Grenzgängerinnen und Grenzgänger bei Arbeitslosigkeit an ihrem Wohnsitz anspruchsberechtigt. Wird also ein Grenzgänger in Deutschland arbeitslos, erhält er die vorgesehenen Leistungen der Arbeitslosenversicherung von Deutschland und nicht von der Schweiz (Wohnsitzprinzip).

Diese Regelung hat drei Haken. Der erste: Arbeitslose Schweizer Grenzgänger erhalten in ihrem Wohnsitzland nur Arbeitslosenunterstützung, falls sie eine Arbeitsbewilligung besitzen. Und das ist nicht immer der Fall. Dadurch bekommen sie weder vom Wohnsitzstaat noch von der Schweiz Arbeitslosengelder. Es bleibt ihnen in diesem Fall nichts anderes übrig, als sofort wieder in der Schweiz Wohnsitz zu nehmen. Erst dann haben sie Anspruch auf ALV-Leistungen. Der zweite Haken: Ein Schweizer Grenzgänger zahlt seine Versicherungsprämien für Leistungen aus der schweizerischen Arbeitslosenversicherung, von denen er bei Arbeitslosigkeit aber nicht profitieren kann. Er muss sich unter Umständen mit viel schlechteren Leistungen der ausländischen Versicherung begnügen. Der dritte Haken: Das Wohnsitzprinzip gilt auch für arbeitsmarktliche Massnahmen – etwa für Weiterbildungskurse oder Beschäftigungsprogramme. Grenzgänger sind dabei nur zugelassen, sofern diese Massnahmen kollektiv für die gesamte Belegschaft verordnet sind und noch während der Kündigungsfrist stattfinden. Danach sind Schweizer Grenzgänger von der Teilnahme ausgeschlossen.

Diese Nachteile werden erst nach dem 1. Juni 2009 aufgehoben. Zwar gilt auch danach für Grenzgänger das oben erwähnte Wohnortsprinzip. Kann ein Schweizer Grenzgänger allerdings nachweisen, dass er eine enge Verbindung persönlicher oder beruflicher Art mit dem Arbeitsort – in diesem Fall der Schweiz – hat und deshalb dort die besseren Aussichten auf eine

Wiederbeschäftigung besitzt, kann er die Leistungen der schweizerischen Arbeitslosenversicherung beantragen. In diesem Fall muss er sich beim hiesigen Arbeitsamt melden und untersteht den entsprechenden Kontrollpflichten.

Nicht dem Wohnortsprinzip unterliegen Kurzarbeits- und Schlechtwetterentschädigungen sowie Insolvenzentschädigungen bei Zahlungsunfähigkeit des Arbeitgebers. Darauf haben Schweizer Grenzgänger in jedem Fall Anspruch, denn massgebend ist hier nicht der persönliche Wohnsitz, sondern der Sitz des Arbeitgebers.

- Informieren Sie sich direkt bei den zuständigen Behörden im Gastland über die Details der dortigen Arbeitslosenversicherung: Ist sie obligatorisch oder freiwillig? Welche Beiträge zahlen Sie? Wie sieht der Leistungsumfang aus?

- **Staatssekretariat für Wirtschaft (seco)**
Arbeitsmarkt und Arbeitslosenversicherung, Bundesgasse 8, 3003 Bern,
Tel. 031 322 29 20, Internet www.seco-admin.ch
(Allgemeine Auskünfte; zuständig für Fragen zu den Grenzgängerabkommen mit Italien, Deutschland, Österreich, Frankreich und Liechtenstein sowie für die Regelungen in den bilateralen Abkommen mit der EU/EFTA)

Die berufliche Vorsorge (BVG)

In der Schweiz beruht die beruflichen Vorsorge – die so genannte zweite Säule – auf dem Bundesgesetz über die berufliche Alters-, Hinterlassenen- und Invalidenvorsorge (BVG) sowie auf den Verträgen und Reglementen der Vorsorgeeinrichtungen (Pensionskassen). Dies sind meist Unternehmen der öffentlichen Hand oder rechtlich selbständige Stiftungen der Privatwirtschaft, von Berufsverbänden und anderen Institutionen.

Für Arbeitnehmer und Arbeitnehmerinnen mit einem monatlichen Bruttolohn von über 2110 Franken oder einem Jahreslohn von 25 320 Franken (Stand 2003) ist die berufliche Vorsorge nach BVG obligatorisch. Die Versicherungspflicht beginnt mit Aufnahme des Arbeitsverhältnisses und endet mit der Aufgabe der Erwerbstätigkeit, spätestens mit Erreichen des ordentlichen Pensionsalters. Für Selbständigerwerbende ist die berufliche Vorsorge freiwillig. Nichterwerbstätige – Studenten, Hausfrauen, Pensionierte – oder Teilzeitarbeitende, die den Minimallohn nicht erreichen, unterstehen nicht der beruflichen Vorsorge – ausser das Reglement der Vorsorgeeinrichtung sieht die Versicherungspflicht schon ab einem tieferen Einkommen vor. Das ist etwa bei Teilzeitangestellten möglich.

Nach BVG zu versichern sind ab dem 1. Januar nach dem vollendeten 17. Altersjahr die Risiken Invalidität und Tod. Im Schadenfall erhalten die Versicherten sowie ihre Hinterlassenen eine Rente. Ab dem vollendeten 24. Altersjahr fängt das Sparen für das Alter an. Erreicht die versicherte Person das Pensionsalter, erhält sie eine Altersrente oder das angesparte Kapital. Finanziert wird die berufliche Vorsorge über Lohnprozente von Arbeitgeber und Arbeitnehmenden gemeinsam. Der Arbeitgeber muss mindestens die Hälfte des Gesamtbeitrags an die Vorsorge leisten, darf aber auch einen höheren Anteil tragen. Je nach Alter des Versicherten, den vorgesehenen Leistungen, der Risikostruktur der Versicherten und je nach Vorsorgeeinrichtung kann der BVG-Beitrag über 20 Prozent des versicherten Lohnes ausmachen. Obligatorisch versichert sind gemäss BVG nur Einkommen bis 75 960 Franken. Davon abgezogen wird der so genannte Koordinationsbetrag von 25 320 Franken, was der maximalen AHV-Jahresrente entspricht (Stand 2003). Das ergibt dann den versicherten BVG-Lohn. Die Vorsorgeeinrichtungen versichern oft höhere Einkommen. Sie richten somit so genannte überobligatorische Leistungen aus. Die genauen Bedingungen, Ansprüche, Rechte und Pflichten der Versicherten stehen im Vorsorgereglement.

Grundsätzlich hängen die Leistungen der beruflichen Vorsorge von der Beitragsdauer und vom Altersguthaben der Versicherten ab. In der obligatorischen Grundversicherung ergibt sich die Höhe der Altersrente aus dem während der Erwerbstätigkeit angesparten, verzinsten Altersguthaben. Für die Berechnung der Invaliditätsrente werden die beim Eintritt der Invalidität erworbenen Altersgutschriften addiert und die Altersgutschriften, die bis zur Pensionierung noch fällig geworden wären, hinzugezählt. Beim Tod des Versicherten erhält die verwitwete Ehefrau 60 Prozent der Alters- oder Invalidenrente, Halb- und Vollwaisen erhalten 20 Prozent. Gewisse Vorsorgeeinrichtungen kennen auch Witwerrenten oder Leistungen an nicht verheiratete Partner. Leistungen der beruflichen Vorsorge werden auch ins Ausland ausbezahlt.

Welche Konsequenzen hat ein temporärer Auslandaufenthalt für die berufliche Vorsorge?

Die berufliche Vorsorge ergänzt die Leistungen der AHV/IV (siehe Seite 214). Entsprechend wichtig ist es, die Auswirkungen eines Auslandaufenthalts oder einer Auswanderung zu kennen. Welche Vorkehrungen Sie treffen müssen oder können, hängt unter anderem davon ab, ob Sie den Versicherungsschutz gegen die Risiken und Tod weiterhin aufrechterhalten wollen, ob Sie mit der Abreise Ihren Wohnsitz in der Schweiz beibehalten oder endgültig aufgeben, ob Sie das Pensionskassengeld beziehen oder stehen lassen.

• **Wichtig:** Treten Sie aus Ihrer Vorsorgeeinrichtung aus, sind Sie anschliessend nur noch während 30 Tagen gegen die Risiken Invalidität und Tod versichert. Werden Sie später invalid, haben Sie keine IV-Rente der beruflichen Vorsorge zugute – ausser, sie wären schon während der Zugehörigkeit zu einer Vorsorgeeinrichtung arbeitsunfähig geworden. Sterben Sie nach Ablauf der 30-tägigen Nachdeckungsfrist, erhalten Ihr Ehepartner und Ihre Kinder auch keine Hinterlassenenrenten aus der zweiten Säule mehr. Dagegen bleibt Ihnen Ihr angespartes Alterskapital, das so genannte Freizügigkeitskapital, bei einem Austritt aus der Vorsorgeeinrichtung erhalten. Da in diesem Fall keine weiteren Beitragszahlungen eingehen, wächst das Kapital aber nur noch durch die Verzinsung. Es wird im Alter also kleiner sein, als wenn Sie weiter Beiträge bezahlt hätten.

Dieses Freizügigkeitskapital können Sie bei einem Austritt aus der Pensionskassen nicht einfach bar beziehen. Das ist nur möglich, wenn Sie sich selbständig machen oder definitiv auswandern. Sonst müssen Sie das Geld auf der Freizügigkeitspolice einer Versicherungsgesellschaft oder auf dem Sperr-/Freizügigkeitskonto einer Bank deponieren (siehe Seite 209).

Auslandaufenthalt mit bezahltem Arbeitsurlaub

BVG-Versicherte mit Wohnsitz in der Schweiz, die während eines bezahlten Urlaubs ins Ausland gehen – etwa für einen Sprachaufenthalt oder eine ausgedehnte Reise – und anschliessend beim bisherigen Arbeitgeber weiterarbeiten, müssen für ihre berufliche Vorsorge im Prinzip nichts Besonderes vorkehren. Sie zahlen zusammen mit dem Arbeitgeber wie bisher auf der Basis des bisherigen Bruttolohns BVG-Beiträge. Dadurch bleiben sie nach wie vor dem BVG unterstellt, sparen ohne Unterbruch ihr Alterskapital an und haben bei Invalidität und Tod die vorgesehenen Leistungen zugut.

Auslandaufenthalt mit unbezahltem Arbeitsurlaub

Viele Arbeitgeber sind bereit, geschätzten Mitarbeitern für eine bestimmte Zeit einen unbezahlten Urlaub zu gewähren, und halten die Arbeitsstelle bis zur Rückkehr offen oder sichern einen anderen Job zu. Bezüglich der beruflichen Vorsorge haben Sie dabei grundsätzlich drei Möglichkeiten:

Austritt: Sie können für die Dauer des Auslandaufenthalts aus der Pensionskasse austreten. Dann müssen Sie Ihr Freizügigkeitskapital entweder auf der Freizügigkeitspolice einer Versicherungsgesellschaft oder auf dem Sperr-/Freizügigkeitskonto einer Bank deponieren. Bei kurzen Urlauben macht ein Austritt keinen Sinn – weder für Sie noch für die Pensionskasse. Es entsteht nur administrativer Aufwand.

Befreiung von Prämienzahlung: Sie bleiben in der Pensionskasse, lassen sich aber während des unbezahlten Urlaubs vollständig von den Prämienzahlungen befreien. Dazu bieten die meisten Vorsorgeeinrichtungen Hand, vielfach allerdings nur für eine beschränkte Zeit. Bei dieser Variante verlieren Sie für die Dauer der Prämienbefreiung den Versicherungsschutz bei Invalidität und Tod. Dafür können Sie Ihr Vorsorgekapital liegen lassen, wo es ist. Idealer wäre, sich während des Auslandaufenthalts nur von den Beiträgen an die Altersvorsorge zu befreien und die Risikoprämien für Invalidität und Tod weiter zu bezahlen. Informieren Sie sich direkt bei der Vorsorgeeinrichtung, ob dies möglich ist.

Weiterzahlen der BVG-Beiträge: Sie bleiben in der Pensionskasse und zahlen die vollen BVG-Beiträge – obwohl Sie während Ihres Urlaubs keinen Rappen Lohn beziehen. Achtung: Bei dieser Variante müssen Sie nicht nur Ihren, sondern auch den Beitrag des Arbeitgebers auf Ihrem bisherigen Bruttolohn entrichten, sofern dieser nicht freiwillig seinen Anteil bezahlt. In der Regel wird Ihnen der Arbeitgeber die geschuldeten BVG-Beiträge vom letzten Lohn vor Urlaubsbeginn oder vom ersten Salär nach Wiederaufnahme der Arbeit abziehen. Mit dieser Lösung bleiben Sie während des unbezahlten Urlaubs gegen Tod und Invalidität versichert und erleiden später erst noch keine Renteneinbussen. Der Nachteil: Das Ganze ist teuer.

Auslandaufenthalt nach Aufgabe der Erwerbstätigkeit

Geben Sie als bisher BVG-versicherte Person vor der ordentlichen Pensionierung mit der Abreise ins Ausland Ihre Erwerbstätigkeit auf – zum Beispiel für eine Weltreise –, sind Sie vom Zeitpunkt der Erwerbsaufgabe an nicht mehr der beruflichen Vorsorge unterstellt. Dies gilt auch, wenn Sie beabsichtigen, nach der Rückkehr wieder erwerbstätig zu sein.

Möchten Sie während Ihres Auslandaufenthalts dennoch freiwillig als externes Mitglied versichert bleiben, ist dies nur möglich, wenn Ihr Pensionskassenreglement dies vorsieht. Gewisse Kassen schliessen diese Möglichkeit wegen der höheren Risiken im Ausland explizit aus. Andere erlauben eine externe Mitgliedschaft für eine begrenzte Zeit. Stellen Sie ein entsprechendes Gesuch.

Bei einer externen Mitgliedschaft schulden Sie den vollen Pensionskassenbeitrag – das heisst den Anteil von Arbeitgeber und Arbeitnehmer. Ist die freiwillige volle Beitragszahlung bei Ihrer Vorsorgeeinrichtung nicht möglich, können Sie sich der Stiftung Auffangeinrichtung BVG (siehe Seite 239) anschliessen; diese bietet jedoch nur Versicherungsschutz im Rahmen des Obligatoriums. Eine freiwillige Fortführung der beruflichen Vorsorge hat den Vorteil, dass Sie weiterhin Alterskapital ansparen und gegen Invalidität oder Tod versichert sind. Ob das finanziell verkraftbar ist, bleibt eine andere

Frage. Was das Alterskapital betrifft, so hat ein Aussetzen der Beitragszahlungen keine tragischen Konsequenzen. Sie können sich später bei Wiederaufnahme der Erwerbstätigkeit immer noch freiwillig bis zum maximal möglichen Betrag in die Pensionskasse einkaufen.

Sonderregelungen für Entsandte

Wer von einem Schweizer Arbeitgeber mit Schweizer Arbeitsvertrag für weniger als fünf bis sechs Jahre als Entsandter ins Ausland geschickt wird (siehe Seite 97), verbleibt gewöhnlich in der schweizerischen beruflichen Vorsorge – sofern dies die Gesetze und internationalen Abkommen erlauben.

Nicht in allen Ländern können Entsandte jedoch von der dortigen obligatorischen beruflichen Vorsorge befreit werden. Unter Umständen müssen sie sogar Beiträge zahlen, ohne je Leistungen zu erhalten, weil sie eine zu kurze Beitragszeit aufweisen. Und kommen sie doch in den Genuss von Vorsorgeleistungen, sind diese verglichen mit den Leistungen schweizerischer Vorsorgeeinrichtungen meist tiefer.

Bei längerfristigen Entsendungen oder bei Auslandanstellungen zu lokalen Konditionen kommen Schweizer Entsandte meist nicht darum herum, ihre Altersvorsorge im Gastland aufzubauen. Falls die Sozialversicherungslösungen im Ausland lediglich minimale Leistungen vorsehen, sollten die Altersvorsorge privat aufgebaut und die Risiken Invalidität und Tod im Rahmen einer privaten Versicherungslösung abgedeckt werden (siehe Seite 261).

Für Mitarbeiter mit einer Auslandkarriere in verschiedenen Ländern und für Entsandte, die voraussichtlich nie mehr in die Schweiz zurückkehren, ist eine Altersvorsorge oft weder in der Schweiz noch im Gastland sinnvoll durchführbar. Für sie bieten sich Vorsorgestiftungen oder Versicherungen an, die eine internationale Deckung aus einem steuergünstigen Offshore-Domizil bieten. Diese kann umfassend sein oder lokal erworbene Vorsorgeansprüche ergänzen. Zu den beliebten Offshore-Domizilen gehören etwa die Bermudas oder die Kanalinseln.

Entsandte sollten sich bewusst sein, dass Auslandeinsätze in der beruflichen Vorsorge zu massiven Lücken führen können. Vereinbaren Sie also mit Ihrem Arbeitgeber eine Lösung, die mindestens Leistungen gemäss Minimalstandard des BVG vorsieht. Grosskonzerne, die regelmässig Mitarbeiter ins Ausland senden, sind sich dieser Problematik bewusst und erarbeiten in der Regel zusammen mit externen Spezialisten individuelle Lösungen. Vorsicht ist dagegen bei kleineren und mittleren Unternehmen angebracht, die kein einschlägiges Know-how in dieser komplizierten Materie aufweisen.

Berufliche Vorsorge bei einer definitiven Auswanderung

Wandern Sie auf den Zeitpunkt der ordentlichen Pensionierung definitiv aus der Schweiz aus, ist die Sache relativ einfach. Sie erhalten automatisch eine Altersrente oder allenfalls Ihr gesamtes Vorsorgekapital ausgezahlt. Die zweite Variante ist jedoch nur möglich, wenn dies das Reglement Ihrer Pensionskasse vorsieht. In der Regel müssen Sie der Vorsorgeeinrichtung drei Jahre vor dem Bezugstermin einen entsprechenden Antrag stellen.

Verlassen Sie die Schweiz dagegen vor Erreichen des Pensionsalters definitiv – als Frühpensionierte oder Erwerbstätiger –, scheiden Sie aus der obligatorischen beruflichen Vorsorge aus. Dann haben Sie verschiedene Möglichkeiten für Ihr Pensionskassenguthaben.

Das Geld bleibt in der beruflichen Vorsorge

Sie können die berufliche **Vorsorge weiterführen**, entweder bei Ihrer bisherigen Vorsorgeeinrichtung im bisherigen Umfang – sofern dies das Reglement zulässt – oder im Rahmen des BVG-Minimums bei der Stiftung Auffangeinrichtung BVG. Beides ist auch möglich, wenn Sie im Ausland keiner Erwerbstätigkeit nachgehen oder ein niedrigeres Einkommen als den Mindestjahreslohn für die obligatorische berufliche Vorsorge erzielen. Kommen Sie bei der bisherigen Pensionskasse unter, zahlen Sie Beiträge und erhalten Leistungen nach deren Reglement. Bei der Auffangeinrichtung können Sie nur das BVG-Minimum und in diesem Rahmen höchstens die bisherigen Leistungen versichern.

Möglich ist auch ein **Beitritt zur freiwilligen Versicherung** bei der Stiftung Auffangeinrichtung. Dafür müssen Sie aber entweder selbständig erwerbend oder bei mehreren Arbeitgebern tätig sein und dabei insgesamt den in der obligatorischen beruflichen Vorsorge vorgeschriebenen Mindestjahreslohn erzielen. Achtung: Wer vor dem Beitritt zur freiwilligen Versicherung während mindestens sechs Monaten nach BVG obligatorisch versichert war, sollte sich bei dieser Variante innert Jahresfrist versichern lassen. Sonst kann ihm die Auffangeinrichtung für die Risiken Tod und Invalidität aus gesundheitlichen Gründen ein Vorbehalt machen.

Bei beiden Varianten müssen Sie sowohl den Arbeitnehmer- als auch den Arbeitgeberbeitrag aus der eigenen Tasche bezahlen. Bevor Sie sich für diese äusserst teure Lösung entscheiden, sollten Sie gut abklären, welche günstigeren und allenfalls sinnvolleren Alternativen es gibt.

Eine dritte Möglichkeit: Sie deponieren das Kapital auf der **Freizügigkeitspolice** einer Versicherungsgesellschaft oder auf dem **Sperr-/Freizügigkeitskonto** einer Bank (siehe Seite 209). Teilen Sie Ihrer bisherigen Vorsorgeeinrichtung rechtzeitig mit, wohin diese das Freizügigkeitskapital überweisen soll. Je nach gewählter Lösung, erhalten Sie dann im Alter – oder bei Ihrem Tod Ihre Hinterbliebenen – die im Vertrag vorgesehene Zahlung. Klären Sie die Überweisungsmöglichkeiten ins Ausland sowie die Besteuerung der ausgezahlten Beträge in der Schweiz und im Wohnsitzland ab (siehe Seite 284).

Entscheiden Sie sich gegen eine freiwillige Weiterführung der beruflichen Vorsorge und eröffnen Sie weder ein Freizügigkeitskonto noch eine -police, bleibt Ihr Freizügigkeitskapital während längstens zwei Jahren bei Ihrer bisherigen Pensionskasse verzinst liegen. Anschliessend muss diese Ihr Vorsorgekapital automatisch an die Stiftung Auffangeinrichtung überweisen. Dort bleibt es bis zehn Jahre nach Beginn Ihres ordentlichen Pensionsalters verzinst liegen. Danach erlischt Ihr Anspruch auf das Geld. Damit Ihnen das nicht passiert, kümmern Sie sich mit Vorteil vor der definitiven Ausreise aktiv um den Verbleib Ihrer Pensionskassenguthaben. Denn landet Ihr Freizügigkeitskapital bei der Auffangeinrichtung, lässt es sich nur mit Kosten wieder herauslösen.

Barauszahlung der Pensionskassenguthaben

Bei einer definitiven Auswanderung aus der Schweiz können Sie sich Ihr Freizügigkeitskapital auch – vollständig oder teilweise – bar auszahlen lassen (siehe Seite 187). Beziehen Sie nur einen Teilbetrag, müssen Sie das Restguthaben wiederum auf der Freizügigkeitspolice einer Versicherungsgesellschaft oder auf dem Freizügigkeitskonto einer Bank anlegen. Obwohl es keine gesetzlichen Fristen für die Auszahlung von Freizügigkeitskapital gibt, empfiehlt es sich, die Vorsorgeeinrichtung darüber rechtzeitig zu informieren. Klären Sie gleichzeitig ab, welche Dokumente Sie beibringen müssen, um Ihre Auswanderung zu belegen.

• **Achtung:** Nehmen Sie in einem EU-/EFTA-Land Wohnsitz und unterstehen dort als unselbständig Erwerbstätiger oder Selbständigerwerbende der obligatorischen Rentenversicherung für die Risiken Alter, Tod und Invalidität, können Sie sich Ihr Pensionskassengeld aufgrund der bilateralen Abkommen nur noch bis zum 31. Mai 2007 bar auszahlen lassen. Dies betrifft allerdings nur die obligatorische BVG-Minimalvorsorge (Altersguthaben). Das im überobligatorischen Bereich angesparte Vorsorgekapital, ist von dieser Regelung nicht betroffen; diesen Teil können Sie weiterhin bar beziehen.

Wie Sie das frei gewordene Pensionskassenkapital einsetzen, ist Ihnen überlassen. Es gibt keine gesetzlichen Vorschriften über die Verwendung. Im Prinzip sollte es dem Aufbau einer neuen Existenz oder der Altersvorsorge im Ausland dienen. Niemand hindert Sie jedoch, das Geld für eine Weltreise einzusetzen oder in Las Vegas in einer einzigen Nacht zu verspielen.

Risikobewusste Auswandernde schliessen nach dem Bezug der Freizügigkeitsleistung für den Invaliditäts- und den Todesfall Versicherungen ab und stellen die Altersvorsorge über private Versicherungs- oder Bankenlösungen beziehungsweise über den Eintritt in eine Vorsorgeeinrichtung im Ausland sicher. Je nach Land und Sozialversicherungssystem ist ein solcher Eintritt für Erwerbstätige freiwillig oder obligatorisch. Gehen Sie jedoch davon aus, dass ausländische Pensionskassen kaum so hohe Leistungen ausrichten wie diejenigen in der Schweiz. Unterstehen Sie im Ausland einer obligatorischen Vorsorgeversicherung, zahlen aber nur für kurze Zeit Beiträge, können Sie unter Umständen nie Leistungen beanspruchen, da diese meist an eine bestimmte Beitragsdauer gebunden sind.

- **Wichtig:** Sind Sie zum Zeitpunkt der Auswanderung bereits in einem Alter, in dem die Vorsorgeeinrichtung eine Frühpensionierung vorsieht, kann diese die Barauszahlung ablehnen. Sie könnte die Aufgabe Ihrer Erwerbstätigkeit nicht als Freizügigkeitsfall, sondern als vorzeitige Pensionierung betrachten. Dadurch entstünde der Anspruch auf die Altersleistung – in aller Regel eine Rente. Diese würde aber wegen des vorzeitigen Bezugs gekürzt.

- Beziehen Sie bei einer Auswanderung Ihr Freizügigkeitskapital, sollten Sie im Ausland die Altersvorsorge neu aufbauen sowie die Risiken Invalidität und Tod versichern.
- Werden Sie von Ihrem Arbeitgeber für längere Zeit ins Ausland entsandt, müssen Sie sicherstellen, dass Sie in der beruflichen Vorsorge keine Nachteile erleiden. Verlangen Sie im Zweifelsfall Beratung durch externe Spezialisten.

- **Kantonale BVG-Aufsichtsbehörden**
Adressen in jedem Telefonbuch auf den letzten Seiten
(Auskunft zu Fragen über das BVG)

- **Stiftung Auffangeinrichtung BVG**
Adressen der Zweigstellen in jedem Telefonbuch auf den letzten Seiten
(Fragen zum BVG-Beitritt)

Adressen

Die Unfallversicherung (UVG)

Die Unfallversicherung nach dem Bundesgesetz über die Unfallversicherung (UVG) ist für alle Arbeitnehmer und Arbeitnehmerinnen, die in der Schweiz erwerbstätig sind, obligatorisch – auch für Teilzeitbeschäftigte, Lehrlinge und

Praktikanten. Wer einem Nebenerwerb nachgeht oder ein Nebenamt innehat und AHV-beitragspflichtig ist, untersteht grundsätzlich ebenfalls dem UVG. Selbständigerwerbende können der UVG-Versicherung freiwillig beitreten. Die UVG-Unfallversicherung deckt Berufsunfälle und Berufskrankheiten. Nichtberufsunfälle sind auch versichert, sofern das wöchentliche Arbeitspensum bei einem Arbeitgeber mindestens acht Stunden beträgt. Wer bei keinem Arbeitgeber acht Wochenstunden erreicht, ist nur gegen Berufsunfälle und -krankheiten sowie gegen Unfälle auf dem Arbeitsweg versichert. Die UVG-Unfallversicherung wird entweder durch die Schweizerische Unfallversicherungsanstalt (SUVA) durchgeführt oder durch private Versicherungsgesellschaften, Unfallversicherungskassen und zugelassene Krankenkassen.

Finanziert wird die obligatorische Berufsunfallversicherung vom Arbeitgeber; die Prämien für die Nichtberufsunfallversicherung darf er dem Personal vom Lohn abziehen. Die Prämien werden – je gesondert für Berufs- und Nichtberufsunfallversicherung – in Prozenten der versicherten Lohnsumme festgesetzt und sind je nach Branche unterschiedlich hoch.

Die Leistungen der obligatorischen UVG-Unfallversicherung sind gesetzlich vorgeschrieben. Darüber hinaus können Arbeitgeber für ihre Arbeitnehmer bei den meisten UVG-Versicherern freiwillige Zusatzversicherungen abschliessen. Die Deckung der obligatorischen Unfallversicherung ist umfassend. Umso wichtiger, dass Sie vor dem Auslandaufenthalt Ihren Versicherungsschutz bei Unfall überprüfen.

Leistungen nach UVG

- **Kosten der Heilung**, Pflege und Wiederherstellung
- **Taggelder** von 80 Prozent des versicherten Verdienstes bei vorübergehender Arbeitsunfähigkeit: Basis ist der im Jahr vor dem Unfall verdiente Lohn (maximal 106 800 Franken pro Jahr).
- **Invalidenrenten** bis zu maximal 80 Prozent des versicherten Verdienstes bei dauernder Erwerbsunfähigkeit: Bei Anspruch auf eine AHV- oder IV-Rente wird die UVG-Rente als Ergänzungsrente (Differenz zwischen AHV/IV-Rente und 90% des versicherten Verdienstes) gewährt.
- **Integritätsentschädigung** für unfallbedingte Dauerschäden
- **Witwen-/Witwerrenten:** Witwen mit Kindern erhalten eine Rente von 40 Prozent des versicherten Verdienstes, ebenso kinderlose Witwen, welche älter als 45 Jahre oder zu mindestens zwei Dritteln invalid sind. Sonst werden Witwenabfindungen ausgerichtet. Witwer erhalten ebenfalls Renten.
- **Waisenrenten:** An Halbwaisen werden 15, an Vollwaisen 25 Prozent bezahlt.

Wie versichere ich mich im Ausland gegen Unfälle?

Ihr Versicherungsschutz bei einem Unfall im Ausland hängt unter anderem davon ab, ob Sie vor dem Auslandaufenthalt in der Schweiz unselbständig tätig, selbständig erwerbend oder nicht erwerbstätig waren. Zudem ist entscheidend, ob und mit welchem Status Sie künftig in welchem Land wohnen oder arbeiten.

Auch im Bereich der Unfallversicherung hat die Schweiz mit vielen Staaten Abkommen geschlosssen (siehe Kasten). In den Vertragstaaten werden die Kosten gemäss Sozialversicherungstarif des Gastlands übernommen. Das heisst, Sie werden nach dem dort geltenden Tarif behandelt. Dieser reicht in der Regel aus, um die Kosten zu decken – sofern die Behandlung nicht in einer teuren Privatklinik stattfindet. In Vertragsstaaten läuft die Abrechnung direkt über die zuständigen Sozialversicherungseinrichtungen des Landes. Sie müssen also die Rechnungen grundsätzlich nicht vor Ort begleichen. In der Praxis ist das dennoch vielfach der Fall. Zum Teil verlangen Spitäler auch eine Kostengutsprache des Schweizer Versicherers.

Staaten, mit denen ein Abkommen im Bereich UVG besteht
(In diesen Staaten gibt es keine Doppelversicherung im Bereich der Unfallversicherung)

- EU-Länder (bilaterale Abkommen im Rahmen der Personenfreizügigkeit)*
- EFTA-Länder (revidierte EFTA-Konvention)*
- Nachfolgestaaten von Ex-Jugoslawien
- Kroatien
- San Marino
- Slowenien
- Türkei
- Zypern

* (Details siehe Seite 46)

Unfallversicherung für Nichterwerbstätige
Wohnsitz in der Schweiz: Personen, die keiner Erwerbstätigkeit nachgehen – etwa Kinder, Schüler, Studentinnen, Hausfrauen oder Rentner – sind bei einem Unfall nicht in der obligatorischen UVG-Unfallversicherung, sondern in der obligatorischen Grundversicherung der Krankenversicherung versichert (Details siehe Seite 246). Die obligatorische Krankenversicherung übernimmt bei einem Unfall allerdings nur die Kosten für ambulante und stationäre Behandlungen sowie für Medikamente. Sie haben also keinen Anspruch auf Taggelder, Renten und Integritätsentschädigung wie bei der Versicherung nach UVG. Sofern Sie den Wohnsitz in der Schweiz behalten, besteht der Versicherungsschutz über die Krankenversicherung im In- und Ausland. Je nach Land reicht die Grundversicherung jedoch nicht aus, um im Notfall alle Kosten zu decken. Für die Dauer des Auslandaufenthalts ist es deshalb meist angebracht, bei einem Krankenversicherer eine Zusatzversicherung abzuschliessen.

Verunfallen Sie in einem EU- oder EFTA-Land, werden die Kosten zunächst durch die Krankenversicherung des betreffenden Staates übernommen und später Ihrem schweizerischen Krankenversicherer in Rechnung gestellt.

Die Details dazu finden Sie im Kapitel Krankenversicherung (siehe Seite 246). In Ländern ausserhalb von EU und EFTA müssen Sie die Behandlungs- und Spitalkosten in der Regel vor Ort begleichen und sie darauf bei Ihrem Schweizer Krankenversicherer zurückfordern. Dazu benötigen Sie Originalbelege.

Wohnsitz im Ausland: Geben Sie als Nichterwerbstätige den Wohnsitz in der Schweiz definitiv auf und sind dadurch nicht mehr in der obligatorischen Schweizer Krankenversicherung gegen Unfall versichert, müssen Sie sich unverzüglich im Wohnsitzland gegen dieses Risiko versichern. In den meisten Ländern gelten Nichtberufsunfälle als Krankheit und fallen somit in den Bereich der dortigen Krankenversicherung. Details finden Sie im Kapitel Krankenversicherung; für Rentner interessant sind insbesondere die Versicherungswahlmöglichkeiten in einigen EU-Staaten (siehe Seite 256).

Unfallversicherung für Unselbständigerwerbende während temporärem Auslandaufenthalt

Mit dem Begriff «Unselbständigerwerbende» sind Personen gemeint, die in einem Angestelltenverhältnis einer bezahlten Erwerbstätigkeit nachgehen.

Bezahlter Urlaub: Nehmen Sie als Arbeitnehmer bezahlten Urlaub, bleiben Sie während des Auslandaufenthalts bei der obligatorischen Unfallversicherung versichert. In diesem Fall müssen Sie keine speziellen Vorkehrungen treffen, da Sie bei einem Unfall während der gesamten Abwesenheit vom Arbeitsplatz über Ihren Arbeitgeber beziehungsweise über seine und Ihre Prämienzahlungen einen lückenlosen Versicherungsschutz geniessen.

Unbezahlter Urlaub: Erhalten Sie von Ihrem Arbeitgeber einen unbezahlten Urlaub, um Ihre Auslandpläne zu verwirklichen, endet Ihr UVG-Versicherungsschutz mit Aufnahme dieses Urlaubs, gleich wie bei einer Auflösung des Arbeitsverhältnisses. Sie sind erst wieder gemäss UVG versichert, wenn Sie Ihre Arbeit erneut aufnehmen. Während eines unbezahlten Urlaubs sind Sie über Ihren Krankenversicherer gegen Unfall versichert – sofern Sie nicht den Unfallanteil der Prämie aufgrund von Sparüberlegungen ausgeschlossen haben. Ist dies der Fall, müssen Sie sich unverzüglich wieder voll versichern lassen. Eine andere Möglichkeit ist der Abschluss einer Abredeversicherung (siehe nächste Seite).

Unfallversicherung bei Aufgabe der Erwerbstätigkeit in der Schweiz

Arbeiteten Sie vor einem Auslandaufenthalt als Unselbständigerwerbender bei einem Arbeitgeber mindestens acht Stunden pro Woche, endet Ihre UVG-Versicherung für Berufs- und Nichtberufsunfall 30 Tage nach dem Wegfall Ihres Anspruchs auf den halben Lohn. Arbeiteten Sie weniger als acht Wochenstunden, entfällt der Versicherungsschutz unmittelbar mit Aufgabe der Erwerbstätigkeit.

Über das Ende der obligatorischen UVG-Versicherung hinaus können Sie die Nichtberufsunfallversicherung jedoch durch eine so genannte **Abredeversicherung** für maximal 180 Tage verlängern. Mit der 30-tägigen Nachdeckungsfrist und einer Abredeversicherung endet Ihr Unfallversicherungsschutz also nach 210 Tagen definitiv. Achtung: 210 Tage entsprechen nicht genau sieben Kalendermonaten, auch wenn die Versicherer der Einfachheit halber dies gerne so sagen. Eine Abredeversicherung lässt sich beim vorherigen UVG-Versicherer für wenig Geld abschliessen. Die Prämie ist spätestens am 30. Tag nach Ablauf der Nichtberufsunfallversicherung zu bezahlen.

Die Abredeversicherung ist unabhängig vom Wohnsitz weltweit gültig und dürfte bei einem Auslandaufenthalt von bis zu sechs Monaten die günstigste Lösung mit dem umfassendsten Versicherungsschutz sein. Die Alternative, wenn Sie den Wohnsitz in der Schweiz behalten: Setzen Sie die ausgesetzte Unfalldeckung der Krankenkasse wieder in Kraft. Diese übernimmt aber wie erwähnt nur Heilungs- und Behandlungskosten. Zudem müssen Sie sich im Rahmen der Franchise und des Selbstbehalts an den Kosten beteiligen. Eine weitere – oft aber teurere – Möglichkeit ist der Abschluss einer Einzelunfallversicherung. Bei einem Auslandaufenthalt von mehr als sechs Monaten bleibt Ihnen leider nur diese Variante.

Doch selbst wenn Sie in der obligatorischen UVG-Versicherung gedeckt sind, lohnt sich allenfalls der Abschluss einer Zusatzversicherung. UVG-Versicherte sind in der Schweiz und im Ausland nämlich nur auf Stufe «Allgemeine Spitalabteilung» versichert. In Ländern, mit denen die Schweiz kein Sozialversicherungsabkommen unter Einschluss der Unfallversicherung abgeschlossen hat, wird für Heilbehandlungen nur der doppelte Betrag dessen bezahlt, was die Behandlung in der Schweiz gekostet hätte. Diese Limite führt unter Umständen dazu, dass Sie einen grossen Teil der Arzt- oder Spitalrechnung aus der eigenen Tasche berappen müssen. Das blüht Ihnen nicht nur in Ländern mit hohen Arzt- und Spitaltarifen wie etwa den USA, Kanada oder Japan, sondern auch in Entwicklungsländern. Dort landen Sie als Ausländer in der Regel in teuren Privat-, Universitäts- oder speziellen Ausländerkliniken.

Unfallversicherung bei Aufnahme der Erwerbstätigkeit im Ausland

Lassen Sie sich nach Aufgabe Ihrer Erwerbstätigkeit in der Schweiz im Ausland nieder und nehmen dort eine neue Arbeit auf, können Sie sich in der Regel nicht mehr über einen Schweizer Unfallversicherer versichern. Sie müssen sich im Wohnsitzland um den entsprechenden Versicherungsschutz kümmern. Dies gilt auch für Staaten, mit denen die Schweiz ein Abkommen bezüglich der Unfallversicherung abgeschlossen hat (siehe Seite 241). Solche Abkommen beruhen grundsätzlich auf dem Grundsatz der Unterstellung am Erwerbsort. Dies bedeutet, dass Sie den Rechtsvorschriften desjenigen Staates unterliegen, in dessen Gebiet sie Ihre Beschäftigung ausüben.

Auch Schweizer, die beispielsweise in einem EU-Staat erwerbstätig sind, aber in der Schweiz wohnen, sind dem Unfallversicherungsrecht des entsprechenden Staates unterstellt. Verunfallen sie oder leiden sie an einer Berufskrankheit, erhalten sie die entsprechenden Leistungen von der zuständigen ausländischen Institution gemäss ausländischem Recht. Die Abkommen mit der EU/EFTA sehen in einem solchen Fall aber vor, dass der in der Schweiz wohnende Versicherte Geld- und Sachleistungen im Wohnstaat, also in der Schweiz, beziehen kann. Administrativ abgewickelt wird dies von der Schweizerischen Unfallversicherungsanstalt (SUVA) in Luzern (Adresse Seite 246).

Unfallversicherung für ins Ausland entsandte Arbeitnehmer und Angestellte des Bundes

Werden Sie von einer Schweizer Firma entlöhnt und für eine bestimmte Zeit ins Ausland entsandt, gelten für Sie besondere Bestimmungen. Arbeiten Sie in einem Land, mit dem die Schweiz ein Abkommen im Bereich der Sozialversicherung abgeschlossen hat (siehe Seite 212), können Sie je nach Land zwischen einem und drei Jahren dort wohnen und arbeiten – und dabei in der obligatorischen UVG-Versicherung bleiben. Voraussetzung ist, dass Sie unmittelbar vor der Entsendung ins Ausland in der Schweiz obligatorisch UVG-versichert waren.

Nach Ablauf der vorgesehenen Entsendungsdauer, können die zuständigen Behörden der beiden Vertragsstaaten – in der Schweiz ist es das Bundesamt für Sozialversicherung – die Frist auf Antrag des Schweizer Arbeitgebers und des Arbeitnehmers in gegenseitigem Einverständnis verlängern. In der Praxis ist dadurch ein Auslandaufenthalt von insgesamt fünf bis sechs Jahren möglich.

In Staaten ohne Abkommen mit der Schweiz, können entsandte Mitarbeiter von Schweizer Firmen für ein Jahr in der obligatorischen Unfallversicherung versichert bleiben. Aber auch hier lässt sich die Frist auf Gesuch hin für maximal weitere fünf Jahre verlängern. Für alle Gesuche ist der Schweizer Unfallversicherer zuständig (Adressen Seite 246).

Beabsichtigen Sie von Anfang an, länger als sechs Jahre oder gar für immer im Ausland zu arbeiten, sind Sie von der Entsandten-Regelung und damit von der obligatorischen Unfallversicherung ausgeschlossen. Keine Möglichkeit, die Unfallversicherung weiterzuführen, besteht im Weiteren, wenn Ihr Vertrag nach ausländischem Recht abgeschlossen ist. Dabei spielt es keine Rolle, ob es sich um eine ausländische oder schweizerische Firma handelt. Oder anders gesagt: Es genügt nicht, im Ausland bei einer Schweizer Tochterfirma angestellt zu sein, verlangt wird ein Arbeitsverhältnis mit einem Arbeitgeber in der Schweiz. Sonst unterstehen Sie automatisch den Regeln der ausländischen Unfallversicherung.

Eine Sonderregelung gibt es auch für Beamte des Bundes und ihnen gleichgestellte Personen, die von der Schweiz in einem EU-Staat beschäftigt werden. Sie bleiben während ihres Auslandeinsatzes in der schweizerischen Unfallversicherung obligatorisch versichert.

Unfallversicherung für Schweizer Grenzgänger

Schweizerinnen und Schweizer, die im benachbarten Ausland wohnen und in der Schweiz einer Arbeit nachgehen, müssen bezüglich ihres Versicherungsschutzes bei Unfall keine Vorkehrungen treffen. Da im UVG nur das Arbeitsverhältnis und nicht der Wohnsitz eine Rolle spielt (Erwerbsortprinzip), sind Grenzgänger den schweizerischen Bestimmungen unterstellt. Sie erhalten bei Unfällen dieselben Versicherungsleistungen wie Schweizer in der Schweiz. Bei Unfällen im Wohnland werden Sie von der Versicherung des Wohnlands betreut, auf Rechnung des Schweizerischen Unfallversicherers.

Unfallversicherung für Selbständigerwerbende

Selbständigerwerbende, die in der Schweiz freiwillig der UVG-Unfallversicherung beigetreten sind, können bei einem Auslandaufenthalt weder eine Abredeversicherung abschliessen noch bei Wohnsitzverlegung ins Ausland weiter versichert bleiben. Mit Aufgabe der Selbständigkeit in der Schweiz endet der Versicherungsschutz. Allerdings ist es aufgrund einer speziellen Vereinbarung mit dem UVG-Versicherer möglich, die Unfallversicherung nach Aufgabe der Erwerbstätigkeit für maximal drei weitere Monate aufrechtzuerhalten.

Eine spezielle Regelung gibt es für Selbständigerwerbende, die in einem EU-/EFTA-Staat wohnen, aber in der Schweiz ihrer selbständigen Erwerbstätigkeit nachgehen. Sie können hier eine freiwillige Unfallversicherung nach UVG abschliessen. Voraussetzung ist allerdings, dass sie zu einem früheren Zeitpunkt schon einmal dem schweizerischen Sozialversicherungsrecht unterstellt waren.

- Kümmern Sie sich frühzeitig um Ihren Versicherungsschutz bei Unfall. Schliessen Sie allfällige Deckungslücken mit einer Abredeversicherung und privaten Zusatzversicherungen.

> • Bleiben Sie im Ausland in der obligatorischen Unfallversicherung versichert, müssen Sie sich bei einem Unfall unverzüglich bei Ihrem Arbeitgeber melden.

- **Bundesamt für Sozialversicherung (BSV)**
  Hauptabteilung Kranken- und Unfallversicherung, Effingerstrasse 20, 3003 Bern, Tel. 031 322 91 12, Internet www.bsv.admin.ch
  (Aufsichtsbehörde; Rechtsauskünfte)

 Adressen

- **SUVA Luzern**
  Public Relations, Postfach, 6002 Luzern, Tel. 041 418 13 13, Internet www.suva.ch
  (Auskunft, Informationsblätter, vorgedruckte Einzahlungsscheine für Abredeversicherungen; Beratung bieten auch die über zwanzig SUVA-Agenturen in den grösseren Städten der Schweiz.)

- **Schweizerischer Versicherungsverband SVV**
  Bereich Kranken- und Unfallversicherung, C. F. Meyer-Strasse 14, Postfach 4228, 8022 Zürich, Tel. 01 208 28 28, Internet www.svv.ch
  (Generelle Informationen zu Versicherungen gemäss UVG, Adresslisten)

- **Generelle Versicherungsberatung für Auslandschweizer**
  Adressen Seite 259

Die Krankenversicherung (KVG)

Das Krankheitsrisiko ist im Vergleich zum Unfallrisiko unverhältnismässig höher. Planen Sie einen Auslandaufenthalt, sollten Sie dem Versicherungsschutz bei Krankheit deshalb besondere Beachtung schenken.

Deckung gegen die finanziellen Folgen von Krankheit bieten in der Schweiz Krankenkassen und private Versicherungsgesellschaften an. Bei der Krankenversicherung ist klar zwischen zwei Versicherungszweigen zu trennen: Einerseits gibt es die obligatorische Grundversicherungen, die auf dem Bundesgesetz über die Krankenversicherung (KVG) beruht. In diesem Bereich sind fast ausnahmslos Krankenkassen tätig. Hinzu kommen Zusatzversicherungen basierend auf dem Versicherungsvertragsgesetz (VVG). In diesem Bereich bieten Krankenkassen und Versicherungsgesellschaften Produkte an.

Grundversicherung sowie Zusatzversicherungen können – müssen aber nicht – beim gleichen Versicherer abgeschlossen sein. Einige Versicherer erheben aber Zuschläge zur ordentlichen Zusatzversicherungsprämie, wenn die Grundversicherung bei einem anderen Versicherer abgeschlossen ist.

Krankenpflege-Grundversicherung

Sie ist für alle in der Schweiz wohnhaften Personen obligatorisch und wird in der Regel auf privater Basis abgeschlossen. In der Grundversicherung müssen alle Versicherer dieselben Leistungen erbringen: Gedeckt sind eine zeitlich und kostenmässig unbeschränkte ambulante (Arzt) und stationäre Behandlung (Spital in der allgemeinen Abteilung im Wohnkanton) sowie kassenpflichtige Medikamente. Ausgerichtet werden auch Beiträge an Spitexkosten, für Prävention, Transporte und Hilfsmittel. Bei Mutterschaft sind die Kosten für Kontrolluntersuchungen und für die Entbindung gedeckt. Falls keine Unfallversicherung nach UVG besteht, werden bei Unfall die Kosten für ambulante und stationäre Behandlungen sowie für Medikamente übernommen.

Die Prämie für die obligatorische Krankenpflege-Grundversicherung hängt vom Versicherer und vom Wohnort der versicherten Person ab. Erwachsene innerhalb derselben Region schulden beim selben Versicherer die gleiche Prämie – unabhängig von Alter und Geschlecht. Alle Erwachsenen müssen für Arztbesuche und Spitalaufenthalte jährlich eine Franchise von wenigstens 230 Franken und Selbstbehalte von zehn Prozent beziehungsweise maximal 600 Franken pro Jahr tragen. Die Franchise kann höher angesetzt werden, was Prämien spart. Versicherungsprämien von Personen mit tiefem Einkommen werden vom Wohnkanton verbilligt. Solche Prämienverbilligungen können übrigens auch Versicherte beanspruchen, die in bescheidenen wirtschaftlichen Verhältnissen in einem EU- oder EFTA-Land wohnen und in der Schweiz arbeiten (siehe Seite 255). Das Gleiche gilt für Schweizer Rentner, die ihr gesamtes Arbeitsleben in der Schweiz verbracht haben und nun mit ihrer Schweizer Rente das Alter in einem EU- oder EFTA-Staat verbringen (siehe Seite 256).

In der Grundversicherung können Sie den Versicherer ohne jeden Nachteil wechseln. Es gibt keine Prämienerhöhungen wegen Ihres Alters und keine Vorbehalte für bestehende Krankheiten. Sie müssen bloss die dreimonatige Kündigungsfrist einhalten. Je nach gewählter Franchise sind Kündigungen auf Ende Juni und Ende Dezember oder nur auf Jahresende möglich.

Zusatzversicherungen

Zusatzversicherungen sind freiwillig und ergänzen die obligatorische Krankenpflegeversicherung. Sie decken Leistungen der ambulanten oder stationären Behandlung, welche die Versicherten nach eigenem Bedarf wünschen. Im Bereich der ambulanten Behandlungen übernehmen Zusatzversicherungen beispielsweise höhere Kosten für notfallmässige Behandlung im Ausland, Rettung und Bergung, Alternativmedizin, Badekuren, Brillen, Zahnbehandlungen. Im Rahmen der stationären Behandlung können Versicherte den

Versicherungsschutz in der allgemeinen Abteilung auf die ganze Schweiz ausdehnen oder sich für Spitalaufenthalt in der halbprivaten oder privaten Abteilung versichern lassen.

Die Palette des zusätzlich Versicherbaren ist breit, das Angebot der Versicherer unterschiedlich, die Prämiendifferenzen sind massiv. Alter, Gesundheitszustand und Geschlecht beeinflussen sie stark. Jeder Versicherer kann jeden Versicherungsantrag annehmen oder ablehnen, wie es ihm beliebt; ein Anspruch auf Zusatzversicherungen besteht nicht. Die Versicherer können aber auch Vorbehalte (Leistungsausschlüsse) anbringen, Risikozuschläge verlangen und ein Höchstalter für den Eintritt festsetzen. Dies kann den Wechsel in eine andere, sprich günstigere Zusatzversicherung unter Umständen erschweren oder gar verunmöglichen. Das gilt vor allem für Personen mit Gebrechen und in fortgeschrittenem Alter.

Zusatzversicherungen können je nach Versicherer und Vertragsdauer auf Ende Jahr oder nach Ablauf eines mehrjährigen Vertrags mit Fristen von drei oder sechs Monaten gekündigt werden. Die Fristen sind in den Versicherungsbedingungen festgehalten.

Krankenversicherung bei Auslandaufenthalt mit Wohnsitz in der Schweiz

Reisen Sie ins Ausland – etwa für einen Sprach- oder Studienaufenthalt, einen längeren Treck oder ein Arbeitspraktikum –, behalten aber Ihren Wohnsitz in der Schweiz, unterstehen Sie unverändert dem Krankenversicherungsobligatorium gemäss KVG. Das heisst, Sie müssen weiter die bisherigen Prämien zahlen und geniessen den entsprechenden Versicherungsschutz.

Geben Sie bei der Ausreise Ihre Erwerbstätigkeit auf und waren über Ihren bisherigen Arbeitgeber für Krankenpflege versichert, müssen Sie abklären, ob Sie allfällige Zusatzversicherungen weiterführen können und wollen. Wenn ja, ist ein Übertritt in die Einzelversicherung erforderlich. Damit verlieren Sie aber den Rabatt, den Sie über Ihren Arbeitgeber hatten. In der Grundversicherung können Sie auf jeden Fall zu den gleichen Konditionen versichert bleiben. Hier lohnt sich ein Prämienvergleich mit der Konkurrenz.

Auch wenn Sie nur für wenige Monate ins Ausland ziehen, sollten Sie in jedem Fall mit Ihrem Versicherer abklären, ob Ihr Versicherungsschutz genügt. Denn die obligatorische Grundversicherung zahlt im Ausland nur notfallmässige Behandlungen beim Arzt (ambulant) und im Spital sowie ärztlich verordnete Medikamente und Analysen. Und zwar nur so lange, als ein Rücktransport in die Schweiz unzumutbar ist, und lediglich bis zum doppelten Betrag des Tarifs Ihres Wohnkantons.

Bei Geburten im Ausland zahlt die obligatorische Krankenversicherung die Kosten der Entbindung nur in zwei Fällen: wenn das Kind nur durch die Geburt im Ausland die Staatsangehörigkeit der Mutter oder des Vaters erwerben kann oder wenn das Kind – falls es in der Schweiz geboren würde – staatenlos wäre. In diesem Fall werden höchstens die Kosten übernommen, die auch im Wohnsitzkanton anfallen würden. Bei einer unerwarteten Frühgeburt allerdings ist die Kostenübernahme wie bei einem ärztlichen Notfall im Ausland geregelt.

Auslandaufenthalt ohne Erwerbstätigkeit
Benötigen Sie in einem EU-/EFTA-Land medizinische Hilfe, übernimmt Ihre Krankenkasse die Kosten für notwendige Medikamente sowie für Arzt- und Spitalbehandlungen in der allgemeinen Abteilung. Sie haben jedoch nur Anspruch auf jene Krankenpflegeleistungen, die im betreffenden Land zu den normalen Leistungen der Krankenversicherung gehören. Sieht das betreffende Land eine Kostenbeteiligung des Patienten vor, müssen Sie diese bezahlen. Die Kostenbeteiligung lässt sich nicht mit der schweizerischen Franchise verrechnen, denn diese gilt nur für in der Schweiz beanspruchte Leistungen.

In den meisten EU- und EFTA-Staaten dürfte die Deckung der Grundversicherung für normale Arzt- und Spitalbehandlungen ausreichen. Bei komplizierten Spitalbehandlungen kann es dagegen zu grossen finanziellen Belastungen kommen. In diesem Fall lohnt sich eine Zusatzversicherung.

Damit Sie in einem EU-/EFTA-Land die Kosten für die ärztliche Behandlung nicht direkt dem Arzt oder Spital bezahlen müssen, sollten Sie vor der Abreise bei Ihrer Krankenkasse das Formular E 111 besorgen. Wenn Sie dieses Formular vorzeigen, rechnet die Koordinationsstelle im entsprechenden Land die Kosten direkt mit Ihrer Krankenkasse in der Schweiz ab. Vor Ort zu bezahlen sind lediglich Selbstbehalte, sofern diese auch für Einheimische gelten, oder Sonderwünsche wie etwa ein Einzelzimmer. Ohne Formular E 111 müssen Sie die entstandenen Kosten in der Regel an Ort und Stelle begleichen. In diesem Fall sollten Sie sich vom Arzt oder Spital eine detaillierte Rechnung ausstellen und quittieren lassen, aus der die erbrachten Leistungen hervorgehen. Gegen diese Rechnung erstattet Ihnen dann die Schweizer Krankenkasse die Kosten der versicherten Leistungen zurück.

In Ländern ausserhalb der EU und EFTA müssen Sie die Auslagen für Arzt- und Spitalbehandlungen meist vor Ort begleichen – und danach in der Schweiz bei der Krankenkasse zurückfordern. Je nach Land kann das extrem teuer werden. In den USA, in Kanada oder Australien können die Kosten einer Behandlung leicht ein Mehrfaches des Schweizer Tarifs betragen. In Sicherheit wiegen sollten Sie sich auch nicht in Tiefpreis- beziehungsweise

Drittweltstaaten; Ausländer werden dort vielfach in teuren Privatabteilungen behandelt oder zahlen generell massiv höhere Tarife.

Bei ungenügender Deckung sollten Sie für die Dauer Ihres Auslandaufenthalts bei Ihrem Versicherer eine separate Krankenpflege-Zusatzversicherung oder Reiseversicherung (siehe Seite 274) abschliessen oder in eine höhere Versicherungskategorie wechseln. Sonst zahlen Sie die nicht gedeckten Kosten aus dem eigenen Sack. Bei einzelnen Krankenversicherern ist es möglich, die Deckung für die private Abteilung auf die ganze Welt auszudehnen. Zu unterscheiden ist dabei jedoch zwischen voller Wahlfreiheit von Arzt und Spital oder bloss notfallmässiger Privatdeckung.

Schlecht gedeckt sind in der obligatorischen Grundversicherung medizinisch notwendige Krankentransporte: Sie werden in der Schweiz und im Ausland nur zu 50 Prozent und bis maximal 500 Franken übernommen. Ebenfalls zu 50 Prozent werden die Kosten von Rettungsmassnahmen bezahlt, der Maximalbetrag pro Kalenderjahr ist hier auf 5000 Franken begrenzt. Vielfach bestehen zwischen Krankenversicherern und Rettungstransportunternehmen jedoch Verträge. In diesem Fall müssen Sie sich bei Transporten und Rückschaffungen an die entsprechende Organisation wenden – oder Sie zahlen die Kosten selbst. Das blüht Ihnen im Ausland wegen der tiefen Deckung auch sonst ziemlich schnell. Die Beiträge der Grundversicherung reichen in der Regel nicht aus, vor allem wenn ein Repatriierungsflug notwendig ist. Eine bessere Deckung ist auch hier nur über eine Zusatzversicherung, eine besondere Reiseversicherung beim Krankenversicherer oder für Transportflüge über eine Mitgliedschaft bei der Rega (siehe Seite 277) möglich.

Um die bekannten Lücken der Grundversicherung im Ausland zu decken, bieten die meisten Krankenversicherer spezielle Reise- oder Ferienversicherungen oder Standardversicherungspakete für Auslandaufenthalte an. Bei letzteren ist zu beachten, dass oft auch Leistungen eingeschlossen sind, die man gar nicht benötigt oder die über eine andere Versicherung gedeckt sind. Die Prämien der einzelnen Versicherer variieren denn auch beträchtlich. Hat Ihr Krankenversicherer keine geeignete Lösung im Angebot, wenden Sie sich an eine der grösseren Krankenkassen. Einige bieten ihre speziellen Heilungs- und Transportkosten-Zusatzversicherungen für Auslandaufenthalte explizit auch Personen an, die nicht bei ihnen grundversichert sind.

Speziell auf die Bedürfnisse von Auslandreisenden sind die Produkte der Reiseversicherungsgesellschaften abgestimmt. Dort lassen sich zum Teil auch die Kosten von notfallmässigen Behandlungen bis zu einem bestimmten Betrag versichern. Dafür sind Heilungskosten meist nicht oder nur zu einem hohen Preis versicherbar (siehe Seite 274).

Auslandaufenthalt mit Erwerbstätigkeit

Haben Sie Ihren Wohnsitz in der Schweiz und arbeiten in einem EU-/EFTA-Staat, unterstehen Sie und Ihre nicht erwerbstätigen Familienangehörigen aufgrund der Abkommen der dortigen obligatorischen Krankenversicherung. Das heisst, Sie müssen im entsprechenden Land eine Krankenversicherung abschliessen. Familienangehörige, die in der Schweiz arbeiten, bleiben dagegen hier versicherungspflichtig.

Im Erkrankungsfall müssen Sie sich aber nicht im EU- oder EFTA-Land behandeln lassen, in dem Sie arbeiten. Sie können sich in der Schweiz behandeln lassen – gleich wie eine in der Schweiz versicherte Person. Die Kosten einer Behandlung wegen Krankheit, Nichtberufsunfall oder Mutterschaft werden von der «Stiftung Gemeinsame Einrichtung KVG» bezahlt – einer Institution, die Sie so betreut, als wären Sie bei einer schweizerischen Krankenkasse versichert (Adresse Seite 259). Damit der Leistungsbezug korrekt abgewickelt werden kann, müssen Sie sich bei der Stiftung anmelden und benötigen ein spezielles Dokument, das Formular E 106. Dieses erhalten Sie von Ihrem ausländischen Krankenversicherer.

Die «Stiftung Gemeinsame Einrichtung KVG» leistet dabei eigentlich nur einen Kostenvorschuss: Sie fordert den bezahlten Betrag bei Ihrem Krankenversicherer im Ausland zurück. Achtung: Dieses Vorgehen gilt nur für Kosten von Spitalbehandlungen. Bei ambulanten Behandlungen müssen Sie die Arztrechnung meist selbst bezahlen. Sie können dann zwar wiederum bei der «Gemeinsamen Einrichtung KVG» eine Kostenvergütung verlangen. Kostenbeteiligungen auf den Krankenpflegeleistungen sowie die Franchise gehen aber zu Ihren Lasten.

- **Wichtig:** Für Schweizer, die in Deutschland, Italien, Österreich, Frankreich und Finnland wohnen und in der Schweiz arbeiten, gibt es bezüglich der Versicherungspflicht am Erwerbsort eine Ausnahmeregelung. Als so genannte Grenzgänger können sie und ihre nicht erwerbstätigen Familienangehörigen sich von der Versicherungspflicht in der schweizerischen Krankenversicherung befreien lassen, sofern sie einen gleichwertigen ausländischen Schutz bei Krankheit nachweisen können.

Dazu müssen sie beim Kanton Ihres Arbeitsorts eine Bestätigung ihres ausländischen Krankenversicherers vorweisen, die aufzeigt, dass sie und ihre nicht erwerbstätigen Familienangehörigen im Wohnland, in der Schweiz und bei einem Aufenthalt in einem anderen Mitgliedstaat der EU/EFTA für Krankheit versichert sind. Das Gesuch um Befreiung ist innerhalb von drei Monaten nach Beginn der Versicherungspflicht mit dem Versicherungsausweis einzureichen. Wer diese Frist verpasst, kann das Optionsrecht nicht mehr ausüben. Dies ist erst wieder möglich, wenn sich die Familienverhältnisse durch Heirat oder Geburt ändern.

Wohnen Sie als Arbeitnehmerin oder Selbständigerwerbender in der Schweiz und arbeiten in einem Land, das nicht der EU- oder EFTA angehört, müssen Sie die Versicherungssituation speziell abklären. Besteht zwischen der Schweiz und dem entsprechenden Land ein Sozialversicherungsabkommen, das die Krankenversicherungen mit einbezieht, sind Sie grundsätzlich im entsprechenden Land der Krankenversicherung unterstellt – nicht in der Schweiz. Das trifft beispielsweise auf einen Schweizer zu, der während der Woche in Prag in seinem Unternehmen arbeitet, die Wochenenden aber an seinem Wohnort in Zürich verbringt. In Ländern ohne entsprechendes Abkommen gelten unterschiedliche Regeln. Dabei kann es vorkommen, dass ein Schweizer im Erwerbsland und in der Schweiz obligatorisch eine Krankenversicherung abschliessen muss.

Krankenversicherung bei befristetem Wohnsitz im Ausland

Schweizerinnen und Schweizer, die im Ausland Wohnsitz nehmen, unterstehen nicht der obligatorischen Krankenversicherung gemäss KVG. Die schweizerischen Krankenversicherer sind jedoch berechtigt – nicht aber verpflichtet –, solche Personen weiter zu versichern. Bei den Zusatzversicherungen nach VVG gibt es dazu keine gesetzlichen Vorschriften. Hier kann jeder Versicherer frei entscheiden, ob er Auslandschweizer versichern will oder nicht.

Planen Sie einen befristeten Auslandaufenthalt, sollten Sie versuchen, die Krankenversicherung bei Ihrer Krankenkasse oder Versicherungsgesellschaft beizubehalten. So entstehen Ihnen bei der Rückkehr weder Deckungslücken noch Aufnahmeprobleme bei Zusatzversicherungen. Gewisse Krankenversicherer lassen bei einem zeitlich limitierten Auslandaufenthalt von ein bis zwei Jahren durchaus mit sich reden und sind bereit, Sie in dieser Zeit trotz Aufgabe des Wohnsitzes in der Schweiz zu versichern. Verlangt wird in der Regel eine Kontaktadresse in der Schweiz, sichergestellte Prämienzahlung und eine gute Gesundheit bei der Ausreise.

Bei notfallmässigen Behandlungen zahlt der Krankenversicherer in diesem Fall die im Vertrag festgesetzten Leistungen. In der Grundversicherung ist das wie erwähnt höchstens der doppelte Betrag des Tarifs im Wohnkanton. Eine Heilungskosten-Zusatzversicherung ist deshalb auch hier dringend empfohlen. Wie lange Versicherte noch von solchen individuellen Sonderlösungen profitieren können, ist unklar. Denn streng genommen ist diese Versicherungsvariante gesetzeswidrig.

Die Weiterführung des bisherigen Versicherungsschutzes kann jedoch auch Nachteile haben. Da die Grundversicherung primär Leistungen in der

Schweiz abdeckt, kann der Versicherer darauf beharren, dass Sie – ausser in Notfällen – zur ärztlichen Behandlung oder für einen Spitalaufenthalt in die Schweiz reisen. Selbst wenn Behandlungen im Ausland medizinisch notwendig sind, ist der Krankenversicherer gemäss Grundversicherung nicht verpflichtet, Leistungen zu erbringen, sofern es sich nicht um einen eigentlichen Notfall handelt. Ein Rentner in Costa Rica muss seine Hüfte also eventuell in der Schweiz operieren lassen, obwohl dies ebenso gut in einem dortigen Spital möglich wäre.

Ist der Krankenversicherer nicht bereit, die Versicherung während eines befristeten Auslandaufenthalts weiterzuführen, sollten Sie versuchen, Ihre Zusatzversicherungen zu sistieren – sofern dies das Reglement zulässt. Dann ruht Ihre Versicherung bis zur Rückkehr in die Schweiz, das heisst, Sie sind während des Auslandaufenthalts nicht versichert, können aber bei der Rückkehr zu den gleichen Bedingungen wieder einsteigen und müssen keine Vorbehalte befürchten. Die Sistierung ist in der Regel für wenig Geld zu haben. In der Grundversicherung braucht es keine Sistierung, da Sie bei der Rückkehr jeder Krankenversicherer gemäss Gesetz versichern muss (siehe Seite 247).

- **Achtung:** Wer im Ausland Wohnsitz nimmt, ohne den Krankenversicherer zu informieren und weiter Beiträge zahlt, in der Hoffnung, dieser komme für allfällige Arzt- und Spitalkosten im Ausland auf, pokert hoch. In der Grundversicherung entfällt nämlich der Versicherungsschutz grundsätzlich mit der Aufgabe des schweizerischen Wohnsitzes. Der Krankenversicherer könnte den Versicherungsvertrag rückwirkend auf den Zeitpunkt der Wohnsitzaufgabe auflösen – und Sie stünden ohne Versicherungsschutz da.

Ausnahmeregelung für Angestellte des Bundes und für entsandte Arbeitnehmer

Eine besondere Regelung bei Wohnsitz im Ausland existiert für Bedienstete des Bundes, die ausserhalb der Schweiz tätig sind, sowie für Personen, die für eine andere schweizerische Körperschaft oder Anstalt des öffentlichen Rechts im Ausland arbeiten und leben. Dazu zählen unter anderem Beamte der Konsulardienste. Sie alle bleiben in der Schweiz der Grundversicherung unterstellt.

Eine Ausnahmeregelung gibt es im Weiteren für Schweizer Arbeitnehmer, die von Schweizer Firmen ins Ausland entsandt werden, und für ihre Familien. Nehmen sie Wohnsitz in einem EU-/EFTA-Staat, bleiben sie für die Dauer der Entsendungsfrist in der schweizerischen Krankenversicherung versichert. Mit Verlängerungen ist dies während längstens sechs Jahren möglich. In dieser Zeit sind Schweizer Bürger von der obligatorischen Krankenversicherung im Wohnland befreit. Damit wird eine Doppelversicherung vermieden. Nach Ablauf der Entsendungsfrist unterstehen Schweizer Entsandte automatisch dem Krankenversicherungsgesetz des Wohnsitzstaats, sofern sie nicht in die Schweiz zurückkehren. Die gleiche Regelung gilt für Staaten, mit denen die Schweiz ein Sozialversicherungsabkommen abgeschlossen hat, das die Krankenversicherung mit einbezieht (siehe Liste).

Staaten, mit denen ein Abkommen im Bereich KVG besteht
(In diesen Staaten gibt es keine Doppelversicherung im Bereich der Krankenversicherung)

- EU-Länder (bilaterale Abkommen im Rahmen der Personenfreizügigkeit)*
- EFTA-Länder (revidierte EFTA-Konvention)*
- Mazedonien
- Slowenien
- Tschechien

* (Details siehe Seite 46)

Sind Entsandte gemäss KVG versichert, erhalten auch sie nur das Doppelte der Kosten, die in der Schweiz zu bezahlen wären. Dabei werden die Tarife und Preise des letzten Wohnorts in der Schweiz herangezogen. Je nach Land, ist also eine Zusatzversicherung nötig. Besser gestellt sind hier Entsandte in EU-/EFTA-Staaten. Ihnen bezahlt die Krankenkasse die vollen Kosten der allgemeinen Abteilung, abzüglich der ausländischen Kostenbeteiligung.

Sendet eine Schweizer Firma einen Mitarbeiter in einen Staat, mit dem die Schweiz kein Sozialversicherungsabkommen im Bereich der Krankenversicherung abgeschlossen hat, bleibt der Mitarbeiter mit Familie für zwei Jahre der obligatorischen Krankenversicherung gemäss KVG unterstellt. Auch hier ist auf Gesuch hin eine maximale Verlängerung um weitere vier Jahre möglich. Zusätzlich untersteht der Schweizer Arbeitnehmer dem Krankenversicherungsgesetz des Beschäftigungslands. Ist er dort in der Krankenversicherung beitragspflichtig, kann dies zu einer Doppelbelastung führen. Gewährt die ausländische Versicherung in einem solchen Fall den gleichen Leistungsumfang für Behandlungen in der Schweiz und vergütet sie die gleichen Behandlungskosten, kann sich der Versicherte von der schweizerischen Versicherung auf Gesuch hin befreien lassen.

Krankenversicherung bei unbefristetem Wohnsitz im Ausland

Bei einem unbefristeten Auslandaufenthalt wird es schwierig, den von der Schweiz gewohnten Versicherungsschutz aufrechtzuerhalten. Am einfachsten ist es für Schweizer, die in einem EU-/EFTA-Land wohnen und in der

Schweiz erwerbstätig sind, sowie für nicht erwerbstätige Rentner, die sich in einem EU-/EFTA-Land niederlassen.

Wohnsitz in einem EU-/EFTA-Land – Arbeit in der Schweiz
Schweizer und Schweizerinnen, die in einem EU- oder EFTA-Staat wohnen und in der Schweiz arbeiten, sowie ihre nicht erwerbstätigen Familienangehörigen unterstehen der obligatorischen Krankenversicherung in der Schweiz. Ausnahme: In Liechtenstein sind Schweizer der dortigen Krankenversicherung unterstellt. Wohnen nicht erwerbstätige Familienangehörige der in der Schweiz versicherten Person aber in Dänemark, Schweden oder Grossbritannien, bleiben diese im Wohnland versichert. Erwerbstätige Familienangehörige müssen sich in jenem EU-Land versichern, in dem sie arbeiten.

Wohnen Sie als Grenzgänger in Deutschland, Österreich, Italien, Frankreich oder Finnland, können sie einen Antrag stellen, um von der hiesigen Krankenversicherungspflicht befreit zu werden. Sie müssen in diesem Fall dem Kanton Ihres Arbeitsorts nachweisen, dass sie im Wohnland versichert sind. Das Gesuch um Befreiung ist innerhalb von drei Monaten nach Beginn der Versicherungspflicht zu stellen. Nach Ablauf dieser Frist ist kein Wechsel mehr möglich. Grenzgänger und ihre nicht erwerbstätigen Familienangehörigen müssen das Optionsrecht grundsätzlich gemeinsam ausüben. Nur in Deutschland haben nicht erwerbstätige Familienangehörige die Möglichkeit, sich in Deutschland zu versichern, wenn die erwerbstätige Person in der Schweiz krankenversichert ist.

Sind Sie der schweizerischen Krankenversicherung unterstellt, müssen Sie einen Krankenversicherer wählen, der in Ihrem Wohnsitzland tätig ist. Eine aktuelle Adressliste ist bei der «Stiftung Gemeinsame Einrichtung KVG» erhältlich (Adresse Seite 257). Gehört Ihr bisheriger Krankenversicherer nicht zu den Anbietern, müssen Sie zu einem anderen wechseln. Sie zahlen dann eine individuelle, kostengerechte Prämie, die je nach Land unterschiedlich hoch ausfällt. Dafür haben Sie im Wohnland über eine Krankenkasse vor Ort Anspruch auf alle vorgesehenen Leistungen der dortigen Krankenversicherung. Sie werden von den gleichen Ärzten und in den gleichen Spitälern behandelt wie die Einheimischen, wie wenn Sie dort versichert wären. Sieht das Wohnland aber eine Kostenbeteiligung der Patienten vor oder müssen Patienten ihre Rechnungen zunächst selbst bezahlen und den Betrag anschliessend von der Krankenkasse zurückfordern, so gilt das auch für Sie.

Grenzgänger können wahlweise auch in der Schweiz Leistungen der Krankenkasse beziehen. Sie müssen dann aber auch die schweizerische Kostenbeteiligung selbst bezahlen. Diese lässt sich nicht mit der ausländischen Kostenbeteiligung verrechnen. Achtung: Über einen schweizerischen Krankenversicherer können Sie nur eine Krankenpflege-Grundversicherung abschliessen. Für Zusatzversicherungen besitzen die Schweizer Versicherer in den EU-Staaten keine Zulassung.

Wohnsitz in einem EU-/EFTA-Land – Rente aus der Schweiz
Nicht erwerbstätige Schweizer Rentenbezüger, die in einen EU- oder EFTA-Staat übersiedeln und dort Wohnsitz nehmen, bleiben obligatorisch in der schweizerischen Krankenversicherung versichert – sofern sie eine Hauptrente aus der Schweiz und keine Rente aus dem Wohnland beziehen. In fast allen EU-/EFTA-Ländern gilt diese Regelung auch für die mit dem Rentner lebenden nicht erwerbstätigen Familienangehörigen. Nur in Dänemark, Schweden und Grossbritannien müssen Familienangehörige von in der Schweiz versicherten Personen im Wohnland versichert sein. Erwerbstätige Familienangehörige sind in jenem EU-/EFTA-Land der Krankenversicherung unterstellt, in dem sie arbeiten. Ausnahme: In Liechtenstein sind Schweizer der dortigen Krankenversicherung unterstellt.

• **Achtung:** Schweizer Rentner mit Wohnsitz in Deutschland, Italien, Österreich, Frankreich oder Finnland können auf die schweizerische Versicherung verzichten und sich im Wohnland versichern. Für Rentner mit nicht erwerbstätigen Familienangehörigen in Spanien gibt es eine Sonderregelung: Sie können sich von der Schweizer Krankenversicherung nur befreien, wenn sie sich zusammen dem spanischen Krankenversicherungssystem anschliessen. Das Gesuch um Befreiung von der Schweizer Krankenversicherung müssen Sie innert drei Monaten nach Beginn der Versicherungspflicht bei der «Stiftung Gemeinsame Einrichtung KVG» einreichen. Und zwar mit der Bestätigung des ausländischen Krankenversicherers (Formular E 104). Wer diese Frist verpasst, kann das Optionsrecht nicht mehr ausüben.

Rentner, die in der Schweiz der Krankenversicherung unterstehen, können bei ihrem Wegzug in ein EU-/EFTA-Land nur dann bei ihrer bisherigen Krankenkasse versichert bleiben, wenn diese die Versicherung im entsprechenden Land auch anbietet. Das tun längst nicht alle (eine aktuelle Adressliste ist bei der «Stiftung Gemeinsame Einrichtung KVG» erhältlich). Je nachdem ist also ein Versicherungswechsel notwendig.

Die Versicherungsprämien, die Sie der schweizerischen Krankenkasse bezahlen, variieren je nach EU-/EFTA-Wohnland. Dafür erhalten Sie, gleich wie Ihre Familienangehörigen, im Wohnland alle Krankenpflegeleistungen, die im dortigen Krankenversicherungsrecht vorgesehen sind – obwohl Sie Ihre Krankenversicherungsprämien einer Schweizer Krankenkasse bezahlen. Sie haben also – wie wenn Sie im Wohnland versichert wären – die gleichen Leistungen zugut wie die einheimischen Versicherten. Sie müssen dafür auch die Kostenbeteiligungen selbst bezahlen, die im Wohnland gelten.

Erkranken versicherte nicht erwerbstätige Rentner mit Wohnsitz in einem EU-/EFTA-Land oder ihre Familienangehörigen während der Ferien in der Schweiz, werden sie wie Personen behandelt, die hier versichert sind.

Wohnsitz ausserhalb der EU/EFTA

Nur vereinzelte Krankenversicherer ermöglichen ihren Versicherten, die den Wohnsitz definitiv ins Ausland verlegen, ihre bisherige Grund- und Zusatzversicherung weiterzuführen. Wird dem Kundenwunsch entsprochen, ist dies oft nur für einige Jahre möglich.

Einige wenige Schweizer Krankenversicherer bieten als Alternative eine weltweit gültige, auf unbestimmte Zeit abgeschlossene Krankenversicherung für Schweizer mit Wohnsitz im Ausland an. Die übrigen Krankenkassen sind an Auslandschweizern wenig interessiert, da diese eine relativ kleine Kundengruppe darstellen und der administrative Aufwand für im Ausland Versicherte überproportional hoch ist.

Auf dem Markt gibt es auch ausländische Versicherungsprodukte mit weltweiter Deckung. Die meisten eignen sich jedoch nicht für die Bedürfnisse von Schweizerinnen und Schweizer – oder sind fast unbezahlbar. Speziell auf Auslandschweizer zugeschnitten ist die nicht gerade billige Unfall- und Krankenversicherung der dänischen International Health Insurance (IHI). Diese Versicherung mit weltweiter Deckung wird von der Visana, dem ASN, privaten Auswanderungsberatungsbüros sowie vom Solidaritätsfonds der Auslandschweizer Soliswiss (siehe Seite 351), vermittelt. Soliswiss arbeitet auch mit der KPT/CPT zusammen. Den in Frankreich lebenden Schweizern kann Soliswiss zudem die Angebote der französischen Krankenkasse RMA zur Verfügung stellen.

Die Versicherungen unterscheiden sich in den Leistungen, im Preis und im maximalen Eintrittsalter zum Teil markant. Vergleichen Sie die Angebote sorgfältig aufgrund Ihrer Bedürfnisse. Mitglieder der Soliswiss-Krankenversicherung sind zum Beispiel automatisch bis zu einem bestimmten Betrag gegen Existenzverlust aufgrund politischer Ereignisse in ihrem Wohnsitzland versichert. Die Risikoprämie für diese Existenzabsicherung übernimmt Soliswiss. Die durch Soliswiss angemeldeten IHI-Versicherten profitieren von einer Prämienrückvergütung von 6 Prozent der Basisprämie, Versicherte der KPT Schweiz von einer Reduktion von 10 Prozent der Prämien für die wichtigsten Zusatzversicherungen.

Die meist günstigste Möglichkeit für Schweizer mit Wohnsitz im Ausland ist der Abschluss einer Krankenversicherung vor Ort. Falls zwischen der Schweiz und dem Wohnsitzland ein Abkommen im Bereich der Krankenversicherung besteht, profitieren Schweizer bei den Krankenversicherern in diesem Land in der Regel von einem erleichterten Übertritt. Gilt für die

Aufnahme beispielsweise eine bestimmte Wartefrist, werden die schweizerischen Versicherungszeiten angerechnet. Besorgen Sie sich vor der Abreise also bei Ihrer Krankenkasse das Übertrittsformular. Daraus resultieren jedoch keine Prämienvorteile. Möglich sind in einigen Ländern auch Vorbehalte. Beachten Sie, dass im Ausland gewisse Bevölkerungsgruppen der Krankenversicherung gar nicht beitreten können. Das ist vielfach für Selbständigerwerbende der Fall; sie müssen sich also privat absichern. Hausfrauen sind oft über den Ehemann beziehungsweise dessen Arbeitgeber gedeckt, Arbeitslose oder ältere Personen über Arbeitslosen- oder Rentenversicherungen. Im Weiteren ist ein Krankenkassenbeitritt im Ausland zum Teil schon ab 55 Jahren nicht mehr oder nur mit hohen Prämienaufschlägen möglich. Das ist namentlich in Nichtvertragsstaaten der Fall, wo keine Übertrittsregelungen existieren. Allenfalls können Sie Altersgrenzen und Prämiensprünge mit einem frühzeitigen beziehungsweise vorgezogenen Beitritt umgehen. Ansonsten bleibt Ihnen nur noch die teure Variante einer weltweiten Krankenversicherung.

Unterschreiben Sie im Ausland nicht gleich beim ersten Versicherer eine Police, sondern vergleichen Sie verschiedene Angebote. Beachten Sie vor allem, welche Leistungen ein- oder ausgeschlossen sind, ob Sie den Arzt und das Spital frei wählen können, wie hoch die Selbstbehalte sind, welche Versicherungslimiten bestehen, ob Pflegeleistungen und Behandlungen im Ausland bezahlt werden. Nehmen Sie unbedingt einen Augenschein in den lokalen Spitälern, in denen Sie im Notfall behandelt werden. Allenfalls lohnt es sich, die Spitalkosten über eine weltweit gültige Krankenversicherung zu decken, die freie Spitalwahl vorsieht und Behandlungskosten in Privatkliniken übernimmt – auch in der Schweiz. Im Gastland wären dann nur ambulante Kosten zu versichern. In Tiefpreisländern könnten Arztrechnungen eventuell sogar aus dem eigenen Sack bezahlt werden.

All diese Abklärungen benötigen Zeit und gute Sprachkenntnisse, um das Kleingedruckte zu verstehen. Damit keine Deckungslücken entstehen, empfiehlt es sich, für die Übergangszeit eine Reiseversicherung mit Krankheitsdeckung abzuschliessen (siehe Seite 274).

- Sprechen Sie vor dem Auslandaufenthalt unbedingt mit Ihrem Krankenversicherer. Können Sie sich auf eine individuelle Lösung einigen, müssen Sie diese schriftlich festhalten.
- Verpassen Sie bei der Grund- und den Zusatzversicherungen keine Kündigungsfristen. Sie zahlen sonst Prämien für nichts.

- Beschaffen Sie sich vor der Ausreise ein Übertrittsformular Ihrer Krankenkasse. So erhalten Sie unter Umständen bei einem ausländischen Krankenversicherer bessere Konditionen.
- Nehmen Sie Wohnsitz im Ausland, sollten Sie sich umgehend vor Ort über Versicherungsmöglichkeiten informieren und die verschiedenen Angebote sorgfältig vergleichen.

- **Bundesamt für Sozialversicherung (BSV)**
  - Hauptabteilung Kranken- und Unfallversicherung, Effingerstrasse 20, 3003 Bern, Tel. 031 322 90 11
  (Aufsichtsbehörde; Rechtsauskünfte zur obligatorischen Grundversicherung)
  - Abteilung Internationale Angelegenheiten, Sektion Staatsverträge, Effingerstrasse 35, 3003 Bern, Tel. 031 322 90 11
  (Beantwortet Fragen zu zwischenstaatlichen Abkommen und ausländischem Recht)
  Internet www.bsv.admin.ch

- **Ombudsmann der sozialen Krankenversicherung**
  Morgartenstrasse 9, 6003 Luzern, Tel. 041 226 10 10 (Deutsch), Tel. 041 226 10 11 (Französisch/Italienisch), telefonische Auskunft von Mo–Fr, 9–11.30 Uhr: 041 226 10 12, Internet www.ombudsman-kv.ch
  (Rechtsauskünfte, Ansprechpartner bei Problemen mit der obligatorischen Grundversicherung und den Zusatzversicherungen der Krankenkassen)

- **Bundesamt für Privatversicherungen BPV**
  Friedheimweg 14, 3003 Bern, Tel. 031 322 79 11, Internet www.bpv.admin.ch
  (Aufsichtsbehörde, Rechtsauskünfte zu freiwilligen Zusatzversicherungen)

- **Santésuisse**
  Römerstrasse 20, 4500 Solothurn, Tel. 032 625 41 41, Internet www.santesuisse.ch
  (Santésuisse ist der Branchenverband der schweizerischen Krankenversicherer im Bereich der sozialen Krankenversicherung. Führt eine aktuelle Liste mit den Adressen aller Schweizer Krankenversicherer.)

- **Stiftung Gemeinsame Einrichtung KVG**
  Gibelinstrasse 25, Postfach, 4503 Solothurn, Tel. 032 625 48 20, Internet www.kvg.org
  (Informationen zur Krankenversicherung in EU- und EFTA-Staaten)

- **Schweizerischer Versicherungsverband SVV**
  Bereich Kranken- und Unfallversicherung, C. F. Meyer-Strasse 14,
  Postfach 4228, 8022 Zürich, Tel. 01 208 28 28, Internet www.svv.ch
  (Generelle Informationen, Adresslisten)

Kranken- und Unfallversicherungen für Auslandschweizer

- **KPT/CPT International**
  Tellstrasse 18, Postfach, 3000 Bern 22, Tel. 031 330 91 11, Internet www.kpt.ch

- **Soliswiss**
  Solidaritätsfonds der Auslandschweizer, Gutenbergstrasse 6, 3011 Bern, Tel. 031 381 04 94, Internet www.soliswiss.ch

- **Visana / International Health Insurance**
  Laupenstrasse 3, 3001 Bern, Tel. 031 389 22 11, Internet www.visana.ch
- **CSS Versicherungen**
  Agentur International Health Plan (AI6), Bürgenstrasse 12, 6002 Luzern,
  Tel. 041 369 16 87, Internet www.css.ch
- **Swica**
  Römerstrasse 38, 8401 Winterthur, Tel. 052 244 22 33, Internet www.swica.ch
- **Verband öffentlicher Krankenkassen der Schweiz (ÖKKV)**
  Elisabethenanlage 7, 4002 Basel, Tel. 061 272 73 15, Internet www.oekk.ch

Die Privatversicherungen

Beim privaten Versicherungsschutz kann sich jede Person selbst entscheiden, ob und wie sie sich versichern möchte. Zum Bereich der Privatversicherungen zählen insbesondere alle Arten von Lebensversicherungen sowie die Privathaftpflicht-, Hausrat-, Rechtsschutz-, Motorfahrzeug- und Reiseversicherungen. Bei diesen Privatversicherungen bestehen grösstenteils keine Obligatorien. Angeboten werden sie von privaten Versicherungsgesellschaften, die in der Regel zu internationalen Versicherungskonzernen gehören. Auch die grossen Schweizer Versicherer haben weltweit Filialen und Tochtergesellschaften.

Bevor Sie ins Ausland ziehen und deshalb bestehende Versicherungen auflösen oder neue abschliessen, sollten Sie sich einen Überblick über Ihren bisherigen Versicherungsschutz verschaffen. Darauf müssen Sie entscheiden, welchen Schutz Sie im Ausland und allenfalls bei der Rückreise brauchen. Erst jetzt gilt es, überflüssige Verträge zu kündigen oder neue abzuschliessen. Dabei ist sicherzustellen, dass keine Versicherungslücken entstehen und keine Risiken unter- oder überversichert sind.

Seien Sie sich bewusst, dass es im Zusammenhang mit einem Auslandaufenthalt keine allgemein verbindlichen, sondern nur individuelle Versicherungslösungen gibt. Niemand kann Ihnen die Entscheidung abnehmen, welche Risiken Sie versichern oder selber tragen sollen.

Nicht zuletzt ist der Versicherungsschutz eine Kostenfrage, denn eine umfassende Risikoabdeckung geht ins Geld. Die Prämien von Versicherungen hängen primär vom Deckungs- und Leistungsumfang, von den Selbstbehalten und vom Versicherer ab. Wegen der Deregulierung des Marktes und des verschärften Wettbewerbs unter den Versicherern gibt es für die gleiche Leistung zum Teil erhebliche Prämienunterschiede. Das gilt für die Schweiz und das Ausland. Offertvergleiche lohnen sich deshalb immer. Der Sicherheit wegen sollten Sie im Ausland nur Gesellschaften mit tadellosem Ruf berücksichtigen. Je nach Land ist die staatliche Aufsicht über die Versicherungsgesellschaften nämlich weniger streng als in der Schweiz.

- Definieren Sie vor einem Auslandaufenthalt Ihre Bedürfnisse für den privaten Versicherungsschutz. Stellen Sie sicher, dass keine Deckungslücken entstehen und Sie nicht über- oder unterversichert sind.
- Suchen Sie in der Schweiz und im Ausland kompetente Beratung bei unabhängigen Versicherungsberatern oder direkt bei den Versicherungsgesellschaften.

Lebensversicherungen

Lebensversicherungen dienen der finanziellen Vorsorge sowie der Absicherung gegen die Risiken Tod und Invalidität. Sie gehören im schweizerischen Sozialversicherungssystem der Säule 3 an (3a und 3b). Sie werden immer freiwillig aufgrund des persönlichen Bedarfs abgeschlossen, sind also in keinem Fall obligatorisch (zu den finanziellen Aspekten siehe Seite 208).

Besitzen Sie eine Lebensversicherung, lassen Sie diese bei einem vorübergehenden Auslandaufenthalt mit Vorteil weiterlaufen. Denn kündigen Sie Ihre Lebensversicherung vor Ablauf des Vertrags, ist dies in der Regel ein Verlustgeschäft (siehe Seite 186). Nur bei den reinen Risikoversicherungen hat ein vorzeitiger Ausstieg keine finanziellen Einbussen zur Folge.

Auch wenn Sie knapp bei Kasse sind und Mühe haben, die Prämien für Ihre Lebensversicherungen zu zahlen, sollten Sie diese nicht gleich kündigen, ohne mit der Versicherungsgesellschaft zu sprechen. Je nach Gesellschaft und Police können Sie sich unter Umständen für die Dauer des Auslandaufenthalts von der Prämienzahlung freistellen lassen. Sie erhalten in diesem Fall kein Geld ausbezahlt wie bei einem Rückkauf, müssen künftig aber auch keine weiteren Prämien entrichten. Bei einer Freistellung werden Ihre angesammelten Nettoprämien in eine Einmalprämienpolice eingebracht, die einen reduzierten Todesfallschutz bietet.

- **Achtung:** Zahlreiche Versicherungsgesellschaften übertragen nur den Rückkaufswert der Lebensversicherung auf die neue Police. In diesem Fall macht es überhaupt keinen Unterschied, ob Sie das Geld beziehen oder beim Versicherer belassen. Einzelne Gesellschaften schreiben auf prämienfreien Policen auch keine Überschüsse gut. Das bedeutet eine hohe Gewinneinbusse während der verbleibenden Laufzeit.

Bevor Sie sich also für eine Prämienfreistellung entscheiden, sollten Sie die genauen Auswirkungen auf den Versicherungsschutz kennen. Lassen Sie sich spezielle Vereinbarungen mit dem Versicherer immer schriftlich bestätigen. Bezahlen Sie während des Auslandaufenthalts die Versicherungsprämien fristgerecht weiter, bleibt auch der Versicherungsschutz gemäss den Allgemeinen Versicherungsbedingungen (AVB) bestehen. Überprüfen Sie aber unbedingt, ob die AVB bei Aufenthalt oder Wohnsitz im Ausland gewisse Einschränkungen bei der Deckung und bei den Leistungen vorsehen. Denn Schweizer Versicherungsprodukte sind in erster Linie für Versicherungsnehmer konzipiert, die in der Schweiz wohnen.

Ausschlüsse für alle oder auch nur für einzelne Länder sind bei Wohnsitz im Ausland insbesondere in den Bereichen Invalidität und Todesfall möglich. Diese Risiken werden in Risikoversicherungen abgedeckt, die dem Versicherten bei Invalidität – und bei seinem Tod den Hinterlassenen – eine im Voraus vereinbarte einmalige Auszahlung oder eine Rente ausrichten. Handelt es sich um eine gemischte Lebensversicherung, ist die versicherte Person bei Invalidität in der Regel von den Prämienzahlungen befreit und im Todesfall erhalten ihre Hinterlassenen eine bestimmte Versicherungssumme ausbezahlt. Der Grund für Ausschlüsse liegt einerseits im erhöhten Risiko, das der Versicherer trägt, und andererseits in der mangelnden Überprüfungsmöglichkeit im Versicherungsfall. Oder anders gesagt: Ein Arztzeugnis, das eine Invalidität bescheinigt, oder eine amtliche Todesurkunde lassen sich in gewissen Ländern relativ problemlos käuflich erwerben.

Die Kündigung einer bestehenden Lebensversicherung sollten Sie erst in Betracht ziehen, wenn klar ist, dass die gewünschte Deckung wegen des Auslandaufenthalts nicht mehr besteht und Sie den Versicherungsschutz im Ausland aus welchem Grund auch immer nicht mehr benötigen – oder wenn Sie sich dort für die gleichen Leistungen viel günstiger versichern können. Das lässt sich jedoch erst nach einem eingehenden Vergleich der Versicherungsprodukte der einzelnen Anbieter vor Ort entscheiden. Allenfalls stellt sich dann auch heraus, dass Sie den Versicherungsschutz in der Schweiz ausbauen müssen, weil das ausländische Vorsorgesystem unzureichend ist, Sie gar nicht beitreten können und geeignete oder bezahlbare Versicherungsmöglichkeiten auf privater Basis fehlen. Aus diesem Grund bieten zahlreiche Schweizer Firmen, ihren ins Ausland entsandten Mitarbeitern spezielle Expads-Versicherungslösungen an.

Wer sich selbst um eine geeignete Lösung kümmern muss, könnte beispielsweise eine **gemischte Lebensversicherung** (Säule 3b) abschliessen. Dies ist eine Kombination von Risiko- und Sparversicherung. Erreichen Sie ein bestimmtes Alter, erhalten Sie die versicherte Summe ausgezahlt (Erlebensfallleistung); sterben Sie vorher, fällt das Geld den Begünstigten zu (Todesfallleistung). Diese Art von Versicherung eignet sich insbesondere für Personen mit wenig Spardisziplin.

Vorteilhaft, das heisst steuerbefreit sparen und das Todesfallrisiko abdecken, lässt sich im Weiteren mit einer **Vorsorgepolice** (Säule 3a, siehe Seite 188); aber nur, wenn Sie Ihren Wohnsitz in der Schweiz haben und Ihr Einkommen hier versteuern.

Verlegen Sie im fortgeschrittenen Alter Ihren Wohnsitz ins Ausland, kann der Abschluss einer **Einmaleinlageversicherung** sinnvoll sein. Sie zahlen dabei auf ein Mal eine bestimmte Summe ein. Erreichen Sie den vertraglich vereinbarten Zeitpunkt, erhalten Sie den festgesetzten Betrag oder eine Rente. Sterben Sie vorzeitig, bekommen die Begünstigten das Geld.

Auch eine **Leibrentenversicherung** kann mit einer einmaligen Zahlung eines grösseren Betrags finanziert werden. Sie garantiert durch die Auszahlung einer Rente ab dem vereinbarten Zeitpunkt bis ans Lebensende ein regelmässiges Einkommen.

Für Verheiratete mit Kindern drängt sich allenfalls eine **reine Risikoversicherung** auf – sofern die Versicherungsdeckung im Ausland garantiert ist. Diese trägt aber nichts zur Altersvorsorge bei. Die versicherte Summe sollte so hoch sein, dass die Familie beim Tod des Versicherten im Notfall in die Schweiz zurückreisen und eine neue Existenz aufbauen kann. Jungen Familien mit knappem Budget empfiehlt sich eine abnehmende Todesfallversicherung. Hier reduziert sich das versicherte Kapital innerhalb einer bestimmten Anzahl Jahre kontinuierlich bis auf Null. Die Prämien sind deshalb bescheiden. Später kann dann immer noch eine kapitalbildende Police abgeschlossen werden, die auch der Altersvorsorge Rechnung trägt.

Speziell **für Auslandschweizer entwickelte Vorsorgeprodukte** bietet Soliswiss, der Solidaritätsfonds für Auslandschweizer (siehe Seite 351) in Zusammenarbeit mit der Helvetia Patria, der Forces Vives in Lausanne und der Winterthur. Die Produktepalette umfasst Renten-, Kapital- sowie Invalidenrentenversicherungen. Das Besondere daran: Wer über Soliswiss eine Versicherung abschliesst, ist gleichzeitig gegen einen politisch bedingten Verlust der Existenzgrundlage versichert. Dieser zusätzliche Versicherungsschutz bietet Soliswiss seinen Mitgliedern kostenlos.

Achten Sie bei der Wahl des Versicherungsprodukts unbedingt auf die steuerlichen Aspekte, das heisst auf die Steuervorteile während der Laufzeit sowie auf die Besteuerung bei der Auszahlung in der Schweiz und im Ausland (siehe Seite 188 und 284). Seien Sie sich auch bewusst, dass Prämien von in der Schweiz abgeschlossenen Versicherungen in Schweizer Franken zu entrichten sind – spätere Leistungen erhalten Sie ebenfalls in Franken ausgezahlt.

Unter Umständen fahren Sie günstiger, wenn Sie bestimmte Versicherungen nicht in der Schweiz, sondern im Ausland bei einer ausländischen Versicherungsgesellschaft abschliessen. Möglicherweise ist nicht nur die

Prämie niedriger, sondern auch die Rendite höher als bei einer Schweizer Gesellschaft. Ein Preisvergleich vor dem Abschluss lohnt sich auf jeden Fall. Seien Sie sich dabei aber bewusst, dass Versicherungsgesellschaften im Ausland in der Regel nicht einer gleich strengen gesetzlichen Aufsicht unterliegen wie in der Schweiz. Wählen Sie deshalb nur Versicherer mit international tadellosem Ruf. Bei einer unbekannten Gesellschaft besteht die Gefahr, dass diese eines Tages Konkurs geht und Sie die versprochenen Leistungen nie erhalten.

• **Wichtig:** Im Ausland können Sie eine Lebensversicherung mit einer Schweizer Gesellschaft nur abschliessen, falls dies die Gesetzgebung des Aufenthaltslands zulässt. Es gibt Staaten, die den Abschluss einer Versicherung mit einem ausländischen Versicherer explizit verbieten. Andere Länder lassen dies zu, gewähren den ausländischen Versicherungsprodukten aber nicht die für einheimische Produkte gültigen steuerlichen oder sonstigen Privilegien. Andere Staaten wiederum kennen für ausländische Versicherungsprodukte keinerlei Restriktionen.

Der Grund für solche Vertriebsbeschränkungen liegt darin, dass die Versicherer von den nationalen Behörden für ihre Produkte eine Zulassungsbewilligung benötigen. Besitzt beispielsweise eine Schweizer Versicherungsgesellschaft in Ihrem Gastland eine Niederlassung, so sind die angebotenen Produkte auf das entsprechende Land ausgerichtet und von den zuständigen Behörden abgesegnet. Sie unterscheiden sich in der Regel von Produkten, die in der Schweiz angeboten werden.

Versicherungsfragen sollten auf keinen Fall isoliert betrachtet werden, sondern immer im Rahmen einer umfassenden Vorsorge- und Finanzplanung. Laien sind damit schnell überfordert, vor allem wenn eine Bedarfsabklärung internationale Dimensionen annimmt. Es ist deshalb unerlässlich, dass Sie sich mit Ihren Fragen an einen versierten Versicherungsberater wenden, der auf ein Beziehungsnetz im Ausland zurückgreifen kann. Ein Versicherungsberater, der sich primär auf den Schweizer Markt konzentriert, ist mit solchen Aufgaben schnell überfordert. Besser aufgehoben dürften Sie bei den grossen Schweizer Versicherungsgesellschaften sein.

• Klären Sie für Ihre bestehenden Versicherungen und auch vor dem Abschluss einer neuen Police bei der Versicherungsgesellschaft genau ab, ob Sie mit Wohnsitz im Ausland Anrecht auf die gleichen Leistungen haben, wie wenn Sie in der Schweiz wohnen würden. Lassen Sie sich dies immer schriftlich bestätigen.

> • Bevor Sie eine Versicherungspolice unterschreiben, sollten Sie unbedingt verschiedene Offerten einholen und die Konditionen vergleichen. Achten Sie vor allem auch auf die steuerlichen Aspekte der verschiedenen Versicherungsprodukte.

- **Schweizerischer Versicherungsverband SVV**
  Bereich Leben, C. F. Meyer-Strasse 14, Postfach 4288, 8022 Zürich,
  Tel. 01 208 28 28, Internet www.svv.ch
  (Informationen im Bereich Lebensversicherung)

- **Assi, Stiftung zum Schutz der Versicherten**
  Birkenweg 48, 3123 Belp, Tel. 031 812 13 02, E-Mail assi.stiftung@bluewin.ch
  (Generelle Versicherungsinformationen, Rechtsauskünfte)

- **Soliswiss**
  Solidaritätsfonds der Auslandschweizer, Gutenbergstrasse 6, 3011 Bern,
  Tel. 031 381 04 94, Internet www.soliswiss.ch
  (Sichert Genossenschafter gegen Existenzverlust ab; Beratung und Infomaterial)

Vorsorge- und Versicherungsberatung für Auslandschweizer

- **Advisory Services Network AG (ASN)**
  Seestrasse 353, 8038 Zürich, Tel. 01 284 37 86, Internet www.asn.ch
  (Versicherungs- und Vorsorgeberatung)

- **VZ VermögensZentrum**
  – Beethovenstrasse 24, 8002 Zürich, Tel. 01 207 27 27,
  – Aeschengraben 20, 4051 Basel, Tel. 061 279 89 89,
  – Spitalgasse 33, 3011 Bern, Tel. 031 329 26 26
  Internet www.vermoegenszentrum.ch
  (Unabhängige Versicherungs- und Vorsorgeberatung gegen Honorar, Prämienvergleiche von Krankenkassen und Versicherungen)

- **Auswanderungsberatungsfirmen**
  Die auf Seite 173 erwähnten Firmen bieten ebenfalls eine auf Auslandaufenthalte spezialisierte Versicherungsberatung an.

Privathaftpflichtversicherung

Die Privathaftpflichtversicherung ist eine der wichtigsten Versicherungen. Sie ist freiwillig, sollte und dürfte aber in jedem Haushalt selbstverständlich sein. Die Haftpflichtversicherung deckt Sach- und Körperschäden, welche die versicherte Person im Privatleben Dritten zufügt. Versichert sind Entschädigungszahlungen, Personenschäden (Tötung, Verletzung, sonstige Gesundheitsschäden), Sachschäden (Zerstörung, Beschädigung, Verlust), Vermögensschäden als Folge von Personen- oder Sachschäden sowie die Kosten der Abwehr von unbegründeten Ansprüchen (Anwalts-, Gerichts- und Expertisekosten). Die zerschlagene Fensterscheibe, das Brandloch im Teppich des Nachbarn oder den Beinbruch einer Skifahrerin nach einer Kollision auf der Piste übernimmt die Privathaftpflichtversicherung.

Ihre Privathaftpflichtversicherung gilt auf der ganzen Welt – vorausgesetzt, Sie behalten während des Auslandaufenthalts Ihren Wohnsitz in der Schweiz bei.

Die Privathaftpflichtversicherung kann als Einzel- oder Familienversicherungen abgeschlossen werden und hat pro Schadenereignis einen Deckungsumfang von üblicherweise drei Millionen Franken. In einer Familienversicherung sind Ehe- und Konkubinatspartner und natürlich die unmündigen Kinder versichert. Je nach Vertrag sind Kinder unter Umständen auch ab 18 Jahren bis zu einem bestimmten Alter bei den Eltern versichert, sofern sie ledig sind, keiner Erwerbstätigkeit nachgehen und bei den Eltern wohnen. Austauschschüler, Studentinnen oder Globetrotter sind also möglicherweise bei einem Auslandaufenthalt über die Privathaftpflichtversicherung der Eltern gedeckt, solange sie ihren Wohnsitz beibehalten.

• **Achtung:** Beim Einschluss der Kinder in die Privathaftpflichtversicherung der Eltern gibt es grosse Unterschiede zwischen den einzelnen Versicherern. Lesen Sie unbedingt die Bestimmungen in den Allgemeinen Versicherungsbedingungen (AVB) nach oder erkundigen Sie sich direkt beim Versicherer.

Aufpassen müssen Sie, wenn Sie im Ausland für längere Zeit bei einer Gastfamilie leben, beispielsweise als Sprachstudent oder Au-pair. Die Versicherungsgesellschaft betrachtet Sie dann unter Umständen als Familienmitglied. Und Schäden von Personen, die mit dem Versicherungsnehmer im gleichen Haushalt leben, sind in der Privathaftpflichtversicherung nie gedeckt. Für Au-pairs stellt sich zudem die Frage, ob Schäden gedeckt sind, die sie als Angestellte und nicht als Privatperson verursachen. Um keine bösen Überraschungen zu erleben, empfiehlt es sich, dem Versicherer vor der Abreise die Situation zu schildern und den Versicherungsschutz zu klären. Falls dazu in den AVB keine expliziten Bestimmungen aufgeführt sind, sollten Sie sich die Antwort oder die Abmachung mit dem Versicherer in jedem Fall schriftlich geben lassen.

Verlegen Sie Ihren Wohnsitz ins Ausland, können Sie Ihre Privathaftpflichtversicherung in der Schweiz nicht weiterführen – ausser Sie lassen sich in Liechtenstein nieder. Die Versicherung erlischt automatisch mit Ablauf des Versicherungsjahrs, in dem Sie Ihren Wohnsitz in der Schweiz aufgeben. Sie geniessen also je nach Abreisedatum unter Umständen im Ausland noch einige Monate den Schutz der Schweizer Privathaftpflichtversicherung. Verlegen Sie Ihren Wohnsitz ins Ausland, akzeptiert jedoch Ihr Versicherer gewöhnlich eine sofortige Kündigung. In der Regel müssen Sie ihm dazu eine Kopie der Abmeldebescheinigung der Einwohnerkontrolle vorlegen (siehe Seite 332). Grundsätzlich schulden Sie die Prämie zwar dennoch für das ganze Jahr, kulante Gesellschaften zahlen Ihnen die restliche Prämie aber zurück. Kümmern Sie sich, wenn Sie im Ausland Wohnsitz nehmen, unverzüglich um Ihren Versicherungsschutz ihm Rahmen der Privathaftpflicht. In anderen Staaten ist die Haftpflichtversicherung zum Teil an die Hausratversicherung (siehe unten) gekoppelt. Je nach Land hat die Privathaftpflichtversicherung einen geringeren Stellenwert als in der Schweiz oder anders gesagt: Bei Haftpflichtfällen zahlen Sie im Ausland meist viel mehr aus dem eigenen Sack.

- Erkundigen Sie sich bei Unklarheiten über die Versicherungsdeckung direkt bei Ihrem Versicherer. Lassen Sie sich nie mit vagen Erklärungen oder unverbindlichen Zusicherungen wie: «Wir werden einen möglichen Schaden kulant handhaben», abspeisen. Verlangen Sie bei Spezialfällen oder individuellen Abmachungen immer eine schriftliche Bestätigung.

Hausratversicherung

Die Hausratversicherung ist zwar mit Ausnahme einiger weniger Kantone freiwillig, doch kaum ein Wohnungsbesitzer oder -mieter wird darauf verzichten. Die Basisdeckung versichert Schäden an der eigenen Wohnungseinrichtung und persönlichen Sachwerten, die durch Einbruchdiebstahl, Beraubung, Wasser, Feuer und Elementarereignisse entstehen. Je nach Bedürfnis lassen sich zahlreiche Zusatzdeckungen abschliessen. Versichert ist normalerweise der Wiederbeschaffungswert (Neuwert) des Hausrats, also der Betrag, den die Neuanschaffung einer versicherten Sache kosten würde.

Die Hausratversicherung umfasst nicht nur das Eigentum des Versicherungsnehmers, sondern immer auch den Hausrat der Familienangehörigen, die mit ihm im selben Haushalt leben. Dazu zählen neben den Kindern auch Konkubinatspartner.

Der Geltungsbereich der Hausratversicherung erstreckt sich einerseits auf die Wohnung in der Schweiz beziehungsweise auf den im Versicherungsvertrag aufgeführten Standort. Anderseits ist die Hausratversicherung auswärts – also ausserhalb der Wohnung – für die mitgeführten Gegenstände aus dem Hausrat weltweit gültig. In gewissen Bereichen ist die Versicherungssumme im Ausland jedoch begrenzt.

Behalten Sie bei einem Auslandaufenthalt Ihren Wohnsitz in der Schweiz, ist der in der Schweiz zurückgelassene sowie der mitgenommene Hausrat beziehungsweise das Reisegepäck nur für eine bestimmte Zeit gegen die oben erwähnten Schäden gedeckt. Diese Zeitspanne ist je nach Versicherungsgesellschaft unterschiedlich lang; in der Regel sind es ein bis zwei Jahre. Bleiben Sie länger als die im Vertrag vorgesehene Frist im Ausland, entfällt der Versicherungsschutz. Hausrat, der sich dauernd im Ausland befindet – etwa im Ferienhaus oder in der Zweitwohnung –, fällt nicht unter diese Aussenversicherung. Er muss vor Ort im Ausland versichert werden.

Wer für die Dauer des Auslandaufenthalts die Wohnung – nicht aber den Wohnsitz (siehe Seite 278) – aufgibt und die Möbel bei Kollegen, Eltern oder in einem Lagerhaus einstellt, muss dies der Versicherung melden. Die Versicherungsdeckung bleibt dann unverändert weiterbestehen.

• **Wichtig:** Bevor Sie temporär ins Ausland verreisen, sollten Sie unbedingt das Kleingedruckte in den Allgemeinen Versicherungsbedingungen (AVB) lesen, um später keine bösen Überraschungen zu erleben. In den AVB stehen die Details zu Ein- und Ausschlüssen, Selbstbehalten und allfälligen Leistungsbegrenzungen in gewissen Ländern. Überprüfen Sie insbesondere die Deckung bei Diebstahl, bei der Wiederbeschaffung von verlorenen Ausweisen und Dokumenten sowie die versicherte Geldsumme bei Kreditkartenmissbrauch.

Je nachdem drängt sich eine Zusatzdeckung auf – vor allem für einfachen Diebstahl. In der Grunddeckung ist nämlich nur Einbruchdiebstahl, Beraubung und einfacher Diebstahl zu Hause eingeschlossen – nicht aber der einfache Diebstahl auswärts. Gerade dieser kommt aber im Ausland häufig vor; darunter fallen vor allem Taschen- und Trickdiebstähle. Doch auch wenn Sie den einfachen Diebstahl auswärts einschliessen lassen, gibt es je nach Versicherungsvertrag eine Begrenzung der Versicherungssumme sowie Ausschlüsse: dazu gehören beispielsweise der Ersatz von gestohlenem Bargeld oder von gestohlenen Flugtickets.

Da bei Diebstählen oft Probleme in der Schadenabwicklung entstehen, empfiehlt es sich, vor der Abreise ins Ausland die mitgenommenen Gegenstände mit ihrem geschätzten Neuwert aufzulisten und von den teuersten Sachen eine Kaufquittung oder Fotos aufzubewahren. Wird tatsächlich etwas gestohlen, ist immer ein Polizeirapport notwendig.

Vermeiden Sie eine Unterversicherung; denn Teilschäden sind immer nur im Verhältnis zur gesamten Versicherungssumme gedeckt. Möchten Sie im Schadenfall den vollen Neuwert erhalten, müssen Sie deshalb die Versicherungssumme so hoch ansetzen, wie Ihre gesamten – und nicht nur einzelne – versicherten Sachen neu kosten würden. Besitzen Sie beispielsweise zwei Fotoapparate im Wert von je 2000 Franken, müssen Sie diese für 4000

Franken versichern, um bei einem Teilschaden pro Apparat den Neuwert zu erhalten. Versichern Sie die zwei Fotoapparate nur für 2000 Franken – im Glauben, diese würden nicht beide auf einmal beschädigt oder gestohlen –, gibt es pro Apparat nur 1000 Franken.

Verlegen Sie Ihren Wohnsitz ins Ausland, erlischt die Hausratversicherung am Ende des Versicherungsjahrs. Je nach Abreisedatum haben Sie also mehr oder weniger Zeit, Ihren Hausrat am neuen Wohnort über eine dortige Versicherungsgesellschaft zu versichern (Versicherungsfragen zur Ausfuhr von Hausrat siehe Seite 327). Beachten Sie, dass im Ausland Versicherungsleistungen oft nur bezahlt werden, wenn bestimmte Bedingungen erfüllt sind, die in der Schweiz nicht existieren: So sind allenfalls Diebstahlschäden nur gedeckt, wenn Schutzgitter vor Wohnungsfenstern angebracht sind oder eine Alarmanlage installiert ist.

Erkundigen Sie sich frühzeitig über die Kündigungsfrist der Hausratversicherung. Je nach Versicherungsgesellschaft und -bedingungen ist bei Wohnsitzaufgabe in der Schweiz ein sofortiger Vertragsausstieg möglich. Ob zu viel bezahlte Prämien zurückerstattet werden, hängt vom Versicherer ab.

- Lesen Sie vor einem Auslandaufenthalt die AVB genau durch. Nicht alle Schäden sind überall im Ausland problemlos gedeckt.
- Geben Sie Ihre Wohnung auf und stellen Ihren Hausrat bei Dritten ein, sollten Sie dies dem Versicherer nicht nur telefonisch, sondern schriftlich, mit Angabe der neuen Adresse, mitteilen.

Rechtsschutzversicherung

Ob eine Rechtsschutzversicherung sinnvoll ist oder nicht, darüber sind sich auch die Experten uneins. Denn die mit einer Rechtsschutzversicherung abgedeckten Risiken gehören zwar eher zu den selteneren; ein Rechtsstreit kann auf der anderen Seite aber sehr teuer werden. Die Rechtsschutzversicherung deckt die Kosten, die den Versicherten aus Verfahren vor Gerichten und Behörden oder für die Abwehr von unberechtigten Ansprüchen entstehen – falls dies nicht schon über die Privathaftpflicht gedeckt ist. Bei der Rechtsschutzversicherung ist zwischen dem Privat- und dem Verkehrsrechtsschutz zu unterscheiden.

Übernimmt der Rechtsschutzversicherer gemäss Police einen hängigen Rechtsstreit, kommt er für die Gerichts-, Anwalts- und Expertisekosten, Parteientschädigungen und Strafkautionen (Vorschüsse) auf. Wobei er in erster Linie versucht, mit der Gegenpartei auf aussergerichtlichem Weg eine Lösung zu finden. Ziel ist nicht, auf gerichtlichem Weg das Maximum herauszuholen. Die Wahl des Anwalts ist für den Versicherten bei den meisten Rechtsschutzversicherern eingeschränkt.

Was decken Rechtsschutzversicherungen?

- Wichtigster Teil der **Privatrechtsschutzpolice** ist die Deckung von Streitkosten aus Verträgen. Nirgends versichert werden können Streitigkeiten aus dem Gesellschaftsrecht oder die Prozesskosten bei Haftpflichtfällen. Im Strafrecht sind sämtliche Verfahren wegen vorsätzlicher Vergehen oder Verbrechen sowie Ehrverletzungsklagen und verkehrsrechtliche Fragen ausgenommen. Bei Problemen des Personen-, Ehe- und Vormundschaftsrechts werden keine gerichtlichen Verfahrenskosten gewährt. Ausgeschlossen sind auch Rechtsangelegenheiten bei Immobilien oder sonstigem Eigentum.

- **Verkehrsrechtsschutzversicherungen** decken die Straf- und zivilrechtlichen Gerichtskosten eines Verkehrsteilnehmers, nicht aber Schadenersatzleistungen.

Wer schon vor der Abreise ins Ausland eine Rechtsschutzversicherung besitzt, kann diese bei Bedarf weiterführen, sofern er den Wohnsitz in der Schweiz behält. Wichtig ist abzuklären, welche Rechtsgebiete im Ausland versichert sind. In der Regel erfassen die Rechtsschutzversicherungen ganz Europa unter Ausschluss der Oststaaten sowie die Mittelmeerländer. In Überseeländern besteht meist ein eingeschränkter Schutz bezüglich der Versicherungssumme. Zusatzdeckungen sind zum Teil möglich, aber teuer.

Beim Privatrechtsschutz versichert sind in der Regel neben dem Versicherungsnehmer auch die Ehegattin, der Konkubinatspartner, die minderjährigen Kinder und teilweise auch ältere, im gleichen Haushalt lebende Kinder, sofern sie nicht erwerbstätig sind. Austauschschülerinnen oder Studenten, die noch zu Hause wohnen, profitieren also während ihres Auslandaufenthalts von der Rechtsschutzversicherung der Eltern.

Beim Verkehrsrechtsschutz gibt es bezüglich der versicherten Personen grundsätzlich zwei Systeme: Das eine versichert den Versicherungsnehmer als Lenker jedes beliebigen Fahrzeugs im Strassenverkehr. Das andere versichert ein bestimmtes Fahrzug des Versicherungsnehmers sowie sämtliche mit diesem Fahrzeug fahrenden, ermächtigten Lenker und Mitfahrer.

Ob es sich lohnt, extra für den Auslandaufenthalt eine Rechtsschutzversicherung abzuschliessen, ist eine Frage des persönlichen Sicherheitsbedürfnisses. Wenn Sie sich vor komplizierten Rechtsstreitereien und den damit verbundenen Kosten im Ausland fürchten und keine Rechtskenntnisse besitzen, ist eine solche Versicherung zu empfehlen.

Schweizer Rechtsschutzversicherte, die im Ausland Wohnsitz nehmen, können ihre Rechtsschutzversicherung nicht weiterführen. In diesem Fall sollten Sie die Versicherung sofort kündigen. Je nach Versicherer erhalten Sie schon bezahlte Prämien pro rata zurückstattet.

• Eine Rechtsschutzversicherung weiterzuführen lohnt sich nur, wenn die Versicherungsdeckung im Gastland gewährt ist. Klären Sie die Details direkt mit dem Versicherer ab – und lassen Sie sich spezielle Zusicherungen schriftlich bestätigen.

Motorfahrzeugversicherung

Die Autohaftpflichtversicherung ist in der Schweiz obligatorisch. Sie deckt das Haftpflichtrisiko des Motorfahrzeughalters, das heisst Personen-, Sach- und Vermögensschäden, die Drittpersonen durch den Betrieb eines Motorfahrzeugs entstehen. Damit übernimmt die Autohaftpflichtversicherung gleichzeitig die Funktion einer passiven Rechtsschutzversicherung: Sie prüft Forderungen von geschädigten Verkehrsteilnehmern und wehrt unbegründete Ansprüche ab.

Mit einer zusätzlichen freiwilligen Kaskoversicherung sind auch Sachschäden am Fahrzeug gedeckt. Eine Teilkaskoversicherung, die grundsätzlich Feuer-, Diebstahl-, Glas-, Elementar- und Wildschadenrisiken sowie Vandalenakte deckt, dürften die meisten Fahrzeughalter haben. Eine Vollkaskoversicherung, die auch das Kollisionsrisiko deckt, lohnt sich in der Regel nur bei Neuwagen, bei häufiger Benützung durch verschiedene Lenker oder bei teuren Fahrzeugen. Das Gleiche gilt für die freiwillige Parkschadenversicherung.

In der Regel decken Motorfahrzeugversicherungen Schadenfälle in der Schweiz, in Liechtenstein, in den Mittelmeerrandstaaten und auf Mittelmeerinseln sowie in den europäischen Staaten, die auf der «Grünen Karte» aufgeführten sind (siehe Liste). Die Grüne Karte ist die internationale Versicherungskarte für Motorfahrzeuge und der Beweis dafür, dass der Halter eine Haftpflichtversicherung besitzt. Mit der Grünen Karte ist Ihr Fahrzeug im Ausland, mindestens im Rahmen der gesetzlichen Haftpflicht-Minimalsumme des besuchten Landes versichert. Die Grüne Karte kann gratis beim Haftpflichtversicherer bezogen werden und gehört bei jedem Auslandaufenthalt ins Reisegepäck beziehungsweise in Ihr Fahrzeug. Achten Sie darauf, dass die Geltungsdauer nicht abgelaufen ist.

Falls Sie ohne Grüne Karte in ein Land reisen, in dem diese erforderlich ist, oder wenn Ihre Karte nicht mehr gültig ist, müssen Sie an der Grenze eine Grenzversicherung abschliessen. Das gilt auch für Länder, die auf der Grünen Karte gestrichen sind oder mit denen die Schweiz kein entsprechendes Verkehrsabkommen abgeschlossen hat. Wichtig: Auch in Ländern, in denen die Grüne Karte obligatorisch ist, wird an der Grenze nicht kontrolliert, ob Sie tatsächlich eine gültige mitführen. Bei einer Kontrolle oder einem Unfall werden aber zum Teil hohe Bussen erhoben, wenn Sie keine Karte vorweisen können.

Ausserhalb von Europa und des Mittelmeerraums – beispielsweise in den USA, in Kanada oder Australien – sind Schäden an Motorfahrzeugen in der Regel in der Schweizer Motorfahrzeugversicherung nicht gedeckt.

Länderübersicht «Grüne Karte»

• Albanien	÷	• Italien	0	• Slowakische Republik	0
• Andorra	÷	• Nachfolgestaaten des		• Slowenien	0
• Belgien	X	ehemaligen Jugoslawien	!	• Spanien	0
• Bulgarien	÷	• Kroatien	0	• Tschechische Republik	0
• Dänemark	X	• Lettland	÷	• Tunesien	÷
• Deutschland	X	• Luxemburg	X	• Türkei	÷
• Estland	÷	• Malta	÷	• Ukraine	÷
• Finnland	X	• Marokko	÷	• Ungarn	0
• Frankreich	0	• Mazedonien	÷	• Zypern	0
• Fürstentum Liechtenstein	X	• Moldawien	÷		
• Grossbritannien/Nordirland	X	• Niederlande	X		
• Griechenland	0	• Norwegen	X	÷ Grüne Karte obligatorisch	
• Iran	!	• Österreich	X	0 Grüne Karte empfohlen	
• Irak	!	• Polen	÷	X Grüne Karte nicht erforderlich	
• Irland	X	• Portugal	0	! Grenzversicherung erforderlich	
• Island	0	• Rumänien	÷		
• Israel	÷	• Schweden	X	Quelle: TCS (Stand 2003)	

Temporärer Auslandaufenthalt mit Schweizer Fahrzeug

Reisen Sie für einen temporären Aufenthalt mit einem Motorfahrzeug mit Schweizer Kontrollschildern, in ein von der Motorfahrzeugversicherung gedecktes Land, müssen Sie keine bestimmten Vorkehrungen treffen. Vorausgesetzt, Sie behalten Ihren Wohnsitz in der Schweiz. Davon können vor allem Pensionierte profitieren, die jährlich für einige Monate mit dem eigenen Wagen in den Süden ziehen. Grundvoraussetzung ist natürlich, dass das Gastland schweizerischen Fahrzeuglenkern ebenfalls erlaubt, während dieser Zeit mit einem Schweizer Kontrollschild herumzufahren. Erkundigen Sie sich direkt bei den zuständigen Behörden über die geltenden Bestimmungen.

Bei Auslandaufenthalten mit eigenem Fahrzeug sollten Sie die Allgemeinen und Besonderen Versicherungsbedingungen auf Ausschlüsse und nicht versicherte Schäden überprüfen. Unter Umständen besteht etwa für Diebstahlschäden im Ausland keine Deckung. Überprüfen Sie auch die Deckungslimite für den Rücktransport eines fahruntüchtigen Fahrzeugs in die Schweiz.

Wer nur kurz ins Ausland fährt, kann eine spezielle Ferienkaskoversicherung abschliessen. Die meisten Autohaftpflichtversicherer bieten eine solche an – jedoch meist nur für einige wenige Wochen. Der Vorteil: Bei einem Unfall müssen Sie keine Bonusrückstufung in Kauf nehmen.

Die Alternative wäre eine Autoassistance-Versicherung für die Dauer des Auslandaufenthalts. Je nach Versicherer sind darin unter anderem Leistungen bei vorzeitiger Heimreise, Fahrkosten zur Fortsetzung der Reise, Kosten für Mietwagen, Rückrufe, Reiseannullierungen und Heimschaffung vorgesehen. Haben Sie jedoch schon eine Reiseversicherung abgeschlossen oder besitzen einen Schutzbrief eines Automobil- oder Verkehrsklubs, ist bei diesen Schäden eine Überversicherung leicht möglich.

Wohnsitz im Ausland mit Schweizer Fahrzeug

Verlegen Sie Ihr Domizil ins Ausland, erlischt die Motorfahrzeugversicherung auf Ende des Versicherungsjahrs. Je nach Versicherung ist in diesem Fall der Ausstieg aus dem Vertrag auch vorzeitig möglich, frühestens jedoch auf den Zeitpunkt der Abgabe der Schweizer Kontrollschilder bei der Motorfahrzeugkontrolle.

Die Abgabe der Kontrollschilder ist nicht an eine bestimmte Frist gebunden. In der Regel können Schweizer im Ausland noch eine bestimmte Zeit – je nach Land bis zu einem Jahr – mit den Schweizer Kontrollschildern herumfahren, bevor sie gezwungen werden, eine einheimische Nummer zu lösen. Die Schweizer Autonummer lässt sich dann bei der zuständigen ausländischen Behörde abgeben beziehungsweise vernichten. Verlangen Sie unbedingt eine Vernichtungsanzeige und senden Sie diese unverzüglich an das kantonale Motorfahrzeugamt in der Schweiz. Sobald dieses die Vernichtungsanzeige erhält, befreit es Sie von der Versicherungspflicht. Statt einer Vernichtungsanzeige können Sie auch die Kontrollschilder per Post zurücksenden oder sie persönlich zurückgeben. Wer dies unterlässt, bleibt weiterhin prämienpflichtig.

- **Wichtig:** Je nach Land müssen beim Einlösen des Fahrzeugs technische Anpassungen vorgenommen werden. In Grossbritannien zum Beispiel an der Beleuchtung, in den USA an den Stossstangen. Spätestens mit dem Lösen einer ausländischen Autonummer sind auch allfällige Zollgebühren für die Einfuhr zu bezahlen (siehe auch Seite 327).

Werden für das Fahrzeug ausländische Kontrollschilder gelöst, erlischt die schweizerische Motorfahrzeugversicherung sofort. Zu viel bezahlte Prämien sollte Ihnen der Versicherer zurückvergüten. Kümmern Sie sich danach unverzüglich um einen ausreichenden Versicherungsschutz im Ausland. Seien Sie sich bewusst, dass in gewissen Ländern für den Abschluss einer Motorfahrzeugversicherung ganz andere Auflagen bestehen als in der Schweiz.

Verlangt wird unter Umständen eine Alarmanlage oder dass bei geparktem Wagen die Benzinzufuhr unterbrochen werden kann.

Das Fahrzeug in der Schweiz zurücklassen

Ziehen Sie als Fahrzeughalter ohne Ihr Motorfahrzeug vorübergehend ins Ausland und haben Sie die Absicht, dieses bei Ihrer Rückkehr wieder zu benützen, sollten Sie die Kontrollschilder bei der kantonalen Motorfahrzeugkontrolle hinterlegen. Dies ist je nach Kanton für ein bis maximal zwei Jahre möglich. Allerdings lohnt sich die Hinterlegung meist erst bei Auslandaufenthalten ab zwei bis drei Monaten – je nach Depotgebühr, die in jedem Kanton unterschiedlich hoch ist. Während der Hinterlegungszeit lässt sich die Motorfahrzeugversicherung sistieren. Das heisst, Sie verlieren grundsätzlich den Versicherungsschutz, zahlen dafür aber auch keine Versicherungsprämien, sondern nur noch eine minimale Sistierungsgebühr.

Übernimmt während der Zeit Ihres Auslandaufenthalts ein anderer Lenker das Fahrzeug, kommt dies einem Halterwechsel gleich. Das ist dem Haftpflichtversicherer zu melden. In diesem Fall gehen Rechte und Pflichten aus der bisherigen Haftpflicht- und Kaskoversicherung auf den neuen Halter über, sofern dieser sich nicht bei einem anderen Versicherer versichert.

- Verlangen Sie von Ihrem Autoversicherer eine schriftliche Bestätigung, aus der die Versicherungsdauer und die Anzahl schadenfreien Jahre hervorgehen. Damit erhalten Sie im Ausland unter Umständen Prämienvorteile.
- Reisen Sie mit Ihrem eigenen Auto ins Ausland, informieren Sie sich vorher darüber, wie lange Sie mit Schweizer Kontrollschildern herumfahren dürfen.

- **Schweizerischer Versicherungsverband SVV**
Bereich Haftpflicht- und Motorfahrzeugversicherung, C.F. Meyer-Strasse 14, Adressen
Postfach 4288, 8022 Zürich, Tel. 01 208 28 28, Internet www.svv.ch
(Generelle Informationen, Adresslisten)
- **Touring-Club Schweiz** (Adresse Seite 151)

Reiseversicherung

Reiseversicherungen decken je nach Anbieter und Produkt vor und während eines Auslandaufenthalts die verschiedensten Risiken ab. Angeboten werden sie von klassischen Reiseversicherungsgesellschaften, Unfall- und Sachversicherern, Krankenkassen, von Automobil- und Verkehrsklubs für ihre Mitglieder sowie in beschränktem Mass von Kreditkartenfirmen für Karteninhaber. Je nach Situation ist eine Reiseversicherung im Hinblick auf einen kürzeren oder längeren Auslandaufenthalt oder selbst bei einer Auswanderung sinnvoll – oder völlig überflüssig. In der Regel besitzt man keine permanent laufende Reiseversicherung wie dies etwa bei der Haftpflicht- oder Hausratversicherung der Fall ist. Reiseversicherungen werden meist erst vor Reisebeginn und lediglich für die Dauer des Auslandaufenthalts abgeschlossen. Für Vielreisende gibt es auch Jahresreiseversicherungen, die sich nach Vertragsablauf lückenlos um jeweils ein weiteres Jahr verlängern lassen.

Reiseversicherungen haben je nach Produkt eine weltweite oder auf gewisse Länder beschränkte Deckung. Im zweiten Fall gilt die Deckung meist für die europäischen Länder und Mittelmeeranrainerstaaten. Abschliessen lassen sich Reiseversicherungen nur von Personen, die ihren ständigen Wohnsitz in der Schweiz oder in Liechtenstein haben. Schliessen Sie mit Wohnsitz in der Schweiz eine Reiseversicherung ab und möchten diese beim Wegzug ins Ausland trotz Wohnsitzaufgabe beibehalten, sollten Sie unbedingt beim Versicherer abklären, ob die Deckung weiterhin gewahrt bleibt. Je nach Versicherer beziehungsweise Police sind Sie in diesem Fall auch ohne Wohnsitz in der Schweiz entweder bis Vertragsende oder bis Ende des Kalenderjahrs gedeckt. Oder aber Sie verlieren jegliche Deckung, weil der Vertrag mit der Wohnsitzaufgabe automatisch erlischt.

Bevor Sie sich mit dem verwirrenden Angebot an Reiseversicherungsprodukten herumschlagen, sollten Sie Ihre Bedürfnisse definieren und Ihren bestehenden Versicherungsschutz in der Bereichen Krankheit, Unfall, Hausrat, Leben, Motorfahrzeuge und Rechtsschutz überprüfen. Sonst reisen Sie unter- oder überversichert ins Ausland. Ersteres wäre fahrlässig, Letzteres unnötig und kostspielig. Denn ist ein Risiko zweifach abgedeckt, zahlt die zweite Versicherung nur, wenn die Schadensumme den versicherten Betrag der ersten übersteigt. Nur Todesfallkapitalien werden unabhängig von zusätzlichen Versicherungen ausgezahlt.

Die wichtigsten über Reiseversicherungen abdeckbaren Risiken sind nachfolgend aufgeführt. Auf andere mögliche Deckungen bei Reiseversicherungen – etwa Autoschäden im Reisezug, Ersatzreise oder Flugunfall – geht dieser Ratgeber nicht ein, da sie meist wenig sinnvoll sind.

Annullationskostenversicherung
Diese Versicherung kommt vor Antritt des Auslandaufenthalts zum Tragen und erlischt mit der Abreise. Versichert sind unter anderem die Annullierungskosten bei Krankheit, Unfall oder Tod des Versicherten beziehungsweise einer ihm nahe stehenden oder mitreisenden Person, bei Schwanger-

schaftsbeschwerden, bei Gefahr für Eigentum am Wohn- oder Zielort und bei Ausfall oder Verspätung des Transportmittels für die Reise zum Abfahrtsort. Bereits bezahlte Bearbeitungsgebühren des Reisebüros werden nicht übernommen. Und wer seine Reise aufgrund eines Leidens absagen muss, das schon bei der Buchung bestand, bekommt ebenfalls kein Geld.

Die Annullationskostenversicherung empfiehlt sich für alle Auslandaufenthalter und Auswanderinnen, die bei Annullationen von Flügen, Schulen, Praktika oder Reisearrangements mit hohen Kosten konfrontiert sind. Besitzen Sie einen Schutzbrief eines Automobil- und Verkehrsklubs, ist die Versicherung überflüssig.

Personen-Assistance
Sie deckt unter anderem die Kosten einer vorzeitigen Rückreise, die aus medizinischen Gründen für die versicherte oder eine mitreisende Person notwendig wird. Auch die Heimreise wegen Erkrankung oder Tod einer nahe stehenden Person zu Hause ist gedeckt. Versichert sind ferner Rückreisen wegen Unruhen, Katastrophen, Streiks, Epidemien. Hinzu kommen Kostenübernahmen bei unvorhergesehenen Aufenthalten, Spitalbesuchen von Angehörigen im Ausland, Überführungen ins Spital, Bergung und Rücktransport bei Tod. Nie gedeckt sind Arzt- und Spitalkosten. Die Personen-Assistance ist bei längeren Auslandaufenthalten in Problemländern und für Extremreisen empfehlenswert.

Auto-Assistance
Versichert sind unter anderem Pannenhilfe, Abschlepp-, Bergungs- und Rückführungskosten des Fahrzeugs, zusätzliche Aufenthaltskosten während einer Fahrzeugreparatur, Ersatzwagen für die Weiterreise, Beschaffung von Ersatzteilen. Möglich sind auch kurzfristige Vollkasko- und Verkehrsrechtsschutzversicherungen. Die Auto-Assistance ist für Auslandaufenthalter geeignet, die für längere Zeit in versicherten Ländern mit dem Auto unterwegs sind. Achtung: Überversicherung vermeiden.

Reisegepäck
Gedeckt ist der Verlust durch Diebstahl, Einbruchdiebstahl, Beraubung, die Beschädigung und Zerstörung sowie der Verlust während der Beförderung und die verspätete Ablieferung durch eine Transportunternehmung des öffentlichen Verkehrs. Die Reisegepäckversicherung ist nur sinnvoll für Globetrotter mit wertvollem Gepäck. Überprüfen Sie unbedingt den Leistungsumfang der Hausratversicherung und schliessen Sie allenfalls dort eine Zusatzversicherung ab. Einzelne Kreditkartenfirmen bieten ebenfalls eine gewisse Deckung an.

Krankheit / Unfall
Je nach Land reichen die obligatorische Grundversicherung der Krankenkasse (siehe Seite 247) und die obligatorische Unfallversicherung gemäss UVG (siehe Seite 239) für Arzt- und Spitalbehandlungen sowie Rettungs-, Bergungs-, Reise- und Transportkosten nicht aus. Dann ist eine Zusatzversicherung sinnvoll. Diese ist in der Regel aber günstiger beim Krankenversicherer zu haben. Wer seine Reise mit einer Kreditkarte zahlt, ist bei einem Unfall in einem öffentlichen Transportmittel – zum Teil auch in Mietwagen – für eine bestimmte Summe automatisch gegen die Risiken Tod und Invalidität versichert. Gedeckt sind auch die Bergungs- und Repatriierungskosten.

Diese Kosten sowie ärztliche Notfallbetreuung lassen sich auch über weltweit tätige Rettungsdienste wie etwa die SOS Assistance oder die Schweizerische Rettungsflugwacht Rega decken. Beide Organisationen sind jedoch keine Versicherung, sondern Rettungsorganisationen, die bei Notfällen mit ihren Helikoptern und Ambulanzflugzeugen helfen. Ein SOS-Abonnement oder eine Rega-Gönnerschaft allein bietet bei Auslandaufenthalten ungenügenden Schutz, da Arzt- und Spitalkosten nicht gedeckt sind. Zudem ist die Rega rechtlich nicht verpflichtet, ihren Gönnern zu helfen.

- Vermeiden Sie Doppelversicherungen. Meist sind einzelne Leistungen von Reiseversicherungen bereits in anderen Policen (Krankenkasse, Rega, Hausrat) enthalten. Wer einen Schutzbrief oder eine Ganzjahresversicherung besitzt, braucht keine Annullationskostenversicherung.
- Wenn Sie wissen, welche Versicherung Sie brauchen, können Sie gezielt das Angebot der Versicherer – vor allem Ausschlüsse, Deckungsumfang, und Prämien – vergleichen. Die Unterschiede sind markant. Viele Versicherungen bieten Paketlösungen an, was aber meist zu Doppelversicherungen führt.

Die Steuern

Ob in der Schweiz oder im Ausland: Wo immer Sie wohnen, Sie müssen grundsätzlich Steuern zahlen. Vor einem Auslandaufenthalt oder einer Auswanderung sollten Sie sich deshalb unbedingt mit dem Thema Steuern beschäftigen. Und zwar nicht erst am Tag der Abreise, sondern möglichst frühzeitig, um steuerlich vorteilhafte Entscheide treffen zu können. Das ist wiederum nur möglich, wenn Sie die Grundzüge des schweizerischen Steuersystems und dasjenige im Gastland kennen.

In der Schweiz hat jeder Kanton sein eigenes Steuergesetz (Staatssteuer) und eine unterschiedlich hohe Steuerbelastung. Auch die Gemeinden dürfen Steuern erheben (Gemeindesteuer) oder im Rahmen der kantonalen Grundtarife Zu- oder Abschläge beschliessen. Diese werden auf der Basis der Staatssteuer berechnet und ergeben den Steuerfuss der Gemeinde. Bei den direkten Bundessteuern gibt es keine kantonalen oder kommunalen Steuerunterschiede. Der Bund belastet Steuerpflichtige mit gleichem Einkommen in der ganzen Schweiz gleich stark.

Die Steuersysteme im Ausland unterscheiden sich von Land zu Land und sind für Laien oft schwierig zu verstehen – gerade weil sie anders funktionieren als das schweizerische. Es gibt andere direkte und indirekte Steuern, unterschiedliche Steuerberechnungs- und Steuerbezugsarten, andere Steuertarife und -belastungen, andere Steuerobjekte und -subjekte. Das verunmöglicht es, in diesem Ratgeber auf ausländische Steuersysteme einzugehen; zudem ändern sie laufend.

Nachfolgend werden deshalb nur Steueraspekte behandelt, auf die steuerpflichtige Schweizerinnen und Schweizer achten müssen, wenn sie einen kürzeren oder längeren Auslandaufenthalt einlegen oder auswandern. Die Ausführungen beschränken sich auf die Ausgangslage von Privatpersonen, nicht auf im Ausland tätige Schweizer Firmen. Sind Sie in der Schweiz noch nicht selbständig steuerpflichtig, können Sie dieses Kapitel ohne weiteres überspringen, da Sie nicht mit Steuerproblemen konfrontiert werden.

Wo ist was zu versteuern?

Wo jemand steuerpflichtig ist, hängt primär vom zivilrechtlichen Wohnsitz ab. Das ist der Ort, an dem Sie sich mit der Absicht des dauernden Verbleibens aufhalten und an dem sich der Mittelpunkt Ihres Lebensinteresses befindet. Grundsätzlich und sehr vereinfacht gesagt: Wer in der Schweiz wohnt, ist hier steuerpflichtig. Wer im Ausland wohnt, entrichtet dort seine Steuern. Wer in keinem Land einen festen Wohnsitz hat, zahlt theoretisch also nirgends Steuern. Das trifft etwa auf einen Globetrotter zu, der in der Schweiz abgemeldet ist und als Tourist die Welt bereist. In der Praxis ist das Ganze leider nicht so einfach: Jede Person zahlt irgendwo Steuern – selbst der vogelfreie Globetrotter. Liegt sein Vermögen, mit dem er die Reise finanziert, auf einem Schweizer Bankkonto, zahlt er dem Bund auf dem Zinsertrag automatisch 35 Prozent Verrechnungssteuer (siehe Seite 287).

Was wo besteuert wird, hängt jedoch nicht nur vom Wohnsitz ab, sondern unter anderem auch von der Aufenthaltsdauer im Ausland, vom Status (Grenzgängerin, Kurzzeitaufenthalter, Niedergelassener), von der Erwerbstätigkeit oder vom Anstellungsverhältnis. Im Ausland beschäftigte Angestellte des Bundes, der Kantone oder Mitarbeiter von internationalen Organisationen beispielsweise unterliegen besonderen Steuerbestimmungen. Entscheidend bei Fragen zur Besteuerung ist im Weiteren, ob zwischen dem Wohnsitzland und der Schweiz ein Doppelbesteuerungsabkommen (siehe unten) existiert oder nicht. Da ausländische Staaten gegenüber Ausländern, die dort wohnen, grundsätzlich Steueransprüche haben, ergeben sich für Schweizer in Ländern ohne Abkommen meist Doppelbesteuerungen. Diese zweifache Steuerbelastung kann nur mit der Aufgabe des Wohnsitzes in der Schweiz oder im ausländischen Staat vermieden werden.

Doppelbesteuerungsabkommen

Doppelbesteuerungsabkommen (DBA) sind bilaterale Staatsverträge zwischen der Schweiz und einem ausländischen Staat. Sie wollen vermeiden, dass ein Steuerpflichtiger in zwei Staaten für das gleiche Einkommen oder Vermögen in der gleichen Zeit einer gleichartigen Steuer unterworfen wird. Die DBA sollen primär der Schweizer Wirtschaft dienen. Von den DBA profitieren aber auch Privatpersonen, die in einem Vertragsstaat ansässig sind und Einkünfte aus der Schweiz beziehen. DBA können Schweizer Steuerpflichtige in einem ausländischen Staat für einzelne Einkünfte oder Vermögensteile von Steuern befreien oder die Steuerbelastung mildern. Voraussetzung ist jedoch, das jemand ständig im entsprechenden Land wohnt und dort den Mittelpunkt des Lebensinteresses hat.

Zurzeit sind Doppelbesteuerungsabkommen mit gegen 70 Ländern in Kraft. Das schweizerische Netz der Doppelbesteuerungsabkommen umfasst alle OECD-Staaten, mit Ausnahme der Türkei. Hinzu kommen die meisten osteuropäischen Länder sowie zahlreiche Staaten in Mittel- und Südamerika, Asien und Afrika. Dadurch sind die bei Schweizerinnen und Schweizern beliebtesten Aufenthalts- und Auswanderungsländer – mit Ausnahme von Brasilien, Costa Rica, Chile, der Dominikanischen Republik, Kenia und Paraguay – abgedeckt. Ob die Schweiz mit Ihrem Zielland ein DBA abgeschlossen hat, erfahren Sie bei der Abteilung für internationales Steuerrecht und Doppelbesteuerungssachen der Eidgenössischen Steuerverwaltung (Adresse Seite 293).

Der Inhalt der Doppelbesteuerungsabkommen unterscheidet sich von Land zu Land. Die Bestimmungen gelten als Bundesrecht; sie gehen anders lautenden Bestimmungen der Steuergesetze des Bundes und der Kantone vor. Alle Abkommen enthalten Bestimmungen zur Einkommenssteuer, die meisten auch solche zur Vermögenssteuer. Mit zehn Staaten bestehen zudem separate Abkommen bezüglich der Erbschaftssteuer. Wer sich für den genauen Inhalt eines DBA interessiert, kann dieses über die Internetseite der Eidgenössischen

Steuerverwaltung (Systematische Sammlung des Bundesrechts) oder beim Bundesamt für Bauten und Logistik (BBL, Adresse Seite 175) beziehen.

Die Doppelbesteuerung lässt sich durch die so genannte Steuerbefreiungs- oder durch die Anrechnungsmethode vermeiden. Bei der Befreiungsmethode verzichtet einer der beiden Vertragsstaaten auf die Besteuerung von Steuerobjekten, die gemäss DBA dem anderen Land zur Besteuerung zugewiesen werden. Bei der Anrechnungsmethode besteuert dieser Staat zwar solche Einkünfte und Vermögensteile ebenfalls, ist aber verpflichtet, Steuern, welche der Steuerpflichtige im anderen Staat bezahlte, an die eigenen Steuern anzurechnen.

Als Wohnsitzstaat wendet die Schweiz nach allen DBA die Methode der Steuerbefreiung an; sie verzichtet also auf die Besteuerung gewisser Einkommens- und Vermögensteile, die Personen mit Wohnsitz in der Schweiz im Ausland erzielen oder halten. Die Einkünfte und Vermögensteile aus dem Ausland werden aber trotzdem für die Bestimmung des Steuersatzes mit berücksichtigt, gleich wie im Ausland Vermögensteile in der Schweiz (siehe unten).

Die meisten Staaten, mit denen die Schweiz ein DBA abgeschlossen haben, verpflichten sich darin, niedergelassenen Schweizern ihre in der Schweiz bezahlten Steuern anzurechnen. Eine ausgewanderte Schweizerin, die in einem DBA-Staat wohnt und in der Schweiz noch eine vermietete Liegenschaft besitzt, hat die Mieteinkünfte und das Liegenschaftsvermögen in der Schweiz und im Wohnsitzstaat zu versteuern. Der Wohnsitzstaat muss ihr aber die in der Schweiz bezahlten Steuern anrechnen.

Trotz zwischenstaatlichen Abkommen sind Doppelbesteuerungen in der Praxis nicht immer vermeidbar; etwa wenn die Behörden der beiden Vertragsstaaten den Sachverhalt und die Begriffe anders verstehen und auslegen. In diesem Fall lässt sich ein Steuerentscheid bei keinem internationalen Gericht anfechten; Steuerpflichtige können aber ein Verständigungsverfahren beantragen. Darin bemühen sich die Vertragsstaaten um eine gemeinsame Lösung – was in der Praxis in den meisten Fällen auch gelingt.

Besteuerung bei Auslandaufenthalt mit Wohnsitz in der Schweiz

Behalten Sie während Ihres Auslandaufenthalts den Wohnsitz in der Schweiz, sind Sie nach wie vor in der Schweiz an Ihrem Wohnsitzort für Ihr gesamtes weltweites Einkommen und Vermögen unbeschränkt steuerpflichtig.

Dauert der Auslandaufenthalt mehrere Monate, sollten Sie vor der Abreise die Steuerbehörden informieren und – sofern vorhanden – eine Kontaktadresse im Ausland, sicher aber die Adresse einer Kontaktperson in der

Schweiz angeben. Dadurch ist sichergestellt, dass es nicht zu Problemen kommt, wenn während des Auslandaufenthalts beispielsweise Steuererklärungen einzureichen sind, die Steuerbehörde nähere Angaben oder zusätzliche Belege zu einer vor der Abreise eingereichten Steuererklärung verlangt oder offene Steuerrechnungen zur Zahlung fällig werden. Weiss die Steuerbehörde von Ihrer Auslandabwesenheit, verlängert Sie Ihnen in der Regel die Frist zur Einreichung der Steuererklärung und mahnt oder betreibt Sie bei verpassten Fristen oder unbezahlten Rechnungen nicht unnötig.

Sprechen Sie mit den zuständigen Steuerbehörden auch offen über allfällige Zahlungsschwierigkeiten im Zusammenhang mit einem Auslandaufenthalt. Unter Umständen lässt sich eine Stundung der Steuerschuld vereinbaren. Dadurch werden fällige Steuern und mögliche Zwangsmassnahmen bei einer Überschreitung der Zahlungsfrist hinausgeschoben.

Steuerpflichtige Personen, die nur vorübergehend ins Ausland ziehen, müssen bei der Ausreise in der Regel keine offenen Steuerschulden begleichen. Die Steuerbehörden handeln dabei nach dem Vertrauensprinzip. Es ist ihnen nämlich verboten, im Ausland Steuerschulden einzutreiben. Haben Sie mit den Steuerbehörden keine besondere Abmachungen getroffen, sollten Sie in Ihrem Interesse die Steuerrechnungen während Ihrer Abwesenheit entweder selbst aus dem Ausland bezahlen oder dafür sorgen, dass diese in Ihrem Auftrag von einer Vertrauensperson oder der Bank fristgerecht beglichen werden. Für verspätete Zahlungen werden Ihnen Verzugszinsen belastet.

Wer nur temporär ins Ausland zieht, wird von der Steuerbehörde grundsätzlich während des ganzen Auslandaufenthalts «durchbesteuert». Denn keine Steuerbehörde ist daran interessiert, jemanden aus der Steuerpflicht zu entlassen, der seinen Lebensmittelpunkt nach wie vor in der Schweiz hat und in absehbarer Zeit nach der Rückkehr wieder einer Erwerbstätigkeit nachgehen wird.

Auslandaufenthalt ohne Erwerbseinkommen
Seit dem 1. Januar 2003 müssen Steuerpflichtige bei der direkten Bundessteuer sowie bei der Staatssteuer in allen Kantonen ihr effektiv erzieltes Einkommen und Vermögen des entsprechenden Jahres versteuern (Gegenwartsbemessung). Wer beispielsweise ein volles Steuerjahr lang im Ausland auf Reisen ist, zahlt nur auf Einkünften aus seinem Vermögen (Zinserträge, Dividenden), auf erhaltenen Sozial- oder anderen Versicherungsleistungen oder auf sonstigen Einkünften sowie auf seinem Vermögen Steuern.

Auslandaufenthalt mit Erwerbseinkommen
Steuerpflichtige mit Schweizer Wohnsitz müssen hier nicht nur das in der Schweiz, sondern auch das im Ausland erzielte Einkommen deklarieren. Das

gilt auch für noch so kleine Einkünfte, etwa aus einem Praktikumseinsatz oder einer Au-pair-Tätigkeit im Ausland. Keine Angst: Bescheidene Einkommen führen zu keiner Steuerbelastung. Eine ledige Person zahlt zum Beispiel bei der direkten Bundessteuer erst ab einem steuerbaren Jahreseinkommen von 11 600 Franken (Einkommen nach allen Abzügen) Steuern.

Entscheidend bei der Besteuerung von Einkommen aus dem Ausland ist, ob dieses in einem Land ohne oder mit Doppelbesteuerungsabkommen (DBA) erzielt wurde und welcher Art die Erwerbstätigkeit war.

Erwerbseinkommen aus Ländern ohne DBA: Einkommen aus unselbständiger und selbständiger Erwerbstätigkeit – das heisst von natürlichen Personen, nicht von Firmen – ist vollumfänglich in der Schweiz zu versteuern. Da die meisten ausländische Staaten Erwerbstätige am Arbeitsort besteuern, kommt es häufig zu Doppelbesteuerungen.

Erwerbseinkommen aus Ländern mit DBA: Einkommen aus unselbständiger Erwerbstätigkeit sind grundsätzlich am Arbeitsort im Ausland steuerbar. Achtung: Einkünfte aus gewissen kurzfristigen Tätigkeiten – in der Regel bis 183 Tage im Jahr bei einem Schweizer Arbeitgeber – sowie von Grenzgängern, Bundes-, Staats- oder Gemeindebeamten sind in der Schweiz zu versteuern. Selbständigerwerbende müssen ihre Einkünfte ebenfalls in der Schweiz versteuern – es sei denn, sie besässen im Vertragsstaat eine feste Einrichtung, also ein ständiges Büro, Atelier oder eine Werkstätte. In diesem Fall sind die im Ausland erzielten Einkünfte nach den meisten DBA im Ausland steuerbar. Eine weitere Ausnahme existiert für Künstler und Sportler: Sie versteuern ihre Einkünfte am ausländischen Arbeitsort.

Besteuerung bei Wohnsitz im Ausland

Geben Sie mit der Ausreise Ihren Wohnsitz in der Schweiz auf und verlagern Ihren Lebensmittelpunkt definitiv ins Ausland, endet Ihre unbeschränkte Steuerpflicht in der Schweiz. Besitzen Sie in der Schweiz nach der Ausreise keine steuerbaren Vermögenswerte, erzielen Sie hier keine Einkünfte und beziehen auch keine Renten oder Kapitalleistungen aus der Schweiz, zahlen Sie in der alten Heimat fortan keine Steuern mehr. Ihr weltweites Einkommen und Vermögen versteuern Sie dann im Land Ihres neuen Wohnsitzes. In der Praxis besitzen jedoch viele Schweizer und Schweizerinnen, die den Wohnsitz ins Ausland verlegen, in der Schweiz noch gewisse steuerbare Vermögenswerte oder Einkünfte. In diesem Fall bleiben Sie hier beschränkt steuerpflichtig (siehe nächste Seite).

Verlassen Sie die Schweiz mit der Absicht, Ihren Lebensmittelpunkt langfristig ins Ausland zu verlegen, müssen Sie vor der Ausreise Ihre Steuerschulden begleichen. Theoretisch lässt sich dies schnell erledigen. Idealerweise sollten Sie die Steuerbehörde jedoch einige Wochen vor Abreise über Ihren Wegzug informieren, damit diese genügend Zeit hat, eine Steuereinschätzung vorzunehmen und die Steuerabrechnung pro rata per Ausreisedatum zu erstellen. Eine frühzeitige Meldung ist zu Ihrem Vorteil: Je nachdem müssen Sie nämlich noch eine Steuererklärung ausfüllen und verschiedene Dokumente organisieren. Anschliessend haben Sie genügend Zeit, die Steuerveranlagung in aller Ruhe zu kontrollieren.

Allenfalls ist dem Steueramt zu belegen, dass Sie sich tatsächlich längerfristig im Ausland niederlassen – und sich nicht schon eine Woche später wieder in der Schweiz aufhalten, ohne Steuern zu zahlen. Hinweise auf eine definitive Verlagerung des Lebensmittelpunkts ins Ausland sind etwa eine Wohnungsaufgabe in der Schweiz, die Ausreise mit der ganzen Familie sowie ein Arbeits-, Immobilienkauf- oder Mietvertrag im Ausland.

Melden Sie sich bei der Einwohnerkontrolle Ihres Wohnsitzes ab, wird dies der Steuerbehörde unter Umständen automatisch mitgeteilt. Zahlreiche Einwohnerkontrollen händigen Ihnen die Abmeldebescheinigung (siehe Seite 332) sogar erst aus, nachdem Sie Ihre Steuerschulden per Abmeldedatum beglichen haben – obwohl dies gemäss einem Bundesgerichtsurteil nicht erlaubt ist.

In Kantonen, die den gemeinsamen Steuerbezug von Bundes-, Staats-, Gemeinde- und Kirchensteuern nicht kennen, sollten Sie sicherstellen, dass alle Stellen über Ihren Wegzug informiert sind. Je nachdem erhalten Sie dann von einer oder mehreren Stellen eine Veranlagung beziehungsweise Steuerrechnung.

Verlassen Sie die Schweiz, ohne Ihre Steuerschulden bezahlt zu haben, wird Sie im Prinzip niemand daran hindern. Bei der Ausreise fragt Sie kein Zöllner danach. Die Probleme fangen aber spätestens bei der Rückkehr an, wenn Sie sich auf irgendeiner Einwohnerkontrolle in der Schweiz wieder anmelden wollen.

Beschränkte Steuerpflicht in der Schweiz
Besitzen Sie in der Schweiz nach dem Wegzug noch Vermögenswerte – zum Beispiel Immobilien, Grundstücke – oder erzielen Sie Einkünfte – etwa aus Kapitalanlagen, Nutzniessung einer Liegenschaft, Beteiligung an einem Geschäftsbetrieb oder gelegentlicher Erwerbstätigkeit in der Schweiz –, dann unterstehen Sie hier weiterhin einer beschränkten Steuerpflicht. In diesem Fall werden Sie je nach Art des Einkommens und Vermögens entweder im ordentlichen Verfahren veranlagt oder bezahlen Quellensteuern.

Im **ordentlichen Verfahren** müssen Sie jedes Jahr eine Steuererklärung ausfüllen und Einkommens- oder Vermögenssteuern bezahlen. In diesem

Fall wird die Steuer in der Schweiz zu jenem Satz berechnet, der für Ihr gesamtes Einkommen und Vermögen – und nicht nur für dasjenige in der Schweiz – anwendbar wäre. Konkret: Die Steuerbehörde rechnet das im Ausland deklarierte Einkommen und Vermögen zu demjenigen in der Schweiz hinzu und berechnet mit dem daraus resultierenden Steuersatz die Steuer auf dem effektiven Einkommen und Vermögen in der Schweiz. Einkommen und Vermögen werden also zu einem erhöhten Satz besteuert.

Bei gewissen Einkommen aus der Schweiz, etwa bei Renten und Kapitalleistungen, sehen die Steuergesetze des Bundes und der Kantone die **Besteuerung an der Quelle** vor. Dabei müssen Sie Ihre Einkünfte nicht erst nach dem Bezug versteuern, die Steuer wird vor der Auszahlung direkt beim Schuldner erhoben und von diesem an die zuständige Behörde abgeliefert. Sie erhalten also nur den um die Steuer reduzierten Betrag ausbezahlt. Die bekannteste Quellensteuer in der Schweiz ist die 35-prozentige Verrechnungssteuer auf Kapitalerträgen. 15 Prozent Verrechnungssteuern werden auch auf Kapitalleistungen aus Lebensversicherungen sowie Leibrenten und Pensionen erhoben. Im Gegensatz zur Verrechnungssteuer, die in der ganzen Schweiz gleich hoch ist, sind die Steuersätze für die einzelnen Quellensteuern je nach Kanton unterschiedlich.

Besteuerung von Renten und Kapitalleistungen
Bei Renten und Kapitalleistungen wird einerseits unterschieden, ob Sie Ihre Rentenansprüche bei einem Arbeitgeber aus einem privatrechtlichen Arbeitsverhältnis – das heisst in der Privatwirtschaft – erworben haben oder ob diese aus einem öffentlich-rechtlichen Arbeitsverhältnis – als Bundes-, Kantons- oder Gemeindebeamter oder Angestellter einer gemischtwirtschaftlichen Unternehmung – stammen. Zweitens kommt es darauf an, ob es sich um eine wiederkehrende Rente oder eine Kapitalauszahlung handelt. Zu den wiederkehrenden Renten zählen Ruhegehälter, Pensionen, Alters-, Invaliden- oder Hinterlassenenrenten und andere Vergütungen.

Renten der AHV/IV, der obligatorischen Unfall- und der Militärversicherung: Renten der Alters- und Hinterlassenenversicherung (AHV), der Invalidenversicherung (IV), der obligatorischen Unfallversicherung gemäss UVG sowie der Militärversicherung, die an Schweizer mit Wohnsitz im Ausland ausgerichtet werden, unterliegen in der Schweiz keiner Quellensteuer. Eine Besteuerung findet höchstens im Wohnsitzstaat statt. Die Mehrheit der DBA sehen eine solche Besteuerung vor. Auch Länder ohne DBA dürften diese Renteneinkünfte mehrheitlich besteuern.

Renten aus öffentlich-rechtlichen Arbeitsverhältnissen unterliegen in der Regel bei Ländern mit DBA der schweizerischen Quellensteuer (Ausnahme: Australien). In diesem Fall sind sie am ausländischen Wohnsitz nicht steuerbar oder werden dort unter Anrechnung der in der Schweiz abgezogenen Quellensteuern besteuert. Doppelbürgern werden in der Schweiz in den meisten Fällen keine Quellensteuern abgezogen. In Ländern ohne DBA erhebt die Schweiz stets die Quellensteuer. Dies führt zu einer Doppelbesteuerung, wenn der Wohnsitzstaat ausländische Renten ebenfalls besteuert.

Kapitalbezüge aus öffentlich-rechtlichen Arbeitsverhältnissen unterliegen in der Schweiz beim Bund und in den Kantonen der Quellensteuer. Die in der Schweiz bezahlten Steuern werden Ihnen bei zahlreichen DBA jedoch auf Verlangen zurückerstattet (siehe Steueroptimierung, Seite 288). In Ländern ohne DBA ist der Quellensteuerabzug definitiv; es gibt keine Möglichkeit der Rückerstattung. Ist das Kapital im Wohnsitzstaat steuerbar, kommt es in diesem Fall zu einer Doppelbelastung.

Renten aus privatrechtlichen Arbeitsverhältnissen der beruflichen und der privaten Vorsorge: Renten von BVG-Vorsorgeeinrichtungen und der Säule 3a, die aus der Schweiz stammen, unterliegen beim Bund und in den Kantonen der Quellensteuer, wenn die Schweiz mit dem Staat, in dem Sie als Rentenbezüger wohnen, kein DBA unterhält. In diesem Fall ist die Rente oft auch im Wohnsitzland zu versteuern. Besteht ein DBA, wird Ihnen die Rente ungekürzt – ohne Quellensteuerbelastung – ausgezahlt (Ausnahme: Kanada). Die Besteuerung findet dann im Wohnsitzland statt.

Kapitalbezüge aus privatrechtlichen Arbeitsverhältnissen der beruflichen und der privaten Vorsorge unterliegen in der Schweiz beim Bund und in den Kantonen der Quellensteuer. Die in der Schweiz bezahlten Steuern – zum Beispiel auf dem frühzeitig bezogenen BVG-Guthaben – werden Ihnen bei zahlreichen DBA allerdings auf Verlangen zurückerstattet (siehe Steueroptimierung, Seite 288). In Ländern ohne DBA gibt es keine Rückerstattungsmöglichkeiten. Das führt zu einer Doppelbesteuerung, wenn der Wohnsitzstaat das Kapital ebenfalls besteuert.

Die Quellensteuern auf wiederkehrende Renten aus privat- oder öffentlich-rechtlichen Vorsorgeeinrichtungen betragen bei der direkten Bundessteuer ein Prozent des Bruttobetrags. Bei Kapitalbezügen von privat- oder öffentlich-rechtlichen Vorsorgeeinrichtungen verlangt der Bund je nach Höhe des Kapitals zwischen 0,15 Prozent und 1,84 Prozent des Bruttobetrags. Die Kantone besteuern Renten und Kapitalbezüge ganz unterschiedlich. Erkundigen Sie sich nach dem aktuellen Satz direkt bei der kantonalen Steuerbehörde.

Besonderheiten bei der Besteuerung von Erwerbseinkommen

Erwerbseinkommen aus unselbständiger Erwerbstätigkeit ist in der Regel am Arbeitsort zu versteuern. Davon gibt es allerdings einige Ausnahmen:

- In der Schweiz wohnhafte Personen, die pro Kalenderjahr (aufgrund einiger Abkommen gilt statt des Kalenderjahrs eine Zwölfmonatsperiode) weniger als 183 Arbeitstage in einem Staat mit DBA für einen Schweizer Arbeitgeber arbeiten, werden in der Schweiz besteuert. Eine Schweizer Bankerin kann also von Juli bis Juni im Folgejahr in Paris in der Niederlassung einer Schweizer Bank arbeiten, ohne dort für ihr Einkommen steuerpflichtig zu werden. Sie zahlt ihre Steuern ganz normal in der Schweiz.

- Ein im Ausland wohnhafter Arbeitnehmer, der einen Teil des Salärs am Wohnsitz im Ausland ausgezahlt und einen Teil in der Schweiz auf ein Konto überwiesen erhält, hat mit oder ohne DBA das gesamte Salär im Ausland zu versteuern.

- Im Ausland wohnhafte Schweizer, die im internationalen Verkehr – an Bord eines Schiffes, Flugzeugs oder im Strassentransport – von einer Firma mit Sitz oder Betriebsstätte in der Schweiz entlöhnt werden, zahlen auf ihrem Einkommen in der Regel Quellensteuern in der Schweiz.

- Einkünfte von Künstlern und Sportlern mit Wohnsitz im Ausland unterliegen in den meisten Ländern mit DBA am Arbeitsort einer Quellensteuer. Kommt also eine Schweizer Schauspielerin mit Wohnsitz in Hollywood für einen Auftritt in die Schweiz und erhält eine Gage von 20000 Dollar, unterliegt dieses Einkommen der Besteuerung in der Schweiz. Die in der Schweiz erhobene Steuer wird ihr an die in den USA fälligen Steuern angerechnet. Diese Regelung gilt für Selbständig- und Unselbständigerwerbende.

- Einkünfte aus selbständiger Erwerbstätigkeit sind trotz Wohnsitz im Ausland in der Schweiz steuerbar, wenn die im Ausland lebende Person in der Schweiz eine feste Einrichtung besitzt. Das ist etwa beim Schweizer Architekten der Fall, der in London wohnt und in Zürich ein Büro betreibt.

- Wer im Ausland wohnt und als Verwaltungsrat einer Schweizer Firma Einkünfte in Form von Tantiemen, Sitzungsgeldern, festen Entschädigungen oder ähnliche Vergütungen erzielt, muss diese in der Schweiz versteuern. Der Bund verlangt 5 Prozent Quellensteuer, die Kantone zwischen 16 und 30 Prozent.

Schweizerinnen und Schweizer, die in einem Nachbarstaat wohnen, aber in der Schweiz arbeiten, unterliegen als **Grenzgänger** besonderen Steuerbestimmungen. Grundsätzlich gilt, dass Grenzgänger ihr Erwerbseinkommen am Arbeitsort zu versteuern haben. In der Praxis werden Grenzgänger in der Schweiz je nach Wohnsitzstaat und Arbeitskanton anders behandelt, da der Bund und die Kantone mit den Nachbarstaaten unterschiedliche bilaterale Abkommen abgeschlossen haben.

- Grenzgänger aus **Italien**: Ihr Lohn unterliegt in allen Kantonen der Quellensteuer in der Schweiz.

• Grenzgänger aus **Frankreich**: Wer in einem Grenzkanton (ausser Genf) oder im Kanton Bern arbeitet, versteuert sein Einkommen am Wohnort in Frankreich. Im Kanton Genf und in allen übrigen Kantonen werden Grenzgänger in der Schweiz an der Quelle besteuert.

• Grenzgänger aus **Österreich**: Hier können die Kantone in der Schweiz vom Lohn eine Quellensteuer bis zu 3 Prozent abziehen. Diese Steuer wird jedoch an die in Österreich geschuldete Einkommenssteuer angerechnet.

• Grenzgänger aus **Deutschland**: Ihr Einkommen wird in der Regel am Wohnort in Deutschland besteuert. Die Kantone können bei vorhandener Wohnsitzbescheinigung allerdings eine auf 4,5 Prozent begrenzte Quellensteuer auf dem Bruttolohn erheben. Die in der Schweiz bezahlte Steuer wird bei der Steuerveranlagung in Deutschland angerechnet.

• Grenzgänger aus **Liechtenstein**: Erwerbseinkünfte sind in Liechtenstein zu versteuern – mit Ausnahme von Einkünften aus Tätigkeiten im öffentlichen Dienst in der Schweiz.

Besteuerung von Einkommen aus beweglichem schweizerischem Vermögen

Kapitalerträge aus der Schweiz – etwa von Obligationen schweizerischer Schuldner, Zinsen von Bankguthaben, Dividenden von Schweizer Aktiengesellschaften – unterliegen der schweizerischen Verrechnungssteuer von 35 Prozent. Diese Steuer wird direkt an der Quelle abgezogen. Der Empfänger erhält also nur 65 Prozent des Kapitalertrags ausgezahlt. Abgezogene Verrechnungssteuern werden gemäss schweizerischem Recht nicht an Personen mit Wohnsitz im Ausland zurückerstattet (siehe auch Steueroptimierung, Seite 288). Die DBA sehen allerdings vor, dass dem Empfänger die in der Schweiz entrichtete Verrechnungssteuer teilweise oder gar vollständig zurückerstattet und ihm der nicht rückforderbare Betrag auf die im Ausland zu bezahlende Steuer angerechnet wird.

Die Zinsen gewöhnlicher Darlehen sowie Lizenzvergütungen aus der Schweiz sind nicht mit der schweizerischen Verrechnungssteuer belastet. Sie unterliegen allenfalls den Einkommenssteuern im Wohnsitzstaat.

Steuern auf Einkommen und Vermögen aus Grundeigentum in der Schweiz

Kapitalanlagen in schweizerischen Liegenschaften und Grundstücken sowie deren Ertrag unterliegen den ordentlichen schweizerischen Einkommens- und Vermögenssteuern sowie den Liegenschaftssteuern in der Schweiz. Bei Handänderungen ist die Handänderungssteuer und auf Gewinnen entweder die ordentliche Gewinn- beziehungsweise Einkommenssteuer oder die Grundstückgewinnsteuer geschuldet. Doppelbesteuerungsabkommen verhindern in diesem Bereich eine doppelte Belastung. In Ländern ohne DBA sind Doppelbesteuerungen meist nicht zu vermeiden.

• **Wichtig:** Schulden auf schweizerischen Liegenschaften werden bei beschränkter Steuerpflicht in der Schweiz nicht vollständig in der Schweiz angerechnet, sondern nach der Lage aller Aktiven zwischen der Schweiz und dem Ausland aufgeteilt. Befindet sich gemäss Steuerausscheidung beispielsweise je die Hälfte der Aktiven im In- und Ausland, so lassen sich auch nur 50 Prozent der Hypothekarschuld und der Schuldzinsen vom Vermögenswert der Liegenschaft beziehungsweise vom daraus erzielten Einkommen abziehen.

Steuern auf Erbschaften aus der Schweiz
Grundsätzlich richten sich die Erbfolge und die damit zusammenhängenden Fragen nach dem Recht des Staates, in dem sich der letzte Wohnsitz der verstorbenen Person befindet. Doppelbesteuerungsabkommen, welche die Erbschaftssteuern regeln, weisen das bewegliche Privatvermögen (Bargeld, Wertschriften, Wertgegenstände) mehrheitlich dem Staat des letzten Wohnsitzes des Erblassers zur Besteuerung zu. Das unbewegliche Vermögen (Liegenschaften, Grundstücke) besteuert in der Regel der Belegenheitsstaat, also der Staat, in dem die Liegenschaft steht oder das Grundstück liegt.

Keine internationalen Verträge gibt es für die Schenkungssteuer. Hier ist jeweils das nationale Steuergesetz massgebend.

Möglichkeiten der Steueroptimierung

Wer ins Ausland zieht, wird seine Steuerbelastung auf legale Art möglichst tief halten wollen. Das lässt sich durch verschiedene Massnahmen versuchen und erreichen. Dabei geht es nicht um irgendwelche illegalen Tricks, sondern um das Ausnützen von ganz legalen Möglichkeiten. Doch, um keine falschen Hoffnungen zu wecken: Steuereinsparungen sind nur limitiert, im Rahmen der gesetzlichen Vorschriften und nur bei rechtzeitiger Planung mit Steuerspezialisten in der Schweiz und im Ausland möglich. Haben Sie bereits Wohnsitz im Gastland genommen, ist es für geeignete Massnahmen meist zu spät.

Steuergesetze kennen
Informieren Sie sich über die Steuervorschriften in der Schweiz und im künftigen Gastland. Was die Schweiz betrifft, so gibt es zahlreiche Ratgeberbücher zu dieser Thematik. Für ausländische Gesetze wenden Sie sich am besten an internationale Steuerberatungsfirmen. Erkundigen Sie sich, ob die Schweiz mit dem entsprechenden Land ein Doppelbesteuerungsabkommen abgeschlossen hat und besorgen Sie sich beim BBL in Bern (Ad-

resse Seite 175) das entsprechende Abkommen. Die Abkommen finden Sie auch in der systematischen Sammlung des Bundesrechts über die Internetseite www.admin.ch.

Steuerabzüge ausnützen
Vielfach können Sie im Rahmen des kantonalen Steuergesetzes einen bestimmten Betrag für Ausbildungszwecke abziehen. Sind Auslagen für Sprach- und Berufsausbildungen im Ausland steuerlich abzugsfähig, müssen Sie diese gegenüber den Steuerbehörden mit Quittungen oder bezahlten Rechnungen belegen können.

Kapitalleistungen der 2. Säule und der Säule 3a am richtigen Ort beziehen
Wer im Zeitpunkt der Auszahlung von Kapitalleistungen aus der beruflichen Vorsorge sowie aus der Säule 3a (3a-Konto oder 3a-Police) sein Steuerdomizil in der Schweiz hat, versteuert das Kapital in seinem Wohnsitzkanton zu einem so genannten Rentensatz oder besonderen Tarif. Je nach Kanton zahlen Sie also mehr oder weniger hohe Steuern. Haben Sie Ihren Wohnsitz beim Bezug der Kapitalleistung im Ausland, zahlen Sie eine Quellensteuer – und zwar in jenem Kanton, in dem die Vorsorgeeinrichtung ihren Sitz hat. Je nach Betrag und Kanton fahren Sie mit der Quellensteuer unter Umständen günstiger. Dann lohnt es sich, die Kapitalleistungen nicht vor der Abreise in der Schweiz, sondern erst nach Wohnsitznahme im Ausland zu beziehen. Dazu müssen Sie die Abmeldebescheinigung vorzeigen, die Ihnen die Einwohnerkontrolle ausstellte.
• **Achtung:** Bei beiden Varianten sind auch die im Wohnsitzland anfallenden Steuern beziehungsweise die Möglichkeit zur Rückforderung der Quellensteuer zu berücksichtigen (siehe Seite 285 und unten).

Quellensteuern zurückfordern
Fordern Sie die in der Schweiz bezahlten Quellensteuern auf Kapitalleistungen zurück, sofern dies aufgrund eines Doppelbesteuerungsabkommens möglich ist. Dies können Sie mit einem amtlichen Formular innerhalb von drei Jahren nach der Auszahlung tun. Das Formular erhalten Sie bei der kantonalen Steuerverwaltung; es ist von der Vorsorgeeinrichtung auszufüllen. Zudem müssen Sie eine Bestätigung der Steuerbehörde des Wohnsitzstaats beilegen, in der diese bescheinigt, von der Kapitalleistung Kenntnis zu haben.

Verrechnungssteuern zurückfordern
Anspruch auf die Rückerstattung von in der Schweiz bezahlten Verrechnungssteuern haben grundsätzlich nur Personen mit Wohnsitz in der Schweiz und

Bedienstete des Bundes, die im Ausland wohnen. Wichtig zu wissen: Der Wohnsitz in der Schweiz muss nur bei Fälligkeit der steuerbaren Leistung bestehen. Mit anderen Worten: Auch wenn Sie im Ausland wohnen, können Sie Verrechnungssteuerbeträge zurückverlangen, die Ihnen noch während Ihres Wohnsitzes in der Schweiz beispielsweise auf Kapitalerträgen (Dividenen, Zinsen) abgezogen wurden. Sie müssen diesen Anspruch auf Rückerstattung jedoch innert drei Jahren nach Ablauf des Kalenderjahrs, in dem Sie die Verrechnungssteuer zahlten, bei den kantonalen Steuerbehörden geltend machen.

Um diese Frist nicht etwa zu verpassen, sollten Sie mit der Begründung, dass Sie ins Ausland ziehen, eine vorzeitige Rückerstattung verlangen. Dann nimmt die Steuerbehörde den Rückerstattungsanspruch schon im Jahr der Fälligkeit der Steuer entgegen und behandelt ihn beschleunigt – und nicht erst im kommenden Jahr.

Steueroasen
Eine Steueroase ist ein Land, das von den ansässigen Bürgern keine oder nur sehr niedrige Steuern erhebt. Es gibt Dutzende von Büchern, welche die paradiesischen Zustände in Steueroasen wie etwa Andorra, Campione, Monaco oder den Bahamas beschreiben und einen zum Träumen bringen. Die Realität sieht dann meist anders aus. Wer zieht schon mit Freuden in das abgelegene Andorra in den Pyrenäen? Und wer vermag die horrenden Mieten und Immobilienpreise in Monaco zu zahlen?

Den Umzug in eine Steueroase nur vorzutäuschen ist kaum machbar: Jedes Schweizer Steueramt dürfte bei solchen Destinationen hellhörig werden und zweimal überprüfen, ob Sie Ihren Lebensmittelpunkt tatsächlich dorthin verlagern. Verlegen Sie Ihren Wohnsitz effektiv in eine Steueroase, haben sie aufgrund der beschränkten Steuerpflicht (siehe Seite 283) die in der Schweiz erzielten Einkünfte und Vermögenswerte nach wie vor hier zu versteuern. Mit Steueroasenländern hat die Schweiz kein DBA abgeschlossen, da es ja keine Steuern oder Besteuerungsrechte aufzuteilen gibt. Dadurch besteht auch keine Möglichkeit, die in der Schweiz bezahlten Verrechnungssteuern auf Kapitalerträgen zurückzufordern.

Eine Steueroase kann dagegen ein günstiger Stützpunkt für die Verwaltung des Vermögens sein. Dabei wird das Vermögen von einer Gesellschaft mit Sitz an einem steuerlich attraktiven Ort verwaltet. Beliebte Standorte für solche Offshore-Trusts sind etwa die britischen Kanal- oder Jungferninseln, die Cayman-Inseln oder die Bahamas. Der Steuervorteil eines Trusts liegt darin, dass das Vermögen beim Besitzer nicht mehr versteuert werden kann, da dieser mit der Übertragung auf den Treuhänder darüber keine Verfügungsgewalt mehr hat. Das Vermögen wird auch beim Treuhänder nicht steuerlich erfasst, da dieser es nur verwaltet und ausser seinen Gebühren keine Vorteile daraus zieht. Eine solche Trustlösung lohnt sich nur bei grossen Vermögen ab 750 000 Franken.

Wer Steuern optimieren möchte, kommt aufgrund der sehr komplexen Materie nicht darum herum, sich in der Schweiz und im Ausland an spezialisierte Steuerberater mit entsprechender Erfahrung zu wenden. Kompetente Ansprechpartner in der Schweiz für Fragen zu ausländischen Steuergesetzen sind international tätige Treuhandfirmen. Sie beschäftigen ganze Abteilungen von Steuerspezialisten und besitzen über ihre weltweiten Niederlassungen ein grosses Know-how. Der Nachteil: Sie sind teuer – die Beratungsstunde kostet schnell 400 Franken und mehr – sowie grundsätzlich nur an grösseren Mandaten interessiert.

- Nehmen Sie bei einem längeren temporären Auslandaufenthalt rechtzeitig mit den Steuerbehörden Kontakt auf, um offene Fragen zu klären und die Schweiz steuerlich korrekt zu verlassen. Sie vermeiden dadurch Probleme bei der Rückkehr.
- Haben Sie vor auszuwandern, sollten Sie mindestens ein Jahr vor Abreise mit der Steuerplanung beginnen. Bei komplizierten Steuerverhältnissen – Wohneigentum, Kapitalbezüge, Vermögenswerte – lohnt sich der Beizug eines internationalen Steuerexperten.

- **Eidgenössische Steuerverwaltung**
Abteilung für internationales Steuerrecht und Doppelbesteuerungssachen, Adressen
Eigerstrasse 65, 3003 Bern, Tel. 031 322 71 29, Internet www.estv.admin.ch
(Rechtsauskünfte)

- **Steuerbehörden im Ausland**
Die Internetseite www.taxman.nl enthält direkte Links zu den Steuerbehörden in zahlreichen Ländern. Hier können Sie sich einen ersten Überblick über die nationalen Steuergesetze verschaffen.

Wehrpflichtersatz bei einem Auslandaufenthalt

Wehrpflichtige Schweizer Bürger, die ihre obligatorische Wehrpflicht nicht oder nur teilweise durch persönlichen Militär- oder Zivildienst erfüllen, müssen aufgrund ihrer finanziellen Verhältnissen die so genannte Wehrpflichtersatzabgabe zahlen – auch wenn sie sich im Ausland aufhalten.

In der Umgangssprache wird im Zusammenhang mit dem Wehrpflichtersatz meist von einer Steuer gesprochen. Das ist falsch. Der Wehrpflichtersatz hat keinen fiskalischen, sondern lediglich einen staatspolitischen Zweck, um die allgemeine Wehrpflicht durchzusetzen.

Ersatzpflichtig ist jeder Wehrpflichtige mit Wohnsitz im In- und Ausland, der in einem Kalenderjahr entweder während mehr als sechs Monaten in keiner Formation der Armee eingeteilt ist und nicht der Zivildienstpflicht untersteht oder als Dienstpflichtiger seinen Militär- oder Zivildienst nicht leistet. Schweizer, die sich drei Jahre ununterbrochen im Ausland aufhalten, sind nicht mehr ersatzpflichtig. Deshalb müssen auch im Ausland geborene wehrpflichtige Schweizer nie Wehrpflichtersatz zahlen. Kehrt ein Auslandschweizer jedoch für mehr als sechs Monate in die Schweiz zurück, hat er Wehrpflichtersatz zu leisten. Die Ersatzpflicht beginnt Anfang des Jahres, in dem Sie das 20. Altersjahr vollenden und dauert bis zum Ende des Jahres, in dem Sie das 42. Altersjahr beenden.

Eine spezielle Regelung gibt es für Doppelbürger, die in ihrem zweiten Heimatstaat wohnen: Sie schulden keinen Wehrpflichtersatz, sofern sie im betreffenden Jahr im Heimatstaat Militär- oder Zivildienst leisten, eine allfällige Abgabe zahlen oder aufgrund eines früher geleisteten Dienstes der Armee oder dem Zivildienst jederzeit zur Verfügung stehen. Eine besondere Regelung gilt für französisch-schweizerische Doppelbürger. Sie sind nur in einem Staat wehrpflichtig. Hat also ein Doppelbürger in der Schweiz seine militärischen Pflichten erfüllt und nimmt in Frankreich Wohnsitz, wird er hier nicht mehr zur Wehrpflicht herangezogen. Weitere ähnliche Abkommen bestehen mit den USA und mit Österreich.

Die Wehrpflichtersatzabgabe wird nach der Gesetzgebung über die direkte Bundessteuer auf dem gesamten Reineinkommen erhoben, das Sie im In- und Ausland erzielen. Darauf sind je nach Situation – unter anderem Zivilstand, Unterhaltspflichten, Erwerbstätigkeit der Ehefrau – gewisse Abzüge möglich. Auf dem effektiv taxpflichtigen Einkommen ist grundsätzlich eine zweiprozentige Wehrpflichtersatzabgabe, mindestens aber 150 Franken, zu bezahlen. Die Ersatzabgabe reduziert sich mit geleisteten Diensttagen.

Die Veranlagung und den Bezug des Wehrpflichtersatzes nimmt der Wohnortkanton vor der Ausreise für das Ausreisejahr und die nachfolgenden Ersatzjahre provisorisch vor – unter dem Vorbehalt einer definitiven Veranlagung bei der Rückkehr. Kann die Ersatzabgabe nicht vor Antritt des Auslandurlaubs veranlagt und bezogen werden, erfolgt die Veranlagung nach der Rückkehr in die Schweiz. Die Grundlagen für die Berechnung der Ersatzabgabe sind die in den massgeblichen Ersatzjahren erzielten Einkünfte, die mit einer besonderen Ersatzabgabe-Erklärung zu deklarieren sind.

Beiträge, die vor der Abreise geschuldet sind, müssen Sie bis zum Zeitpunkt des Wegzugs zahlen. Sonst wird Ihnen das Gesuch um militärischen Auslandurlaub nicht bewilligt (siehe Seite 334). Wie und wann Beiträge zu entrichten sind, die während eines Auslandaufenthalts fällig werden, vereinbaren Sie direkt mit der zuständigen Wehrpflichtersatzverwaltung. Möglich sind beispielsweise eine Pauschalzahlung, Ratenzahlungen oder eben Voraus- oder Nachtragszahlungen. Zur Vermeidung besonderer Härten können die Zahlungsfristen verlängert oder Ratenzahlungen bewilligt werden. Wer den nicht geleisteten Militär- oder Zivildienst nachholt, kann die für das Auslandjahr bezahlte Wehrpflichtersatzabgabe innerhalb von fünf Jahren nach Ablauf der Wehrpflicht zurückfordern.

- **Achtung:** Im Zusammenhang mit den Reformen der Armee XXI gibt es Änderungen bei der Ersatzabgabe. Unter anderem wird die Dauer der Ersatzpflicht der Wehrpflichtdauer angepasst, die Wehrpflichtabgabe auf 3 Prozent und die Mindestabgabe auf 200 Franken erhöht. Die Reformen treten nicht vor 2004 in Kraft.

- Je nach Zahlungsart und -termin sowie Aufenthaltsdauer im Ausland, kann der Wehrpflichtersatz eine hübsche Summe ausmachen. Kalkulieren Sie diesen Betrag in Ihrem Budget für den Auslandaufenthalt ein.

- **Eidgenössische Steuerverwaltung**
Sektion Wehrpflichtersatz, Eigerstrasse 65, 3003 Bern, Tel. 031 322 74 55,
Internet www.estv.admin.ch (Rechtsauskünfte, Beratung)

Die Schulmöglichkeiten im Ausland

Auf die Ausbildungsmöglichkeiten für Austauschschüler, Studentinnen, Sprachschüler und Berufspraktikantinnen wurde schon ausführlich im dritten Kapitel eingegangen. Im Folgenden geht es um die Schul- und Ausbildungsmöglichkeiten der Kinder von Schweizer Eltern, die sich für kürzere oder längere Zeit oder für immer im Ausland niederlassen.

Eltern sollten sich frühzeitig vor der Abreise über die Schulausbildung ihrer Kinder Gedanken machen. Wesentliches Kriterium ist die Dauer des Auslandaufenthalts.

Bei einem zeitlich begrenzten Aufenthalt mit anschliessender Rückkehr in die Schweiz ist der problemlose Wiedereinstieg sicherzustellen. Die Kinder dürfen vor allem ihre Muttersprache nicht verlernen. Sie werden beim Wiedereintritt ins schweizerische Schulsystem kaum einen Vorteil haben, wenn sie fliessend Spanisch, aber nur gebrochen Deutsch sprechen. Auf der anderen Seite ist es nicht allzu tragisch, wenn zurückkehrende Kinder nicht das gleiche Schulniveau wie Gleichaltrige in der Schweiz aufweisen. Sie haben dafür anderes gelernt: offen zu sein für Neues, mit fremden Menschen umzugehen und sich neuen Anforderungen zu stellen. Ob diese Werte bei der Rückkehr in der Schweiz auch entsprechend gewürdigt werden, hängt sehr stark von der Lehrkraft ab, bei der das Kind wieder eingeschult wird.

Handelt es sich um ein definitives Auswandern, wird die Zukunft der Kinder in der neuen Heimat liegen. Die Ausbildung sollte also darauf abzielen, ihnen im Gastland alle Berufschancen offen zu halten. Dafür braucht es keine Ausbildung nach schweizerischem System. Dass die Schweiz die besten Schulen dieser Welt besitze, ist eher Mythos als Realität. Heute ist das Unterrichtswesen in allen industrialisierten Ländern gut ausgebaut. Selbst in Schwellenländern gibt es zum Teil Eliteschulen, die europäischen Qualitätsstandard erreichen.

Sind die Kinder noch nicht im schulpflichtigen Alter, verursacht ein Auslandaufenthalt grundsätzlich keine Schwierigkeiten. Sie werden im Ausland eingeschult, sobald sie das dafür erforderliche Alter erreicht haben. Relativ unproblematisch ist der Schulwechsel auch für jüngere Schüler und Schülerinnen ohne Lernprobleme. Sie können sich schnell mit einer neuen Situation abfinden, Freundschaften schliessen und die fremde Sprache erlernen.

Schwieriger kann es für Jugendliche werden. In der Pubertät betrachten sie neue Lebenssituationen kritischer. Unter Umständen fällt es Ihnen sehr schwer, ihren gewohnten Klassenverband zu verlassen; sie brauchen länger, um neue Freunde zu gewinnen; sie genieren sich anfänglich, eine Fremdsprache zu sprechen.

Problematisch kann ein Auslandaufenthalt für Jugendliche sein, die sich bei der Ausreise mitten in der Mittelschulausbildung, einer Berufslehre oder im Studium befinden. Sie werden nicht nur aus einem schon relativ stabilen sozialen Gefüge herausgerissen, sondern auch aus einer Berufswelt, in der sie sich in Zukunft entfalten möchten. In diesem Fall ist gut zu überlegen, ob es nicht sinnvoller wäre, die Ausbildung in der Schweiz zu beenden. Befindet sich zum Beispiel die Tochter im ersten Lehrjahr einer kaufmännischen Lehre, ist ein Austritt wohl zu verantworten, sofern es im Gastland eine gleichwertige Ausbildung gibt. Steht sie dagegen im letzten Lehrjahr einer vierjährigen Berufslehre oder kurz vor der Matur, wäre es unverantwortlich, die Ausbildung vorzeitig abzubrechen.

Besonders vorsichtig gilt es vorzugehen, wenn ein Kind Lernschwierigkeiten zeigt. Das Angebot an spezifischen Schulungsmöglichkeiten ist je nach Land nämlich sehr beschränkt. Eine vorgängige, seriöse Abklärung der örtlichen Situation ist in diesem Fall von grosser Bedeutung.

Ein anderer Entscheidungsfaktor ist die Anerkennung einer in der Schweiz absolvierten Ausbildung in der künftigen Heimat. In vielen Ländern werden ausländische Berufs- oder Schulausbildungen nämlich nicht anerkannt. Sie müssen dann im Gastland teilweise oder gar voll wiederholt werden – sofern die Ausbildung überhaupt existiert.

Eltern, die ihre Kinder nach der obligatorischen Schulpflicht im Ausland zur weiteren Ausbildung in die Schweiz senden wollen, sollten ebenfalls frühzeitig abklären, ob der ausländische Berufs- oder Schulabschluss die Aufnahme an einer Berufsschule, Fachhochschule oder Hochschule in der Schweiz ermöglicht. Auskunft dazu geben entweder direkt die entsprechenden Schulen oder der Informations- und Dokumentationsdienst der Rektorenkonferenz der Schweizer Universitäten (CRUS, Adresse Seite 78).

Grundsätzlich gibt es folgende Möglichkeiten das Schulproblem der Kinder zu lösen:

Verbleib in der angestammten Klasse in der Schweiz
Dies ist eigentlich nur möglich, wenn ein Elternteil in der Schweiz zurückbleibt. Ältere Jugendliche, die sich mitten in einer Mittelschulausbildung oder gar in einem Studium befinden oder kurz vor dem Abschluss stehen, können unter Umständen bis zum Ausbildungsende bei Verwandten wohnen und erst später den Eltern nachreisen. Auf jeden Fall ist dies für die Familie keine ideale Variante.

Internat in der Schweiz
Internate gibt es auf allen Schulstufen; vom Kindergarten bis zur Fachhochschule. Diese Lösung eignet sich vor allem für Kinder ab Sekundarstufe, falls sie anschliessend eine Berufs- oder höhere Ausbildung in der Schweiz absolvieren möchten. Ideal ist ein Internat auch, um eine in der öffentlichen Schule angefangene Mittelschule mit der Matur zu beenden, wenn beide Elternteile ins Ausland ziehen. Der Vorteil eines Internats ist die geschützte Umgebung für das Kind. Nachteilig sind die Trennung vom Elternhaus und die hohen Kosten.

Heimunterricht
Der private Unterricht durch die Eltern – in den meisten Fällen wohl durch die Mutter – könnte vor allem während einer längeren Auslandreise ohne festen Wohnsitz ins Auge gefasst werden. Entscheidend ist, dass danach der Über- oder Wiedereintritt in die öffentliche Schule problemlos möglich ist. Wer seine Kinder selbst unterrichten möchte, sollten idealerweise eine Lehrerausbildung mitbringen, in jedem Fall aber pädagogisches Geschick besitzen. Heimunterricht hat den Vorteil, dass er keinen zeitlichen und geografischen

Schranken unterliegt. Das Kind kann im afrikanischen Busch, auf der Hochseejacht während einer Atlantiküberquerung oder auf einem Himalaya-Treck unterrichtet werden. Dafür entzieht Heimunterricht dem Kind in der Regel viele soziale Kontakte mit Gleichaltrigen. Dies kann zu Schwierigkeiten im Sozialverhalten und zu einer schwach entwickelten Sozialkompetenz führen.

Fernunterricht
Zurzeit gibt es keine Fernkurse nach schweizerischem Schulsystem. Die Alternative wäre allenfalls ein Fernkurs nach deutschem oder französischem System. Der Unterricht findet dabei über den Postweg oder über Internet statt. Vorteilhaft am Fernunterricht sind die Ortsunabhängigkeit und die freie Gestaltung der Unterrichtszeit. Als negative Faktoren schlagen der fehlende Kontakt zu andern Kindern und die notwendige intensive Betreuung durch die Eltern zu Buch. Bei Fernkursen (Adressen Seite 301) ist unbedingt abzuklären, zu welchen Abschlüssen sie führen und wie kompatibel sie zum Schulsystem in der Schweiz oder im zukünftigen Wohnsitzland sind.

Öffentliche Schule im Ausland
In industrialisierten Ländern sind öffentliche Schulen für Schweizer Kinder durchaus geeignet. Das bedeutet nicht, dass die Verhältnisse mit denjenigen in der Schweiz vergleichbar wären. In der Regel sind im Ausland die Klassen grösser, der Unterricht weniger individuell, der Lehrplan anders aufgebaut, die Lehrmethoden unterschiedlich. Der grosse Vorteil einer öffentlichen Schule ist der Kontakt, den die Kinder mit Einheimischen haben. Dagegen kommen je nach Schule die musischen Fächer und der Fremdsprachenunterricht zu kurz.

In weniger entwickelten Staaten ist der Besuch einer öffentlichen Schule dagegen nicht zu empfehlen. Mit unterbezahlten Lehrkräften, die auch ab und zu einmal streiken, fehlenden oder nur dürftigen Unterrichtsmaterialien, schlechter Infrastruktur und meist riesigen Klassen wird in den wenigsten Fällen das von der Schweiz gewohnte Unterrichtsniveau erreicht. Die einzige Alternative sind hier Privatschulen.

Privatschule im Ausland
Die Auswahl an Privatschulen im Ausland ist gross. Sie sind auf der ganzen Welt zu finden, je nach Land allerdings nur in grösseren Städten. Privatschulen decken oft alle Stufen ab – vom Kindergarten bis zum Universitätsabschluss. An Orten mit hohem Ausländeranteil gibt es in der Regel amerikanische, französische, deutsche, italienische Schulen – und allenfalls eine Schweizerschule (siehe Seite 298). Besonders die deutschen Schulen haben weltweit ein dichtes Netz und sind zu empfehlen.

Bei Privatschulen gilt es primär zu entscheiden, welches Schulsystem einem am besten zusagt, in welcher Hauptsprache der Unterricht stattfinden soll, welcher Schulabschluss möglich ist und welchen Stellenwert dieser für die künftige Berufswahl hat. Weitere Entscheidungskriterien sind der Ruf der Schule, die angebotenen Schulstufen, Schülerzahlen, Klassengrössen, Qualifikation und Herkunft der Lehrerschaft, Standort, Schulweg und Schulgebühren.

Privatschulen sind in der Regel teuer. Meist handelt es sich um Eliteschulen, deren Ziel es ist, Kinder von besser gestellten beziehungsweise reichen Einheimischen zu unterrichten. Eltern sollten sich dessen bewusst sein. Denn ihre Kinder werden dadurch mit Ansichten und Lebensweisen konfrontiert, die den eigenen unter Umständen diametral entgegenstehen. Auch ist zu berücksichtigen, dass die Schulkameraden der Kinder oft weit entfernt wohnen. Der ausserschulische Kontakt ist dann nur mit aufwändigem Taxidienst des nicht erwerbstätigen Elternteils möglich.

Viele Privatschulen im Ausland stehen unter der Leitung von kirchlichen Institutionen oder richten sich stark an bestimmten religiösen und ethischen Werten aus. Wer aus der Kirche ausgetreten ist, möchte wohl kaum, dass für die Kinder der Messebesuch vor dem morgendlichen Unterricht obligatorisch ist und ausschliesslich christliche Lieder gesungen werden.

Nur aufgrund eines Prospekts lässt sich die geeignete Schule nicht finden. Eine Besichtigung vor Ort und Gespräche mit der Schulleitung und allenfalls mit den Lehrkräften sind unumgänglich. Ältere Kinder sollten in die Entscheidungsfindung mit einbezogen werden. Je nach Schule ist eine frühe Anmeldung nötig, da es unter Umständen Wartelisten gibt.

Privatunterricht
Privatunterricht durch eine schweizerische oder ausländische Lehrkraft ist grundsätzlich möglich, aber eine Kostenfrage. Es lassen sich immer wieder Lehrpersonen finden, die bereit sind, für eine gewisse Zeit einen Lehrauftrag im Ausland in der Form von Privatunterricht zu übernehmen. Solche Lehrkräfte finden Sie am besten über die Zeitschrift für Schweizer Lehrerinnen und Lehrer (SLZ), über das Bulletin LCH-Aktuell oder über ein Inserat in der Tagespresse. Wichtig ist, dass die Anerkennung des Privatunterrichts in der Schweiz oder im Ausland sichergestellt ist.

Privatunterricht ist nur empfehlenswert, wenn es keine andere Möglichkeiten gibt – oder für Kinder mit starken Lernschwierigkeiten. Der Vorteil ist die optimale, auf die individuellen Bedürfnisse des Kindes ausgerichtete Lernsituation. Nachteilig wirkt sich die soziale Isolation, der fehlende Kontakt zu anderen Kindern aus.

Schweizerschulen

Schweizerschulen im Ausland sind autonom geführte Privatschulen. Sie wurden jeweils auf Initiative von im Ausland wohnenden Schweizerinnen und Schweizern gegründet; die erste schon 1892 in Ponte San Pietro, Bergamo, die letzte 1993 im mexikanischen Cuernavaca. Heute gibt es 17 Schweizerschulen.

Standorte der Schweizerschulen

- Brasilien: Curitiba, São Paulo und Rio de Janeiro
- Chile: Santiago de Chile
- Ghana: Akkra
- Italien: Catania, Mailand, Ponte San Pietro und Rom
- Kolumbien: Bogotá
- Mexiko: Cuernavaca und Mexiko-City
- Peru: Lima
- Singapur
- Spanien: Barcelona und Madrid
- Thailand: Bangkok

Alle Schweizerschulen sind vom Bund anerkannt und stehen unter seiner Aufsicht. Dies garantiert ihre politische und konfessionelle Neutralität und die Führung auf einer gemeinnützigen Basis. Jede Schweizerschule hat in der Schweiz zudem einen Patronatskanton als Partner, der sie fachlich berät und betreut, die Aufsicht in pädagogischen Fragen ausübt und das Lehrprogramm überwacht. Schweizerschulen werden von den Patronatskantonen periodisch, nach Möglichkeit mindestens alle zwei Jahre, inspiziert. Darüber hinaus unterstützen die Patronatskantone die Schweizerschulen bei den Lehrmitteln sowie bei der Auswahl und Fortbildung der Lehrkräfte. In einigen Schulen sind sie auch an der Durchführung der Maturitätsprüfun gen beteiligt und garantieren dadurch die eidgenössische Anerkennung (siehe nächste Seite). Betreut werden die Schulen in administrativer und betriebswirtschaftlicher Hinsicht vom Verein «Komitee für Schweizerschulen im Ausland». Dieser unterstützt die Schulen im Ausland, fördert den Kontakt unter ihnen und versucht die Bundesbehörden sowie Parlamentarier für seine Interessen zu gewinnen.

Schweizerschulen nehmen grundsätzlich alle Kinder mit Schweizer Bürgerrecht auf, ebenso Kinder, deren Mutter Schweizerin ist. Zurzeit sind an den siebzehn Schulen insgesamt fast 6000 Kinder eingeschrieben. Wichtig zu wissen: Es werden nicht nur Schweizer Kinder, sondern auch Kinder des Gastlands und anderer Nationalitäten unterrichtet, was multikulturelle Begegnungen ermöglicht.

Je nach Schule beträgt der Anteil der Schweizerkinder zwischen 20 (Rio de Janeiro, Bangkok, Barcelona, Mexiko) und fast 90 Prozent (Singapur). Damit eine Schweizerschule vom Bund anerkannt ist, muss sie wenigstens zwölf Schweizer Schüler haben. Zudem darf der Anteil der Schweizer nicht unter 30 Prozent fallen. Unterrichtet die Schule allerdings mehr als sechzig Schweizer, muss ihr Anteil lediglich 20 Prozent betragen. Die Grössen der Schweizerschulen variieren beträchtlich. So hat die kleinste Schule in Catania lediglich 60 Schüler, die grösste in Bogotá dagegen über 750. Auch die Lehrkräfte an Schweizerschulen sind nicht ausschliesslich schweizerischer Nationalität. Je nach Schule schwankt ihr Anteil zwischen 35 und 90 Prozent. Die übrigen Lehrkräfte sind Einheimische, die meist nicht speziell für den Unterricht nach Schweizer System ausgebildet wurden. Auch bei den Lehrkräften macht der Bund den Schulen klare Vorgaben: Die Hauptlehrer, einschliesslich der Schulleitung, müssen mehrheitlich Schweizer Bürger sein. Der Prozentsatz der einheimischen Lehrkräfte kann jedoch je nach Schultyp beträchtlich variieren.

Alle Schulen führen einen Kindergarten und decken mindestens die obligatorische Schulpflicht ab – das heisst Primar- und Oberstufe beziehungsweise erste Sekundarstufe. Auf der Mittelschulstufe ist das Angebot dünner: In Bangkok und Mailand besteht die Möglichkeit, die Schule mit einer eidgenössisch anerkannten Matur abzuschliessen. An den Schulen in Rom, Madrid und Barcelona ist der Abschluss einer kantonalen Matur möglich – nämlich der Matur der Patronatskantone St. Gallen, Schaffhausen / Zürich und Bern. Eine internationale Matur wird zurzeit in den Schweizerschulen in São Paulo, Mexiko und Lima angeboten; in Rio de Janeiro soll sie demnächst eingeführt werden. Die anderen Schulen führen entweder zu einer Maturität des Gastlands oder zu einem deutschen, englischen oder französischen Sprachdiplom.

Das Auslandschweizer Ausbildungsgesetz verlangt von den Schweizerschulen im Ausland, dass Lehrprogramm und Unterricht den Schülerinnen und Schülern den problemlosen Übertritt in eine weiterführende Klasse in der Schweiz oder im Gastland ermöglichen. Schweizerschulen erteilen deshalb einen ausreichenden Unterricht in Geografie, Geschichte und Staatskunde der Schweiz. In der Praxis verläuft ein Übertritt je nach Schüler, Schule und künftiger Lehrkraft aber nicht immer problemlos – genau wie ein Schulwechsel in der Schweiz in einen anderen Kanton.

An den Schweizerschulen wird nie ausschliesslich in einer Schweizer Landessprache unterrichtet, sondern auch immer in der dortigen Landessprache. Als Hauptunterrichtssprache dominiert klar Deutsch – unabhängig vom Standort der Schule. So findet selbst an den vier Schweizerschulen in Italien der Unterricht nicht ausschliesslich in Italienisch statt; an drei Schulen wird in Italienisch und Deutsch unterrichtet, in Rom ist die Unterrichtssprache mehrheitlich Deutsch. Eine eigenständige französischsprachige Abteilung – vom Kindergarten bis zur Maturitätsklasse – gibt es in der Schweizerschule in Bogotá. Daneben wird nur noch in Rio de Janeiro eine

Sammelklasse auf Primarstufe in Französisch geführt. Italienisch wird in Italien, Rätoromanisch aber nirgends angeboten. Natürlich kommt an allen Schweizerschulen der übliche Fremdsprachenunterricht in Englisch und Französisch nicht zu kurz. Hauptunterrichtssprache ist – von den erwähnten Ausnahmen abgesehen – aber immer Deutsch.

Die Schweizerschulen werden vom Bundesamt für Kultur subventioniert; rund 25 Prozent der Ausgaben sämtlicher Schulen übernimmt so der Bund. Den Rest müssen die Schulen selbst erwirtschaften oder durch Sponsorgelder hereinholen. Als Sponsoren treten vor allem Schweizer Firmen auf, die regelmässig Mitarbeiter mit Kindern ins entsprechende Land senden. Die Schulgelder variieren je nach Standort beträchtlich. So kostet beispielsweise ein Jahr Kindergarten oder Primarschule am günstigsten Ort knapp 1500, am teuersten Ort rund 10 000 Franken. Für die Sekundar- und die Mittelstufe kommen pro Jahr nochmals gut 3000 Franken Schulgeld hinzu.

Können sich Schweizer Eltern das Schulgeld aufgrund finanzieller Engpässe nicht leisten, wird es ihnen unter bestimmten Umständen teilweise oder ganz erlassen. Gesuche um Stipendien müssen Sie direkt bei der Schule einreichen. Stipendien für Schweizerschulen stammen im Gegensatz zu denjenigen in der Schweiz nicht von der öffentlichen Hand. Die Schulen müssen diese Gelder selber auftreiben. Kein Wunder, sind die Mittel äusserst beschränkt. Keine Stipendien können Sie in der Regel aus der Schweiz erwarten.

Alternativen zur Schweizerschule

Das Bundesgesetz über die Förderung der Ausbildung junger Auslandschweizerinnen und Auslandschweizer (AAG) sieht auch finanzielle Unterstützungsmöglichkeiten für Ausbildungen im Ausland ausserhalb der Schweizerschulen vor. Übernommen werden unter bestimmten Voraussetzungen Besoldungskosten von Schweizer Lehrkräften für den Unterricht nach schweizerischen Lehrplänen auf der Primar- und ersten Sekundarstufe oder Kosten für Kurse in Heimatkunde und in schweizerischen Landessprachen. Davon profitieren Schweizer Kinder an weltweit dreizehn Orten, etwa in Nairobi oder Tokyo.

Grundsätzlich liegt es an der Initiative der Schweizer und Schweizerinnen im Ausland, beim Bundesamt für Kultur finanzielle Hilfe für ein gemäss AAG unterstützungswürdiges Bildungsprojekt zu verlangen. Das zeigen etwa die Beispiele von Jerusalem und San Jerónimo (Argentinien), wo Schweizer Kinder dank dem Engagement der Auslandschweizervereinigung subventionierte Sprach- und Heimatkundekurse erhalten.

Vorbereitung: Schulen

- Machen Sie sich frühzeitig Gedanken über die Ausbildungsbedürfnisse und -ziele Ihrer schulpflichtigen Kindern. Klären Sie die Schulmöglichkeiten im Ausland über die schweizerischen Vertretungen ab (Adressen Seite 410).
- Melden Sie sich bei der Schule im Ausland rechtzeitig an. Verlangen Sie eine schriftliche Bestätigung.
- Seien Sie sich schon beim Wegzug bewusst, dass Sie bei der Rückkehr nicht unbedingt auf die Flexibilität der Schweizer Schulbehörden und Lehrkräfte zählen können. Erkundigen Sie sich bei einem temporären Auslandaufenthalt deshalb vor der Abreise über den Wiedereintritt.

- **Verband Schweizerischer Privatschulen VSP**
  Hotelgasse 1, Postfach 245, 3000 Bern 7, Tel. 031 328 40 50,
  Internet www.swiss-schools.ch
  (Infobroschüre mit Adressen und Beschreibungen von rund 250 Internaten und Privatschulen in der deutschen, französischen und italienischen Schweiz; kostenloser Beratungsdienst unter Telefon 0848 88 41 51)

- **Komitee für Schweizerschulen im Ausland (KSA)**
  Alpenstrasse 26, 3000 Bern 16, Tel. 031 351 61 30, Internet www.schweizerschulen.ch
  (Verein, der die Schweizerschulen im Ausland betreut und sich für ihre Anliegen einsetzt)

- **Auslandschweizer Ausbildungskommission des Eidgenössischen Departements des Innern (EDI)**
  Dorothée Widmer, Schulinspektorat Baselland, Munzacherstrasse 25c,
  Postfach 616, 4410 Liestal, Tel. 061 925 50 98

- **Schweizerschulen im Ausland**
  Adressen beim Komitee für Schweizerschulen im Ausland, siehe oben

- **Deutsche Schulen im Ausland**
  Internet www.auslandsschulwesen.de

Fernunterricht

- **Institut für Lernsystem (ILS)**
  Doberaner Weg 20, D-22143 Hamburg, Tel. 0049 40 67 57 00, Internet www.ils.de
  (Deutsche Fernlernprogramme ab der fünften Klasse bis zum Abitur)

- **Deutsche Fernschule (df)**
  Herbert-Flender-Strasse 6, D-35578 Wetzlar, Tel 0049 6441 92 18 92,
  Internet www.deutsche-fernschule.de (Deutsche Fernlernprogramme bis zur vierten Klasse)

- **Centre national d'enseignement à distance (CNED)**
  Direction Générale, 2, BP 80300, 86963 Futurscope Chasseneuil Cedex, France,
  Tel. 0033 549 49 94 94, Internet www.cned.fr oder www.campus-electronique.tm.fr
  (Französische Fernlernprogramme für unterstützenden Unterricht oder Diplomausbildungen)

Die nötigen Dokumente, Bewilligungen und Ausweise

Eine detaillierte Aufstellung über die zurzeit gültigen Einreise-, Aufenthalts- und Arbeitsbestimmungen der einzelnen Länder würde den Rahmen dieses Ratgebers sprengen. Kommt hinzu, dass die meisten Länder je nach Personengruppe – etwa für Studenten, Au-pairs, Unternehmerinnen, Touristen oder Pensionärinnen – und Aufenthaltsdauer unterschiedliche Bestimmungen kennen, die ständigen Änderungen unterworfen sind.

Beim Beschaffen der notwendigen Papiere für den geplanten Auslandaufenthalt kommen Sie deshalb nicht darum herum, sich direkt bei den für die Schweiz zuständigen ausländischen Vertretungen (siehe Seite 419) über die aktuellen Bestimmungen zu erkundigen. Auskünfte geben auch die Sektion Auswanderung und Stagiaires beim Bundesamt für Ausländerfragen (Adresse Seite 95) und die auf Auswanderungsfragen spezialisierten Beratungsfirmen (siehe Seite 173). Die Auskünfte dieser beiden Stellen haben jedoch keinen offiziellen Charakter, sind also nicht verbindlich. Sie beruhen ebenfalls auf den Angaben der ausländischen Vertretungen in der Schweiz und der zuständigen Behörden im Gastland.

Damit Sie sich keine falschen Vorstellungen machen: Die Beschaffung der erforderlichen Dokumente für jeden längeren Auslandaufenthalt ist ein mühsamer bürokratischer Hürdenlauf. Am stärksten damit konfrontiert sind Personen, die in ein Land einwandern wollen. Sie brauchen in der Regel viel Geduld, Zeit und gute Nerven. Am einfachsten haben es Schweizer Touristinnen und Touristen.

Wichtig ist, dass Sie sich vor dem Auslandaufenthalt rechtzeitig um alle notwendigen Papiere, Dokumente und Bewilligungen für die Einreise kümmern. Das sollte eigentlich eine Selbstverständlichkeit sein; doch schon oft wurden Reisende an der Schwelle zum Zielland zurückgewiesen, weil der Pass oder die Einreisefrist auf dem Visum abgelaufen war.

Wie komme ich zu meinem Visum?

Das Visum ist ein Vermerk in Ihrem Pass oder im Computersystem der Einwanderungsbehörde, der Ihnen die Erlaubnis zur Einreise in ein Land, zu einem befristeten oder dauernden Aufenthalt oder zur Ausübung einer bestimmten Tätigkeit gibt. Jedes Land hat eigene Visumbestimmungen. Das heisst, es entscheidet autonom, welche Personen bei der Einreise ein Visum benötigen und welche nicht. Dabei spielen je nach Land unter anderem die

Nationalität, der Aufenthaltszweck, die Aufenthaltsdauer, das Vorliegen entscheidender Dokumente – etwa eine Studien- oder Schulbestätigung, ein Arbeitsvertrag, Einkunfts- und Vermögensnachweise oder Kaufverträge von Grundstücken oder Immobilien – eine Rolle (mehr zu den Visumbestimmungen für verschiedene Aufenthaltszwecke ab Seite 55).

Schweizerinnen und Schweizer benötigen in zahlreichen Ländern ein Visum. Zum Teil wird dies unabhängig von Einreisezweck oder Aufenthaltsdauer von allen Einreisenden verlangt, zum Teil sind Touristen davon ausgenommen oder benötigen ein Visum erst ab einer bestimmten Aufenthaltsdauer. Die meisten Länder kennen unterschiedliche Visumkategorien – Australien beispielsweise über 100. Für das Ausstellen eines Visums verlangen die einzelnen ausländischen Behörden je nach Kategorie ganz unterschiedliche Dokumente und Unterlagen. Erkundigen Sie sich frühzeitig, ob und welches Einreisevisum Sie benötigen, wo und in welcher Zeit Sie dieses erhalten und welche Unterlagen vorzulegen sind.

In den wenigsten Ländern mit Visumzwang werden Visa bei der Einreise ausgestellt. In der Regel müssen Sie das Visum vor der Ausreise bei der zuständigen ausländischen Vertretung des Ziellands in der Schweiz einholen. Falls in der Schweiz keine Vertretung existiert, wenden Sie sich an die entsprechende Stelle im nahen Ausland. Reisende können ein Touristenvisum allenfalls unterwegs im Ausland beschaffen – in der Regel auf der Botschaft des Ziellands, die sich gewöhnlich in der Hauptstadt jedes Landes befindet. In gewissen Staaten ist es allerdings schwierig, als Ausländer für ein Drittland ein Visum zu kriegen.

Visumbestimmungen können unter Umständen sehr schnell ändern. Das kommt gelegentlich selbst für die Visumabteilungen der ausländischen Vertretungen überraschend. Visa werden zudem je nach Land und Kategorie unterschiedlich rasch erteilt. Das kann wenige Stunden dauern – oder einige Monate. Am meisten Geduld müssen Auswanderungswillige aufbringen, am schnellsten erhalten Touristen ihr Visum – sofern sie nicht Regionen bereisen möchten, die für Ausländer gesperrt waren oder es teilweise noch sind.

Achten Sie bei Ihrem Visum auf die **Einreisefrist** und maximale Aufenthaltsdauer. Die Gültigkeitsdauer des Visums ist die Frist, innert welcher Sie ins betreffende Land einreisen können beziehungsweise müssen. Gerechnet wird dabei vom Tag der Visumerteilung an – und nicht vom Tag der Einreise ins betreffende Land. Verpassen Sie diese Einreisefrist, verliert das Visum seine Gültigkeit. Die Einreisefrist variiert von Land zu Land, beträgt aber meist drei Monate. Besonders Langzeitreisende, die als Touristen ein Visum benötigen, sollten bei Reisen durch mehrere Länder auf das richtige Timing achten. Unter Umständen ist ein Visum erst kurz vor der Abreise einzuholen, damit die Einreisefrist nicht verpasst wird.

Die maximale **Aufenthaltsdauer**, die mit einem Visum gewährt wird, unterscheidet sich wie die Einreisefrist von Land zu Land aufgrund der Visumkategorie und des Aufenthaltszwecks. Zur Verdeutlichung der Unterschiede: Die Aufenthaltsdauer bei Touristenvisa variiert zwischen vierzehn Tagen und sechs Monaten. Bei temporären Arbeitseinsätzen, Praktika oder Studien ist der Aufenthalt in der Regel auf die Dauer des Einsatzes beschränkt oder wird für eine bestimmte Anzahl Monate gewährt. Unter Umständen erhält man in der Schweiz auch ein Visum ohne festgesetzte Aufenthaltsdauer ausgestellt. Diese wird dann erst bei der Einreise vom Einwanderungsbeamten bestimmt – etwa in den USA bei Nichteinwanderungsvisa. Hier ist es wichtig, dass Sie mit entsprechenden Unterlagen (Einladung, Rück- oder Weiterreiseticket, Schul-, Studien- oder Arbeitsbestätigung) die gewünschte Aufenthaltsdauer rechtfertigen können.

Bleiben Sie länger als die im Visum bewilligte Aufenthaltsdauer im Land, können Sie vor Ort bei den zuständigen Behörden eine beschränkte Visumverlängerung einholen – sofern dies die Bestimmungen vorsehen. In einigen Ländern ist dies ausgeschlossen, in anderen einmal oder mehrmals möglich. In der Regel ist eine Verlängerung eine zeitraubende, nervenaufreibende sowie teure Angelegenheit. Lässt sich ein Visum im Gastland nicht verlängern, ist ein weiterer Aufenthalt eigentlich nur durch eine kurzfristige Aus- und sofortige Rückreise möglich – falls dies die Gültigkeitsdauer des Visums erlaubt. Wer dieses Spiel allerdings übertreibt, riskiert, dass die Beamten die Einreise irgendwann verweigern.

Bemühen Sie sich um ein **Einwanderungsvisum**, müssen Sie mit einem riesigen bürokratischen Aufwand rechnen. Je nach Land sind unzählige Dokumente einzureichen. Am Beispiel von Kanada lässt sich dies anschaulich zeigen, hier wird unter anderem verlangt: Passkopie, Geburtsschein, Auszug aus dem Zentralstrafregister (wer seit dem 18. Lebensjahr länger als ein halbes Jahr im Ausland lebte, benötigt auch von dort einen Auszug), Familienbüchlein (für Verheiratete und Familien), Scheidungsurteile und Trennungsverfügungen (für Geschiedene und Getrennte), Alimentenverpflichtungen und Einwilligung des Expartners oder der Expartnerin (wenn Unterhaltspflichten bestehen), Stammbaum, tabellarischer Lebenslauf, Zeugnisse und Diplome von Schulen, Lehren, Studiengängen, Weiterbildungskursen und Arbeitgebern, Stellenbeschriebe von ausgeführten Tätigkeiten, Finanznachweise (Kontoauszüge, Vermögensbestätigungen der Bank, von Pensionskassen und Lebensversicherungen, Grundbuchauszüge, Immobilienschätzungen, Hypothekenbelastungen) und die Steuererklärung. All diese Dokumente müssen übersetzt werden. Sind einzelne Angaben falsch oder auch nur teilweise unkorrekt, müssen Sie mit einem nachträglichen Verlust des Visums rechnen.

Wer auf ein Einwanderungsvisum aus ist, braucht Zeit. Nochmals das Beispiel Kanada: Arbeitnehmer oder Geschäftsleute müssen mit einer Bearbeitungsdauer von bis zu achtzehn Monaten rechnen. Gerechnet wird dabei nicht etwa vom Tag des Visumantrags, sondern vom Tag, an dem die Einwanderungsbehörde im Besitz aller erforderlicher Dokumente ist und alle Gebühren bezahlt wurden. Sind medizinische Untersuchungen nötig, verlängert sich die Bearbeitungsdauer um drei bis sechs Monate. Müssen Unterlagen überprüft werden, dauert das nochmals zwei bis vier Monate. Bis schliesslich das Interview mit Ihnen stattfindet, verstreichen wiederum einige Monate. Telefonisch Druck machen hilft bei den kanadischen Einwanderungsbehörden nichts. Aufgrund ihres Datenschutzgesetzes geben sie am Telefon keine Information zu Visumanträgen ab. Auch regelmässige Schreiben bringen nichts. Der Rat der kanadischen Botschaft: «Melden Sie sich erst wieder bei uns, wenn Sie mindestens ein Jahr nach dem letzten Briefwechsel nichts mehr von uns gehört haben.»

Nicht zu unterschätzen sind die Visumgebühren für Einwanderungsanträge. Sie belaufen sich je nach Kategorie auf einige hundert bis einige tausend Franken. Das Geld ist verloren, falls der Antrag abgelehnt wird. Dagegen sind die Gebühren für Touristenvisa bescheiden: Je nach Land sind kaum mehr als hundert Franken plus allfällige Bearbeitungsgebühren zu zahlen.

- Kündigen Sie weder Ihre Arbeitsstelle noch Ihre Wohnung, verkaufen Sie kein Haus, Geschäft oder Grundstück in der Schweiz, buchen Sie keinen Flug, bevor Sie nicht die erforderlichen Bewilligungen oder ein Visum in den Händen halten. Das Gleiche gilt für den Kauf von Immobilien, Grundstücken oder Firmen im Zielland.
- Unterschätzen Sie beim Beschaffen von Dokumenten den Zeitfaktor nicht. Für ein Einwanderungsvisum warten Sie unter Umständen ein Jahr oder länger.

Weitere wichtige Dokumente

Das Visum ist lange nicht das einzige Dokument, nach dem Sie bei der Ausreise gefragt werden. Je nach Destination und Aufenthaltszweck werden Sie auch einen Pass, eine Arbeits- oder Aufenthaltsbewilligung, einen Führerschein und medizinische Dokumente benötigen. Wer mit Kindern ausreist, muss zudem darauf achten, dass auch ihre Papiere in Ordnung sind. Doch nicht nur Menschen, auch Tiere brauchen Papiere. Oft wird vergessen, dass bei der Einreise in ein anderes Land für die mitgeführten Haustiere gültige

Impf- und Veterinärzeugnisse vorzuweisen sind. Nachfolgend die Dokumente, die Sie benötigen könnten.

Identitätskarte
Die Identitätskarte hat für Schweizerinnen und Schweizer, die längere Zeit ins Ausland reisen, als Einreisepapier nur beschränkten Wert. Sie genügt in den meisten westeuropäischen Staaten, um als Tourist einzureisen und sich im Land als nicht erwerbstätige Person aufzuhalten. Für längere Aufenthalte und andere Aufenthaltszwecke braucht es aber auch in den europäischen Staaten einen Pass sowie entsprechende Bewilligungen. Ausserhalb Europas wird die schweizerische Identitätskarte in der Regel nicht als gültiges Einreisedokument anerkannt. Hilfreich ist eine Identitätskarte, wenn Ihnen im Ausland der Pass abhanden kommt: Sie erleichtert Ihre Identifikation und erspart zeitraubende Abklärungen.
- **Achtung:** Seit dem 1. Januar 2003 sind die neuen Identitätskarten erhältlich. Die alten Identitätskarten aus Papier sind noch bis Ende 2004 gültig, diejenigen aus Plastik im Kreditkartenformat noch bis zum angegebenen Ablaufdatum, längstens aber bis zum 31. Dezember 2012. Ihre Identitätskarte müssen Sie bei der Einwohnerkontrolle der Wohnsitzgemeinde beantragen. Dazu müssen Sie persönlich vorbeigehen. Tun Sie dies frühzeitig vor der Abreise. Sie erhalten die Identitätskarte dann nach etwa zehn Arbeitstagen per Post nach Hause geschickt.

Pass
In den meisten Ländern ausserhalb Europas benötigen schweizerische Staatsangehörige für die Einreise einen Pass, der mindestens für die gesamte Dauer des Auslandaufenthalts, meist aber noch während einer bestimmten Anzahl Monate über das Rückreisedatum hinaus gültig ist. In der Regel sind es sechs Monate. Eine Ausnahme besteht zum Teil in westeuropäischen Ländern, die Schweizer Touristen auch einreisen lassen, wenn ihr Pass nicht länger als fünf Jahre abgelaufen ist. Nichttouristen benötigen aber auch in Westeuropa für die Einreise grundsätzlich immer einen gültigen Pass.

Überprüfen Sie also rechtzeitig vor der Abreise die Gültigkeitsdauer Ihres Passes. Dies ist in der Schweiz mit weniger Umtrieben verbunden als im Ausland. Sehen Sie der Passfoto noch ähnlich? Wenn nicht, drängt sich ein neuer Ausweis auf. Die Kosten dafür stehen in keinem Verhältnis zu den Schwierigkeiten, die Sie sonst bei Grenzübertritten haben könnten.

Ihren Pass müssen Sie bei der Einwohnerkontrolle der Wohnsitzgemeinde beantragen. Dazu müssen Sie persönlich vorbeigehen. Tun Sie dies frühzeitig vor der Abreise. Sie erhalten dann den Pass spätestens nach fünfzehn Arbeitstagen direkt nach Hause gesandt. Um für einen allfälligen Verlust ge-

wappnet zu sein, sollten Sie die ersten vier Seiten Ihres Passes fotokopieren und separat mitnehmen, zusammen mit der Identitätskarte und aktuellen Ersatzfotos.
- **Achtung:** Seit dem 1. Januar 2003 können Sie den neuen Schweizer Pass erwerben. Der alte Pass kann bis Ende 2005 verlängert werden, sofern die Gültigkeitsdauer zwischen Erstausstellung und Ablaufdatum nicht mehr als 15 Jahre beträgt. Neu brauchen auch Kinder einen eigenen Pass, denn sie können nicht mehr wie bisher im Ausweis der Eltern eingetragen werden. Der neue Pass ist zehn Jahre gültig; für Kinder bis drei Jahre allerdings nur drei, für unter 15-Jährige fünf Jahre lang.

Arbeitsbewilligung

Eine Arbeitsbewilligung benötigen Schweizer und Schweizerinnen, die im Ausland eine Erwerbstätigkeit aufnehmen möchten (siehe auch Seite 79). In den meisten Ländern ist ein Anstellungsvertrag beziehungsweise eine Arbeitsbewilligung Voraussetzung, um überhaupt ein Arbeits- oder Einreisevisum, die Aufenthaltsbewilligung oder das Aufenthaltsvisum zu erhalten. Um die Arbeitsbewilligung müssen Sie sich in der Regel nicht selbst kümmern. Ihr künftiger Arbeitgeber hat diese beim zuständigen Arbeitsamt im Gastland zu beantragen. Arbeitsbewilligungen werden vielfach zuerst befristet erteilt und nach Ablauf einer bestimmten Frist in eine permanente Bewilligung umgewandelt. Unter Umständen wird die Arbeitserlaubnis aber erst bei Vorliegen einer Aufenthaltsbewilligung gewährt. Kurz: Jedes Land hat andere Bestimmungen. Erkundigen Sie sich danach.

Aufenthalts- und Niederlassungsbewilligung

Je nach Staat benötigen Schweizerinnen und Schweizer, die sich im Ausland für längere Zeit aufhalten oder gar dauernd niederlassen möchten, eine spezielle Aufenthalts- oder Niederlassungsbewilligung des Landes beziehungsweise einer bestimmten Provinz. Um diese Bewilligung zu erhalten, müssen Erwerbstätige in der Regel einen Arbeitsvertrag beziehungsweise eine Arbeitsbewilligung, Nichterwerbstätige ein bestimmtes Einkommen oder Vermögen vorweisen können, das für den Lebensunterhalt ausreicht. Die meisten Staaten verlangen von Nichterwerbstätigen auch den Nachweis einer ausreichenden Unfall- und Krankenversicherung. Studenten brauchen zudem eine Studien- oder Schulbestätigung. Je nach Staat wird die Aufenthalts- und Niederlassungsbewilligung in Form eines Visums erteilt, das Sie vor Abreise in der Schweiz besorgen müssen, oder in Form einer speziellen Bescheinigung. Allenfalls müssen Sie sich erst nach Ihrer Ankunft im Gastland beim Ausländeramt oder der Fremdenpolizei melden und erhalten dort nach Vorlage der verlangten Dokumente die Aufenthaltsbewilligung.

Aufenthaltsbewilligungen werden gewöhnlich für eine bestimmte Zeit gewährt und sind regelmässig zu erneuern. Auch hier gilt: Jeder Staat hat seine eigenen Bestimmungen und administrativen Abläufe. Fragen Sie direkt bei der ausländischen Vertretung nach.

Führerschein
Klären Sie ab, ob und wie lange Sie mit einem Schweizer Fahrausweis im Ausland herumfahren können. Je nachdem ist ein internationaler Fahrausweis nötig, muss der Schweizer Ausweis in die Landessprache übersetzt oder nach einer bestimmten Frist gegen einen einheimischen Führerschein umgetauscht werden. Wird ein Umtausch verlangt, lohnt es sich allenfalls, in der Schweiz zuerst den Fahrausweis zu «verlieren», einen zweiten zu besorgen und im Wohnsitzland dann den alten Ausweis abzugeben.

Einen internationalen Führerschein erhalten im Kanton wohnhafte Personen gegen Vorlage des schweizerischen Ausweises und einer Passfoto von den kantonalen Strassenverkehrsämtern und den meisten Geschäftsstellen des Touring Clubs Schweiz (TCS). Dieses Dokument ist streng genommen aber nur zusammen mit dem schweizerischen Ausweis gültig. Stellen Sie auf jeden Fall sicher, dass Sie nicht – bloss weil Sie eine bestimmte Umschreibe- oder Anmeldefrist verpasst haben – im Ausland nochmals zur Fahrprüfung antreten müssen.

In gewissen Ländern wird der Führerschein mit zunehmendem Alter für immer kürzere Fristen erteilt; für einen neuen wird jeweils eine Gesundheitsprüfung verlangt. Das sollten vor allem Ältere beachten, die sich in abgelegenen Gebieten niederlassen und auf ein Auto angewiesen sind.

Reisen Sie mit dem eigenen Fahrzeug aus, müssen Sie auch abklären, ob der schweizerische Fahrzeugausweis anerkannt wird.

Medizinische Dokumente
Dazu gehört zum Beispiel der internationale Impfausweis, der in zahlreichen Ländern bei der Einreise vorzulegen ist. Einreisende Personen haben vielfach zu beweisen, dass sie gegen bestimmte Krankheiten geimpft sind. Immer häufiger wird auch ein Aids-Test verlangt. Erkundigen Sie sich direkt bei der Einreise- oder Gesundheitsbehörde des Ziellands über die Bestimmungen.

Denken Sie auch an Notfall- oder Blutgruppenausweise, Dauerrezepte (übersetzen lassen) sowie medizinische und zahnmedizinische Röntgenbilder. Vor allem wenn Sie schwerwiegende Operationen oder Krankheiten hinter sich haben, sollten Sie die Röntgenbilder und auch Arztberichte bei längerfristigen Auslandaufenthalten oder bei einer Auswanderung mitnehmen. Bei künftigen Gesundheitsproblemen können diese für die behandelnden Ärzte wichtig sein.

Dokumente für Tiere

Für Hunde und Katzen wird – sofern sie ins Gastland mitgenommen werden dürfen – bei der Einreise in der Regel ein beglaubigtes tierärztliches Gesundheitszeugnis verlangt. Dieses darf nicht älter als eine bestimmte Anzahl Tage sein. Zudem muss das Tier – ebenfalls beglaubigt belegbar – meist gegen Tollwut geimpft sein; in gewissen Ländern ist auch dabei eine bestimmte Frist vor der Ausreise einzuhalten. Je nach Tier sind die Bescheinigungen in den einzelnen Ländern nur für eine beschränkte Zeit gültig. Verschiedene Länder schreiben für bestimmte Tiere neben der Tollwut weitere Impfungen vor. So müssen Hunde unter Umständen auch gegen Staupe oder Leptospirose geimpft sein.

Informationen zu den Einreisebestimmungen von Tieren für rund 40 Länder bietet das Bundesamt für Veterinärwesen über das Internet an (www.bvet.admin.ch). Sie können sich aber auch direkt an den zuständigen Veterinärdienst Ihres Ziellands wenden.

Diverse Ausweise

Dazu zählen etwa der internationale Jugendherbergeausweis, eine Studentenkarte, der weltweit gültige Tauchausweis, ein internationaler Journalistenausweis oder Mitgliedskarten von international tätigen Organisationen und Serviceclubs. Achten Sie auf die Gültigkeitsdauer und verlängern Sie die Ausweise noch vor der Abreise.

- Machen Sie zu Ihrer Sicherheit von allen wichtigen Dokumenten Fotokopien (Pass, Bewilligungen, Ausweise, Flugtickets) und hinterlegen Sie ein Exemplar in der Schweiz bei einer Vertrauensperson.

Die Unterkunft

Wer ins Ausland zieht, wird sich vor der Abreise Gedanken zur zukünftigen Unterkunft machen. Zu Recht: Das Wohnen ist ein wichtiger Teil der Lebensqualität und hat bei einem Auslandaufenthalt zentrale Bedeutung. Oder anders gesagt: Sie können an einem wundervollen Palmenstrand wohnen, werden die fantastische Lage aber kaum geniessen, wenn Ihre Unterkunft aus einer windigen Bruchbude mit leckem Dach besteht. Fühlen Sie sich dagegen in Ihrem Zuhause rundum wohl, halten Sie es auch in übervölkerten, lärmigen Grossstädten aus, die Sie sonst fluchtartig verlassen würden. Ein gemütliches Zuhause hilft zudem allfällige Heimwehattacken besser zu meistern.

Sind Sie auf Reisen oder halten Sie sich nur kurzfristig an einem Ort im Ausland auf, wird sich die Frage nach der geeigneten Unterkunft auf die Wahl eines Hotels oder einer Pension beschränken. Das Angebot ist in den meisten Ländern gross, vor allem in den grösseren Städten und in Touristenzentren. In gewissen Ländern oder Städten fehlen allerdings günstige Unterkunftsmöglichkeiten, die den Ansprüchen eines Durchschnittschweizers genügen. Dann bleibt nur noch das Viersternhotel – zu einem Preis, den die gebotene Leistung oft nicht rechtfertigt.

Wer einen Auslandaufenthalt plant, sollte sich bewusst sein, dass Wohnen – ob nun im Hotel, in der Mietwohnung, im Miethaus oder in der eigenen Liegenschaft – in den meisten Ländern, insbesondere in den Grossstädten, seinen Preis hat. Das gilt auch für Tiefpreis- und Entwicklungsländer, denn hier werden sich Durchschnittsschweizer und -schweizerinnen längerfristig kaum mit dem Wohnstandard der Einheimischen zufrieden geben. Und Extras wie Klimaanlage, Heizung, gesicherte Stromversorgung, Telefonanschluss, Alarmanlage oder ein 24-Stunden-Überwachungsdienst sind teuer.

Welche Unterkunft für Ihren Auslandaufenthalt ideal ist, wissen Sie selbst am besten. Dabei spielen unter anderem Kriterien wie Aufenthaltszweck und -dauer, persönliche Bedürfnisse, finanzielle Möglichkeiten und Sicherheit eine Rolle. Wenn möglich sollten Sie die Unterkunft im Gastland – wenigstens für die ersten Tage oder Wochen – schon von der Schweiz aus organisieren. Das reduziert den Stress beim Einleben am neuen Ort. Wer sofort nach der Ankunft einen neuen Job beginnt, die Kinder einschulen, sich bei allen Ämtern anmelden und gleichzeitig noch eine Wohnung finden muss, wird einen harten Einstieg haben.

Von der Schweiz aus die Unterkunft im Gastland zu organisieren ist in der Praxis meist nur möglich, wenn Sie die dortigen Verhältnisse kennen, bei Ihrem letzten Besuch schon ein wenig die Fühler ausgestreckt und sich mit Adressen eingedeckt haben. Oder wenn Sie von der Schweiz aus mit Hotels, Wohnungs- und Zimmervermittlern oder Maklern Kontakt aufnehmen. Ideal ist natürlich, wenn Sie jemanden im Gastland kennen, der Ihnen bei der Suche nach einer Unterkunft hilft. Es wäre unmöglich, in diesem Ratgeber auf alle Details im Zusammenhang mit dem Wohnen einzugehen. Nachfolgend deshalb nur die wichtigsten Überlegungen und Ratschläge.

Zur Miete wohnen

Dazu gehören neben der eigenen Mietwohnung auch der Aufenthalt im Hotel oder – vor allem für Sprachaufenthalterinnen, Praktikanten und Studierende – die Unterkunft in einer Gastfamilie.

Wohnen im Hotel

Möchten Sie in einem bestimmten Hotel logieren, sollten Sie je nach Saison frühzeitig reservieren. Wer flexibel ist, sucht sich erst bei der Ankunft ein Hotelzimmer. Kommen Sie zu später Stunde im Zielland an, empfiehlt sich aber auf jeden Fall eine Hotelreservation für die erste Nacht. Am nächsten Tag können Sie dann in aller Ruhe die ideale Unterkunft finden.

In Ländern mit Wohnungsnot werden Sie sich, bis Sie eine Wohnung oder ein Appartement gefunden haben, gezwungenermassen in einem Hotel oder in einer Pension einquartieren müssen. Als Langzeitgast sollten Sie einen tieferen Zimmerpreis zahlen – hartes Feilschen lohnt sich hier durchaus. Unter Umständen kommt ein Langzeitaufenthalt im Hotel per Saldo nicht viel teurer als eine Mietwohnung an der gleichen Lage. Es fallen nämlich keine Nebenkosten an; zudem sparen Sie Transportkosten und Zeit, wenn Sie beispielsweise im Zentrum wohnen und dort arbeiten. Auf der anderen Seite ist das Hotel nicht geeignet, um sich richtig zu Hause zu fühlen. Ein Hotelaufenthalt wird in der Praxis also meist nur eine zeitlich beschränkte Übergangslösung sein.

Wohnen bei Privaten

Für Sprachaufenthalter (siehe Seite 62), Praktikantinnen (siehe Seite 89) und Studierende (siehe Seite 69) eignen sich Privatunterkünfte mit oder ohne Familienanschluss. Für Austauschschüler (siehe Seite 56) und Au-pairs (siehe Seite 82) ist das Leben in einer Gastfamilie sogar zentraler Bestandteil des angestrebten Kulturaustausches.

Privatunterkünfte sind eine preiswerte Variante für stationäre Auslandaufenthalte. Sie mieten dabei ein mehr oder weniger wohnlich eingerichtetes Zimmer und zahlen dafür einen fixen Mietzins, in dem meist alle Nebenkosten wie Strom, Warmwasser, Zimmerreinigung – zum Teil sogar das Waschen und Bügeln der Wäsche – mit eingeschlossen sind. Je nachdem gehören auch Mahlzeiten dazu.

Ohne fremde Hilfe oder einschlägige Adressen finden Sie von der Schweiz aus kaum eine Privatunterkunft; es sei denn, Ihr künftiger Arbeitgeber, die Schule oder die Universität könnten Adressen vermitteln. Zimmervermieter sind oft ältere Leute, deren Kinder ausgeflogen sind, oder Personen, die mit der Vermietung ein Nebeneinkommen verdienen. Da Sie mit den Vermietern im selben Haushalt leben, sollten diese Ihnen grundsätzlich sympathisch sein. Schriftliche Mietverträge gibt es bei Privatunterkünften in der Regel nicht, ebenso wenig Kündigungsfristen. Sie können im Prinzip jederzeit ausziehen. Deshalb sind Mieten meist im Voraus zu zahlen.

An Schulen oder Universitäten eingeschriebene Studierende können – sofern vorhanden – in Studentenheimen, zum Teil direkt auf dem Campus, günstig ein Zimmer mieten. Im Studentenheim profitiert man von einer Grundinfrastruktur (Cafeteria, Aufenthaltsräume, Telefon, Kleiderservice) und findet leicht Anschluss an Gleichgesinnte aus verschiedenen Nationen. Wer allerdings Ruhe sucht, ist in einem Studentenheim fehl am Platz. Informieren Sie sich rechtzeitig bei der zuständigen Vermittlungsstelle der ausländischen Schule oder Universität über die Details. Freie Zimmer sind meist schnell weg.

Einzelreisende, die für kurze Zeit ein Zuhause bei einer Gastfamilie in irgendeinem Land suchen, können dies über ein so genanntes Homestay-Programm von der Schweiz aus buchen. Dieses bieten einige Anbieter von Sprach- und Austauschprogrammen an (siehe Seite 60 und 68).

Wohnen in der Mietwohnung
In vielen Ländern ist der Wohnraum, vor allem in den Städten, äusserst knapp. Entsprechend teuer sind die Mieten für Wohnungen, Appartements oder Häuser. Auch die Nebenkosten für Strom, Gas, Wasser, Abfallentsorgung, Hauswart, Nachtwächter und Gärtner fallen meist happig aus. Im Weiteren gilt es je nach Land und Mietobjekt zu berücksichtigen, dass in der Schweiz übliche Einrichtungsgegenstände wie Kochherd, Kühlschrank, Abwasch- und Waschmaschine vom Mieter mitzubringen sind.

Eine Mietwohnung oder ein Miethaus lässt sich realistischerweise erst vor Ort suchen. Je nach Land werden Mietobjekte in der Lokalzeitung ausgeschrieben, von speziellen Wohnungsagenturen oder über Immobilienmakler vermittelt. Vielfach machen Vermieter auch einfach mit Schildern am Strassenrand oder an Fassaden auf freie Wohnungen und Häuser aufmerksam. Dennoch kann es sich lohnen, schon vor der Abreise Vermittlungsagenturen zu kontaktieren und ihnen die Wünsche zum Standort des Objekts, zu Grösse, Einrichtung und Mietzinsniveau mitzuteilen. Wer keine entsprechenden Adressen kennt, findet diese in der ausländischen Presse, über das Internet oder mithilfe der schweizerischen Auslandvertretung im Gastland.

Mieten Sie als Ausländer oder Ausländerin eine Unterkunft, müssen Sie unter Umständen eine hohe Kaution hinterlegen oder den Mietzins gleich mehrere Monate im Voraus bezahlen. Kalkulieren Sie dies in Ihrem Budget ein. Schliessen Sie auf keinen Fall einen Mietvertrag über mehrere Jahre ab – auch wenn Ihnen der Vermieter dies mit einer Mietzinssenkung schmackhaft macht. Ob Ihnen das Mietobjekt und der Standort wirklich passen, können Sie erst nach einigen Wochen oder Monaten entscheiden.

Lassen Sie sich nie zu einem Vertrag drängen und sich auch nicht weismachen, die Wohnung sei in Kürze vergeben, wenn Sie den Vertrag nicht sofort unterschrieben. Denken Sie daran: Bevor Sie als Ausländer zu einem Mietvertrag kommen, haben schon alle Einheimischen das Objekt verworfen

– etwa weil es Nachteile punkto Standort, Einrichtung oder Bauqualität aufweist oder weil es viel zu teuer ist. Mieten Sie kein Objekt, das zuerst noch renoviert werden muss, selbst wenn Ihnen der Vermieter zusichert, die Handwerker seien bestellt. Denn auch im Ausland gibt es Vermieter, die das Blaue vom Himmel versprechen, und Handwerker, die nicht termingemäss erscheinen. Kommt es zu Problemen mit dem Vermieter, sollten Sie sich bewusst sein, dass Ihre Rechte als Mieter oder Mieterin nicht mit denjenigen in der Schweiz vergleichbar sind.

Immobilienkauf

Im Ausland ein Haus oder eine Wohnung zu besitzen, ist der Traum vieler Schweizer. In den meisten Fällen handelt es sich dabei um eine Liegenschaft für den Urlaub, die allenfalls nach der Pensionierung als Hauptwohnsitz dienen soll. Eine Immobilie im Ausland muss jedoch nicht immer nur Ferienhaus sein. Planen Sie einen mehrjährigen Auslandaufenthalt oder wandern Sie definitiv aus, lohnt es sich unter Umständen, gleich von Beginn weg eine Liegenschaft zu kaufen.

Ein Hauskauf drängt sich auch in Ländern auf, die nur einen kleines Angebot an attraktiven Mietobjekten aufweisen. Anders als in der Schweiz ist in einigen Ländern der Anteil an Mietern tiefer als derjenige der Liegenschaftsbesitzer. Zudem hat der Kauf einer Liegenschaft häufig eine viel geringere Bedeutung: Immobilien werden im Ausland oft in erster Linie als Gebrauchsobjekt und nicht als Wertanlage betrachtet. Das wirkt sich auf die Bauqualität und Ausstattung aus. Im südlichen Europa rechnet man beispielsweise bei Ferienobjekten mit einer Lebensdauer von 25 Jahren.

Aus diesen Gründen sollten Sie sich weder von niedrigen Preisen blenden lassen noch eine Immobilie im Ausland als rentable Kapitalanlage betrachten. Ein späterer Verkauf kann – wie auch in der Schweiz – ein Verlustgeschäft sein. Das gilt besonders für Ferienimmobilien, bei denen in praktisch allen interessanten Urlaubsländern ein Überangebot existiert. Fazit: Der Erwerb einer Liegenschaft im Ausland ist noch kritischer anzugehen als ein Haus- oder Wohnungskauf in der Schweiz.

Schweizer Staatsangehörige wie auch andere Ausländer können in den meisten Staaten ohne besondere Bewilligungen Grundstücke oder Liegenschaften erwerben. In einigen Ländern ist dies nur unter bestimmten Bedingungen erlaubt oder gar ausdrücklich verboten. Erkundigen Sie sich über die aktuellen Bestimmungen frühzeitig bei der ausländischen Vertretung in der Schweiz.

- **Wichtig:** Der Immobilienbesitz allein berechtigt Sie in der Regel nicht zu einem Daueraufenthalt im entsprechenden Land. Dazu ist grundsätzlich eine Aufenthalts- und Niederlassungsbewilligung erforderlich (siehe Seite 308).

In EU- und EFTA-Ländern können Schweizer und Schweizerinnen dank den bilateralen Abkommen (siehe Seite 46) in jedem Land, in dem sie wohnen, ohne Einschränkungen Grundstücke und Liegenschaften erwerben. Das gilt sowohl für Erst- als auch für Zweitwohnsitze oder Ferienwohnungen. Schweizer werden damit den EU- und EFTA-Bürgern gleichgestellt. Restriktionen gibt es allenfalls für Immobilienkäufer, die sich nur vorübergehend in einem EU-/EFTA-Staat aufhalten wollen, ohne dort Wohnsitz zu nehmen.

Wie gehe ich bei einem Immobilienkauf vor?

Damit der Immobilienkauf nicht zu einem Alptraum wird, sollten Sie sich noch vor der Abreise ins Ausland eingehend mit dem Thema beschäftigen. Das heisst, Ihre Bedürfnisse definieren, das Budget aufstellen und sich eine erste Marktübersicht verschaffen. Nach Ankunft im Gastland gilt es dann, die konkreten Angebote zu vergleichen und mithilfe von lokalen Anwältinnen, Notaren, Maklern den Kauf richtig abzuwickeln. Auf professionelle Hilfe werden Sie schon deshalb nicht verzichten können, weil ein Liegenschaftskauf im Ausland in der Regel anders abgewickelt wird als in der Schweiz. Vielfach ist ein stufenweises Vorgehen mit Vorvertrag nötig, sind unterschiedliche Ämter und Personen involviert und notarielle Beglaubigungen nicht unbedingt vorgeschrieben. Zudem gibt es im Ausland oft auch keine Grundbücher wie in der Schweiz oder diese haben nicht den gleichen Stellenwert.

Kaufen Sie in keinem Fall eine Immobilie von der Schweiz aus und lediglich aufgrund von Katalogen, Plänen oder tollen Beschreibungen in Hochglanzbroschüren. Sie müssen das Objekt unbedingt vor Ort besichtigen. Nachfolgend die entscheidenden Schritte beim Immobilienkauf.

Bedürfnisse definieren

Welche Art von Liegenschaft suchen Sie, ein Appartement, ein Reihen- oder frei stehendes Haus, einen Neu- oder Altbau? Oder möchten Sie selbst ein Haus bauen? Wie wollen Sie das Objekt nutzen, für kürzere Ferien, längere Saisonaufenthalte, als festen Ganzjahreswohnsitz oder als Wohn- und Arbeitsstätte? Wie gross soll die Immobilie sein? Möchten Sie Garten, Swimmingpool, Garage? Soll die Liegenschaft im Zentrum der Stadt, an der Peripherie, in einem kleinen Dorf oder in der unberührten Natur liegen? Suchen Sie Schutz in einer bewachten Siedlung für Ausländer oder wollen Sie sich unter Einheimische mischen?

Die Liste möglicher Fragen wäre noch lang. Nehmen Sie sich Zeit, Ihre wahren Bedürfnisse kennen zu lernen, und halten Sie diese schriftlich fest. Das hilft Ihnen später bei der Wahl des richtigen Objekts. Sie kommen vor allem nicht in Versuchung, ein zu grosses Grundstück oder ein überdimensioniertes Haus zu kaufen – nur weil der Preis so niedrig ist.

Vorsicht ist beim Kauf einer renovationsbedürftigen Liegenschaft angebracht. Handwerklich unbegabte Personen sollten davon die Finger lassen. Sie müssen sich sonst für jede Kleinigkeit mit Handwerkern herumschlagen, die nicht zum vereinbarten Zeitpunkt auftauchen oder für teures Geld lausig arbeiten.

Wer Zeit und Nerven wie Stahlseile hat, kann sich im Gastland natürlich das Haus seiner Träume bauen. Dazu brauchen Sie nicht nur ein genügend grosses, sondern ein bebaubares Grundstück. Wichtig ist, dass Sie sich bei den lokalen Behörden nach den aktuellen Bauvorschriften, nach geplanten Bauten sowie der Kostenübernahme für die benötigte Infrastruktur (Zufahrtsstrasse, Leitungen für Wasser, Abwasser, Strom) erkundigen. Wenden Sie sich an einen Architekten oder Baumeister vor Ort, der die Gesetze und die Schlüsselpersonen bei den Behörden kennt.

Je nach Land sind bei einem Hausbau extreme Terminverzögerungen einzukalkulieren. Sie müssen zudem damit rechnen, dass die Baupläne nicht immer genau eingehalten werden. So wird die Türe ein wenig schmäler als gewünscht, die Decke hängt höher als geplant und die Steckdosen befinden sich irgendwo – nur nicht an der vorgesehenen Stelle. Wer damit nicht leben kann, kauft lieber ein fertiges Haus; da sind die krassen Mängel auf den ersten Blick ersichtlich. Versteckte Mängel werden Sie jedoch auch bei einer bestehenden Liegenschaft erst entdecken, nachdem Sie einige Zeit darin gewohnt haben. Ideal ist deshalb, wenn Sie mit dem Verkäufer der Liegenschaft zuerst ein befristetes Probewohnen gegen Miete vereinbaren können.

Budget aufstellen

Haben Sie Ihre Bedürfnisse definiert, sollten Sie ein realistisches Budget aufstellen. Kalkulieren Sie dabei nicht nur den voraussichtlichen Kaufpreis ein, sondern auch alle damit zusammenhängende Kosten: etwa für Besichtigungsreisen, Übersetzungen, Honorare für den Anwalt, die Notarin oder den Makler, Gebühren für Registereinträge und öffentliche Beurkundungen sowie Erwerbssteuern. Berücksichtigen Sie zudem die anfallenden Nebenkosten einer Immobilie: Wasser, Strom, Heizung, Abfallentsorgung, Versicherungen, Verwaltung, Bewachung, Reparaturen sowie die Zinsen und Amortisationen für allfällige Hypotheken.

Da die Hypothekarzinsen im Ausland in der Regel höher sind als in der Schweiz, sollten Sie eine ausländische Immobilie wenn immer möglich mit

Erspartem bezahlen. Wer dennoch eine Hypothek aufnehmen muss, sollte sich rechtzeitig über die Belehnungsgrenze informieren. Diese basiert meist nicht auf dem Kaufpreis der Liegenschaft, sondern auf einer Marktwertschätzung der Bank. Mit einer Schweizer Hypothek lassen sich ausländische Immobilien grundsätzlich nicht finanzieren; das ist höchstens bei einer Liegenschaft im grenznahen Gebiet von Frankreich und Deutschland möglich. Eine Auslandhypothek in Schweizerfranken vergeben allenfalls Schweizer Niederlassungen von ausländischen Banken.

Berücksichtigen Sie beim Budget auch die im Ausland fälligen Steuern. Neben jährlichen Grundsteuern, die fast in jedem Land anfallen, gibt es je nachdem auch Vermögens- und Liegenschaftsertragssteuern. Liegenschaftsbesitzer mit Wohnsitz im Ausland, die nach wie vor in der Schweiz steuerpflichtig sind (siehe Seite 287), zahlen hier zwar keine Steuern, doch der Immobilienwert sowie allfällige Mietzinseinkünfte werden bei der Festsetzung des Steuersatzes mit berücksichtigt. Ein Beispiel: Verbringt ein Pensionär den Winter in seinem Haus in Spanien und vermietet es die restliche Zeit, muss er die Immobilie sowie die Mieteinkünfte in seiner Steuererklärung in der Schweiz angeben. Die Steuerbehörde rechnet dann den Wert des Hauses fiktiv zu seinem übrigen Vermögen und die Mieteinkünfte zum Einkommen. Aufgrund der daraus resultierenden Steuerprogression werden das tatsächlich steuerbare Einkommen und Vermögen zu einem erhöhten Satz besteuert.

Wer eine Immobilie nicht das ganze Jahr belegt, sollte sich nicht der Illusion hingeben, diese lasse sich während der unbenutzten Zeit voll vermieten und bringe hohe Einnahmen ein. Meist ist das Vermieten gar nicht möglich – und wenn doch, so wird erfahrungsgemäss rund ein Drittel der Mieteinnahmen durch die höheren Betriebs-, Unterhalts- und Renovationskosten weggefressen.

Markt analysieren

Ist das Budget gemacht, können Sie sich nach einem geeigneten Objekt umsehen. Von der Schweiz aus ist dies nur beschränkt möglich. Je mehr Informationen Sie jedoch vor der Abreise sammeln, desto besser können Sie sich ein Bild über das Angebot und Preisniveau von Immobilien im Zielland machen. Zudem verringert sich das Risiko, dass Sie einen masslos überhöhten Preis zahlen.

Fordern Sie deshalb Unterlagen von hiesigen Maklern an, die in der Schweizer Presse in den beliebtesten Ferien- und Auswanderungsländern Immobilien aller Art und Preisklassen anbieten. Dokumentationen können Sie auch von Maklerfirmen direkt aus dem Ausland anfordern. Die meisten Immobilienfirmen und Makler präsentieren ihr Angebot zudem im Internet.

Werfen Sie auch einen Blick auf die Immobilienanzeigen in ausländischen und Schweizer Zeitungen. Wer in Frankreich, Spanien, den USA oder in Kanada eine Immobilie sucht, findet in speziell an Ausländer gerichteten Publikationen massenweise Inserate von Immobilienmaklern und Verkaufsanzeigen für Liegenschaften.

Angebote vergleichen
Sind Sie aufgrund der Marktanalyse auf interessante Objekte gestossen, folgt als Nächstes die Besichtigung vor Ort. Entweder verbringen Sie im Hinblick auf den geplanten Auslandaufenthalt Ihre Ferien – möglichst zu verschiedenen Jahreszeiten – am Zielort und schauen sich um. Oder Sie reisen speziell zu Besichtigungszwecken ins Gastland. Wer mit einem bestimmten Makler auf Promotionstour geht, sollte unbedingt auch Verkaufsobjekte anderer Anbieter besichtigen.

Lassen Sie sich nicht nur von attraktiven Preisen, einem grossen Pool, der tollen Aussicht oder angenehmen Umgebung beeindrucken. Achten Sie auf die Bauweise und den Zustand der Liegenschaft sowie auf die Ausstattung. Entscheidend ist zudem der Standort. Idealerweise sollten Sie Anschluss an öffentliche Verkehrsmittel haben, mindestens aber den Arbeitsort, Einkaufsläden, Arzt, Krankenhaus, Bank und Flughafen mit dem eigenen Wagen in vernünftiger Zeit erreichen können. Eine Liegenschaft an schlechter Lage lässt sich später kaum mehr zu einem vernünftigen Preis verkaufen.

Fachleute beiziehen
Immobiliengeschäfte im Ausland sollten Sie nie auf eigene Faust regeln. Die Gefahr ist zu gross, dass Sie dabei entscheidende Fehler machen oder über den Tisch gezogen werden. Die Hilfe eines seriösen Maklers oder einer Anwältin benötigen Sie insbesondere, damit der Kaufakt rechtens ist und das Objekt tatsächlich in Ihr Eigentum übergeht. Es gibt genug Fälle, in denen ein Ausländer vermeintlicher Besitzer einer Liegenschaft war, der tatsächliche Eigentümer aber nichts vom Verkauf seines Hauses wusste. Suchen Sie immer lokale Fachleute, die den Markt, die örtlichen Verhältnisse, Vorschriften, Gesetze und die genaue Kaufabwicklung kennen. Fragen Sie andere Ausländer, Einheimische oder eine Schutzgemeinschaft (siehe Seite 319) oder die zuständige schweizerische Auslandvertretung nach entsprechenden Adressen.

Engagieren Sie einen Makler, sollten Sie sich über seine Arbeitsweise erkundigen: Erhält er eine Verkaufsprovision, vom Verkäufer einen Pauschalbetrag oder müssen Sie ihn gar entlöhnen? Je nachdem vertritt der Makler nicht Ihre Interessen, sondern ist nur auf Verkaufen aus und berät Sie gar nicht objektiv. Wählen Sie einen Anwalt, dürfen Sie als Käufer nicht denselben nehmen wie der Verkäufer. Jede Partei sollte ihre eigene Rechtsvertretung haben, welche ausschliesslich die Interessen ihres Klienten vertritt.

• **Wichtig:** Makler oder Anwälte, die Ihre Muttersprache sprechen, sind deswegen nicht unbedingt seriös und fachlich qualifiziert. Erwarten Sie von einer Fachperson, nur weil sie Deutsch spricht, auch keine kompetente fachübergreifende Hilfe. So ist beispielsweise die Frage nach der Bausubstanz einer Liegenschaft an einen Rechtsanwalt verfehlt beziehungsweise dessen Antwort ziemlich nutzlos.

Kauf abwickeln

Lassen Sie sich nie zu einem Spontankauf hinreissen, kaufen Sie keine Liegenschaft überstürzt und unter Druck. Einem drängenden Verkäufer sollten Sie die kalte Schulter zeigen. Das Argument, Sie müssten sofort zugreifen, weil es so viele Interessenten habe, dürfen Sie getrost ignorieren. In der Regel war jede Immobilie, die Ihnen angeboten wird, schon lange auf dem Markt, fand aber bisher keinen Käufer. Anders mag die Situation aussehen, wenn Sie eine Immobilie direkt von einem anderen Ausländer angeboten bekommen.

Bei einem Immobilienkauf sollten Sie nie das erste Angebot akzeptieren, sondern immer hart um den Preis feilschen. Ob der Preis für eine Liegenschaft fair ist, lässt sich nur durch einen Vergleich mit ähnlichen Objekten in vergleichbarer Umgebung beurteilen.

Verlangen Sie vom Verkäufer immer eine Verkaufsberechtigung, also eine Verkaufsvollmacht oder den Beweis, dass er die Liegenschaft tatsächlich besitzt. Das lässt sich mit einem Auszug aus dem Grundbuch oder Eigentumsregister nachweisen. Im Eigentumsregister sind die Verträge über Immobilien oder Rechte an diesen enthalten. Nur wer im Grundbuch oder Eigentumsregister eingetragen ist, kann sich auf sein Eigentumsrecht berufen. Bestehen Sie deshalb darauf, dass auch Ihr Kauf eingetragen wird.

Wickeln Sie den Immobilienkauf Zug um Zug über eine ortsansässige Bank ab. In diesem Fall erhält der Verkäufer das Geld erst mit der Übergabe und Unterzeichnung der Kaufurkunde. Ohne rechtsgültigen Vertrag sollten Sie grundsätzlich nie Geld überweisen oder Anzahlungen leisten. Ist dennoch eine Anzahlung erforderlich, überweisen Sie diese auf ein Treuhandkonto des Notars oder zahlen sie nur gegen eine Bankgarantie oder reale Leistung. Bei einem Hausbau können Sie beispielsweise vereinbaren, dass ein bestimmter Betrag erst bei Fertigstellung des Rohbaus zahlbar wird. Übergeben Sie aus Beweisgründen kein Bargeld – vor allem nicht in Ländern, in denen Ausländer die Deviseneinfuhr mittels Bankbeleg nachweisen müssen, damit sie eine Liegenschaft rechtsgültig erwerben können.

Zu beachten ist ferner, dass in vielen Ländern der neue Liegenschaftsbesitzer für die Grundstückgewinnsteuern mithaftet, die der Verkäufer dem

Staat schuldet. Stellen Sie in diesem Fall über eine Bankgarantie oder ein unwiderrufliches Zahlungsversprechen sicher, dass der Verkäufer seine Steuerschulden beim Verkauf begleicht. Oder ziehen Sie den geschuldeten Betrag im Zweifelsfall vom Kaufpreis ab.

- Nehmen Sie sich Zeit für den Kauf eines Hauses oder einer Wohnung im Ausland. Mit Vorteil mieten Sie zuerst eine Unterkunft, bevor Sie eine Liegenschaft kaufen. Sie können dann in aller Ruhe die Gegend und den Markt kennen lernen.
- Als Ausländer sind Sie beim Erwerb von Grundeigentum besonders gefährdet, Opfer von Betrügern zu werden. Schuld daran sind das fremde Recht, Sprachprobleme, unseriöse Firmen, Makler und Anwälte. Wenden Sie sich deshalb nur an ausgewiesene Fachpersonen, die Ihnen von seriösen Leuten empfohlen werden. Verlangen Sie immer Referenzen.

- **Deutsche und schweizerische Schutzgemeinschaft für Auslandsgrundbesitz e.V.**
Postfach 20 13 50, Carl-Benz-Strasse 17a, D-79761 Waldshut-Tiengen, Tel. 0049 77 41 21 31, Internet www.schutzgemeinschaft-ev.de
(Konsumentenschutzorganisation für Mitglieder; spezialisiert auf Spanien, Frankreich und Italien; Information und Beratung beim Immobilienerwerb im Ausland)

- **Deutsche Schutzvereinigung Auslandsimmobilien e.V.**
Zähringer Strasse 373, D-79108 Freiburg i.B., Tel. 0049 761 550 12, Internet www.dsa-ev.de
(Verbraucherschutzorganisation für Mitglieder; spezialisiert auf Spanien, Frankreich und Italien; Information und Beratung beim Immobilienerwerb)

- **Ratgeberbücher zum Immobilienerwerb, Dossiers und Informationsblätter**
Zu diversen Ländern; herausgegeben von der Deutschen und schweizerischen Schutzgemeinschaft für Auslandsgrundbesitz e.V. sowie der Deutschen Schutzvereinigung Auslandsimmobilien e.V.; Adressen siehe oben

Der Wegzug ins Ausland

Ist die Unterkunft im Gastland organisiert, gilt es, das Packen zu planen. Am einfachsten haben es Auslandaufenthalter, die bei der Abreise keinen eigenen Haushalt besitzen. Sie packen einfach ihre Koffer oder den Rucksack – und verreisen in die weite Welt. Wer nur für kurze Zeit ins Ausland zieht und den Haushalt nicht auflöst, hat ebenfalls wenig Sorgen. Den Schlüssel drehen, samt Anweisung zur Pflanzenpflege der Nachbarin in die Hand drücken – und auf Wiedersehen sagen.

Besitzen Sie eine Wohnung und ziehen für längere Zeit ins Ausland, gibt es schon etliches zu entscheiden und zu organisieren. Soll die Wohnung behalten oder aufgegeben werden? Lässt sie sich an Dritte untervermieten? Wohin mit den Möbeln: bei den Eltern einstellen, im Brockenhaus abliefern oder verschenken? Was geschieht mit dem Auto: der Freundin überlassen, verkaufen, einstellen, ins Ausland mitnehmen? Und wohin mit den Haustieren: ins Tierheim geben, bei Freunden unterbringen, den Nachbarskindern schenken?

Noch komplizierter wird es, wenn Sie den Haushalt in der Schweiz auflösen und ins Ausland an den neuen Wohnort mitnehmen wollen. Hier geht es nicht nur ums Verpacken und Verladen des Umzugsguts und die Wohnungsreinigung. Sie müssen Zollvorschriften kennen, die Zollabfertigung in der Schweiz und am Bestimmungsort sowie den gesamten Transport organisieren, die Ware versichern und dafür besorgt sein, dass sie an den neuen Wohnort gebracht wird.

Was soll ich ins Ausland mitnehmen?

In der Regel nimmt man eher zu viel Gepäck mit. Nicht übertreiben kann, wer aufgrund der Reiseart oder des Reisegepäcks Limiten hat: Rucksack oder Koffer besitzen ein bestimmtes Fassungsvermögen, das Fahrrad hält eine Anzahl Kilo aus, der Platz im Personenwagen ist beschränkt. Bei einem Umzug mit Möbelwagen oder Schiffscontainer wird es schon schwieriger, sich zu mässigen.

Den Entscheid, welche Dinge Sie idealerweise ins Ausland mitnehmen, kann Ihnen dieser Ratgeber nicht abnehmen. Zu verschieden sind die Ausgangslage, die individuellen Bedürfnisse, zu unterschiedlich die Auslandpläne einer jeden Person. Trotzdem einige Überlegungen und Hinweise.

Ohne feste Wohnung im Ausland unterwegs

Je weniger Gepäck, desto besser. Rucksackreisende sollten idealerweise nicht mehr als zwölf bis vierzehn Kilos auf dem Rücken tragen. Wer mit dem Fahrrad unterwegs ist, weiss selbst, bei welchem Gewicht ihm die Puste ausgeht. Bei Motorrädern – und natürlich auch bei Autos und Wohnmobilen – sollte die zugelassene Gewichtslimite nicht überschritten werden. Generell gilt: Nur so viel Ware mitnehmen, wie unsichtbar verstaut werden kann. Das ist auch ein guter Schutz gegen Langfinger.

Wer im Ausland ständig auf Achse ist, sollte auch an die Gewichtslimiten bei Flug-, Zug-, Bus-, Bahn- oder Schiffsreisen denken. Übergewicht oder der Transport von sperrigen Gegenstände wie Velos, Motorrädern oder Surfbrettern können sonst leicht ein kleines Vermögen kosten.

Wohnen im Ausland auf Zeit
Wohnen Sie nur für wenige Monate im Ausland – etwa als Studentin, Praktikantin oder als Ferienaufenthalter –, lohnt es sich kaum, den ganzen Hausrat oder auch nur Teile davon mitzunehmen. Die Kosten sind zu hoch, das Zügeln zu aufwändig. Idealerweise quartieren Sie sich in einer möblierten Wohnung, einem möblierten Zimmer oder einer Pension ein und nehmen nur das Allernotwendigste mit. Und das hat meist im Reisekoffer Platz. In möblierten Wohnungen ist oft die gesamte Ausstattung vorhanden – selbst die Putzfrau ist organisiert. Allenfalls fehlen einige Küchenutensilien oder TV und Video. Das lässt sich meist problemlos vor Ort kaufen beziehungsweise mieten.

Packen Sie auch bei einem kurzen Auslandaufenthalt mit festem Wohnort die wichtigsten Utensilien für Ihre heiss geliebten Hobbys ein, dazu genügend persönliche Lieblingssachen – Kuschelbären, Bücher, CDs, Musikinstrumente oder Körperpflegeprodukte. Diese Dinge werden Sie in der Fremde bei Heimweh trösten.

Langfristige oder definitive Wohnsitznahme im Ausland
Wollen Sie sich für einige Jahre oder gar für immer im Ausland niederlassen, werden Sie eine Wohnung, ein Haus mieten oder gar kaufen. Dann fragt sich, ob Sie den gesamten Hausrat oder doch einen Teil davon zügeln möchten. Das kann zum Beispiel sinnvoll sein, wenn Sie eine starke emotionale Bindung an Möbel, Teppiche, Bilder, Fahrzeuge haben, wenn der Wohnort im Ausland nicht allzu weit von der Schweiz entfernt liegt, wenn bestimmte Einrichtungsgegenstände im Ausland nur schwer, viel teurer, gar nicht oder nur in unmöglicher Ausführung erhältlich sind.

Lassen Sie sich bei der Wahl der Dinge, die Sie ins Ausland mitnehmen, nicht nur von Kostenüberlegungen leiten. Sie sollen am neuen Wohnort in der Fremde primär eines: sich wohl fühlen. Darauf müssen Sie vor allem achten, wenn Sie mit einem Partner oder einer Partnerin ausreisen, die im Ausland keiner Erwerbstätigkeit nachgehen können und die meiste Zeit in den neuen vier Wänden verbringen. Wer mit Kindern ins Ausland zieht, sollte ebenfalls wenn immer möglich die Möbel des Kinderzimmers sowie die Spielsachen mitnehmen. Dadurch fühlen sich die Sprösslinge am neuen Ort schneller zu Hause.

Auf jeden Fall empfiehlt es sich bei längeren Auslandaufenthalten oder bei einer Auswanderung, persönliche Gegenstände einzupacken, an die Sie eine emotionale Bindung haben. Dazu gehören sicher Fotoalben, Bücher, Instrumente und alle notwendigen Utensilien fürs Hobby: Handwerker sollten ihre Werkzeuge mitnehmen, Sportlerinnen ihre Ausrüstung, Fondue-Liebhaber das Fondue-Set.

Neben diesen emotionalen Überlegungen sind jedoch auch praktische und objektive Kriterien zu berücksichtigen. So macht es beispielsweise wenig Sinn, ältere Küchen- und Waschmaschinen, Tiefkühltruhen oder Ähnliches ins Ausland zu zügeln, wenn es dort keine Ersatzteile gibt, die Modelle und Marken unbekannt sind oder einer im Gastland unbekannten Norm entsprechen. Letzteres ist zum Beispiel bei TV- und Videogeräten in Südamerika möglich. Länderspezifische Normen gibt es auch für Möbel, beispielsweise für Betten, Matratzen, Bettanzüge. Transportieren Sie Ihr altes Ehebett samt Inhalt um die halbe Welt, ist das für die Katz – wenn Sie vor Ort keine passenden Bettanzüge kaufen können oder sich die alte Matratze nicht ersetzen lässt.

Bei Elektrogeräten wie Staubsaugern, Kaffeemaschinen, Mikrowellenherden, Lampen oder Personalcomputern ist abzuklären, ob unterschiedliche Netzspannungen Probleme bereiten. Je nach Land ist ein Transformator nötig. Dieses Problem stellt sich unter anderem in den USA. Dort wird zum Beispiel 110-Volt-Wechselstrom bei einer Frequenz von 60 Hertz ins Stromnetz gegeben. In Europa sind es 220 Volt bei 50 Hertz. Nicht zu vergessen sind auch Adapter für alle Elektrogeräte.

Wenig sinnvoll ist es, Gebrauchsgegenstände aus der Schweiz ins Ausland mitzunehmen. Diese kauft man am besten vor Ort – in der Regel erst noch viel preiswerter. Packen Sie aber Dinge ein, die an Ihrem künftigen Wohnsitz nicht aufzutreiben sind. Oder versuchen Sie einmal in Thailand eine Röstiraffel und einen Kartoffelschäler zu kaufen!

Bei einer Haushaltauflösung in der Schweiz müssen Sie die Wohnungseinrichtung nicht unbedingt verkaufen oder verschenken. Möbel, Teppiche und sonstige Gegenstände lassen sich in Möbellagerhäusern von Speditionsunternehmen einlagern, so lange Sie es wünschen. Sie sind dort vor Staub, Lichteinfall, Feuchtigkeit und Mottenbefall geschützt. Die Lagerkosten variieren je nach Anbieter und hängen vom benötigten Raum ab. Hinzu kommen eine einmalige Gebühr für die Ein- und Auslagerung sowie die Transportkosten vom Wohnort zum Lagerhaus.

Achten Sie bei einer Einlagerung auf ausreichenden Versicherungsschutz. Wer die Hausratversicherung während des Auslandaufenthalts weiterlaufen lässt, muss der Versicherungsgesellschaft lediglich die Lageradresse mitteilen. Dadurch bleibt der Hausrat wie bisher versichert (siehe Seite 267). Wird die Hausratversicherung aufgelöst, kann bei den Möbellagerhäusern eine entsprechende Versicherung abgeschlossen werden.

Auch Motorfahrzeuge lassen sich unter Umständen einlagern. Dies sollte jedoch fachgerecht geschehen, sonst kann es zu Standschäden kommen. Bei einem längeren Auslandaufenthalt ist allerdings gut zu überlegen, ob ein Auto oder Motorrad nicht besser in der Schweiz verkauft oder gar ins Ausland überführt werden soll. Motorfahrzeuge lassen sich in den meisten europäischen Ländern ohne grössere Schwierigkeiten einführen, zum Teil sogar zollfrei. Doch auch hier sind neben den rein emotionalen die praktischen Aspekte und vor allem die damit verbundenen Kosten zu beachten. Wer von einer Firma ins Ausland entsandt wird, erhält in der Regel die Umzugskosten teilweise oder ganz bezahlt. Die Höhe des Betrags variiert je nach Firma, Funktion, Auslanddestination und familiären Verhältnissen. Ein lediger Sachbearbeiter, der für zwei Jahre zur Ausbildung nach London gesandt wird, wird von der Firma weniger erhalten als die Kaderfrau, die in den nächsten fünf Jahren eine Tochtergesellschaft in Taschkent aufbauen soll und mit ihrer vierköpfigen Familie ausreist.

- Auf welche Art und für wie lange auch immer Sie ins Ausland reisen: Nehmen Sie einige persönliche Gegenstände mit, die Ihnen am Herzen liegen. Bei Heimweh wirken sie Wunder.
- Bevor Sie Ihre ganze geliebte Wohnungseinrichtung einpacken, überlegen Sie zweimal, ob das Sinn macht (bezüglich Normen, Netzspannung, Angebot und Preisen im Gastland).
- Seien Sie sich bewusst, dass jeder Umzug gewisse Risiken birgt und Schäden nie ganz auszuschliessen sind.

Organisation des Umzugs

Ein Umzug ins Ausland ist eine logistische Grossübung; Sie haben es mit Zollbehörden zu tun und mit Transportwegen, die eine besondere Behandlung des Umzugsguts erfordern. Eine gute Vorbereitung ist also entscheidend. Sicher: Wer einen Einzimmerhaushalt von der Stadt Basel ins Elsass zügelt, wird dies ohne grosse Probleme mit einem gemieteten Camion und der Hilfe von Freunden schaffen – vorausgesetzt, er kennt die französischen Zollbestimmungen. Soll Ihre 4 $^{1}/_{2}$-Zimmerwohnung jedoch nach Rotterdam transportiert und dort verschifft, in Rio de Janeiro ausgeladen, verzollt und an den neuen Wohnsitz transportiert werden, sind Sie in der Regel auf erfahrene Fachleute angewiesen. Ansonsten wird Ihr Container womöglich nie ankommen – oder am falschen Ort und erst noch leer.

Auf eigene Faust oder mit Profis umziehen?

Bei einem Umzug ins Ausland, können Sie grundsätzlich alles selber organisieren. Seien Sie sich aber bewusst, dass dies je nach Destination eine äusserst zeit- und nervenaufreibende Angelegenheit sein kann. Nur schon die aktuell gültigen Einfuhrbestimmungen ausfindig zu machen, kann grosse Schwierigkeiten verursachen. Die ausländischen Vertretungen in der Schweiz (siehe Seite 419) sind hier meist wenig hilfreich. Verlässliche Informationen erhalten Sie grundsätzlich nur direkt bei den Zollbehörden im Gastland. Ziehen Sie wie erwähnt ins Elsass, genügt ein kurzes Telefon an das französische Zollamt an der Grenze in Basel. Doch versuchen Sie einmal von der Schweiz aus die zuständige Behörde oder den verantwortlichen Beamten in Brasilien ausfindig zu machen?

Auch wenn Sie die gültigen Zollvorschriften kennen – die jedoch oft unvermittelt ändern können –, sind nicht alle Probleme beseitigt. Sie müssen den Transport organisieren, das Umzugsgut richtig verpacken sowie die Ausfuhrformalitäten am Schweizer Zoll und die Einfuhrformalitäten am Zoll des Gastlands korrekt erledigen.

Transport
Zügeln lässt sich mit Lastwagen, Schiff, Flugzeug oder Bahn. Dabei hat jedes Transportmittel seine Vor- und Nachteile.

Auf dem Landweg – das heisst innerhalb von Europa und dem nördlichen Afrika – ist der **Lastwagen** das geeignetste und in der Regel kostengünstigste Transportmittel. Umzugsfirmen setzen dafür speziell ausgerüstete Möbelwagen ein. Die Kunden können meist zwischen Einzel- oder Kombifahrten wählen. Bei Einzelfahrten wird das Umzugsgut nur eines Kunden transportiert; die Termine richten sich dann ausschliesslich nach seinen Wünschen. Bei den günstigeren Kombifahrten wird die Ware mehrerer Kunden zusammengelegt, was natürlich eine gewisse Flexibilität punkto Umzugstermin voraussetzt. Über die verschiedenen Möglichkeiten und Tarife informieren internationale Umzugsfirmen (Adressen Seite 329).

Bei Überseedestinationen kommt das **Schiff** zum Einsatz. Überseetransporte werden in der Regel mit Containern durchgeführt, die es im Wesentlichen in zwei Grössen gibt: Der 20-Fuss-Container weist einen Inhalt von rund 33 Kubikmetern auf und hat ein Innenmass von rund 6 Metern Länge sowie 2,4 Metern Breite und Höhe. Der 40-Fuss-Container mit rund 65 Kubikmetern Inhalt ist bei gleicher Höhe und Breite rund 12 Meter lang. Quantitäten unter zehn Kubikmetern werden üblicherweise in Kisten verpackt. Als Anhaltspunkt: Für eine normal grosse $1^1/_2$-Zimmerwohnung werden rund 15 Kubikmeter benötigt, für eine 4-Zimmer-Wohnung rechnet man mit durchschnittlich 40 Kubikmetern.

Der Transport per Seeweg braucht Zeit. Ein Container nach Sydney benötigt beispielsweise gute sieben Wochen, nach Vancouver fünf bis sechs Wochen, nach Rio de Janeiro einen Monat, nach Johannesburg oder Hongkong dreieinhalb Wochen. Oft hängt die Reisezeit auch mit dem Transport-

preis zusammen. Frachter, welche die Enddestination nicht direkt anfahren, brauchen mehr Zeit, sind aber billiger als solche mit direkten Routen.
Das schnellste, aber auch teuerste Transportmittel ist das **Flugzeug**. Luftfracht eignet sich aus Kostengründen meist nur für kleine Quantitäten, wenn es eilt oder andere Transportwege zu unsicher sind. Beim Zügeln eines Privathaushalts spielt der Zeitfaktor jedoch meist keine zentrale Rolle. In der Praxis werden deshalb auch nur wenige Umzugsgüter per Luft versandt. Oft bieten Arbeitgeber ihren ins Ausland entsandten Mitarbeitern jedoch die Möglichkeit, nebst der Seefracht eine kleine Luftfracht für die nötigsten Güter zu versenden. Auskünfte über Luftfrachtpreise geben die Fluggesellschaften oder internationale Umzugsfirmen.

Umzüge per **Bahn** sind nicht unbedingt zu empfehlen, da das Angebot der Schweizerischen Bundesbahnen (SBB) primär auf den Transport von Handelsgütern ausgerichtet ist. Zwar transportieren die SBB ebenfalls Container, wie sie auf Lastwagen und Schiffen verwendet werden. Das Auf- und Abladen ist jedoch nur an speziell dafür eingerichteten Bahnhöfen mit Containerterminals möglich. Für den Transport des Umzugsguts zum Ladeort und den Transport vom Abladebahnhof zum Bestimmungsort ist wiederum ein Lastwagen nötig. Kommt hinzu, dass Bahnwagen-Container nicht speziell für den Transport von Haushaltgütern ausgerüstet sind. Zudem ist ein Umzug mit der Bahn meist zeitaufwändig. Verzögerungen gibt es beispielsweise bei Transporten nach Spanien und Portugal, da dort andere Spurbreiten existieren.

Welche Transportart sie auch wählen, unterschätzen Sie die Einwirkungen auf das Transportgut während der Reise nicht. Vibrationen, Schläge, klimatische Veränderungen können bei unsachgemässer Verpackung und unprofessionellem Verlad zu Schäden führen. Durch schlechtes Packen kann auch erheblicher Laderaum verloren gehen.

Ausfuhrformalitäten am Schweizer Zoll

Bei der Ausreise aus der Schweiz müssen Sie den Schweizer Zöllnern an der Grenze oder am Flughafen eine Ausfuhrdeklaration sowie ein Verzeichnis der Gegenstände abgeben, die Sie ausführen. Diese Inventarliste muss im Doppel ausgestellt sein und Ihre Adresse und Unterschrift enthalten. Sie bekommen darauf eine abgestempelte Kopie zurück. Die ganze Formalität kostet Sie nichts und geht – wenn Sie nicht gerade zu einer Stosszeit am Zoll aufkreuzen – normalerweise rasch über die Bühne. Bei der Ausfuhr müssen Sie nicht persönlich dabei sein. Sie können diese Ausfuhrzollabfertigung auch durch eine Drittperson vornehmen lassen. Beauftragen Sie damit einen Spediteur, zahlen Sie natürlich für diese Dienstleistung.

Verläuft der Transport durch mehrere Länder, müssen Sie einen Transitschein verlangen. Je nachdem wird dann das Umzugsgut von den Zollbehörden eines Transitlands plombiert. Der Transport läuft danach ungehindert durch alle Zollämter bis ins Bestimmungsland.

Einfuhrformalitäten am Zoll des Bestimmungslands

Bei der Einreise ins Bestimmungsland ist das von der Schweiz mitgenommene Umzugsgut am entsprechenden Strassenzoll, Seehafen oder Flughafen wiederum zu deklarieren. Je nach Land können Sie die Einfuhrformalitäten selbst vornehmen oder müssen diese Aufgabe einem Spediteur oder Broker vor Ort übergeben. Informieren Sie sich vorher unbedingt über die Zollöffnungszeiten und das genaue Prozedere.

In afrikanischen, südamerikanischen und asiatischen Ländern müssen Sie beim Zoll vielfach mit Problemen rechnen. Im Klartext: Sie erhalten Ihre Ware nur gegen Schmiergeldzahlungen oder horrende Gebühren. Zudem ist die Diebstahlgefahr enorm hoch. Ideal ist, wenn Sie am Bestimmungsort auf die Hilfe einer Vertrauensperson zählen können, die sich mit den örtlichen Verhältnissen und Abläufen auskennt und Ihr Umzugsgut problemlos durch den Zoll bringt. Führt eine Umzugsfirma Ihren Umzug durch, erledigt diese über ansässige Agenten die Einfuhrformalitäten.

Je nach Land sind bei der Einreise am Zoll unterschiedliche Dokumente vorzuweisen. Für einen Umzug nach Frankreich werden zum Beispiel verlangt: das Doppel des Schweizer Ausfuhrformulars, Passkopien der ausreisenden Person, eine Inventarliste mit Gesamtgewicht und Einzelwert des Umzugsguts in dreifacher Ausführung, die Abmeldebescheinigung der Schweiz, die Arbeitsbewilligung und Arbeitsbestätigung eines französischen Arbeitgebers, die Anmeldung bei einer Gemeinde sowie Miet- oder Kaufvertragskopien.

Jedes Land hat eigene Einfuhrvorschriften und ändert diese unter Umständen sehr kurzfristig. Wer die Bestimmungen nicht kennt, kann bei der Einfuhr böse Überraschungen erleben beziehungsweise gebüsst werden.

Umzugsgut fällt in der Regel nicht unter die üblichen Zollvorschriften für Waren und Güter und kann in den meisten Ländern zoll- und steuerfrei eingeführt werden. Dazu gehören alle persönlichen Gegenstände eines Haushalts wie Möbel, Teppiche, Bilder, Bücher, Apparate und Geräte bis hin zu Fahr- und Motorfahrrädern und Personenwagen. In der Regel betrifft die Zollbefreiung aber nur Umzugsgut, das bei der Einreise schon eine bestimmte Zeit im Besitz der einreisenden Person war. Normalerweise beträgt diese Frist sechs Monate. Die Besitzdauer muss in den wenigsten Fällen bewiesen werden. Misstrauisch werden Zöllner höchstens bei speziell teuren Waren in Originalverpackung. Weisen inspizierte Gegenstände absolut keine Abnützungsspuren auf, hilft unter Umständen nur das Vorweisen eines Kaufbelegs. Zollfrei sind in einigen Ländern bei der Einreise bis zu einem bestimmten Wert auch aus der Schweiz mitgebrachte Hochzeitsgeschenke.

In den meisten Ländern lässt sich Hausrat auch noch nach der offiziellen Einreise innert einer gewissen Frist einführen. Wichtig ist, dass Sie eine vorgesehene spätere Einfuhr auf den Zolldokumenten vermerken lassen und die Anzahl der erlaubten Einfuhren innerhalb dieser Frist abklären. Lassen Sie sich im Bestimmungsland nicht permanent nieder, sondern begründen dort lediglich einen zweiten Wohnsitz, müssen Sie in den meisten Ländern das persönliche Umzugsgut bei der Einreise verzollen und allenfalls sogar Mehrwertsteuern auf dem Warenwert bezahlen.

Für die Einfuhr von Autos bestehen je nach Land spezielle Vorschriften. In zahlreichen Staaten ist die Einfuhr von Personenwagen in Verbindung mit Umzugsgut zollfrei. Zu bezahlen sind in jedem Fall die Zollabfertigung, vorgeschriebene Reinigungen (Australien, Neuseeland) und das Einlösen des Wagens. In einigen Ländern müssen Wagen aus dem Ausland technisch an die dortigen Vorschriften angepasst werden – beispielsweise in den USA oder in Kanada. Werden Transport- und Anpassungskosten zusammengezählt, lohnt sich die Mitnahme des eigenen Autos nach Übersee meist nicht. Das Gleiche gilt, wenn die Vorschriften kompliziert und sehr restriktiv sind.

Viele Länder beschränken oder verbieten die Einfuhr bestimmter Güter; unter anderem alkoholische Getränke, Waffen, Munition, Drogen, Narkotika, Nahrungsmittel, Videos, pornografisches Material, lebende Tiere und Pflanzen. Für Tiere bestehen in der Regel Quarantäne- und Impfvorschriften.

Versicherung

Eine Transportversicherung ist dringend zu empfehlen; sie lässt sich direkt bei einer Versicherungsgesellschaft oder über eine Umzugsfirma abschliessen. Die angebotenen Deckungen können wesentlich voneinander abweichen. Achten Sie nicht nur auf die Prämienhöhe: Eine vermeintlich günstige Prämie kann im Schadenfall nämlich zu einer bösen Überraschung führen, wenn Sie erst im Nachhinein feststellen, dass im Kleingedruckten gewisse Risiken ausgeschlossen sind. Ausschlüsse sind übrigens auch bei so genannten All-Risk-Deckungen gang und gäbe. Besonders Wertsachen sind grundsätzlich nicht gedeckt. Verpacken Sie das Umzugsgut selber und nicht der Profi von der Umzugsfirma, ist die Haftung und Versicherungsdeckung ebenfalls eingeschränkt.

In der Regel lässt sich der Wiederbeschaffungs- oder der Zeitwert der transportierten Waren versichern. Beim Wiederbeschaffungswert erhalten Sie die versicherten Gegenstände zum Neuwert ersetzt, beim Zeitwert wird die Wertverminderung vom ursprünglichen Kaufpreis abgezogen. Was Sie wählen, hängt von Ihren Bedürfnissen ab. Am besten orientieren Sie sich bei der Festsetzung der Versicherungssumme an der Höhe Ihrer Hausratversicherung. Vermeiden Sie vor allem eine Unterversicherung (siehe Seite 268).

Die Prämie der Transportversicherung hängt von der Transportart und dem Bestimmungsort ab. Sie kann unter Umständen einige Prozent vom Versicherungswert des Umzugsguts betragen.

Kosten

Entscheidend ist, ob Sie den Umzug auf eigene Faust organisieren und durchführen oder ob Sie eine international tätige Umzugsfirma damit beauftragen. Viele Faktoren beeinflussen die Kosten: das Transportmittel, die Transportdistanz, der Umfang beanspruchter Dienstleistungen, Versicherungen, Zölle, Steuern, Zollabfertigungskosten, Standgelder sowie Zwischenlagerungs- und Quarantänekosten. Verständlicherweise kann dieser Ratgeber keine konkreten Kostenangaben machen, sondern nur auf einige wichtige Punkte hinweisen.

Am günstigsten kommt in jedem Fall, wer möglichst viel selber organisiert. Wählen Sie eine Umzugsfirma, variieren die Kosten je nach Unternehmen. Hier lohnt sich ein Vergleich von zwei bis drei Offerten. Geld sparen lässt sich bei den Abgangs- und Ankunftsdienstleistungen – am meisten beim Packen. Hier können Sie wählen: Entweder Sie packen alles selbst mit eigenem oder mit von der Transportfirma geliefertem Verpackungsmaterial ein; Sie lassen nur gewisse zerbrechliche Güter wie Glas, Porzellan, Spiegel, Bilder von der Umzugsfirma verpacken; Sie überlassen den ganzen Haushalt den Profipackern.

Packmaterial und Packen kosten oft gleich viel wie der eigentliche Transport des Umzugsguts. Wird jeder Bleistift und jedes Glas in der Schweiz vom ausgebildeten Profi verstaut und am Bestimmungsort wieder ausgepackt, summiert sich das schnell auf einige tausend Franken. Dann spielt es auch keine Rolle, ob Sie nach Kapstadt oder nach New York ziehen; die Kosten für die engagierte Mannschaft sind gleich hoch und der Transport fällt nicht mehr gross ins Gewicht. So kostet der Umzug einer $3^1/_2$-Zimmerwohnung mit Vollservice nach Nord- oder Südamerika, Asien, Australien oder selbst innerhalb Europas bei grossen Distanzen schnell einmal 10 000 Franken oder mehr.

Wahl der Umzugsfirma

Es gibt zahlreiche Firmen, die auf internationale Umzüge spezialisiert sind. Dort sind Sie sicherlich besser aufgehoben als bei irgendeinem Spediteur, der ab und zu Hausrat ins Ausland transportiert, um Leerfahrten zu vermeiden. International tätige Transportfirmen arbeiten im Ausland mit Agenten zusammen und bieten umfassende Dienstleistungen an.

Professionelle Transportfirmen stellen eine detaillierte Offerte aus, die auf einer Wohnungsbesichtigung basiert. Achten Sie darauf, dass die Umzugsfirma mehrsprachige, erfahrene Mitarbeiter und Zugang zu aktuellen Zollvorschriften hat. Im Weiteren sollte der Transporteur Mitglied eines anerkannten Branchenverbands sein. In der Schweiz sind die Möbeltransporteure im Centralverband Internationaler Möbeltransporteure der Schweiz (CVSM) zusammengeschlossen. Auch eine Mitgliedschaft bei der Internationalen Föderation der internationalen Umzugsfirmen (FIDI) bürgt für einen bestimmten Qualitätsstandard. Einige Firmen sind sogar ISO-zertifiziert, was standardisierte Abläufe und Vorgaben bei hoher Qualität garantiert.

Das leisten internationale Umzugsfirmen

Grunddienstleistungen
- Besichtigung der Wohnung in der Schweiz
- Beratung, Information über Zollvorschriften im Zielland, Einholen der nötigen Zolldokumente
- Lieferung von Packmaterial
- Packen des Umzugsguts
- Erstellen der Packliste und Übersetzung in die verlangten Sprachen
- Verlad in Container oder Möbelwagen
- Transport des Umzugsguts (Camion, See- und Luftfracht)
- Transportversicherung
- Ausfuhrformalitäten in der Schweiz
- Zollabfertigung am Bestimmungsort
- Auslieferung am neuen Domizil
- Auspacken und Montage
- Entsorgung des Packmaterials

Zusatzdienstleistungen
- Entsorgen von nicht benötigtem Mobiliar, elektronischen Geräten und Sondermüll in der Schweiz
- Einlagern von Einrichtungsgegenständen in der Schweiz
- Zwischenlagern von Umzugsgut im Ausland
- Wohnungsreinigung und -abgabe in der Schweiz

- Informieren Sie sich frühzeitig über die aktuellen Zollvorschriften bei der Einreise und stellen Sie sicher, dass Sie über alle notwendigen Dokumente verfügen.
- Schliessen Sie keinen Umzugsvertrag ab, ohne vorher zwei bis drei Offerten mit verschiedenen Varianten eingeholt zu haben.

- **Centralverband Internationaler Möbeltransporteure der Schweiz (CVSM)**
  Weissenbühlweg 3, 3007 Bern, Tel. 031 370 85 85, Internet www.astag.ch
  (Mitgliederliste von internationalen Schweizer Möbeltransporteuren)

- **Fédération Internationale des Déménageurs Internationaux (FIDI)**
  69 rue Picard, Bte 5, B-1080 Brüssel, Tel. 00 322 426 51 60, Internet www.fidi.com
  (Dachorganisation der internationalen Umzugsfirmen)

Das Abmelden in der Schweiz

Niemand hindert Sie im Prinzip daran, die Schweiz bei Nacht und Nebel zu verlassen – weder die Wohnsitzgemeinde noch militärische Stellen. Sie handeln sich damit aber einige Probleme ein, werden unter Umständen international gesucht und müssen Bussen zahlen. Das lässt sich durch korrektes Abmelden bei den entsprechenden Behörden vermeiden. In der Regel ist dies eine unkomplizierte Angelegenheit, wenn auch mit gewissem Aufwand verbunden. Wer sich bei den zuständigen Stellen vorgängig informiert und danach richtig vorgeht, hat die Formalitäten schnell erledigt – und kann mit ruhigem Gewissen die Koffer packen.

Abmeldung bei der Wohngemeinde

Reisen Sie für länger als drei Monate ins Ausland, sollten Sie sich am Wohnsitz informieren, ob Sie sich für die Dauer Ihres Auslandaufenthalts abmelden müssen oder nicht. Je nach Situation ist dies nicht nötig – oder aber zwingend erforderlich. Ihr Wohnsitz ist dort, wo Sie Ihren Heimatschein (siehe Seite 332) bei der Einwohnerkontrolle oder beim Personenmeldeamt hinterlegt haben. In der Regel sind Sie dort auch mit Ihrer Wohnadresse angemeldet, zahlen Steuern und üben Ihre politischen Rechte aus.

Die Abmeldung von Schweizer Bürgerinnen und Bürgern ist kantonal geregelt, vielfach nur lückenhaft. Entsprechend unterschiedlich handhaben die einzelnen Kantone das Einwohnerkontroll- und Meldewesen. Selbst innerhalb des gleichen Kantons kann es unter den Gemeinden beträchtliche Unterschiede geben.

So kommt es vor, dass für die eine Gemeinde ein Studium im Ausland oder eine Weltreise in keinem Fall einen Grund zur Abmeldung darstellt – egal, wie lange die Abwesenheit dauert. Die angrenzende Gemeinde meldet dagegen konsequent alle Personen ab, die länger als ein Jahr ins Ausland reisen. Im Nachbarkanton erfordern schon Auslandaufenthalte über sechs oder gar über drei Monate zwingend eine Abmeldung. In anderen Kantonen ist die Dauer des Auslandaufenthalts überhaupt kein Kriterium, wenn glaubhaft dargelegt wird, dass die Rückkehr an den bisherigen schweizerischen Wohnort in absehbarer Frist beabsichtigt und keine eigentliche Wohnsitznahme im Ausland geplant ist. Das ist etwa bei einem Austauschschüler oder einer Au-pair der Fall, die bei einer ausländischen Gastfamilie leben, bei einem Gaststudenten, der sich einem Studentenheim einquartiert, oder bei einer Auslandmitarbeiterin, die vorübergehend in einem Hotel wohnt.

Grundsätzlich halten sich Einwohnerkontrollen insbesondere in Städten strikt an ihre Abmeldereglemente und -fristen. Andere Einwohnerkontrollen dagegen beurteilen jeden Fall mehr oder weniger individuell. Das ist vor allem in kleineren Gemeinden üblich, wo die ins Ausland reisende Person den Angestellten der Einwohnerkontrolle noch persönlich bekannt ist und man nach Treu und Glauben vorgeht. Sprechen Sie in jedem Fall mit den zuständigen Beamten auf der Einwohnerkontrolle offen über Ihre Auslandpläne. Man wird Sie dabei auch auf allfällige Vor- und Nachteile einer Abmeldung beziehungsweise Wohnsitzaufgabe hinweisen können. Diese gibt es insbesondere in den Bereichen Steuern, Verrechnungssteuern, Krankenkasse, Sozialversicherungen oder Stipendien.

In einem Punkt herrscht jedoch bei allen Einwohnerkontrollen Einigkeit: Wer sich im Ausland längerfristig niederlässt – etwa als Pensionierter oder Erwerbstätige –, wer definitiv auswandert oder sich auf eine mehrjährige Weltreise begibt, begründet in der Schweiz keinen Wohnsitz mehr, muss sich also abmelden. Ein typisches Beispiel dafür ist der entsandte Mitarbeiter einer Schweizer Firma, der mit seiner Familie für vier Jahre nach Paris zieht. Mittelpunkt seiner Lebensbeziehungen wird fortan die französische Metropole an der Seine sein. Damit ist die Grundvoraussetzung für den Wohnsitz in der Schweiz nicht mehr erfüllt und es besteht kein Recht, angemeldet zu bleiben, ohne sich tatsächlich hier aufzuhalten.

Bei kurzen oder zeitlich klar begrenzten Auslandaufenthalten, die im Prinzip eine Abmeldung erfordern würden, erstellen viele Einwohnerkontrollen lediglich einen Abwesenheitsvermerk im Einwohnerregister und nehmen keine Abmeldung vor. Sie verlangen dann aber von der ausreisenden Person eine Kontaktadresse zu Hause oder im Ausland.

Wer mit der Abreise gleichzeitig die Wohnung und damit in der Regel auch den Wohnsitz aufgibt, muss das unbedingt melden. Unterlassen Sie dies, werden Ihnen die Stimmunterlagen und andere amtliche Post an die bisherige Adresse gesandt. Die Einwohnerkontrolle wird dann aufgrund der retournierten Post Nachforschungen über Ihren Aufenthalt anstellen. Das kann bei einer Rückkehr zu unliebsamen Fragen und schliesslich zu einer Ordnungsbusse und einer Streichung aus dem Einwohnerregister führen.

Bei einer Abmeldung ins Ausland oder einer Streichung wird Ihr Heimatschein – der Bürgerrechtsausweis des Schweizers im Inland – von der Einwohnerkontrolle in der Regel automatisch zur Aufbewahrung an Ihre Heimatgemeinde gesandt. Das ist diejenige Gemeinde, in der Sie das Bürgerrecht besitzen. Steht Ihnen das Bürgerrecht an mehreren Orten zu, wird der Heimatschein an den Heimatort geschickt, von dem er ausgestellt wurde.

Um bürokratischen Leerlauf zu vermeiden, lassen gewisse Gemeinden den Heimatschein von Personen, die nur kurzfristig oder für eine klar definierte Zeit ins Ausland ziehen und anschliessend wieder in derselben Gemeinde Wohnsitz nehmen, bei der Einwohnerkontrolle deponiert. Auch hier kennt jede Gemeinde eigene Fristen: In einigen Gemeinden ist dieses Vorgehen nur bei Auslandaufenthalten von wenigen Monaten möglich, andere akzeptieren es auch bei längerer Abwesenheit. In keinem Fall erhalten Sie jedoch Ihren Heimatschein ausgehändigt. Er bleibt immer in der Schweiz deponiert und wird nie ins Ausland nachgeschickt – ausser ins Fürstentum Liechtenstein.

Die Abmeldung bei der Einwohnerkontrolle ist kostenlos. Gebührenpflichtig ist in der Regel jedoch das Ausstellen einer Abmeldebescheinigung. Diese sollten Sie unbedingt verlangen. Sie benötigen sie beispielsweise bei der Ausreise am Zoll, beim Zügeln des Haushalts oder für den Bezug von Pensionskassengeldern.

Sie haben jederzeit das Recht, sich bei der Wohnsitzgemeinde abzumelden, sofern Sie den Wohnsitz in der Schweiz tatsächlich aufgeben. Eine Abmeldung mit der Absicht, die Steuern nicht mehr bezahlen zu müssen, wird natürlich nicht akzeptiert. Bei zahlreichen Einwohnerkontrollen können Sie sich nur abmelden, wenn Sie den Beweis erbringen, dass Sie alle Steuerschulden beglichen haben. Gesetzlich ist dieses Vorgehen zwar nicht zulässig; aus steuerrechtlichen Gründen dürfen die Ausweisschriften nicht zurückbehalten werden. In der Praxis bleibt Ihnen jedoch nichts anderes übrig, als die Weisung zu akzeptieren.

- Informieren Sie sich vor jedem längeren Auslandaufenthalt bei der Einwohnerkontrolle, ob eine Abmeldung nötig ist und welche Vor- und Nachteile daraus resultieren.
- Verlangen Sie, wenn Sie den Wohnsitz in der Schweiz definitiv aufgeben, von der Einwohnerkontrolle eine Abmeldebescheinigung. Diese benötigen Sie beim Zoll, wenn Sie Umzugsgut ins Ausland mitnehmen, oder für den Bezug von Pensionskassengeldern.

Abmeldung beim Militär

Die militärische Abmeldung hat nichts mit der zivilen zu tun. Um Klarheit zu schaffen, zuerst ein kurzer Hinweis, worauf die militärische Abmeldung basiert: Jeder Mann mit Schweizer Bürgerrecht ist grundsätzlich wehrpflichtig. Die Wehrpflicht umfasst die Melde-, Stellungs-, Militärdienst-, Zivildienst- und Ersatzpflicht. Die Meldepflicht verlangt von Schweizer Männern, dass sie sich bei der zuständigen Militärbehörde zur Aufnahme in die Militärkontrolle melden – und zwar zu Beginn des Jahres, in dem sie das 19. Alterjahr vollenden. Die Meldpflicht erlischt am Ende des Jahres, in dem Wehrpflichtige ihr 41. Altersjahr vollenden. Die Stellungspflicht umfasst die obligatorische Rekrutierung (Aushebung) zwischen dem 19. und 25. Altersjahr. Dabei wird festgestellt, in welcher Form der Stellungspflichtige seine Wehrpflicht erfüllen muss. Wer nicht rekrutiert wird, ist nicht militärdienstpflichtig. Militärdiensttaugliche Schweizer absolvieren ihre Wehrpflicht in der Armee (Militärdienstpflicht) oder beim zivilen Ersatzdienst (Zivildienstpflicht). Die Militärdienstpflicht beginnt am Anfang des Jahres, in dem der Dienstpflichtige sein 20. Altersjahr vollendet. Sie endet je nach militärischem Grad im Alter von 42 oder 52. Achtung: Im Rahmen der Armeereform XXI werden Dienstpflichtige unter Umständen vorzeitig entlassen.

Untaugliche leisten ihre Wehrpflicht in Geldform mit der so genannten Wehrpflichtersatzabgabe (siehe Seite 291) und werden von den örtlichen oder regionalen Zivilschutzorganisationen in den Schutzdienst eingeteilt (Ersatzpflicht). Sie bleiben jedoch wehrpflichtig.

Schweizer Männer, die das Bürgerrecht eines anderen Staates besitzen und dort ihre militärischen Pflichten erfüllt oder Ersatzleistungen erbracht haben, sind in der Schweiz nicht militärdienstpflichtig. Sie unterstehen in der Schweiz aber der Melde- und Ersatzpflicht. Frauen mit Schweizer Bürgerrecht unterstehen nicht der allgemeinen Wehrpflicht, können sich jedoch freiwillig militärisch betätigen – in einer Funktion in der Armee oder beim Rotkreuzdienst. Sie werden dadurch militärdienstpflichtig.

Alle Wehrpflichtigen sowie die weiblichen Angehörigen der Armee sind bei der örtlichen Militärsektion beziehungsweise bei der regionalen Vollzugsstelle des Zivildienstes meldepflichtig und haben bei einem Auslandaufenthalt entsprechende Pflichten zu erfüllen.

• **Wichtig:** Junge Schweizer, die vor ihrer Stellungspflicht, also vor dem 19. Lebensjahr, etwa für ein Studium oder eine Weltreise ins Ausland ziehen, haben keine militärischen Abmeldepflichten. Sie müssen sich erst bei der Rückkehr in die Schweiz beim Militär melden (siehe Seite 398).

Auslandaufenthalt unter einem Jahr

Meldepflichtige, die sich nicht länger als zwölf Monate im Ausland aufhalten, benötigen dafür keinen speziellen Auslandurlaub von den Militär- oder Zivilschutzbehörden. Bei einer mehrmonatigen Abwesenheit sollten Sie trotzdem den Sektionskontrollführer informieren – das kann eine Amtsstelle oder Person bei der Gemeinde sein (Sektionschef) – und eine Kontaktadresse im Ausland oder in der Schweiz hinterlassen. So besteht keine Gefahr, dass Sie militärische Pflichten verletzen. Wird während Ihrer Abwesenheit ein Militärdienst fällig, müssen Sie die obligatorische Schiesspflicht erfüllen oder werden Sie aus der Militärdienstpflicht entlassen, kann Ihnen der Sektionskontrollführer sagen, an welche Stelle Sie ein Gesuch um Verschiebung oder Befreiung richten müssen. Diese Abklärungen sind insbesondere in der Übergangszeit zur Armeereform XXI und nach Inkrafttreten der neuen Bestimmungen wichtig. Das neue Militärgesetz wird nicht vor dem 1. Januar 2004 in Kraft treten.

Verlassen Sie die Schweiz, ohne sich beim Sektionskontrollführer zu melden, hat dies keine rechtlichen Konsequenzen, solange sie allen militärischen Pflichten nachkommen. Beschliessen Sie erst im Ausland, länger als zwölf Monate der Schweiz fernzubleiben, müssen Sie bei der zuständigen schweizerischen Vertretung im Ausland ein Gesuch für einen Auslandurlaub stellen. Wird der Urlaub bewilligt, sind Sie von den militärischen Pflichten befreit.

Auslandaufenthalt über einem Jahr
Planen Sie einen ununterbrochenen Auslandaufenthalt von über zwölf Monaten und melden Sie sich zivilrechtlich bei der Wohnsitzgemeinde ab (siehe Seite 330), müssen Sie sich als Dienstpflichtiger vom zuständigen Kreiskommandanten beurlauben lassen. Verlangt Ihre Wohnsitzgemeinde nicht, dass Sie sich zivilrechtlich abmelden, benötigen Sie streng genommen keinen Auslandurlaub. Dennoch ist eine Beurlaubung zu empfehlen. Dadurch sind Sie nämlich von den militärischen Pflichten befreit und müssen insbesondere keinen Militärdienst leisten.

Das Urlaubsgesuch ist in der Regel zwei Monate vor Antritt des Auslandurlaubs schriftlich mit dem Dienstbüchlein dem Kreiskommando einzureichen. Entsprechende Formulare erhalten Sie beim Sektionskontrollführer. Bewilligt wird Ihr Gesuch nur, wenn Sie den bis zur Ausreise fällig gewordenen militärischen Pflichten nachgekommen sind. Wurden Sie beispielsweise schon zu einem Dienst aufgeboten, müssen Sie diesen in der Regel zuerst leisten. Wer Wehrpflichtersatz zahlt, hat den bis zur Ausreise geschuldeten Betrag zu entrichten (Details siehe Seite 291).

Der Entscheid über das Urlaubsgesuch wird Ihnen schriftlich mitgeteilt. Wichtig zu wissen: Der Auslandurlaub läuft nicht nach einer gewissen Frist ab, sondern ist für die gesamte Dauer des Auslandaufenthalts gültig – ob dieser nun fünfzehn Monate oder zehn Jahre dauert. Können Sie einen bewilligten Urlaub nicht innerhalb eines Monats vom vorgesehenen Ausreisedatum an gerechnet antreten, müssen Sie das unverzüglich melden. Der Urlaub kann sonst wieder aufgehoben werden.

Beurlaubte haben vor der Ausreise Ihre persönliche militärische Ausrüstung abzugeben; und zwar im nächstgelegenen Zeughaus des Wohnsitzkantons. Das Dienstbüchlein bleibt während eines Auslandaufenthalts beim Kreiskommandanten hinterlegt.

Kommen Meldepflichtige ihren Abmeldepflichten nicht nach, werden über die Einwohnerkontrolle, Familienangehörige und die schweizerischen Vertretungen im Ausland Nachforschungen nach ihrem Verbleib eingeleitet. Meldevergehen führen zu Bussen und unter Umständen zu Arrest.

  • Wenden Sie sich bei einem längeren Auslandaufenthalt frühzeitig an den Sektionskontrollführer und Zivilschutzstellenleiter an Ihrem Wohnsitz. Er kann Sie im Detail bezüglich allen militärischen Pflichten beraten.

- **Sektionskontrollführer (Sektionschef) und Zivilschutzstellenleiter**
  Adresse im Telefonbuch oder bei der Gemeinde
  (Auskunft und Beratung in Militär- und Zivilschutzfragen)

- **Kreiskommando**
  Adresse im Telefonbuch oder beim Sektionskontrollführer
  (Zuständig für Urlaubsgesuche bei Auslandaufenthalten)

- **Eidgenössisches Departement für Verteidigung, Bevölkerungsschutz und Sport (VBS)**
  Untergruppe Personelles der Armee, Sektion Wehrpflicht, Rodtmattstrasse 110, 3003 Bern, Tel. 031 324 32 46, Internet www.vbs.admin.ch
  (Rechtsauskünfte zum militärischen Kontrollwesen)

Welche Stellen sind sonst zu benachrichtigen?

Neben der Abmeldung bei der Einwohnerkontrolle am Wohnsitz und beim Sektionschef sollten Sie weitere Abmeldungen, Adressänderungen oder Vertragskündigungen nicht vergessen; hier eine unvollständige Liste:

Wer muss benachrichtigt werden?

Abmelden bei
- Steueramt (siehe Seite 280)
- Motorfahrzeugkontrolle (siehe Seite 273)
- Postamt (Post umleiten)
- Banken
- Pfarramt (Kirchensteuern)
- Krankenkasse (siehe Seite 246)
- Versicherungen (siehe Seite 260)
- Elektrizitäts-, Gas-, Wasserwerk
- Schule, Kindergarten
- Vereine, Parteien

Verträge kündigen oder sistieren
- Zeitschriften, Zeitungen
- Telefon, TV und Radio
- Leasingverträge
- Mietverträge (Wohnung und andere)
- Klub-, Vereinsbeiträge

Adressänderungen
- Familie, Freunde, Bekannte
- Weiterlaufende Versicherungen
- Weiterlaufende Abonnemente

5. Das Leben im Ausland

Wer den Schritt ins Ausland wagte, darf auf sich stolz sein. Jetzt gilt es, sich in der neuen Umgebung zurechtzufinden, sich an die veränderten Lebensumstände anzupassen. Die Schweiz sollten Sie trotzdem nicht ganz vergessen. Wichtig ist, dass Sie Ihre Rechte und Pflichten als Auslandschweizer kennen und wissen, wer Ihnen bei Problemen im Ausland hilft. Wichtig ist auch, dass Sie während Ihres Auslandaufenthalts den Kontakt zur Heimat, zu Ihrer Familie, zu Freunden und Bekannten aufrechterhalten.

Das Anmelden im Ausland

Wer ins Ausland reist, wird in der Regel nicht untertauchen wollen. Das wäre in der Praxis auch kaum möglich – selbst wenn jemand zum Dauerreisenden wird und sich dadurch in keinem Land offiziell anzumelden hat. Spätestens bei einer notwendigen Passverlängerung muss man sich bei irgendeiner schweizerischen Vertretung im Ausland melden.

Bei den ausländischen Behörden

Bei der Ankunft im Gastland werden Sie aufgrund Ihrer vorgängigen Abklärungen bei der zuständigen ausländischen Vertretung in der Schweiz wissen, ob und bei welchen der dortigen Behörden Sie sich anmelden müssen. Ist dies nicht der Fall, sollten Sie sich spätestens jetzt darum kümmern.

Wer als Tourist unterwegs ist und sich nicht länger als die erlaubte Zeit in einem Land aufhält, wird damit in der Regel nicht konfrontiert. Ganz im Gegensatz zu Personen, die im Ausland erwerbstätig werden oder sich als Nichterwerbstätige vorübergehend dort aufhalten oder längerfristig niederlassen wollen. Verstossen sie im Gastland unbewusst oder gar vorsätzlich gegen die Anmeldepflichten für Ausländer, werden sie – sobald dies den Behörden bekannt wird – riesige Probleme haben.

Zählen Sie nie darauf, als Ausländer unbemerkt illegal in einem fremden Land leben zu können. Auch wenn Sie sich bei Ihnen wohl gesinnten Bekannten in einer mehr oder weniger geschützten Umgebung aufhalten – es wird unter den Einheimischen immer jemanden geben, der Ihre Anwesenheit aus irgendeinem Grund nicht schätzt und die zuständigen Behörden auf die unterlassene Anmeldung aufmerksam macht. Die Konsequenzen sind je nach Land, Behörde und Tatbestand verschieden: Von der Mahnung über eine saftige Geldstrafe oder vorübergehende Inhaftierung bis zum sofortigen Landesverweis ist alles möglich.

Bei den Schweizer Behörden

Neben der Anmeldung bei den ausländischen Behörden sind Schweizer Bürgerinnen und Bürger grundsätzlich verpflichtet, sich im Ausland bei der zuständigen schweizerischen Vertretung (siehe Seite 340) anzumelden (immatrikulieren). Allerdings besteht diese Pflicht nur, wenn Sie die Absicht haben, für länger als ein Jahr in einem bestimmten Konsularbezirk Wohnsitz zu nehmen. In diesem Fall haben Sie in der Schweiz vor der Abreise Ihren zivilrechtlichen Wohnsitz aufgeben müssen. Gleichzeitig in der Schweiz und im Ausland Wohnsitz zu haben ist von Gesetzes wegen nicht möglich.

Sie brauchen allerdings nicht ein volles Jahr abzuwarten, um sich bei der schweizerischen Vertretung immatrikulieren zu lassen. Eine freiwillige Eintragung ist auch bei kürzerer Aufenthaltsdauer möglich und wegen der damit verbundenen Vorteile empfohlen. Bei der Immatrikulation werden die persönlichen Daten wie Alter, Geburtsdatum, Heimatort, Zivilstand, Angaben zur Ehefrau und zu den Kindern, Angaben zu den Eltern, die letzte Wohnadresse in der Schweiz sowie Pass- und Identitätskarten-Nummer aufgenommen. Alle diese Daten werden im Immatrikulationsregister eingetragen. Volljährige Kinder müssen sich selber um einen Eintrag bemühen.

• **Wichtig:** Obwohl eine Pflicht zur Anmeldung bei einer schweizerischen Vertretung besteht, haben Sie keine strafrechtlichen Konsequenzen zu tragen, wenn Sie dieser aus welchen Gründen auch immer nicht nachkommen. Sie berauben sich aber einiger Vorteile. Eine Immatrikulation erleichtert die Ausstellung oder die Verlängerung eines Passes, die Hilfe in Notfällen, die Registrierung bei einer Heirat, Scheidung, Geburt und bei einem Todesfall. In all diesen Fällen sind Sie auf die schweizerische Vertretung im Ausland angewiesen. Eine Immatrikulation ermöglicht Ihnen auch, Ihre politischen Rechte in der Schweiz auszuüben (siehe Seite 355) oder dem Solidaritätsfonds für Auslandschweizer beizutreten. Gleichzeitig erhalten Sie kostenlos die Schweizer Revue, eine Zeitschrift, die alle für Auslandschweizer relevanten Informationen publiziert (siehe Seite 378).

Auch wenn Sie während Ihres Auslandaufenthalts Ihren zivilrechtlichen Wohnsitz in der Schweiz beibehalten, kann es sich – vor allem bei einem stationären Aufenthalt oder während einer längeren Auslandreise – lohnen, der Schweizer Vertretung eine Kontaktadresse im Land und von Angehörigen zu Hause sowie eine Kopie des Passes zu hinterlassen. Dies empfiehlt sich insbesondere in Ländern mit erhöhten Gefahren, etwa in Südamerika oder Afrika (mehr zu den Aufgaben der Schweizer Vertretungen im Ausland und zur Hilfe, die Sie von diesen Stellen erwarten können, finden Sie auf der nächsten Seite).

Anmeldevorschriften für Wehrpflichtige

Meldepflichtig bei der zuständigen schweizerischen Vertretung im Ausland sind alle Angehörigen der Armee, des Rotkreuzdienstes sowie Schweizer Bürger, die Wehrpflichtersatz (siehe Seite 291) bezahlen müssen oder keinen Auslandurlaub (siehe Seite 334) erhielten. Die Meldpflicht besteht bis zum Ende des Kalenderjahrs, in dem sie sich mit einem gültigen Auslandurlaub ununterbrochen drei Jahre im Ausland aufgehalten haben.

Anmelden müssen Sie sich spätestens einen Monat nach der Ausreise aus der Schweiz. Wer im Ausland in einen anderen Konsularbezirk umzieht, hat sich am alten Ort militärisch ab- und am neuen Ort wieder anzumelden. Sind Sie als Reisender im Ausland unterwegs und lassen Sie sich nirgends für längere Zeit nieder, sind Sie von dieser Anmeldepflicht entbunden. In diesem Fall ist es wichtig, dass Sie zu Hause dem Sektionskontrollführer eine Kontaktadresse hinterlassen, über die Sie im Notfall zu erreichen wären.

Junge Auslandschweizer, die 19 Jahre alt werden und bei einer schweizerischen Vertretung immatrikuliert sind, unterstehen keinen militärischen Pflichten, solange sie im Ausland wohnen. Das heisst, sie müssen sich nicht militärisch ausheben lassen, wie dies bei Schweizer Bürgern mit Wohnsitz in der Schweiz der Fall ist. Sonderregelungen bestehen unter anderem für Schweizer Grenzgänger mit Wohnsitz im Ausland, die in der Schweiz arbeiten oder hier eine Ausbildung absolvieren. Unter bestimmten Voraussetzungen können sie jedoch die Rekrutenschule in der Schweiz freiwillig absolvieren.

- Nehmen Sie Wohnsitz im Ausland, sollten Sie sich unverzüglich bei den ausländischen Behörden anmelden. Melden Sie sich auch bei der zuständigen schweizerischen Vertretung an. Das bringt Ihnen nur Vorteile.
- Informieren Sie bei längeren Aufenthalten in Ländern mit erhöhten Gefahren die Schweizer Vertretung über Ihren Aufenthaltsort oder Ihre Reiseroute. Hinterlegen Sie eine Kontaktadresse sowie eine Passkopie.

Die schweizerischen Vertretungen im Ausland

Für alle Schweizer Bürger und Bürgerinnen gibt es eine gemeinsame Brücke zur Schweiz: die schweizerischen Auslandvertretungen. Dazu gehören gegenwärtig 169 Berufsvertretungen: 93 Botschaften, 12 Missionen bei internationalen Organisationen, 44 Generalkonsulate, 3 Konsulate, 2 Aussenstellen und 12 Koordinationsbüros der Direktion für Entwicklung und Zusammenarbeit (DEZA), 2 Verbindungsbüros sowie 1 Vertretungsbüro. Hinzu kommen 165 Honorarvertretungen (General- und Honorarkonsulate sowie Konsularagenturen) mit beschränkten oder keinen Amtsbefugnissen (siehe Seite 342).

All diese Auslandvertretungen bilden einen wichtigen Pfeiler der Schweizer Aussenpolitik. Es sind Wissenszentren über das Gastland, Aussenstellen für die Entwicklung und Stärkung bilateraler Beziehungen sowie Informations- und Förderungszentren für die Schweiz, ihre Kultur, Institutionen und Wirtschaft. Botschaften und Konsulate haben verschiedene Aufgaben zu erfüllen. Als Schweizer oder Schweizerin im Ausland sollten Sie wissen, welche Stelle für welches Anliegen der richtige Ansprechpartner ist.

Funktion und Aufgaben der Botschaften

Eine Botschaft ist die offizielle Vertretung eines Landes in einem anderen Staat. Alle offiziellen Beziehungen zwischen der Schweiz und einer ausländischen Regierung wickeln sich über Botschaften ab. Diese befinden sich – abgesehen von wenigen Ausnahmen – immer in der Hauptstadt des Gastlands. Botschaften treten primär für die Interessen der Schweiz und nicht für die Anliegen einzelner Schweizer Bürger ein. Dafür sind die Konsulate zuständig (siehe nächste Seite).

Die wichtigsten Aufgaben einer Botschaft

- Berichterstattung an das Eidgenössische Departement für auswärtige Angelegenheiten (EDA) über politische, wirtschaftliche, rechtliche und kulturelle Entwicklungen im Gastland
- Förderung schweizerischer Exporte und des Fremdenverkehrs
- Vermittlung von Informationen über die Schweiz, Pflege der Kontakte und Beziehungen in allen wichtigen Bereichen, um den Bekanntheitsgrad der Schweiz zu steigern
- Förderung der kulturellen Präsenz der Schweiz im Ausland durch Unterstützung geeigneter Anlässe
- Vorbereitung und Durchführung von Verhandlungen, zum Beispiel bei Staatsverträgen, in enger Zusammenarbeit mit den zuständigen Behörden des Gastlands und in der Schweiz
- Intervention bei Verletzungen des Völkerrechts oder von Staatsverträgen

Jede Botschaft wird von einem Diplomaten oder einer Diplomatin im Rang eines Botschafters oder Geschäftsträgers geleitet. Diese Person wird vom Bundesrat ernannt und ist dessen offizielle Vertretung bei der Regierung im Gastland. Um diese Funktion ausüben zu können, benötigt der Botschafter oder die Botschafterin nicht nur ein Beglaubigungsschreiben des Bundesrats, sondern auch die Zustimmung (Akkreditierung) des Gastlands. Schweizer Botschafter können gleichzeitig in mehreren Ländern akkreditiert beziehungsweise tätig sein. Um ihre Funktion auszuführen, müssen sie nicht zwingend im Gastland wohnen. So ist zum Beispiel der Botschafter in Ghana auch in Liberia, Sierra Leone und Togo akkreditiert. In Ländern ohne residierenden Botschafter wird die Schweizer Botschaft von einem Geschäftsträger geleitet. Ist ein Botschafter in seinem Residenzland abwesend, übernimmt sein Stellvertreter mit Titel eines Geschäftsträgers seine Aufgaben. Es versteht sich von selbst, dass die Schweiz nicht in allen Ländern eine Berufsvertretung vor Ort aufrechterhalten kann.

Funktion und Aufgaben der Konsulate

Praktisch in jeder Schweizer Botschaft ist auch eine Konsularabteilung integriert. Das Konsulat tritt in einem ausländischen Staat für die Interessen der Schweizer Landsleute ein, die dort wohnen, wirtschaftlich tätig sind oder sich vorübergehend als Reisende aufhalten. Neben der Betreuung der Schweizerinnen und Schweizer übernimmt das Konsulat auch eine Vermittlerfunktion zwischen den Schweizer Bürgern im Ausland und den Heimatbehörden.

- **Achtung:** Abgesehen von der Immatrikulation sind die meisten Dienstleistungen der schweizerischen Auslandvertretungen gebührenpflichtig. Je nachdem kommt eine fixe Gebühr zur Anwendung oder es wird ein Stundenansatz nach Aufwand verrechnet.

Unterschieden wird zwischen Generalkonsulaten und Konsulaten. Wichtige Posten werden als Generalkonsulat geführt und von einem Generalkonsul oder einer Generalkonsulin geleitet. Den Konsulaten steht ein Konsul oder eine Konsulin vor.

Konsulate können auch durch so genannte Honorarvertreter geführt werden. Das sind Vertrauenspersonen – in der Regel Schweizer Bürger oder Bürgerinnen –, die schon längere Zeit im Gastland wohnen und sich fundierte Landeskenntnisse angeeignet haben. Sie sind in irgendeinem Beruf tätig und üben ihre Konsulfunktion nur nebenberuflich aus. Als ständige Vertreter eines Botschafters oder Berufskonsuls sind sie für Auslandschweizer, Behörden, Wirtschafts-, Wissenschafts- und Kulturkreise Verbindungspersonen zur Schweiz.

Honorarkonsule haben weit weniger Kompetenzen als Berufskonsule und können Schweizer Bürgern auch bedeutend weniger Dienstleistungen anbieten. In der Regel befassen sie sich nicht mit administrativen und notariellen Angelegenheiten. Das heisst, sie stellen beispielsweise keine Pässe, Visa oder Beglaubigungen aus. Sie sind meist an Orten tätig, wo viele Auslandschweizer leben oder andere wichtige schweizerische Interessen, etwa für die Wirtschaft, zu wahren sind. Honorarkonsule gibt es zum Beispiel in Frankreich, Italien, Kanada, Argentinien, Brasilien oder in den USA.

Konsulate sind in einer oder auch mehreren Städten eines Landes zu finden, sind jeweils für ein bestimmtes geografisches Gebiet zuständig (Konsularkreis) und unterstehen immer einer schweizerischen Botschaft. Massgebend für die Eröffnung eines Konsulats sind die Zahl der Auslandschweizer in der entsprechenden Region sowie die schweizerischen Wirtschaftsinteressen. So gibt es beispielsweise in den USA sieben General- und zwanzig Honorarkonsulate.

Die wichtigsten Aufgaben eines Konsulats aus der Sicht von Auslandschweizern

- Registriert Schweizer Bürgerinnen und Bürger, die sich im Ausland aufhalten, analog einer Einwohnerkontrolle in der Schweiz
- Stellt Pässe aus, verlängert sie und hilft bei Passverlust
- Nimmt Gesuche für Identitätskarten entgegen
- Ist Anmelde- und Anlaufstelle für die freiwillige AHV/IV (siehe Seite 224)
- Übernimmt die Funktion einer militärischen Kontrollstelle (siehe Seite 339)
- Ermöglicht Auslandschweizern die Ausübung des Stimmrechts (siehe Seite 355) und den Beitritt zum Solidaritätsfonds (siehe Seite 351)
- Ist Ansprechstelle für Fragen des Bürgerrechts und für Zivilstandsangelegenheiten (siehe Seite 357 und 361)
- Ist Antragsstelle für Fürsorgeleistungen (siehe Seite 347)
- Hält den Kontakt mit niedergelassenen Schweizer Bürgern aufrecht, zum Beispiel über Schweizervereine (siehe Seite 381)
- Schützt Schweizer Bürger sowie deren Vermögen innerhalb der völkerrechtlich zulässigen Grenzen vor Übergriffen durch ausländische Behörden
- Bietet konsularischen Schutz, zum Beispiel bei Inhaftierungen, Nachforschungen, Heimschaffungen, Unglücksfällen, Passverlusten, Raubüberfällen (siehe nächste Seite)
- Nimmt – sofern keine andere Möglichkeit besteht – für eine gewisse Zeit Hinterlagen entgegen, zum Beispiel Bargeld, Wertpapiere, Schriftstücke, Testamente, Flugtickets
- Erteilt Auskünfte und bietet Dienstleistungen aller Art, etwa Beratung von Schweizer Exporteuren, Information über Geschäftsmöglichkeiten, Ausstellung von Beglaubigungen und Bescheinigungen
- Fördert die Entwicklung der kommerziellen, wirtschaftlichen, kulturellen und wissenschaftlichen Beziehungen zwischen der Schweiz und dem ausländischen Staat

Zurzeit ist bei den schweizerischen Vertretungen im Ausland aufgrund von Sparmassnahmen des Bundes einiges im Umbruch. Für Schweizer Bürger hat dies zum Teil direkte Auswirkungen: etwa wenn Vertretungen geschlossen, bisherige Dienstleistungen reduziert und verteuert oder Öffnungszeiten verkürzt werden.

Die Hilfe in der Not

Jedes Jahr geraten Hunderte von Schweizer Bürgern und Bürgerinnen im Ausland in Not. Darunter befinden sich einerseits niedergelassene Auslandschweizer, mehrheitlich jedoch Reisende. Notsituationen entstehen zum Beispiel bei einem Verlust von Pass und Identitätskarte, bei finanziellen Problemen, schwerwiegenden Erkrankungen und Unfällen, bei Naturkatastrophen, beim Ausbruch von sozialen Unruhen, bei Streiks, Bürgerkriegen, Todesfällen oder Problemen mit den ausländischen Behörden und der Justiz.

Nicht immer können sich die Betroffenen in solchen Situationen selbst helfen, sondern sind auf die kompetente Hilfe von Dritten angewiesen: beispielsweise auf Notfallzentralen von Reiseversicherungen, auf Rettungs- und Bergungsorganisationen (siehe Seite 276), auf Kreditkartenfirmen (siehe Seite 201) oder den Auslandschweizer-Solidaritätsfonds (siehe Seite 351). Bedingt leisten auch die schweizerischen Vertretungen im Ausland Hilfe.

Hilfeleistungen der Schweizer Botschaften und Konsulate

Im Zusammenhang mit der Hilfe von schweizerischen Auslandvertretungen ist grundsätzlich zwischen dem diplomatischen und dem konsularischen Schutz zu unterscheiden.

Diplomatischer Schutz: Voraussetzung, dass ein Schweizer Bürger vom diplomatischen Schutz profitieren kann, ist eine Verletzung international anerkannter Regeln oder zwischenstaatlicher Verträge und Abkommen. Das ist beispielsweise der Fall bei entschädigungslosen Enteignungen oder bei längerem Freiheitsentzug ohne Gerichtsverfahren. In solchen Situationen kann die Schweizer Botschaft bei den ausländischen Behörden direkt intervenieren. Sie macht dabei ihr eigenes Recht geltend und nicht dasjenige des betroffenen Schweizer Bürgers. Schweizer Bürgerinnen und Bürger haben deshalb rechtlich keinen Anspruch darauf, dass ihnen die Schweiz Schutz gewährt. Im Klartext: Die Hilfe kann verweigert werden, wenn dadurch höhere Interessen der Schweiz tangiert würden.

Konsularischer Schutz: Beim konsularischen Schutz vertritt die Schweiz im Ausland nicht ihre eigenen Rechte, sondern diejenigen ihrer Bürgerinnen und Bürger. Im Rahmen des konsularischen Schutzes können Sie also mithilfe der zuständigen Auslandvertretung Ihre individuellen Rechte in einem anderen Land geltend machen. Dies wird allenfalls nötig bei Verhaftungen, Folterungen oder Gerichtsverfahren.

Aber auch hier gilt: Ein Anspruch auf konsularischen Schutz besteht nicht. Die Schweiz kann nämlich davon absehen, sofern dadurch höhere Staatsinteressen gefährdet würden. Hinzu kommt, dass jeder ausländische Staat selbst bestimmt, zu welchen Bedingungen und in welchem Umfang er Ausländern den konsularischen Schutz gewähren will. Dabei müssen immer die Gesetzgebung des entsprechenden Staates, völkerrechtliche Bestimmungen sowie allfällige bilaterale und multilaterale Verträge mit der Schweiz respektiert werden.

Schweizer Doppelbürgern, die in ihrem zweiten Heimatstaat leben, kann die Schweiz nur in sehr beschränktem Mass konsularischen Schutz gewähren. Sie gelten nämlich als Bürger des Wohnsitzlands und werden als solche behandelt.

Wann und wie helfen Botschaften und Konsulate?

Die meisten Schweizer haben zu hohe Erwartungen an die Hilfsmöglichkeiten der Auslandvertretungen. Diese dürfen beispielsweise weder Dienstleistungen von Reisebüros, Anwälten, Polizeiorganen noch von Bankinstituten erbringen. «Hilf dir selbst», lautet deshalb die Devise. Auslandvertretungen helfen Schweizer Bürgern nur auf die Füsse, wenn alle Möglichkeiten der Selbsthilfe ausgeschöpft sind und keine Aussicht mehr besteht, dass die Betroffenen ihre Schwierigkeiten mit eigenen Mitteln oder beispielsweise mit der Unterstützung einer Reiseleitung überwinden können.

Illusorisch also zu glauben, dass Sie als Gestrandeter oder Ausgeraubte von einer Schweizer Auslandvertretung grosszügige finanzielle Unterstützung erhalten. Nur wenn Sie nicht selbst kurzfristig Geld von zu Hause organisieren können, dürfen Sie auf eine Überbrückungshilfe von maximal 600 Franken hoffen – rückzahlbar innert 60 Tagen. Mit diesem Notgroschen dürfen Sie aber nicht etwa Ihren Urlaub verlängern; Sie müssen auf direktem Weg nach Hause reisen. Für Arzt- und Spitalkosten werden maximal 1200 Franken vorgeschossen. Nur wer sich schon länger als drei Monate im Ausland aufgehalten hat, kann gemäss Bundesgesetz über Fürsorgeleistungen für Auslandschweizer und -schweizerinnen (siehe Seite 347) in den Genuss von höheren Leistungen kommen.

Sehr begrenzte oder gar keine Hilfe können Schweizer Auslandvertretungen in Krisengebieten leisten. Denn lokale Konfliktparteien gewähren diplomatischem Personal erfahrungsgemäss keinen oder nur ausnahmsweise einen beschränkten Zugang zu Konfliktzonen und lehnen meist jede fremde Einmischung ab.

Ebenfalls keine Hilfe können die Schweizer Auslandvertretungen bieten, wenn es um polizeiliche Ermittlungen geht. Sie dürfen keine eigenen polizeiähnlichen Untersuchungen führen und sich auch nicht in laufende Untersuchungen oder Strafverfahren des Gastlands einmischen. Unmöglich ist es den Auslandvertretungen im Weiteren, inhaftierte Schweizer, die gegen das ausländische Gesetz verstossen haben, einfach aus dem Gefängnis zu holen oder die Annullierung von gerichtlichen Verfügungen zu verlangen. Die Verteidigung vor Gericht ist ebenfalls nicht Aufgabe der Schweizer Vertretung, sondern eines Pflichtanwalts. Das Konsulat wacht jedoch darüber, dass die Rechte von Verhafteten nach lokaler Gesetzgebung gewahrt werden und der Prozess fair verläuft.

Die Dienste der Auslandvertretung sind für Hilfesuchende nicht gratis: Jede halbe Stunde Arbeit kostet 60 Franken plus Spesen. Ziemlich kostspielig kann etwa der Ersatz eines verlorenen oder gestohlenen Passes sein. Können Sie keine Identitätskarte im Kreditkartenformat vorweisen, muss die Botschaft zuerst Ihr Bürgerrecht und Ihre Identität in der Schweiz abklären lassen. Das verursacht einigen Aufwand, den Sie zusätzlich zur Passausstellung bezahlen müssen. Je nachdem dauert es bis zu drei Arbeitstage, bis Sie den neuen Pass in der Hand halten. Hilfreich ist daher, wenn Sie eine Kopie der ersten vier Seiten des Passes oder einen Fahrausweis dabeihaben; das erleichtert die Identifikation – verhilft aber allein noch nicht zu einem Pass.

Bei Krankheit, Todes-, Unglücks- oder Haftfällen erbringt die Botschaft die ersten vier Arbeitsstunden kostenlos. Gratis besucht ein Konsularbeamter auch einen inhaftierten Schweizer – in der Regel ein- bis zweimal jährlich. Anwaltskosten müssen Inhaftierte selbst bezahlen. Bei Haftfällen können sie übrigens auch keine Vorschüsse der Auslandvertretung für Kautionen und Anwaltshonorare oder Geldstrafen erwarten.

Verwechseln Sie schweizerische Auslandvertretungen nicht mit einer Bank, Post oder Infozentrale. Der gestrandete Sohn kann Geld von den Eltern nur dann über die Botschaft erhalten, wenn sich die private Geldübermittlung als unmöglich oder zu zeitraubend erweist. Und die Tochter wird lediglich im Notfall von der Botschaft aus nach Hause faxen oder telefonieren dürfen – und nicht, um vom letzten Motorradtrip zu schwärmen. Möglich ist allerdings, sich als Durchgangsreisender von der Schweiz aus Briefe mit dem Vermerk «wird abgeholt» auf eine Auslandvertretung senden zu lassen. Doch auch diese Briefe lagert die Vertretung nicht unbeschränkt, sondern schickt sie in der Regel nach drei Monaten an den Absender zurück.

Wann kann ich konkrete Hilfe erwarten?

- Beim Verlust von Pass und Identitätskarte: Ersatz nur gegen Verlustanzeige der Polizei
- Bei Unfall, Krankheit, Todesfall: Adressenvermittlung von Ärzten, Spitälern; eventuell Spitalbesuche; Organisation des Rücktransports von Kranken, Verletzten und Verstorbenen
- In finanziellen Notlagen: rückzahlbare Überbrückungshilfen für die Rückreise, Beratung bei der Geldbeschaffung, im Notfall Geldvermittlung über Angehörige
- Bei Verhaftungen: Intervention bei unmenschlichen Haftbedingungen, Vermittlung eines Anwalts oder einer Anwältin, Gefängnisbesuche, Information der Angehörigen
- Bei Spitalaufenthalten: unter anderem Besuche, sofern dies nötig ist
- Bei Kommunikationsproblemen: Nachrichtenübermittlung an Angehörige, Aufbewahren von Briefen
- Für Nachforschungen: Suche nach Vermissten

Wichtig zu wissen: Die Schalter der Schweizer Auslandvertretungen sind nicht Tag und Nacht offen, sondern nur wochentags und oft nur wenige Stunden. Ausserhalb der Schalteröffnungszeiten müssen Hilfesuchende versuchen, die Auslandvertretung telefonisch zu kontaktieren. Erschrecken Sie nicht, wenn die lokale Telefonistin kein Schweizerdeutsch versteht. Auf der Vertretung spricht jedoch immer jemand deutsch, französisch oder italienisch. Schwieriger wird die Kontaktaufnahme an Wochenenden. Viele schweizerische Vertretungen – insbesondere in bekannten Ferienländern – unterhalten aber einen Bereitschaftsdienst für Notfälle. Aufgrund der Angaben auf dem Anrufbeantworter, sollten Sie dann einen Botschafts- oder Konsularangehörigen erreichen können. Ansonsten bleibt Ihnen nichts anderes übrig, als die private Telefonnummer des Botschafters oder Generalkonsuls herauszufinden: anhand des Telefonbuchs, bei der Telefonauskunft, über das Hotelpersonal oder über die Polizei.

Leben im Ausland: Hilfe

- Wenden Sie sich bei schwierigeren Problemen an die zuständige schweizerische Auslandvertretung – erwarten Sie aber nicht, dass man Ihnen dort in jedem Fall und im gewünschten Umfang helfen beziehungsweise alles erwirken kann.
- Konsulate benötigen im Ernstfall die Adressen von nächsten Angehörigen sowie Angaben über den Versicherungsschutz (Reiseversicherung, Krankenkasse). Stellen Sie sicher, dass Sie diese Informationen liefern können.
- Je besser Sie den Auslandaufenthalt vorbereiten, desto kleiner ist das Risiko, in Schwierigkeiten zu geraten. Das heisst unter anderem; Reiseführer lesen, Papiere und Einreisevorschriften überprüfen (siehe Seite 302), genug Geld mitnehmen (siehe Seite 182), die Leistungen der Krankenkasse abklären (siehe Seite 246) und eine Reiseversicherung (siehe Seite 274) abschliessen.

- **Eidgenössisches Departement für auswärtige Angelegenheiten (EDA)**
Konsularischer Schutz, Bundesgasse 32, 3003 Bern,
Tel. 031 322 44 52, Internet www.eda.admin.ch
(Vermittlungs- und Koordinationsstelle zwischen Hilfe suchenden Schweizern im Ausland und ihren Angehörigen in der Schweiz; Ansprechpartner für Schweizer im Ausland ist jedoch immer die zuständige Auslandvertretung)

Auslandschweizerfürsorge

Nicht allen ausgereisten Schweizern und Schweizerinnen lächelt das Glück im Ausland. Auch wer mit den besten Voraussetzungen auszog, kann in unerwartete finanzielle Schwierigkeiten geraten. Wer dann nicht ein genügendes Reservepolster besitzt oder auf Einkünfte aus Versicherungen oder Renten zählen kann, wird schnell mit Existenzproblemen kämpfen.

Reissen alle Stricke, stehen Auslandschweizer nicht völlig allein da. Mit der Auslandschweizerfürsorge gibt es ein staatliches Auffangnetz, das einem wieder auf die Beine helfen kann. Zuständig ist der Bund, der sich bei der Hilfe auf das Bundesgesetz über Fürsorgeleistungen an Auslandschweizer abstützt.

Wer kann von der Auslandschweizerfürsorge profitieren?

Als Auslandschweizer werden gemäss Fürsorgegesetz jene Schweizer Bürger und Bürgerinnen betrachtet, die sich mit der Absicht des dauernden Verbleibens im Ausland niedergelassen haben oder sich seit mehr als drei Monaten ununterbrochen im Ausland aufhalten – ob am gleichen Ort oder nicht, spielt dabei keine Rolle. Auch ein Globetrotter, der länger als drei Monate unterwegs ist, gilt also als Auslandschweizer. Dagegen erhält die ausländische Ehepartnerin – beziehungsweise der Ehepartner – ohne Schweizer Bürgerrecht keine Unterstützung aus der Auslandschweizerfürsorge, auch wenn sie mit einem Schweizer Bürger verheiratet ist. Um von der Auslandschweizerfürsorge profitieren zu können, ist es übrigens nicht notwendig, bei einer schweizerischen Auslandvertretung immatrikuliert zu sein.

Fürsorgeleistungen werden nur ausgerichtet, wenn Sie Ihren Lebensunterhalt nicht aus eigenen Kräften und Mitteln bestreiten können und auch Unterhalts- oder Unterstützungsbeiträge von privater Seite oder von Ihrem Aufenthaltsland nicht ausreichen. Keine Fürsorgeleistung haben Sie unter anderem zugut, wenn Sie sich weigern, alles Zumutbare zu unternehmen, um Ihre Lage zu verbessern – beispielsweise wenn Sie eine zumutbare Arbeit weder annehmen wollen noch sich um eine solche bemühen.

- **Achtung:** Schweizer Doppelbürgern leistet der Bund in der Regel nur Hilfe, wenn sie zu ihrem zweiten Heimatstaat bedeutend weniger enge Beziehungen unterhalten als zur Schweiz. Sonst müssen sich Doppelbürger in Not für finanzielle Unterstützung an den zweiten Heimatstaat wenden.

Wie erhalte ich Hilfe?

Das Gesuch um Fürsorgeleistungen des Bundes ist bei der zuständigen schweizerischen Vertretung (Adressen Seite 410) auf einem dort erhältlichen Gesuchsformular einzureichen. Die Auslandvertretung überprüft darauf die Angaben, die in der Regel mit Dokumenten zu belegen sind, etwa mit Lohn- und Steuerausweisen, Bankauszügen, Mietverträgen oder Arztzeugnissen. Sind alle entscheidenden Unterlagen vorhanden, sendet die Auslandvertretung das Gesuch sowie einen Bericht mit Antrag an das Bundesamt für Justiz in Bern (Adresse Seite 350). Wird Ihr Gesuch bewilligt, erhalten Sie grundsätzlich eine Kostengutsprache für längstens ein Jahr. Sind Sie nach Ablauf dieser Frist weiterhin auf Hilfe angewiesen, müssen Sie ein Gesuch um Verlängerung der Gutsprache einreichen.

Sofern ein Gesuch bei der Einreichung vollständig ist und keine Nachfragen notwendig sind, dauert es vom Zeitpunkt der Eingabe bis zur Gutsprache in der Regel nur wenige Tage. In dringenden Fällen geht es auch schneller. Bei absoluten Notfällen kann die Auslandvertretung auch in eigener Kompetenz eine Überbrückungshilfe gewähren.

- **Achtung:** In Frankreich und Deutschland müssen Gesuche um Fürsorgeleistungen aufgrund besonderer Fürsorgevereinbarungen nicht an die schweizerische Auslandvertretung gerichtet werden, sondern direkt an die zuständigen Behörden im Wohnsitzland.

Welche Hilfe gewährt die Auslandschweizerfürsorge?

Die Hilfe des Bundes muss nicht zwingend erst in der Notlage und als Geldleistung erfolgen. In besonderen Fällen kann der Bund auch Massnahmen treffen oder unterstützen, die Schweizer und Schweizerinnen im Ausland vor drohender Not schützen können. Möglich ist beispielsweise, dass jemand vom Bund Kleider, Lebensmittel oder Medikamente erhält.

Niedergelassene Schweizer in Not – mit eigener Wohnung und Haushaltführung – erhalten in der Regel einmal monatlich Bargeld ausbezahlt oder Geld überwiesen. Unter Umständen werden auch Direktzahlungen an Dritte geleistet, zum Beispiel an den Arzt oder ans Spital oder, wenn Sie ein Rückflugticket kaufen, an die Fluggesellschaft. Bestehende Schulden werden in der Regel nicht übernommen.

Die Höhe der Fürsorgeleistungen richtet sich grundsätzlich nach den Verhältnissen im Aufenthaltsland sowie nach den notwendigen Lebensbedürfnissen des hilfsbedürftigen Schweizers und seiner Familie. Das Budget für den Lebensunterhalt legt die zuständige schweizerische Auslandvertretung nach internen Richtlinien fest. Die Hilfe basiert also immer auf der individuellen Situation der Betroffenen und auf den ortsüblichen Verhältnissen. Oder anders gesagt: Eine in Not geratene Schweizerin, die in Kenia lebt, wird unter den gleichen Voraussetzungen weniger Fürsorgegelder erhalten als eine Schweizerin in New York. So kann die monatliche Fürsorgeleistung für eine Einzelperson in einem Land mit tiefen Lebenshaltungskosten vielleicht 100 Franken betragen für eine Grossfamilie in einem Hochpreisland dagegen einige tausend Franken ausmachen. Bei gemischten Ehen, in denen der ausländische Partner oder die Partnerin kein Schweizer Bürgerrecht besitzt, wird die Unterstützungsleistung grundsätzlich nur für die Person mit Bürgerrecht berechnet. Kinder aus gemischten Ehen können dagegen mit Unterstützung rechnen, auch wenn sie kein Schweizer Bürgerrecht besitzen.

Schweizer ohne festen Wohnsitz – wie zum Beispiel Reisende – können nicht mit den gleichen Fürsorgeleistungen rechnen wie niedergelassene Auslandschweizer. Ihnen wird keine längerfristige Finanzhilfe gewährt, sondern höchstens eine Überbrückungshilfe für die sofortige Rückreise in die Schweiz.

Der Bund kann Fürsorgeleistungen an Bedingungen und Auflagen knüpfen. So ist der Gesuchsteller etwa verpflichtet, Unterstützungsgelder für einen bestimmten Zweck zu verwenden, muss in einen bestimmten Rückzahlungsmodus einwilligen, Ansprüche abtreten oder Sicherheiten leisten. Letzteres kommt infrage, wenn der Gesuchsteller über Grundeigentum oder andere Vermögenswerte verfügt, deren Veräusserung vorläufig unmöglich oder nicht sinnvoll ist. Fürsorgeleistungen können auch entzogen werden; etwa wenn man die Unterstützungsgelder missbräuchlich verwendet oder sich weigert, zur Verbesserung der eigenen Situation selber beizutragen.

Der Bund kann einer hilfsbedürftigen Person auch die Rückkehr in die Schweiz nahe legen und ihr diese ermöglichen, falls dies in ihrem Interesse liegt. Der Bund übernimmt unter Umständen auch Heimreisekosten, wenn sich ein Hilfsbedürftiger von sich aus zur Heimkehr entschliesst. Ausgewanderte Schweizer, die mit ihren Auslandplänen scheitern und deshalb um Unterstützung nachsuchen, können nicht mit einer Dauerhilfe rechnen, wenn sie sich im Zeitpunkt des Scheiterns noch nicht allzu lange im Ausland aufgehalten haben.

Fürsorgeleistungen sind keine Geschenke. Sie müssen grundsätzlich zurückerstattet werden, und zwar sobald die unterstützte Person keine Hilfe mehr benötigt und für sie und ihre Familie ein angemessener Lebensunterhalt gesichert ist. Nicht rückzahlbar sind lediglich Unterstützungsleistungen, die jemand vor dem 18. Altersjahr bezogen hat. Soweit eine familienrechtliche Unterhalts- oder Unterstützungspflicht besteht und es die Verhältnisse zulassen, haben auch Eltern und Kinder Unterstützungsbeiträge zu leisten oder an den Unterhalt beizutragen.

- Geraten Sie im Ausland in eine ernsthafte Notlage, sollten Sie nicht aus falscher Scham darauf verzichten, bei der zuständigen schweizerischen Auslandvertretung um Hilfe zu ersuchen.

- **Bundesamt für Justiz**
Sektion Auslandschweizerfürsorge, Bundesrain 20, 3003 Bern,
Tel. 031 322 11 23, Internet www.ofj.admin.ch

Adressen

Private Hilfsorganisationen

Neben der Auslandschweizerfürsorge gibt es weitere Stellen, die Auslandschweizern und -schweizerinnen in irgendeiner Form unter die Arme greifen – sei es mit finanzieller oder materieller Hilfe oder mit Beratung. Wichtig ist, die Organisationen und Institutionen zu kennen, vor allem auch ihre Arbeitsweise und Unterstützungsmöglichkeiten.

Stiftung zugunsten katastrophengeschädigter Schweizer im Ausland
Diese Stiftung gewährt im Ausland niedergelassenen Schweizerinnen und Schweizern, die durch Naturkatastrophen wie Erdbeben, Überschwemmungen oder Unwetter finanzielle Schäden erleiden, nicht rückzahlbare Unterstützungsgelder. Gesuche mit der entsprechenden Begründung sind bei den

schweizerischen Auslandvertretungen zur Stellungnahme einzureichen. Das Gesuch mit Stellungnahme wird dann an die Verwaltung der Stiftung (Auslandschweizer Organisation, Adresse Seite 354) weitergeleitet. Über die Bewilligung von Gesuchen und die Höhe der ausgeschütteten Gelder entscheidet allein die Stiftung. Wichtig zu wissen: Die Stiftung hat nur beschränkte Mittel zur Verfügung. Pro Jahr können gegenwärtig insgesamt 30 000 Franken ausgeschüttet werden.

E. O. Kilcher-Fonds

Dieser Fonds verfügt über eine jährlich ausschüttbare Summe von 60 000 bis 120 000 Franken. Die Mittel werden für Zusatzstipendien für junge Auslandschweizerinnen und Auslandschweizer verwendet, die eine Ausbildung in der Schweiz absolvieren möchten, sowie als Starthilfe für zurückkehrende, minderbemittelte Auslandschweizer. Diese Hilfe dient als ergänzende Unterstützung zu den Sozialdiensten der jeweiligen Wohngemeinde. Entsprechend dem Solidaritätsgedanken gegenüber anderen Mitbürgerinnen und Mitbürgern, sollte die Hilfeleistung später zurückgezahlt werden. Der E. O. Kilcher-Fonds kann im Weiteren älteren, mittellosen Auslandschweizerinnen und -schweizern eine Reise in die Schweiz ermöglichen.

Der E. O. Kilcher-Fonds wird von der Auslandschweizer Organisation (siehe Seite 354) verwaltet. An diese Stelle sind auch Unterstützungsgesuche mit Begründung zu richten. Anfragen zu Ausbildungsstipendien werden dem Verein zur Förderung der Auslandschweizerinnen und Auslandschweizer (AJAS) weitergeleitet (siehe Seite 353). Aufgrund der begrenzten Fondsmittel können jährlich nur wenige Auslandschweizer mit finanzieller Hilfe rechnen.

Soliswiss-Solidaritätsfonds

Der Solidaritätsfonds der Auslandschweizer – kurz Soliswiss genannt – ist eine Genossenschaft. Sie bietet ihren rund 7000 Genossenschafterinnen und Genossenschaftern nicht nur die Soliswiss-Produkte in den Bereichen Sparen und Vorsorge sowie Krankenversicherung an (siehe Seite 206, 263 und 257). Die Kernaufgabe von Soliswiss ist die Existenzabsicherung von Schweizerinnen und Schweizern, die im Ausland leben. Es handelt sich um eine Art Risikoversicherung für Auslandschweizer.

Der Grundgedanke von Soliswiss: Jeder Genossenschafter – das sind in der Regel Privatpersonen, können aber auch Firmen sein – zahlt mit dem Jahresbeitrag von mindestens 40 Franken obligatorisch eine Risikoprämie für die Existenzabsicherung. Diesen Versicherungsschutz erhält man auch automatisch mit dem Abschluss eines Spar-, Krankenversicherungs- oder Vorsorgeprodukts von Soliswiss. Dadurch leisten Schweizer Bürger, die in

Ländern mit geringem Risiko eines Existenzverlustes wohnen, einen Solidaritätsbeitrag an Auslandschweizer, die in risikoreichen Regionen leben. Seit der Gründung des Solidaritätsfonds 1958 konnte in gegen 650 Fällen in 70 Ländern geholfen werden. Den Versicherten wurde ein Wiederaufbau ihrer Existenz im Ausland oder in der Schweiz ermöglicht.

Die Mindestprämie für die Existenzabsicherung beträgt 40 Franken pro Jahr. Damit ist bei Existenzverlust eine Pauschalentschädigung von 10000 Franken versichert. Die Höhe der Pauschalentschädigung können Genossenschafter frei wählen und jeweils auf Anfang Jahr ihren neuen Bedürfnissen anpassen. Die Risikoprämie beträgt 4 Promille der Pauschalentschädigung. Wer sich zum Beispiel für 80000 Franken versichern möchte, zahlt eine jährliche Risikoprämie von 320 Franken.

Maximal können sich Mitglieder für 300000 Franken versichern. Selbstverständlich muss die versicherte Summe den tatsächlichen Vermögens- oder Einkommenswerten entsprechen.

- **Achtung:** Die Pauschalentschädigung wird nur ausgezahlt, wenn der Existenzverlust durch allgemeine politische Gründe – das heisst innere Unruhen, Krieg und politische Zwangsmassnahmen – verursacht wurde, nicht unmittelbar kompensierbar ist, nicht selbst verschuldet wurde und nicht bloss vorübergehenden Charakter aufweist. Keine Entschädigungen gibt es also bei Existenzverlusten aus wirtschaftlichen Gründen, beispielsweise wegen Arbeitslosigkeit oder einem Konkurs der eigenen Firma. Ebenfalls nicht versichert sind durch Naturkatastrophen verursachte Existenzverluste.

Anspruch auf eine Pauschalentschädigung haben zudem nur Schweizerinnen und Schweizer, die im Ausland leben, sowie aus dem Ausland zurückgekehrte Schweizer, die während mindestens fünf Jahren im Ausland gelebt haben und ihr hauptsächliches Einkommen nach wie vor aus dem Ausland beziehen beziehungsweise dort wesentliche finanzielle Interessen besitzen. Das ist etwa der Fall, wenn jemand in der Schweiz von einer ausländischen Rente lebt, die plötzlich nicht mehr ausgezahlt wird, oder im Ausland eine Firma besitzt, welche die neuen Machthaber über Nacht entschädigungslos enteignen.

Der Anspruch auf Pauschalentschädigung besteht erst nach einer bestimmten Karenzfrist: Vom Beitrittsdatum bis zum Zeitpunkt des Schadenereignisses müssen mindestens zwei volle Jahre abgelaufen und die Leistungen für zwei Mitgliedschaftsjahre erbracht worden sein, damit eine Entschädigung ausgerichtet wird. Wer das Beitrittsgesuch innerhalb von fünf Jahren nach der Auswanderung einreicht, hat nur eine einjährige Karenzfrist zu bestehen. Zwischen zwei Schadenereignissen müssen im Weiteren drei Jahre liegen. Stirbt die anspruchsberechtigte Person im Zusammenhang mit ihrem Existenzverlust, wird die Pauschalentschädigung den Begünstigten ausgezahlt.

Jede Schweizer Bürgerin, jeder Schweizer Bürger kann Soliswiss-Mitglied werden, indem sie oder er ein Beitrittsgesuch ausfüllt und Soliswiss zusendet. Stimmt die Soliswiss-Geschäftsleitung dem Gesuch zu, hat der Gesuchsteller obligatorisch einen Anteilschein von 25 Franken zu zeichnen. Ein Soliswiss-Beitritt ist jederzeit möglich, ein Austritt jeweils auf Ende Jahr. Mit dem Austritt entfallen natürlich alle Ansprüche auf eine Pauschalentschädigung.

Verein AJAS (Ausbildung junger Auslandschweizer in der Schweiz)

Viele Schweizer und Schweizerinnen, die sich im Ausland niedergelassen haben, überlegen sich, ob ihre Töchter und Söhne nach Abschluss der obligatorischen Schulzeit in der Schweiz eine Ausbildung absolvieren sollen. Dieser Wunsch kommt vielfach auch von den Jugendlichen selbst. In all diesen Fällen kann der Verein AJAS (Ausbildung junger Auslandschweizer in der Schweiz) weiterhelfen. Seine Geschäftsstelle befindet sich bei der Auslandschweizer Organisation in Bern.

AJAS ist ein Berufsinformationszentrum für Auslandschweizer zwischen 15 und 25 Jahren. Es informiert junge Landsleute über die Möglichkeiten einer beruflichen Ausbildung oder eines Studiums in der Schweiz. Konkret gibt AJAS unter anderem Auskunft über das schweizerische Bildungssystem, über Berufslehren, das Studium an Universitäten und Fachhochschulen, Sprachaufenthalte, Aupair-Stellen, Integrationskurse, Praktika, Ausbildungsstätten, Bildungsinstitutionen, Unterkunftsmöglichkeiten und Finanzierungsfragen.

Die AJAS-Devise heisst «Hilfe zur Selbsthilfe». Der Verein vermittelt also keine Lehr-, Arbeits- oder Praktikumsstellen, dafür aber Kontakte zu Berufs- und anderen Beratungsstellen sowie zu Fachleuten, Verbänden und Organisationen, die bei Fragen zur Berufswahl und Ausbildung sowie bei der Stellenvermittlung behilflich sein können. Zu Beginn und während eines Aufenthalts in der Schweiz kann AJAS Auslandschweizerinnen und -schweizer persönlich beraten, ihre Rechte gegenüber Behörden und Institutionen verteidigen sowie ihre Interessen wahren.

Im Weiteren hilft AJAS, interessierten Personen Ausbildungsbeiträge der Heimkantone (Stipendien) und Zusatzbeiträge von privaten Stiftungen zu vermitteln. AJAS selbst stehen nur bescheidene finanzielle Mittel für Stipendien zur Verfügung; der Verein finanziert sich durch Mitgliederbeiträge und Spenden sowie durch Bundessubventionen. Unter Umständen erhalten Jugendliche mit finanziellen Schwierigkeiten als Ergänzung zu einem kantonalen Stipendium ein Zusatzstipendium oder ein rückzahlbares Darlehen. Ein solches wird aber nur Auslandschweizerinnen und -schweizern gewährt, die ihre postobligatorische Erstausbildung in der Schweiz absolvieren.

• Ziehen Sie in ein politisch instabiles Land, um dort eine neue Existenz aufzubauen, sollten Sie unbedingt dem Soliswiss-Solidaritätsfonds beitreten. Die Versicherungsprämie dafür sollte Sie nicht reuen.
• Möchten Sie als Auslandschweizer oder -schweizerin in der Schweiz eine Ausbildung absolvieren, sollten Sie sich ein bis zwei Jahre vorher mit AJAS in Verbindung setzen.

• **Auslandschweizer Organisation (ASO)**
Alpenstrasse 26, Postfach, 3000 Bern 16,
Tel. 031 351 61 00, Internet www.aso.ch
(Informationen zur «Stiftung zugunsten katastrophengeschädigter Schweizer im Ausland» sowie zum E. O. Kilcher-Fonds)

Adressen

• **Soliswiss**
Solidaritätsfonds der Auslandschweizer, Gutenbergstrasse 6, 3011 Bern,
Tel. 031 381 04 94, Internet www.soliswiss.ch
(Sichert Genossenschafter gegen Existenzverlust ab; Beratung und Infomaterial)

• **Verein AJAS**
(Ausbildung junger Auslandschweizer in der Schweiz)
Alpenstrasse 26, Postfach, 3000 Bern 16,
Tel. 031 351 61 40, Internet www.aso.ch
(Beratung, Vermittlung von Kontaktadressen)

Die Rechtsverhältnisse

Schweizer und Schweizerinnen haben sich nach den Gesetzen des Landes zu richten, in dem sie sich aufhalten – unabhängig davon, ob sie sich nur auf der Durchreise befinden oder festen Wohnsitz im Ausland haben.

Wer also mit seinem Auto zu schnell auf einem US-Highway erwischt wird, kann sich nicht damit herausreden, dass dies in der Schweiz keine Busse zur Folge hätte. Das gilt grundsätzlich auch für die meisten Rechtsfragen des Alltags. Mietet ein Schweizer Bürger in Hamburg eine Wohnung, kann er sich bei Problemen mit der Vermieterin nicht auf das Schweizer Mietrecht berufen. Will sich die Schweizer Arbeitnehmerin in Rom gerichtlich gegen die ungerechtfertigte Kündigung ihres italienischen Arbeitgebers wehren, gilt das italienische und nicht das schweizerische Arbeitsgesetz.

Trotzdem findet schweizerisches Recht in bestimmten Gebieten für Auslandschweizer und -schweizerinnen Anwendung. Und zwar dort, wo es um ihre Beziehung zur Schweiz beziehungsweise zur schweizerischen Rechtsordnung geht. Dazu zählen beispielsweise das Bürgerrecht (siehe Seite 357), die freiwillige AHV/IV (siehe Seite 225), die Auslandschweizerfürsorge (siehe Seite 347) oder die politischen Rechte (siehe unten).

Schweizerisches Recht kann für Auslandschweizer mit Wohnsitz im Ausland zudem in einzelnen Bereichen des Privatrechts eine Rolle spielen. So lässt sich etwa die Wahl des Familiennamens bei einer Heirat im Ausland unter bestimmten Umständen nach schweizerischem Recht vornehmen. Wer mit einem Ausländer oder einer Ausländerin verheiratet ist, kann wählen, ob die Ehe dem Güterrecht des Wohnsitzstaats oder der Schweiz untersteht. Im Weiteren haben Auslandschweizer je nach Land die Möglichkeit, ihr Vermögen oder einen Teil davon dem schweizerischen Erbrecht zu unterstellen.

Das internationale Privatrecht regelt die Zuständigkeit der Gerichte oder Behörden und das anzuwendende Recht, sofern kein Staatsvertrag zwischen der Schweiz und dem Gastland besteht. Jeder Staat hat ein eigenes internationales Privatrecht; in der Schweiz ist dies das Bundesgesetz über das Internationale Privatrecht (IPRG). Wer wissen möchte, ob Brasilien eine im Ausland geschlossene Ehe anerkennt, hat die Antwort im internationalen Privatrecht von Brasilien zu suchen. Ob eine Trauung im Ausland in der Schweiz gültig ist, sagt dagegen das schweizerische IPRG.

- **Wichtig für Schweizer Doppelbürger:** Leben Sie im Land ihres zweiten Bürgerrechts, werden Sie von den dortigen Behörden als Angehörige des betreffenden Landes und nicht etwa als Schweizer Staatsangehörige behandelt. Geraten Sie also in Ihrer zweiten Heimat in Schwierigkeiten, nützt Ihnen Ihr Schweizer Pass oder das Schweizer Bürgerrecht gegenüber den dortigen Behörden rechtlich gesehen nichts.

Politische Rechte

Als stimmberechtigte Schweizerinnen oder Schweizer, die sich im Ausland aufhalten, müssen Sie nicht auf Ihre politischen Rechte verzichten. Haben Sie Ihren Wohnsitz in der Schweiz beibehalten und sind bei der Wohngemeinde nach wie vor mit Ihrer Adresse angemeldet, können Sie während Ihrer Abwesenheit vom Ausland aus wie gewohnt an Abstimmungen und Wahlen teilnehmen. Das bedingt natürlich, dass Sie sich das Stimmmaterial von einer Vertrauensperson nachsenden lassen und brieflich abstimmen.

Haben Sie Ihren Wohnsitz ins Ausland verlegt, können Sie auf dem Korrespondenzweg an eidgenössischen Wahlen und Abstimmungen teilnehmen sowie eidgenössische Volksinitiativen und Referendumsbegehren unterzeichnen. Voraussetzung ist jedoch, dass Sie bei einer schweizerischen Vertretung im Ausland immatrikuliert sind, sich dort schriftlich oder persönlich melden und sich in das Stimmregister einer Ihrer Heimat- oder früheren Wohnsitzgemeinden eintragen lassen. Beschränkt der zuständige Kanton die Stimmabgabe aus dem Ausland allerdings auf eine oder mehrere Gemeinden, müssen Sie dort abstimmen. Zentrale Stimmregister für Auslandschweizer gibt es in den Kantonen Appenzell Innerrhoden, Basel-Stadt, Genf, Luzern und Waadt (Stand Januar 2003).

Sieht auch das kantonale Recht ein briefliches Stimmrecht für Auslandschweizer vor, können Sie Ihre politischen Rechte zudem auf Kantons- und allenfalls sogar auf Gemeindeebene ausüben. Auf Kantonsebene ist dies zurzeit nur in den Kantonen Bern, Basel-Landschaft, Genf, Jura, Solothurn, Schwyz und Tessin möglich. Auf Gemeindeebene lediglich in den Kantonen Basel-Landschaft, Solothurn und Tessin (nur mit Tessiner Heimatort). Wer im Stimmregister eingetragen ist, erhält von der Stimmgemeinde eine schriftliche Bestätigung.

Für Auslandschweizer mit Wohnsitz in Liechtenstein gilt eine spezielle Regelung: Sie melden sich beim kantonalen Passbüro in St. Gallen an, das die Aufgabe einer Schweizer Vertretung übernimmt.

Vor Abstimmungen oder Wahlen sendet Ihnen die Stimmgemeinde das Stimm-Material direkt an Ihre Wohnadresse im Ausland. Wegen der knappen Versandfristen kann es allerdings passieren, dass die Unterlagen mit erheblicher Verspätung ankommen und ein rechtzeitiges Zurücksenden der Stimm- und Wahlzettel gar nicht mehr möglich ist. Die briefliche Stimmabgabe funktioniert im Prinzip gleich wie in der Schweiz – mit dem Unterschied, dass Sie die Portokosten der Rücksendung selbst tragen müssen. Während eines Aufenthalts in der Schweiz können Auslandschweizer ihre Stimme auch persönlich an der Urne abgeben. Sie müssen dies jedoch vorgängig der Stimmgemeinde mitteilen und das Stimm-Material persönlich beim Stimmregisterbüro abholen.

Wenn Sie als Auslandschweizer ein eidgenössisches Referendumsbegehren oder eine Volksinitiative unterzeichnen möchten, können Sie das - Material direkt beim Initiativ- oder Referendumskomitee anfordern und im Ausland unterzeichnen. Die Volksinitiativen im Unterschriftenstadium lassen sich auch übers Internet herunterladen (www.admin.ch/ch/d/pore/vi/vis10.html). Sie geben dann auf der entsprechenden Unterschriftenliste Ihre Stimmgemeinde und den Kanton an. Über bevorstehende Wahlen und Abstimmungen sowie die Adressen der Initiativ- oder Referendumskomitees informiert auch die Zeitschrift Schweizer Revue (siehe Seite 378).

• **Wichtig:** Wechseln Sie Ihren Wohnort im Ausland, müssen Sie dies der Auslandvertretung mitteilen, damit diese Ihre neue Adresse spätestens sechs Wochen vor dem nächsten Urnengang der Stimmgemeinde melden kann. Wer seine Anmeldung bei der Stimmgemeinde vor Ablauf von vier Jahren nicht wieder schriftlich oder persönlich erneuert, wird automatisch aus dem Stimmregister gestrichen. Das hat keine weiteren Konsequenzen; eine neue Anmeldung ist jederzeit möglich. Eine vorbereitete Erklärung zur Erneuerung Ihres Stimmregistereintrags muss Ihnen Ihre Stimmgemeinde übrigens mindestens einmal im Jahr zusammen mit den Abstimmungsunterlagen zustellen.

Über die effektive Stimmbeteiligung der Auslandschweizer gibt es keine umfassenden Zahlen, denn die Stimmzettel aus dem Ausland werden nicht separat ausgewertet. Stichproben zeigen jedoch, dass die Stimmbeteiligung in der Regel zwischen 15 und 20 Prozent über dem Inlanddurchschnitt liegt.

Auslandschweizer besitzen nicht nur das aktive, sondern auch das passive Wahlrecht. Sie können sich also von den Schweizer Wahlberechtigten in den Nationalrat sowie ans Bundesgericht wählen lassen. Eine Wahl in den Ständerat ist nur möglich, falls das kantonale Recht im Stimmkanton für Auslandschweizer das Stimmrecht vorsieht.

- Besitzen Sie neben dem Schweizer Bürgerrecht das Bürgerrecht eines ausländischen Staates, sollten Sie vor der Teilnahme an eidgenössischen Wahlen und Abstimmungen abklären, dass Ihnen deswegen nicht die zweite Staatsbürgerschaft entzogen werden kann.

Bürgerrecht

Fragen rund um das Schweizer Bürgerrecht stellen sich, wenn Sie im Ausland eine ausländische Partnerin oder einen ausländischen Partner heiraten, Kinder kriegen oder Kinder adoptieren. Wie erlangen Ehefrau, Ehemann und Kinder das Schweizer Bürgerrecht? Nachfolgend die wichtigsten Antworten für Auslandaufenthalter. Die Details sind im «Bundesgesetz über Erwerb und Verlust des Schweizer Bürgerrechts» zu finden.

Es gibt drei Möglichkeiten, die Schweizer Staatsangehörigkeit zu erlangen: automatisch durch Geburt, auf Gesuch durch erleichterte Einbürgerung sowie auf Gesuch durch ordentliche Einbürgerung. Ein Gesuch um ordentliche Einbürgerung können nur Ausländer stellen, die während insgesamt zwölf Jahren in der Schweiz gewohnt und in den letzten fünf Jahren vor Einreichung des Gesuchs mindestens drei Jahre in der Schweiz gelebt haben.

Wer das Schweizer Bürgerrecht besitzt, behält es auf Lebzeiten; Sie verlieren es also auch nicht durch Heirat mit einem ausländischen Partner oder einer ausländischen Partnerin. Die Schweiz erlaubt – im Gegensatz zu zahlreichen anderen Staaten –, dass Sie gleichzeitig auch das Bürgerrecht eines anderen Staates besitzen dürfen. Sie können also beispielsweise die schweizerische und die amerikanische Staatsbürgerschaft haben.

Das Bürgerrecht hat insofern grosse Bedeutung, weil darauf die Staatsangehörigkeit basiert. So hat jeder Schweizer Bürger und jede Schweizer Bürgerin – ob sie nun im In- oder Ausland wohnen, Nur-Schweizer oder Doppelbürger sind – ein Anrecht auf einen in allen Staaten anerkannten Schweizer Pass.

Wie werden ausländische Partnerinnen und Partner Schweizer?

Ausländerinnen und Ausländer erhalten die schweizerische Staatsbürgerschaft nicht automatisch durch Heirat mit einem Schweizer Staatsangehörigen. Ausländische Ehegatten – Mann oder Frau – können sich jedoch erleichtert einbürgern lassen.

Leben Sie mit Ihrer ausländischen Ehefrau oder Ihrem ausländischen Ehemann im Ausland, muss sie oder er sechs Jahre mit Ihnen verheiratet und mit der Schweiz eng verbunden sein, damit ein Gesuch um erleichterte Einbürgerung gestellt werden kann. Eine enge Verbundenheit liegt vor, wenn beispielsweise die Ferien regelmässig in der Schweiz verbracht werden, hier enge persönliche Beziehungen zu Angehörigen und Bekannten und im Ausland Kontakte zu Auslandschweizervereinen bestehen. Zudem sollte sich Ihre Gattin oder Ihr Gatte in einer Schweizer Landessprache oder in Dialekt verständigen können. Es müssen nicht alle Bedingungen erfüllt sein. So ist etwa trotz fehlender Kenntnis einer Landessprache eine enge Verbundenheit mit der Schweiz möglich, wenn eine andere Beziehung zur Schweiz in besonderem Mass vorhanden ist.

Das Gesuch um erleichterte Einbürgerung ist direkt bei der zuständigen schweizerischen Auslandvertretung einzureichen. Dabei wird eine Gebühr von einigen hundert Franken fällig. Wird das Gesuch um Einbürgerung bewilligt, erhalten ausländische Ehegatten zusammen mit dem Schweizer Bürgerrecht das Kantons- und Gemeindebürgerrecht ihres schweizerischen Ehepartners.

Leben Sie übrigens als Schweizer Bürger oder Schweizer Bürgerin mit Ihrem ausländischen Ehegatten in der Schweiz, ist ebenfalls eine erleichterte Einbürgerung möglich: Ihr Gatte beziehungsweise Ihre Gattin muss insgesamt fünf Jahre in der Schweiz gewohnt haben, seit einem Jahr in der Schweiz wohnen und seit drei Jahren mit Ihnen in ehelicher Gemeinschaft zusammenleben.

Wie werden meine im Ausland geborenen Kinder Schweizer?

Kinder, die im Ausland geboren werden, erhalten aufgrund von verschiedenen Gesetzesrevisionen unter ganz unterschiedlichen Voraussetzungen das

Schweizer Bürgerrecht. Im Folgenden werden nur diejenigen Möglichkeiten erwähnt, die für Schweizerinnen und Schweizern relevant sind, die heute ins Ausland ziehen und dort Vater oder Mutter werden:
- Sind Sie mit einem Schweizer Bürger oder einer Schweizer Bürgerin verheiratet, erhält Ihr im Ausland geborenes Kind mit der Geburt automatisch die schweizerische Staatsbürgerschaft.
- Kinder von Schweizerinnen im Ausland, die mit einem Ausländer verheiratet, geschieden oder ledig sind, erhalten die schweizerische Staatsbürgerschaft mit der Geburt.
- Ebenfalls automatisch bei seiner Geburt erhält ein Kind das Schweizer Bürgerrecht, wenn sein Schweizer Vater mit der ausländischen Mutter verheiratet ist. Heiratet ein Schweizer Vater die Mutter des Kindes erst nach dessen Geburt, erhält das Kind ebenfalls ohne Einbürgerungsgesuch das Schweizer Bürgerrecht, sofern es jünger als 18 Jahre ist. Ist das Kind älter als 18, kann es sich nur durch das ordentliche Verfahren einbürgern lassen (siehe vorangehende Seite).
- Sind Sie Vater eines Kindes, ohne mit dessen ausländischer Mutter verheiratet zu sein, erhält Ihr Kind bei der Geburt nicht automatisch die Schweizer Staatsbürgerschaft. Vor dem 22. Altersjahr kann das Kind jedoch erleichtert eingebürgert werden. Voraussetzung ist, dass das Kind bei der Einbürgerung entweder staatenlos ist, seit einem Jahr in der Schweiz wohnt, seit einem Jahr mit Ihnen im In- oder Ausland zusammenlebt oder – falls es allein lebt – eine dauernde und enge persönliche Beziehung zu Ihnen nachweisen kann. Nach Vollendung des 22. Altersjahrs können ausländische uneheliche Kinder von Schweizer Vätern lediglich ein Gesuch um erleichterte Einbürgerung stellen, wenn sie insgesamt drei Jahre in der Schweiz gewohnt haben und bei der Gesuchstellung seit einem Jahr hier wohnen.

- **Wichtig:** Wurde Ihr Kind im Ausland geboren und besitzt es neben der schweizerischen noch eine andere Staatsbürgerschaft, verliert es das Schweizer Bürgerrecht, wenn es sich nicht spätestens bis zur Vollendung seines 22. Altersjahrs bei einer Schweizer Behörde im In- oder Ausland anmeldet. Wird diese Frist aufgrund von entschuldbaren Gründen verpasst, lässt sich innerhalb von zehn Jahren bei der zuständigen Schweizer Vertretung ein Gesuch um Wiedereinbürgerung stellen. Bedingung ist jedoch die Verbundenheit mit der Schweiz. Wohnt Ihr Kind bei der Gesuchstellung seit drei Jahren in der Schweiz, kann es die Wiedereinbürgerung auch nach Ablauf der Zehnjahresfrist beantragen.

Idealerweise melden Sie die Geburt Ihres Kindes gleich der zuständigen schweizerischen Auslandvertretung. Diese kontrolliert die Geburtsdokumente und sorgt dafür, dass das Kind ins Zivilstandsregister Ihrer Heimatgemeinde in der Schweiz eingetragen wird. Auf Verlangen erhalten Sie auch ein Familienbüchlein mit dem entsprechenden Eintrag.

Wie werden adoptierte Kinder Schweizer Bürger?

Adoptiert ein Ehepaar, bei dem mindestens der Vater oder die Mutter das Schweizer Bürgerrecht besitzt, im Ausland ein ausländisches Kind, erhält dieses das Schweizer Bürgerrecht, sofern die Schweizer Behörden die Adoption anerkennen. Voraussetzungen dazu sind, dass das adoptierte Kind mindestens sechzehn Jahre jünger ist als die Adoptiveltern, die Adoption dem Wohl des Kindes dient, die erforderlichen Zustimmungen und Dokumente vorliegen und die Adoptiveltern die Voraussetzungen zur Adoption erfüllen. Konkret: Ehepaare müssen vor der Adoption fünf Jahre verheiratet gewesen sein oder das 35. Altersjahr zurückgelegt haben. Sie können ein Kind in der Regel nur gemeinsam adoptieren. Ein Ehepartner darf das Kind des anderen adoptieren, wenn er zwei Jahre verheiratet gewesen oder älter als 35 ist.

Wichtig zu wissen: Das schweizerische Recht kennt nur die so genannte Volladoption. Dabei erhält das Kind die Stellung eines ehelichen Kindes der Adoptierenden, während das ursprüngliche Kindesverhältnis zu den leiblichen Eltern erlischt. In einigen Ländern gibt es auch die einfache Adoption. Hier bleiben gewisse Rechtsbeziehungen mit den leiblichen Eltern bestehen, das adoptierte Kind wird nur teilweise in die Adoptivfamilie integriert. Unter Umständen ist die Adoption jederzeit widerrufbar. Eine einfache Adoption lässt sich nicht in eine schweizerische Volladoption umwandeln.

Kehren Sie mit einem im Ausland adoptierten Kind in die Schweiz zurück und anerkennen die hiesigen Behörden die Adoption, erhält das Kind von der Vormundschaftsbehörde unverzüglich einen Beistand zugewiesen. Dieser unterstützt die Adoptiveltern mit Rat und Tat bei der Fürsorge für das Kind. Falls es dabei keine Probleme gibt, endet die Beistandspflicht nach maximal achtzehn Monaten automatisch.

Wie erlange ich die ausländische Staatsbürgerschaft?

In keinem Land werden Sie bei der Einreise aufgrund von gültigen Einreise-, Aufenthalts- und Arbeitsbewilligungen zum Staatsbürger. Die Staatsbürgerschaft lässt sich erst nach einer gewissen Aufenthaltsdauer und unter bestimmten Voraussetzungen erlangen. Erkundigen Sie sich über die Details direkt bei den zuständigen Behörden vor Ort im Gastland. In der Regel müssen Sie nachweisen, dass Sie sich fest im Land niedergelassen haben und ausreichend mit der Sprache, dem Land, dessen Geschichte und Kultur vertraut sind.

Schweizerinnen und Schweizer, deren ausländische Partnerinnen und Partner die Staatsbürgerschaft des Wohnlands schon besitzen, können sich in der Regel einfacher und schneller einbürgern.

• Nimmt Ihr ausländischer Ehegatte oder Ihre ausländische Gattin das Schweizer Bürgerrecht an, kann er oder sie je nach Heimatstaat die bisherige Staatsbürgerschaft verlieren. Informieren Sie sich darüber direkt bei den Behörden des betreffenden Staates.

• **Bundesamt für Zuwanderung, Integration und Auswanderung (IMES)**
Sektion Bürgerrecht, Quellenweg 15, 3003 Bern,
Tel. 031 325 95 11, Internet www.imes.admin.ch
(Rechtsauskünfte zu Fragen rund ums Schweizer Bürgerrecht)

 Adressen

Eherecht

Nicht wenige Schweizer und Schweizerinnen, die als Ledige in die Ferne ziehen, heiraten im Ausland. Unter Umständen wird daraus kein Bund fürs Leben und die Ehe endet mit der Scheidung. Beim Heiraten und Scheiden im Ausland entstehen zahlreiche Fragen: Gilt das schweizerische oder das ausländische Recht? Welche Behörden sind für welches Problem zuständig? Wie geht man vor? Wo gibt es Auskunft?

Heirat

Die Voraussetzungen für eine Eheschliessung unterscheiden sich von Land zu Land. Erkundigen Sie sich rechtzeitig über die geltenden Bestimmungen entweder vor der Abreise bei der entsprechenden ausländischen Vertretung in der Schweiz oder vor Ort im Gastland. Klären Sie vor allem ab, welche Dokumente Sie benötigen, wie alt diese sein dürfen, ob sie übersetzt und beglaubigt werden müssen. Benötigt werden in der Regel:
• Geburtsschein (anzufordern beim Zivilstandsamt am Geburtsort)
• Personenstandsausweis (beim Zivilstandsamt am Heimatort)
• Wohnsitzbestätigung (wird bei Wohnsitz in der Schweiz von der dortigen Gemeindeverwaltung ausgestellt, bei Wohnsitz im Ausland von der ausländischen Behörde vor Ort)
• Pass oder Identitätskarte
• eventuell Ehefähigkeitszeugnis (beim Zivilstandsamt am Heimatort)

Ist ein Ehefähigkeitszeugnis erforderlich, müssen Sie und Ihre Ehepartnerin oder Ihr Ehepartner gemeinsam oder getrennt auf der schweizerischen Vertretung im Ausland ein so genanntes Gesuch um Vorbereitung der Eheschliessung unterschreiben. Die Schweizer Auslandvertretung leitet danach das Heiratsdossier zur Durchführung des Vorbereitungsverfahrens in die Schweiz weiter, allenfalls mit den Dokumenten des ausländischen Ehegatten. Das Zivilstandsamt prüft, ob die nötigen Voraussetzungen erfüllt sind und stellt darauf ein Ehefähigkeitszeugnis aus. Dieses Dokument bescheinigt, dass dem Abschluss der Ehe nach schweizerischem Recht kein Hindernis entgegensteht. Es wird auf Ihr Verlangen beglaubigt und an die schweizerische Vertretung im Ausland zurückgesandt.

Schweizer und Schweizerinnen mit Wohnsitz im Ausland können in der Schweiz heiraten. Bei einer Trauung in der Schweiz unterstehen Sie den hier geltenden rechtlichen Bestimmungen. Sie müssen unter anderem ehemündig und urteilsfähig sein, das Vorbereitungsverfahren formgerecht durchführen und sich von einem Zivilstandsbeamten trauen lassen.

Eine im Ausland gültig geschlossene Ehe wird grundsätzlich in der Schweiz anerkannt – unabhängig davon, in welchem Staat die Trauung stattfand. Bedingung ist jedoch, dass die im ausländischen Staat geschlossene Ehe gültig ist und nicht dazu diente, eine in der Schweiz zwingende Voraussetzung für eine Heirat zu umgehen. Das wäre beispielsweise der Fall, wenn Sie bei der Eheschliessung im Ausland nach schweizerischem Recht noch verheiratet wären; eine solche Ehe würde nicht anerkannt. Heiraten Sie in einem Land, in dem – anders als in der Schweiz – neben der zivilen auch die religiöse Trauung offiziell anerkannt ist, wird auch diese von den Schweizer Behörden in der Regel als rechtsgültig betrachtet.

Damit die im Ausland geschlossene Ehe von der Schweiz anerkannt wird, müssen Sie im Land der Eheschliessung nach der Trauung der schweizerischen Vertretung die Heiratsurkunde zur Übersetzung und Beglaubigung übergeben. Wurde in der Schweiz kein Verfahren zur Vorbereitung der Eheschliessung durchgeführt, muss der ausländische Ehegatte oder die ausländische Ehegattin einen Geburtsschein mit entsprechenden Randanmerkungen, einen Ledigkeitsausweis oder einen Eheschein und ein Scheidungsurteil oder einen Todesschein des letzten Ehegatten vorweisen. Diese Dokumente übermittelt dann die schweizerische Vertretung der kantonalen Aufsichtsbehörde im Zivilstandswesen Ihres Heimatkantons. Diese ist für die Anerkennung der Ehe und die Eintragung ins Familienregister zuständig. Nach erfolgter Eintragung erhalten Sie auf Antrag ein Familienbüchlein.

Eine Anerkennung der Ehe ist übrigens auch erst nach Ihrer Rückkehr in die Schweiz möglich. In diesem Fall sind der kantonalen Aufsichtsbehörde im Zivilstandswesen die Heiratsurkunde und allenfalls ergänzende Dokumente über die genaue Identität des ausländischen Ehegatten vorzulegen. Nachdem die Eheschliessung registriert ist, erhalten Sie ein Familienbüchlein.

Wer im Ausland wohnt und heiratet, untersteht, was den **Familiennamen** angeht, dem Recht des Wohnsitzstaats. Sie können Ihren Namen aber dem schweizerischen Recht unterstellen, sofern dies das internationale Privatrecht des Wohnsitzstaats erlaubt. Dazu müssen Sie allerdings trotz Wohnsitz im Ausland eine wesentlich engere Bindung zur Schweiz als zum Aufenthaltsland aufweisen. Beabsichtigen Sie schon im Zeitpunkt der Eheschliessung, später in der Schweiz Wohnsitz zu nehmen, untersteht der Name beider Brautleute dem schweizerischen Recht. Die Unterstellung unter schweizerisches Heimatrecht müssen Sie vor der Trauung beantragen.

Familienname nach Schweizer Recht

Grundsätzlich ist der Name des Ehemanns der Familienname beider Ehegatten. Die Braut kann jedoch ihren bisherigen Namen dem Familiennamen voranstellen. Trägt sie bereits einen solchen Doppelnamen, kann sie bloss den ersten Namen voranstellen. Wurde den Eheleuten bewilligt, den Namen der Ehefrau als Familiennamen zu führen, hat der Bräutigam die gleiche Möglichkeit wie die Braut.

Ihre Rechte und Pflichten als Ehegatten im Rahmen der ehelichen Gemeinschaft – zum Beispiel Treue und Beistand oder die Sorge für die Kinder – richten sich nach dem Recht des Staates, in dem Sie Ihren Wohnsitz haben. Klagen gegen die Verletzung der ehelichen Rechte und Pflichten müssen Sie also, wenn Sie Wohnsitz im Ausland haben, bei den dortigen Behörden oder beim zuständigen Gericht im Gastland erheben. Sie können Behörden oder Gerichte an Ihrem Heimatort in der Schweiz nur anrufen, wenn es unmöglich oder unzumutbar ist, die Klage oder das Begehren am Wohnsitz zu erheben. Entscheidungen oder Massnahmen, die in Ihrem Wohnsitz- oder Aufenthaltsstaat über die ehelichen Rechte und Pflichten getroffen wurden, werden in der Schweiz anerkannt.

Scheidung

Schweizerische Eheleute mit Wohnsitz im Ausland müssen eine Trennungs- oder Scheidungsklage im Wohnsitzland erheben. In der Schweiz ist dies nur möglich, falls eine Klage im Wohnsitzstaat unmöglich oder unzumutbar wäre. Dies ist zum Beispiel der Fall, wenn der Wohnsitzstaat die Trennung oder Scheidung gar nicht kennt, wenn die vom ausländischen Gericht angewandten Trennungs- oder Scheidungsbedingungen ausserordentlich streng sind oder wenn ein Kläger unzumutbar lange auf einen Entscheid warten müsste.

Eine Trennung oder Scheidung, die im Wohnsitz-, Aufenthalts- oder im Heimatstaat des einen Eheteils ausgesprochen wird, anerkennt die Schweiz nur, wenn die Rechte der beklagten Seite gewahrt wurden und die Trennung oder Scheidung nicht gegen schweizerische Grundprinzipien verstösst. Wird die Trennung oder Scheidung jedoch in einem Staat ausgesprochen, zu dem der oder die Beklagte nur geringen Kontakt hatte, wird sie in der Schweiz nur anerkannt, wenn bestimmte Voraussetzungen erfüllt sind:

- Im Zeitpunkt der Klageeinleitung muss sich wenigstens ein Ehegatte im entsprechenden Staat aufgehalten oder dort gewohnt haben und die beklagte Partei darf den Wohnsitz nicht in der Schweiz gehabt haben.
- Der beklagte Ehegatte oder die beklagte Ehegattin muss sich vorbehaltlos dem ausländischen Gericht unterworfen haben oder mit der Anerkennung der Entscheidung in der Schweiz einverstanden sein.

Besitzt also beispielsweise eine Schweizer Ehefrau nicht die ausländische Staatsangehörigkeit ihres Ehemanns, anerkennt die Schweiz eine Scheidung in seinem Heimatstaat nicht, wenn die Ehefrau vor Einleitung des ausländischen Verfahrens in die Schweiz zurückkehrte und hier Wohnsitz nahm.

Haben Sie Ihren Wohnsitz in der Schweiz, sind mit einer Ausländerin oder einem Ausländer verheiratet und reichen die Scheidung hier ein, gilt automatisch das schweizerische Recht. In diesem Fall können Sie selbst dann geschieden werden, wenn das Heimatland Ihrer Partnerin oder Ihres Partners die Scheidung gar nicht kennt oder andere Voraussetzungen verlangt. Auch die Kinderzuteilung erfolgt nach schweizerischen Grundsätzen; mehrheitlich erhält die Mutter das Sorgerecht.

Eheguterrecht

Das Ehegüterrecht regelt die Auswirkungen der Ehe auf das Vermögen der Eheleute. Es gibt unter anderem Antworten auf folgende Fragen: Wem gehört was während der Ehe? Wer verwaltet was, wer kann und darf worüber verfügen? Und wie wird das eheliche Vermögen bei der Auflösung der Ehe auseinander genommen und verteilt?

Das schweizerische eheliche Güterrecht

Ordentlicher Güterstand in der Schweiz ist die Errungenschaftsbeteiligung. Diese unterscheidet zwischen Eigengut und Errungenschaft. Vermögenswerte, welche Frau und Mann in die Ehe einbringen, gelten als ihr Eigengut. Dazu gehört auch eine während der Ehe anfallende Erbschaft. Eigengut ist persönliches Eigentum und kann von jedem Ehepartner selbständig verwaltet werden. Vermögen, das während der Ehe gebildet wird, gilt als Errungenschaft. Bei einer Scheidung erhalten Mann und Frau je ihr Eigengut; die Errungenschaft dagegen wird aufgeteilt, und zwar hälftig. Im Ehevertrag können auch andere Regelungen vereinbart werden: die Gütergemeinschaft, die Gütertrennung oder eine abgeänderte Errungenschaftsbeteiligung. Auskunft darüber erteilen Rechtsberatungsstellen.

Schweizerinnen und Schweizer, die mit einem ausländischen Partner oder einer ausländischen Partnerin verheiratet sind, können wählen, ob sie dem Ehegüterrecht des Staats, in dem beide ihren Wohnsitz haben, unterstehen wollen oder dem Recht eines ihrer Heimatstaaten. Diese Rechtswahl muss schriftlich in einem Ehevertrag vereinbart werden, zum Beispiel mit folgendem Satz: «Wir vereinbaren als unseren Güterstand die Errungenschaftsbeteiligung nach schweizerischem Recht.»

Die einmal getroffene Rechtswahl lässt sich jederzeit ändern, wenn beide Eheleute damit einverstanden sind. Erfolgt keine ausdrückliche Wahl, unterstehen sie dem Ehegüterrecht des Landes, in dem beide gleichzeitig ihren Wohnsitz haben oder zuletzt hatten.

- **Wichtig:** Verlegen Sie Ihren Wohnsitz in einen anderen Staat, so wird das Recht des neuen Wohnsitzstaats rückwirkend auf den Zeitpunkt der Eheschliessung angewandt – es sei denn, Sie hätten das für Sie massgebende Recht in einem Ehevertrag festgehalten.

Die Bestimmungen zum Ehegüterrecht im Wohnsitzstaat finden Sie im dortigen Gesetz. Idealerweise informieren Sie sich über Details direkt vor Ort bei den zuständigen Behörden oder bei spezialisierten Rechtsanwälten. Die Bestimmungen zum schweizerischen Ehegüterrecht sind im Schweizerischen Zivilgesetzbuch enthalten.

Wählen Sie Schweizer Recht, sollten Sie sich vergewissern, dass der Ehevertrag auch im Wohnsitzstaat gültig ist. Selbst wenn dies nicht der Fall sein sollte, könnte ein solcher Vertrag unter Umständen für die in der Schweiz gelegenen Vermögenswerte, etwa eine Liegenschaft, nützlich sein.

- Unterschätzen Sie bei einer Heirat den Zeitbedarf für die Beschaffung von Dokumenten nicht.
- Wenden Sie sich bei Fragen zum Eherecht unbedingt an spezialisierte Rechtsanwälte.

 Adressen

- **Bundesamt für Justiz**
  Taubenstrasse 16, 3003 Bern, Tel. 031 322 41 22
  – Sektion Internationales Privatrecht
     (Rechtsauskünfte zum Familienrecht)
  – Eidgenössisches Amt für das Zivilstandswesen
     (Auskünfte zu Formalitäten der Eheschliessung)
  Internet www.ofj.admin.ch

- **Bundesamt für Zuwanderung, Integration und Auswanderung (IMES)**
  Sekretariat der Eidgenössischen Ausländerkommission (EKA),
  Quellenweg 9/15, 3003 Bern, Tel. 031 325 95 11, Internet www.imes.admin.ch
  (Beratung und Auskünfte zu Ehen mit Ausländern und Ausländerinnen;
  vermittelt Adressen von Beratungsstellen)

- **Unsere Familie wird international**
  Gratisbroschüre für Eltern binationaler Paare
  Zu beziehen bei der eidgenössischen Ausländerkommission
  (EKA, Adresse siehe oben)

 Literatur

Erbrecht

Wer ins Ausland zieht, um sich dort niederzulassen, denkt wohl kaum ans Sterben. Verständlich – und dennoch sollten Sie sich bei einer Wohnsitznahme im Ausland mit dem Tod beziehungsweise mit erbrechtlichen Fragen beschäftigen. Eine rechtzeitige Regelung des Nachlasses ist für Auslandschweizer deshalb äusserst wichtig, weil bei ihrem Tod zwei oder gar mehr Rechtsordnungen im Spiel sind: diejenige des Wohnsitzstaats, der Schweiz und – falls Sie Liegenschaften besitzen – des Landes, in dem sich diese befinden.

Bevor Sie Ihren Nachlass regeln können, sollten Sie wissen, welches Recht bei Ihrem Tod zur Anwendung kommt, falls Sie nichts Besonderes vorkehren. Regelt ein Staatsvertrag zwischen der Schweiz und dem Gastland erbrechtliche Angelegenheiten, so gelten für Sie die darin vereinbarten Bestimmungen. Solche Staatsverträge bestehen mit einigen wenigen Ländern, unter anderem mit Griechenland oder Italien. Sie bestimmen, dass sich die Erbfolge von in diesen Ländern verstorbenen schweizerischen Staatsangehörigen nach dem schweizerischen Erbrecht richtet.

Besteht kein Staatsvertrag, sagt das internationale Privatrecht (siehe Seite 355) Ihres Wohnsitzstaats, welches Erbrecht anwendbar ist. Grundsätzlich kommt das Recht desjenigen Staates zur Anwendung, in dem sich der letzte Wohnsitz einer verstorbenen Person befindet. Lebte ein Schweizer beispielsweise in Irland, wird bei seinem Tod das irische und nicht das schweizerische Erbrecht angewendet – und zwar für den gesamten Nachlass, also auch für Vermögensgegenstände, die sich in der Schweiz oder in einem anderen Land befinden. Es gibt auch Staaten, die ihr Erbrecht auf ausländische Staatsangehörige, die in ihrem Land wohnen, nicht anwenden wollen. Für Auslandschweizer in diesen Ländern gilt grundsätzlich das schweizerische Erbrecht.

Die Details zum in Ihrem Wohnsitzstaat gültigen Erbrecht, finden Sie im dortigen Gesetz. Wer sich darin vertiefen will, braucht allerdings hervorragende Sprachkenntnisse und juristisches Wissen, um die Gesetzestexte zu verstehen. In der Praxis werden Sie sich also an einen kompetenten Anwalt im Gastland wenden müssen, der sich in der Materie auskennt und sie Ihnen verständlich erklären kann.

Sind Sie mit den im Gesetz vorgesehenen Bestimmungen zur Regelung des Nachlasses nicht einverstanden, können Sie im Rahmen der gesetzlichen Möglichkeiten gesetzliche Erben oder Drittpersonen begünstigen. Dies geschieht mit einer letztwilligen Verfügung; das heisst aufgrund eines Testaments oder eines Erbvertrags. Selbstverständlich muss das Erbrecht Ihres Wohnsitzstaats solche Begünstigungen zulassen. Grundsätzlich unzulässig sind Erbverträge in romanischen Rechtsordnungen: unter anderem in Frankreich, Italien, Holland, Griechenland, Belgien, Luxemburg, Portugal, Quebec, Mexiko, Argentinien und anderen lateinamerikanischen Staaten. Eine differenzierte Regelung kennt das spanische Recht, das neben dem Erbrecht eine Reihe von Teilrechtsordnungen umfasst.

Damit Ihre letztwillige Verfügung gültig ist, muss sie einer bestimmten Form entsprechen. Gegen vierzig Staaten haben dazu ein «Übereinkommen über das auf die Form letztwilliger Verfügungen anzuwendende Recht» abgeschlossen. Danach müssen letztwillige Verfügungen entweder der rechtlichen Form entsprechen, welche am Wohnsitz oder Aufenthaltsort des Erblassers gültig ist, der Form am Ort der letztwilligen Verfügung, der Form am Ort des unbeweglichen Vermögens oder der Form des Staates, dessen Staatsangehörigkeit der Erblasser besitzt.

Schweizerinnen und Schweizer errichten mit Vorteil eine nach schweizerischen Formvorschriften gültige letztwillige Verfügung. Erklärungen und Hinweise über das Aufsetzen eines Testaments oder eines Erbvertrags finden Sie in entsprechenden Ratgeberbüchern. Wichtig ist dabei allerdings, dass nicht nur die Form, sondern auch der Inhalt den gesetzlichen Bestimmungen entspricht. Ob der Inhalt eines Testaments oder Erbvertrags gültig ist, bestimmt das auf den Nachlass anwendbare Recht. Inhalt und Form einer letztwilligen Verfügung sind auch wichtig, weil je nach Wohnsitzland der Inhalt dem dortigen nationalen Recht und die Form dem schweizerischen Recht unterstehen kann. In Ländern, in denen diese Frage nicht eindeutig zu beantworten ist, bleibt Ihnen nichts anderes übrig, als die Bestimmungen beider Gesetze zu berücksichtigen.

Um diesen Problemen aus dem Weg zu gehen, können Sie Ihren gesamten Nachlass – oder auch nur das in der Schweiz gelegene Vermögen – dem schweizerischen Recht unterstellen. Diese Unterstellung unter schweizerisches Erbrecht erfolgt wiederum durch ein Testament oder einen Erbvertrag, falls das Recht des Gastlands Erbverträge erlaubt (siehe oben). Ein solches Vorgehen ist beispielsweise sinnvoll, wenn das Erbrecht im Wohnsitzland gegenüber dem schweizerischen klare Nachteile für die Hinterbliebenen aufweist – etwa andere oder höhere Pflichtteilsquoten – und Sie als Erblasser dadurch in Ihrer Verfügungsgewalt eingeschränkt sind. Zu beachten sind auch steuerliche Aspekte. Denn Erbschaftssteuern sind in dem Staat zu bezahlen, in dem das Erbe anfällt (siehe Seite 288). Die Bestimmungen zum schweizerischen Erbrecht stehen im Schweizerischen Zivilgesetzbuch.

- **Achtung:** Liegenschaften in Ihrem Wohnsitzland können Sie oft nicht dem schweizerischen Erbrecht unterstellen. Viele Länder sehen vor, dass für Liegenschaften das Recht desjenigen Landes, in dem sie gelegen sind, anwendbar ist.

Für die Eröffnung von letztwilligen Verfügungen nach dem Tod eines Erblassers mit Wohnsitz im Ausland und bei erbrechtlichen Streitigkeiten sind grundsätzlich die Behörden im Wohnsitzstaat zuständig. Eine Ausnahme gibt es nur, wenn sich die ausländischen Behörden nicht mit dem Nachlass befassen wollen. Oder wenn das in der Schweiz gelegene Vermögen oder der gesamte Nachlass – ausser eventuell Immobilien – durch eine letztwillige Verfügung dem schweizerischen Erbrecht oder der schweizerischen Zuständigkeit unterstellt wurden.

Wie Sie Ihren Nachlass konkret regeln, hängt weitgehend von Ihren persönlichen und wirtschaftlichen Verhältnissen ab: in welchem Land Sie wohnen, wo Sie Vermögenswerte besitzen, welche Personen Sie begünstigen wollen und ob Sie Doppelbürger sind. Lassen Sie sich unbedingt von einer auf das internationale Erbrecht spezialisierten Anwältin oder einem Anwalt beraten. Zu entsprechenden Adressen gelangen Sie in der Schweiz über den schweizerischen Anwaltsverband. Im Ausland können die schweizerischen Vertretungen einschlägige Adressen vermitteln.

- Regeln Sie rechtzeitig mit einem Testament oder Erbvertrag Ihren Nachlass – nicht nur, um ihn damit dem schweizerischen Erbrecht zu unterstellen. Sie vermeiden mit einer klaren Regelung auch allfällige Erbstreitigkeiten.
- Wenden Sie sich bei Fragen rund ums Erbrecht unbedingt an einen Anwalt oder eine Anwältin im Gastland oder in der Schweiz, welche auf das internationale Erbrecht spezialisiert sind.

- **Bundesamt für Justiz** — Adressen
  Sektion Internationales Privatrecht, Taubenstrasse 16,
  3003 Bern, Tel. 031 322 41 22, Internet www.ofj.admin.ch
  (Allgemeine Auskünfte zur Rechtslage aus schweizerischer Sicht; keine Rechtsberatung)

- **Schweizerischer Anwaltsverband (SAV)**
  Marktgasse 4, Postfach 8321, 3011 Bern,
  Tel. 031 313 06 06, Internet www.swisslawyers.com
  (vermittelt Adressen von auf bestimmte Gebiete spezialisierten Anwälten)

- **Testament, Erbschaft** — Literatur
  Ein Ratgeber aus der Beobachter-Praxis, ISBN 3 85569 236 X
  Zu beziehen beim Beobachter-Buchverlag, Tel. 043 444 53 07, Fax 043 444 53 09,
  Internet www.beobachter.ch/buchshop

Die Verbindungen zur Schweiz

Wer ins Ausland zieht, geht meist mit der Absicht, den Schweizermief, Rösti und Bratwurst, das engstirnige Denken, die Alltagshektik oder was auch immer typisch Schweizerisches hinter sich zu lassen. Die eine oder der andere schafft das vielleicht auch bis zu einem gewissen Grad – und wird früher oder später doch vom Heimweh eingeholt. Plötzlich fehlen einem die Daheimgebliebenen, das Stammtischgespräch, das Vereinsleben, die Neuigkeiten aus der Schweiz. Je nach Person und Situation spürt man dies schon wenige Tage nach Ankunft – oder erst nach einigen Auslandjahren.

Die Reaktion darauf kann höchst unterschiedlich ausfallen: Man reist früher oder regelmässiger als vorgesehen in die Schweiz zurück, telefoniert öfter nach Hause, hört Schweizer Radio International, schaut Schweizer Fernsehen über Satellit, abonniert heimische Zeitungen oder liest sie übers Internet. Andere laden Freunde und Verwandte aus der Schweiz ein oder suchen vermehrt Kontakt zu den eigenen Landsleuten.

Wie auch immer: Ignorieren Sie diese Gefühle nicht – sie sind normal. Damit es aber erst gar nicht zum grossen Heimweh kommt, sollten Sie während Ihres gesamten Auslandaufenthalts mit möglichst vielen Personen in der Schweiz regen Kontakt pflegen. Intakte Beziehungen mit der Familie, mit Freunden und Bekannten erleichtern Ihnen bei der Rückkehr in die Heimat zudem den sozialen Einstieg. Halten Sie jedoch nicht nur persönliche, sondern auch wichtige berufliche Beziehungen aufrecht. Ein gutes Beziehungsnetz erleichtert Ihnen den Wiedereinstieg, wenn Sie nach dem Auslandaufenthalt ins Arbeitsleben zurückkehren möchten. Berufliche Kontakte, die nie ganz abgebrochen wurden, können Ihnen massgeblich helfen, eine geeignete Stelle zu finden.

Kommunikation mit der alten Heimat

In der heutigen total vernetzten Welt ist es keine Hexerei, fast von jedem Winkel dieser Erde jederzeit mit der Familie und den Freunden in der Schweiz in Verbindung zu treten. Es stehen dafür zahlreiche Kommunikationsmittel zur Verfügung – altbewährte wie der handgeschriebene Brief oder neue wie das E-Mail über Internet. Jedes dieser Kommunikationsmittel hat seine Vor- und Nachteile punkto Preis, Schnelligkeit, Zuverlässigkeit und den damit verbundenen Emotionen.

Briefe

Um keine Illusionen aufkommen zu lassen: Erwarten Sie in den wenigsten Ländern den gleich zuverlässigen Postdienst, wie Sie ihn aus der Schweiz gewohnt sind. Das trifft bei weitem nicht nur auf Entwicklungsländer zu, sondern zum Teil auch auf europäische Staaten. Für ihre Unzuverlässigkeit und notorischen Zustellungsprobleme bekannt sind beispielsweise die italienische und spanische Post. In Drittweltstaaten kommen Briefe oder Pakete aus der Schweiz unter Umständen gar nie oder vielleicht sogar geöffnet an. Das sollte Sie jedoch nicht davon abhalten, regen Briefkontakt mit der Familie und den Bekannten in der Schweiz aufrechtzuerhalten.

Was oft ignoriert wird: Briefe empfangen können im Ausland nicht nur Personen mit fester Wohnadresse. Wer auf Reisen ist, kann sich Briefe und zum Teil auch kleine Pakete postlagernd an Hauptpostämter, schweizerische Vertretungen oder als Amexco-Karteninhaber an die Büros von American Express senden lassen. Wichtig ist, dass Sie vor der Abreise möglichen Briefeschreibern die genauen Zustelladressen und den Abholtermin angeben. Postlagernde Sendungen werden nämlich nirgends ewig aufbewahrt, sondern nach einer bestimmten Zeit automatisch an den Absender zurückgesandt.

Telefon und Fax

Die internationalen Telefonverbindungen von entwickelten Staaten in die Schweiz sind über das Festnetz und per Satellit meist hervorragend. Auch in Entwicklungsländern kommen internationale Verbindungen über Satellit in der Regel problemlos zustande – zumindest in den grösseren Städten. Schwierigkeiten kann es dagegen je nach Gerät, Land, Empfangsstandort und Telefongesellschaft mit Mobiltelefonen geben.

Wer längere Zeit stationär im Ausland bleibt, sollte sich vor Ort über das Angebot der einzelnen Telefongesellschaften informieren. In liberalisierten Märkten kämpfen die verschiedenen Anbieter hart um jeden neuen Kunden – besonders im Bereich Mobiltelefon.

Die Alternative zu teuren Telefonaten in die Schweiz ist ein Fax an die Lieben zu Hause – sofern diese ein Faxgerät besitzen. Das Faxen in die Heimat funktioniert in der Regel problemlos, sofern die Telefonverbindungen gut sind. Emotionen lassen sich mit einem Fax zwar nur bedingt vermitteln, dafür umso mehr Fakten, die erst noch verschiedenen Personen zugänglich sind. Wer viel faxt, kauft am besten gleich vor Ort ein qualitativ gutes Gerät. Und zwar bei einem Fachhändler, der auch bei allfälligen technischen Problemen zur Stelle ist.

Faxen ist auch für Langzeitreisende eine ideale Möglichkeit, die Kommunikation mit Familie, Freunden und Bekannten aufrechtzuerhalten. Im Ausland können Faxe meist in Postämtern, Telefongesellschaften, von Privatpersonen geführten Kommunikationszentren oder in Hotels gesandt und oft auch empfangen werden. Fragen Sie aber unbedingt zuerst nach dem Preis; hier gibt es riesige Unterschiede.

Faxe von Leuten aus der Schweiz empfangen können Sie im Weiteren, indem Sie sich diese beispielsweise an schweizerische Vertretungen im Ausland oder als Amexco-Kreditkarteninhaber an ein Büro von American Express senden lassen, mit dem Vermerk, dass der Fax vom Empfänger abgeholt wird.

Internet und E-Mail
Wenn Sie das Internet schon kennen beziehungsweise per E-Mail kommunizieren, erübrigen sich die folgenden Zeilen, denn Sie dürften auch im Ausland alles daran setzen, ans Internet angeschlossen zu sein. Wenn Sie das Internet nicht kennen, finden sie hier eine kurze Zusammenfassung der Vorteile für Personen mit festem Wohnsitz im Ausland und für Reisende. Keine Angst: Um das Internet zu benützen, müssen Sie weder Computerfreak sein noch jahrelange PC-Erfahrung besitzen.

Der grösste Nutzen des Internets für Schweizer im Ausland ist die Möglichkeit, aktuelle Informationen aus der Schweiz zu beschaffen. Dazu zählt etwa der regelmässige Blick in die Tages- und Wochenpresse (siehe Seite 372) oder das Erledigen von Bankgeschäften (siehe Seite 192). Übers Internet können Sie zudem dank E-Mail mit anderen Internetbenützern weltweit und jederzeit in Sekundenschnelle schriftliche Nachrichten austauschen.

Das Internet ist ein weltweiter Verbund von Computern, ein Netz, das regionale und lokale Computernetze verbindet. Dahinter steckt also keine Firma, Organisation oder Institution, die das Netz plant, baut, betreibt und reguliert. Das Internet ist physisch nicht fassbar, ebenso wenig wie Daten, die von einem Computer zum anderen gesandt werden. Es ist eine rein virtuelle Welt, ohne Anfang und Ende, ohne abgeschlossene Grenzen.

Jedermann darf das Internet nutzen. Es braucht dazu aber gewisse technische Voraussetzungen, das heisst eine Internetstation. Dazu gehören ein Personalcomputer (PC), um Mitteilungen zu schreiben, einige spezielle Programme, um den PC Internet-tauglich zu machen (Software), ein Gerät für die Übertragung und den Empfang von Computerdaten (Modem), ein Telefonanschluss, um die Daten zu transportieren, eine Firma, die den Zugang zum Internet ermöglicht (Provider oder Online-Dienst) sowie ein Drucker, um Nachrichten auszudrucken. Eine E-Mail senden und empfangen lässt sich natürlich nur, wenn Absender und Empfänger eine E-Mail-Adresse besitzen. Diese erhält man von den meisten Providern kostenlos bei der Anmeldung.

Eine Internetstation installiert Ihnen grundsätzlich jede Computerfirma – in welchem Land Sie auch wohnen. Dort sind auch alle notwendigen Geräte erhältlich. Mit einer guten Anleitung des Providers oder einem vorbereiteten Installationsprogramm können Sie die Installation jedoch auch selber vornehmen. Den Provider suchen Sie direkt vor Ort. Holen Sie verschiedene Offerten ein, denn das Angebot kann stark variieren. Schliesslich sind es die Providerabonnements sowie die Telefongebühren zum Provider, die beim Internet kosten. Die Übermittlung einer E-Mail ist gratis. Die meisten Informationen auf Internet sind ebenfalls kostenlos abrufbar.

Um mit Familie und Freunden in der Heimat per E-Mail kommunizieren zu können, benötigen Sie nicht unbedingt einen eigenen Internetanschluss. Über Anbieter von Gratis-E-Mail-Adressen lässt sich nämlich ein E-Mail-Konto einrichten. Das ist beispielsweise bei den grossen Providern in der Schweiz bei http://freemail.swissinfo.org oder bei internationalen Anbietern wie etwa http://www.hotmail.com oder http://www.gmx.com. möglich. Sie erhalten dann eine Benützeridentifikationsnummer sowie ein Passwort. Damit können Sie weltweit über irgendeinen Internetanschluss Ihre E-Mails aus der Schweiz lesen und Mitteilungen senden. Freien Internetzugang gegen eine Gebühr bieten insbesondere Internetcafés, die es in fast allen Ländern gibt. Diese Kommunikationsmöglichkeit mit den Daheimgebliebenen eignet sich besonders für Langzeitreisende.

- **Grundkurs Internet**
  Eine Beobachter-Broschüre, ISBN 3 85569 227 0;
  Zu beziehen beim Beobachter-Buchverlag, Tel. 043 444 53 07, Fax 043 444 53 09,
  Internet www.beobachter.ch/buchshop

Literatur

Schweizer Tages- und Wochenpresse

Viele Schweizerinnen und Schweizer vermissen im Ausland schon bald ihre tägliche Zeitung oder ihre geliebte Zeitschrift, die sie zu Hause während Jahren abonniert hatten. Oft ist es für Auslandschweizer nicht einmal in erster Linie das Interesse am Geschehen in der Schweiz, das sie auch im Ausland zu regelmässigen Lesern ihres Leibblatts macht, sondern die emotionale Bindung an ein vertrautes Produkt, das irgendwie zum Alltag gehört.

Gehen Sie nicht davon aus, Schweizer Presseerzeugnisse an jedem Kiosk kaufen zu können. Verkaufsstellen mit internationaler Presse sind je nach Land äusserst rar und führen vielfach keine Schweizer Zeitungen oder Zeitschriften im Sortiment. In von Schweizer Touristen bevorzugten Ferienorten gibt es zum Teil heimische Zeitungen zu kaufen. Mit den letzten Touristen verschwindet diese aber wieder aus den Zeitungsständern. Am ehesten sind schweizerische Presseerzeugnisse im Ausland an Flughäfen, Hauptbahnhöfen oder in internationalen Hotels zu finden.

Möchten Sie also an Ihre Zeitung oder Zeitschrift aus der Schweiz im Ausland nicht missen, müssen Sie diese abonnieren. Das ist jedoch meist erst ab einer bestimmten Aufenthaltsdauer, in der Regel ab drei Monaten möglich. Die entscheidende Frage ist natürlich, wann die Post aus der Schweiz eintrifft. Das hängt insbesondere vom Bestimmungsland, Ihrem dortigen Wohnort, von der Zuverlässigkeit und der Infrastruktur der ausländischen Post und von der Zustellart der Zeitung ab. Grundsätzlich können Sie zwischen Luftpost und Land- oder Seeweg wählen. Luftpost ist in der Regel die schnellste und zuverlässigste Zustellart, sofern Sie nicht unmittelbar im Grenzgebiet der Schweiz wohnen.

Wenn es schnell geht, erhalten Sie Ihr Leibblatt am Tag des Erscheinens. Bei fernen Destinationen mit wenigen Flugverbindungen zur Schweiz bekommen Sie Ihr Blatt unter Umständen erst mit zweiwöchiger Verspätung. Oder alle paar Tage eine Postsendung mit gleich mehreren Ausgaben.

Wer im Ausland eher an einem Konzentrat der wichtigsten Nachrichten aus der Schweiz interessiert ist, abonniert am besten eine Fernausgabe. Eine solche wird beispielsweise von der Neuen Zürcher Zeitung (NZZ) als tägliche und vom Tages-Anzeiger als wöchentliche Ausgabe angeboten. Fernausgaben enthalten weniger Regionalnachrichten und je nach Blatt auch keine Werbung, Kleinanzeigen und Stelleninserate.

Erkundigen Sie sich direkt bei Ihrem Lieblingsblatt über das Angebot, insbesondere über die Abonnementspreise. Diese hängen grundsätzlich von der Zustellart und vom Bestimmungsort ab. Die meisten Zeitungen müssen übrigens nicht zwingend für sechs Wochenausgaben abonniert werden; es lassen sich auch nur einzelne Wochentage abonnieren, etwa nur die Samstagsausgabe.

Alle Schweizer Verlagshäuser sind heute im Internet präsent, wenn auch mit ganz unterschiedlichen Angeboten. Die Palette reicht von der einfachen Homepage ohne substanziellen Inhalt bis zu attraktiv gestalteten Seiten mit aktuellsten Informationen zu verschiedensten Bereichen. Meist handelt es sich dabei jedoch nur um Kurzmeldungen von Nachrichtenagenturen. Unter Umständen genügen Ihnen diese vielfach kostenlosen Informationen Ihrer bevorzugten Zeitung. Immer mehr Verlage bieten Ihre publizierten Artikel auf dem Internet aber nur noch mit Passwort und gegen eine Gebühr an. Das gilt auch für den Zugriff auf das Verlagsarchiv. In diesem Fall müssen Sie gut überlegen, ob ein Zeitungs- oder Zeitschriftenabonnement nicht idealer ist.

 • Bevor Sie eine Schweizer Zeitung oder Zeitschrift gleich für ein Jahr ins Ausland bestellen, sollten Sie sie nur ein paar Monate lang abonnieren, um zu sehen, wie die Zustellung klappt. Erkundigen Sie sich nach einem Probeabonnement.

- **www.onlinenewspaper.com**
  Die Webseite verschafft Zugang zu den Internetseiten von tausenden von Zeitungen und Zeitschriften auf der ganzen Welt.

Swissinfo / Schweizer Radio International (SRI)

Swissinfo/Schweizer Radio International (SRI) ist eine Unternehmenseinheit der Schweizerischen Radio- und Fernsehgesellschaft SRG SSR idée suisse. Swissinfo/SRI hat den Auftrag, die im Ausland lebenden Schweizerinnen und Schweizer über die Ereignisse in der Schweiz zu informieren und die Präsenz der Schweiz im Ausland zu fördern.

Swissinfo/SRI informiert rund um die Uhr multimedial über seine Newsplattform (www.swissinfo.org). Daneben verbreitet Swissinfo/SRI auch täglich Informationen via Satellit oder Kurzwelle. Zurzeit werden folgende Informationen angeboten (Stand Januar 2003):

Internet (www.swissinfo.org): Die Newsplattform vermittelt Text-, Bild-, TV- und Radioinformationen über aktuelle Ereignisse in der Schweiz aus den Bereichen Politik, Gesellschaft, Wirtschaft, Wissenschaft, Kultur, Sport und Tourismus. Da Swissinfo/SRI ein internationales Zielpublikum hat, wird die Newsplattform in neun Sprachen geführt: auf Deutsch, Französisch, Italienisch, Englisch, Spanisch, Portugiesisch, Japanisch, Arabisch und Chinesisch. Daneben stellt www.swissinfo.org die Radio- und TV-Informationssendungen der SRG SSR idée suisse auf Deutsch, Französisch, Italienisch und Rumantsch zur Verfügung. All diese Sendungen lassen sich unmittelbar nach der Ausstrahlung im Real-Player-Format anhören.

Für Auslandschweizer interessant sind unter anderem die von Swissinfo/SRI produzierten Abstimmungsdossiers, ein Diskussionsforum für im Ausland wohnhafte Schweizer sowie der rasche Zugang zu einer Reihe von Webseiten, die für Auslandschweizer relevant sind. Geplant ist auch ein Mail-Service, mit dem man sich per E-Mail Nachrichten zustellen lassen kann. Dieser Dienst eignet sich vor allem für Reisende. Zusätzlich offeriert www.swissinfo.org folgende Dienstleistungen:
- **Swisslinks:** eine umfassende Link-Sammlung zur Schweiz
- **Mobile:** Informationen und Dienstleistungen von Swissinfo für den persönlichen Assistenten (http://mobile.swissinfo.org) oder auf WAP-fähigen Endgeräten (http://wap.swissinfo.org)
- **Freemail:** eine kostenlose E-Mail-Adresse (http://freemail.swissinfo.org)
- **www.swisshelpdesk.org:** ein Informationsdienst, der Fragen zur Schweiz per E-Mail beantwortet

Leben im Ausland: Kommunikation

375

- www.swissgeo.org: ein interaktiver Wegweiser durch die Schweiz
- www.swisspolitics.org: eine viersprachige Informationsplattform zur Schweizer Politik auf Deutsch, Französisch, Italienisch und Englisch

Um die Internet-Angebote von Swissinfo/SRI nutzen zu können, benötigen Sie einen leistungsfähigen Computer mit Soundkarte und Lautsprecher, einen Internetanschluss (siehe Seite 371) sowie die entsprechende Software: einen Web-Browser und den «RealPlayer» (www.realplayer.com) zum Abspielen der Audio- und Video-Files. Die neusten Web-Browser- und Real-Player-Versionen lassen sich gratis vom Internet herunterladen und problemlos selbst auf dem Computer installieren.

Radio: Swissinfo/SRI sendet über verschiedene Satelliten Informationsprogramme für Europa und Asien, meist in Englisch aber auch in den Schweizer Landessprachen Deutsch, Französisch und Italienisch. Sie finden alle erforderlichen Informationen über die Satellitenkanäle, die Versorgungszonen, die Frequenzen und die Sendezeiten unter www.swissinfo.org oder über bei Swissinfo/SRI (Adresse nächste Seite). Je nach Land und Anbieter können die Satellitenprogramme über das lokale Kabelnetz empfangen werden. Für den direkten Empfang von Satellitenprogrammen sind eine entsprechende Parabolantenne sowie ein geeigneter Empfänger (Set-Top-Box) nötig. Empfangsgeräte erhalten Sie im Fachhandel in der Schweiz und im Ausland.

Neben den Satellitenprogrammen sendet Swissinfo/SRI noch bis zum 30. Oktober 2004 täglich auf Kurzwelle nach Südamerika in den Schweizer Landessprachen und in Englisch sowie nach dem Nahen Osten und Afrika zusätzlich in Arabisch. Für den Empfang brauchen Sie ein Empfangsgerät mit Kurzwelle und natürlich das Swissinfo/SRI-Programm (siehe www.swissinfo.org) mit Angaben der Frequenzen und Sendezeiten. Speichern Sie die Frequenzen am besten bereits vor der Abreise zu Hause und stellen Sie die Empfänger oder eine Zweituhr auf Weltzeit (UTC). Die Wellenausbreitung und damit die Empfangsqualität der Sendungen können täglich oder gar stündlich stark variieren. Der Empfang lässt sich mit einer einfachen Aussenantenne – zum Beispiel einer Langdrahtantenne – erheblich verbessern.

Unter dem Namen Swiss Satellite Radio produziert Swissinfo/SRI auch drei Musikspartenradios: Radio Swiss Classic (www.radioswissclassic.ch), Radio Swiss Jazz (www.radioswissjazz.ch) und Radio Swiss Pop (www.radioswisspop.ch). Alle drei Radios senden rund um die Uhr Musik und können in ganz Europa über Satellit und weltweit über Internet empfangen werden.

TV: Im Bereich Fernsehen bietet Swissinfo/SRI mit dem Bildmaterial der sprachregionalen Fernsehstudios der SRG SSR idée suisse Beiträge für den CNN World Report und produziert mehrmals im Jahr ein monothematisches Magazin auf DVD.

Abstimmungskassetten: Schweizer und Schweizerinnen mit Wohnsitz im Ausland können vor eidgenössischen Abstimmungen und Wahlen bei Swissinfo/SRI kostenlos Tonbandkassetten anfordern. Sie enthalten Informationen zu den Abstimmungsthemen sowie Pro- und Kontra-Aussagen wichtiger Vertreter des öffentlichen Lebens.

- **Swissinfo/Schweizer Radio International (SRI)**
  Giacomettistrasse 1, 3000 Bern 15, Tel. 031 350 92 22,
  Internet www.swissinfo.org, www.swisspolitics.org

Adressen

Schweizerische Radio- und TV-Programme

Schweizer und Schweizerinnen, die in West- und Osteuropa, im nördlichen Afrika und in Zentralasien leben, müssen nicht auf die Schweizer Programme verzichten. Sie können sämtliche TV- und Radioprogramme der Schweizerischen Radio- und Fernsehgesellschaft (SRG) per Satellit vom Himmel holen.

Die Ausstrahlung der TV-Programme von SF 1, SF 2, SF i, TSR 1, TSR 2, TSI 1 und TSI 2 erfolgt über den Satelliten Hotbird 3. Da die SRG-Programme digital ausgestrahlt werden, braucht es für den Empfang eine digitale Empfangsausrüstung. Diese besteht aus einer Satellitenschüssel (Parabolantenne), die mit einem Universal-LNB (Empfangskonverter) bestückt ist. Dazu kommt ein DVB-tüchtiger Satellitenempfänger (DVB steht für Digital Video Broadcasting). Am Fernseh- oder Videogerät selbst sind für den Empfang von Satellitenprogrammen keine Anpassungen nötig.

Die Parabolantenne muss je nach Standort einen bestimmten Durchmesser aufweisen, damit die SRG-Programme empfangen werden können. In der Schweiz und den umliegenden Ländern genügt beispielsweise eine Schüssel mit einem Durchmesser von mindestens 60 Zentimetern. Wer im südlichen Marokko oder im pakistanischen Islamabad die Schweizer Tagesschau sehen will, benötigt dagegen schon eine Parabolantenne mit einem Durchmesser 1,8 Metern.

Die SRG-Programme werden aus urheberrechtlichen Gründen verschlüsselt ausgestrahlt. Der DVB-Empfänger muss deshalb mit einem Viaccess-Decoder ausgestattet sein, der die Signale beim Empfang wieder entschlüsselt. Zusätzlich wird eine Zulassungskarte benötigt, eine so genannte Sat-Access-Karte. Sie hat die Grösse einer Kreditkarte und muss in den Schlitz des Decoders geschoben werden. Nur so lassen sich SRG-Programme empfangen. Für ihre Sat-Access-Karte erhebt die SRG eine einmalige Gebühr von 50 Franken. Zusätzlich sind jedes Jahr 120 Franken an die Distributionskosten zu bezahlen.

Digitale DVB-Empfänger sind in der Schweiz und im Ausland erhältlich. Allerdings beschränkt sich das Angebot – je nach Land und Markt – auf wenige Marken und Modelle, deren Preise zwischen 300 und 1000 Franken liegen. Je gewissen Ländern kann es schwierig sein, einen Fachhändler zu finden, der diese Geräte verkauft. Dann bleibt Ihnen nichts anderes übrig, als die zuständige Informationsstelle bei der SRG nach Adressen der von ihr empfohlenen Gerätelieferanten zu fragen. Für eine Parabolantenne mit Universal-LNB müssen Sie je nach Modell und Ausführung 150 bis 500 Franken rechnen. In europäischen Ländern empfiehlt es sich, die notwendigen Empfangsgeräte erst vor Ort zu kaufen und das Ganze von einem ansässigen Techniker installieren zu lassen. Dieser kann später auch bei allfälligen technischen Problemen gerufen werden. Der Kauf in der Schweiz und die Eigeninstallation drängt sich nur auf, wenn Sie in Länder ohne entsprechende Infrastruktur ausreisen.

Mit einer DVB-Empfangsanlage können Sie übrigens nicht bloss die SRG-Programme, sondern auch alle anderen digitalen Fernsehsender des Satelliten Eutelsat Hotbird empfangen, die unverschlüsselt gesendet werden. Dazu gehören etwa RTL, RTL 2, VOX, Eurosport und Arte. Zudem sind über den gleichen Satelliten und Transponder alle 18 SRG-Radioprogramme empfangbar. Über den Fernseher oder die am Empfänger angeschlossene Stereoanlage lässt sich dann digitale Radioqualität geniessen.

Neben den Fernseh- und Radio-Empfangsmöglichkeiten über den Satelliten Hotbird 3 ist für deutschsprachige Schweizer in Europa das Programmangebot über den Satelliten Astra interessant. Denn Astra setzt vor allem auf deutschsprachige Sender. Über Astra sind auch einzelne Sendungen des Schweizer Fernsehens auf dem Fernsehsender 3Sat zu sehen. In einigen Ländern ist 3Sat sogar auf dem lokalen Kabelnetz aufgeschaltet. In diesem Fall benötigen Sie nur einen Kabelanschluss.

• **Wichtig:** Satellitenfernsehen bedeutet nicht freien Zugang zu allen Sendern und ihren Programmen. Immer mehr Privatsender und öffentlichrechtliche Fernsehanstalten strahlen ihre Programme verschlüsselt aus; vielfach mit unterschiedlichen Verschlüsselungssystemen. Sie benötigen also für jeden Sender ein entsprechendes Decodiergerät oder ein Gerät, das über mehrere Conditional-Access-Systeme verfügt. Wer mit einer Parabolantenne TV- oder Radioprogramme verschiedener Satelliten empfangen möchte, benötigt eine Satellitenschüssel mit einer Halterung für mehrere LNBs. Satellitenfernsehen setzt auch immer voraus, dass man im Empfangsgebiet des Satelliten wohnt. In Übersee können Sie deshalb keine SRG-Programme über Satellit sehen.

- Das umfassendste TV- und Radio-Programmangebot über Satellit erhalten Sie im europäischen Raum mit einer Parabolantenne und zwei Empfangskonvertern für die Satelliten Hotbird 3 und Astra.
- Vor dem Kauf einer Satelliten-Empfangsanlage sollten Sie sich in jedem Fall von einem Fachhändler oder direkt von der SRG-Auskunftsstelle beraten lassen.

- **SRG SSR Sat Access**
Postfach, 8052 Zürich, Internet www.srgdist.ch
– Verkauf von Sat-Access-Karten: Tel. 0848 868 969
– Technische Auskünfte zum Empfang der SRG-Programme ab Satellit: Tel. 0848 88 44 22

Schweizer Revue

Die Schweizer Revue ist eine Zeitschrift für alle im Ausland lebenden Schweizerinnen und Schweizer. Sie wird allen volljährigen und bei einer schweizerischen Auslandvertretung immatrikulierten Schweizer Bürgern und Bürgerinnen kostenlos zugestellt. Die Zeitschrift wird von der Auslandschweizer Organisation in Zusammenarbeit mit dem Auslandschweizerdienst des Eidgenössischen Departements für auswärtige Angelegenheiten herausgegeben, ist redaktionell jedoch unabhängig.

Die Schweizer Revue stellt eine wichtige Verbindung zur Heimat dar. Sie enthält alles Wissenswerte über das Geschehen in der Schweiz, informiert über wirtschaftliche, kulturelle, sportliche und politische Ereignisse – insbesondere über Abstimmungen und Wahlen – sowie über die Aktivitäten der einzelnen Auslandschweizervereinigungen. Die Schweizer Revue will die bedeutenden Entwicklungen in der Schweiz aufzeigen und ein realistisches Bild von ihr vermitteln. Sie enthält zudem die für Auslandschweizer wichtigen offiziellen Mitteilungen der Bundesbehörden, Erläuterungen über Gesetze, Rechte und Pflichten, die Auslandschweizer interessieren oder direkt angehen. In diesem Sinn hat die Schweizer Revue für Auslandschweizer die Funktion eines Amtsblatts.

- **Wichtig:** Als Auslandschweizer können Sie nicht geltend machen, Sie hätten von einem Erlass, einem Gesetz oder einer Frist nichts gewusst, wenn diese in der Schweizer Revue publiziert wurden.

Unter anderem ist die Schweizer Revue auch offizielles Informationsorgan des Solidaritätsfonds der Auslandschweizer (siehe Seite 351). Im Weiteren besteht zwischen der Schweizer Revue und swissinfo (siehe Seite 374) eine Zusammenarbeit im Informationsbereich; die Zeitschrift ist die Plattform der SRI für Mitteilungen an die Hörerschaft.

Die Schweizer Revue hat eine Auflage von über 360 000 Exemplaren und erscheint sechsmal jährlich in Deutsch, Französisch (Revue Suisse), Italienisch (Gazzetta Svizzera), Englisch (Swiss Review) und Spanisch (Panorama Suizo). Der Kerninhalt der Zeitschrift ist in allen Sprachausgaben gleich. Hinzu kommen zusätzlich viermal jährlich Nachrichten der Schweizervereine und sonstigen schweizerischen Vereinigungen, die im jeweiligen Zustellungsgebiet der Zeitschrift aktiv sind. Insgesamt existieren dadurch rund zwanzig verschiedene Ausgaben.

Zusätzlich zur Schweizer Revue gibt die Auslandschweizer Organisation vier- bis sechsmal jährlich einen Rundbrief (ASO-Info) an alle Schweizervereine und schweizerischen Institutionen im Ausland heraus. Die ASO beliefert damit auch die Schweizer Botschaften und Konsulate sowie befreundete Organisationen.

- Halten Sie sich längerfristig im Ausland auf, sollten Sie regelmässig die Schweizer Revue lesen, um über die wichtigsten für Auslandschweizer relevanten Ereignisse in der Schweiz informiert zu sein. Sie erhalten die Zeitschrift gratis über die zuständige schweizerische Auslandvertretung.

- **Schweizer Revue**
  Redaktion, Alpenstrasse 26, Postfach, 3000 Bern 16,
  Tel. 031 351 61 10, Internet www.revue.ch (Zeitschrift für Auslandschweizer und -schweizerinnen mit relevanten Informationen zur Schweiz)

Auslandschweizer Organisation (ASO)

Die im Ausland lebenden rund 600 000 Schweizer und Schweizerinnen sind in über 750 Schweizervereinen (siehe Seite 381) und schweizerischen Institutionen in der ganzen Welt zusammengeschlossen. Ihr Dachverband ist die Auslandschweizer Organisation (ASO). Diese private Stiftung finanziert sich hauptsächlich durch Zuwendungen des Bundes, den Verkauf von Dienstleistungen sowie Spenden.

Die ASO will einerseits die Beziehungen der Auslandschweizer untereinander und zur Heimat fördern. Andererseits vertritt sie als behördlich anerkannte Interessenorganisation die Anliegen der Auslandschweizer gegenüber den schweizerischen Behörden und dem Schweizer Parlament. Das gelingt zwar nicht immer im gewünschten Umfang. Dennoch vermochte die ASO in der Vergangenheit für Auslandschweizer wichtige politische Entscheide zu beeinflussen. Dazu zählen etwa Verbesserungen in der Bürgerrechtsgesetzgebung, die Einführung des brieflichen Stimm- und Wahlrechts und die Einflussnahme bei der Reform der freiwilligen AHV/IV (siehe Seite 225). Die ASO setzt sich über ihre Tochter, den Solidaritätsfonds der Auslandschweizer (siehe Seite 351), für die Existenzsicherung von Schweizern im Ausland ein.

Die beiden wichtigsten Organe der ASO sind der Auslandschweizerrat sowie die Geschäftsstelle der ASO in Bern.

Der Auslandschweizerrat (ASR) ist das oberste Organ der ASO. Er ist eine Art Parlament der Auslandschweizer. Der ASR zählt rund 150 Mitglieder: Neben den Vertretern der Schweizergemeinschaften im Ausland, welche die Mehrheit ausmachen, gehören dazu auch zahlreiche Persönlichkeiten aus dem Inland, die als Bindeglieder zur schweizerischen Politik, Kultur und Wirtschaft wirken. Ein Proporz-Schlüssel stellt sicher, dass die einzelnen Auslandschweizer-Gruppierungen entsprechend ihrer Grösse im Auslandschweizerrat vertreten sind. Der ASR kommt zweimal jährlich zusammen, um die Probleme der Auslandschweizer zu erörtern.

Die Geschäftsstelle der ASO arbeitet in der Schweiz in verschiedenen eidgenössischen Kommissionen und privaten Organisationen mit, die für Auslandschweizer relevante Sachfragen behandeln.

Von der ASO können Schweizer und Schweizerinnen im Ausland aber auch ganz direkt und konkret profitieren. Die Geschäftsstelle erteilt nämlich kostenlos Auskünfte im Zusammenhang mit einem Auslandaufenthalt oder einer geplanten Rückkehr und berät bei rechtlichen Fragen. Die Kontaktaufnahme mit der ASO ist jederzeit möglich. Neben dem Auskunfts- und Rechtsdienst engagiert sich die ASO insbesondere für junge Auslandschweizerinnen und -schweizer. So sind dort unter anderem das Komitee für Schweizerschulen im Ausland (siehe Seite 301), der Verein AJAS (Ausbildung junger Auslandschweizer in der Schweiz, siehe Seite 353), das Sekretariat der Neuen Helvetischen Gesellschaft sowie die Stiftung für junge Auslandschweizer (siehe Seite 382) angesiedelt.

Vom Auskunftsdienst, von der Rechtsberatung und vom Dienstleistungsangebot der ASO können grundsätzlich alle Schweizer Bürger profitieren, die sich im Ausland aufhalten.

Grossen Wert legt die ASO darauf, dass Auslandschweizer über die aktuellen Ereignisse in der Schweiz – in den Bereichen Politik, Gesetzgebung, Wirtschaft und Kultur – informiert sind. Zu diesem Zweck gibt sie die Zeitschrift Schweizer Revue heraus (siehe Seite 378) und stellt Informationen auf dem Internet bereit. Die ASO ermöglicht allen Auslandschweizern und -schweizerinnen auch die Teilnahme am Auslandschweizerkongress, den sie jedes Jahr im August in der Schweiz organisiert. Die Details dazu werden jeweils in der Schweizer Revue und auf der Homepage der ASO publiziert.

Leben im Ausland: Kommunikation

 • Die Auslandschweizer Organisation ist für Auslandschweizer *die* Verbindung zur Heimat. Profitieren Sie von den angebotenen Dienstleistungen.

• **Auslandschweizer Organisation (ASO)**
Alpenstrasse 26, Postfach, 3000 Bern 16, Tel. 031 351 61 00, Adressen
Internet www.aso.ch (Information, Beratung, Dienstleistungen für Schweizer im Ausland, Beratung auch bei der Rückkehr)

Schweizerische Vereinigungen im Ausland

Schon 1893 registrierte eine Statistik 233 Schweizervereine in den Vereinigten Staaten. Zurzeit gibt es im Ausland über 750 Schweizervereine und schweizerische Institutionen. Dazu gehören neben Auslandschweizervereinen, Handelskammern und Wohltätigkeitsorganisationen auch funktionelle Vereinigungen wie Schützenvereine, Sport- und Volkstanzgruppen oder Kirchgemeinden. Je nach Vereinigung sind die Aktivitäten eher gesellschaftlicher, sozialer, wirtschaftlicher oder kultureller Natur.

Wer nur für eine kurze Zeit ins Ausland zieht, wird womöglich wenig in Kontakt mit schweizerischen Vereinigungen kommen. Dagegen dürften Schweizer, die sich längerfristig im Ausland niederlassen oder gar definitiv auswandern, eher daran interessiert sein, Landsleute kennen zu lernen beziehungsweise einem Schweizerverein beizutreten. Meist existiert dieses Bedürfnis nicht von Anfang an, sondern entsteht erst nach einer bestimmten Zeit. Schliesslich will man mit dem Schritt ins Ausland die Schweiz zu einem guten Teil ganz bewusst hinter sich lassen.

Erst mit der Feststellung, dass es gar nicht so leicht ist, im gewünschten Mass Kontakte zu den Bewohnern des Gastlands zu knüpfen, sucht man in der Regel Beziehungen zu den eigenen Landsleuten. Die Konzentration auf Kontakte zu Schweizern hat Vor- und Nachteile. Einerseits ist dies ein bequemer Weg, die in der Heimat aufgegebenen Beziehungen zu ersetzen, sich der Richtigkeit der gewohnten Werthaltung zu versichern und dem Anpassungsdruck der fremden Kultur teilweise auszuweichen. Die Beziehung zu den eigenen Landsleuten vermittelt ein Gefühl der Sicherheit und Zugehörigkeit. Auf der anderen Seite behindern zu intensive Kontakte mit Landsleuten im Ausland die Integration.

Obwohl jedes Jahr bei der Auslandschweizer Organisation neue Anträge auf Anerkennung als Schweizer Auslandgruppe eingehen, kämpfen viele Schweizervereine ums Überleben, das heisst gegen die Überalterung. Verständlich: In keinem Land mehr wandern junge Schweizer und Schweizerinnen in Massen ein, und die Kinder der «alten» Vereinsmitglieder haben meist kein grosses Bedürfnis, Landsleute zu treffen. Zudem lassen sich Neuankömmlinge immer weniger für typische Schweizer Traditionen begeistern, die ein Schweizerverein üblicherweise pflegen möchte. Wer kann oder will in irgendeiner Ecke dieser Welt beispielsweise jassen, jodeln, Volkslieder singen, zu Ländler tanzen, Alphorn blasen, Schwyzerörgeli spielen oder Fahnen schwingen? Gebührend gefeiert wird dagegen fast überall der 1. August. Doch nur für diesen Anlass einem Verein mit den üblichen Vereinsstrukturen beizutreten, davon sehen viele ab.

Damit ein Verein offiziell als Schweizerverein gilt, müssen übrigens nicht alle Mitglieder das Schweizer Bürgerrecht besitzen. Der Anteil der Schweizer muss jedoch mindestens 50 Prozent betragen, das Präsidium in den Händen einer Person mit Schweizer Nationalität liegen und der Vorstand muss sich mehrheitlich aus Schweizern zusammensetzen. Vereine, welche diese Kriterien zur Anerkennung als Auslandgruppe nicht vollumfänglich erfüllen, jedoch im Sinn der ASO wirken, können als so genannte assoziierte Gruppierung aufgenommen werden.

Stiftung für junge Auslandschweizer

Seit vielen Jahren organisiert diese Stiftung für Schweizer Kinder, die ausserhalb ihrer Heimat leben, Ferienlager in der Schweiz. Die jungen Landsleute erhalten damit die Chance, die Sehenswürdigkeiten und Attraktionen der Schweiz besser kennen zu lernen. Gleichzeitig bietet ein Ferienaufenthalt die Möglichkeit, mit anderen Schweizerinnen und Schweizern in Kontakt zu kommen. Die Ferienlager finden jeweils im Sommer und Winter (Ski- und Snowboardlager über Neujahr) in verschiedenen Gegenden der Schweiz statt.

Teilnahmeberechtigt sind Kinder mit Schweizer Bürgerrecht im Alter von acht bis vierzehn Jahren, die in einem ausländischen Staat wohnen, sowie alle Kinder, deren Mutter oder Vater Schweizer und bei einer schweizerischen Auslandvertretung immatrikuliert ist (siehe Seite 338). Dabei spielt es keine Rolle, wie lange die Eltern oder die Kinder im Ausland gelebt haben, bevor sie an einem Ferienlager teilnehmen.

Die Kosten für die Hin- und Rückreise, für Taschengeld sowie Unterkunft und Verpflegung in der Schweiz vor und nach dem Lager gehen zulasten der Eltern. Die Lagerkosten für zwei Wochen Ferien belaufen sich je nach Saison und Lagerdauer auf 800 bis 1000 Franken. Die Stiftung für junge Auslandschweizer möchte allen interessierten Kindern Ferien in der Schweiz ermöglichen; Eltern mit finanziellen Schwierigkeiten können deshalb eine Kostenermässigung beantragen. Unter Umständen wird sogar der ganze Aufenthalt in der Schweiz und ein Teil der Reisekosten mit Geldern des Hilfsfonds der Stiftung bezahlt. Die Ferienlager werden meist drei- oder viersprachig geführt. Dadurch ist die Betreuung der Kinder in ihrer Muttersprache während des Aufenthalts in der Schweiz weitgehend gesichert.

Über die Stiftung für junge Auslandschweizer können sich 13- bis 14-jährige Auslandschweizerkinder auch zum Jugendskilager des schweizerischen Skiverbands anmelden. Dieses findet jedes Jahr in der Lenk im Berner Oberland statt. Die Teilnahme ist kostenlos. Allerdings stehen den Auslandschweizerkindern – gleich wie den in der Schweiz lebenden – nur wenige Plätze zur Verfügung. Über die Teilnahme entscheidet deshalb das Los.

Jugenddienst der Auslandschweizer Organisation
Der Jugenddienst des Auslandschweizer Organisation (ASO) bietet 14- bis 35-jährigen, im Ausland lebenden Schweizer Bürgerinnen und Bürgern verschiedene Angebote (Schweizer Reisen, Aufenthalt in Gastfamilien, Sprachkurse, Workshops). Beliebt sind vor allem die traditionellen Ski- und Snowboardcamps im Winter sowie die polysportiven Sommerlager. Im Zentrum dieser Aktivitäten steht der Kulturaustausch zwischen jungen Schweizern aus verschiedenen Ländern. Den Teilnehmenden soll die Schweiz in ihrer politischen, wirtschaftlichen, geografischen und kulturellen Vielfalt näher gebracht werden. Daneben wird auch viel Wert auf die Geselligkeit gelegt.

Die Angebote des Jugenddienstes der ASO richten sich hauptsächlich an Schweizerinnen und Schweizer, die im Ausland geboren wurden und die Schweiz nicht oder nur wenig kennen. Für die Teilnahme spielt es jedoch absolut keine Rolle, wie lange jemand schon im Ausland wohnt. Die Kosten für die verschiedenen Module belaufen sich auf 200 bis 970 Franken. Hinzu kommen die Ausgaben für die Hin- und Rückreise sowie das Taschengeld. Jugendlichen mit Finanzproblemen gewährt der ASO-Jugenddienst unter Umständen eine Kostenreduktion.

Die ASO kümmert sich im Weiteren – zusammen mit dem Sozialdienst der Schweizer Armee – um Auslandschweizer, die in der Schweiz freiwillig ihre Rekrutenschule absolvieren möchten.

• Adressen der Schweizervereine in Ihrer Region erhalten Sie bei der Auslandschweizer Organisation (Adresse Seite 381) oder bei der zuständigen Schweizer Auslandvertretung.

• **Stiftung für junge Auslandschweizer**
Alpenstrasse 26, Postfach, 3000 Bern 16, Tel. 031 351 61 60,
Internet www.aso.ch (Informationen und Anmeldung zu Ferienlagern in der Schweiz)

• **Jugenddienst der Auslandschweizer Organisation (ASO)**
Alpenstrasse 26, Postfach, 3000 Bern 16, Tel. 031 351 61 60, Internet www.aso.ch
(Informationen, Anmeldung für Jugendprogramme)

6. Die Rückkehr in die Schweiz

Seit 1980 kehren jährlich zwischen 22 000 und 32 000 Schweizerinnen und Schweizer aus dem Ausland in die Schweiz zurück. Die freiwillige oder unfreiwillige Rückkehr sollte sorgfältig geplant werden, damit der Wiedereinstieg in der Schweiz erfolgreich verläuft.

Die Planung der Rückkehr

Die meisten ins Ausland gereisten Schweizerinnen und Schweizer kehren früher oder später wieder in ihre Heimat zurück. Leider zeigt keine Statistik, wie lange sie sich im Ausland aufhielten und aus welchen Ländern sie zurückkommen. Zwar erheben Einwohnergemeinden und Kantone bei der Anmeldung anlässlich der Rückkehr teilweise den früheren Aufenthaltsort der Heimkehrenden. Die Daten werden jedoch weder gesamtschweizerisch gesammelt noch in einer Statistik aufbereitet.

Unbekannt sind auch die Gründe der Rückkehr. Da jeder dritte Rückwanderer zwischen 25 und 30 Jahre alt ist, kehren sicher viele Studien- und Berufswanderer zurück. Die Übrigen dürften aufgrund ihrer gescheiterten Pläne die Heimreise antreten. Ältere Menschen reisen oft zurück nach dem Tod des Partners oder der Partnerin, wegen einer Krankheit oder weil im Alter niemand für sie sorgt.

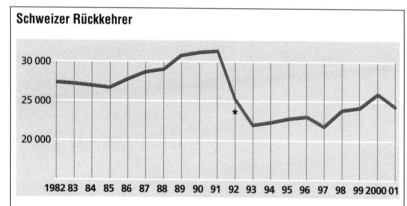

* Der deutliche Rückgang ab 1992 ist auf die Revision des Bürgerrechtsgesetzes zurückzuführen. Früher erhielten die mit Schweizern verheirateten Ausländerinnen automatisch das schweizerische Bürgerrecht und erschienen bei der Einreise als Schweizerinnen. Heute reisen sie als Ausländerinnen ein.
Quelle: Bundesamt für Statistik

Eine Rückkehr in die Schweiz ist sorgfältig zu planen. Glücklich, wer als Single einfach den Rucksack oder den Koffer packen und ins nächste Flugzeug Richtung Schweiz einsteigen kann. Hatten Sie jedoch für längere Zeit einen festen Wohnsitz im Ausland, gibt es einige organisatorische Aufgaben zu erledigen: den Haushalt auflösen, ein Haus, eine Wohnung, ein Auto verkaufen, den Umzug organisieren und abklären, was in die Schweiz mitgenommen werden kann. Darf Fido einreisen? Lässt sich das Auto zollfrei einführen?

Wer die Wohnung in der Schweiz aufgegeben hat, muss zudem eine Unterkunft suchen. Glücklich auch hier, wer in der alten Heimat nach wie vor ein Haus oder eine Wohnung besitzt. Sind diese aber vermietet, ist den Mietern rechtzeitig zu kündigen und vor dem Einzug allenfalls einiges zu renovieren. Ältere Rückkehrer, die nicht mehr selbst einen Haushalt führen können oder wollen, müssen unter Umständen einen Platz in einem Altersheim suchen.

Schliesslich haben Rückkehrer, die im Ausland längere Zeit fest installiert waren, viel Administratives zu erledigen: beispielsweise Bankverbindungen auflösen, Versicherungsverträge kündigen, Steuern zahlen, die Familie bei allen Ämtern abmelden. Wer nach der Rückkehr sofort arbeiten möchte – oder aus finanziellen Gründen muss –, sollte im Weiteren schon vom Ausland aus mit der Stellensuche beginnen.

Die Liste der anfallenden Arbeiten würde ein Buch füllen. Dieser Ratgeber geht deshalb nur auf die allerwichtigsten Punkte ein, die Sie bei einer Rückkehr beachten sollten.

Mentale Vorbereitung

Je länger Sie sich im Ausland aufhielten, desto besser sollten Sie sich auf die Rückkehr vorbereiten – vor allem mental. Viele unterschätzen dabei den Ablösungsprozess im Ausland und die Probleme beim Wiedereinstieg in der Schweiz. In der Tat kann aber schon ein halbjähriger Auslandaufenthalt ausreichen, dass das Abschiednehmen von lieb gewonnenen Menschen und Lebensgewohnheiten im Ausland und das Einleben in die alten Strukturen zu Hause – in der Familie, in Vereinen, Schulen, am Studien- oder Arbeitsplatz – einige Schwierigkeiten verursacht.

Man spricht in diesem Fall von einem Rückkehrschock: Dieser befällt einen meist sehr heftig – und vor allem unerwartet. Der Grund liegt darin, dass die Zurückkehrenden meinen, sie kämen nun nach Hause und alles sei gut. Weit gefehlt. Wer kürzere oder längere Zeit im Ausland lebte, hat sich persönlich weiterentwickelt und verändert. Man ist nicht mehr der- oder dieselbe wie vor der Abreise. Gleichzeitig haben sich auch die Leute zu Hause verändert, meist aber in eine andere Richtung als man selbst. Das kann zu unerwarteten Konflikten führen.

Höchst frustrierend kann für Rückkehrer auch sein, dass sich die Daheimgebliebenen kaum für das im Ausland Erlebte interessieren. Verständlich: Wer nicht selbst ähnliche Erfahrungen sammeln konnte, kann exotische Erlebnisse schlichtweg nicht nachvollziehen. Zehn Behördengänge und erst noch den Beamten schmieren müssen, um einen einzigen Stempel zu kriegen? Im Winter alle Leitungen sechs Wochen gefroren, bis endlich der Klempner kam – der die defekte Heizung schliesslich doch nicht reparieren konnte? Das entlockt den Daheimgebliebenen in ihrer warmen Stube höchstens ein emotionsloses: «Unglaublich.» Hauptsache, der Angehörige oder die Freundin ist wieder da. «Und wie war das Wetter?» – kein Wunder, fallen Zurückkehrende meist in eine tiefes Loch und bräuchten im Prinzip vielfach psychologische Unterstützung.

Kehren ältere Personen nach einem jahrelangen Auslandaufenthalt in die Schweiz zurück, werden sie unter Umständen von den eigenen Kindern und sonstigen Angehörigen nicht sehr willkommen geheissen: Vielleicht waren die Jungen ziemlich froh, die Eltern weit weg zu wissen und sie jeweils nur im Urlaub zu sehen. Oder sie nahmen es ihnen insgeheim übel, dass sie bei Problemen nicht auf ihre Hilfe zählen konnten. Und jetzt kommen diese Eltern plötzlich ins tägliche Leben zurück – hilfsbedürftig, mit Ansprüchen, auf der Suche nach engem Kontakt. Den finden sie in der Regel auch bei ehemaligen Bekannten oder Nachbarn nicht. Von diesen ist eher Spott zu erwarten – war wohl doch nichts mit dem sorgenfreien Alter im Süden!

 • Jeder Auslandaufenthalt löst Veränderungsprozesse aus – bei Ihnen und bei den Daheimgebliebenen. Sind Sie sich dessen bewusst, ist der Rückkehrschock kleiner.

Stellensuche

Wer nach der Rückkehr arbeiten möchte, aber keine Zusicherung auf eine Stelle in der Schweiz hat, sollte mit Vorteil schon vom Ausland aus mit der Jobsuche beginnen. Machen Sie sich dabei aber keine Illusionen: Schweizer mit Auslanderfahrung sind unter Umständen keine begehrten Arbeitskräfte, besonders wenn sie mehrere Jahre im Ausland weilten. Denn Arbeitgeber gewichten die im Ausland erworbene Berufs- und Lebenserfahrung oft weniger stark als mögliche Reintegrationsschwierigkeiten eines Bewerbers oder einer Bewerberin.

Das grosse Problem bei der Jobsuche aus dem Ausland: Der künftige Arbeitgeber möchte Sie persönlich kennen lernen. Selbst für Stellen auf tiefen hierarchischen Stufen müssen Bewerber oft mehrmals zum Vorstellungsgespräch antraben, bis sie den Arbeitsvertrag in der Tasche haben. Erhält die zuständige Personalchefin von einem Unbekannten ein Dossier aus dem Ausland zugeschickt – müssen Sie schon hervorragend qualifiziert sein und perfekt auf ein Stellenprofil passen, damit eine Firma die Kosten nicht scheut und Sie aus dem Ausland einfliegen lässt.

Die grösste Chance, vom Ausland aus eine Stelle zu finden, haben Sie über persönliche Kontakte. Aktivieren Sie also Ihr Beziehungsnetz: ehemalige Arbeits-, Studien- und Vereinskollegen, Personalchefs früherer Arbeitgeber oder Unternehmer. Schreiben Sie bevorzugte Firmen auch direkt an. Wichtig ist, dass Sie auf allen verfügbaren Kanälen die Fühler ausstrecken – selbst wenn die Erfolgsaussichten auf den ersten Blick nicht allzu rosig sind. Am effizientesten und erfolgversprechendsten dürfte die Suche über eine Stellenbörse im Internet sein. Solche Börsen werden von Temporärarbeits- und Stellenvermittlern unterhalten. Die meisten Schweizer Firmen schreiben ihre offenen Stellen auch im Internet aus. Surfen Sie also regelmässig auf den Homepages der für Sie interessantesten potenziellen Arbeitgeber. Suchen Sie auch Stellen anhand von Inseraten in Fachblättern oder in der Schweizer Tages- und Wochenpresse. Dazu müssen Sie aber an die Schweizer Originalzeitungen kommen; Fernausgaben oder spezielle Auslandausgaben enthalten meist keine oder nur wenige Stelleninserate. Kaderleute können ihr Dossier Headhuntern in der Schweiz übergeben. «Gewöhnliche» Stellensuchende wenden sich idealerweise an Stellenvermittlungsbüros, die oft auf eine bestimmte Berufsgruppe spezialisiert sind. Profitieren Sie auch von den Stellenvermittlungsdiensten, die einige Berufsverbände aufrechterhalten.

Schweizer Bürger und Bürgerinnen, die vom Ausland aus eine Stelle in der Schweiz suchen, können sich auch an die Sektion Auswanderung und Stagiaires beim Bundesamt für Zuwanderung, Integration und Auswanderung (IMES) in Bern wenden. Dort und bei den schweizerischen Vertretungen im Ausland ist ein Merkblatt für stellensuchende Auslandschweizer erhältlich, das gleichzeitig als standardisiertes Bewerbungsformular dient. Dieses lässt sich auch über Internet abrufen und ausdrucken.

Die Sektion Auswanderung und Stagiaires kann zwar nicht selbst aktiv für Sie eine Stelle suchen, aber Ihnen die Suche erheblich erleichtern. Sobald sie im Besitz Ihrer Bewerbung ist, gibt sie diese in das elektronische Stellenvermittlungssystem AVAM der kantonalen Arbeitsämter ein. Darauf haben alle Beraterinnen und Berater in den Regionalen Arbeitsvermittlungszentren (RAV) sowie private Stellenvermittlungen Zugriff.

Gleichzeitig leitet die Sektion Auswanderung und Stagiaires die Bewerbungsunterlagen an die kantonalen Arbeitsämter der von Ihnen bevorzugten Kantone weiter. Zusätzlich wird eine Kurzfassung Ihrer Bewerbung – mit Angaben zu Ausbildung, Berufserfahrung, Alter, gewünschter Tätigkeit, bevorzugter Arbeitsregion und Verfügbarkeit – in zwei aufeinander folgenden Ausgaben des IMES-Bulletins «Stellensuchende Auslandschweizer» unter einer Referenznummer publiziert. Dieses Bulletin erscheint jeden zweiten Monat und wird an rund 600 Abonnenten gesandt. Dazu gehören unter anderem Firmen, Stellenvermittlungen, RAV, Universitäten und Verbände. Die interessierten Stellen können dann direkt beim IMES anhand der Referenznummern die Bewerbungsunterlagen und Lebensläufe der Stellensuchenden anfordern. Diese IMES-Dienstleistung ist für Stellensuchende gratis.

Lassen Sie sich vor Ihrer Rückkehr in die Schweiz von Arbeitgebern im Ausland auf jeden Fall Art, Umfang und Dauer Ihrer Tätigkeiten schriftlich bestätigen und besorgen Sie sich auch Bestätigungen von absolvierten Aus- und Weiterbildungen. Es empfiehlt sich, wichtige Papiere von der zuständigen Schweizer Vertretung im Ausland beglaubigen zu lassen. Allerdings nützt auch eine Beglaubigung von offizieller Stelle nichts, wenn ein im Ausland erworbenes Diplom in der Schweiz nicht anerkannt wird (siehe Seite 75).

Sind Sie bei der Rückkehr aus dem Ausland ohne Stelle, möchten aber arbeiten, können Sie unter bestimmten Voraussetzungen Arbeitslosengelder beziehen. Melden Sie sich in diesem Fall nach der Ankunft unverzüglich bei Ihrer Wohngemeinde zur Arbeitsvermittlung (Details siehe Seite 402).

- Die grössten Chancen, vom Ausland aus in der Schweiz eine Stelle zu finden, haben Sie über Ihre persönlichen Beziehungen. Aktivieren Sie also frühzeitig Ihre Kontakte zu ehemaligen Arbeitskollegen, Arbeitgebern, Freunden und Bekannten.
- Nehmen Sie lieber die zweitbeste Stelle an, als monatelang auf die beste zu warten. Sie können später immer noch den Job wechseln.

- **Bundesamt für Zuwanderung, Integration und Auswanderung (IMES)**
  Auswanderung und Stagiaires, Quellenweg 9, 3003 Bern,
  Tel. 031 322 42 02, Internet www.swissemigration.ch
  (Auskunfts- und Vermittlungsdienst für stellensuchende Auslandschweizer und -schweizerinnen)
   Adressen

- **Stellensuche mit Erfolg**
  Ein Ratgeber aus der Beobachter-Praxis, ISBN 3 85569 211 1
  Zu beziehen beim Beobachter-Buchverlag, Tel. 043 444 53 07, Fax 043 444 53 09,
  Internet www.beobachter.ch/buchshop
  Literatur

- **Arbeitsvermittlung und Personalverleih**
  Verzeichnis der bewilligten Betriebe in der Schweiz
  Zu beziehen beim BBL in Bern (Adresse Seite 175)

Die Einreisebestimmungen für ausländische Partnerinnen und Partner

Nicht selten sind Schweizer und Schweizerinnen allein ins Ausland gezogen, finden dort eine Partnerin oder einen Partner und möchten gemeinsam in die Schweiz zurückkehren. Um unliebsame Überraschungen zu vermeiden, sollten sie die wichtigsten Einreise- und Aufenthaltsbestimmungen für Ausländer und Ausländerinnen kennen.

Für Ehepaare

Sind Sie mit einem Ausländer oder einer Ausländerin verheiratet und besitzt er oder sie die schweizerische Staatsbürgerschaft (siehe Seite 358), gibt es keine Probleme bei der Einreise in die Schweiz: Schweizer Bürger benötigen beim Grenzübertritt lediglich eine Schweizer Identitätskarte oder einen Schweizer Pass.

Besitzt Ihr ausländischer Ehepartner oder Ihre Ehepartnerin jedoch kein Schweizer Bürgerrecht, muss er oder sie bei der Einreise je nach Nationalität einen gültigen Pass oder eine Identitätskarte des Herkunftslands vorweisen. Zählt das Herkunftsland für die Schweizer Behörden zu den visumpflichtigen Ländern, ist zudem ein Visum notwendig; entweder für den Aufenthalt als Tourist oder für den dauerhaften Aufenthalt in der Schweiz. Das Visum wird von der zuständigen schweizerischen Auslandvertretung (siehe Seite 340) im Wohnsitzstaat ausgestellt.

Ausländische Ehepartner von Schweizerinnen oder Schweizern haben in der Schweiz Anspruch auf eine Aufenthaltsbewilligung der Kategorie B, die zu Beginn für ein Jahr erteilt und danach jährlich verlängert wird. Nach fünf Jahren ununterbrochenen Aufenthalts besteht der Anspruch auf die Niederlassungsbewilligung (Ausweis C) für einen unbefristeten Aufenthalt.

Die Aufenthaltsbewilligung ist nach der Einreise in die Schweiz innerhalb von acht Tagen bei der Fremdenpolizei am Wohnort zu beantragen. Der Anspruch auf eine Bewilligung erlischt, wenn die Ehe nur zum Zweck geschlossen wurde, die fremdenpolizeilichen Vorschriften zu umgehen.

Nach der Einreise dürfen mit Schweizer Bürgern verheiratete Ausländerinnen und Ausländer mit Bewilligung der Fremdenpolizei eine Erwerbstätigkeit ausüben. Die Höchstzahlen für die Einreise von erwerbstätigen ausländischen Staatsangehörigen und der Vorrang der inländischen Arbeitskräfte gelten nicht für sie.

Für nicht verheiratete Ausländer und Ausländerinnen

Ausländerinnen und Ausländer, die mit einem Schweizer oder einer Schweizerin in die Schweiz einreisen, mit denen sie nicht verheiratet sind, brauchen in jedem Fall einen gültigen Pass oder eine Identitätskarte sowie je nach Nationalität zusätzlich ein Touristenvisum. Sie können sich dann ohne Bewilligung der Fremdenpolizei als Nichterwerbstätige beziehungsweise als Touristen für maximal drei Monate in der Schweiz aufhalten. Visumanträge müssen ausländische Personen grundsätzlich bei der für ihren Wohnort zuständigen schweizerischen Auslandvertretung einreichen. Je nachdem müssen sie dabei Unterlagen vorweisen, die den genauen Zweck und die Umstände des Aufenthalts in der Schweiz dokumentieren.

Einreisende Personen müssen – ob sie der Visumpflicht unterstehen oder nicht – über genügend finanzielle Mittel verfügen, um ihren Lebensunterhalt während des Aufenthalts in der Schweiz zu bestreiten, oder in der Lage sein, sich diese Mittel auf legale Weise zu beschaffen. Die finanziellen Mittel gelten als ausreichend, wenn sie die Fürsorgeleistungen übersteigen, die in den Richtlinien der Schweizerischen Konferenz für Sozialhilfe (SKOS, siehe Seite 408) festgelegt sind. Bei Rentnern müssen die finanziellen Mittel den Betrag übersteigen, der schweizerische Rentner zum Bezug von AHV/IV-Ergänzungsleistungen berechtigt.

Sind diese finanziellen Mittel nicht vorhanden, kann die schweizerische Auslandvertretung vor der Erteilung des Visums – oder die Grenzbehörde an der Schweizer Grenze bei der Einreise – eine Garantieerklärung verlangen. Darin muss sich eine in der Schweiz wohnhafte solvente Person verpflichten, die ungedeckten Kosten für den Lebensunterhalt des Einreisenden während des Aufenthalts zu übernehmen. Dazu gehören auch Kosten bei Unfall und Krankheit sowie für die Rückreise. Für Einzelpersonen beträgt die zu übernehmende Summe maximal 20 000 Franken. Diese Garantieerklärung ist unwiderruflich. Sie wird mit dem Datum der Visumerteilung wirksam und endet vier Monate nach Ablauf der Benützungsfrist des Visums. Wird die Garantieerklärung erst bei der Einreise am Zoll von der Grenzkontrollbehörde verlangt, gilt die Verpflichtung für vier Monate.

Für Aufenthalte von längerer Dauer oder zu anderen Aufenthaltszwecken kann die schweizerische Auslandvertretung das Visum nur mit der Ermächtigung des Bundesamts für Zuwanderung, Integration und Auswanderung (IMES) oder einer kantonalen Fremdenpolizei ausstellen.

Nach Ablauf des dreimonatigen bewilligungsfreien Aufenthalts müssen Ausländer die Schweiz verlassen. Ein längerer Aufenthalt beziehungsweise eine Visumverlängerung ist nur in einem Fall möglich: Wenn sich ein Schweizer oder eine Schweizerin ernsthaft um eine Heirat mit der ausländischen Person bemüht, lässt sich ein Gesuch um Verlängerung des Aufenthalts stellen. Ansonsten ist eine Ausreise zwingend. Eine erneute Einreise in die Schweiz ist Ausländern erst wieder erlaubt, wenn sie sich mindestens einen Monat im Ausland aufgehalten haben. Zudem darf der Aufenthalt in der Schweiz innerhalb von zwölf Monaten insgesamt höchstens sechs Monate betragen.

• **Wichtig:** Ein bewilligungsfreier Aufenthalt berechtigt einen Ausländer oder eine Ausländerin nicht dazu, in der Schweiz eine Stelle anzunehmen und einer bezahlten Erwerbstätigkeit nachzugehen. Wer als Ausländer in der Schweiz arbeiten möchte, benötigt eine Aufenthaltsbewilligung. Das Gesuch dafür lässt sich aber erst einreichen, wenn ein Arbeitgeber in der Schweiz bereit ist, die ausländische Person anzustellen. Ist dies der Fall, müssen Ausländer vor der Einreise in die Schweiz eine Zusicherung der Aufenthaltsbewilligung beantragen. Das können sie selbst über die schweizerische Auslandvertretung erledigen oder vom künftigen Arbeitgeber erledigen lassen. Auf jeden Fall muss diese Zusicherung bei der Einreise in die Schweiz vorliegen.

Wer zur Anwesenheit in der Schweiz eine Aufenthalts- oder Niederlassungsbewilligung benötigt, muss sich innerhalb von acht Tagen nach Ankunft bei der Fremdenpolizei am Wohnort anmelden. Diese Pflicht besteht auch für Ausländerinnen und Ausländer, die ein gültiges Visum besitzen.

Einreisebestimmungen für Bürgerinnen und Bürger von EU- und EFTA-Staaten

Für Bürger und Bürgerinnen eines EU- oder EFTA-Landes, die mit einem Schweizer oder einer Schweizerin in die Schweiz einreisen und sich hier länger als drei Monate aufhalten möchten, gelten aufgrund des Freizügigkeitsabkommens mit den EU-Staaten beziehungsweise der revidierten EFTA-Konvention (siehe Seite 46) besondere Bestimmungen:

• **Studierende** aus dem EU-/EFTA-Raum müssen nachweisen, dass sie über eine Krankenversicherung verfügen und genügend finanzielle Mittel besitzen, um für den Lebensunterhalt in der Schweiz aufzukommen (siehe Seite 48). Sie müssen zudem aufzeigen können, dass sie hauptsächlich wegen eines Studiums an einer anerkannten Schweizer Ausbildungsstätte hierher kommen und dort auch immatrikuliert sind. Trifft dies zu, so erhalten Studierende eine Aufenthaltsbewilligung für die Dauer der Ausbildung, sofern diese weniger als ein Jahr beträgt. Dauert die Ausbildung länger, ist die Bewilligung vorerst für ein Jahr gültig und wird danach bis zur Beendigung der Ausbildung jeweils um ein weiteres verlängert.

Studierende dürfen maximal fünfzehn Stunden pro Woche arbeiten, benötigen dazu aber eine spezielle Arbeitsbewilligung. Wollen sie mehr arbeiten, brauchen sie eine normale Arbeitsbewilligung.

• **Rentner und sonstige Nichterwerbstätige:** Bürgerinnen und Bürger von EU-/EFTA-Staaten, die sich länger als drei Monate in der Schweiz aufhalten möchten, ohne dabei einer Arbeit nachzugehen, benötigen eine Aufenthaltsbewilligung. Diese wird durch die zuständige Behörde des Kantons ausgestellt, in dem sich der oder die Nichterwerbstätige niederlässt. Die Aufenthaltsbewilligung wird erteilt, wenn jemand über genügend finanzielle Mittel verfügt (siehe Seite 48) und für die Zeit des Aufenthalts einen ausreichenden Kranken- und Unfallversicherungsschutz besitzt. Ist dies der Fall, erhalten nicht erwerbstätige EU- und EFTA-Bürger eine fünfjährige Aufenthaltsbewilligung. Danach wird die Bewilligung automatisch um jeweils weitere fünf Jahre verlängert. Im Einzelfall können die Behörden allerdings schon nach den ersten zwei Aufenthaltsjahren in der Schweiz überprüfen, ob nach wie vor genügend finanzielle Mittel für den Lebensunterhalt vorhanden sind.

• **Erwerbstätige:** Personen aus dem EU-/EFTA-Raum, die in der Schweiz arbeiten möchten, benötigen noch bis zum 31. Mai 2007 eine Arbeitsbewilligung. Bis zu diesem Datum werden jedoch bei Stellenbesetzungen Schweizer bevorzugt. Ausländische Arbeitnehmer können nur eingestellt werden, wenn dies das Ausländerkontingent zulässt. Zudem unterstehen sie bezüglich Lohn- und Arbeitsbedingungen einer Kontrolle. Nur die Bewilligungen für Tätigkeiten von weniger als vier Monaten sind nicht kontingentiert (Kurzaufenthalter). Nach Ablauf dieser vier Monate benötigen EU-/EFTA-Bürger keine Arbeits- beziehungsweise Aufenthaltsbewilligung mehr, wenn sie in der Schweiz ein Arbeitsverhältnis von maximal drei Monaten eingehen.

Wer in der Schweiz einen Arbeitsvertrag für mehr als drei Monate und weniger als ein Jahr hat, gilt ebenfalls als Kurzaufenthalter und erhält eine Arbeits- und Aufenthaltsbewilligung für die Dauer dieses Arbeitsvertrags. Personen, die einen Arbeitsvertrag für ein Jahr oder länger haben, gelten als Daueraufenthalter. Sie bekommen eine Aufenthaltsbewilligung von vorerst fünf Jahren. Die Daueraufenthaltsbewilligung wird anschliessend bei Vorlage eines Arbeitsvertrags von einem Jahr oder mehr um weitere fünf Jahre verlängert.

 • Seien Sie sich bewusst, dass sich Ausländerinnen und Ausländer ohne Aufenthalts- und Niederlassungsbewilligung nur während drei Monaten ununterbrochen in der Schweiz aufhalten dürfen.

- Machen Sie sich keine Illusionen über die Arbeitsmöglichkeiten von Ausländern in der Schweiz. Arbeitsbewilligungen werden – mit Ausnahme von EU- und EFTA-Bürgern ab dem Jahr 2007 – sehr restriktiv erteilt.

Die Zollvorschriften bei der Einreise

Bei der Überlegung, welche Waren Sie bei der Rückkehr in die Schweiz mitnehmen wollen, müssen Sie unbedingt die schweizerischen Zollbestimmungen beachten. Für rückkehrende Auslandschweizer hat die Schweiz eigene Vorschriften erlassen.

Reisegut
Grundsätzlich lässt sich nur gebrauchtes persönliches Reisegut zollfrei einführen. Dazu gehören Kleider, Wäsche, Toilettenartikel, Sportgeräte, Fotoapparate, Videokameras, tragbare Computer, Musikinstrumente und sonstige Gebrauchsgegenstände. Beschränkungen gibt es unter anderem bei alkoholischen Getränken, Rauchwaren, Fleisch und Fleischwaren, Butter, Waffen und Munition.

Übersiedlungsgut
Wie bei der Ausreise (siehe Seite 326) lässt sich auch bei der Einreise in die Schweiz und anschliessenden Wohnsitznahme Übersiedlungsgut (Hausrat) zollfrei einführen. Zum Übersiedlungsgut zählen zudem alle Waren, die Sie zur eigenen Berufsausübung während mindestens sechs Monaten im Ausland benutzten und in der Schweiz selber weiterbenutzen werden.

Zum Übersiedlungsgut gehören auch Autos, Motorboote oder Flugzeuge. Diese können aber nur zollfrei eingeführt werden, wenn Sie sich verpflichten, die Fahrzeuge nach der Einfuhr mindestens ein Jahr lang weiterzubenutzen, ohne daran Veränderungen vorzunehmen. Verkaufen Sie zollfrei eingeführte Fahrzeuge vor dieser Frist, müssen Sie die Zollgebühren grundsätzlich nachzahlen.

Übersiedlungsgut ist mit der Wohnsitzverlegung, spätestens aber innerhalb von drei Jahren nach der Wohnsitznahme in der Schweiz einzuführen. Wichtig: Nachsendungen müssen Sie den Zollbehörden bei der ersten Einfuhr anmelden. Behielten Sie während Ihres Auslandaufenthalts den Wohnsitz in der Schweiz bei, können Sie Hausrat, persönliche Gebrauchsgegenstände und Haushaltvorräte ebenfalls zollfrei einführen – aber nur, wenn Sie sich mindestens ein Jahr lang im Ausland aufgehalten haben. Die Zollbefreiung auf Übersiedlungsgut muss beim Zollamt mit einem speziellen Formular beantragt werden. Beizulegen ist auch eine Liste der eingeführten Gegenstände. Bei der Zollabfertigung müssen Sie nicht persönlich anwesend sein. Sie können die erforderlichen Belege auch einer Drittperson übergeben – etwa einem Spediteur.

Heimtiere, Pflanzen, Artenschutzwaren
Hier gibt es ganz unterschiedliche Bestimmungen etwa bezüglich Alter, tierärztlichen Untersuchungen und Impfungen (bei Tieren), Gesundheits- (bei Pflanzen) und Artenschutzzeugnissen (bei Pflanzen und Tieren). Erkundigen Sie sich direkt bei den zuständigen Behörden (Adressen siehe unten).

- Informieren Sie sich vor der Rückreise im Detail über die Zollvorschriften bei der Einreise, insbesondere für Waren, die nicht unbedingt zum Übersiedlungsgut gehören.

- **Eidgenössische Zollverwaltung**
  Oberzolldirektion, Monbijoustrasse 40, 3003 Bern,
  Tel. 031 322 65 11, Internet www.zoll.admin.ch

Adressen

- **Bundesamt für Veterinärwesen**
  Schwarzenburgstrasse 161, 3003 Bern, Tel. 031 323 85 09, Internet www.bvet.ch
  (Informationen zu Bewilligungen sowie zur Einfuhr von Tieren und Waren)

- **Bundesamt für Landwirtschaft**
  Sektion Zertifizierung und Pflanzenschutz, Mattenhofstrasse 5, 3003 Bern,
  Tel. 031 322 25 11, Internet www.blw.admin.ch (Informationen zur Einfuhr von Pflanzen)

Das Abmelden im Ausland und das Anmelden in der Schweiz

Geben Sie Ihren Wohnsitz im Ausland definitiv auf und reisen in die Schweiz zurück (oder in ein anderes Land), müssen Sie sich an die dortigen Abmeldevorschriften halten. Erkundigen Sie sich frühzeitig bei den zuständigen Behörden Ihres Gastlands, bei welchen Ämtern und Stellen sowie in welcher Frist eine Abmeldung erforderlich ist.

Wer bei einer schweizerischen Vertretung angemeldet ist und in die Schweiz zurückkehrt, muss sich im Ausland mit Angabe der künftigen Adresse in der Schweiz und des Abreisedatums abmelden. Machen Sie dies am besten schriftlich. Müssen Sie aus irgendwelchen Gründen überstürzt in die Schweiz zurückreisen, können Sie sich auch nachträglich noch von hier aus abmelden. Wichtig ist, dass Sie nach Aufgabe des Wohnsitzes nicht weiterhin bei der schweizerischen Auslandvertretung registriert bleiben; das führt sonst zu unnötigen Nachforschungen. Waren Sie bei der freiwilligen AHV/IV versichert, meldet die schweizerische Vertretung den Wohnsitzwechsel automatisch an die zuständige Ausgleichskasse in Genf.

Wo muss ich mich in der Schweiz melden?

Bei der Rückkehr in die Schweiz, können Sie Ihren Aufenthaltsort frei wählen. Diese Niederlassungsfreiheit für Schweizer Bürger und Bürgerinnen ist in der schweizerischen Bundesverfassung verankert.

Anmeldung bei der Wohngemeinde

Haben Sie sich vor der Abreise bei der Einwohnerkontrolle Ihrer Wohngemeinde als vorübergehend im Ausland abwesend vermerken lassen, sollten Sie sich bei der Rückkehr zurückmelden. Damit weiss die Einwohnerkontrolle, dass Sie wieder anwesend sind, und hebt den Auslandvermerk auf. Haben Sie sich vor Ihrer Abreise ins Ausland definitiv abgemeldet, also den Wohnsitz in der Schweiz aufgegeben, müssen Sie bei der Einreise in die Schweiz einen neuen Wohnsitz begründen. Solange Sie in der Schweiz in keiner Gemeinde festen Wohnsitz nehmen, gilt Ihr Aufenthaltsort als Ihr Wohnsitz. Dies ist beispielsweise bei einer Weltenbummlerin der Fall, die sich erst einmal bei den Eltern einquartiert, bevor sie sich fest niederlässt.

Die Bestimmungen der Gemeinden über die Anmeldung von Schweizer Bürgern sind kantonal unterschiedlich. Wichtig ist, dass Sie keine Fristen verpassen. Je nach Kanton haben Sie sich nach Ihrer Ankunft schon innerhalb von acht oder erst nach vierzehn Tagen bei der Einwohnerkontrolle zu melden. Nehmen Sie keine Erwerbstätigkeit auf und ist der Verbleib in der Gemeinde noch ungewiss, muss die Anmeldung erst nach drei Monaten erfolgen. Beabsichtigen Sie jedoch von Anfang an, in der Gemeinde wohnhaft zu bleiben, ist immer eine sofortige Anmeldung in der ordentlichen Frist nötig.

Zur Anmeldung benötigen Sie in jedem Fall den Heimatschein. Wurde dieser vor der Abreise an die Heimatgemeinde gesandt, was die Regel ist, müssen Sie ihn dort anfordern und an die Einwohnerkontrolle Ihres neuen Wohnsitzes senden lassen. Unter Umständen wird der Heimatschein auch direkt von der Einwohnerkontrolle angefordert. Daneben benötigen Verheiratete das Familienbüchlein und Geschiedene mit minderjährigen Kindern allenfalls einen Auszug aus dem Scheidungsurteil, mit der Regelung der Obhut der Kinder. Je nach Gemeinde müssen Sie auch den Beweis erbringen, dass Sie bei einer Krankenkasse gemäss dem Krankenversicherungsgesetz (siehe Seite 246) versichert sind, einen Mietvertrag besitzen oder bei jemandem in Untermiete sind. Wehrpflichtige benötigen zudem das Dienst-, Zivilschutzpflichtige das Zivilschutzbüchlein. Der Heimatschein wird nach Ihrer Anmeldung von der Wohnsitzgemeinde aufbewahrt. Sind Sie ordnungsgemäss angemeldet, erhalten Sie eine Meldebestätigung in Form eines Niederlassungsausweises oder Schriftenempfangsscheins.

Anmelden beim Militär
Schweizer Auslandurlauber (siehe Seite 334) sowie wehrpflichtige Auslandschweizer, die sich nach einem ununterbrochenen Auslandaufenthalt von mindestens zwölf Monaten nicht länger als drei Monate in der Schweiz aufhalten, sind von der Anmeldepflicht befreit. Ansonsten müssen sie sich nach der Rückkehr innerhalb von 14 Tagen beim Sektionskontrollführer (Sektionschef) ihres Wohnorts zurückmelden. Eine Anmeldung erübrigt sich natürlich, wenn Sie sich nur kurze Zeit ohne militärischen Auslandurlaub und ohne Wissen des Sektionskontrollführers im Ausland aufgehalten haben.

Durch die Anmeldung erhalten Sie das beim Kreiskommandanten deponierte Dienstbüchlein zurück. Gleichzeitig wird veranlasst, dass Sie Ihre im Zeughaus abgegebene militärische Ausrüstung wieder fassen können.

Wer in die Schweiz zurückkehrt und militärisch noch nicht ausgehoben ist – zum Beispiel weil er vor der Aushebung ins Ausland abreiste –, wird noch bis zum Ende des Kalenderjahrs ausgehoben, in dem er das 25. Altersjahr vollendet. Schon Ausgehobene, die bei der Rückkehr in die Schweiz die Rekrutenschule noch nicht absolviert haben, können noch bis zum Ende des Kalenderjahrs, in dem sie das 27. Altersjahr vollenden, dazu aufgeboten werden. Wer nicht mehr ausgehoben wird und auch nicht in die Rekrutenschule muss, wird dem Zivilschutz zur Verfügung gestellt. In diesem Fall ist aber die Wehrpflichtersatzabgabe zu zahlen (siehe Seite 291).

Aufpassen müssen Schweizer Doppelbürger, die sich in der Schweiz niederlassen wollen. Für ihren Militärdienst interessieren sich ja zwei Länder. Hier ist abzuklären, ob der im einen Staat absolvierte Militär- oder Zivildienst vom anderen Staat anerkannt wird. In der Schweiz nicht eingezogen wird grundsätzlich, wer im anderen Heimatstaat bereits Militär- oder zivilen Ersatzdienst geleistet hat. Umgekehrt gilt diese Regelung im Ausland aber nicht oder nur teilweise. Klären Sie dies direkt bei den zuständigen Militärbehörden ab. Keine Probleme gibt es in der Regel für Schweizer, die gleichzeitig Bürger von Frankreich, Kolumbien, Argentinien und den USA sind. Hier existieren zwischenstaatliche Abkommen.

Wer sich ununterbrochen länger als sechs Jahre im Ausland aufgehalten hat und von der Armee nicht mehr benötigt wird, kann von der Militärdienstpflicht befreit werden. Er wird in diesem Fall dem Zivilschutz zur Verfügung gestellt und schuldet bis zum 42. Altersjahr den Wehrpflichtersatz.
• **Achtung:** Ob die Armee Sie tatsächlich nicht benötigt, entscheiden nicht Sie – sondern die Militärbehörden.

• Erkundigen Sie sich unmittelbar nach Ihrer Ankunft bei der Gemeinde, in der Sie Wohnsitz nehmen möchten, über die Anmeldefristen. Kommen Sie Ihren Anmeldepflichten zu spät nach, kann man Ihnen eine Ordnungsbusse aufbrummen.

Der Versicherungsschutz

Genau wie vor der Ausreise müssen Sie sich auch bei der Rückkehr um das Weiterbestehen Ihrer Versicherungen kümmern. Achten Sie darauf, dass Sie sofort nach der Einreise in den für Sie wichtigen Bereichen wieder einen lückenlosen Versicherungsschutz haben – falls dieser nicht schon während des Auslandaufenthalts weiterbestanden hat. Denken Sie insbesondere an die Privathaftpflicht-, Motorfahrzeug- und Hausratversicherung (siehe Seite 265, 266 und 270). Kümmern Sie sich bei der Rückkehr auch um den Sozialversicherungsbereich. Im Folgenden die wichtigsten Punkte, auf die Sie achten sollten.

Alters-, Hinterlassenen- und Invalidenversicherung

Unterstanden Sie während des Auslandaufenthalts der obligatorischen schweizerischen AHV/IV, müssen Sie bei der Rückkehr nichts vorkehren. Waren Sie als Auslandschweizer in der freiwilligen AHV/IV versichert, treten Sie bei der Rückkehr in die Schweiz automatisch wieder in die obligatorische über, sofern Sie weiter beitragspflichtig sind (siehe Seite 213). Mit Wohnsitz in der Schweiz können Sie nicht in der freiwilligen AHV/IV bleiben.

Kehren Sie aus dem Ausland zurück, ohne während Ihrer Abwesenheit AHV-Beiträge bezahlt zu haben, müssen Sie sich selber bei der kantonalen Ausgleichskasse wieder anmelden, sofern Sie beitragspflichtig sind. Sonst entstehen automatisch Beitragslücken.

Überprüfen Sie nach der Rückkehr Ihr AHV-Konto, ob alle geleisteten Zahlungen auch richtig verbucht wurden. Dies zeigt ein Blick in Ihren persönlichen Kontoauszug bei der AHV, in dem all Ihre Einkommen und Beitragszeiten aufgezeichnet sind. Dieser persönliche Kontoauszug bildet die Grundlage für die Berechnung von Alters-, Hinterlassenen- oder Invalidenrenten. Am einfachsten ist es, wenn Sie schriftlich und unter Angabe Ihrer AHV-Nummer – legen Sie am besten eine Kopie des AHV-Ausweises bei – bei einer im Ausweis aufgeführten Ausgleichskasse die Kontoauszüge sämtlicher Kassen anfordern. Stellen Sie Beitragslücken fest, können Sie fehlende Beiträge innerhalb von fünf Jahren nachzahlen, sofern Sie während des Auslandaufenthalts Ihren Wohnsitz in der Schweiz behalten haben. Diese Fünfjahresgrenze spielt keine Rolle, wenn Sie nachweisen können, dass Sie für einen Arbeitgeber tätig waren und Lohn erhielten, von dem der AHV-Beitrag abgezogen wurde. Die Ausgleichskasse muss dann dieses AHV-pflichtige Einkommen zwingend in Ihr Konto eintragen.

Berufliche Vorsorge

Nehmen Sie nach der Rückkehr keine Erwerbstätigkeit auf oder verdienen Sie in einem Teilzeitjob weniger als 25 320 Franken brutto pro Jahr (Stand 2003), unterstehen Sie nicht dem BVG und müssen deshalb nichts vorkehren. Das gilt auch, wenn Sie vor dem Auslandaufenthalt Ihr Freizügigkeitskapital bei einer Bank oder einem Versicherer auf einem Freizügigkeitskonto oder einer -police deponierten. Ihr Kapital bleibt dort verzinst liegen.

Werden Sie nach der Rückkehr als Erwerbstätiger BVG-pflichtig (siehe Seite 232), müssen Sie der Vorsorgeeinrichtung des neuen Arbeitgebers beitreten. Dabei kommt es darauf an, ob diese Vorsorgeeinrichtung nach dem Beitrags- oder dem Leistungsprimat organisiert ist.

Beitragsprimat: Bei Pensionskassen mit Beitragsprimat fangen Sie mit Ihrem Eintritt im Prinzip bei Null zu sparen an. Ihr Alterskapital wird durch prozentuale Abzüge auf dem Lohn aufgrund des Vorsorgereglements gebildet. Im Rentenalter wird die so erworbene Summe als Rente oder Kapital ausbezahlt. Ältere Rückkehrer, die nicht schon vor der Abreise Vorsorgekapital erworben und dieses auf einem Freizügigkeitskonto oder einer Freizügigkeitspolice deponiert haben, werden also kaum auf eine namhafte Rente kommen. Ihr Freizügigkeitskapital aus Konto oder Police müssen Sie gemäss Freizügigkeitsgesetz im Prinzip immer in die neue Vorsorgeeinrichtung einbringen. Ist die für den Einkauf nötige Summe kleiner als Ihr Kapital, kann der Überschuss wieder auf das Freizügigkeitskonto oder die -police zurückfliessen. Sofern das Reglement es erlaubt, können Sie das überschüssige Geld auch in die Vorsorgeeinrichtung einbringen und es für spätere Einkäufe verwenden. Das auf dem Freizügigkeitskonto oder der Freizügigkeitspolice deponierte Geld bleibt dort bis zur Pensionierung. Allenfalls können Sie es für die Finanzierung von Wohneigentum vorbeziehen.

Leistungsprimat: Treten Sie bei der Rückkehr einer Leistungsprimatkasse bei, müssen Sie sich oft einkaufen. Bei diesen Kassen wird den Versicherten ein fester Prozentsatz vom letzten versicherten Lohn als Rente versprochen, meist sind es 50 oder 60 Prozent. Um diese Leistung zu erhalten, muss der Vorsorgetopf entsprechend voll sein. Für ältere Rückkehrer bedeutet das unter Umständen, dass sie für den Einkauf einige hunderttausend Franken auf den Tisch legen müssen. Sonst gibt es nur eine mickrige Altersrente. Auch hier ist auf Konto oder Police deponiertes Freizügigkeitskapital einzubringen.

- **Achtung:** Hatten Sie bei Ihrer früheren Vorsorgeeinrichtung Vorbehalte – das heisst reduzierte Leistung bei Invalidität oder Tod –, kann die neue Vorsorgeeinrichtung diese übernehmen. Vorbehalte sind aber nur im Bereich des überobligatorisch Versicherten möglich.

Unfallversicherung

Nehmen Sie nach der Rückkehr eine unselbständige Erwerbstätigkeit in der Schweiz auf, unterstehen Sie automatisch über Ihren Arbeitgeber der obligatorischen Unfallversicherung UVG (siehe Seite 239). Werden Sie selbständig, können Sie der UVG-Versicherung freiwillig beitreten. Gehen Sie keiner bezahlten Arbeit nach, sind Sie in der obligatorischen Krankenversicherung gegen Unfall versichert – allerdings nur für Heilungskosten.

- Sind Sie mehr als zwölf Stunden pro Woche erwerbstätig, können Sie den Unfallschutz bei der obligatorischen Krankenpflege-Grundversicherung ausschliessen. Dies reduziert Ihre Krankenkassenprämie um durchschnittlich acht Prozent.

Krankenversicherung

Bei einer definitiven Rückkehr in die Schweiz können Auslandschweizer und -schweizerinnen in die obligatorische Grundversicherung einer jeden Krankenkasse eintreten – ohne Einschränkungen punkto Höchsteintrittsalter, altersabhängiger Prämienabstufungen und allfälliger Versicherungsvorbehalte (siehe Seite 247). Der Eintritt muss innert drei Monaten nach der Wohn-

sitznahme in der Schweiz erfolgen. Dann sind Sie rückwirkend seit dem Tag Ihrer Anmeldung bei der Einwohnergemeinde versichert.
Dieses Recht haben Sie bei den freiwilligen Zusatzversicherungen nicht. Hier kann jeder Versicherer frei entscheiden, ob und unter welchen Bedingungen (Vorbehalte) er Sie aufnehmen will. Grundsätzlich gilt: Je mehr mittelschwere oder ernsthafte Krankheiten Sie durchgemacht, je mehr Unfälle mit erheblichen Verletzungen Sie erlitten haben und je älter Sie sind, desto schwieriger und teurer ist der Beitritt in eine Zusatzversicherung. Meist gibt es eine Altersbegrenzung: Einzelne Versicherer nehmen Leute ab Alter 50 generell nicht mehr auf; die meisten kennen eine obere Altersgrenze von 55 Jahren. Aber auch Jüngere haben keinen Anspruch auf den Abschluss von Zusatzversicherungen.

Arbeitslosenversicherung

Wer nach einem Auslandaufenthalt in die Schweiz zurückkehrt, hat grundsätzlich Anspruch auf die Leistungen der Schweizer Arbeitslosenversicherung. Dies ist auch möglich, wenn jemand vor der Ausreise ins Ausland nie Arbeitslosenbeiträge bezahlte.
- **Wichtig:** Das Arbeitslosenversicherungsgesetz wird auf den 1. Juli 2003 revidiert. Die nachfolgenden Ausführungen beziehen sich auf das neue Gesetz beziehungsweise auf die Anfang 2003 bekannten Änderungen. Mit detaillierten Fragen sollten Sie sich direkt an die Arbeitslosenkasse Ihres Kantons oder Ihrer Gemeinde richten.

Sehen Sie bei der Rückkehr in die Schweiz geringe Chancen, innerhalb der gewünschten Zeit eine Stelle zu finden, sollten Sie sich sofort nach Ihrer Ankunft bei der Wohngemeinde zur Arbeitsvermittlung melden. Um als arbeitslos zu gelten, müssen Sie folgende Anspruchsvoraussetzungen erfüllen:
- ganz oder teilweise arbeitslos sein,
- einen anrechenbaren Arbeitsausfall erleiden,
- in der Schweiz wohnen,
- die obligatorische Schulzeit zurückgelegt haben,
- noch keine AHV beziehen,
- die Kontrollvorschriften erfüllen,
- vermittlungsfähig sein und
- genügend Beitragszeit aufweisen oder von der Beitragspflicht befreit sein.

Ein volle Beitragszeit weist auf, wer in der so genannten Rahmenfrist für die Beitragszeit – das sind die letzten zwei Jahre vom ersten Tag, an dem sämtliche Anspruchsvoraussetzungen erfüllt sind, rückwärts gerechnet – während mindestens zwölf Monaten ALV-Beiträge entrichtet hat. Von dieser Beitragspflicht befreit wird, wer unter anderem wegen einer Schulausbildung, Umschulung, Weiterbildung, Krankheit oder eines Unfalls während mehr als zwölf Monaten nicht arbeiten konnte. Auch Auslandschweizer, die in die Schweiz zurückkehren, sind unter bestimmten Umständen von der Beitragspflicht befreit (siehe unten).

• **Wichtig:** Haben Sie sich zur Arbeitsvermittlung gemeldet und erfüllen Sie die oben erwähnten Anspruchsvoraussetzungen, erhalten Sie nicht automatisch Geld von der Arbeitslosenversicherung. Es beginnen lediglich Ihre Ansprüche und Wartezeiten zu laufen. Taggeldzahlungen erhalten Sie erst nach einer bestimmten Wartefrist, den so genannten Karenztagen. Diese werden immer in Arbeits- und nicht in Kalendertagen gerechnet (fünf Tage = eine Woche). Während der Wartefristen sind Sie den üblichen Pflichten von Arbeitslosen unterworfen, das heisst vor allem: Sie müssen alles Zumutbare zur Vermeidung und Verkürzung Ihrer Arbeitslosigkeit unternehmen.

Je nachdem unter welchen Umständen und wie lange Sie im Ausland weilten, sieht Ihre Ausgangslage bezüglich Wartefristen, Beitragsbefreiung und ALV-Leistungen anders aus.

Nach Schule, Ausbildung oder Studium im Ausland

Wer sich als Schulabgänger, Maturandin oder Studierender ohne Abschluss nach einem Auslandaufenthalt bei der Arbeitslosenversicherung meldet, ist von der Beitragspflicht befreit, sofern er oder sie jünger als 25 Jahre ist, keine Kinder hat und in den letzten zwei Jahren vor der Anmeldung mehr als zwölf Monate im Ausland studierte. Solche Rückkehrer unterstehen einer allgemeinen Wartefrist von fünf sowie einer besonderen Wartefrist von 120 Arbeitstagen; das sind insgesamt fast sechs Monate.

Dagegen beträgt die besondere Wartefrist für Schweizer mit Berufsabschluss oder für über 25-Jährige, die sich länger als ein Jahr zu Ausbildungszwecken im Ausland aufhielten und deshalb nicht arbeiten konnten, nur fünf Tage. Nach Beendigung der Ausbildung sind sie nämlich für ein Jahr von der ALV-Beitragspflicht befreit, sofern sie zuvor während mindestens zehn Jahren in der Schweiz gewohnt haben. Wer Anspruch auf die Höchstpauschale von 153 Franken (siehe Seite 406) hat, muss zusätzlich fünf allgemeine Wartetage bestehen. Die Dauer der Ausbildung im Ausland ist in jedem Fall zu belegen. Massgebend ist dabei immer die effektive Schulzeit – und die ist häufig kürzer als ein volles Jahr. Beginnt die Schule beispielsweise im August und endet Anfang Juli, reicht das nicht.

Weilten Schweizer mit Berufsabschluss oder über 25-Jährige zu Ausbildungszwecken weniger lang als ein Jahr im Ausland, müssen sie bei der

Rückkehr die volle Beitragszeit von zwölf Monaten innerhalb der letzten zwei Jahre aufweisen, um anspruchsberechtigt zu sein. In diesem Fall haben sie nur fünf allgemeine Wartetage zu bestehen.

Nach Auslandaufenthalt ohne Ausbildung oder Erwerbstätigkeit
Haben Sie im Ausland weder studiert noch gearbeitet, bezahlten vor der Abreise ins Ausland aber während mindestens zwölf Monaten ALV-Beiträge und hielten sich danach weniger als ein Jahr im Ausland auf, sind Sie anspruchsberechtigt und haben eine Wartefrist von fünf Tagen zu bestehen. Dauerte Ihr Auslandaufenthalt hingegen länger, erfüllen Sie die Beitragspflicht nicht und haben keinen Anspruch auf Arbeitslosengelder.

Nach Entsendung durch Schweizer Firma
Von Schweizer Unternehmen oder von der Eidgenossenschaft ins Ausland entsandte Mitarbeiter (siehe Seite 220), die während ihres gesamten Auslandaufenthalts in der obligatorischen AHV/IV versichert waren und auf ihrem Lohn die gesetzlichen ALV-Beiträge bezahlten, sind inländischen Arbeitslosen gleichgestellt. Erfüllen sie die Anspruchsvoraussetzungen, müssen sie fünf Wartetage in Kauf nehmen. Die Dauer des Auslandaufenthalts spielt für sie keine Rolle.

Nach unselbständiger Erwerbstätigkeit in EU-/EFTA-Ländern
Schweizer, die aus einem EU- oder EFTA-Land als Arbeitslose in die Schweiz zurückkehren, erhalten nicht von der schweizerischen Arbeitslosenversicherung Arbeitslosengeld, sondern von jenem EU- oder EFTA-Staat, in dem sie zuletzt beschäftigt waren. Bei der Festsetzung der Taggeldhöhe und -dauer werden ihnen alle Versicherungs- und Beitragszeiten angerechnet, die sie in irgendeinem EU- oder EFTA-Land an die dortige Arbeitslosenversicherung geleistet haben. Der Umfang der Arbeitslosenunterstützung richtet sich nach dem Arbeitslosenversicherungsgesetz des EU-/EFTA-Landes, das zur Zahlung verpflichtet ist. Das gilt auch umgekehrt. Behält ein in der EU oder EFTA arbeitslos gewordener Schweizer seinen Wohnsitz im Gastland, rechnet ihm dieses die früher in der Schweiz geleisteten Beitragszeiten an.
- **Wichtig** zu wissen: Die Leistung der Arbeitslosenversicherung lässt sich im EU-/EFTA-Raum während drei Monaten in ein anderes EU-/EFTA-Land oder in die Schweiz exportieren. Eine in Deutschland wohnende, arbeitslos gewordene Schweizer Grafikerin kann also während drei Monaten in allen EU-/EFTA-Ländern oder in der Schweiz eine Arbeit suchen – und erhält von der deutschen Arbeitslosenversicherung das ungekürzte Arbeitslosengeld. Dieses Recht auf einen Leistungsexport kann zwischen zwei Beschäftigungen allerdings nur einmal geltend gemacht werden. Kehrt die ar-

beitslose Grafikerin nach Ablauf der drei Monate nicht nach Deutschland zurück, verliert sie jeglichen Anspruch auf weitere Arbeitslosengelder.

Nach unselbständiger Erwerbstätigkeit im übrigen Ausland
Weilten Sie über ein Jahr in einem Land ausserhalb der EU/EFTA und gingen Sie dort innerhalb der letzten zwei Jahre während mindestens zwölf Monaten einer bezahlten Tätigkeit nach, werden Sie von der Erfüllung der ordentlichen Beitragspflicht befreit. Das heisst, Sie erhalten Arbeitslosengeld, obwohl Sie in den zwei Jahren vor der Anmeldung bei der ALV weniger als zwölf Monate Beitragszeit in der Schweiz vorweisen können. Allerdings haben Sie nur Anspruch auf eine Pauschalzahlung (siehe nächste Seite). Diesen Anspruch müssen Sie innerhalb eines Jahres nach der Einreise in die Schweiz geltend machen, sonst verlieren Sie ihn. Die Erwerbstätigkeit ist mit einer Bescheinigung des Arbeitgebers über die Dauer und Art der Tätigkeit zu beweisen. Ihre Wartefrist beträgt fünf besondere Tage und je nach ausgerichteter Pauschale fünf allgemeine Tage.

Nach selbständiger Erwerbstätigkeit im Ausland
Keinen Anspruch auf Arbeitslosengelder bei der Rückkehr haben Schweizer, die im Ausland als Selbständigerwerbende tätig waren. Selbständigerwerbende unterstehen in der Schweiz nicht der Arbeitslosenversicherung; sie können sich auch nicht freiwillig gegen Arbeitslosigkeit versichern. Verliessen Sie als Unselbständigerwerbender die Schweiz, betätigten sich im Ausland als Unternehmer, suchen bei der Rückkehr aber wieder als Arbeitnehmer eine Stelle, haben Sie nur Anspruch auf Arbeitslosengeld, wenn Sie die erforderliche Beitragszeit von zwölf Monaten innerhalb der letzten zwei Jahre vor der Anmeldung vorweisen können. Das Abenteuer «Selbständigkeit im Ausland» darf also nicht länger als ein Jahr gedauert haben.

Berufliche Wiedereinsteigerinnen
Mütter oder Väter, die sich im Ausland der Erziehung ihrer Kinder widmeten und deshalb keiner beitragspflichtigen Beschäftigung nachgehen konnten, haben, wenn sie nach der Rückkehr in der Schweiz wieder arbeiten möchten, unter Umständen Anspruch auf Arbeitslosengelder. Möglich ist dies aufgrund von verlängerten Rahmenfristen für Erziehungszeiten. Die Rahmenfrist beträgt beispielsweise vier statt zwei Jahre, wenn zu Beginn der Erziehungszeit eines unter zehnjährigen Kindes keine Rahmenfrist lief. Für jedes weitere Kind wird die Rahmenfrist jeweils um bis zwei Jahre verlängert. Wer also zwei Kinder betreute und innerhalb der letzten sechs Jahre während zwölf Monaten eine Beschäftigung ausübte, hat Anrecht auf Arbeitslosengelder.

Frühpensionierte

Kehren ausgewanderte Frühpensionierte in die Schweiz zurück, um hier wieder zu arbeiten, können sie sich nicht in jedem Fall als Arbeitslose melden. Anspruchsberechtigt ist nur, wer zwangsweise – das heisst aus wirtschaftlichen Gründen – vorzeitig pensioniert wurde. Liessen Sie sich freiwillig vorzeitig pensionieren, müssen Sie seit der Pensionierung zwölf Monate gearbeitet und ALV-Beiträge bezahlt haben, bevor Sie wieder anspruchsberechtigt sind. Keinen Anspruch auf Arbeitslosengelder bei der Rückkehr hat, wer seine offizielle AHV-Rente vor dem ordentlichen Pensionsalter bezieht.

Wie viel Arbeitslosenentschädigung erhalte ich?

Die Leistungen der Arbeitslosenversicherung können grundsätzlich nur während zwei Jahren – der so genannten Rahmenfrist für den Leistungsbezug – bezogen werden. Die Höchstzahl der Taggelder bestimmt sich nach dem Alter des Versicherten sowie nach der geleisteten Beitragszeit.

Anzahl ausbezahlte Taggelder

Versicherte haben Anspruch auf
- Höchstens 400 Taggelder bei einer Beitragszeit von insgesamt zwölf Monaten
- Höchstens 520 Taggelder nach Vollendung des 55. Altersjahrs und einer Beitragszeit von mindestens 18 Monaten
- Höchstens 520 Taggelder, falls sie eine Invalidenrente der IV oder der obligatorischen Unfallversicherung beziehen oder eine solche Rente mit Aussicht auf Anerkennung beantragt haben und eine Beitragszeit von mindestens 18 Monaten vorweisen können

---

Versicherte, die innerhalb der letzten vier Jahr vor Erreichen des AHV-Rentenalters arbeitslos geworden sind und deren Vermittlung unmöglich oder stark erschwert ist, kommen allenfalls in den Genuss von bis zu 120 zusätzlichen Taggeldern und einer um maximal zwei Jahre verlängerten Rahmenfrist. Sind sie beitragsbefreit, erhalten sie höchstens 260 Taggelder.

Wer die Beitragszeit erfüllt, keine Unterhaltspflichten gegenüber Kindern hat, nicht invalid ist und ein volles Taggeld erreicht, das mehr als 140 Franken beträgt – der Betrag wird in der Regel alle zwei Jahre der Teuerung angepasst –, erhält 70 Prozent seines versicherten Lohnes. Alle andern bekommen 80 Prozent.

Wer von der Beitragszeit befreit ist, erhält Taggelder auf der Basis von Pauschalsätzen. Diese betragen je nach Ausbildung und Alter 153, 127, 102 oder 40 Franken pro Tag. Ausgezahlt werden aber nur 80 Prozent des Pauschalsatzes. Bei Personen, die innerhalb der Rahmenfrist für die Beitragszeit während mindestens zwölf Monaten eine beitragspflichtige Beschäftigung ausübten, dient der erzielte Lohn als Berechnungsbasis. Beitragsbefreite Arbeitslose unter 25 Jahren ohne Unterhaltspflichten erhalten lediglich die Hälfte des Pauschalansatzes.

Alle arbeitslosen Personen sind bei der SUVA (Adresse Seite 246) obligatorisch gegen Nichtbetriebsunfälle und im Rahmen der beruflichen Vorsorge (Stiftung Auffangeinrichtung BVG, siehe Seite 239) ab einem bestimmten Taggeld gegen die Risiken Tod und Invalidität minimal versichert.

- Möchten Sie bei der Rückreise in die Schweiz arbeiten, sind aber stellenlos, dann melden Sie sich sofort bei Ihrer Wohngemeinde. Seien Sie sich bewusst, dass Sie nicht gleich Arbeitslosenentschädigung erhalten. Je nachdem warten Sie auf die erste Auszahlung – oder haben überhaupt kein Arbeitslosengeld zugut.
- Befanden Sie sich über ein Jahr zu Arbeits- oder Ausbildungszwecken im Ausland, werden Sie gegen Vorlage von Beweisen für ein Jahr von der Beitragspflicht befreit. Besorgen Sie sich also Arbeits- und Schulbescheinigungen.

- **Arbeitslosenkassen der Kantone und Gemeinden**
  Adressen über die kantonale Verwaltung, die Gemeinde oder Berufsverbände erhältlich (Auskünfte, Merkblätter)

- **Arbeitslos – was tun?**
  Ein Ratgeber aus der Beobachter-Praxis, ISBN 3 85569 261 0
  Zu beziehen beim Beobachter-Buchverlag, Tel. 043 444 53 07, Fax 043 444 53 09,
  Internet www.beobachter.ch/buchshop

Die finanzielle Hilfe

Auslandschweizer und -schweizerinnen, die mittellos in die Heimat zurückkehren, können nicht auf die Hilfe einer besonderen Institution oder Behörde zählen. Es gibt keine Stelle, die sich speziell Rückkehrern mit Finanzproblemen annimmt.

Befinden Sie sich bei Ihrer Rückkehr in einer finanziellen Notlage und haben Sie die Absicht dauernd in der Schweiz zu bleiben, sollten Sie sich nach der Ankunft sofort an Ihrem Wohnort beim zuständigen Sozialdienst (Fürsorge- oder Sozialamt) melden. Sie haben nämlich Anrecht auf Sozialhilfeleistungen – gleich wie alle anderen Schweizer Bürgerinnen und Bürger. Dabei spielt es keine Rolle, ob Sie freiwillig oder unter dem Druck Ihrer speziellen Situation in die Schweiz zurückkommen. Denn die Sicherung des menschenwürdigen Überlebens ist ein Grundrecht, das jedem Einwohner und jeder Einwohnerin unseres Landes zusteht.

Sozialhilfeleistungen richten sich nach den kantonalen Fürsorge- und Sozialhilfegesetzen. Diese umfassen alle Leistungen, die das physische Überleben des Menschen sicherstellen: unter anderem Nahrung, Kleidung, Haushaltkosten, Wohnung und medizinische Grundversorgung. Die Höhe des Unterstützungsbetrags wird mit einer Gegenüberstellung der anrechenbaren Haushaltausgaben und der verfügbaren Einnahmen bestimmt. Ein allfälliges Vermögen wird dabei angerechnet. Die Sozialhilfe muss Ihnen ein bescheidenes, für den Wohnort und die Region übliches Lebenshaltungsniveau gewährleisten. Aufgrund der Richtlinien der Schweizerischen Konferenz für Sozialhilfe (SKOS), die praktisch in allen Kantonen angewendet werden, beträgt der Unterstützungsbeitrag für eine Einzelperson monatlich rund 1100 Franken, für eine dreiköpfige Familie rund 2100 Franken. Hinzu kommen der Mietzins und die Nebenkosten für die Wohnung sowie die Krankenkassenprämien.

• **Wichtig:** Verwechseln Sie die Sozialhilfe nicht mit einer Institution, die Ihnen nach einem gescheiterten Auslandabenteuer einen bequemen Wiedereinstieg in der Schweiz ermöglicht. Sozialhilfe erhalten Sie nur, wenn Sie sich nicht selbst helfen können und die Hilfe nicht von Dritten, etwa von Sozialversicherungen, kommt. Auch Verwandte in gerader Linie sind zur Unterstützung in Notlagen verpflichtet, sofern sie über ein überdurchschnittliches Einkommen verfügen: Einerseits sind Eltern für ihre erwachsenen Kinder unterstützungspflichtig, andererseits die Kinder für ihre Eltern und allenfalls auch Grosseltern. Sozialhilfe ist meist mit Auflagen und Weisungen verbunden. So müssen Sozialhilfeempfänger zum Beispiel eine zumutbare Arbeit annehmen. Bezogene Sozialhilfe müssen Sie grundsätzlich zurückerstatten, sobald Sie wieder in finanziell günstige Verhältnisse gelangen.

Beschränkte finanzielle und materielle Hilfe – in Ergänzung zur Sozialhilfe – bietet auch der E. O. Kilcher-Fonds (Details siehe Seite 351).

• Haben Sie bei der Rückkehr keine eigenen finanziellen Mittel, um den Wiedereinstieg zu schaffen, und können Sie auch nicht auf die Hilfe Ihrer Familie oder von Dritten zählen, sollten Sie sich beim Sozialamt Ihrer Wohngemeinde melden.

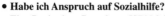

• **Schweizerische Konferenz für Sozialhilfe (SKOS)**
Postfach, Mühlenplatz 3, 3000 Bern 13,
Tel. 031 326 19 19, Internet www.skos.ch
(Informationen und Empfehlungen zur Sozialhilfe in der Schweiz)

Adressen

• **Habe ich Anspruch auf Sozialhilfe?**
Eine Beobachter-Broschüre, ISBN 3 85569 266 1
Zu beziehen beim Beobachter-Buchverlag, Tel. 043 444 53 07, Fax 043 444 53 09,
Internet www.beobachter.ch/buchshop

Literatur

Anhang

Schweizerische Vertretungen im Ausland

Nachfolgend die Adressen der wichtigsten schweizerischen Vertretungen (Stand April 2003). Das vollständige Verzeichnis kann beim BBL (Adresse Seite 175) bezogen oder vom Internet unter www.eda.admin.ch heruntergeladen werden.

Vertretungen in Afrika

Aegypten (B)
10, Abdel Khalek Saroit, Le Caire
Postadresse:
Case postale 633, Le Caire
Tel. 0020 2 5758 284
Fax 0020 2 5745 236
E-Mail vertretung@cai.rep.admin.ch

Côte d'Ivoire (B)
Immeuble Botreau Roussel,
28, Avenue Delafosse, Abidjan/Plateau
Postadresse:
01 B.P. 1914, Abidjan 01/RCI
Tel. 00225 21 17 21
Fax 00225 21 27 70
E-Mail vertretung@abi.rep.admin.ch

Demokratische Republik Kongo (B)
654, Avenue Colonel Tshatshi,
Zone de la Gombe, Kinshasa
Postadresse:
Boîte postale 8724, Kinshasa
Tel. 00243 894 68 00
Fax 00243 031 324 18 04
E-Mail vertretung@kin.rep.admin.ch

Ghana (B)
9, Water Road, North Ridge Area, Accra
Postadresse:
P.O. Box 359, Accra
Tel. 00233 21 22 81 25
Fax 00233 21 22 35 83
E-Mail vertretung@acc.rep.admin.ch

Kenia (B)
International House,
Mama Ngina Street, 7th floor, Nairobi
Postadresse:
P.O. Box, 30752 Nairobi
Tel. 00254 2 228 735
Fax 00254 2 217 388
E-Mail vertretung@nai.rep.admin.ch

Madagascar (B)
Immeuble «ARO», Solombavambahoaka,
Frantsay 77, 101 Antananarivo
Postadresse:
Boîte postale 118, 101 Antananarivo
Tel. 00261 20 226 29 97/98
Fax 00261 20 222 89 40
E-Mail swiemant@nanadoo.mg

Marokko (B)
Square de Berkane, 10 001 Rabat
Postadresse:
Boîte postale 169, 10 000 Rabat
Tel. 00212 7 70 69 74
Fax 00212 7 70 57 49
E-Mail vertretung@rab.rep.admin.ch
Honorarkonsulat in Casablanca

Mauritius (HGK)
2 Jules Koenig, Port Louis
Postadresse:
Boîte postale 437, Port Louis
Tel. 00230 208 87 63
Fax 00230 208 88 50
E-Mail cponcini@intnet.mu

Rwanda (B)
Bureau de coordination DDC
Bd. de la Révolution 38, RW-Kigali
Postadresse:
Bureau de coordination DDC
B.P. 597, RW-Kigali
Tel. 00250 57 55 34
Fax 00250 57 24 61
E-Mail kigali@sdc.net

(B) = Botschaft
(K) = Konsulat
(GK) = Generalkonsulat
(HK) = Honorarkonsulat
(HGK) = Honorargeneralkonsulat
(SM) = Ständige Mission
(BZ) = Büro für Zusammenarbeit

Senegal (B)
Rue René N'Diaye, angle Rue Seydou,
Nourou Tall, Dakar
Postadresse:
Boîte postale 1772, Dakar
Tel. 00221 823 05 90
Fax 00221 822 36 57
E-Mail vertretung@dak.rep.admin.ch

Südafrika (B)
818 George Avenue, Arcadia 0083,
0001 Pretoria
Postadresse:
P.O. Box 2289, 0001 Pretoria
Tel. 0027 12 43 67 07
Fax 0027 12 43 67 71
E-Mail vertretung@pre.rep.admin.ch
Konsulate in Durban, Kapstadt,
Johannesburg

Tansania (B)
Kinondoni Road, Plot 79,
Dar es Salaam
Postadresse:
P.O. Box 2454, Dar es Salaam
Tel. 00255 51 666 008
Fax 00255 51 666 736
E-Mail vertretung@dar.rep.admin.ch

Tunesien (B)
Immeuble stramica,
Rue du lac d'Annecy, les Berges du lac
1002 Tunis-Belvédère
Postadresse:
Case postale 501, 1025 Tunis R.P.
Tel. 00 216 1 783 997
Fax 00 216 1 788 796
E-Mail swissembtun@email.ati.tn

Vertretungen im Nahen Osten

Iran (B)
13/1 Avenue Boustan, Elahieh,
Teheran
Postadresse:
Case postale 19395-4683, Teheran
Tel. 0098 21 200 83 33
Fax 0098 200 60 02
E-Mail vertretung@teh.admin.ch

Israel (B)
228 Rue Hayarkon, Tel Aviv 63405
Postadresse:
P.O. Box 6068, Tel Aviv 61060
Tel. 00972 3 546 44 55
Fax 00972 3 546 44 08
E-Mail vertretung@tel.rep.admin.ch

Jordanien (B)
Embassies Street 19, 4th Circle,
Jabal-Amman, Amman
Postadresse:
P.O. Box 5341, Amman 11183
Tel. 00962 6 593 14 16
Fax 00962 6 593 06 85
E-Mail vertretung@ammrep.admin.ch

Kuwait (B)
Block 2, Street 1, House No 122,
Qortuba-Kuwait
Postadresse:
P.O. Box 23954 Safat, 13100 Kuwait
Tel. 00965 534 01 75
Fax 00965 534 01 76
E-Mail vertretung@kow.rep.admin.ch

Libanon (B)
Immeuble Bourj Al-Ghazal,
Avenue Fouad Chéhab, Achrafié
Postadresse:
Boîte postale 172, Beyrouth
Tel. 00961 1 32 41 29
Fax 00961 1 32 41 67
E-Mail vertretung@bey.rep.admin.ch

Saudi-Arabien (B)
Diplomatic quarter, Riad
Postadresse:
P.O. Box 94311, Riyadh 11693
Tel. 00966 1 488 1291
Fax 00966 1 488 0632
E-Mail swiemrya@shabakah.net.sa
Generalkonsulat in Djeddah

Vereinigte Arabische Emirate (B)
«Dhabi Tower», Hamdan Street, Abu Dhabi
Postadresse:
P.O. Box 46116, Abu Dhabi
Tel. 00971 2 627 46 36
Fax 00971 2 626 96 27
E-Mail vertretung@adh.rep.admin.ch
Konsulat in Dubai

Vertretungen in Asien

China (B)
Sanlitun Dongwujie 3,
100600 Beijing
Tel. 0086 10 6532 2736/8
Fax 0086 10 6532 4353
E-Mail vertretung@bei.rep.admin.ch
Konsulate in Hongkong, Shanghai

Indien (B)
Nyaya Marg, Chanakyapuri,
New Dehli 110021
Postadresse:
P.O. Box 392, New Dehli 110001
Tel. 0091 11 687 91 32
Fax 0091 11 687 30 93
E-Mail vertretung@ndh.rep.admin.ch
Generalkonsulat in Mumbai

Japan (B)
5-9-12 Minami-Azabu,
Minato-ku, Tokyo 106-8589
Tel. 0081 3 3473 0121
Fax 0081 3 3473 6090
E-Mail vertretung@tok.rep.admin.ch
Generalkonsulat in Osaka

Korea, Republik (B)
32-10, Songwol-dong,
Chongro-gu, Seoul 110-101
Postadresse:
P.O. Box 2900, Seoul 100-629
Tel. 0082 2 739 9511/14
Fax 0082 2 737 9392
E-Mail vertretung@seo.rep.admin.ch

Malaysia (B)
16, Pesiaran Madge,
55000 Kuala Lumpur
Postadresse:
P.O. Box 12008, 50764 Kuala Lumpur
Tel. 0060 3 24 80 622
Fax 0060 3 24 80 935
E-Mail vertretung@kna.rep.admin.ch

Pakistan (B)
Street 6, Diplomatic Enclave,
G-5/4, Islamabad
Postadresse:
P.O. Box 1073, Islamabad
Tel. 0092 51 279 291
Fax 0092 51 279 286
E-Mail vertretung@isl.rep.admin.ch
Generalkonsulat in Karachi

Philippinen (B)
Solidbank Building,
777, Paseo de Roxas, Makati, Metro Manila
Postadresse:
P.O. Box 2068, Makati Central Post Office,
1260 Makati, Metro Manila
Tel. 00632 757 900 0
Fax 00632 757 37 18
E-Mail vertretung@man.rep.admin.ch
Honorarkonsulat in Cebu

Singapur (B)
1, Swiss Club Link,
Singapore 228162
Tel. 0065 468 5788
Fax 0065 466 8245
E-Mail vertretung@sin.rep.admin.ch

Sri Lanka (B)
63, Gregory's Road, Colombo 7
Postadresse:
P.O. Box 342, Colombo
Tel. 00941 695 148
Fax 00941 695 176
E-Mail vertretung@col.rep.admin.ch

Thailand (B)
35 North Wireless Road,
Bangkok 10330
Postadresse:
P.O. Box 821, Bangkok 10501
Tel. 00662 253 01 56/60
Fax 00662 255 44 81
E-Mail vertretung@ban.rep.admin.ch

Vietnam (B)
Hanoi Central Building Office, Hanoi
15th Foor, 44B Ly,
Thuang Kiet Street
Postadresse:
General Post Office, P.O. Box 42, Hanoi
Tel. 0084 4 934 65 89
Fax 0084 4 934 65 91
E-Mail swissemhanoi@fpt.vn
Honorarkonsulat in Ho Chi Minh City

Vertretungen in Europa

Albanien (B)
Rruga e Elbasanit 81, Tirana
Tel. 00355 42 34 888
Fax 00355 42 34 889
E-Mail vertretung@tir.rep.admin.ch

Belgien (B)
26, rue de la Loi, 1040 Bruxelles
Postadresse:
Bte 9, 1040 Bruxelles
Tel. 0032 2 285 43 50
Fax 0032 2 230 37 81
E-Mail vertretung@bru.rep.admin.ch
Honorargeneralkonsulat in Antwerpen

Bosnien und Herzegowina (B)
Josipa Stadlera 15,
71000 Sarajevo
Tel. 0038 733 27 58 50
Fax 0038 733 66 52 46
E-Mail vertretung@sar.rep.admin.ch

Bulgarien (B)
ul. Chipka 33, 1504 Sofia
Postadresse:
Case postale 244, 1000 Sofia
Tel. 0032 942 01 00
Fax 0032 946 16 00
E-Mail vertretung@sof.rep.admin.ch

Dänemark (B)
Amaliegade 14, 1256 Kobenhavn K
Tel. 0045 33 14 17 96
Fax 0045 33 33 75 51
E-Mail vertretung@cop.rep.admin.ch

Deutschland (B)
Otto von Bismarck-Allee 4A,
D-10557 Berlin
Tel. 0049 30 390 4000
Fax 0049 30 391 1030
E-Mail vertretung@ber.rep.admin.ch
Botschaft in Bonn, Konsulate in Dresden,
Düsseldorf, Frankfurt, Freiburg, Hamburg,
München, Stuttgart

Estland (HK)
Tuvi 12–28, EE-10119 Tallinn
Tel. 00372 6 313 041
Fax 00372 6 314 092
E-Mail matti.klaar@starman.el

Finnland (B)
Uudenmaankatu 16 A, 00120 Helsinki 12
Tel. 00358 9 622 95 00
Fax 00358 9 622 95 050
E-Mail vertretung@hel.rep.admin.ch

Frankreich (B)
142, rue de Grenelle, 75007 Paris
Tel. 0033 1 49 55 67 00
Fax 0033 1 49 55 67 67
E-Mail vertretung@par.rep.admin.ch
Konsulate in Ajaccio, Annecy, Besançon,
Bordeaux, Dijon, Le Havre, Lille, Lyon,
Marseille, Montpellier, Mulhouse, Nantes,
Nizza, Strassburg, Toulouse

Griechenland (B)
Rue Iassiou No 2, 115 21 Athen
Tel. 0030 210 723 03 64
Fax 0030 210 724 92 09
E-Mail vertretung@ath.rep.admin.ch

Grossbritannien (B)
16–18 Montagu Place, London W1H 2BQ
Tel. 0044 20 7616 6000
Fax 0044 20 7724 7001
E-Mail vertretung@lon.rep.admin.ch
Generalkonsulat in Manchester

Irland (B)
6, Ailesbury Road, Ballsbridge, Dublin 4
Tel. 00353 1 218 63 82
Fax 00353 1 283 03 44
E-Mail vertretung@dub.rep.admin.ch

Italien (B)
Via Barnaba Oriani 61, 00197 Roma
Tel. 0039 06 809 57 1
Fax 0039 06 808 85 10
E-Mail vertretung@rom.rep.admin.ch
Konsulate in Bergamo, Bologna, Cagliari,
Catania, Florenz, Genua, Mailand, Neapel,
Triest, Turin, Venedig

Jugoslawien (B)
Bircaninova 27, 11001 Beograd
Postadresse:
Case postale 817, 11001 Beograd
Tel. 0038 111 306 58 20
Fax 0038 111 657 253
E-Mail vertretung@bel.rep.admin.ch
Schweizerisches Verbindungszentrum
Pristina
BANKKOS Building, Mother Theresa
Avenue 49, 38000 Pristina
Tel. 0041 31 322 88 50
Fax 0041 31 322 88 49
E-Mail vertretung@pri.rep.admin.ch

Kroatien (B)
Bogoviceva 3, 10000 Zagreb
Tel. 00385 1 481 88 00
Fax 00385 1 481 08 90
E-Mail swiemzag@zg.tel.nr

Lettland (B)
Elizabetes Str. 2, 1340 Riga
Tel. 00371 733 83 51
Fax 00371 733 83 54
E-Mail vertretung@rig.rep.admin.ch

Luxemburg (B)
Forum Royal, 25A, Boulevard Royal,
2449 Luxembourg
Postadresse:
Boîte postale 469, 2014 Luxembourg
Tel. 00352 22 74 741
Fax 00352 22 74 7420
E-Mail vertretung@lux.rep.admin.ch

Malta (HK)
6 Zachary-Street, Valetta
Tel. 00356 24 41 59
Fax 00356 23 77 50

Monaco (HK)
c/o UBS (Monaco),
2, avenue de Grande Bretagne,
98000 Monaco
Tel. 00 377 93 15 58 82
Fax 00 377 93 15 58 14
E-Mail alain.roux@ubs.com

Niederlande (B)
Lange Voorhout 42, 2514 EE Den Haag
Postbüro:
Postbus 30913, 2500 GX Den Haag
Tel. 0031 70 364 28 31/2
Fax 0031 70 356 12 38
E-Mail vertretung@hay.rep.admin.ch
Konsulate in Amsterdam, Rotterdam

Norwegen (B)
Bygdoy Allé 78, 0268 Oslo 2
Tel. 0047 22 54 23 90
Fax 0047 22 44 63 50
E-Mail vertretung@osl.rep.admin.ch

Österreich (B)
Prinz-Eugen-Strasse 7, 1030 Wien
Tel. 0043 1 505 89 25
Fax 0043 1 505 89 255
E-Mail osze@vie.rep.admin.ch
Konsulate in Bregenz, Innsbruck, Klagenfurt,
Linz, Salzburg

Polen (B)
Aleje Ujazdowskie 27, 00-540 Warschau
Tel. 0048 22 628 04 81
Fax 0048 22 621 05 48
E-Mail vertretung@var.rep.admin.ch

Portugal (B)
Strada Pitar Mos 12, ??-70152 Bukarest 1
Tel. 0040 21 307 92 47
Fax 0040 21 210 03 24
E-Mail vertretung@buc.rep.admin.ch

Rumänien (B)
Strada Pitar Mos 12, 70152 Bukarest 1
Tel. 0040 1 21 307 92 47
Fax 0040 1 210 03 24

Russland (B)
Per. Ogorodnoi Slobody (Stopani) 2/5,
107140 Moskau
Tel. 00709 5 258 38 30
Fax 00709 5 200 17 28
E-Mail vertretung@mos.rep.admin.ch
Honorargeneralkonsulat in St. Petersburg

Adressen

Schweden (B)
Birger Jarlsgatan 64, 100 41 Stockholm
Postadresse:
Box 26143, 100 41 Stockholm
Tel. 0046 8 676 79 00
Fax 0046 8 21 15 04
E-Mail vertretung@sto.rep.admin.ch

Slowakei (B)
Tolsteho ul. 9, 81106 Bratislava 1
Tel. 00421 7 59 30 11 11
Fax 00421 7 59 30 11 00
E-Mail vertretung@bts.rep.admin.ch

Slowenien (HK)
Trg republike 3,
6th floor, 91–1000, Ljublijana
Tel. 00 386 1 200 86 40
Fax 00 386 1 200 86 69

Spanien (B)
Calle Nuñez de Balboa 35-7°,
Edificio Goya, 28001 Madrid
Postadresse:
Apartado 1317, 28080 Madrid
Tel. 0034 91 436 39 60
Fax 0034 91 436 39 80
E-Mail vertretung@mad.rep.admin.ch
Konsulate in Barcelona, Las Palmas,
Malaga, Palma de Mallorca

Tschechische Republik (B)
Pevnostni 7, 16201 Prag 6
Postadresse:
Postfach 84, 16201 Prag
Tel. 00420 220 400 611
Fax 00420 2 24 31 13 12
E-Mail vertretung@pra.rep.admin.ch

Türkei (B)
Atatürk Bulvari 247, P.K. 25
06 692 Kavaklidere, Ankara
Tel. 0090 312 467 55 55
Fax 0090 312 467 11 99
E-Mail vertretung@ank.rep.admin.ch
Konsulate in Antalya, Istanbul, Izmir

Ukraine (B)
ul. Fedorova 12,
01901 Kyiv
Postadresse:
P.O. Box 111, 01901 Kyiv
Tel. 00380 44 220 5473
Fax 00380 44 220 8657
E-Mail vertretung@kie.rep.admin.ch

Ungarn (B)
Stefánia ùt. 107,
1143 Budapest
Tel. 0036 1 460 70 40
Fax 0036 1 384 94 92
E-Mail vertretung@bud.rep.admin.ch

Zypern (B)
Medcon Tower,
46, Themistocles Dervis Street, Nicosia
Postadresse:
P.O. Box 20729, 1663 Nicosia
Tel. 00357 2 76 62 61/62
Fax 00357 2 76 60 08
E-Mail vertretung@nic.rep.admin.ch

Vertretungen in Nordamerika

Kanada (B)
5 Avenue Marlborough, Ottawa,
Ontario K1N 8E6
Tel. 001 613 235 1837
Fax 001 613 563 1394
E-Mail vertretung@ott.rep.admin.ch
Generalkonsulate in Montreal,
Toronto, Vancouver

USA (B)
2900, Cathedral Avenue N.W.,
Washington D.C. 20008-3499
Tel. 001 202 745 7900
Fax 001 202 387 2564
E-Mail vertretung@was.rep.admin.ch
Konsulate in Atlanta, Boston, Buffalo,
Chicago, Cleveland, Dallas, Denver, Detroit,
Honolulu, Houston, Indianapolis, Kansas
City, Los Angeles, Miami, Minneapolis, New
Orleans, New York, Philadelphia, Phoenix,
Pittsburg, Salt Lake City, San Francisco, San
Juan, Seattle, Spartanburg

Vertretungen in Ozeanien

Australien (B)
7, Melbourne Avenue,
Forrest, A.C.T. 2603, Canberra
Tel. 00612 6273 3977
Fax 00612 6273 3428
E-Mail vertretung@can.rep.admin.ch
Generalkonsulate in Melbourne, Sydney

Neuseeland (B)
22 Panama Street, Wellington
Tel. 0064 4 472 15 93
Fax 0064 4 499 63 02
E-Mail vertretung@wel.rep.admin.ch

Vertretungen in Südamerika

Argentinien (B)
Avenida Santa Fe 846, 1059 10° piso,
RA-C1059ABP Buenos Aires
Postadresse:
Casilla de Correo, Central No. 4895,
RA-C1000WBW Buenos Aires
Tel. 005411 4311 64 91
Fax 005411 4313 29 98
E-Mail vertretung@bue.rep.admin.ch
Honorarkonsulat in Rosario de Santa Fé

Bolivien (B)
Edificio Petrolero,
Avenida 16 de Julio No. 1616, La Paz
Postadresse:
Casilla 9356, La Paz
Tel. 00591 22 31 54 71
Fax 00591 2 39 1462
E-Mail vertretung@paz.rep.admin.ch

Brasilien (B)
SES, Avenida das Nações, Lote 41,
70448-900 Brasilia D.F.
Tel. 0055 61 443 55 00
Fax 0055 61 443 57 11
E-Mail vertretung@bra.rep.admin.ch
Generalkonsulat in Rio de Janeiro,
São Paulo

Chile (B)
Américo Vespucio Sur 100,
Santiago (Las Condes)
Postadresse:
Casilla 3875, Santiago de Chile
Tel. 0056 2 263 42 11
Fax 0056 2 263 40 94
E-Mail vertretung@san.rep.admin.ch

Ecuador (B)
Avenida Amazonas 3617y, Juan Pablo Sanz,
Edificio Xerox, Quito
Postadresse:
Apartado 17-11-4815, Quito
Tel. 0059 32 434 113
Fax 0059 32 44 93 14
E-Mail vertretung@qui.rep.admin.ch
Honorargeneralkonsulat in Guayaquil

Kolumbien (B)
Cra. 9a no 74-08, Edificio Profinanzas,
Santafé de Bogotá
Postadresse:
Apartado aéreo 251957,
Santafé de Bogotá
Tel. 0057 1 349 72 30
Fax 0057 1 349 71 95
E-Mail vertretung@bog.rep.admin.ch
Honorarkonsulat in Cali

Paraguay (B)
Juan E. O'Leary 409, esq. Estrella,
Edificio «Parapiti», Asunción
Postadresse:
Casilla de correo 552, Asunción
Tel. 00595 21 448 022
Fax 00595 21 445 853
E-Mail swiesmasu@pla.net.py

Peru (B)
Avenida Salaverry 3240,
San Isidro, Lima 27
Postadresse:
Casilla 11-0210, Lima 11
Tel. 00511 264 03 05
Fax 00511 264 13 19
E-Mail vertretung@lim.rep.admin.ch

Uruguay (B)
Calle Ing. Frederico Abadie,
2936/40, 11300 Montevideo
Postadresse:
Casilla 12261, 11300 Montevideo
Tel. 00598 2 711 55 45
Fax 00598 2 711 50 31
E-Mail swissmtv@multi.com.uy

Venezuela (B)
Centro Letonia, Torre Ing-Bank, piso 15,
Av. Eugenio Mendoza y San Felipe,
La Castellana, Caracas
Tel. 0058 2 267 95 85
Fax 0058 2 267 77 45
Postadresse:
Apartado 62.555, Chacao, Caracas 1060 A
E-Mail vertretung@car.rep.admin.ch

Vertretungen in Zentralamerika

Bahamas (HK)
Goodman's Bay, Corporate Centre,
West Bay Street & Sea, View Drive,
P.O. Box CB-10976, Nassau
Tel. 001 242 502 22 00
Fax 001 242 502 23 00

Belize (HK)
P.O. Box 24, 41, Albert Street, Belize-City
Tel. 00501 2 77 257
Fax 00501 2 75 213

Costa Rica (B)
Edificio Centro Colón, Paseo Colón,
San José
Postadresse:
Apartado 895, Centro Colón,
1007 San José
Tel. 00506 221 48 29
Fax 00506 255 28 31
E-Mail vertretung@sjc.rep.admin.ch

Dominikanische Republik (GK)
Ave. Jimenez Maya 71,
(Churchill esq. Desiderio Arias),
Santo Domingo
Postadresse:
Apartado postal 3626, Santo Domingo
Tel. 001 809 533 3781
Fax 001 809 532 3781
E-Mail vertretung@sdd.rep.admin.ch

El Salvador (HGK)
Pasteleria Lucerna,
Paseo General Escalón 4363, San Salvador
Tel. 00503 263 76 29
Fax 00503 263 74 85
E-Mail lucerna@es.com.sv

Guatemala (B)
Edif. Torre Internacional, 16 Calle 0-55,
Zona 10, 01010 Ciudad de Guatemala
Postadresse:
Apartado 1426, 01901 Ciudad de Guatemala
Tel. 00502 367 55 20
Fax 00502 367 58 11
E-Mail vertretung@gua.rep.admin.ch

Haiti (GK)
Rue Ogé 12, HT-6140 Pétion-Ville,
Port-au-Prince
Postadresse:
Boîte postale 15164,
HT-6140 Pétion-Ville, Port-au-Prince
Tel. 00509 257 9862
Fax 00509 257 6377
E-Mail swisscgpp@ach2.net

Jamaika (GK)
22 Trafalgar Road, Suite 13, Kingston 10
Postadresse:
P.O. Box 401, Kingston G.P.O.
Tel. 001 876 978 78 57
Fax 001 876 978 85 63
E-Mail swissco@mail.infochan.com

Kuba (B)
5ta Avenida no. 2005, entre 20 y 22,
Miramar-Playa, Ciudad de La Habana 11300
Postadresse:
Apartado postal 604,
Ciudad de la Habana 11300
Tel. 0053 7 24 26 11
Fax 0053 7 24 11 48
E-Mail swissem@enet.cu

Mexico (B)
Torre Optima,
Avenida Paseo de las Palmas Nr. 405,
Lomas de Chapultepec, 11000 Mexico DF
Postadresse:
Apartado 10-724,
11002 Mexico DF
Tel. 0052 5 5 20 30 03
Fax 0052 5 5 20 86 85
E-Mail vertretung@mex.rep.admin.ch

Nicaragua (BZ)
De la Clinica Las Palmas I c.abajo,
mano izquierda,
Officinas de COSUDE, Managua
Postadresse:
Apartado 166, Managua
Tel. 00505 266 7328
Fax 00505 266 6697
E-Mail managua@sdc.net

Panama (HGK)
Calle Victoria y Calle Primera,
Via Boyd Roosevelt, Apartado 499,
Panama 9A
Tel. 00507 261 15 30
Fax 00507 229 41 38

Trinidad & Tobago (HGK)
Consulate General of Switzerland,
70, Dundonald Street, Port of Spain,
Trinidad W.I.
Tel. 001 868 623 78 16
Fax 001 868 623 78 16

Ausländische Vertretungen in der Schweiz

Nachfolgend die Botschaften (B), Generalkonsulate (GK), Konsulate (K) und ständigen Missionen (SM) der wichtigsten Länder in der Schweiz. Einige Länder haben in der Schweiz keine offizielle Vertretung. In diesem Fall ist für Schweizer Bürger eine Vertretung im nahen Ausland (meist in Frankreich, Deutschland oder Grossbritannien) zuständig. Diese Adressen und diejenigen der nicht aufgeführten Länder erfahren Sie über Telefon 111, die internationale Auskunft oder im Internet unter www.eda.admin.ch.

Ägypten (B)
Elfenauweg 61, 3006 Bern
Tel. 031/352 80 12
Fax 031/352 06 25

Albanien (B)
Pourtalèsstrasse 65, 3074 Muri
Tel. 031 952 60 10
Fax 031 952 60 12

Argentinien (B)
Jungfraustrasse 1, 3005 Bern
Tel. 031 356 43 43
Fax 031 356 43 40

Australien (B)
Friedrichstrasse 200,
D-10117 Berlin
Tel. 0049 30 88 00 880
Fax 0049 30 88 00 883 10

Bahamas (K)
Schützengasse 1, 8001 Zürich
Tel. 01 226 40 42
Fax 01 226 40 43

Belgien (B)
Jubiläumsstrasse 41, 3005 Bern
Tel. 031 351 04 62
Fax 031 352 59 61

Belize (K)
Rue du Mont-Blanc 7, 1201 Genève
Tel. 022 906 84 28
Fax 022 906 84 29

Bolivien (K)
Sevagelplatz 2, 4052 Basel
Tel. 061 312 44 45

Bosnien-Herzogewina (B)
Jungfraustrasse 1, 3005 Bern
Tel. 031 351 10 77
Fax 031 351 10 93

Brasilien (B)
Monbijoustrasse 68, 3007 Bern
Tel. 031 371 85 15
Fax 031 371 05 25

Bulgarien (B)
Bernastrasse 2–4, 3005 Bern
Tel. 031 351 14 55
Fax 031 351 00 64

Chile (B)
Eigerplatz 5, 3007 Bern
Tel. 031 371 07 45
Fax 031 372 00 25

China (B)
Kalcheggweg 10, 3006 Bern
Tel. 031 352 73 33
Fax 031 351 45 73

Costa Rica (B)
Schwarztorstrasse 11, 3007 Bern
Tel. 031 372 78 87
Fax 031 372 78 34

Dänemark (B)
Thunstrasse 95, 3006 Bern
Tel. 031 350 54 54
Fax 031 350 54 64

Deutschland (B)
Willadingweg 78, 3006 Bern
Tel. 031 359 41 11
Fax 031 359 44 44

Dominikanische Republik (K)
Rue Grenus 16, 1201 Genève 2
Tel. + Fax 022 738 00 18

Ecuador (B)
Ensingerstrasse 48, 3006 Bern
Tel. 031 351 17 55
Fax 031 351 27 71

Elfenbeinküste (B)
Thormannstrasse 51, 3005 Bern
Tel. 031 350 80 80
Fax 031 350 80 81

El Salvador (K)
Rue de Lausanne 65, 1202 Genève
Tel. 022 732 70 36
Fax 022 738 47 44

Estland (K)
Bergstrasse 52, 8712 Stäfa
Tel. 01 926 88 37
Fax 01 926 88 38

Finnland (B)
Weltpoststrasse 4, 3015 Bern
Tel. 031 351 30 31
Fax 031 351 30 01

Frankreich (B)
Schosshaldenstrasse 46, 3006 Bern
Tel. 031 359 21 11
Fax 031 359 21 91

Ghana (B)
Belpstrasse 11, 3007 Bern
Tel. 031 381 78 52
Fax 031 381 49 41

Griechenland (B)
Laubeggstrasse 18, 3006 Bern
Tel. 031 356 14 14
Fax 031 368 12 72

Grossbritannien (B)
Thunstrasse 50, 3005 Bern
Tel. 031 359 77 00
Fax 031 359 77 01

Guatemala (K)
Rue du Vieux-Collège 10,
1204 Genève
Tel. 022 311 99 45
Fax 022 311 74 59

Haiti (K)
Forchstrasse 182, 8032 Zürich
Tel. 01 381 69 89
Fax 01 381 49 64

Indien (B)
Kirchenfeldstrasse 28, 3005 Bern
Tel. 031 351 11 10
Fax 031 351 15 57

Indonesien (B)
Elfenauweg 51, 3006 Bern
Tel. 031 352 09 83
Fax 031 351 67 65

Iran (B)
Thunstrasse 68, 3006 Bern
Tel. 031 351 08 01
Fax 031 351 56 52

Irland (B)
Kirchenfeldstrasse 68, 3005 Bern
Tel. 031 352 14 42
Fax 031 322 14 55

Island (GK)
Bahnhofstrasse 44, 8001 Zürich
Tel. 01 215 12 60
Fax 01 215 12 00

Israel (B)
Alpenstrasse 32, 3006 Bern
Tel. 031 356 35 00
Fax 031 356 35 56

Italien (B)
Elfenstrasse 14, 3006 Bern
Tel. 031 350 07 77
Fax 031 350 07 11

Jamaika (K)
Rue de Lausanne 36, 1201 Genève
Tel. 022 731 57 80
Fax 022 738 44 20

Japan (B)
Engestrasse 53, 3012 Bern
Tel. 031 300 22 22
Fax 031 300 22 55

Jordanien (B)
Belpstrasse 11, 3007 Bern
Tel. 031 384 04 04
Fax 031 384 04 05

Jugoslawien (B)
Seminarstrasse 5, 3006 Bern
Tel. 031 352 63 53
Fax 031 351 44 74

Kanada (B)
Kirchenfeldstrasse 88, 3005 Bern
Tel. 031 357 32 00
Fax 031 357 32 10

Kenya (SM)
Av. de la Paix 1–3, 1202 Genève
Tel. 022 906 40 50
Fax 022 731 29 05

Kolumbien (B)
Dufourstrasse 47, 3005 Bern
Tel. 031 351 17 00
Fax 031 352 70 72

Kongo (K)
Sulgenheimweg 21, 3007 Bern
Tel. 031 371 35 38
Fax 031 372 74 66

Korea (B)
Kalcheggweg 38, 3006 Bern
Tel. 031 356 24 44
Fax 031 356 24 50

Kroatien (B)
Thunstrasse 45, 3005 Bern
Tel. 031 352 02 75
Fax 031 352 03 73

Kuba (B+K)
Gesellschaftsstrasse 8, 3012 Bern
Tel. 031 302 21 11
Fax 031 302 98 30

Kuwait (K)
Avenue de l'Ariana 2, 1202 Genève
Tel. 022 918 01 30
Fax 022 740 21 55

Lettland (SM)
Rue de Lausanne, 1202 Genève
Tel. 022 738 51 11
Fax 022 738 51 71

Libanon (B)
Thunstrasse 10, 3074 Muri b. Bern
Tel. 031 950 65 65
Fax 031 950 65 66

Luxemburg (B)
Kramgasse 45, 3011 Bern
Tel. 031 311 47 32
Fax 031 311 00 19

Madagaskar (K)
Kappelergasse 14, 8001 Zürich
Tel. 01 212 85 66
Fax 01 211 80 18

Malaysia (K)
Centralbahnstrasse 17, 4051 Basel
Tel. 061 271 27 12
Fax 061 272 08 81

Malta (GK)
Limmatquai 3, 8001 Zürich
Tel. 01 252 70 50
Fax 01 252 70 80

Marokko (B)
Helvetiastrasse 42, 3005 Bern
Tel. 031 351 03 62
Fax 031 351 03 64

Mauritius (K)
Rue des Eaux-Vives 94, 1207 Genève
Tel. 022 736 42 00
Fax 022 736 45 80

Mazedonien (B)
Kirchenfeldstrasse 30, 3005 Bern
Tel. 031 352 00 28
Fax 031 352 00 30

Mexico (B)
Bernastrasse 57, 3005 Bern
Tel. 031 357 47 47
Fax 031 357 47 48

Monaco (B)
Hallwylstrasse 34, 3005 Bern
Tel. 031 356 28 58
Fax 031 356 28 55

Myanmar (K)
Avenue Blanc 47, 1202 Genève
Tel. 022 731 75 40
Fax 022 738 48 82

Neuseeland (GK)
Chemin des Fins 2,
1218 Le Grand-Saconnex
Tel. 022 929 03 50
Fax 022 929 03 74

Niederlande (B)
Kollerweg 11, 3006 Bern
Tel. 031 350 87 00
Fax 031 350 87 10

Norwegen (B)
Bubenbergplatz 10, 3011 Bern
Tel. 031 310 55 55
Fax 031 310 55 50

Österreich (B)
Kirchenfeldstrasse 77–79, 3005 Bern
Tel. 031 356 52 52
Fax 031 351 56 64

Pakistan (B)
Bernastrasse 47, 3005 Bern
Tel. 031 352 29 92
Fax 031 351 54 40

Panama (K)
Löwenstrasse 40, 8001 Zürich
Tel. 01 225 14 88
Fax 01 225 14 89

Paraguay (B)
Kramgasse 58, 3011 Bern
Tel. 031 312 32 22
Fax 031 312 34 32

Peru (B)
Thunstrasse 36, 3005 Bern
Tel. 031 351 85 55
Fax 031 351 85 70

Philippinen (B)
Kirchenfeldstrasse 73–75, 3005 Bern
Tel. 031 350 17 17
Fax 031 352 26 02

Polen (B)
Elfenstrasse 20a, 3006 Bern
Tel. 031 352 04 52
Fax 031 352 34 16

Portugal (GK)
Weltpoststrasse 20, 3000 Bern 15
Tel. 031 351 17 73
Fax 031 351 44 32

Rumänien (B)
Kirchenfeldstrasse 78, 3005 Bern
Tel. 031 352 35 22
Fax 031 352 64 55

Russland (B)
Brunnadernrain 37, 3006 Bern
Tel. 031 352 05 66
Fax 031 352 55 95

Rwanda (B)
Rue de la Servette 93, 1202 Genève
Tel. 022 919 10 00
Fax 022 919 10 01

Saudi-Arabien (B)
Kramburgstrasse 12, 3006 Bern
Tel. 031 352 15 55
Fax 031 351 45 81

Schweden (B)
Bundesgasse 26, 3011 Bern
Tel. 031 328 70 00
Fax 031 328 70 01

Senegal (K)
Route de Berne 25, 1010 Lausanne
Tel. 021 652 18 42
Fax 021 652 60 66

Singapur (K)
Route de Pré-Bois 20, 1216 Cointrin
Tel. 022 929 66 55
Fax 022 929 66 58

Slowakei (B)
Thunstrasse 99, 3006 Bern
Tel. 031 356 39 30
Fax 031 356 39 33

Slowenien (B)
Schwanengasse 9, 3011 Bern
Tel. 031 312 90 09
Fax 031 312 44 14

Spanien (B)
Kalcheggweg 24, 3006 Bern
Tel. 031 352 04 12
Fax 031 351 52 29

Sri Lanka (GK)
Rue de Moillebeau 56, 1209 Genève
Tel. 022 919 12 50
Fax 022 734 90 84

Südafrika (B)
Alpenstrasse 29, 3006 Bern
Tel. 031 350 13 13
Fax 031 350 13 11

Taiwan (B)
Monbijoustrasse 30, 3011 Bern
Tel. 031 382 29 27
Fax 031 382 15 23

Tansania (SM)
Avenue Blanc 47, 1202 Genève
Tel. 022 731 89 20
Fax 022 732 82 55

Thailand (B)
Kirchstrasse 56, 3097 Liebefeld
Tel. 031 970 30 30
Fax 031 970 30 35

Trinidad (K)
Elfenauweg 24, 3006 Bern
Tel. 031 352 19 35
Fax 031 352 96 73

Tschechien (B)
Muristrasse 53, 3006 Bern
Tel. 031 352 36 45
Fax 031 352 75 02

Tunesien (B)
Kirchenfeldstrasse 63, 3005 Bern
Tel. 031 352 82 26
Fax 031 352 04 45

Türkei (B)
Lombachweg 33, 3006 Bern
Tel. 031 359 70 70
Fax 031 352 88 19

Ukraine (B)
Feldeggweg 5, 3005 Bern
Tel. 031 351 63 16
Fax 031 351 64 16

Ungarn (B)
Muristrasse 31, 3006 Bern
Tel. 031 352 85 72
Fax 031 351 20 01

Uruguay (K)
Kramgasse 63, 3011 Bern
Tel. 031 312 14 00
Fax 031 311 27 47

USA (B)
Jubliäumsstrasse 93, 3005 Bern
Tel. 031 357 70 11
Fax 031 357 73 44
Visa und Immigrationsauskünfte:
Tel. 0900 55 51 54 (Fr. 2.50 / Min.)
Student Information: Tel. 031/357 72 37
U.S. Travel Information: Tel. 031/357 72 16

Venezuela (B)
Schlosshaldenstrasse 1, 3000 Bern 23
Tel. 031 350 57 57
Fax 031 350 57 58

Vereinigte Arabische Emirate (SM)
Rue de Moillebeau 58, 1209 Genève
Tel. 022 918 00 00
Fax 022 734 55 62

Vietnam (B)
Schlösslistrasse 26, 3008 Bern
Tel. 031 388 78 78
Fax 031 388 78 79

Zentralafrika (K)
Baumackerstrasse 42, 8050 Zürich
Tel. 043 288 43 55
Fax 043 288 43 53

Zypern (GK)
Rue Pedro-Meylan, 1208 Genève
Tel. 022 736 34 16
Fax 022 736 34 31

Register

A

Abmeldebescheinigung 282, 332
Abmeldepflichten bei Abreise aus Schweiz
– Militär 332
– Wohngemeinde 330
Abmeldepflichten bei Rückreise
  in Schweiz 396
Abredeversicherung 243, 245
Adoption 360
Alterssitz 156
Alters- und Hinterlassenenversicherung
  (AHV) 211, 213, 399
– Beitragslücken 215, 218, 225, 399
– Erwerbstätige 219
– freiwillige AHV/IV 218, 219, 222, 224
– freiwillige Weiterführung der obligatorischen AHV/IV 221, 222
– Leistungen 214
– Nichterwerbstätige 217
– Rückkehr 399
Anmeldepflichten bei Ankunft im Ausland
– ausländische Behörden 338
– schweizerische Behörden 338
– Wehrpflichtige 339
Anmeldepflichten bei Rückkehr in Schweiz
– Militär 398
– Wohngemeinde 397
Annullationskostenversicherung 275
Arbeitnehmer 46, 47, 79, 97, 109
– AHV/IV 219
– Arbeitslosenversicherung 228, 402
– Arbeitsvertrag 102, 114
– Entsandte 97, 220, 229, 236
– Stellensuche bei Rückkehr 388
– Stellensuche im Ausland 91, 112
Arbeitsbewilligung 48, 113, 128, 307, 391, 393, 394
Arbeitslosenversicherung (ALV) 228, 390, 402
– Anspruchsvoraussetzungen 402
– Taggelder 403, 406
– Wartefristen 403
Arbeitsmöglichkeiten 79
– ausserhalb von EU und EFTA 50
– EU und EFTA 46
– Partner 81

Arbeitspraktikum 92
– Anbieter 95
Arbeitsvertrag
– ausländischer Arbeitgeber 114
– schweizerischer Arbeitgeber 102
Assistance-Versicherung
– Auto 273, 276
– Personen 276
Aufenthaltsbewilligung
– für die Schweiz 391, 392
– für EU und EFTA 47
– im Ausland 307
Auffangeinrichtung BVG 235, 237
Au-pair 82
– Organisationen 87, 88
Auslandarbeitsvertrag 102, 114
Auslandentsendung (siehe auch Arbeitnehmer, Entsandte) 97
Auslandjobs
– Au-pair 82
– ausländische Firma 109
– EDA-Mitarbeiter 106
– internationale Organisationen 123
– internationale Zusammenarbeit 117
– Landwirtschaft 92, 136
– Praktikum 92
– Privathaushalte 82
– schweizerische Firma 97
– Stagiaires 89
Auslandschweizer 22
– Auslandschweizerdienst 175, 378
– Auslandschweizerfürsorge 347
– Auslandschweizergemeinde 22
– Auslandschweizer Organisation 351, 353, 378, 379, 383
– Auslandschweizerpolitik 25
– Auslandschweizerrat 380
– Auslandschweizerstatistik 22, 24
– Stiftung für junge 382
Auslandstudium 47, 69
– Sokrates/Erasmus-Programm 71
Auslandvertretung
– ausländische in der Schweiz 175, 419
– schweizerische im Ausland 340, 410
Austauschprogramme
– Anbieter 95
– Praktikanten 92
– Schüler 56
– Studenten 71

Austauschschüler 56
Auswanderung
- Alter 33
- Auswanderungsländer 46, 50
- Auswanderungspolitik 16, 24
- Beratung 169
- Geschichte 15
- Motive 37
- persönliche Eignung 40
Auto
- Ausfuhr 327
- Versicherung 271, 276

B
Bankgeschäfte 192, 195
Bargeld 196, 199
Bauern siehe Landwirte
Beratung 169
- durch Auslandbehörden 175
- durch Schweizer Behörden 174
- im Ausland 172
- Kosten 172
- private Beratungsbüros 170
- Unternehmensberatung 131
Berufliche Vorsorge (BVG) 232, 400
- Auffangeinrichtung 235, 237
- Austritt aus Pensionskasse 234, 238
- Barauszahlung Guthaben 238
- Beratung 239, 265
- Freizügigkeitskapital 187, 209, 234, 237, 238
- Prämienbefreiung 235
- Weiterführung im Ausland 235, 237
Berufsdiplom 49, 75, 110
Bilaterale Verträge mit EU 46
Botschaften
- ausländische 175, 419
- schweizerische 341, 344, 410
Briefpost 370
Budget 182
- beim Immobilienkauf 315
Bundesamt für Justiz 350, 365
Bundesamt für Sozialversicherung (BSV) 228
Bundesamt für Zuwanderung, Integration und Auswanderung (IMES) 91, 95, 174
Bürgerrecht, schweizerisches 357
Businessplan 133
BVG siehe Berufliche Vorsorge

C
Cinfo 123, 124

D
Diebstahlversicherung 268
Diplomatischer Dienst 106
Diplomatischer Schutz 344
Diplome
- akademische 75
- berufliche 49, 75, 110
- Sprachdiplome 65
Direktion für Entwicklung und Zusammenarbeit (DEZA) 117, 124
Dokumente, Beschaffung 302
Doppelbesteuerungsabkommen 279
Doppelbürger 23, 292, 344, 348, 355, 398

E
ec- und ec/Maestro-Karte 198, 200
ECTS 73
EFTA siehe EU
Ehegüterrecht 364
Eherecht 361
Eidgenössische Zollverwaltung 396
Eidgenössisches Amt für auswärtige Angelegenheiten (EDA) 106, 109, 168, 347
Eidgenössisches Departement für Verteidigung, Bevölkerungsschutz und Sport (BVS) 335
Eigenkapital 132, 137
Einbürgerung 357
Einreisebestimmungen
- der Schweiz 391
- der Schweiz für EU- und EFTA-Bürger 393
- EU-/EFTA-Länder 46
- Länder ausserhalb EU/EFTA 50
Einreisepapiere 302
Einwanderungsquoten 51, 54
Einwohnerkontrolle 330, 396
E-Mail 371
Entsandte Mitarbeiter siehe Arbeitnehmer, Entsandte
Entsendungsreglement 102
Entwicklungszusammenarbeit 117
Erbrecht 366
Erbschaftssteuern 288, 367
Erbvertrag 367
Erwerbsortsprinzip 212
EU 47

- Arbeitnehmer 47, 109
- Grenzgänger 37, 231
- Immobilienkauf 314
- Nichterwerbstätige 47, 249, 394
- Rentner 47, 154, 256
- Stagiaires 91
- Studierende 47, 71, 77
- und AHV/IV 219, 220, 222, 225
- und Arbeitslosenversicherung 230, 404
- und berufliche Vorsorge 238
- und Krankenversicherung 247, 249, 253, 255, 256
- und Unfallversicherung 241
- Unternehmer 126, 245
Eurocheques 198
Europawanderung 18
Existenzverlust 351
Expads 100

F
Fahrzeugausfuhr 271, 328
Familiennachzug 49
Fax 370
Fernsehprogramme 376
Fernunterricht 296
Finanzen 181
  - Planung 182
  - Regelung 190
Finanzielle Hilfe siehe Fürsorgeleistung
Finanzierungsmöglichkeiten 185
Firmengründung 125
Flugticket 148
Freiwillige AHV/IV 218, 219, 222, 224
Freiwilligenprogramme 93
Freizügigkeitsabkommen 46
Freizügigkeitskapital 187, 209, 234, 237, 238
Freizügigkeitskonto 209
Freizügigkeitspolice 209
Fremdwährungskonto 205
Friedensförderung 117
Führerschein 308
Fünfte Schweiz 22
Fürsorgeleistungen
  - im Ausland 347
  - in der Schweiz 407

G
Geldmittel, verschiedene 199
Geldtransfer 194

Gesundheit 149, 165, 168
Globetrotter 142
Green Card 51, 169
Grenzgänger 47, 224, 231, 245, 255, 286
Grundversicherung KVG 247, 277
Grüne Karte 271

H
Haushaltauflösung 322
Hausratversicherung 267, 322
Heimunterricht 295
Heimweh 35, 321
Heirat im Ausland 361
Heiratsurkunde 362
Hilfe im Ausland 343
Hilfsorganisationen 350
Honorarkonsulate 342
Humanitäre Hilfe 117
Hypotheken im Ausland 315

I
Identitätskarte 306
Immatrikulation 338
Immobilien 313
  - Besteuerung 287
  - Erbrecht 366
  - Kauf 313
  - Makler 317
  - Verkauf 186
Impfungen 149
Informationsbeschaffung 162
  - Checkliste 164
  - Quellen 163
Inländervorrang 48, 109, 127, 394
Integration 35
Internat 295
Internationale Organisationen 123
Internationale Zusammenarbeit 117
Internationales Komitee vom Roten Kreuz (IKRK) 118, 121
Internationales Privatrecht 355
Internet 163, 192, 202, 371, 374, 389
Internetbanking 192
Invalidenversicherung (IV) 213, 215, 399
  - Beitragslücken 215
  - freiwillige Versicherung 223
  - Leistungen 215

J

Jugenddienst der Auslandschweizer Organisation 383

K

Kapitalanlagen 203
Kinder 34
– Schulungsmöglichkeiten 293
Kommunikationsmöglichkeiten 369
Konsularischer Dienst 107
Konsularischer Schutz 344
Konsulate
– ausländische 177, 419
– schweizerische 342, 344, 410
Krankenversicherung (KVG) 246, 401
– Grundversicherung 247, 277
– weltweite Deckung 257
– Zusatzversicherung 247, 277
Kreditkarten 198, 201
Kulturschock 35

L

Landwirte 92, 136
Lebenshaltungskosten 184
Lebensversicherung 186, 208, 261
Liegenschaftenverkauf 186

M

Medizinische Dokumente 308
Menschenrechte, Einsatz für 117
Mietwohnung 310
Militärische Pflichten 332, 339, 398
Motorfahrzeugversicherung 271

N

Nichterwebstätige 47, 217, 241, 249, 394
– Partner 81
Niederlassungsbewilligung 307

O

OSEC 130, 135

P

Partnerschaft 33, 81
Pass 306
Pensionierte 47, 152, 256, 394
Pensionskasse siehe Berufliche Vorsorge
Personen-Assistance-Versicherung 276
Personenfreizügigkeit 46

Politische Rechte 355
Postgeschäfte 195
– Briefe 370
– Postcard 197, 200
Praktikum 92
Presseerzeugnisse, Schweizer 372
Private Vorsorge 188, 261
Privathaftpflichtversicherung 265
Privatschulen 296
Privatunterkunft 311
Privatunterricht 297

Q

Quellensteuer 284, 289

R

Radioprogramme 374, 376
Rechtsschutzversicherung 269
Rechtsverhältnisse von Schweizern im Ausland 354
Rega 250, 277
Reisegut 395
Reisen 142
– Ausrüstung 147
– Dokumente 147
– Gepäckversicherung 276
– Reisebücher 150
– Reisebüros 149
– Reisechecks 197, 200
– Reiseversicherung 274
– Reisezeit 148
– Vorbereitung 147
Renten
– AHV 214
– berufliche Vorsorge 233
– Besteuerung 284
– Bezug 189
– IV 215
– Leibrente 208, 263
– Unfallversicherung 240
Rentner 47, 217, 241, 249, 394
Risikoversicherung 262, 263
Rückkehr 385
Rückkehrschock 387

S

Säule 3a 188, 261
Scheidung im Ausland 363
Schulausbildung im Ausland 293

Schüleraustausch 56
Schweizer Botschaften 341, 344, 410
Schweizer Fernsehen 376
Schweizerische Unfallversicherungsanstalt (SUVA) 246
Schweizerische Zentrale für Handelsförderung (OSEC) 130, 135
Schweizer Konsulate 342, 344, 410
Schweizer Radio International (SRI) 374
Schweizer Revue 378
Schweizerschulen 298
Schweizervereine 381
Schweizer Vertretungen im Ausland 340, 410
Selbständige Erwerbstätigkeit 125, 245
Sokrates/Erasmus-Programm 71
Söldner 14
Soliswiss
– Krankenversicherung 257
– Solidaritätsfonds 351
– Sparkonto 206
– Vorsorgeprodukte 263
Sozialhilfe 347, 407
Sozialversicherung 211
Sozialversicherungsabkommen 213, 240, 254
Sprachdiplome, -zertifikate 65
Sprachkenntnisse 179
Sprachschulen 62
Staatsbürgerschaft, ausländische 360
Staatsbürgerschaft, schweizerische 357
Staatssekretariat für Wirtschaft (seco) 117, 232
Stagiaires 89
– Stagiaire-Abkommen 90
Stellenbewerbung 114, 121
Stellensuche
– bei Rückkehr 388
– im Ausland 91, 112
Steuern 277
– beschränkte Steuerpflicht 283
– Doppelbesteuerungsabkommen 279
– Eidgenössische Steuerverwaltung 291
– Erbschaft 288, 367
– Erwerbseinkommen 281, 285
– Kapitalerträge 287
– Kapitalleistungen 283
– Liegenschaften 287
– Optimierung 288
– Quellensteuer 284, 289
– Renten 283

– Steueroasen 290
– Verrechnungssteuer 284, 287, 289
Stiftung für junge Auslandschweizer 382
Stiftung zugunsten katastrophengeschädigter Schweizer 350
Stimmregister 355
Stimm- und Wahlrecht 355
Stipendien 59, 74
Studienanerkennung 75
Studienführer 79
Studierende 47, 69
Swiss Bankers Travelers Cheque Center 203
Swissinfo 374

T
Telefonverbindung 370
Terminplanung 177
Testament 366
Tiere 309
Transport
– Möglichkeiten beim Umzug 323
– Versicherung 327
Travelcash-Karte 197
Traveler Cheques 200
TV-Programme 376

U
Überseewanderung 15
Übersiedlungsgut 395
Umzug 319
– Firmen 328
– Organisation 323
– Umzugsgut 326
Unfallversicherung (UVG) 239, 401
UNO 123
Unterkunft 309
– Eigenheim 313
– Hotel 311
– Mietwohnung 312
– Privat 311

V
Verbleiberecht 49
Verein AJAS 353
Vermögen
– Besteuerung 287
– Erträge 185
– Vermögensverzehr 185
Verrechnungssteuer 284, 287, 289

Versicherungsberatung 265
Vertrauensperson 192
Vertretungen, ausländische 175, 419
Vertretungen, schweizerische 340, 410
Visum
 – für das Ausland 302
 – für die Schweiz 391
Vorsorge, berufliche siehe Berufliche Vorsorge
Vorsorge, private 188, 261

W
Wehrpflichtersatz 291, 333, 339, 398
Weltreise 141
Western Union 196
Wertschriftenverkauf 185
Wohnsitzprinzip (ALV) 231

Z
Zahlungsmittel im Ausland 199
Zeitungen, Zeitschriften 372
Zoll
 – Formalitäten bei Ausreise 325, 326
 – Vorschriften bei Rückreise 395
Zusatzversicherung 247, 277

MEHR RATSCHLÄGE ...

Ich mache mich selbständig
Dieser Ratgeber zeigt auf verständliche Art den Weg in eine erfolgreiche Selbständigkeit. Er enthält das nötige Basiswissen, über 300 wichtige Adressen, 30 Checklisten, die Anleitung zum Businessplan, Muster von Firmenstatuten sowie zahlreiche Brief- und Vertragsvorlagen. Eine fundierte Planungshilfe für alle, die Geschäftsinhaber werden – und es auch bleiben wollen.

424 Seiten, broschiert

So positionieren Sie sich im Berufsleben
Die Erfolgsautorin Regula Zellweger «Berufliche Perspektiven ab 40» hilft Leserinnen und Lesern, den richtigen Platz in der Arbeitswelt einzunehmen. Mit psychologischem Gespür und konkreten Handlungsanleitungen ist dieses Beobachter-Handbuch ein ideales Hilfsmittel für alle, die sich in der Berufswelt besser behaupten wollen.

144 Seiten, broschiert

Berufliche Perspektiven ab 40
Wer heute arbeitet, muss sich öfters neu orientieren. Dafür gibt es viele Gründe: Umstrukturierungen im Betrieb, eine Familienpause oder Sinnfragen im Leben. Dieses Beobachter-Handbuch erleichtert die Suche nach etwas Neuem. Sie lernen Ihre Stärken und Schwächen, Interessen und Fähigkeiten besser zu bewerten.

104 Seiten, broschiert

Gut beraten! **Beobachter**

MEHR RATSCHLÄGE ...

Gut vorgesorgt
Wer sich früh genug um die Vorsorge kümmert, hat es später leichter. In diesem Ratgeber finden Sie klare Antworten. Leicht verständlich geschrieben und auf Ihre Lebenssituation zugeschnitten, finden Sie hier alles Wissenswerte und viele Tipps rund um die AHV, Pensionskasse und 3. Säule.

256 Seiten, broschiert

Fit für die Pensionierung
Wer pensioniert wird, steht vor vielen Veränderungen. Dieses Buch behandelt alle wichtigen Fragen und bietet so die optimale Vorbereitung, um den neuen Lebensabschnitt richtig zu geniessen. Der Beobachter-Ratgeber geht dabei schwergewichtig auf die mentale und emotionale Vorbereitung ein. Aber auch die Bereiche Finanzen, Recht und Gesundheit kommen zur Sprache.

352 Seiten, broschiert

Das Verständnis-Prinzip
Koni Rohner leitet in einfachen, klaren Schritten dazu an, sich selber und andere besser zu verstehen. Der Beobachter-Lebensberater zeigt, wie echtes Interesse am Mitmenschen zu einem glücklichen Leben führt. Seine Devise lautet: Vertrauen statt Misstrauen, Verbundenheit statt Isolation.

224 Seiten, broschiert

Gut beraten! **Beobachter**